■ 教育部人文社会科学研究规划基金资助项目成果（12YJA751006）

丰子恺
年谱长编

陈 星 撰著

中国社会科学出版社

图书在版编目（CIP）数据

丰子恺年谱长编／陈星撰著．—北京：中国社会科学出版社，
2014.11

ISBN 978 - 7 - 5161 - 5096 - 2

Ⅰ.①丰…　Ⅱ.①陈…　Ⅲ.①丰子恺（1898—1975）－年谱
Ⅳ.①K825.72

中国版本图书馆 CIP 数据核字（2014）第 267277 号

出 版 人	赵剑英	
责任编辑	任　明	
特约编辑	乔继堂　张晓玲	
责任校对	李　科	
责任印制	何　艳	

出　　版	中国社会科学出版社	
社　　址	北京鼓楼西大街甲 158 号（邮编100720）	
网　　址	http://www.csspw.cn	
	中文域名：中国社科网　　010 - 64070619	
发 行 部	010 - 84083685	
门 市 部	010 - 84029450	
经　　销	新华书店及其他书店	

印刷装订	北京市兴怀印刷厂	
版　　次	2014 年 11 月第 1 版	
印　　次	2014 年 11 月第 1 次印刷	

开　　本	710×1000　1/16	
印　　张	53.25	
插　　页	2	
字　　数	800 千字	
定　　价	120.00 元	

自　序

　　笔者自 1982 年选择以丰子恺散文为研究对象撰写大学的毕业论文起，至今在丰子恺研究领域已工作了 30 余年。30 余年来，笔者相继出版了一些丰子恺研究专著，其中具代表性的有《功德圆满——护生画集创作史话》（台北业强出版社 1994 年 6 月）、《清凉世界——丰子恺艺术研究》（浙江文艺出版社 1996 年 5 月）、《丰子恺漫画研究》（西泠印社出版社 2004 年 3 月）、《新月如水——丰子恺师友交往实录》（中华书局 2006 年 9 月）、《丰子恺研究学术笔记》（太白文艺出版社 2007 年 7 月）、《丰子恺研究史料拾遗补论》（团结出版社 2009 年 8 月）和《丰子恺评传》（山东画报出版社 2011 年 10 月）等，至于与丰子恺有关的研究著作，如《李叔同与他身边的文化名人》（中华书局 2005 年 10 月）、《从"湖畔"到"海上"——白马湖作家群的形成和流变》（上海三联书店 2009 年 12 月）等就更多了。按笔者的主观愿望，《丰子恺评传》应是本人在丰子恺研究领域带有总结性的著作，鉴于出版社方面的原因，计划中 60 万字的篇幅陆续压缩到了 40 万字，虽未影响基本架构，但也是一种遗憾。缘于笔者还主持着弘一大师·丰子恺研究中心的学术工作，终于还是希望善始善终，再撰写一部丰子恺的年谱长编。

　　作为现代中国的重要作家、美学家、画家、艺术教育家和翻译家，丰子恺以其丰厚的文学、绘画作品，艺术理论著述和翻译作品等享誉人世。要全面、深入研究丰子恺，须有翔实的史料作为支撑。撰写他的年谱长编，须对他的生平有深入了解，还须对其思想、艺术，其所在的社会背景、文化艺术思潮等有全面的研究，更须在浩瀚的文献中甄别、考证史料价值，最大限度地反映丰子恺生平的真实性，同时也对丰子恺研究史作必要的展现。比之于各式各样的丰子恺研究成果，对其文献资料的整理和笺注相对不足，为其撰著一部内容翔实、史料准确、编纂科学、行文规范、便于参考研究的年谱长编，如今应是时候。笔者希望该年谱长编既能全面展现丰子恺的生平、成就，亦能明了其哲学、政治、文化、文学、艺术、宗教、道德、审美等文化指向，从一个特定的视角更好地理解丰子恺作为现代文化艺术全才的精神世界、文化行持和生命意义，从而丰富人们对其思想、文化站位与创作的认识。换一角度言之，建立在史料残缺甚至失误基础上的研究是不充分甚至是偏颇的研究。故通过对丰子恺年谱长编的编纂，亦可对过往丰子恺研究中的失实表述作必要的匡正和澄清，对日后的研究产生积极影响。此项工作，意义深远。

年谱长编的编纂与一般年谱年表编纂应有区别，在内容、体例、技术手段、文献丰富性等方面须有全新的突破。其一，本年谱长编首先在撰写方式方法上围绕谱主生平，在"横向"和"纵向"两方面均给予充分的关注，有效利用学术资料，立体反映谱主的生平事业，为丰子恺研究，也为丰富现代中国文学艺术家学术资料库作出贡献；其二，采用板块结构，既保证谱文的翔实与丰富，又做到谱文、背景、社会评价、注释等条理清晰，改变传统年谱编纂中"流水账"式的行文方式；其三，鉴于研究对象的特殊性，在本年谱长编的编纂过程中，选取了有代表性的谱主生平照片、作品图例和其他图像入谱，丰富年谱长编撰写手段。

感谢教育部将本课题列入 2012 年度教育部人文社会科学研究规划基金项目，使本人有条件，也有更大的动力完成这项艰苦的工作；感谢丰子恺幼女丰一吟老师允许使用有关丰子恺先生的图像资料；感谢所有目前与我一同参与编辑《丰子恺全集》的同人，如陈子善、陈建军、刘晨、吴浩然、叶瑜荪、朱显因、杨子耘、杨朝婴、宋雪君等，他们在编辑过程中发现了大量史料，其中刘晨老师帮助核实史料付出了辛勤的劳动；也要感谢课题组成员朱晓江、王旭青二位，他们曾在课题的设计和资料搜集整理方面作出了自己的贡献；更要感谢 30 余年来所有帮助、支持过我的师友和海内外各界有关人士。

2014 年 5 月 18 日
陈星记于杭州

目　录

谱　前

本　谱

谱　后

前　谱

凡　例

一、本年谱长编采用板块式的编撰方式，即谱前（凡例、丰子恺传略、丰子恺研究资料编纂状况），本谱（时代背景、谱文、主要社会评价），谱后（谱主著译书目、主要参考文献）的体例，既保证谱文的翔实与丰富，又做到背景、谱文、社会评价、注释等条理清晰，便于阅读和检索。同时，在谱文部分还配以相关影像和文献图片（其中所附谱主生平照片凡能注明时间地点者一概注明；不能明确时间或地点者，则作为相关谱文内容之参考），以有助于读者对谱主的全方位了解。

二、各年所记各事，按时间顺序逐条编入。对于与谱主有关的重要人物，以注释的形式进行稽考概述。凡有考证、补充、评述等特别需要说明的内容，皆以按语形式分别说明。对以往诸家有关谱主传记文字的误记之处，必要时则在录入史实的同时，用注释的方式予以正误，最大限度地体现本年谱长编的学术性。

三、引用谱主著述之文字，凡公开发表者一律注明出处；未经发表者注明现存之处。发表谱主作品刊物之"期"、"号"，原则上依原刊之表述。

四、目前已知的全部著述一律入谱，按发表时间排序，尽可能标注初刊处、写作日期、初收何集、著述体裁（如小说、散文、漫画、艺术论述、童话、诗词、评论、译文、书信、日记、序跋等）。发表时署名若使用其他名号，如"丰仁"、"子顗"等，予以注明；若使用"丰子恺"、"子恺"或"TK"，则不注明。鉴于谱主的漫画作品、插图等数量甚巨，本谱所收漫画为目前可查得且主要以谱主生前发表或生前编订、保存、流传且有时间标注或时间可考的作品为标准。又鉴于谱主著译的版本繁多，本谱一般仅录入初版本。

五、本谱采用公历，必要时农历和公历并注。

六、凡本年所发生之事，若无具体时间可考，一般置于该年最后叙述。

七、有关谱主各年代的主要社会评价，既反映正面评价，也反映批评言论，以体现存真的目的（有代表性的评价则节录原文），提升本谱的学术价值。

八、若遇历史文献中无法辨认之字，则用"□"表示。

丰子恺传略

一

　　1898 年 11 月 9 日（农历九月廿六日），丰子恺出生于浙江省石门县玉溪镇（今桐乡市石门镇）。丰子恺的祖父丰肇庆（小康），早丧。祖母沈氏。父丰镇，字迎年，号斛泉，又号鹤旋。母钟云芳。丰子恺出生时，丰家已有女六人。丰子恺排行第七，为长男。后有一妹二弟，二弟后夭亡。丰氏祖上从浙江金华汤溪迁入，世代均为诗书礼仪之家。

　　丰子恺的父亲丰镇是清朝的末代举人（补行庚子辛丑恩正并科第 87 名），加上他家有祖传下来的染坊，也算得上是出生在书香门第。丰子恺自 6 岁起在父亲座下读书，越三年，即 1906 年，其父病逝。父亲去世后，丰子恺转入于云芝的私塾继续求学。1910 年，私塾改为溪西两等小学堂，后又更名为崇德县立第三高等小学校。

　　丰子恺自幼聪慧，并从很小起就养成了绘画的兴趣。1914 年 2 月，足龄未满 16 岁的丰子恺已在《少年杂志》第 4 卷第 2 期"儿童创作园地"栏目上发表了四篇寓言：《猎人》《怀挟》《藤与桂》和《捕雀》。每则寓言都有副标题，用以点明意旨。丰子恺当时叫"丰仁"。"子恺"则是此后他考入浙江省立第一师范学校后才有的号。

　　1914 年春，丰子恺在崇德县立第三高等小学校以第一名的成绩毕业。同年夏赴省城杭州投考。因担心落第回乡，又听说有同时投考数所学校的办法，便同时报考了三所学校：甲种商校、第一中学和浙江省立第一师范学校。结果，他同时被这三所学校录取，甲种商校录取为第一名，第一中学录取为第八名，浙江省立第一师范学校录取为第三名。丰子恺最后选择了浙江省立第一师范学校。曾自谓："但看学校的形式，觉得师范学校规模最大，似乎最能满足我的知识欲。我便进了师范学校。"① 是年，该校录取新生80余人，分甲、乙两班，丰子恺被分在甲班。丰子恺入学之初，各科成绩屡列第一，然而三年级后，成绩一落千丈，甚至都没有到小学校里去实习。幸好有前两年的好成绩，待丰子恺毕业时，他的平均成绩尚得第20名。三年级后成绩下降的主要原因，是他决心跟从李叔同学习艺术科，而疏远了其他的课程。他自己的表白是："三年级以后，课程渐渐注重教育与教授法。这些是我所不愿学习的。当时正梦想将来或从我所钦佩的博学的国文先生而研究古文，或进理科大学而研究理化，或入教会学校而研究外国文。教育与教授法等，我认为是阻碍我前途的进步的。但我终于受着这学校的支配，我自恨不能生翅而奋飞。"② 然而，丰子恺自跟从李叔同学习绘画以后，他又体会到了艺术与英、数、理、化的不同滋味。此后，他渐渐疏远其他功课，而埋头于美术，居然成了学校里绘画成绩的佼佼者。由于对艺术课的偏爱，丰子恺在学校里不仅能弹钢琴、画画、治印，他还被推为学校"桐阴画会"的负责人。从四年级开始，他经常借故请假到西湖写生，几乎没有学过有关教育方面的课程。跟李叔同一样，夏丏尊也是学生们敬佩的一位师长，又开启了丰子恺的文学兴趣。夏丏尊具有多愁善感的性格和务实的作风，这种性格和作风导致了他在对待学生的学习、生活上也有了跟李叔同不同的教育方式。丰子恺介绍夏丏尊的教育教学态度时说："夏先生与李先生对学生的态度，完全不同。而学生对他们的敬爱，则完全相同。这两位导师，如同父母一样。李先生的是'爸爸的教

---

① 丰子恺：《旧话》，载1931年6月1日《中学生》第16号。

② 丰子恺：《旧话》，载1931年6月1日《中学生》第16号。在丰子恺的表述中，从李叔同学画的时间有差异。在《为青年说弘一法师》（载1943年5月《中学生》第63期）中丰子恺说："我二年级时，图画归李先生教。"在《画家之生命》（载1920年4月《美育》第1期）中也说："乙卯予从李叔同先生学西洋画，写木炭基本练习数年……"李叔同（1880—1942），天津人，艺术家、艺术教育家、佛门高僧。1901年入南洋公学，1905年出版《国学唱歌集》，为中国近代学堂乐歌奠基人之一。1905年秋赴日本留学，1906年夏考入东京美术学校西洋画科。入学前在日本创办中国第一份音乐杂志《音乐小杂志》。入学后于1906年末与同学一起创办中国第一个话剧团体"春柳社"，次年参加演出话剧《茶花女》《黑奴吁天录》，为中国话剧的开创者之一。1911年3月毕业回国。1912年春任《太平洋报》画报副刊主编，同年秋应经亨颐之邀任教于浙江省立两级师范学校，在中国首用人体模特进行美术教学，并创作出众多脍炙人口的学堂乐歌作品，其中有中国第一首合唱曲《春游》。在校任教期间培养出一批艺术界、文化界名流。1918年夏出家为僧。苦研南山律宗，被列为中国现代四大高僧之一、振兴南山律宗的第十一代祖师。

育'，夏先生的是'妈妈的教育'。"①

1919 年 3 月，丰子恺曾回故乡石门。3 月 13 日（农历二月十二日），与徐力民结婚（旧俗以夏历二月十五为"百花生日"，此日称"花朝日"；另一说为二月十二日）。1919 年 7 月，丰子恺毕业于浙江省立第一师范学校。

二

丰子恺毕业时，同校学长吴梦非、刘质平计划在上海创办培养图画音乐及手工教员的学校，正在招募同人。刘质平知道丰子恺无升学计划，又不甘心放弃图画，就拉他一起创办学校，他遂于毕业后与吴梦非、刘质平一起在上海小西门黄家阙路一弄内租屋创办了上海专科师范学校——中国第一所私立的艺术专科师范学校，任美术教师，授西洋画等课程。②

上海专科师范学校的创办人都是李叔同的学生。此诚如李叔同出家后所说："任杭州教职六年，兼任南京高师顾问者二年，及门数千，遍及江浙。英才蔚出，足以承绍家业者，指不胜屈，私心大慰……凡油画、美术、图籍，寄赠北京美术学校（尔欲阅者可往探询之），音乐书赠刘子质平，一切杂书零物赠丰子子恺（二人皆在上海专科师范，是校为吾门人辈创立）。"③

就在创办上海专科师范学校的同时，丰子恺还与吴梦非、刘质平一起在上海东亚体育学校任教，丰子恺任音乐、图画课教师，并在其校刊《上海东亚体育学校校刊》第 1 期（1919 年 12 月出版）上发表《图画教授法》一文。在该刊的第 2 期上，也有他的翻译作品《素描》。丰子恺同时还在城

---

① 丰子恺：《悼丏师》，载 1946 年 5 月 16 日《川中晨报》"今日文艺"副刊第 11 期。夏丏尊（1886—1946），浙江上虞人，教育家、文学家。1905 年赴日本留学，入东京宏文学院。1907 年跨考东京高等工业学院。一年后辍学回国，任浙江官立两级师范学堂教师，任教国文，兼任舍监，历经浙江省立两级师范学校、浙江省立第一师范学校时期。传播新文化，为学校"四大金刚"之一。"一师风潮"后离校，历任湖南第一师范学校、上虞春晖中学、暨南大学等教职。主持开明书店编务。1936 年当选为中国文艺家协会理事、主席。

② 吴梦非（1893—1979），浙江东阳人，现代著名美术、音乐教育家。1908 年进入浙江官立两级师范学堂。辛亥革命爆发时曾一度辍学，1912 年复学为初级师范肄业生以第一名的成绩跳级而成了两级师范高师图画手工专修科的学生并成为李叔同到校任教后的第一届学生，且被推为班长。1919 年，吴梦非和刘质平、丰子恺一起创办了上海专科师范学校。吴梦非还主持过中华美育会，主编《美育》杂志。1930 年，吴梦非编译了中国第一部《和声学大纲》，同时还编写了许多音乐教育读物。1949 年后，吴梦非先后任浙江省文化局秘书、浙江省文联组织部副部长、上海音乐学院教务处副主任等职。刘质平（1894—1978），原名毅，浙江海宁人，音乐教育家。

③ 弘一大师致李圣章信，收《弘一大师全集八·杂著卷、书信卷》，福建人民出版社 1992 年 9 月第 1 版，第 148 页。

东女学等学校兼课。丰子恺不仅自己在该校兼课，也将妻子徐力民送到该校读书。1919 年冬，吴梦非、刘质平和丰子恺三人又与其他同类学校的刘海粟、姜丹书、张拱璧、吕澄、欧阳予倩、周湘等联合成立了中国第一个美育团体"中华美育会"，并在 1920 年 4 月 20 日创刊出版了中国第一本美育学术杂志《美育》月刊，丰子恺为广告部主任。丰子恺在《美育》上先后发表《画家之生命》《忠实之写生》和《艺术教育的原理》等文章，产生了一定的社会影响。他还在《美育》第 7 期上发表了他的人体素描《习作》（木炭画）一幅。

随着上海的美术事业日益发展，绘画机构逐日增多，从东西洋留学归来的画家时有所闻，丰子恺开始觉得自己的观念已经落后，教学也已出现危机，他又在上海的日本书店里购得一些美术杂志，从中可窥知一些最新世界美术发展的消息以及日本画界的盛况。于是，他觉得自己从前所得的西洋画知识实在太陈腐太狭窄，遂于 1921 年早春赴日本游学。

三

丰子恺准备的出国经费只可在日本度过 10 个月的时间。他说："这一去称为留学嫌太短，称为旅行嫌太长，成了三不像的东西。"[1] 所以他干脆就称其为"游学"。丰子恺自己大略地介绍了他在日本 10 个月时间的学习情况："我在这十个月内，前五个月是上午到洋画研究会中去习画，下午读日本文。后五个月废止了日本文，而每日下午到音乐研究会中去学提琴，晚上又去学英文。然而各科都常常请假，拿请假的时间来参观展览会，听音乐会，访图书馆，看 opera 以及游玩名胜，钻旧书店，跑夜摊（yomise）。因为这时候我已觉悟了各种学问的深广，我只有区区十个月的求学时间，决不济事。不如走马观花，吸呼一些东京艺术界的空气而回国吧。幸而我对于日本文，在国内时已约略懂得一点，会话也早已学得了几声。到东京后，旅舍中唤茶、商店中买物等事，勉强能够对付。我初到东京的时候，随了众同人入东亚预备学校学习日语，嫌其程度太低，教法太慢，读了几个礼拜就辍学。自己异想天开，为了学习日本语的目的，向一个英语学校的初级班报名，每日去听讲两小时。他们是从 A boy，A dog 教起的，所用的英文教本与开明第一英文读本程度相同。对于英文我已完全懂得，我的目的是要听这位日本

① 丰子恺：《我的苦学经验》，载 1931 年 1 月 1 日《中学生》第 11 号。

先生怎样地用日本语来解说我所已懂得的英文，便在这时候偷取日本语会话的诀窍，这异想天开的办法果然成功了。我在那英语学校里听了一个月讲，果然于日语会话及听讲上获得了很多的进步。同时看书的能力也进步起来。本来我只能看《正则洋画讲义》一类的刻板的叙述体文字，现在连《不如归》和《金色夜叉》（日本旧时很著名的两部小说）都会读了。我的对于文学的兴味，是从这时候开始的。"①

　　就日本文学而论，对丰子恺文学创作产生重要影响的，是日本近代文学史上最杰出的作家夏目漱石——现实主义的创作方法、潇洒自如的写作风格、超脱尘世的思想——都在丰子恺散文中有迹可循。即便是在丰子恺的晚年，这种影响仍然存在，只是在不同的历史阶段有其特殊的内涵而已。日本学者曾以中国最像艺术家的艺术家来称颂丰子恺，而丰子恺却说："艺术家这顶高帽子，请勿套到我头上来，还是移赠给你们的夏目漱石、竹久梦二……"② 丰子恺的景仰之情，可见一斑。丰子恺先后两次翻译过夏目漱石的《旅宿》，第二次翻译完全不参照第一次的译本，由此可见其对《旅宿》的喜爱。丰子恺甚至说："知我者，其唯夏目漱石乎？"③

　　丰子恺来到日本，学习美术是重要目的。一个偶然的机会，他接触到竹久梦二的漫画作品。④ 他钦佩梦二的画风："竹久梦二的画，其构图是西洋的，其画趣是东洋的。其形体是西洋的，其笔法是东洋的。自来综合东西洋画法，无如梦二先生之调和者。他还有一点更大的特色，是画中诗趣的丰富。"⑤ "日本竹久梦二的抒情小品使人胸襟为之一畅，仿佛苦热中的一杯冷咖啡。"⑥ 在竹久梦二的作品中，丰子恺体验到了从未有过的漫画艺术的趣味，他"寥寥数笔的一幅小画，不仅以造型的美感动我的眼，又以诗的意味感动我的心"。⑦ 同样令丰子恺倾心的还有竹久梦二漫画的简洁表现法、

---

　　① 丰子恺：《我的苦学经验》，载 1931 年 1 月 1 日《中学生》第 11 号。
　　② 丰子恺：《读〈读缘缘堂随笔〉》，载 1946 年 9 月《中学生》第 179 期。
　　③ 丰子恺：《暂时脱离尘世》，收《丰子恺文集》（文学卷二），浙江文艺出版社、浙江教育出版社 1992 年 6 月第 1 版，第 663 页。
　　④ 竹久梦二（1884—1934），日本冈山县邑久郡人。早年自早稻田实业学校毕业后，苦学自修成才，成了日本著名的漫画家。在一般日本人的印象里，竹久梦二是以他绘画事业后期的"美人画"而著名的。而丰子恺则对其早期漫画更为钦佩。据丰氏 1946 年 4 月 1 日致《导报》编者信称，竹久梦二的漫画集是在东京神田区一带旧书店中搜求到的。
　　⑤ 丰子恺：《谈日本的漫画》，载 1936 年 10 月 1 日《宇宙风》第 26 期。
　　⑥ 丰子恺：《漫画浅说》，载 1925 年 11 月 10 日《小说月报》第 16 卷第 11 号。
　　⑦ 丰子恺：《绘画与文学》，开明书店 1934 年 5 月版。

坚劲流利的笔致、变化而又稳妥的构图，以及立意新奇、笔画雅秀的题字。

丰子恺也受到另一位日本漫画家蕗谷虹儿的影响，此后还一度模仿蕗谷虹儿的画风。[①] 丰子恺在 1927 年的第二本漫画集《子恺画集》里就收入了多幅这类画稿。朱自清在这本画集的跋里记述这类画时说："还有一个重要的不同，便是本集里有了工笔的作品。子恺告我，这是'摹虹儿'的。虹儿是日本画家，有工笔的漫画集；子恺所摹，只是他的笔法，题材等，还是他自己的。这是一种新鲜的趣味！落落不羁的子恺，也会得如此细腻风流，想起来真怪有意思的！集中几幅工笔画，我说没有一幅不妙。"[②] 当然，像这种工笔漫画，除了在丰子恺的装帧漫画中时有所见外，在他的漫画创作中尚属少数。

跟许多中国人一样，他们在国内时看不到自己国家的长处，而一到国外，反而看得更加清楚了。丰子恺在日本虚心地学习，但他也在日本美术家的言论中领悟到了当初在国内时不易领悟到的东西。比如他读到了这样的文章："支那绘画是日本绘画的父母。不懂支那绘画而欲研究日本绘画，是无理的要求。"另一位日本学者又说："日本一切文化，皆从中国舶来；其绘画也由中国分支而成长。恰好比支流的小川对于本流的江河。在中国美术中加一种地方色，即成日本美术。"[③] 丰子恺越是在日本感受到新鲜的事物，就越感到自己留日的时日短暂。1921 年冬，丰子恺回到祖国。

四

丰子恺从日本归来后的最初几个月，仍复任上海专科师范学校教职，同时又在吴淞中国公学中学部等学校兼课。在中国公学中学部，他认识了此后与他缘分很深的朱光潜、匡互生等同道；在专科师范，他与同事陈望道亦意

---

① 蕗谷虹儿（1898—1979），以绘画技法的细腻著称，被誉为工笔漫画家，虽然如此，他的画意则颇为深邃。他在画集《悲凉的微笑》自序里这样说："我的艺术，以纤细为生命，同时以解剖刀一般的锐利的锋芒为力量。"参见鲁迅《蕗谷虹儿画选·小引》，朝花社 1929 年 1 月版。

② 朱自清：《〈子恺画集〉跋》，开明书店 1927 年 2 月第 1 版。朱自清（1898—1948），江苏东海人，文学家。1919 年开始创作发表新诗，后又涉笔散文。1920 年 6 月毕业于北京大学哲学系。

③ 参见丰子恺《中国美术在现代艺术上的胜利》，载 1930 年 1 月 10 日《东方杂志》第 27 卷第 1 号。

气相投,过从甚密。① 1922 年初秋,丰子恺赴浙江上虞白马湖春晖中学任教。起初他是单身前往,次年春,他便把家人也都接了过去。丰子恺在白马湖畔有"小杨柳屋"。"小杨柳屋"与刘叔琴②的寓所相邻;而夏丏尊的"平屋"与刘薰宇③的居舍相邻,两对房子毗邻而筑,时人戏称为"夏刘"、"丰刘"。这四家人不分彼此,日常生活用品互通有无。

在夏丏尊等的召集下,一批实力派作家云集于白马湖,形成了被文学史家称为"白马湖作家群"的文学群体。白马湖作家群有着独特而鲜明的"个性",即在彼此之间的友情中获取乐趣,在相互之间的艺术熏染中获取乐趣;他们有相近的文学风格,更有共同的理想——以"立人"为基本诉求,张扬艺术、提倡美育,在教育上做一些实际的工作。

在春晖中学,丰子恺首先是学校里的美术、音乐教师(兼授英文),他在美育理论和美育实践方面都有较多的努力,并为校歌谱曲。也是在白马湖,丰子恺走出了他作为文学家和漫画家的第一步。丰子恺的散文创作起步于《春晖》半月刊,其中最有代表性的两篇散文就是《青年与自然》④ 和《山水间的生活》⑤。丰子恺漫画的起步也在春晖中学。据丰子恺自己回忆,他在白马湖作漫画,缘于春晖中学的一次校务会议。在这次会议上,他对"那垂头拱手而伏在议席上的同事的倦怠的姿态"⑥ 印象颇深,回家后就用毛笔把校务会议上的印象画了出来,并贴在门后独自欣赏。此画激起了丰子恺的极大兴味。此后他就经常把平日信口低吟的古诗词句"译"作小画,又把对日常生活中有感的物事一一描绘出来。每次画完之后,他都会"得到和产母产子后所感到的同样的欢喜"。他开始勤奋作画,"于是包皮纸,

---

① 朱光潜(1897—1986),笔名孟实,安徽桐城人。留学英、法获文学博士学位。后曾在春晖中学、四川大学、武汉大学和北京大学任教,曾任中国美学学会会长、中国科学院哲学社会科学学部委员;匡互生(1891—1933),名颂英,字人俊,号互生,湖南邵阳人,1915 年入北京高等师范学校数理部学习,1919 年 5 月 4 日,北京各高校学生示威游行,至赵家楼曹汝霖宅时,首先攀墙破窗而入,并举火焚烧。五四运动就此拉开序幕。后曾任教于湖南第一师范学校、春晖中学、立达学园等;陈望道(1890—1977),原名参一,浙江义乌人,早年留学日本。1920 年与陈独秀等组织马克思主义研究会,系《共产党宣言》中译本的最早译者。曾任浙江省立第一师范学校、上海大学教职,复旦大学校长。1955 年被选为中国科学院哲学社会科学学部常委。

② 刘叔琴(1892—?),别名祖征,宁波镇海人,曾任浙江省立宁波第四中学校长及立达学园、国立劳动大学教职和开明书店编辑。

③ 刘薰宇(1894—1967),贵阳人。北京高等师范毕业,曾赴法国巴黎大学攻数学专业。著有《开明中学数学教本》《趣味数学》《数学园地》等。

④ 丰子恺:《青年与自然》,载 1922 年 12 月 1 日《春晖》第 3 号。

⑤ 丰子恺:《山水间的生活》,载 1923 年 6 月 1 日《春晖》第 13 号。

⑥ 丰子恺:《〈子恺漫画〉卷首语》,文学周报社 1925 年 12 月版。

旧讲义纸，香烟篓的反面，都成了我的 Canvas，有毛笔的地方都成了我的 Studio 了"。① 丰子恺最早发表的漫画就是在《春晖》半月刊上。1922 年 12 月 16 日《春晖》第 4 号上发表了《经子渊先生的演讲》和《女来宾——宁波女子师范》两幅画，这是目前发现的丰子恺最早发表的漫画。丰子恺的漫画成名作《人散后，一钩新月天如水》最初发表在朱自清与俞平伯合办的《我们的七月》（1924 年）上。作此画时，丰子恺尚在春晖中学任教。

1924 年冬，丰子恺由白马湖迁往上海，参与创办立达学园。他离开白马湖，是因为学校的进步教师与学校领导层在办学思想上发生了分歧。虽然主张改革的同人不少，也深受学生爱戴，但是他们不掌握行政大权，所以，他们越来越感到，只要"寄人篱下"，就不可能实现他们自己的教育理想。

五

1925 年初，丰子恺与匡互生等在上海虹口老靶子路租用民房，办起了立达中学，后因房租太贵又迁至小西门黄家阙路。同年夏，学校在江湾觅得一块荒地新建校舍，校舍建成后即改名叫立达学园。"立达"二字，取义《论语》中"己欲立而立人，己欲达而达人"之句。

立达学园成立后不久，还成立了"立达学会"。在匡互生的授意之下，朱光潜执笔撰写了一份"立达宣言"，公开提出教育独立的主张。而后之所以称"学园"，是表示"学园"不同于一般的学校。它既能令人联想到古希腊"柏拉图学园"的自由讨论风气，又包含把青年当成幼苗来培育的更为切实的积极意义。

丰子恺为创办立达中学出力甚多。他卖去了白马湖畔的"小杨柳屋"，所得 700 余元，别的同道又凑合了数百元钱，共 1000 余元就在虹口老靶子路的租屋上挂起了校牌。学校迁至小西门黄家阙路时，"在那里房租便宜得多，但房子也破旧得多。楼下吃饭的时候，常有灰尘或水滴从楼板上落在菜碗里。亭子间下面的灶间，是匡先生的办公处兼卧室。教室与走道没有间隔，陶先生去买了几条白布来挂上，当作板壁"。② 办学的条件虽艰苦，但立达同人的办学热情却并不因此而减少，他们是为了实现自己的教育理想：

---

① 丰子恺：《〈子恺漫画〉卷首语》，文学周报社 1925 年 12 月版。
② 丰子恺：《立达五周纪念感想》，初收《缘缘堂随笔》，（上海）开明书店 1931 年 1 月版，文末署"一九三〇年作"。

"修养健全人格，实行互助生活，以改造社会，促进文化。"①

立达学会于1926年9月创刊了《一般》月刊。丰子恺成了这份刊物的主要撰稿人之一。丰子恺在立达学园时期编写、编译或翻译了许多艺术读物。美术方面的有《西洋美术史》《现代艺术十二讲》等；② 音乐方面的有《音乐的常识》《孩子们的音乐》《音乐入门》《中等教科适用歌曲集》《近代二大乐圣的生涯与艺术》《音乐与生活》等。同时他也写了众多艺术理论文章，如《中国画的特色——画中有诗》《美术的照相——给自己会照相的朋友们》《西洋画的看法》《乡愁与艺术——对一个南洋华侨学生的谈话》《一般人的音乐——序黄涵秋〈口琴吹奏法〉》等等。

1925年12月，丰子恺出版了第一部漫画集《子恺漫画》（文学周报社）。至此，丰子恺开始正式走上了作为艺术家的起飞之路。

丰子恺正式从事散文创作始于1922年。到了立达时期，他的散文艺术趋于成熟，风格特征也开始显现。他的第一部散文集《缘缘堂随笔》出版于1931年。此后又相继出版了《子恺小品集》《随笔二十篇》《车厢社会》《子恺随笔集》和《缘缘堂再笔》等。

就在1925年12月丰子恺出版第一部漫画集《子恺漫画》的同一个月，上海亚东图书馆出版丰子恺最早的一部音乐理论著作《音乐的常识》。虽系编撰，亦具有音乐启蒙意义。自从《音乐的常识》出版后，丰子恺在这一时期又先后出版了《音乐入门》《近代二大乐圣的生涯与艺术》《近世十大音乐家》《音乐初步》《世界大音乐家与名曲》和《西洋音乐楔子》等音乐理论及普及读物。他用浅显而又生动的语言加以阐述，使音乐知识在现代中国大众中普及推广，起到了积极的作用，在相当长的一段时期内，曾受到读者的普遍欢迎。尤其是其中的《音乐入门》，从1926年初版后重印了30余次，直到今天，中国的出版界仍在出版此书。

1927年的秋天，弘一大师在上海的丰子恺家小住一个月。丰子恺在《缘》一文中所述："每天晚上天色将暮的时候我规定到楼上来同他谈话。

---

① 参见匡互生《立达、立达学会、立达季刊、立达中学、立达学园》，收《匡互生与立达学园》，北京师范大学出版社1985年5月第1版，第19页。

② 丰子恺在开明书店1929年5月初版的《现代艺术十二讲》的序言中曰："立达学园开办西洋画科凡三年。今年暑假第一次毕业后，即行停办。我为此三班美术学生述三种关于艺术知识之讲义：为一年级生述艺术概论，为二年级生述现代艺术，为三年级生述西洋美术史。一年级与三年级两种讲义稿，已蒙开明书店排印为《艺术概论》及《西洋美术史》两书，于两月前出版。今再将二年级讲义稿付印，即此《现代艺术十二讲》。"

他是过午不食的,我的夜饭吃得很迟。我们谈话的时间,正是别人的晚餐时间。他晚上睡得很早,差不多同太阳的光一同睡着,一向不用电灯。所以我同他谈话,总在苍茫的暮色中。他坐在靠窗口的藤床上,我坐在里面椅子上,一直谈到窗外的灰色的天空衬出他的全黑的胸像的时候,我方才告辞,他也就歇息。这样的生活,继续了一个月。现在已变成丰富的回想的源泉了。"① 他俩晨夕一堂,弘一大师的言行、思想与品格以至信仰便又一次影响了他。终于,丰子恺发愿拜弘一大师为师皈依佛教。皈依的地点就在江湾缘缘堂的钢琴边上,时间是 1927 年农历九月廿六日丰子恺 29 周岁的这一天。弘一大师为丰子恺取的法名是"婴行"。丰子恺皈依后,与弘一大师合作编有《护生画集》(第 1 集出版于 1929 年 2 月,开明书店)。

由于时局和经济两方面的原因,立达同人曾满怀信心的立达学园日趋衰落。1933 年 4 月 22 日,匡互生逝世。匡互生逝世后,学园同人于该年 5 月推选原教务主任陶载良为校务委员会主任继续维持学园的运作。② 立达学园创办人之一的丰子恺自该年春起即长居故乡的缘缘堂,实际上已不多过问学园的事务。

1926 年 8 月,开明书店成立。③ 1928 年,由夏丏尊、刘叔琴、杜梅生、丰子恺、胡仲持、吴仲盐等八人发起,将开明招募股本改组为股份有限公司。丰子恺除投股外,妻子徐力民也拿出私房积蓄,凑成一股以支持书店。丰子恺被选为公司的董事,后又任监事。1930 年,开明书店创办了一份以中学生为对象的《中学生》杂志,夏丏尊为《中学生》的主编之一,丰子恺是编辑之一。④ 继《中学生》后,开明书店又于 1936 年 1 月 1 日创刊了一份以初中学生和高小学生为读者对象的重要的刊物《新少年》(半月刊),

① 丰子恺:《缘》,载 1929 年 6 月 10 日《小说月报》第 20 卷第 6 号。

② 1937 年淞沪抗战爆发。上海沦陷以后,立达学园迁往四川隆昌。1947 年,立达学园迁回上海,落址松江。1953 年,立达学园由政府接管,改名为松江第三中学。2003 年 4 月 18 日,上海市松江区教育局举行由原松江三中转制的松江区教师进修学院附属立达中学揭牌仪式,立达学园第 31 届校友梁灵光和第 63 届校友李金生为立达中学揭牌。匡互生先生的女儿,原中国计量科学研究院研究员匡介人(第 39 届校友)作为嘉宾出席的揭牌仪式。至此,立达之名重新在上海恢复。遗憾的是,由于种种客观原因,复名后的立达未能使用"立达学园"而只用了目前通称的"中学"。陶载良(1898—?),江苏无锡人,1919 年毕业于南京高等师范学校数理化科,曾任浙江上虞春晖中学教师,1925 年与匡互生、丰子恺等共同创办立达中学,匡互生逝世后,长期执掌立达校务。

③ 在 20 世纪初,亦有一家"开明书店",于清光绪二十八年(1902)由夏颂莱(清贻)创办,曾出版《金陵卖书记》《汴梁卖书记》等。1903 年,译书汇编社出版李叔同译《国际私法》一书,即由开明书店发卖。

④ 1939 年 5 月,《中学生》"战时半月刊"在桂林复刊,丰子恺是七人编委会成员之一。

仍由夏丏尊任社长，丰子恺、叶圣陶等为编辑，主编为顾均正。[①] 在这个时期，丰子恺有大量的装饰漫画，即主要是为了书籍装帧、插图之需而作的漫画。丰子恺的装饰漫画主要分两类，一是书籍的封面、扉页画，二是书籍的插图及补白。此类画在丰子恺的漫画中占有特殊的地位。

在翻译方面，除了《苦闷的象征》外，他还翻译了田边尚雄的《孩子们的音乐》、黑田鹏信的《艺术概论》、上田敏的《现代艺术十二讲》、田边尚雄的《生活与音乐》、门马直卫的《音乐的听法》、森口多里的《美术概论》等，而他的许多艺术读物，许多为参照外文本而编写。

六

1930 年正月初五，丰子恺的母亲钟芸芳病逝。丰子恺为了永远纪念母亲，服丧后即开始蓄须。是年秋，丰子恺患伤寒症，辞去教职，卧病嘉兴，居杨柳湾金明寺弄 4 号。

丰子恺于 1932 年迁回上海江湾旧宅。1926 年，弘一大师曾指点丰子恺用抓阄的方法确定了他在上海的寓所为"缘缘堂"。这所谓的"缘缘堂"在当时不过是一个象征性的名称而已。丰子恺说这是"缘缘堂""灵"的存在，这个"灵"足足跟随他达六七年之久。一直到 1933 年春（一说为 1932 年秋），丰子恺终于给这个"灵"赋了形，他在他的家乡石门湾的梅纱弄里，也就是丰家老屋的后面，建造高楼三楹，"缘缘堂"终于堕地。赋了形的"缘缘堂"是由丰子恺亲自绘图设计的一所中国式构造，近世风形式的宅院，完美地达到了丰子恺所追求的高大、宽敞、明亮，具有朴素深沉之美的要求。

丰子恺在缘缘堂生活期间，可以说是他创作的丰收期。他利用堂内一二万册各类藏书，在这安谧宁静的气氛中勤奋著述，其间出版的漫画集、随笔集、文艺论著就有，画集：《云霓》《人间相》《都会之首》；随笔集：《子恺小品集》《随笔二十篇》《车厢社会》《丰子恺创作选》《缘缘堂再笔》以及《少年美术故事》；音乐著作：《开明音乐教本》《开明音乐讲义》；艺术论著：《绘画与文学》《近代艺术纲要》《艺术趣味》《开明图画讲义》《艺术丛话》《绘画概说》《西洋建筑讲话》《艺术漫谈》等。

---

① 该刊因"八·一三"战事而停刊。1945 年 7 月在重庆复刊，改刊名为《开明少年》。叶圣陶（1894—1988），原名叶绍钧，江苏苏州人，现代作家、教育家、出版家和社会活动家。新中国成立后曾担任出版总署副署长、人民教育出版社社长、教育部副部长。

　　每逢春秋时节，丰子恺也赴杭州小住，一来是变换一下环境，好去领略西湖的美景，二来也是为了几个孩子在杭州求学。1934 年，丰子恺就在杭州觅得寓所，先住皇亲巷，后又迁至马市街，最后又居田家园。

　　1937 年卢沟桥事变后，日军大举侵略中国。8 月 13 日，日军进攻上海，不久，杭州也遭空袭。石门湾位于京杭运河的大转弯处，历来是军事上的要冲之地。丰子恺知道时局紧张，便取消了杭州的租屋，把其中书籍器具装船运回缘缘堂。11 月 6 日上午，丰子恺开始画《漫画日本侵华史》，这是根据蒋坚忍著《日本帝国主义侵略中国史》而作的漫画集。按照丰子恺的设想，此画集将和《护生画集》一样，以一文一图形式成册，希望能让文盲也看得懂。也像《护生画集》一样贱卖，能使小学生都有购买力。是日中午，石门湾的上空出现了日军飞机。日军终于在和平的石门湾扔下了罪恶的炸弹。这天傍晚，丰子恺暂时转移到三四里之外的南深浜。此后，丰子恺曾与大女儿陈宝、店员章桂等回缘缘堂取书物。这成了他与缘缘堂的最后一面。11 月 21 日，雇船离南深浜。同行者有：岳母、妻力民、姐丰满、子女陈宝、林先、宁馨、华瞻、元草、一吟，连丰氏共 10 人。表弟周丙潮夫妇及婴儿等 3 人、店员章桂亦随行。

七

　　1937 年 11 月 21 日，丰子恺率全家告别故乡，踏上了逃难之路。次年 1 月，缘缘堂终被毁于战火。

　　丰子恺走上了万里跋涉之路。他率领全家经杭州奔桐庐，径直投奔马一浮。[①] 由于日军迫近，且丰子恺又有一家老小，他终于只在桐庐住了一个月左右，于同年 12 月 21 日雇船溯江而上，重新踏上了逃难之路。不久，马一浮也迫于战事，离开桐庐去了江西。丰子恺离开桐庐后，经浙江兰溪、江西上饶、樟树镇，接着抵达萍乡。在萍乡，他遇上当年在上海时的学生萧而化，并在那里的乡下暇鸭塘暂住度过 1938 年的春节。此时，长沙开明书店陆联棠来函邀请，丰子恺便又告别了萍乡于 3 月 12 日抵湘潭，13 日抵长沙，安顿家小后，他又偕了两个女儿赴汉口。[②] 汉口是当时的文化人云集之

---

　　① 马一浮（1883—1968），乳名锡铭，幼名福田，号湛翁，晚号蠲叟，或蠲戏老人。浙江绍兴人，生于四川成都，1888 年随父返回浙江，自幼聪颖过人，国学家。

　　② 陆联棠，资深出版人，长期供职于开明书店、三联书店、中华书局、商务印书馆等重要出版机构。

地，也是抗日的宣传中心，3月27日，中华全国文艺界抗敌协会成立，4月，该协会出版《抗战文艺》，丰子恺也成了该刊的编委。

丰子恺在汉口逗留了两个月左右。九江失守后，丰子恺不得不再度转移。这时，桂林师范学校的校长唐现之来信邀请他赴该校任教，丰子恺便于1938年6月到了桂林。①

1938年底，浙江大学的郑晓沧委托马一浮转言，说竺可桢校长欲邀请丰子恺为该校的艺术指导。② 1939年4月，丰子恺前往广西宜山的浙江大学任教。在浙江大学，丰子恺又于1941年为学生新增新文学课，升任为副教授。丰子恺任教于浙江大学的时间是1939年4月至1942年11月。他任的是艺术指导，授艺术教育、艺术欣赏等课程。③

1939年8月，日军攻南宁，宜山亦危在旦夕。迫不得已之中，浙江大学决定迁往贵州，但师生需要各自设法逃难。丰子恺于1940年元旦到达贵州都匀的一个月后，浙江大学又迁至遵义。他初居城内，继居城外罗庄，最后则在南潭巷的熊宅定居下来。丰子恺是爱替住宅取名的。熊宅是一座楼房，窗明几净，环境幽雅。有一天晚上，丰子恺在窗前独酌，但见月明星稀，恰与楼前流水相映成趣。他想起了苏东坡改写的《洞仙歌》中的句子："时见疏星渡河汉。"于是就给自己的居宅定名为"星汉楼"。1941年秋，他在浙江大学升任副教授。在课余，他完成了重绘旧作的工作，编成《子恺漫画全集》（1945年12月由上海开明书店出版）。在"星汉楼"的日子里，他还出版了《艺术修养基础》《子恺近作漫画集》《子恺近作散文集》《客窗漫画》以及与学生萧而化合编的《抗战歌选》第一、二册。《子恺漫画全集》是丰子恺在抗战时期对旧作的重新绘制。

1942年10月13日，弘一大师在泉州圆寂。丰子恺获知弘一大师圆寂的消息是在大师西逝后第五天。那是1942年10月18日的早晨。1942年秋，

---

① 唐现之（1897—1975），广西灌县人，教育家，桂林师范学校校长。

② 参见丰子恺《教师日记》，万光书局1944年6月第1版。另据应向伟、郭汾阳编著《名流浙大》一书（浙江大学出版社2007年5月第1版，第91页）、《风流千古"缘缘堂"——艺术大师丰子恺》一文，除郑晓沧转述竺可桢邀请外，同时浙江大学师范学院主任孟宪承亦相邀他早日成行；郑晓沧（1892—1979），浙江海宁人，美国威斯康辛大学教育学学士和哥伦比亚大学师范学院教育学博士，教育家。

③ 关于丰子恺应聘浙江大学的时间，应向阳、郭汾阳编著《名流浙大》（浙江大学出版社2007年5月第1版，第91页）一书介绍为1939年4月，而李曙白、李燕南编著《西迁浙大》（浙江大学出版社2007年5月第1版，第140页）则介绍为1939年3月。

国立艺术专科学校校长陈之佛邀请丰子恺到重庆该校任职。[①] 10 月 18 日早晨，丰子恺正在遵义的住宅"星汉楼"中整理行装。这时，邮差突然送来泉州开元寺性常法师发来的电报，报告弘一大师圆寂的消息。丰子恺接到电报后，心里自是一阵悲怆。他下意识地走到窗前，望着长空沉默了几十分钟。然后，他发了一个愿，即决定替弘一大师画像一百幅，分寄各省信仰大师的人。11 月中旬，丰子恺全家迁居重庆，连应酬加疾病，他在次年 1 月方才动笔绘像。他先一口气连画 10 张，分别寄给福建、河南诸信士。另外90 幅，准备一面接洽索画人，一边为之绘作。

弘一大师圆寂以后，夏丏尊的身体亦日复一日的衰弱。尤其是 1943 年底夏丏尊被日本宪兵司令部捕去后，肺病复发，健康状况更为恶化。1945年，夏丏尊又患肋膜炎。1946 年 4 月 23 日，夏丏尊逝世。

1942 年 11 月，丰子恺告别浙大抵重庆沙坪坝，并于下旬在重庆夫子池举办了他的个人画展，展出逃难以来所作彩色人物风景画。后就任国立艺术专科学校教务主任。1943 年秋辞职。1945 年 8 月 10 日日本投降。

八

1946 年 7 月 3 日，丰子恺踏上了还乡之路。他取道绵阳、广元、汉中、宝鸡、开封等地先抵达武汉。路途虽艰辛，但也能遇上得知他大名的百姓的协助。他在武汉，为了解决盘川，举办过画展，然后乘江轮至南京，并于 9月 15 日由南京乘火车到达上海。

在上海，丰子恺在学生鲍慧和家住了几天，即赴故乡石门湾凭吊他当年的缘缘堂。当年的缘缘堂已不知去向，只有一排墙脚石，表示这即是缘缘堂的所在之处。1947 年 3 月 11 日，丰子恺在杭州入住位于招贤寺边上的一所平屋，即当时的静江路（今北山路）85 号。

1946 年 12 月，钱君匋在万叶书店为他出版了第一册彩色漫画集《子恺漫画选》；[②] 1947 年，他又先后出版了《又生画集》《劫余漫画》《幼幼画集》《音乐十课》；1948 年年初又出版了《丰子恺画存》。他也写了许多记述逃难生活的散文和一些儿童故事。

在杭州，丰子恺与许钦文、易昭雪、郑晓沧、郑振铎、马一浮、舒国华

---

① 陈之佛（1896—1962），中国现代美术教育家、画家。浙江慈溪人，1918 年赴日本学习工艺。曾任国立艺术专科学校校长、南京大学教授、南京艺术学院副院长、江苏省美术家协会副主席。
② 钱君匋（1907—1998），浙江桐乡人，现代艺术家、出版家。

等多有交往，也曾赴沪拜访内山完造、梅兰芳等文化名人。①

丰子恺在杭州应邀参加了两次画展。第一次由浙江美术会举办，第二次由民众教育馆组织。主办者当然知道丰子恺是能为画展增光的人物，于是派人前来借画，丰子恺各为画展提供了两幅漫画。两次画展均有一幅画被偷。事后，丰子恺说："我现在好奇心发，颇想知道：这人是谁，为什么肯为了我这张画，而不惜辛苦，不怕冒险，动手去偷？我仔细地想，他一定不是为利。若为利，偷画去卖，一定不偷我的画，而另偷别的名家的墨宝。因为我已定润格卖画，而润格不高，即使卖脱，所得也很有限，犯不着辛苦冒险的。结果不为利，那么难道真是偏好我这种'尝试成功自古无'的画，而无力出润笔，就不惜辛苦冒险。"于是丰子恺认为此人一定是"知己"，就写了一篇文章，表示愿意替他偷得的画题上一款："某某仁兄大人雅正"，以酬劳他的辛苦和冒险。他诚招窃画人，说："这不是谎话，我以人格担保。如果这人拿了画来访，我立刻题款奉赠，决不扭送警察，也决不对外界任何人宣布'偷画的原来是某人'。"丰子恺为此人想得格外周到："你持画来访时，倘座上有外客，使你不便的话，你只说：'这画请加题上款某某'，不必说别的话，我就心照不宣了。至于我的地址，你大概是知道的。"②

1948 年秋天，开明书店老板章锡琛邀请他同游台湾，他欣然地带着幼女一吟与章锡琛一家同登旅程。③丰子恺到了台北后，下榻于中山北路开明书店隔壁弄内的一个文化招待所。他在台北，见到了学生萧而化。10 月的一天，他在中山堂举办画展，又见到了与他十分有缘的女作家谢冰莹。10

---

① 许钦文（1897—1984），浙江绍兴人，作家。易昭雪，浙江杭州人，著名牙医。郑振铎（1898—1958），福建长乐人，社会活动家、作家、诗人、学者、文学史家、文学评论家、翻译家、艺术史家和收藏家、训诂家。新中国成立后创建的第一个文学研究专业机构——中国文学研究所，为第一任所长，1955 年当选为中国科学院学部委员；舒国华（1898—1965），浙江东阳人，法政大学毕业。1937 年入浙赣铁路局任职，居当年杭州里西湖静江路 37 号。根据 1945 年 8 月浙赣铁路东段管理处人事室编的《浙赣铁路东段管理处职员录》，舒国华为副处长。舒国华曾自印《丰舒诗画集》，遐翁题写封面；内山完造（1885—1959），日本冈山人，长期在中国经营内山书店，为促进中日文化交流作出过重要贡献；梅兰芳（1894—1961），祖籍江苏泰州，生于北京，戏剧家，中国京剧代表性人物。

② 参见丰子恺《告窃画人》一文，收《丰子恺文集》（文学卷二），浙江文艺出版社、浙江教育出版社 1992 年 6 月第 1 版，第 243 页。

③ 据王震编：《二十世纪上海美术年表》，上海书画出版社 2005 年 1 月第 1 版，第 591 页，1948 年"9 月 18 日"条目："丰子恺因好友邀请由杭携作品四十八件来沪，日内赴台北举办画展。（《申报》）"章锡琛（1889—1969），字雪村，又字君实，浙江绍兴人，出版家。

月 13 日晚 8 时至 8 时 15 分，丰子恺在台北广播电台作了 15 分钟以"中国艺术"为题的广播演讲。丰子恺这次在台湾，曾为《台湾人报》题报头。

1948 年 11 月 23 日，丰子恺偕幼女由台湾抵厦门。他要做的第一件事就是去南普陀寺凭吊弘一大师的故居。丰子恺在南普陀寺，意外地与广洽法师相遇。[①] 广洽法师在抗战爆发后去了新加坡，在这之前，他长期亲近弘一大师。1948 年 11 月 28 日，丰子恺在厦门佛学会作了一次题为《我与弘一法师》的演讲。演讲中他提出了所谓的"三层楼喻"。

1949 年 1 月，他的家属们也先后抵达厦门，他们就在古城西路 43 号租屋住下。也就是在这时，丰子恺赴泉州谒弘一大师圆寂之地。他在泉州期间，受到当地佛教界的热烈欢迎。有一位居士拿出一封信给丰子恺看。此信正是当年他寄给弘一大师的，信上，"世寿所许，定当遵嘱"八个字顿时跳至眼前。于是他发愿立即绘作《护生画三集》70 幅。丰子恺在厦门绘护生画，闭门谢客三个月。丰子恺完成了《护生画三集》后，根据章锡琛的提议，他给住在香港的叶恭绰先生写信，请求为画集题字，并很快得到允诺。[②] 于是，丰子恺于 4 月初亲自携画赴香港拜会叶恭绰先生。

丰子恺这回赴港，除了请叶恭绰先生书写《护生画三集》中的诗文外，再一个就是要在香港举办画展。画展于 4 月 15、16 日两天在花园道圣约翰礼拜堂举行，由于参观者众多，就又于 19、20 日在中环思豪大酒店续展。画展结束后，丰子恺被请到培正中学发表演讲，校方还特约将画展移到该校图书馆再展出两天。4 月 23 日，他乘飞机返回上海。

九

中华人民共和国成立后，丰子恺决定在上海定居。初至上海，暂住在闸北西宝兴路汉兴里的学生张逸心家，不久在同一弄内觅得一屋。[③] 7 月 4 日，他应万叶书店主人钱君匋之请迁往南昌路 43 弄（邻园村）76 号。1950 年 1 月 23 日，他又迁入福州路 631 弄 7 号开明书店章锡琛先生旧宅。他在此一住就是四年半，一直到 1954 年 9 月 1 日，丰家迁居陕西南路长乐村的一幢

---

　　① 广洽法师（1901—1995），福建南安人，弱冠在厦门南普陀寺出家，追随弘一大师。抗战时赴新加坡弘法，曾任新加坡佛教总会会长。

　　② 叶恭绰（1881—1968），号遐庵，广东番禺人，清末举人，京师大学堂毕业，曾任清铁道督办、民国北京政府交通总长兼交通银行经理、交通大学校长、南京国民政府国学馆馆长、铁道部部长。新中国成立后任中央文史馆副馆长、北京画院院长、全国政协常委。

　　③ 张逸心（星），又名张心逸，丰子恺在石门湾缘缘堂时期私授（日文等）弟子。

西班牙式寓所，直至终老。

这幢西班牙式寓所很有特点：二楼有一个室内小阳台，阳台中部有一个梯形的突口，东南、正南、西南都有窗，上方还有天窗。丰子恺就选择了这个室内阳台作为自己的书房。他坐在室内，可以从天窗上看到日月运转。根据这个特点，丰子恺又给自己的新居取名为"日月楼"。名字取定后，他又顺口诵出一句下联："日月楼中日月长。"下联征上联，为此浙江大学教授郑晓沧先生拟了一句"琴诗影里琴诗转"，而马一浮先生则拟了"星河界里星河转"，并书写后送给丰子恺。这即是一直挂在日月楼中，陪伴着丰子恺晚年一切写作活动的名联：

> 星河界里星河转
> 日月楼中日月长

丰子恺回到上海的最初几年，他一直为在杭州建弘一大师纪念塔而努力。按照丰子恺的本意，他原想在杭州建弘一大师纪念馆。为此，他也曾跟杭州的有关部门联系，后终因种种原因而改变计划。关于建纪念塔，这原本也是早就应该做的事，因弘一大师生前曾嘱咐不得为身后事募化，所以佛教界内部亦不便违逆弘一大师之遗愿而自行募款建塔立碑。基于这种情况，丰子恺下决心独力立碑。消息传开后，钱君匋、章锡琛、叶圣陶、黄鸣祥、蔡吉堂等纷纷支持，终于合力于1953年9月在杭州虎跑后山为弘一大师筑舍利塔一座。塔身"弘一大师之塔"六个篆字由马一浮题写。1954年1月10日，丰子恺、马一浮、钱君匋等数十人冒雨参加了落成典礼。纪念塔建好后，丰子恺曾请上海的画家画了一大幅弘一大师遗像，又请了几位画家合作了两巨幅山水风光，他自己则写了一副对联挂在石塔下面的桂花厅里，借此装点湖山美景。

1949年后，由于主客观诸方面的原因，丰子恺决定以主要的精力从事苏联文化或俄罗斯文学方面的翻译工作。要做这项工作，就必须精通俄文，但他除了在日本学过一丁点俄文外，几乎没有学习俄文的经历。然而对于学外语，丰子恺似乎有很高的天赋，53岁的他，居然毫不犹豫地攻读起来。1952年年底，丰子恺译完31万字的《猎人笔记》，耗时五个月零五天，并于1953年由文化生活出版社出版，后又由人民文学出版社列为"外国古典文学名著丛书"于1955年重新出版。从1952—1956年，他已从俄文翻译出版了十多册音乐美术参考书（部分与人合译），此外也从英、日文翻译了一些书籍。

　　大约从 1961 年 8 月开始，丰子恺投入了日本古典巨著《源氏物语》的翻译工作。以往，他虽翻译过不少日文书籍，但这次译《源氏物语》却是最为投入，并深感欣慰。丰子恺早在日本游学的时候，就曾在东京的图书馆里看到过《源氏物语》的原著，因为那是日本古文本，读起来不容易理解。后来，他有过一本与谢野晶子的现代语译本，读了之后，感觉上很像中国的《红楼梦》，于是爱不释手。为了《源氏物语》，他后来下苦功夫学过日本古文，曾把《源氏物语》的第一回《桐壶》读得烂熟。当然，尽管丰子恺喜爱《源氏物语》，但在当时，他并没有决心翻译它，也没有这个机会。《源氏物语》是世界上第一部长篇小说。自英国的瓦勒（Arthnr Naley）于 20 世纪 20 年代初选译了这部巨著后，美、德、法诸国先后有了全译本问世。而在日本，用现代语译出的，也有与谢野晶子、洼田空穗、谷崎润一郎、丹地文子等人。由于这部巨著卷帙浩繁（近 100 万字）、人物众多（出场人物达 440 多人）、情节复杂，加上日本古语艰深以及时代、环境等客观原因，长期以来在中国几乎无人敢于问津译事。50 年代末 60 年代初，人民文学出版社拟翻译出版一批日本古典名著，其中对较深奥的经典著作，出版社还专门约请了学识渊博、日文功底深厚的专家学者担任译者。《源氏物语》先由钱稻孙先生译成前五帖，后因故没有译下去。出版社遂又决定由丰子恺承担译事。丰子恺对承担这项艰难的工作似乎感到十分荣幸。他写了一篇随笔《我译〈源氏物语〉》，自豪地说：“只有中日两国的文学，早就在世界上大放光辉，一直照耀到几千年后的今日。”又说：“直到解放后的今日，方才从事翻译；而这翻译工作正好落在我肩膀上。这在我是一种莫大的光荣！”[①]

　　根据丰子恺自己预计，这项工作可用三年左右的时间译毕，1965 年可以出书。令人惋惜的是，他的译本准备出版的时候，“文化大革命”狂飙突起，于是译稿一搁就是 15 年之久，直到 1980 年其上册才得以问世，先后分上、中、下三册由人民文学出版社出版。但此时丰子恺早已作古了。

　　丰子恺自是一位受到各方尊重敬仰的人物。1949 年后，在他的名下挂上了一大串头衔。至 1959 年末，他已担任了上海市文史馆馆务委员、中国美术家协会常务理事、上海美术家协会副主席、上海市政协委员、上海外文学会理事、全国政协委员、《辞海》艺术分册主编等各种职务。1960 年 6 月，他受聘担任了上海中国画院首任院长，1962 年起任上海美术家协会主

---

　　① 丰子恺：《我译〈源氏物语〉》，载 1962 年 10 月 10 日（香港）《文汇报》。

席、上海市文联副主席。此外，他还是西泠印社社员、上海中国书法篆刻研究会委员。

丰子恺的头衔多了，少不了参加各种会议。其中，他数次赴京参加全国政协会议，成了他难忘的经历。1959年4月，他首次赴京出席第三届第一次全国政协会议，并受到周恩来总理的接见。他每次去北京也都会见到许多新老朋友。他与俞平伯神交数十年，还是这时期在北京有一次见面的机会。他对与新朋老友的会见显然无限怀念。他在一封致常君实先生的信（1959年5月20日）中表示："回思在京近一个月，宛如一热闹之梦，事迹多不胜收。其中与新朋旧友之会晤，尤为印象深刻。"①

1961年的秋天，丰子恺也曾随上海政协参观团访问江西。他们先后到了南昌、吉安、井冈山、赣州、瑞金、兴国、抚州、景德镇等地。在南昌的烈士纪念堂参观，使丰子恺很受感动。他在《化作春泥更护花——参观江西革命根据地随笔》一文里说："江西人民用千百万生命来换得了胜利！这些烈士的血化作了革命的动力，激励了全国人民的心，取得了巨大的胜利。我瞻仰烈士纪念堂之后，想起了古人的两句诗：'落红不是无情物，化作春泥更护花。'这两句诗看似风雅优美，其实沉痛悲壮；看似消沉的，其实是积极的。这就是'化悲愤为力量！'我把这两句诗吟了几遍，胸中的郁勃才消解了些。"② 所以，这些年来的丰子恺对今昔生活常作对比，从而对自己的未来也充满信心。

从1954年搬入日月楼至1966年，丰子恺过了12年的安定生活。在这些年中，他几乎每年春秋都会出游，其中去得最多的当然还是他的第二故乡杭州。他每次出游归来，都有一些散文、漫画新作问世。这便是他在这些年间游记作品特别多的一个原因。

在这些年中，他也没有忘记纪念弘一大师。1957年，他编了《李叔同歌曲集》，交北京音乐出版社于次年1月出版。1957年是弘一大师逝世15周年，新加坡广洽法师辑集有关弘一大师在家时热心文教工作之论著在新加坡出版《弘一大师纪念册》，丰子恺为之作序。1956—1957年，他又连续写下了《中国话剧首创者李叔同先生》《先器识而后文艺》《李叔同先生的爱

① 丰子恺致常君实信，收《丰子恺文集》（文学卷三），浙江文艺出版社、浙江教育出版社1992年6月版，第445页。

② 丰子恺：《化作春泥更护花——参观江西革命根据地随笔》，收《丰子恺文集》（文学卷二），浙江文艺出版社、浙江教育出版社1992年6月第1版，第603页。

国精神》《李叔同先生的教育精神》等缅怀先师的文章。1962 年，由广洽法师捐款，丰子恺编《弘一大师遗墨》在上海印行，作非卖品刊行。1964 年，丰子恺又整理当年夏丏尊编《李息翁临古法书》作为《弘一大师遗墨》的续集由广洽法师在新加坡募印发行。

丰子恺在这些年间也没有忘记续作护生画的第四第五集。《护生画四集》（80 幅）于 1961 年年初在新加坡出版。《护生画四集》出版后不久，广洽法师以及丰子恺的其他友人均建议提前绘作第五集护生画。丰子恺本人也有此意。他说："第五集，照理须在弘一大师九十冥寿时出版。但人世无常，弟倘辜负此愿离去婆娑，则成一大憾事。因此，催弟提早画第五、六（圆满功德）者，不乏其人。弟私心亦极想如此。"① 第五集护生画后终于在 1965 年 8 月下旬全部完成。9 月即由广洽法师在新加坡出版。

1965 年，广洽法师回国观光，丰子恺陪同他游览了苏州、杭州等地。而在杭州时，丰子恺特意安排了他与马一浮的会面。

十

作为上海文化界的著名人物，丰子恺免不了要对一些文艺话题发表自己的意见。丰子恺在谈这些意见时，显然与他直抒胸臆的秉性很相符。

1956 年，他写了一篇《谈"百家争鸣"》并于次年 7 月 19 日发表在《解放日报》上。在这篇文章中，他用美术上的譬喻来发表关于"百花齐放，百家争鸣"的意见。他认为"百花齐放，百家争鸣"就同美术上的"补色调和"一样："在文艺上，在学术上，尽管意见分歧，尽管花样繁多，然而因为异途同归，所以相得益彰。'争鸣'，表面上看似对抗的，相反的，而实际上是互相补足的，互相调和的，就同红补足绿，蓝补足橙一样。"他又认为"百花齐放，百家争鸣"同构图法中的"多样统一"一样："在文艺上，在学术上，尽管各持一说，各成一家，然而具有共通的动机，符合共通的目标。"同年，他画过《城中好高髻，四方高一尺；城中好广眉，四方且半额；城中好大袖，四方全匹帛》，发表于 1956 年 11 月 25 日的《新闻日报》上。特定的历史背景似乎让丰子恺也想用漫画的形式来说几句话。画面上是三个奇形怪状的女子，或是高髻，或是广眉，或是大袖。画上有画题曰："城中好高髻，四方高一尺。城中好广眉，四

---

① 丰子恺致广洽法师信，收《丰子恺文集》（文学卷三），浙江文艺出版社、浙江教育出版社 1992 年 6 月版，第 313 页。

方且半额。城中好大袖，四方全匹帛。"画题下又题曰："《后汉书·长安城中谣》。注云：改政移风，必有其本。上之所好，下必甚焉。"这幅画的讽刺意味是很明显的，丰子恺在题字中也已点明，即"上之所好，下必甚焉"。这里的"好"自然是画家不以为然的了，而"下必甚焉"的"甚"同样也是画家深恶痛绝的。"天真"的丰子恺很是为此画得意过一阵，甚至在1957年1月1日《文汇报》上发表了一篇《元旦小感》以解释之。他在文中明确表明了他自己的期望："近来有些号召提出之后，我似乎看见社会上有许多同这三个女人一样奇形怪状、变本加厉的情况，因此画这幅画。"又说："我但愿1957年以后不再有这种奇形怪状，变本加厉的情况出现。"1957年后，国内出现的情况自然不能如画家所愿。所幸丰子恺未被戴上"右派"的帽子。1961年9月2日，《光明日报》发表了该报记者章正续、施怀曾撰写的《小中见大，个中见全——丰子恺谈漫画》一文，对丰氏的漫画给予肯定。1962年，中央新闻记录电影制片厂为丰子恺拍摄了一部记录短片《画家丰子恺》。

1962年5月9日，上海市第二次文代大会隆重召开。这是一个不平常的会场，气氛严肃而又热烈。每一位代表的发言都牵动着听众的神经。当时丰子恺已是上海美术家协会主席，上海市文联副主席，他的演说，自然格外引人注目。（该发言后来在1962年5月12日《解放日报》上发表的时候，题目为《我作了四首诗——在上海市第二次文代大会上的发言》）

丰子恺的发言十分简短，实际上只是解说他新近作的四首诗。为此他说："就同我的画一样寥寥数笔，不能作几小时滔滔不绝的冠冕堂皇的发言。"这四首诗是：

创作先须稳立场，丹青事业为谁忙？
名花从此辞温室，移植平原遍地香。

创作源泉何处寻？人民生活最关心。
繁红一树花千朵，无限生机在此根。

思想长兼技术长，士先器识后文章。
芝兰朴素香千里，毒草鲜艳弃路旁。

名言至理可书绅，艺苑逢春气象新。

二十年来多雨露，百花齐放百家鸣。

他对前两首诗未作详解，对第三首也只是稍微强调了一下思想与技艺的关系。但他把重点放在了第四首诗上，其意亦多少是针对当时的文艺现象的。所以他强调：

关于最后一句"百花齐放百家鸣"，我还有一点意见。百花齐放已经号召了多年，并且确已放了许多花。但过去所放的，大都是大花、名花，大多含有意义。例如梅花象征纯洁，兰花是王者之香，竹有君子之节，菊花凌霜耐寒。还有许多小花，无名花，却没有好好地放。"花不知名分外香"，在小花、无名花中，也有很香很美丽的，也都应该放，这才是真正的"百花齐放"。再说：既然承认它是香花，是应该放的花，那么最好让它自己生长，不要"帮"它生长，不要干涉它。曾见有些盆景，人们把花枝弯转来，用绳扎住，使它生长得奇形怪状，半身不遂。这种矫揉造作，难看极了。种冬青作篱笆，本来是很好的。株株冬青，或高或矮，原是它们的自然姿态，很好看的。但有人用一把大剪刀，把冬青剪齐，仿佛砍头，弄得株株冬青一样高低，千篇一律，有什么好看呢？倘使这些花和冬青会说话，会畅所欲言，我想它们一定会提出抗议。

丰子恺就这样结束了他的发言。会场上的掌声长久而又热烈，谁都没有想到，这位平时言语不多，看上去平和悠然的丰子恺居然在会上作了如此振奋人心，措辞铿锵有力的发言。

8月，他又在《上海文学》第35期上发表随笔《阿咪》。随笔写的是他自家的一只可爱的猫。若是在今天，这样的讲话，这样的随笔不会有任何问题。但在当时，则极易惹出麻烦。巴金在他的《怀念丰先生》一文中回忆说："今天我还隐约记得的只是他在1962年上海二次文代会上简短的讲话，他拥护'百花齐放，百家争鸣'的文艺方针，他反对用大剪刀剪冬青树强求一律的办法，他要求让小花、无名的花也好好开放。三个月后他又发表了散文《阿咪》。这位被称为'辛勤的播种者'的老艺术家不过温和地讲了几句心里话，他只是谈谈生活的乐趣，讲讲工作的方法。他做梦也没有想到要'反'什么，要向什么'进攻'。但是不多久台风刮了起来，他的讲话，他的漫画（《阿咪》的插图——"猫伯伯坐在贵客的后颈上"）一下子就变成了'反社会主义'的毒草。"① 事实上连同被批评的还有那幅《城中好高髻，四方高一尺；城中好广眉，四方且半额；城中好大袖，四方全匹帛》，理由是他不写工农兵形象，只写猫狗；不歌颂社会主义，反而去描写黑暗面。于是丰子恺干脆把精力投入到日本文学巨著《源氏物语》的翻译之中，以此亦可回避主观意识很强的创作。

丰子恺的这些言论和作品虽然遭到了某些批评，但是还算幸运，他没有像许多知识分子一样在历次政治运动中被牵连。不知是祸福循环，还是阴阳交错，他终于还是逃不过"文化大革命"的噩梦。

1966 年 5 月，"文化大革命"开始。还是在这一年的 3 月里，丰子恺还游览了杭州、绍兴、嘉兴等地，不料回来未逾两个月，他就变成了一个被无产阶级专政的对象，而且被列为上海市十大重点批斗对象之一。

在"文化大革命"时期，被揪出去示众，在众目睽睽之下接受批斗，这对"文化大革命"中的丰子恺来讲已成了家常便饭之事。几乎每一个人都在"文化大革命"这场大闹剧中扮演各种不同的角色。这时，佛教思想在丰子恺的生活中起了无法替代的作用，他像一个参禅者冷眼看待千丈红尘中的一切。对于他来讲，坐"牛棚"就是坐禅，批斗就是演戏，过江游斗是"浦江夜游"，被审讯是上了一回厕所……丰子恺在乡下劳动接受"改造"，为此他也有一段打油诗般的戏言："地当床，天当被，还有一河浜的洗脸水，取之无禁，用之不竭，是造物者之无尽藏也……"丰子恺总是尽一切可能向家人隐瞒自己在外面受的苦难。家人对他的这番苦心了如指掌，为了不伤害丰子恺的心，家人们总是尽量满足他的一切要求，尤其是每天一斤黄酒，总会设法向他提供。诚然，丰子恺当时的生活十分寂寞而凄惨。他有一则日记记述了他一天的生活：

> 六时起身
>
> 七时早餐
>
> 八时学习毛主席著作——反对自由主义、老三篇
>
> 十时休息，整理衣物，洗脚
>
> 十二时午餐
>
> 十四时学习毛主席语录

① 巴金：《怀念丰先生》，收《随想录》（上），生活·读书·新知三联书店 1987 年 9 月第 1 版，第 364 页。

十六时休息，抄写思想交代

（二十时半就寝）

全日无客来

全日不出门①

那个时候丰子恺睡觉经常是不脱衣服的，此所谓"和衣而卧"。这种习性的养成实在也非常悲哀与无奈，因为当时他会随时被通知参加批斗。

丰子恺的境遇终于因一场大病而有了"转机"。那是在1970年年初，他因在乡下劳动受风寒。2月起患上了中毒性肺炎，不得不住院治疗。肺炎好转后，肺结核又长期与他纠缠。这一场大病，客观上救了他，因为他可以凭病假单在家全休了，此亦可谓因祸而得来的"福"。

1972年年底，丰子恺得到上海画院的通知，说对他的"审查"已经结束，结论是：不戴资产阶级反动学术权威的帽子，酌情发给生活费。

这六七年来，丰子恺不曾离开上海，心里早已觉得气闷，如今这一"解放"，他立即于1973年3月作了杭州之行，算是对湖山的告别。

他开始在不能公开的状态下进行文艺活动，对于他而言，此乃"地下活动"，并逐步发展到作画、写文、翻译三管齐下的地步。他写诗，这个时候有了《红楼杂咏》34首，咏《红楼梦》中的34个人物，多少也是他对世相的一种看法；1970—1972年，他先后译出日本著名古典文学《落洼物语》《竹取物语》《伊势物语》，还于1971年译出了汤次了荣解释的《大乘起信论新释》。

1971年，一项新的创作活动在丰子恺的笔下进行了。这就是创作散文《缘缘堂续笔》。这个计划早在50年代末由他的幼女丰一吟提出。因为丰子恺的散文一向以"缘缘堂随笔"而著称。以往曾有过《缘缘堂随笔》《缘缘堂再笔》，现在再有一个《缘缘堂续笔》就好了。丰子恺以为这个设想很好，但那时他忙于译事，一直没有实现，如今他却真的动手写作。《缘缘堂续笔》一共写了33篇。说来也别有意味，丰子恺在写这些散文时，正值社会动荡、诸害猖獗的年代，可他的文章，一篇篇几乎都把自己的感情寄托于遥远的往昔。散文《暂时脱离尘世》是一篇颇能引起人们深思的作品。作品首先引用了日本作家夏目漱石小说《旅宿》中的一段话："苦痛、愤怒、叫嚣、哭泣，是附着在人世间的。我也在三十年间经历过来，此中况味尝得

_____

① 此"日记"原稿现藏浙江省桐乡市石门镇丰子恺纪念馆。

够腻了。腻了还要在戏剧、小说中反复体验同样的刺激，真吃不消。我所喜欢的诗，不是鼓吹世俗人情的东西，是放弃俗念，使心地暂时脱离尘世的诗。"丰子恺表示赞同夏目漱石的话，说他是"一个最像人的人"，并且认为人们喜欢陶渊明的《桃花源记》"就为了他能使人暂时脱离尘世"。初读此文，颇能让人觉得丰子恺是在宣扬一种暂时脱离尘世主义了。早在 20 世纪 20 年代，他的作品中曾有一种被人称为飘然的格调和消极的情绪。像他早期的散文《渐》《大账簿》《秋》等作品里，多少流露出来一种对人世的怅惘、不解、苦闷的哀叹。为此，他自己说他那时是一个悲观主义者。那么，晚年的丰子恺，他此时的超脱尘世的处世哲学正是对"文化大革命"的最大蔑视。丰子恺是一位正直的艺术家，他不屑与恶势力同流合污。他在《暂时脱离尘世》一文里可怜那些随浊流而沉浮的人："今世有许多人外貌是人，而实际很不像人，倒像一架机器。这架机器里装满着苦痛、愤怒、叫嚣、哭泣等力量，随时可以应用。"做人应该如此吗？"不，做机器应当如此。"① 作品告诉人们，他，丰子恺是不会做机器的。在严酷的现实面前，正直、真率的丰子恺即使不能公开地写，公开地画，但也决不会迎合那种丑恶的世相，更不会听任恶势力的摆布。

《暂时脱离尘世》是理解《缘缘堂续笔》的一个注脚。正直、真率的丰子恺在严酷的现实面前，蔑视淫威，坚持写作，把自己的作品提高到了一种令人感叹的境界。作为一代漫画家，丰子恺没有忘记对自己的漫画作一次最后的审视。1971 年，他选择了平生漫画中自爱之题材，一一重作成套，名曰《敝帚自珍》，并作了一篇序：

> 予少壮时喜为讽刺漫画，写目睹之现状，揭人间之丑相；然亦作古诗新画，以今日之形相，写古诗之情景。今老矣！回思少作，深悔讽刺之徒增口业而窃喜古诗之美妙天真，可以陶情适性，排遣世虑也。然旧作都已散失。因追忆画题，从新绘制，得七十余帧。虽甚草率，而笔力反胜于昔。因名之曰《敝帚自珍》，交爱我者藏之。今生画缘尽于此矣！②

---

① 丰子恺：《暂时脱离尘世》，收《丰子恺文集》（文学卷二），浙江文艺出版社、浙江教育出版社 1992 年 6 月第 1 版，第 662 页。

② 丰子恺：《〈敝帚自珍〉序》，收《丰子恺文集》（艺术卷四），浙江文艺出版社、浙江教育出版社 1990 年 9 月第 1 版，第 583 页。此套漫画共有数套，分赠亲友。序中虽言"今生画缘尽于此矣"，但因私下求画者甚多，此后丰子恺仍日有所作，并相继分送友人。

1961年，《护生画四集》80幅在新加坡问世。也许丰子恺自知世寿无多，《护生画集》第五集90幅在1965年8月就宣告完成，9月即在新加坡发行。至于最后的《护生画集》第六集100幅，这便是丰子恺于"文化大革命"中在一无资料，二无自由的情况下通过"地下活动"于1973年完成的（1979年10月在香港出版。丰氏于1975年去世）。这种不为环境的挫折而停顿，不为病魔的侵扰而退馁的精神在"文化大革命"期间是不可思议的。《护生画集》第六集完成后，在当时的情况下，丰子恺绝对没有机会将书画稿寄给广洽法师，书信中亦不便提及。一直到了"文化大革命"结束，广洽法师再次回国时才将画集携至新加坡，后在香港出版。丰子恺完成了《护生画集》第六集，标志着他与弘一大师共同制定的护生宏业的功德于此圆满。他把画稿交与朱幼兰保存。①

在生命的最后几年里，丰子恺似乎是在有意安排每一件事情：作护生画最后一集、重译《旅宿》、绘《敝帚自珍》、赴杭州、回故乡……

1975年8月上旬，丰子恺的右手手指麻木，热度持续不退，继而右手臂也逐渐不能动弹……经医院检查，诊断出丰子恺患了右叶尖肺癌，且已转移至脑部。丰子恺是在9月2日被送入华山医院的。1975年9月15日中午12时零8分，丰子恺的心脏停止了跳动。

9月19日，由上海画院发讣告，丰子恺的追悼会由上海画院出面在龙华火葬场大厅举行。画院里的画师们凡是走得动的，几乎都来了。上海市文化局有关方面负责人沈柔坚到会表示悼念，并向丰氏家属徐力民女士作了慰问。中国人民政治协商会议全国委员会、中国人民政治协商会议上海市委员会、上海画院等单位送了花圈。送花圈的还有：陈望道、苏步青、郭绍虞、刘海粟、吴梦非、刘质平、唐云等。追悼会由画院负责人主持，画院革委会负责人致悼词，三十多年老朋友蔡介如代表生前好友致词，丰氏长女丰陈宝代表家属致答谢词。参加追悼会的有画院画师，有丰氏生前好友、私淑弟子及丰氏家属子女共约百余人。追悼仪式结束后，哀乐声中，到会者怀着沉痛的心情，缓步绕过灵床，向丰氏遗体告别。

1978年6月5日，上海市文化局党委作出复查结论，撤销原审查结论，

---

① 朱幼兰（1909—1990），别名启后，浙江黄岩人。1949年前曾在三井银行任会计，1949年后先后在上海私立孟贤中学、上海十五中学任总务主任。1972年退休。朱幼兰居士为虔诚的佛教徒，17岁时皈依印光大师，法名智开，信奉净土宗，1989年当选上海市佛教协会副会长。《护生画集》四、六两集的题字者。

为丰子恺先生平反昭雪。1979 年 6 月 28 日，由上海市文化局、文联、画院出面，为丰子恺举行骨灰安放仪式，并将骨灰安放在上海烈士陵园革命干部骨灰室。

从 1979 年 6 月 28 日起，他的骨灰一直安放在上海龙华烈士陵园革命干部骨灰安放处。此后，丰子恺的亲属希望能"叶落归根"，此愿望于 2006 年得以实现。2006 年 4 月 22 日上午，丰子恺的骨灰安放到故乡原来的衣冠冢内，与夫人徐力民及二位胞姐妹合葬在一起。墓地现由桐乡市人民政府修缮。

丰子恺年谱（表）编纂状况

有关丰子恺的研究，凡文学、绘画、艺术思想等，目前皆有一些优秀的成果，而就其年谱的编纂而言，数量也不算太少。检视目前可见的丰子恺年谱，主要有五种（附录于有关著作内的简述性"年表"和丰氏其他生平资料不计），即潘文彦编撰《丰子恺先生年表》（香港时代图书有限公司1979年5月）；丰华瞻编的《丰子恺年谱》（收宁夏人民出版社于1988年11月出版的《丰子恺研究资料》）；丰一吟、丰陈宝撰写的《丰子恺年表》（收浙江文艺出版社、浙江教育出版社于1992年6月出版的《丰子恺文集》第七卷）；盛兴军主编的《丰子恺年谱》（青岛出版社2005年9月）；笔者编著的《丰子恺年谱》（西泠印社出版社2001年9月版）。以上五种年谱均对丰子恺研究起到了推动作用，但亦均存在着明显的不足和缺憾。

潘文彦编《丰子恺先生年表》成于"文化大革命"刚结束时的百废待兴的年代。由于资料的匮乏、特定的历史环境，这份年谱显得较为简约（全谱2万余字）。又由于彼时学术界对丰氏生平中某些历史事件还缺乏及时而深入的研究，年表中的许多条目不甚准确。该年表目前在丰子恺研究界已弃之不用。但必须确认，这是一部拓荒性的著作，自有其独特的学术价值，并具有历史意义。

丰华瞻编写的年谱，其篇幅、内容与潘谱基本相同，由于撰写时间较潘谱晚且新内容较少，姑且不论。

相比之下，由于丰一吟、丰陈宝占有大量的丰子恺研究资料，其撰写的年谱又建立在海内外多年的丰子恺研究基础之上，无论在篇幅上还是在内容上都有了进一步的拓展和更新，可以说已是一部可信赖的史料成果了。遗憾的是，该年谱还是显得不够丰满，其表现是"横向"资料不够充分，而"纵向"阐述亦显"线条"过粗。

盛兴军主编的《丰子恺年谱》系有鉴于丰子恺研究著述丰厚，却"尚无一部内容客观翔实、材料丰富可靠的《丰子恺年谱》"，愿望甚善，其实际贡献也在一定程度上推动了丰子恺研究事业的发展。但观其内容，过多罗列了丰子恺各种著述的原文，研究发掘的史料并不多，同时其史料失误和注释文字欠规范的情形亦颇多。究其原因，当系编纂者仅从事图书文献工作，并未实际参与丰子恺研究，或参与得不够深入，对丰子恺研究界的最新研究动态和实际成果了解不多。

　　笔者编著的《丰子恺年谱》撰写于 1999 年年初，选取传主生平事迹及当时社会评价和评论择要等几个要素，并附录传主逝世后他人编辑出版的主要传主著作目录。笔者所期望达到的目的是为研究者提供一份尽可能详尽的丰子恺生平事迹材料，然而，由于当时能力和时间所限，此年谱内容亦显单薄，实际不足 10 万字，部分错误记载也未能避免。

　　目前丰子恺研究已到了关键阶段。其一，由于史料、佚文等不断被发现，研究界已不满足于 20 世纪 90 年代初浙江文艺出版社、浙江教育出版社出版的《丰子恺文集》（七卷本）；其二，随着研究的深入，回顾总结以往研究成果，使该项研究事业健康发展，全面整体梳理丰子恺生平与创作已十分必要；其三，丰子恺研究已形成国际化趋势，澳大利亚、日本、挪威等国的研究者在该研究领域用力甚多，著作频出。然而，由于第一手资料的缺乏，史料搜集的不易，国外的丰子恺研究也不免困惑于史料不足的局面。鉴于此，有必要尽早为国内外研究界提供翔实而又丰富的研究史料。

　　笔者从事丰子恺研究已逾 30 年，曾主持过三次国际、国内的丰子恺研究学术会议，目前主持杭州师范大学弘一大师·丰子恺研究中心的研究工作，而由笔者主编的《丰子恺全集》也正在最后校订之中，即将由海豚出版社出版。在研究过程中，笔者积累了大量的研究文献，研究界同人亦发现了众多十分重要的丰子恺生平资料和佚文佚作，这都为编纂一部完整翔实的丰子恺年谱长编打下了坚实的基础。2011 年年底，笔者拟定《丰子恺年谱长编》编撰计划，并获 2012 年度教育部人文社会科学研究规划基金项目立项，而本著即是该项目成果的呈现。

本　譜

1898 年　戊戌　1 岁

社会文化事略

4 月，梁启超上书请变通科举。5 月，康有为上书请废八股，改用策论。6 月 11 日，光绪帝下"定国是诏"，宣布变法。百日维新开始。6 月 23 日，诏自下科始，废八股，改策论。9 月 21 日，戊戌政变发生，慈禧太后再次垂帘听政。9 月 28 日，"六君子"死难。

生平事迹

11 月 9 日（农历九月廿六日），生于浙江省石门县玉溪镇（今浙江省桐乡市石门镇）① 丰同裕染坊店内厅楼上。乳名慈玉。百年老店"丰同裕染坊"为一所三开间三进的古老楼房。染坊店为第一进，客厅为第二进，灶间为第三进。三开间的中央一间，楼上即为丰子恺的诞生之地。② 出生时，丰家已有女六人，排行第七，为长男。祖父丰肇庆（小康），早丧。祖母沈氏，人称"丰八娘娘"。父

丰子恺（前排右一）在石门丰同裕染坊门前（约摄于 1937 年）

---

① 据丰一吟《潇洒风神·我的父亲丰子恺》（华东师范大学出版社 1998 年 10 月版），石门镇原属崇德县管辖。明宣德五年（1430），从崇德县分出桐乡县。石门以寺弄为界，一分为二，东属桐乡，西属崇德。后金太宗皇帝爱新觉罗皇太极于 1627 年始用"天聪"年号，至 1636 年改用"崇德"年号。清康熙登基后，为避讳改崇德县为石门县，直至 1914 年复称崇德县。崇德县改石门县时，石门镇改为玉溪镇。1958 年，崇德、桐乡两县合并，统称桐乡县。1993 年，桐乡撤县改市。石门镇乃春秋末吴越分疆地，处浙江省杭、嘉、湖平原之中心。京杭大运河流经石门镇时拐了一个大弯，故又称石门湾。

② 参见丰一吟《我的父亲丰子恺》，团结出版社 2007 年 1 月第 1 版，第 3 页。

丰镱，字迎年，号斛泉，又号鹤旋。母钟云芳。[①]
祖上从浙江金华汤溪迁入，世代均为诗书礼仪之
家。浙江省金华县汤溪镇有《黄堂丰氏宗谱》。[②]

---

① 丰镱（1865—1906），一说生于 1868 年（《浙江乡试录》）。钟云芳（？—1930），石门镇人，祖上经商。

② 据丰子恺《桐庐负暄——避难五记之二》一文记曰："我们的老家，是浙江汤溪。地在金华相近，离石门湾约三四百里。明末清初，我们这一支从汤溪迁居石湾。三百余年之后，几乎忘记了自己的源流。直到二十年前，我在东京遇见汤溪丰惠恩族兄，相与考查族谱，方才确知我们的老家是汤溪。据说在汤溪有丰姓的数百家，自成一村，皆业农。惠恩是其特例。我初闻此消息，即想象这汤溪丰村是桃花源一样的去处。其中定有良田美池，桑竹之属，和黄发垂髫怡然自乐的情景。而窃怪惠恩逃出仙源，又轻轻为外人道，将引诱渔人去问津了。我一向没有机会去问津。到了石门湾不可复留的时候，心中便起了出尘之念，想率妻子邑人投奔此绝境，不复出焉。但终于不敢遂行。因为我只认得惠恩，并未到过老家。惠恩常居上海。战起前数月我曾在闸北青云路他的寓中和他会晤。闸北糜烂以后，消息沉沉，不知他逃避何处。今我全无介绍，贸然投奔丰村，得不为父老所疑？即使不被疑，而那里果然是我所想象的桃花源，也恐怕我们这班四体不勤，五谷不分的人一时不能参加他们的生活。这一大群不速之客终难久居。因此回老家的主意终归打消。"（载 1940 年 4 月《文学集林》第 4 辑）丰惠恩（？—1949），浙江省甲种工业学校毕业，后赴日本京都同志社大学文科和京都帝国大学哲学选科就读。

1899年　己亥　2岁

社会文化事略

春，义和团运动达到高潮。

生平事迹

10月30日，穿新鞋，由丰同裕染坊店祁官抱着过镇上七座桥。

10月，生日"抓周"，抓得一支笔。

是年，拜杨梦江为义父。

经常被祖母带着去烧香。祖母喜爱戏剧和民间艺术，爱养蚕。

丰子恺母亲钟云芳和诸孙合影

　　按：据丰子恺《爆炒米花》一文记曰："《缘缘堂随笔》结集成册，在开明书店出版了。那时候我已经辞去教师和编辑之职，从上海迁回故乡石门湾，住在老屋后面的平屋里。我故乡有一位前辈先生，姓杨名梦江，是我父亲的好友，我两三岁的时候，父亲教我认他为义父，我们就变成了亲戚。我迁回故乡的时候，我父亲早已故世，但我常常同这位义父往来。他是前清秀才，诗书满腹。有一次，我把新出版的《缘缘堂随笔》送他一册，请他指教。过了几天他来看我，谈到了这册随笔，我敬求批评。他对那时正在提倡的白话文向来抱反对态度，我料他的批评一定是否定的。果然，他起初就局部略微称赞几句，后来的结论说：'不过，这种文章，教我们做起来，每篇只要廿八个字——一首七绝；或者二十个字——一首五绝。'"该文系作者生前未发表过的手稿，作者去世后收入丰一吟编《缘缘堂随笔集》（浙江文艺出版社1983年5月初版）。

1900 年　庚子　3 岁

社会文化事略

8 月 14 日，八国联军攻陷北京。

生平事迹

清明时节，随家人祭扫祖坟。

丰子恺漫画《三娘娘》

按：据丰子恺《清明》一文记曰："清明例行扫墓。扫墓照理是悲哀的事。所以古人说：'鸦啼雀噪昏乔木，清明寒食谁家哭。'又说：'佳节清明桃李笑，野田荒冢只生愁。'然而在我幼时，清明扫墓是一件无上的乐事。人们借佛游春，我们是'借墓游春'。我父亲有八首《扫墓竹枝词》……"此八首竹枝词中有一首写道："风柔日丽艳阳天。老幼人人笑口开。三岁玉儿娇小甚，也教抱上画船来。"丰子恺在文中解释曰："这里的'三岁玉儿'，就是现在执笔写此文的七十老翁。我的小名叫做'慈玉。'"此文系作者生前未发表过的手稿，作者去世后收入丰一吟编《缘缘堂随笔集》（浙江文艺出版社 1983 年 5 月初版）。

1901 年　辛丑　4 岁

丰子恺漫画《三眠》

社会文化事略

5 月,《教育世界》在上海创刊。8 月 29 日, 清政府废除八股。9 月 7 日, 清政府签下不平等的《辛丑条约》。

生平事迹

跌跤致使左额留下疤痕。①

按: 对于儿时的生活, 丰子恺自述有三件事情不能忘怀。一是养蚕。桐乡是著名的蚕乡, 养蚕在当地百姓的劳作中占有很重要的地位。丰家也一样, 每年养蚕的规模都很大。丰子恺说: "我所喜欢的, 最初是蚕落地铺。那时我们的三

---

① 据丰子恺《疤》一文记曰: "我的左额上有一条同眉毛一般长短的疤。这是我儿时游戏中在门槛上跌破了头颅而结成的。相面先生说这是破相, 这是缺陷。但我自己美其名曰'梦痕'。因为这是我的梦一般的儿童时代所遗留下来的唯一的痕迹。由这痕迹可以探寻我的儿童时代的美丽的梦。" "我四五岁时, 有一天, 我家为了'打送'(吾乡风俗, 亲戚家的孩子第一次上门来作客, 辞去时, 主人家必做几盘包子送他, 名曰'打送')某家的小客人……为求自由, 我不在那场上吃弄, 拿了到店堂里, 和五哥哥一同玩弄。五哥哥者, 后来我知道是我们店里的学徒, 但在当时我只知道他是我儿时的最亲爱的伴侣。他的年纪比我长, 智力比我高, 胆量比我大, 他常做出种种我所意想不到的玩意儿来, 使得我惊奇。这一天我把包子和米粉拿出去同他共玩, 他就寻出几个印泥菩萨的小形的红泥印子来, 教我印米粉菩萨。" "后来我们争执起来, 他拿了他的米粉菩萨逃, 我就拿了我的米粉菩萨追。追到排门旁边, 我跌了一跤, 额骨磕在排门槛上, 磕了眼睛大小的一个洞, 便晕迷不省。等到知觉的时候, 我已被抱在母亲手里, 外科郎中蔡德本先生, 正在用布条向我的头上重重叠叠地包裹。"(载 1934 年 7 月 20 日《人间世》第 8 期, 初收《随笔二十篇》, 改名《梦痕》,[上海] 天马书店 1934 年 8 月版, 此文后又删节改名《黄金时代》, 收入《率真集》, 万叶书店 1946 年 9 月 20 日印刷, 10 月 10 日初版。)

开间的厅上、地上统是蚕，架着经纬的跳板，以
便通行及饲叶。蒋五伯挑了担到地里去采叶，我
与诸姐跟了去，去吃桑葚。蚕落地铺的时候，桑
葚已很紫而甜了，比杨梅好吃得多。……蒋五伯
饲蚕，我就以走跳板为戏乐，常常失足翻落地铺
里，压死许多蚕宝宝……""蚕上山后，全家静
默守护，那时不许小孩子们吵了，我暂时感到沉
闷。然而过了几天，采茧，做丝，热闹的空气又
浓起来了。"① 可知，丰子恺对于家中养蚕的记
忆，主要是儿时丰子恺对于此事的新奇和好玩。
第二件事是中秋赏月时的吃蟹。丰子恺回忆他父
亲嗜蟹，并详尽描述了父亲吃蟹时的种种细节，
并说到了七夕、七月半、中秋、重阳等节候，家
中缸里满是蟹，那时，不仅父亲可以吃，家里人
都有得吃，而且每人得吃一大只，或一只半。
"尤其是中秋一天，兴致更浓。在深黄昏，移桌
子到隔壁的白场上的月光下面去吃。更深人静，
明月底下只有我们一家人，恰好围成一桌，此外
只有一个供差使的红英坐在旁边。大家谈笑，看
月亮，他们——父亲和诸姐——直到月落时光，
我则半途睡去，与父亲和诸姐不分而散。"② 第三
件事是与邻居，豆腐店里的王囡囡一起钓鱼。王
囡囡比丰子恺大，丰子恺称他为大阿哥。丰子恺
说："我起初不会钓鱼，是王囡囡教我的。他叫
他大伯买两副钓竿，一副送我，一副他自己
用。……他教给我看，先捉起一个米虫来，把钓
钩由虫尾穿进，直穿到头部。然后放下水去，他
又说：'浮珠一动，你要立即拉，那么钩子钩住

丰子恺漫画《头彩十六片》

---

① 丰子恺：《忆儿时》，载 1927 年 6 月 10 日《小说月报》第 18 卷第 6 号。
② 丰子恺：《忆儿时》，载 1927 年 6 月 10 日《小说月报》第 18 卷第 6 号。丰子恺还写道：
"自父亲死了以后，我不曾再尝这种好滋味。现在，我已经自己做父亲，况且已经茹素，当然永
远不会再尝这滋味了。唉！儿时欢乐，何等使我神往！"其实丰子恺茹素并不彻底，嗜蟹在他的
生活中更是没有改变。

鱼的颚，鱼就逃不脱。'我照他所教的试验，果然第一天钓了十几头白条，然而都是他帮我拉钓竿的。"① 此后，丰子恺开始自己一人去钓鱼，收获颇丰。

① 丰子恺：《忆儿时》，载 1927 年 6 月 10 日《小说月报》第 18 卷第 6 号。

1902 年　壬寅　5 岁

社会文化事略

4 月 27 日，蔡元培等在上海发起成立中国教育会。8 月 15 日，管学大臣张百熙进呈学堂章程六件，史称"壬寅学制"，为全国统一学制之始。是年，沈心工、曾志忞在日本东京留学生中举办音乐讲习会。

生平事迹

是年各省补行庚子、辛丑恩正并科乡试。秋，其父斛泉第四次赴杭州应试，中举（补行庚子辛丑恩正并科第八十七名举人）。是年祖母去世，因此不得出仕，在家设塾授徒。

是年，妹丰雪珍生，小名雪雪。

《浙江乡试录》中的丰镛家世与中举内容

按：据丰子恺《菩萨元帅》一文记曰："石门湾南市梢有一座庙，叫做元帅庙。……每年五月十四日，元帅菩萨迎会。……我五六岁时，看见菩萨，不懂得作揖，却喊道：'元帅菩萨的眼睛会动的！'大人们连忙掩住我的口，教我作揖。第二天，我生病了，眼睛转动。大家说这是昨天喊了那句话的原故。我的母亲连忙到元帅庙里去上香叩头，并且许愿。父亲请医生来看病，医生说我是发惊风。吃了一颗丸药就好了。但店里的人大家说不是丸药之功，是母亲去许愿，菩萨原谅了之故。后

来办了猪头三牲，去请菩萨。……"此事姑且记
于是年。该文系作者生前未发表过的手稿，作者去
世后收入丰一吟编《缘缘堂随笔集》（浙江文艺出
版社 1983 年 5 月初版）。

1903 年　癸卯　6 岁

社会文化事略

沈心工在上海南洋公学附属小学开设"学堂乐歌"课，此为现代音乐教育之开端。8月，王国维发表《论教育之宗旨》。8月，孙中山在日本东京青山设立革命军事学校，提出"驱除鞑虏、恢复中华、创立民国、平均地权"的革命宗旨。

生平事迹

在父亲座下读私塾。学名丰润。曾读《三字经》《千字文》《千家诗》等。

弟丰浚生（浚排行第九，字景伊，小名慧珠）。

丰子恺与姑母合影

1904 年　甲辰　7 岁

社会文化事略

　　1 月，《奏定学堂章程》颁布。3 月 11 日，商务印书馆创刊《东方杂志》。11 月，陶成章、蔡元培等在上海成立光复会。是年，穆藕初、马相伯等组织沪学会。

生平事迹

　　萌发作画之念。曾在《千家诗》上端"二十四孝"木板画上用染坊店中红、黄、蓝三色的颜料涂抹。开始描《芥子园画谱》。

丰子恺漫画《会议》

1906 年　丙午　9 岁

社会文化事略

2 月，李叔同在日本创办中国第一份音乐杂志《音乐小杂志》。4 月，中国公学在上海开办。冬，李叔同等在日本发起成立"春柳社"，分戏剧、音乐、诗歌、绘画等部门，以戏剧为主。

生平事迹

秋，父死于肺病，终年 42 岁。父去世时，膝下有七女二男。长女丰瀛，字寰仙；次女丰游（又名幼），字梦仙；三女丰满，字庭芳（后皈依弘一大师，法名梦忍）；四女丰绮；五女丰潜贞；六女丰庚；丰润（丰子恺）排行第七；八女丰雪珍；丰润之弟丰浚，字景伊，小名慧珠，排行第九。另有遗腹子，次年产下，男孩，取名蔚兰，小名兰珠，4 岁夭折。

丰子恺漫画《无言独上西楼，月如钩》

1907 年　丁未　10 岁

丰子恺漫画《去年的先生》

社会文化事略

　　春，"春柳社"在日本演出《茶花女遗事》，李叔同饰茶花女。后李叔同等在东京本乡园公演《黑奴吁天录》。12 月，慈禧太后下诏整顿士风，不准学生干政。

生平事迹

　　转入于云芝私塾读书。曾读《幼学琼林》《论语》《孟子》等。

　　幼弟蔚兰生，小名兰珠，系遗腹子，4 岁时夭折。

1908—1909 年　戊申、己酉　11 至 12 岁

社会文化事略

1908 年 11 月 14、15 日，光绪帝、慈禧太后相继死去。遗诏溥仪继位。1909 年 2 月 15 日，《教育杂志》创刊。5 月，学部奏准试行将中学堂课程分为文科、实科。11 月 13 日，"南社"成立。

生平事迹

因在私塾中以《芥子园画谱》印描人像终被老师知悉，命作孔子像，悬于塾中，令诸生晨夕礼拜。所谓作像，乃是用放大格的办法照范本中画像放大画出。故丰氏自幼便负有"小画家"的盛名。

丰子恺漫画《青梅》

按：丰子恺在《学画回忆》一文中略带有调侃的语气介绍曰："假如有人探寻我儿时的事，为我作传记或讣启，可以为我说得极漂亮：'七岁入塾即擅长丹青。课余常摹古人笔意，写人物图，以为游戏。同塾年长诸生竞欲乞得其作品而珍藏之，甚至争夺殴打。师闻其事，命出画观之……某从容研墨伸纸，挥毫立就，神颖晔然……遂装裱其画，悬诸塾中，命诸生朝夕拜焉。于是亲友竞乞其画像，所作无不惟妙惟肖……'"[1]

---

[1]　丰子恺：《学画回忆》，载 1935 年 3 月《良友》第 103 期。

1910 年　庚戌　13 岁

社会文化事略

7 月，学部颁发《改良私塾征程》。是年，清政府颁行《著作权律》。

生平事迹

私塾改为"溪西两等小学堂"，以石门湾西竺庵里面的祖师殿为校舍。曾从金可铸老师学唱《祖国歌》，并与同学一起边唱《祖国歌》边宣传用国货。①

石门西竺庵内的母校
（摄于 1934 年）

按：丰氏在《回忆儿时的唱歌》中曰："我所谓儿时，是指前清宣统二年至民国二年（1910—1913）的期间。这时候科举已废，学堂初兴。我在故乡浙江石门湾的新办的小学堂里所唱的歌，大都是沈心工编的《学校唱歌集》里的歌曲。学校从嘉兴请来一位唱歌（兼体操）教师，叫做金可铸先生（平湖人）。他弹着一架三组风琴，教我们一班十三四岁的学生唱歌。这是我们最初正式学习唱歌，滋味特别新鲜；所唱的歌曲也特别不容易忘记。直到五十年后的今天，我还能背诵好几首可爱的歌曲。"②

---

① 金可铸，丰子恺在溪西两等小学堂时的老师。
② 丰子恺：《回忆儿时的唱歌》，载 1958 年 5 月《人民音乐》。

1911—1912 年　辛亥、壬子　14 至 15 岁

社会文化事略

1911 年 3 月，李叔同毕业于东京美术学校。7 月，中央教育议事机构——中央教育会在北京开会。8 月 5 日，全国师范联合会在北京成立。8 月 11 日，张元济在北京发起成立中国教育会。8 月 24 日，《申报》创刊《自由谈》副刊。11 月 3 日，清政府任命袁世凯为内阁总理大臣。

1912 年 1 月 1 日，孙中山于南京就任中华民国临时大总统，宣告中华民国成立。同日，陆费逵开办中华书局于上海。1 月 19 日，临时政府教育部公布《普通教育暂行办法》，规定学堂改称学校，堂长通称校长。2 月 12 日，清帝溥仪宣布退位。3 月 10 日，袁世凯在北京就任临时大总统。4 月 11 日，中华佛教总会在上海成立。春，李叔同主持《太平洋报》画报副刊编务，是年加入"南社"，并与柳亚子等创办文美会，出版《文美杂志》。秋，赴杭州任浙江省立两级师范学校高师图画手工专修科教师。8 月 25 日，中国国民党成立。9 月 2 日，教育部公布国民教育宗旨为"注重道德教育，以实利教育、军国民教育辅之，更以美感教育完成其道德教育"。10 月，刘海粟创办上海图画美术院。

丰子恺漫画《挖耳朵》

生平事迹

　　溪西两等小学堂原有高等部分之学生归入新办的崇德县立第三高等小学校。校长为沈蕙荪。[1] 为便于选举，地方上盛行简化名字，丰润亦被改名为丰仁。1912 年 2 月，政府通令剪辫子，未经母亲同意即将辫子剪去。

　　1912 年 12 月，姊丰瀛在石门镇创办"振华女校"，校址初设老屋惇德堂厅内，后迁至大井头。

---

[1] 沈蕙荪曾于 1914 年护送丰子恺报考杭州的学校。

1913 年　癸丑　16 岁

社会文化事略

2月，北洋政府教育部公布《高等师范学校规程》。5月2日，美国承认中华民国政府。9月，郑正秋、张石川编导的中国第一部故事片《难夫难妻》在上海首映。10月10日，袁世凯就任正式大总统。

生平事迹

崇德县举行会考，成绩优异。崇德督学徐芮荪爱其才，央媒为长女徐力民说亲。是年与徐力民订亲。①

丰子恺漫画《软软新娘子，瞻瞻新官人，宝姊姊做媒人》

---

① 徐芮荪（1865—1929），名乃宣，字芮荪，崇德世家。丰子恺在《老汁锅》一文中曾有对岳父徐芮荪的描写："我的岳父徐芮荪先生，性格和这位朱老太爷完全相反。朱家向他征求挽诗，直是讨骂。芮荪先生在乡当律师，一有收入，便偕老妻赴上海、杭州等处游玩，尽情享乐。有一时我在上海当教师，我妻在城东女学求学，经常分居。听到老夫妇来上海，非常高兴，我俩也来旅馆同居，陪两老一同游玩。我曾写一对联送我岳父：'观书到老眼如镜，论事惊人胆满躯。'并非面谀，却是纪实。可惜过分旷达，对子女养而不教。儿子靠父亲势力，获得职业。但世态炎凉，父亲一死，儿子即便失业，家境惨败，抗日战争期间，我带了岳母向大后方逃难，我的妻舅及其子女在沦陷区，都不免饥寒。"《老汁锅》收《丰子恺文集》（文学卷二），浙江文艺出版社、浙江教育出版社1992年6月第1版，第695页。

1914 年　甲寅　17 岁

社会文化事略

　　4 月 21 日，教育部举办全国儿童艺术展览会。8 月 1 日，第一次世界大战爆发。是年，袁世凯发布《祭孔告令》，规定每年 9 月 28 日中央与各地方一律举行祀孔典礼。

生平事迹

　　年初，以第一名成绩毕业于崇德县立第三高等小学校。因当时各校已改为秋季始业，在母校又滞留半年。

浙江省立第一师范学校钟楼

　　2 月，在《少年杂志》第 4 卷第 2 期"儿童创作园地"发表文言文寓言四篇：《猎人——戒贪心务寡欲》《怀挟——戒诈伪务正直》《藤与桂——戒依赖务自立》和《捕雀——戒移祸务爱群》。署名：丰仁。此乃迄今为止发现的丰子恺最早发表的作品。

　　夏，在小学校里的校长、邻居兼亲戚沈蕙荪的鼓励下，丰子恺的母亲决定将儿子送到省城杭州去投考中学。恰巧沈校长的儿子沈元君也要到杭州投考，丰子恺可以由沈校长一并带去杭州。1914 年夏天的一个早晨，母亲为儿子准备行装，临行前，她让儿子吃了糕和粽子，意思是"高中"，希望他能考上省城里的一所好学校。同时报考三所学校，揭晓时，甲种商校以第一名录取，第一中学以第八名录取，浙江省立第一师范学校以第三名录取。

在家里的时候，丰子恺的母亲曾经吩咐过他，说商业学校毕业后必定在外地谋职，而丰家只有他一个男孩，今后他需要返回故乡做事；中学毕业后须升高级学校或大学，而他的家境已供不起他的学费。他唯一的选择应该是读师范学校，将来可以在家乡的学校谋一个教师的职位。丰子恺最后确实是选择了浙江省立第一师范学校，这样的选择与母亲的吩咐正好吻合，但他的这一选择并非是体谅母亲的一番苦心，用他自己的话来说，就是："但看学校的形式，觉得师范学校规模最大，似乎最能满足我的知识欲。我便进了师范学校。"① 故他的这一选择只是与母亲的意见偶然相合。在丰子恺看来，他进入浙江省立第一师范学校只是偶然，"并不是抱了作小学教师的目的而入师范学校的"。②

浙江省立第一师范学校校舍

9 月，入浙江省立第一师范学校。该校为五年制，是年录取新生 80 余人，分甲、乙两班，被分在甲班。在校时与同学杨家俦友善，③ 经常结伴游西湖。

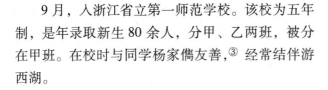

① 丰子恺：《旧话》，载 1931 年 6 月 1 日《中学生》第 16 号。

② 丰子恺：《我的苦学经验》，载 1931 年 1 月 1 日《中学生》第 11 号。

③ 杨家俦（？—1929），又名伯豪，浙江余姚人，丰子恺的同班同学。曾任余姚第一中心小学校长。丰子恺入学的时候，全校学生约四五百人，共分 10 个班级。学校里的自修室不按班次分配，而是根据舍监旨意混合编排，每一自修室 24 人，自预科至四年级的各班学生都有。学校这样做的本意是为了各级学生相互联络感情，切磋学问，但实际效果并非如学校所愿。丰子恺回忆道："我初入学校，颇有人生地疏，举目无亲之慨。我的领域限于一个被指定的座位。我的所有物尽在一只抽斗内。此外都是不见惯的情形与不相识的同学——多数是先进山门的老学生。他们在纵谈，大笑，或吃饼饵。有用奇妙的眼色注视我们几个新学生，又向伴侣中讲几句我们所不懂的，暗号的话，似讥讽又似嘲笑。"（见丰子恺《伯豪之死》，载 1929 年 11 月 10 日《小说月报》第 20 卷第 11 号。）

浙江省立第一师范学校校长经亨颐

1914年，李叔同在浙江省立第一师范学校首用人体模特进行美术教学（后排右二站立者为李叔同）

按：是校成立于1908年，初名浙江官立两级师范学堂。学堂分优级师范和初级师范两部，优级师范培养中学师资，初级师范培养小学师资。1912年民国政府成立，临时政府教育部规定师范学堂改称师范学校，中等师范教育以造就小学教员为目的。于是，浙江官立两级师范学堂于4月1日更改校名为浙江省立两级师范学校。同时，两级师范之优级师范部分停办（时教育部将各省优级师范归并为高等师范），初级师范续办。鉴于辛亥革命后学校已部分停办优级师范、主办初级师范的实际，浙江省议会于1913年通过《筹设省立师范学校决议案》，规定各旧府设立一所师范学校，因而从1913年7月起，校名改为浙江省立第一师范学校，正式停办优级师范，初级师范改称普通师范。1912年春，校长经亨颐以过去专科中独缺高级艺术师资科，请艺术教师姜丹书拟定培养方案，并决定于该年秋季开办一班高师图画手工专修科，学制三年，招生29名。① 此为浙江有艺术专科之始。为充实艺术教育师资，1912年夏，经亨颐邀请李叔同担任艺术教师。经亨颐十分重视美育与艺术教育，1913年曾发表《全浙教育私议》，针对当时世道人心的实际状况，强调："非先去社会心理上腐烂之秽膜不可。其法维何？莫如提倡美育……倘能稍知美意，即可谓脱离恶俗之污秽，一如栽植草木，已除其蔓芜，去其污秽矣。"②

---

① 经亨颐（1877—1938），浙江上虞人，教育家、社会活动家。1900年，因参与通电反对慈禧废光绪帝，被通缉避居澳门。1903年赴日本留学，入东京高等师范学校数学物理科。浙江官立两级师范学堂首任教务长。民国后任浙江官立两级师范学堂监督、浙江省立两级师范学校和浙江省立第一师范学校校长及浙江省教育会会长。1920年因"一师风潮"离школу赴上虞任春晖中学校长。历任中山大学代校长、国民政府执行委员、全国教育委员会委员长等职。

② 经亨颐：《全浙教育私议》，载1913年4月《教育周报》第3、5期。文中"其法维何"中的"维"字，原文如此。

1915 年　乙卯　18 岁

社会文化事略

1月18日，日本政府向北洋政府提出灭亡中国的"二十一条"。5月9日，北洋政府正式承认"二十一条"。9月15日，陈独秀在上海创办《青年杂志》（第2卷改名《新青年》）。12月11日，袁世凯接受帝位。

生平事迹

从单不厂先生学习国文。[①] 因丰氏考试成绩名次屡列第一，甚得单师器重。单师遂据丰氏名仁，为取号子颛（"颛"音"倚"。安静、和乐之意，后将"颛"改为"恺"，意同）。此后"丰仁"、"丰子恺"同时使用，有时亦称"丰仍"，毕业后一直称"丰子恺"。

从李叔同先生学图画、音乐。丰氏对此两科产生强烈之兴趣，逐渐疏远其他各科之学习，经常请

在浙江省立第一师范学校任教时的李叔同

---

① 单不厂（1877—1929），名丕，号不厂，浙江萧山人，生于海宁，史学家。早年留学日本，1913 年任浙江图书馆编辑，1914 年起任教浙江省立第一师范学校，1920 年任北京大学国文系讲师兼图书馆主任，后为教授，1925 年任浙江图书馆馆长，一年后任上海中央研究院中文科主任兼汉文图书室主任，著有《宋儒年谱》《二程之异同》《宋代哲学思想史》等。据丰子恺《琐记》一文记载，其在浙一师读书时还师从刘子庚习国文："我十六七岁时，在杭州第一师范学校求学，国文教师刘子庚先生教我们这两首散曲。一读就熟，至今不忘。"此文系作者生前未发表过的手稿，作者去世后收入《丰子恺文集》（文学卷二），浙江文艺出版社、浙江教育出版社 1992 年 6 月版，第 761—770 页。刘子庚（1868—1928），曾任教于浙江省立第一师范学校，1920 年 9 月至北京，任北京大学教授。

假至西湖写生。在李叔同指点下，丰氏确定了一生艺术之事业。时西洋绘画及西洋音乐，多从日本介绍至国内，为了直接接触原著，课余又从李叔同学日文。丰氏在《画家之生命》中说："乙卯（1915年）予从李叔同先生学西洋画，写木炭基本练习数年，窃悟其学之深邃高远，遂益励之，愿终身学焉。"①

浙江省立第一师范学校的音乐教室

浙江省立第一师范学校健身房

浙江省立第一师范学校教师宿舍

对于老师李叔同的最初印象，丰子恺在《为青年说弘一法师》一文中描述道："我们走向音乐教室（这教室四面临空，独立在花园里，好比一个温室）。推进门去，先吃一惊：李先生早已端坐在讲台上。以为先生还没有到而嘴里随便唱着、喊着，或笑着、骂着而推进门去的同学，吃惊更是不小。他们的唱声、喊声、笑声、骂声以门槛为界而忽然消灭。接着是低着头，红着脸，去端坐在自己的位子里。端坐在自己的位子里偷偷地仰起头来看看，看见李先生高高的瘦削的上半身穿着整洁的黑布马褂，露出在讲桌上，宽广得可以走马的前额，细长的凤眼，隆正的鼻梁，形成威严的表情。这副相貌，用'温而厉'三个字来描写，大概差不多了。"②

对于学习石膏模型写生，丰子恺曾回忆过李叔同上课时的一些情形："李先生的教法在我觉得甚为新奇：我们本来依照商务印书馆出版的《铅笔画帖》及《水彩画帖》而临摹；李先生却教我们不必用书，上课时只要走一个空手的人来。教室中也没有四只脚的桌子，而只有三只脚的画架。画架前面供着石膏制的头像。我们空手坐在画架前面，先生便差级长把一种有纹路的纸分给每人一张，又每人一条细炭，四个图钉（我们的学用品都是学

①　载 1920 年 4 月《美育》第 1 期。
②　丰子恺：《为青年说弘一法师》，载 1943 年 5 月《中学生》第 63 期。

校发给的，不是自备的）。最后先生从讲桌下拿出一盆子馒头来，使我们大为惊异，心疑上图画课大家得吃馒头的。后来果然把馒头分给各人，但不教我们吃，乃教我们当作橡皮用的。于是先生推开黑板……教我们用木炭描写石膏模型的画法。"[①]

上半学期担任校友会庶务。[②]

8 月 25 日，在《中华学生界》第 1 卷第 8 期发表《读书经验谭》（散文，署名丰子颢）。

社会评价

杨家儁：《夏时乙卯元日偕丰君子颢赴西湖游》（诗 8 首），载 1915 年《浙江省立第一师范学校校友会志》第 6 期。

评价选录

杨家儁：《夏时乙卯元日偕丰君子颢赴西湖游》（诗 8 首）

去年曾报隔年春，抛掷春光又一旬。
作客方惊离索久，出门忽忆岁华新。
数群都是青红子，空巷从无卖买人。
苇索桃符驱百鬼，家家椒酒乐天伦。

今朝一样是星期，民物缘何雍且熙？
多为痴呆新卖后，顿成宇宙太平时。
椒花酒满家中乐，爆竹声喧客里悲。
寄慨他乡风俗异，梦魂遥向后园驰。（家宅号后园）

丰子恺在浙江省立第一师范学校读书时的学友杨伯豪

---

① 丰子恺：《旧话》，载 1931 年 6 月 1 日《中学生》第 16 号。
② 见 1915 年《浙江省立第一师范学校校友会志》第 6 期记载。

一年已过一年来，如水韶光去弗回。
岁历更新何足贺，选无进步宾堪哀。
常嗟片息便衰老，能得几时是幼孩。
人世青春留不住，伊谁笑口却常开。

我负韶华十几春，韶华毕竟不负人。
游凭紫气来催兴，祚属青阳始换新。
风骨弗殊前岁景，吾身还是去年身。
山光湖色如何好，缓步同行达水滨。

西湖岸上对清流，偕友欣然上小舟。
鼓棹直前行似箭，凝眸遥望兴偏幽。
黄妃隐见西峰上，宾椒高擎北山头。
自笑游春何太早，堤边柳叶未全抽。

忠臣万世共瞻望，青史扬名岳鄂王。
遗像巍巍塑庙里，雄心凛凛葬祠旁。
千秋翰墨余香袅，半壁江山饮憾长。
可笑奸人多事事，当年富贵在何方？

丰子恺漫画《调养室中》

孤山徐访百花魁，绿萼红葩处处开。
是地春光何早到？谁家雅士欢迟来。
亭前鹤子今奚在，林下梅妻孰与陪？
日夜徘徊吾未卜，湖中缓缓鼓槎回。

昔闻父老说杭州，争说西湖景不侔。
幸值良辰探胜境，恨无佳句赋清流。
盈堤水色盈天碧，满地风光满眼幽。
安得年年元旦日，扁舟一扁此间游。

1916 年　丙辰　19 岁

社会文化事略

1 月 1 日，袁世凯改中华民国为中华帝国，改元洪宪。3 月 22 日，袁世凯被迫撤销帝制，仍称大总统。6 月 6 日，袁世凯病殁。6 月 9 日，孙中山发表恢复《临时约法》宣言。10 月，蔡元培等发起成立国语研究会。

丰子恺在浙江省立第一师范学校时的老师夏丏尊

生平事迹

自本年始，由夏丏尊先生任教国文，视夏丏尊为自己的文学启蒙者，并以为李叔同是"爸爸的教育"，夏丏尊是"妈妈的教育"。丰子恺对夏丏尊的教育教学态度有详细的介绍："夏先生与李先生对学生的态度，完全不同。而学生对他们的敬爱，则完全相同。这两位导师，如同父母一样。李先生的是'爸爸的教育'，夏先生的是'妈妈的教育'。"在学校里，事无巨细，夏丏尊几乎都要操心。他看见年纪小的学生玩狗，会说："为啥同狗为难！"放假的日子，学生们要出门，他高声大喊："'早些回来，勿可吃酒啊！'学生笑着连说：'不吃，不吃！'赶快走路。走得远了，夏先生还要大喊：'铜钿少用些！'"① 夏丏尊关心学生，学生也都信任他，遇到有向学校请愿的事情，学生们都爱去找他，若是他

丰子恺以夏丏尊为原型创作的漫画《某件事》

---

① 丰子恺：《悼丏师》，载 1946 年 5 月 16 日《川中晨报》"今日文艺"副刊第 11 期。

觉得学生的意见合理，便会当作他自己的意见，想方设法去交涉。丰子恺写作能力的提高，是夏丏尊一手辅导的结果，而此后也是在夏先生的热情鼓励之下逐步走向成熟。丰子恺在《旧话》一文中回忆："我在校时不会作文。我的作文全是出校后从夏先生学习的。夏先生常指示我读什么书，或拿含有好文章的书给我看，在我最感受用。他看了我的文章，有时皱着眉头叫道：'这文章有毛病呢！''这文章不是这样做的！'有时微笑点头而说道：'文章好呀……'我的文章完全是在他这种话下练习起来。"丰子恺还说过："以往我每写一篇文章，写完之后总要想：'不知这篇东西夏先生看了怎么说。'因为我的写文，是在夏先生的指导鼓励之下学起来的。"可见，丰子恺把他自己在文学上的发展完全归功于夏丏尊了。诚如他自己断定的那样："我倘不入师范，不致遇见李叔同先生，不致学画；也不致遇见夏丏尊先生，不致学文。"①

是年，在浙江省立第一师范学校担任校友会文艺部干事。②

在学习英文之外，又从李叔同、夏丏尊习日文。粗通日语。

夏丏尊在日本杂志上读到关于断食的文章，介绍李叔同阅读。李叔同决心一试，并于 1916 年 12 月 24 日至 1917 年 1 月 11 日在杭州虎跑实行"断食"。③

---

① 丰子恺：《旧话》，载 1931 年 6 月 1 日《中学生》第 16 号。
② 见 1916 年《浙江省立第一师范学校校友会志》第 10 期记载。
③ 夏丏尊在《弘一法师之出家》一文中说："有一次，我从一本日本的杂志上见到一篇关于断食的文章，说断食是身心'更新'的修养方法，自古宗教上的伟人，如释迦，如耶稣，都曾断过食。断食能使人除旧换新，改去恶德，生出伟大的精神力量。并且还列举实行的方法及应注意的事项，又介绍了一本专讲断食的参考书。我对于这篇文章很有兴味，便和他谈及，他就好奇地向我要了杂志去看。以后我们也常谈到这事，彼此都有'有机会时最好把断食来试试'的话，可是并没有作出过具体的决定，至少在我自己是说过就算了的。"（见夏丏尊《弘一法师之出家》，收《夏丏尊文集·平屋之辑》，浙江人民出版社 1983 年 2 月版，第 244 页。）

1917 年　丁巳　20 岁

社会文化事略

1 月 4 日，蔡元培出任北京大学校长。9 月，孙中山就任中华民国军政府海陆军大元帅。11 月，俄国爆发十月革命。

生平事迹

是年参加学校"桐阴画会"及金石篆刻研究活动。"桐阴画会"名称的由来是因为学校的校园里种有许多梧桐树。每到夏天，同学们都爱在树下自修学习。有一次，同学们在谈及清代画家秦祖永有《桐阴论画》的著述，便提出了"桐阴"二字，于是大家都觉得有意义，便用作画会的名称。桐阴画会是学校里的一个课外美术社团，主要从事西洋画学习和交流。

老师李叔同断食实验后与马一浮交往颇频。李叔同年长马一浮三岁，但在佛学方面，他一直把马一浮视作良师。这种情况跟苏曼殊颇为相似。苏曼殊在 1916 年 12 月 25 日复刘半农的信中说过："此间有马处士一浮，其人无书不读，不慧曾两次相见，谈论娓娓，令人忘机也。"① 李叔同也对丰子恺说过："马先生是生而知之的。假定有一个，生出来就读书；而且每天读两本（他用食指和拇指

马一浮像

---

① 《苏曼殊文集》（下），花城出版社 1991 年 8 月第 1 版，第 628 页。

略示书之厚薄），而且读了就会背诵，读到马先生的年纪，所读的还不及马先生之多。"① 李叔同早在断食之前就已与马一浮的有关佛教活动发生了关系。1914 年，马一浮与一些佛教学者在杭州成立了"般若学会"，旨在"求得超越虚幻不实的世俗认识，以证悟般若智慧"。而当时作为新思潮中心的浙江省立第一师范学校的许多师生，如李叔同、夏丏尊、潘天寿、姜丹书、刘质平、丰子恺等均加入了该会。②

担任浙江省立第一师范学校校友会文艺部、言论部干事。③

曾代老师李叔同用日语接待来杭州写生的日本画家大野隆德、河合新藏、三宅克己等。④

在浙江省立第一师范学校任教时的李叔同

按：丰子恺跟从李叔同学绘画后，体会到了艺术与英、数、理、化的不同滋味。此后，他渐渐疏远其他功课，而埋头于美术，居然成了学校里绘画成绩的佼佼者。由于对音乐、美术课的偏爱，丰子恺在学校里不仅能弹钢琴、画画、治印，他还被推为学校"桐阴画会"的负责人。从四年级开始，他经常借故请假到西湖写生，几乎没有学过有关教育方面的课程。丰子恺在美术上的每一个进步，李叔同都及时地看在眼里。丰子恺在《为青年说弘

---

① 丰子恺：《陋巷》，载《丰子恺文集》（文学卷一），浙江文艺出版社、浙江教育出版社 1992 年 6 月第 1 版，第 202 页。

② 参见冷晓《杭州佛教通史》，杭州市佛教协会编，2002 年 7 月印行，第 177 页。潘天寿（1897—1971），浙江海宁人，1915 年秋入浙江省立第一师范学校，曾任上海美术专科学校教授、国立西湖艺术院教授、国立艺术专科学校校长、浙江美术学院院长等职。著名画家。姜丹书（1885—1962），江苏溧阳人，艺术教育家。清末毕业于南京两江师范学堂图画手工科。1911 年秋任浙江官立两级师范学堂图画手工教员，历经浙江省立两级师范学校、浙江省立第一师范学校等时期。后曾任杭州国立艺术专科学校教职。

③ 见 1917 年《浙江省立第一师范学校校友会志》第 13 号记载。

④ 大野隆德，日本画家。河合新藏（1867—1936），号无涯，日本水彩画家。三宅克己（1874—1954），日本水彩画家。

一法师》里说：有一天晚上，他到李叔同的房里去汇报学习情况（他当时任年级的级长），当汇报完毕正要退出时，李叔同叫住了他，并用很轻但极严肃的声音和气地对他说："你的画进步很快！我在南京和杭州两处教课，没有见过像你这样进步快速的人。你以后可以……"① 丰子恺明白老师的意图，他在《旧话》一文中认为："李先生当时兼授南京高等师范及我们第一师范两校的图画，他又是我们最敬佩的先生之一。我听到他这两句话，犹如暮春的柳絮受了一阵强烈的东风，要大变方向而突进了。"② 果然，丰子恺方向大变。他在《为青年说弘一法师》一文中说："当晚这几句话，便确定了我的一生。可惜我不记得年月日，又不相信算命。如果记得，而又迷信算命先生的话，算起命来，这一晚一定是我一生中一个重要关口，因为从这晚起，我打定主意专门学画，把一生奉献给艺术，直到现在没有变志。"③

李叔同断食后留影

　　李叔同既是丰子恺艺术上（这里指"技艺"方面）的启蒙老师，但他对丰子恺的影响更重要的还于在思想、情操和艺术修养等方面，即他给予丰子恺的主要东西是一颗艺术家的心灵。据丰子恺在《先器识而后文艺——李叔同先生的文艺观》中说：他的案头却总放着一册明代刘宗周著关于古来贤人嘉言懿行的《人谱》，并且还在封面上写着"身体力行"四个字，每个字旁又加上一个红圈。李叔同常对丰子恺说一些书中有关做人与艺术的准则。他把其中"士先器识而后文艺"的意思讲给丰子恺听，要求他首重人格修养，次重文艺技术，要做一个好的文艺家，必先做一个好人。他认为一

① 丰子恺：《为青年说弘一法师》，载 1943 年 5 月《中学生》第 63 号。
② 丰子恺：《旧话》，载 1931 年 6 月 1 日《中学生》第 16 号。
③ 丰子恺：《为青年说弘一法师》，载 1943 年 5 月《中学生》第 63 号。

个文艺家若没有"器识",无论技艺何等精通熟练,亦不足道。所以他告诫丰子恺:"应使文艺以人传,不可人以文艺传。"这种告诫对丰子恺来说非常及时,丰子恺说:"我那时正热衷于油画和钢琴技术,这一天听了他这番话,心里好比开了一个明窗,真是胜读十年书。从此我对李先生更加崇敬了。"① 李叔同后来在出家时把《人谱》送给了丰子恺。丰子恺也将此书视作珍宝收藏,后由于抗战炮火,此书毁于一炬。但他在逃难期间,偶尔在成都的旧书摊上见到了一册《人谱》,立即将其买下,一直保存在身边。

---

① 丰子恺:《先器识而后文艺——李叔同先生的文艺观》,载 1957 年 4 月 19 日《杭州日报》。

1918 年　戊午　21 岁

社会文化事略

5 月 15 日，鲁迅发表小说《狂人日记》。8 月 19 日，李叔同出家为僧。11 月 11 日，第一次世界大战结束。11 月 23 日，教育部公布注音字母表，共 39 个字母。

生平事迹

3 月 18 日，在照相馆摄影，后在照片上自题"戊午夏二月初六日摄，时年二十一岁，初级师范三年级。子颉自志"。

在浙江省立第一师范学校读书时的丰子恺（摄于 1918 年 3 月 18 日）

5 月 24 日，即农历四月十五日，李叔同入山前与丰子恺、刘质平在照相馆合影纪念，并亲自在照片上题字："弘一将入山修梵行，偕刘子质平、丰子子颉摄影。戊午四月十五日。"此照为丰子恺留下的唯一一张与弘一大师李叔同合影照片。

5 月，作《清泰门外》等（速写画）。此为迄今发现的丰氏最早画作。目前另留存"无题"速写画 1 幅。[①]

李叔同出家前与弟子刘质平、丰子恺（右）合影（摄于 1918 年 5 月 24 日）

---

① 此画与《清泰门外》一并由丰子恺的同校同学沈本千收藏。

8月19日，李叔同正式出家为僧。①

丰子恺速写作品（作于1918年）

丰子恺速写作品

秋，在《浙江省立第一师范学校校友会志》第16期发表《晨起见园梅飘尽口占一绝》（诗）、《溪西柳》（诗）、《春宵曲》（词）、《浪淘沙》（词）、《朝中措》（词）、《满宫花》（词）、《减兰》（词）、《西江月》（词）8首诗词，署名丰仁。此为迄今所发现丰子恺最早的诗词作品。在学校期间，曾一度自名丰仍。

是年，李叔同出家前夕曾带丰氏访马一浮、程中和。② 有关李叔同断食以后跟马一浮的谈佛论道的情况，丰子恺在《陋巷》一文中有形象的记述。丰子恺在文章中这样写道："第一次我到这陋巷里，是将近二十年前的事。那时我只十七八岁，正在杭州的师范学校里读书。我的艺术科教师 L 先生（L 即指李叔同——引者注）似乎嫌艺术的力道薄弱，过不来他的精神生活的瘾，把图画音乐的书籍用具送给我们，自己到山里去断了十七天的食，回来又研究佛法，预备出家了。在出家前的某日，他带我到这陋巷里去访问 M 先生（M 即指马一浮——引者注）。我跟着 L 先生走进这陋巷中的一间老屋，就看见一位身材矮胖而满面须髯的中年男子从里面走出来应接我们。我被介绍，向这位先生一鞠躬，就坐在一只椅子上听他们的谈话。我其实全然听不懂他们的话，只是断片的听到什么'楞

---

① 李叔同出家时的送行者中有何人，说法不一。而依照丰子恺在《为青年说弘一法师》一文中所述，弘一法师在出家前一天的晚上，把丰子恺、叶天底、李增庸三位学生叫到他自己的房中，几乎把室内的所有东西都送给了他们。第二天，三位学生送先生至虎跑。此外，根据丰子恺《李叔同先生的爱国精神》一文可知，大师在出家前还将自己在俗时的一个亲笔自撰诗词手卷送给丰子恺。诗词手卷中有一"金缕曲"，题目是《将之日本，留别祖国，并呈同学诸子》。丰子恺说："我还记得他展开这手卷来给我看的时候，特别指着这阕词，笑着对我说：'我写这阕词的时候，正是你的年纪。'"丰子恺后来在大师圆寂后曾把此手卷上的诗词制版刊在了《前尘影事集》里。

② 程中和（1886—1975），曾在二次革命时担任团长，后出家，号弘伞，为弘一法师弟。

严'、'圆觉'等名词，又有一个英语'Philoso-
phy'（即哲学——引者注）出现在他们的谈
话中。"①

李叔同出家前，将其用品、画具、作品等分赠
友人和学生。丰子恺所得物品中有李叔同在俗时的
照片、一卷李叔同亲笔书写的自作诗词（题名为
"前尘影事"）、《人谱》一册，另有一部残缺的原
著《莎士比亚全集》等。

是年，曾刻印章，一为"姚江舜五"（朱文），
印款："舜五学长　子颢丰仁"；二为"启臣之印"
（白文），印款："启臣君正之　子颢贡拙。"②

社会评价

陈夔：《丰女士传》，载《浙江省立第一师范
学校校友会志》第 16 期（1918 年）。

评价选录

陈夔：《丰女士传》

丁巳仲秋，余忝列武林师范讲席。有崇德丰生
仁，颇具才笔，尤工艺事。询其家世，则其父斛泉
先生故名孝廉也。不幸早世（疑为"逝"——引
者按）。生兄弟六人，皆知自兴于学，而伯姊寰仙
女士为尤肾（疑为"甚"——引者按）。群季幼
读，皆经其指授者也。今秋丰生遭姊丧。及返校，
以状来乞传。余维学之不讲久矣，而女子尤失学。
如女士者，非所谓德言功容兼修邪。按状女士讳某
字某，幼承庭训，娴于内则姑妹精女红，擅绘事，

丰子恺所刻之印（作于 1918
年）

① 丰子恺：《陋巷》，载 1933 年 4 月 16 日《东方杂志》第 30 卷第 8 号。文中所谓"那时我只
十七八岁"当系虚指。

② 姚江，又名舜江、舜水，位于浙江省余姚县南。舜五，即马启臣，余姚人，曾与丰子恺为
浙江省立第一师范学校同学。

从受业焉，久之有出蓝之誉。年二十有一，父弃养，矢志不嫁，上奉寡母，而下抚诸弟，谨视勤诲，勖以继述，兼师保之劳焉。时邑之荐绅，谋兴女校，特延主校事。女士挈其女弟子某共任教授，或者尼之，且逆虑其不终。谢之曰：事之济否，愿力行何如耳？于是追俗为制，与时通方。挟持既裕，从游者咸得所欲以去。及期，向往者益众，乃增横舍，更廓规模，迄今六载。视初创时学额且什倍。陶铸之余，蔚然成材，人咸称之。女士则谓："首事诸公，明定章程，吾维守成而已，何力之有也。"盖不矜不伐如此。卒以积劳致疾，卒于戊午某月某日，年三十有三。

赞曰：女士之丧，有识者咸怀哀悼，谓其守贞不字似北宫婴儿子，继父之业似伏胜女。有林下之风则似谢道蕴，而设帐授徒，又仿佛宣文君也。余谓女士之学，未知于古人何如；而孝于其亲，友于兄弟，诲人不倦，执事有原，恪其志行，昔人所称端操有踪幽闲容者，庶几不愧。乌乎！足以风矣。

1919 年　己未　22 岁

社会文化事略

1月18日，巴黎和会在法国凡尔赛宫召开。5月4日，五四运动爆发。12月20日，天马画会举行首届画展。

生平事迹

1月，寒假期间在石门振华女校代课，教音乐与图画。举办音乐会和游艺会。①

3月，回故乡石门。3月13日（农历二月十二日），与徐力民女士结婚（旧俗以夏历二月十五为"百花生日"，此日称"花朝日"；另一说为二月十二日）。曾经在学校里的好友杨伯豪寄来了几首贺诗，其中一首写道："花好花朝日，月圆月半天。鸳鸯三日后，浑不羡神仙。"② 婚后一月余，送妻子在上海城东女学专修科学习图画。③

丰子恺夫妇新婚时合影
（1919年摄于上海）

---

①　参见钱青《丰子恺与石湾振华女校》（载1982年4月1日《文汇报》）。文曰："浙江崇德县（现桐乡县）石湾振华女校，是丰子恺先生的大姐丰瀛于1913年创办的。他的三姐丰满是该校第二任校长。每当寒暑假前后，总有一位青年教师，来到学校教音乐、图画，并于假期中组织音乐会、游艺会等文娱活动，备受小学生与当地群众的欢迎。这位青年教师就是当时还在浙江省立师范学校攻读的丰子恺。那时候，中学的寒暑假时间比小学长，所以浙师一放假，他就行装甫卸，即来小学义务劳动了。"

②　转引自丰一吟《我的父亲丰子恺》，团结出版社2007年1月第1版，第58页。

③　据丰子恺在《老汁锅》一文中记曰："我的岳父徐芮荪先生……一有收入，便偕老妻赴上海、杭州等处游玩，尽情享乐。有一时我在上海当教师，我妻在城东女学求学，经常分居。听到老夫妇来上海，非常高兴，我俩也来旅馆同居，陪两老一同游玩。我曾写一对联送我岳父：'观书到老眼如镜，论事惊人胆满躯。'并非面谀，却是纪实。"收《丰子恺文集》（文学卷二），浙江文艺出版社、浙江教育出版社1992年6月版，第695页。

丰子恺 1919 年在浙江省立第一师范学校毕业时的毕业证书

在浙江省立第一师范学校毕业时的丰子恺

《上海东亚体育学校校刊》封面

5 月，桐阴画会同人假杭州平海路省教育会二楼举行第一次作品对外展览，参加者有教师姜丹书、金玉相、金咨甫，学生戚纯文、丰子恺、李尊庸、叶天瑞、陶秉珍、朱天、董以璋、程本一、张屏南和沈本千。展出作品百余件，并请弘一法师检阅指导。诸画友与弘一法师合影留念。

7 月，毕业于浙江省立第一师范学校。毕业后表兄介绍在故乡担任小学循环指导员，月薪 30 元。不就。理由是："一则我不甘心抛弃我的洋画，二则我其实不懂小学的办法，没有指导的能力。"①

按：在校期间，除了李叔同和夏丏尊，丰子恺与另一位艺术教师姜丹书也一直保持着较为密切的关系。姜丹书原籍江苏溧阳，1885 年生，曾在南京两江师范学堂就读图画手工科，毕业后即赴杭州浙江两级师范学堂任教（后改名为浙江省两级师范学校、浙江省立第一师范学校），他与李叔同是当时校内仅有的两名专任艺术教师。

秋，同校学长吴梦非、刘质平计划在上海创办培养图画音乐及手工教员的学校，正在招募同人。刘质平知其无升学计划，又不甘心放弃图画，就拉他一起创办学校，遂与吴梦非、刘质平一起在上海小西门黄家阙路一弄内租屋创办了上海专科师范学校——中国第一所私立的艺术专科师范学校，② 任

---

① 丰子恺：《旧话》，载 1931 年 6 月 1 日《中学生》第 16 号。
② 根据王震《二十世纪上海美术年表》（上海书画出版社 2005 年 1 月第 1 版）1919 年 6 月条："吴梦非、刘质平、丰子恺创办上海专科师范学校，由吴氏任校长、刘氏任教务主任，因三人均系李叔同的学生，颇为注重艺术教育。因经费不足，李叔同写了大量字画交吴梦非变卖后充作学校资金。"（《申报》）该校至少在 6 月已经存在。

美术教师，授西洋画、日语等课程，[①] 并承担中华美育会主办的夏季图画音乐讲习会。[②] 曾担任过教务主任。[③] 上海专科师范学校的创办人都是李叔同、姜丹书的学生。李叔同出家后曾说："任杭州教职六年，兼任南京高师顾问者二年，及门数千，遍及江浙。英才蔚出，足以承绍家业者，指不胜屈，私心大慰……凡油画、美术、图籍，寄赠北京美术学校（尔欲阅者可往探询之），音乐书赠刘子质平，一切杂书零物赠丰子子恺（二人皆在上海专科师范，是校为吾门人辈创立）。"[④]

在创办上海专科师范学校的同时，又与吴梦非、刘质平一起在上海东亚体育学校任教，丰子恺任音乐、图画课教师。

---

① 吴梦非在《上海艺术师范五周年的回顾》（载 1924 年 7 月 14 日《民国日报·艺术评论》第 63 期）中阐述了创办上海专科师范学校的理由：一是"一般学校很藐视图画手工音乐等艺术科，都以为这种功课，和实际生活毫无关系，这不过是一种太平世界聪明伶俐者的玩意儿，哪能和理化英算等理知教科相比较？我们对于这种误解，很想矫正他"。二是"我于五年前在江浙几处中等以上学校担任艺术科教授，总觉得为学校境况所束缚，不能称心如意地发展我对于一校的艺术教育的计划。恰巧那时有和我最表同情的刘质平君新从日本返国，他很热诚地极端主张创办本校；并且征得丰子恺君的同意，于是我们便毅然决然地要尝试我们的计划了，所以本校创办人有刘质平、丰子恺和我三个人"。三是"要改进艺术教育不得不先从学校中艺术科教员上着想，当时教育部调查全国学校最缺乏的教员，结果，便是图画、音乐、手工这几科，况且国立的高等师范设有图画手工音乐专修科的很少，至于各省省立师范学校虽然都有艺术科，但是养成万能的小学教员，却为我们极端不敢赞同。我们为全国艺术教育计划，非设专科师范不可，所以本校初办时定名为'上海专科师范学校'……"有关丰子恺授课情况可见 1920 年 6 月《美育》第 3 期《上海专科师范学校美育概况》一文。上海专科师范学校后改校名为上海艺术师范大学。

② 1920 年 6 月《美育》第 3 期上刊出《中华美育会第一次夏季图画音乐讲习会简章》，曰："利用夏假鼓吹美育，期于短时间内传布图画音乐之智识技能。"授课时间是每日午前七时至十一时。吴梦非、李鸿梁、丰子恺均为授课教师。入会者，男会员住上海专科师范学校，女会员住城东女学。

③ 见王震编《二十世纪上海美术年表》，上海书画出版社 2005 年 1 月第 1 版，第 90 页。该校教务主任一职似经常变动。《二十世纪上海美术年表》1919 年 6 月条记载刘质平担任该职，而 7 月 4 日条记丰子恺为教务主任，1920 年 2 月 29 日条则又曰刘质平为教务主任。

④ 弘一大师致李圣章，收《弘一大师全集八·杂著卷、书信卷》，福建人民出版社 1992 年 9 月第 1 版，第 148 页。李圣章（1889—1975），名麟玉，为弘一法师俗家仲兄之长子。曾留学法国，攻化学。曾任北京大学教授、中法大学校长等职。新中国成立后任全国政协委员。

　　11 月 16 日，与姜丹书、吴梦非、刘质平、刘海粟、张拱璧、吕澄、周湘、欧阳予倩等人发起成立中华美育会。①

　　12 月，在《上海东亚体育学校校刊》第 1 期发表《图画教授谈》（艺术论述，署名丰子颛），为迄今发现丰子恺最早的艺术理论文章。②

　　是年，同时又在爱国女学、城东女学等学校兼课。该校校长杨白民是李叔同的好友。③ 城东女学在中国人自办的女学中还率先设立了文艺专修科。

---

　　① 据 1920 年《美育》第 1 期《中华美育会组织的经过》记载："中华美育会从去年由上海专科师范和爱国女学的教职员发起以来，陆续接到南京高等师范，北京大学、北京高等师范，山东齐鲁大学第一师范、第三中学，浙江第一师范、女子师范、第二师范、第七师范，福建第一师范、第十一中学，江西第一师范、第二中学，上海美术学校、中华美术学校，南通伶工学社，江苏第一师范、第二师范、第二工业，上海城东女学、亚东体育学校、南洋女子师范等校教职员来函加入，已有会员数百人。定于本年暑假里面开大会时选举职员。先由负责会员组织一个美育杂志社，每月出版这一种杂志，作为言论机关……"

　　② 《上海东亚体育学校校刊》第 1、2 期附"本校现任教职员一览表"，其中介绍丰子恺的文字是："姓名：丰仍，字：子恺，年岁：二十，籍贯：浙江崇德，职务：音乐图画教员，通讯处：黄家阙路专科师范。"参见张伟著《尘封的珍书异刊》，百花文艺出版社 2004 年 1 月第 1 版，第 149 页。另，该刊刊名在封面上是《上海东亚体育学校校刊》，而在版权页上为《东亚体育学校校刊》。

　　③ 杨白民（1874—1924），名士照，字白民，娄县枫泾镇人。洪杨难发，全家移居上海草鞋湾，继迁城东竹行弄。其父原在上海经营米业，收入较丰，为同辈人赞许，并有才商之美称。其父对杨白民督课甚严，从不溺爱。杨白民自幼聪颖，能体察父亲之意，学习十分勤勉，应试屡列前茅。善绘事，尤工兰竹，曾师从其外祖父、江南名画师朱梦庐。18 岁时与詹练一女士结婚。20 岁时任职于沪北约翰书院（圣约翰大学）。1901 年东渡日本，考察女子教育。在日时曾参与义勇队活动，提倡革命，以推翻清政府。继而觉悟到救国之道当为教育，1903 年回上海，筹创女学，后在自家设立女学社，即城东女学（又称城东苦学社、城东女学社）。杨白民自任校长，并兼教职。1924 年 9 月 7 日在上海病逝。遗女六：雪琼（1895—1926）、雪瑶（1898—1977）、雪玖（1902 年 5 月 31 日—1990 年 9 月 25 日）、雪珍（又名真，1907 年 2 月 11 日—1995 年 7 月）、雪子（又名珠，1910—1995 年 5 月）、雪仇（1915 年 4 月 16 日—1997 年 6 月）。

1920 年　庚申　23 岁

社会文化事略

1 月，北洋政府教育部修正《国民学校令》，将"国文"改为"国语"。8 月，上海共产主义小组成立。

生平事迹

4 月 20 日，中华美育会出版中国第一本美育学术刊物《美育》杂志。据《美育》第 1 期"本志编辑者"名单，丰氏为编辑之一，另据刊内第 58 页"本志广告部白"，丰氏还担任《美育》广告部主任。该刊创刊号刊名由丰氏请老师弘一大师题写，吴梦非任总编辑。在《美育》第 1 期发表《画家之生命》（艺术论述，署名丰子颢）。

按：1920 年《美育》第 1 期上的《本志宣言》可看出该刊的办刊宗旨：

现在中华民国的气象，比较"五四运动"以前，觉得有点儿生色了。一辈已经觉悟的同胞，今天在这儿唱"新文化运动"，明天在那儿唱"新文化运动"。究竟这个运动，是不是少数人能够做到吗？我想起来必定要多数人合拢来，像古人说的"铜山西崩洛钟东应"去共同研究发挥，才能毂得到美满的结果。

1920 年《美育》杂志第 1 期封面

《美育》杂志第 1 期上的《本志宣言》之一页

　　我们美育界的同志，为了这个缘故，所以想趁着新潮流，尽力来发挥我们的事业，你道我们的事业是什么呢？就是"艺术教育的运动"。这个运动的基础，就在"学校教育"和"社会教育"的里面。

　　我国人最缺乏的就是"美的思想"，所以对于"艺术"的观念，也非常的薄弱。现在因为新文化运动呼声，一天高似一天，所以这个"艺术"问题，亦慢慢儿有人来研究他，并且也有人来解决他了。我们美育界的同志，就想趁这个时机，用"艺术教育"来建设一个"新人生观"，并且想救济一般烦闷的青年，改革主智的教育，还要希望用美来代替神秘主义的宗教。

　　我们美育界的同志，公认"美"是人生一种究竟的目的，"美育"是新时代必需尽力去做的一件事，所以会集全国的同志，创设一个中华美育会，发刊这一种杂志，区区的意思，无非想艺术教育，有个大大的发展就是了。现在这本杂志诞生以前，恐怕有人怀疑他的内容，所以要写了几句简括的宣言：

　　本志是我国美育界同志公开的言论机关。亦就是鼓吹艺术教育，改造枯寂的学校和社会，使各人都能够得到美的享受之一种利器。

《美育》杂志第 1 期上的
《李叔同先生小传》

　　5 月，在《美育》第 2 期发表《忠实之写生》（艺术论述，署名丰子颛）。

　　7 月 2 日，绘画作品参加上海青年会中学美术展览。本次展览在该会童子军部举行。除展出该校绘画作品外，还征集校外作品百余幅，其中还有李叔同作品参加展出。

8月28日（农历七月十五日），长女丰陈宝（即阿宝）生。陈宝之名为岳父徐芮荪所取。

9月，在《美育》第5期发表《文艺复兴期之三大画杰》（上，艺术论述，署名丰子颉）。

10月25日，为三姐丰满剪长发，留影并题字："庚申十月二十五日上午十一时二十分庭芳姐剪发后之像　子颉侍并题于上海。"庭芳即丰满。

11月，在《上海东亚体育学校校刊》第2期发表译文《素描》（节译并注，署名丰子颉），为迄今发现最早的丰子恺的译作。此文原作者为日本的久米桂一郎，每段译文后有丰子恺的感想文字和注解。[①]

1920年10月25日丰子恺在上海侍庭芳姐剪发后留影

弟丰浚死于肺病。丰浚于该年在杭州中学毕业，全省会考第一名。

是年，承担中华美育会主办的夏季图画音乐讲习会工作。

社会评价

唐隽：《我对于丰子颉君〈图画教授谈〉底一个疑问》，载1920年4月30日《美术》第2卷第2号。

1920年6月《美育》第3期"通讯"栏目读者来信。

评论选录

1920年6月《美育》第3期"通讯"栏目读

---

① 久米桂一郎（1866—1934），日本美术活动家、教育家。

者来信：

读贵杂志《忠实之写生》"宇宙间之一切物体云云至井底之蛙"一段，所论色彩既诫学者均忌单纯，何以同时又反对复杂按单纯云者？是否即纯粹单用一色"黄"或"青"，而不混合他色之谓复杂云者？又是否即用黄、青二色，同时混合而成别一色？抑系先染黄色，复染青色于黄色之上之谓？此中消息，甚微，毫厘千里。仆本门外汉，于美术素无研究，故作此外行语。然心所谓疑，发为此问，欲一知其究竟。倘能于通讯栏内详晰分言，则贻惠读者不少矣。即颂撰安。

按：对此编辑部的答复是：

按丰君此篇，宗旨系诫学者对于写生宜取忠实之道，切不可杜撰。承询"宇宙……蛙也"一段所云，并非反对复杂之色彩。窃揣其意，盖斥某大家之喜用复杂色彩，都是杜撰，正所谓非忠实之道耳。请观文中有"鄙见甚以为非忠实之道"一语即可明了。总之美术非容易事，决不能一蹴而就，必经过忠实苦心之研究，方能融会贯通。初学者切不可因西洋新派画（指未来派后期印象派等）之影响而改变忠实研究之毅力。上海近有新自巴黎归国之美术家李国士君，窃见其作品实不知其经过几许忠实之研究。其用色之复杂，有非门外汉所能识者，窃思巴黎为西洋美术之中心点，吾侪所谓未来派、印象派，李君必目濡耳染久矣，而其作品仍不失为忠实，可谓得西画之正宗耳？聆君之言或非寻常之流，盍往师事李君可乎？至来函云云，近因丰君返里，久未到申。尚希稍待，当由丰君于第四期详细答复。兹先为解释如是。编辑部白。①

---

① 此后的《美育》第4期上并未发表丰子恺本人就此问题的解答。

1921 年　辛酉　24 岁

社会文化事略

1月4日，文学研究会在北京成立。5月5日，孙中山在广州就任非常大总统。7月23日，中国共产党第一次全国代表大会在上海召开。9月12日，中国公学开学。

生平事迹

1月4日，文学研究会成立。丰子恺后为会员。

早春，因为自觉现有知识无法满足教学，决定赴日本求学。① 向亲友借贷，筹得在日本10个月的生活、学习费用，搭"山城丸"号客轮赴日游学。② 赴日前，专程往杭州闸口凤生寺向弘一法师

日本漫画家竹久梦二像

---

① 丰子恺说："当一九二〇年的时代，而我在上海的绘画专门学校中厉行这样的画风，现在回想起来，真是闭门造车。然而当时的环境，颇能容纳我这种教法。因为当时中国宣传西洋画的机关绝少，上海只有一所美术专门学校，专科师范是第二个兴起者。当时社会上人士，大半尚未知道西洋画为何物，或以为美女月份牌就是西洋画的代表，或以为香烟牌子就是西洋画的代表。所以在世界上看来我虽然是闭门造车，但在中国之内，我这种教法大可卖野人头呢。"见丰子恺《我的苦学经验》一文，载1931年1月1日《中学生》第11号。

② 关于丰子恺筹款赴日，他本人的表述是："在1921年的早春，向我的姐夫周印池君借了四百块钱（这笔钱我才于二三年前还他。我很感谢他第一个惠我的同情）……""但到了东京之后，就有许多关切的亲戚朋友，设法接济我的经济。我的岳父给我约了一个一千元的会，按期寄洋钱给我，专科师范的同人吴刘二君，亦各以金钱相赠，结果我一共得了约二千块钱，在东京维持了足足十个月的用度……"见丰子恺《我的苦学经验》一文，载1931年1月1日《中学生》第11号。

日本漫画家竹久梦二像

日本画家蕗谷虹儿像

告别。此次在杭亦曾与同学叶天底告别。①

在日本逗留 10 个月。丰氏自称"这一去称为留学嫌太短，称为旅行嫌太长，成了三不像的东西"，故自称其为"游学"。自述："我在这十个月内，前五个月是上午到洋画研究会中去习画，下午读日本文。后五个月废止了日本文，而每日下午到音乐研究会中去学提琴，晚上又去学英文。然而各科都常常请假，拿请假的时间来参观展览会，听音乐会，访图书馆，看 Opera 以及游玩名胜，钻旧书店，跑夜摊（yomise）。因为这时候我已觉悟了各种学问的深广，我只有区区十个月的求学时间，决不济事。不如走马观花，呼吸一些东京艺术界的空气而回国吧。幸而我对于日本文，在国内时已约略懂得一点，会话也早已学得了几声。到东京后，旅舍中唤茶、商店中买物等事，勉强能够对付。我初到东京的时候，随了众同国人入东亚预备学校学习日语，嫌其程度太低，教法太慢，读了几个礼拜就辍学。自己异想天开，为了学习日本语的目的，向一个英语学校的初级班报名，每日去听讲两小时。他们是从 A boy，A dog 教起的，所用的英文教本与开明第一英文读本程度相同。对于英文我已完全懂得，我的目的是要听这位日本先生怎样地用日本语来解说我所已懂得的英文，便在这时候偷取日本

---

① 叶天底（1898—1928），原名天瑞，浙江上虞人，烈士。能文善画，与丰子恺等深受李叔同赏识。在"一师风潮"时曾被军警殴伤。1920 年 8 月 22 日在上海与同学俞秀松、施存统等发起成立社会主义青年团。1925 年与张闻天一起创建中共苏州独立支部，任支部书记。1928 年在浙江陆军监狱遇害。叶天底有《送别丰子恺》一文曰："丰子恺是我最敬爱的同学，杭州别后，已将三年，昨天忽来和我话别，赴东京二科画会去。正想借此机会畅谈一会，不想怎么一来我底喉头却住了，就把心里所想的写出来。""子恺跑过来对我说：'你几时去？''我明天去了。'就此便分手了！我默默对着他坐了半天——竭力想出一句话：子恺，就去了吧！什么别离聚首，别被黄梅涛浪沉浸了，什么你先我后，别被野樱花诱惑了，什么东亚西欧，陶成了'象牙塔'中的骷髅、尸块！只是一个地球！敬爱的子恺，去罢！子恺，也该去了！少吃些渠们的生鱼冷饭，已经饱看了那烦恼的愁容了，省得成胃病！已经饱听了那些无聊的叹声了，少装点渠们的军国思想，已经饱尝了干枯的滋味了，免得成痼疾！凄凄的景象，子恺，去罢！却是绝好的画材。"转引自杭州一中七十五周年校庆筹备办公室 1983 年 4 月编《杭州第一中学校庆七十五周年纪念册》，第 204 页。此文作于 1921 年 3 月。

语会话的诀窍，这异想天开的办法果然成功了。我在那英语学校里听了一个月讲，果然于日语会话及听讲上获得了很多的进步。同时看书的能力也进步起来。本来我只能看《正则洋画讲义》一类的刻板的叙述体文字，现在连《不如归》和《金色夜叉》（日本旧时很著名的两部小说）都会读了。我的对于文学的兴味，是从这时候开始的。"① 对于学习外国语，除了上文所讲到的办法外，也辅以苦学精神。他找了一本美国作家华盛顿·欧文的《见闻杂记》，这读本中有许多难记的生词，于是他到旧书店买了一本《见闻杂记》的讲义录，内有详细的注解和日译文。他就用这本讲义录自修，限定自己在几个星期之内把书中所有的生字抄写在一张图画纸上，把每字剪成一块块的纸牌，放在一只匣子里，每晚像摸数算命一般地从匣子里探摸纸牌，温习生字。未过多久，书中全部生字皆能记诵，全书亦能通读。为此，丰子恺不无得意地说："照我当时的求学的勇气预算起来，要得各种学问都不难：东西洋知名的几册文学大作品，我可以克日读完；德文法文等，我都可以依赖各种自修书而在最短时期内学得读书的能力；提琴教则本《Homahnn》五册，我能每日练习四小时而在一年之内学毕；除了绘画不能硬要进步以外，其余的学问，在我都可以用机械的用功方法来探求其门径。"② 就日本文学而论，对其文学创作产生重要影响是日本近代文学史上最杰出的作家夏目漱石——现实主义的创作方法、潇洒自如的写作风格、超脱尘世的思想——都在丰子恺散文中有迹可循。

　　"游学"期间，对日本漫画家竹久梦二、蕗谷

竹久梦二漫画作品一例

竹久梦二漫画作品一例

蕗谷虹儿插图作品一例

---

① 丰子恺：《我的苦学经验》，载 1931 年 1 月 1 日《中学生》第 11 号。
② 同上。

竹久梦二漫画作品一例

蒋谷虹儿插图作品一例

虹儿的漫画风格印象颇深。曾在东京神田区一带的旧书店中买得《梦二画集·春之卷》，对梦二画风钦佩的原因在于："竹久梦二的画，其构图是西洋的，其画趣是东洋的。其形体是西洋的，其笔法是东洋的。自来综合东西洋画法，无如梦二先生之调和者。他还有一点更大的特色，是画中诗趣的丰富。"① 在竹久梦二以前的日本漫画家，他们的主题基本上全是诙谐、滑稽、讽刺、游戏。而竹久梦二则非常注意寻求深沉而严肃的人生滋味，使人看了以后能够对人生得到真挚的感受并生发出一连串的遐想。用丰子恺的话来评说，梦二的画即是无声之诗。他甚至说："日本竹久梦二的抒情小品使人胸襟为之一畅，仿佛苦热中的一杯冷咖啡。"② 在竹久梦二的作品中，丰子恺体验到了从未有过的漫画艺术的趣味，他"寥寥数笔的一幅小画，不仅以造型的美感动我的眼，又以诗的意味感动我的心"。③ 同样令丰子恺倾心的还有竹久梦二漫画的简洁表现法、坚劲流利的笔致、变化而又稳妥的构图，以及立意新奇、笔画雅秀的题字。他终于在无意中找到了他要找的"宝贝"。他认为像他这种情况的人，有一点西洋画的基础，又无心无力绘作油画、水彩画且对文学有着浓厚兴趣的人，最适合从事这类漫画的创作。于是他又开始有意识地搜寻竹久梦二的其他画册。回国后，画友黄涵秋为其购齐了"夏之卷"、"秋之卷"和"冬之卷"及《京人形》《梦二画手本》各一册等。④ 丰氏在《绘画与文学》中介绍了当时遇见竹久梦二画作时的情形："回想过去的所见的绘画，给我印象最深而使我不能忘怀的，是一种

---

① 丰子恺：《谈日本的漫画》，载 1936 年 10 月 1 日《宇宙风》第 26 期。

② 丰子恺：《漫画浅说》，载 1925 年 11 月《小说月报》第 16 卷第 11 号。

③ 丰子恺：《绘画与文学》，开明书店 1934 年 5 月版。

④ 黄涵秋（1895—1964），江苏崇明人（今属上海市），名鸿诏，字涵秋。毕业于苏州工业学校，留校任图案教员，后赴日本留学，1926 年毕业于东京高等师范学校。

小小的毛笔画。记得二十余岁的时候，我在东京的
旧书摊上碰到一册《梦二画集·春之卷》。随手拿
起来，从尾至首倒翻过去，看见里面都是寥寥数笔
的毛笔 sketch。书页的边上没有切齐，翻到题目
《Classmate》的一页上自然地停止了。我看见页的主
位里画着一辆人力车的一部分和一个人力车夫的背
部，车中坐着一个女子，她的头上梳着丸发（ma-
rumage，已嫁女子的髻式），身上穿着贵妇人的服
装，肩上架着一把当时日本流行的贵重的障日伞，
手里拿着一大包装潢精美的物品。虽然各部都只寥
寥数笔，但笔笔都能强明地表现出她是一个已嫁的
贵族的少妇。她所坐的人力车，在这表现中也是有
机的一分子：在东京，人力车不像我们中国上海的
黄包车一般多而价廉，拉一拉要几块钱，至少也要
大洋五角。街道上最廉价而最多的，是用机械力的
汽车与电车，人力车难得看见。坐人力车的人，不
是病人便是富人。这页的主位中所绘的，显然是一
个外出中的贵妇人——她大约是从邸宅坐人力车到
三越吴服店里去购了化妆品回来，或者是应了某伯
爵夫人的招待，而受了贵重的赠物回来？但她现在
正向站在路旁的另一个妇人点头招呼。这妇人画在
人力车夫的背与贵妇人的膝之间的空隙中，蓬首垢
面，背上负着一个光头的婴孩，一件笨重的大领口
的叉襟衣服包裹了这母子二人。她显然是一个贫人
之妻，背了孩子在街上走，与这人力车打个照面，
脸上现出局促不安之色而向车中的女人招呼。从画
题上知道她们两人是 classmate（同级生）。"又言：
"我不再翻看别的画，就出数角钱买了这一册旧书，
带回寓中去仔细阅读。因为爱读这种画，便留意调
查作者的情形。后来知道作者竹久梦二是一位专写
这种趣味深长的毛笔画的画家，他的作品曾在明治
末叶蜚声于日本的画坛，但在我看见的时候已渐岑
寂了。他的著作主要者有《春》《夏》《秋》《冬》

丰子恺（右）与好友黄涵秋
合影

从日本回国时的丰子恺（摄于
1921 年）

四册画集，但都已绝版，不易购得，只能向旧书摊上去搜求。我自从买得了《春之卷》以后，到旧书摊时便随时留心，但没有搜得第二册我就归国了。友人黄涵秋兄尚居留东京，我便把这件事托他。他也是爱画又爱跑旧书摊的人，亏他办齐了《夏》《秋》《冬》三册，又额外地添加了《京人形》《梦二画手本》各一册，从东京寄到寓居上海的我的手中。我接到时的欢喜与感谢，到现在还有余情。"①

丰氏关注画家兼诗人蕗谷虹儿细腻的绘画技法，后有较多装帧画系模仿蕗谷虹儿画风。

在日本，丰子恺到过东京、西京及横滨等地，还结识了陈之佛、黄涵秋、关良等学友。归国后一直同他们保持亲密的友谊。②

自日本回国前，曾致函沈本千，告曰："已定下月归国，以后可以托李尊庸兄代办……"③

冬，回国。在归国的轮船上开始翻译英日对照本屠格涅夫小说《初恋》。归国后复任教于上海专科师范学校，同时又在吴淞中国公学中学部兼课，并结识陈望道、朱光潜、匡互生等友人。丰氏在《〈子恺漫画〉题卷首》中说："金尽了，只好归国。归国之后，为了生活的压迫，不得不做教师。"④

游学期间，于 7 月在《美育》第 6 期发表《文艺复兴期之三大画杰（续）》（艺术论述，署名丰子颢）。10 月 6 日（农历九月初六），次女麟先（又名林仙、林先，宛音）生。名字由岳父徐芮荪所取。留日归国时赠送吴梦非一纪念礼盒。

---

① 《绘画与文学》，载 1934 年 1 月 1 日《文学》月刊第 2 卷第 1 号。

② 关良（1900—1986），广东番禺人，中国现代画家、艺术教育家。曾任中国美术家协会上海分会副主席。

③ 沈本千（1903—1991），浙江嘉兴人，画家。1918—1923 年就读于浙江省立第一师范学校，1923 年秋毕业，即入刘海粟创办的上海美专研读三年。先后任江苏省松江中学教师、松江师范学校教师、松江民众教育馆馆长、浙江省嘉兴图书馆馆长等职。沈本千曾托丰子恺在日本购置画具。李尊庸即李增庸，浙江省立第一师范学校毕业，后赴日本学画。

④ 《子恺漫画》，1925 年 12 月（上海）《文学周报》社出版。

1922 年　壬戌　25 岁

社会文化事略

2 月 27 日，孙中山在桂林举行北伐誓师典礼。
3 月，蔡元培在《新青年》发表《教育独立议》。
5 月 5 日，中国社会主义青年团第一次全国代表大会在广州召开。

生平事迹

年初在上海南市三在里 114 弄租屋。

白马湖畔春晖中学旧影

2 月 16 日，上海专科师范学校开学，任图画主任。另聘计始复为教务主任兼伦理、教育教师，傅益修为会务主任，刘质平为音乐主任等。①

4 月，在《美育》第 7 期发表《艺术教育的原理》（艺术论述，署名丰子恺，目录页署名丰子颚）。在同期《美育》发表人体素描《习作》（木

---

① 王震编：《二十世纪上海美术年表》第 118 页 1922 年 "2 月 16 日" 条（上海书画出版社 2005 年 1 月第 1 版）："上海专科师范开学……丰子恺为图画主任，刘质平为音乐主任，张联辉为手工主任，吕凤子、沙辅卿为中国画教师，李超士为西洋画教师，姜敬庐为手工教师等。（《申报》）。"

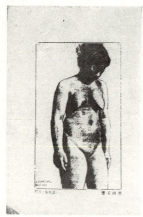

丰子恺发表于 1922 年 4 月
《美育》第 7 期上的素描《习作》

炭画，署名丰子顗）。①

5 月 6 日（农历四月十日），甥女宁馨在上海
宁馨医院出生（又名宁欣，小名软软）。宁馨为丰
氏三姐丰满之女，自幼跟随丰氏成长，丰氏视同己
出。丰子恺三姐丰满于 1920 年 3 月 31 日与乌镇徐
叔藩结婚。婚后与徐家不合，提出离婚。丰子恺请
茅盾、曹兴汉与徐叔藩面谈调解。丰满于 1922 年
初赴上海专科师范学校深造。同年，丰子恺代表丰
满在嘉兴友人曹兴汉家中办妥与徐叔藩的离婚手
续。1927 年 10 月，丰满皈依弘一法师，法名
梦忍。

5 月 10 日，在《东方杂志》第 19 卷第 9 号发
表译文《泉上的幻影》（译文，署名丰仁，原著
［美］Nethaniel Hawthorne）。

初秋，由夏丏尊介绍去浙江上虞白马湖，任春
晖中学图画、音乐教职，亦兼授英文。在春晖中学
任教期间，同事中除夏丏尊及校长经亨颐外，先后
还有匡互生、刘薰宇、朱自清、朱光潜、刘延陵、
刘叔琴等。② 授课之余，努力钻研文艺理论，并开
始用毛笔作简笔画，画风受日本漫画家竹久梦二、
蕗谷虹儿，中国画家陈师曾、曾衍东等人影响。③

---

① 李叔同曾于 1914 年在浙江省立第一师范学校采用男性裸体为高师图画手工专修科上过人体
写生课，开中国人体美术教学之先河。根据王震编《二十世纪上海美术年表》（上海书画出版社
2005 年 1 月第 1 版）1920 年 7 月条记曰："上海美术学校始雇女子模特儿。（刘海粟《上海美专十
年回顾》）"而丰子恺在 1922 年 4 月《美育》第 7 期上也发表女性人体画，此足见丰子恺在此问题上
的态度。
② 刘延陵（1894—1988），安徽旌德人，诗人。
③ 陈师曾（1876—1923），名衡恪，字师曾，号槐堂，又号朽道人或朽者，江西义宁人。家
学渊源，1902 年赴日本留学，1909 年毕业回国。工于诗、文、书法和篆刻，更擅长绘画。曾与李叔
同交游甚密。曾衍东，1751 年生，号七道士，曾中举，任湖北咸宁知县等职，63 岁被流放至浙江温
州，卒年不详。能画善文，有"愤世之书"文言小说《小豆棚》传世。

关于最初从事漫画创作，丰氏在《〈子恺漫画〉题卷首》中说："我常常萦心在人生自然的琐事细故，校务课务，反不十分关心。每当开校务会议的时候，我往往对于他们所郑重提出的议案茫无头绪，弄得举手表决时张皇失措。有一次会议，我也不懂得所议的是什么。头脑中所有的只是那垂头拱手而伏在议席上的各同事的倦怠的姿态，这印象至散会后犹未忘却，就用了毛笔在一条长纸上接连画成一个校务会议的模样。又恐被学生见了不好，把它贴在门的背后。"又言："这画惹了我的兴味，使我得把我平常所萦心的琐事细故描出，而得到和产母产子后所感到的同样的欢喜。"①

浙江上虞白马湖掠影（摄于20世纪90年代）

9 月 11 日，译《音乐会与音乐》（译文）。

9 月，参加"妇女评论社"，成为该社社友。

10 月 31 日，在《春晖》第 1 号发表《艺术的慰安》。②

10 月，作《青年与自然》（散文）

11 月 5 日（农历九月十七日），女儿三宝生，二岁时夭折。

丰子恺发表在 1922 年 12 月 16 日《春晖》第 4 号上的漫画《女来宾——宁波女子师范》

11 月 17 日，东方艺术研究会成立，汪亚尘主持会务。会所设于上海蒲柏路 483 号。为会员。

12 月 1 日，在《春晖》第 3 号发表《青年与自然》（散文，作于 1922 年，文末署"十一年十

---

① 《子恺漫画》，1925 年 12 月（上海）《文学周报》社出版。
② 《春晖》专栏题图多为丰子恺所作。

月在白马湖上月下")。

在《妇女杂志》第8卷第12号发表《音乐会与音乐》（译文，译于1922年9月11日，原著［日］小松耕辅）。

12月16日，在《春晖》第4号发表《经子渊先生底演讲》《女来宾——宁波女子师范》（漫画），此乃迄今所发现丰子恺最早发表的漫画。①

是年，在宁波浙江省立第四中学兼课。

按：在春晖中学任教期间曾为校歌《游子吟》谱曲。

丰子恺发表在1922年12月16日《春晖》第4号上的漫画《经子渊先生底演讲》

---

① 在《春晖》半月刊中，还有许多丰子恺用漫画笔意作成的插图。在1923年12月2日出版的《春晖》"本校成立纪念号"上有一篇夏丏尊所写的《一年来的本刊》，文中有这样的说明："一年以来，担任编辑者为丏尊，担任发行者为赵友三，图案意匠多出丰子恺君之手，撰著以刘薰宇君为最多。"就目前能见到的《春晖》半月刊中，丰子恺名下的题花或插图有17幅，题头画7幅，人物漫画15幅。另有丰子恺的栏目题名手迹8条，即"由仰山楼"、"曲院文艺"、"他山之石"、"五夜讲话"、"白马读书录"、"课余"、"半月来的本校"和"校闻"。

1923 年　癸亥　26 岁

社会文化事略

2 月 7 日，吴佩孚镇压京汉铁路工人罢工，造成惨案。春，泰戈尔首次访华。6 月 12—20 日，中国共产党第三次全国代表大会在广州召开，决定与国民党合作。10 月 20 日，中国共产主义青年团中央机关刊物《中国青年》在上海创刊。

生平事迹

1 月 1 日，在《妇女杂志》第 9 卷第 1 号（妇女运动号）发表《妇女运动概论》（译文，原著［瑞典］爱伦凯）。

丰子恺自建于白马湖畔的
"小杨柳屋"

1 月 13 日，译《使艺术伟大的真的性质》（译文）。

1 月 16 日，在《春晖》第 6 期发表《美的世界与女性》（演讲，又载于 1923 年 2 月 21 日《民国日报·妇女评论》第 80 期）。①

在《民国日报·妇女评论》第 76 期发表《对于女性觉醒的三要问题》（译文，［日］林久男著，《民国日报·妇女评论》，2 月 7 日第 79 期、2 月

"小杨柳屋"内景

---

① 丰华瞻、殷琦编：《丰子恺研究资料》（宁夏人民出版社 1988 年 11 月版），第 429 页，将该文误标为发表在 1922 年 12 月 1 日《春晖》第 3 期。

21 日第 80 期连载）。

丰子恺为《春晖》所作的插图

丰子恺发表在《春晖》上的夏丏尊漫像

1 月 23 日，春晖中学第一期教员住宅建筑动工，与刘叔琴一起预约迁往。

2 月 16 日，在《春晖》第 8 期发表《本校的艺术教育》（艺术论述）。①

2 月 25 日，在《东方杂志》第 20 卷第 4 号发表《使艺术伟大的真的性质》（译文，原著［英］拉斯金，译于 1923 年 1 月 13 日）。

3 月 1 日，在《春晖》第 9 期发表《本校的艺术教育（续）》（艺术论述）②

春，丰氏家属陆续迁白马湖畔，因宅边有自植杨柳一枝，故名"小杨柳屋"。③ "小杨柳屋"与刘叔琴的寓所相邻；而夏丏尊的"平屋"与刘薰宇的居舍相邻，两对房子毗邻而筑，时人戏称为"夏刘"、"丰刘"。这四家人是不分彼此的，日常生活用品互通有无，绍兴黄酒成甏地往家里买，轮着哪一家开甏，四人便都聚集到哪一家去喝酒。据丰子恺自己对"小杨柳屋"的解释："因为我的画中多杨柳，就有人说我喜欢杨柳；因为有人说我喜欢杨柳，我似觉自己真与杨柳有缘。但我也曾问心，为什么喜欢杨柳？到底与杨柳树有什么深缘？其答案了不可得。原来这完全是偶然的：昔年我住在白马湖上，看见人们在湖边种柳，我向他们讨了

———————

① 此文目前存目。

② 同上。

③ 《春晖》第 20 期（1923 年 12 月 2 日）为"本校成立纪念号"，其中《一年来的本校大事记》中有若干关于丰子恺居屋的信息。1923 年 1 月 23 日："第一期教员住宅建筑动工，预约迁往者为丰子恺、刘叔琴二先生。"可知，"小杨柳屋"的动工日期为 1923 年 1 月 23 日。

一小株，种在寓屋的墙角里。因此给这屋取名为
'小杨柳屋'，因此常取见惯的杨柳为画材，因此
就有人说我喜欢杨柳，因此我自己似觉与杨柳有
缘。假如当时人们在湖边种荆棘，也许我会给屋取
名为'小荆棘屋'，而专画荆棘，成为与荆棘有
缘，亦未可知，天下的事往往如此。"① 同时在宁
波第四中学、育德小学兼课。

丰子恺发表在《春晖》上的
经亨颐漫像

4 月，作《艺术科学习法》（艺术论述）。

5 月 1 日《春晖》第 11 期刊出《丰子恺赴沪
讲演》的信息，曰："本校教员丰子恺先生应专科
师范之约，于本月 12 日赴沪讲演，定 10 日后回
校。"兼任上海专科师范学校教职。②

5 月 14 日，作《山水与生活》（散文）。

5 月 21 日、28 日，在《民国日报·艺术评
论》第 5、6 号发表讲话稿《现代艺术潮流——在
上海专科师范讲演稿》（讲演稿）。

春晖中学女生

6 月 1 日，在《春晖》第 13 期发表散文《山

---

① 丰子恺：《杨柳》，收《丰子恺文集》（文学卷一），浙江文艺出版社、浙江教育出版社
1992 年 6 月版。

② 所谓"专科师范"即上海专科师范学校。又据《春晖》第 19 期的记载，这一计划或有所
改变。《春晖》第 19 期（1923 年 11 月 16 日）有题为《丰子恺先生赴沪讲演》的记载："上海艺术
师范学校屡请丰子恺先生赴沪讲演艺术，迄以课务不果行。本届本校旅行，课务稍闲，遂于旅行期
间赴沪应约讲演。"然 1923 年《民国日报·艺术评论》第 56 号上则又连载了丰子恺的《现代艺术
潮流——在上海专科师范讲演稿》一文。此外，1924 年 5 月《民国日报·艺术评论》第 57 期上有
《上海艺术师范第四届暑期学校章程》，公布该校当年暑期教学的方案，其中丰子恺被列为"木炭人
体写生"、"音乐常识"、"音乐教学法讨论"课的教师。又据王震《二十世纪上海美术年表》（上海
书画出版社 2005 年 1 月第 1 版）第 138 页 1923 年"9 月 6 日"条："上海艺术师范大学除原有高等
师范科和普通师范科外，添设西洋画科。陈抱一为主任，周天初、丰子恺为西洋画科特别讲师。
（《申报》）"此说明丰子恺在白马湖春晖中学任教时曾受聘上海专科师范学校外校教职。上海艺术
师范大学的前身即上海专科师范学校。

春晖中学校舍

水间的生活》（作于 1923 年，文末署"一九二三，五，一四，在小杨柳屋"）。该期《讨论新学则招生简章及组织大纲》一题中记载："本校暂行学则、招生简章及暂行组成大纲，已于本年度里试行，将近一年了，现由经校长将此项旧章重行增删及修正之后，并于本月廿二日晚上起，邀集本校教员夏丏尊、冯克书、刘薰宇、丰子恺、赵友三及赵恂如诸位先生共同讨论，至廿四日晚上止，共经四晚之久，始将全部新章，悉行议竣。此项新章，除由本校单独印行外，并全数露布学则在本期本报里面，招生简章在下期本报里面，以供读者及各大教育家批评。"该期另有一题为《朱代校长因事赴绍》的信息，记曰："代理校长朱少卿先生从日本回校后，适值绍县明道女子师范学校发生风潮，朱先生叠经该县士绅的函催，邀往该校代为解决，已经往返两次。现在朱先生又于本月 21 日赴绍了，所有本校 B 组和 A 组的英文，暂托丰子恺先生代授。"

曲水环绕的春晖中学

6 月 5 日，在《学生杂志》第 10 卷第 6 号发表《艺术科学习法》（艺术论述，发表时文末署"一九二三，四，在白马湖上小杨柳屋"）。

6 月 16 日，在《春晖》第 14 期发表音乐讲话《唱歌底音域测验》（艺术论述）。该期题为《王文琪先生代授英文》的信息曰："本校中学部 A、B 两组英文科，从朱少卿先生赴绍后，暂由朱先生托图画音乐教员丰子恺先生代授，已志前期本报。从前月 25 日起，本校已聘王文琪先生专行代授英文了。"

春晖中学校舍

6 月，曾兼授英文课近一月。此后亦有兼授英文课之情况。①

7 月 1 日，在《春晖》第 15 期发表《唱歌音域底测验（续）》（艺术论述）。② 该期题为《夏期教育讲习会筹备事项续记》的信息介绍："本校和鄞县、绍县、余姚、萧山和上虞五县教育会共同发起白马湖夏期教育讲习会，准于 8 月 1 日开讲一节已经志在前期本报里面。近由本校在上海敦请讲员，承教育界中许多知名士，允为届期莅校，实行讲演，兹将已约定各先生及其所讲题目列后：……音乐图画教授法——丰子恺先生……"

夏，参与白马湖夏期教育讲习会。

7 月，译《江马修致某少女书》（译文）。
与春晖中学签订续聘协议。

秋，受钱作民之托，介绍钱君匋免试入上海专科师范学校攻图画、音乐，与陶元庆同学。③

9 月 6 日，上海艺术师范大学添设西洋画科，

---

① 参见 1923 年《春晖》第 13 期《朱代校长因事赴绍》、1923 年《春晖》第 14 期《王文琪先生代授英文》二文及《春晖》第 34 期中的相关记载。如《春晖》第 34 期（1924 年 10 月 16 日）有题为《添聘教员》的记载："舍务主任匡互生先生因兼课太多，兼顾无暇，一二年级因人数过多，音乐图画两科，均已分组，致艺术科教员丰子恺先生，亦因任课太多，不能兼授英文，故函聘陶载良先生来校，任匡丰两先生所任课，及一年级级任，已得陶先生允诺，并于本月二日到校矣。"可知，丰子恺除 1923 年曾有过一个月左右的代授英文的经历外，此后仍有兼授英文课的情况。

② 《唱歌底音域测验》的续文本应是"《唱歌底音域测验（续）》"，但刊中之续文之标题则为"《唱歌音域底测验（续）》"，今按原文。

③ 钱作民，桐乡崇道小学教师。陶元庆（1893—1929），浙江绍兴人，毕业于上海专科师范学校，曾任教于立达学园、国立美术专门学校，书籍装帧家。

经亨颐题写的春晖中学校名

与周天初一起担任特别讲师，陈抱一为主任。①

9月11日、14日，在《民国日报·觉悟》发表《盲子和疯瘫子》（译文，原著 Claude Gcavle）。

9月25日、10月10日，在《东方杂志》第20卷第18、19号发表《从西洋音乐上考察中国的音律》（艺术论述）。是夜在春晖中学讲演"裴德文与其月光曲"，并现场用洋琴演奏《月光曲》。②

9月，在《妇女周报》第4期发表《江马修致某少女书》（译文，译于1923年7月，原著〔日〕江马修）。

10月1日，在《春晖》第16期发表《裴德文与其月光曲》（艺术论述）。该期题为《本年度的教职员》的信息记录了该年学校的教职员名单，他们是：经亨颐（校长）、刘祖征（总主任兼公民历史地理日文教员）、刘薰宇（教务主任兼数学教员）、王士烈（舍务主任兼英文教员）、章育文（庶务会计主任兼数学手工教员）、夏丏尊（出版主任兼国文教员）、卢绥青（自然科教员）、丰仁（图画音乐英文教员）、赵益谦（体育主任兼小学

---

① 周天初（1894—1970），浙江奉化人，1916年毕业于上海美术专科学校，1922年毕业于日本东京美术学校，回国后长期任教于浙江省立杭州师范学校。陈抱一（1893—1945），广东新会人，生于上海，1913年赴日本西画团体白马会葵桥洋画研究所学习，一年后回国。曾任上海图画美术学院教员。1916年再入日本藤岛武二之川端洋画研究所学习，后入东京美术学校，1921年毕业。回国后先后任教于上海美术专科学校、上海艺术专科学校、上海大学美术科等，1943年曾绘弘一法师像。

② 丰子恺经常在春晖中学演讲艺术。1923年10月1日《春晖》第16期有《中秋之夜》，曰："今年中秋在阳历9月25日，适为开学后第一次'五夜讲话'之期，晚餐全体醵资（每人小洋一角）过节，藉破学窗生活的平板干燥。夜，丰子恺先生讲演，话题为'裴德文与其月光曲'，讲毕，即就洋琴弹奏月光曲一遍。乐圣裴德文的坎坷的一生和月光曲清远的音节，都使听众感动而神往了。"同年12月2日《春晖》第20期仍有丰子恺艺术演讲的报道。刘叔琴《一年来的课外讲演》一文列有"丰子恺先生讲的"，有《远近法》《艺术》和《裴德文与其月光曲》。前二者未见刊。

教员）、雷清尘（女管理员兼图书室主任）、徐浩
（小学主任）、陈伯勋（助理员兼书记）、许松年
（助理员）和葛维生（校医）。

10 月 16 日，《春晖》第 17 期"曲院文艺"栏
中有学生戚屿璋所写的《中秋日》一文。

10 月 20 日，译《艺术教育的哲学》（译文）。

11 月 1 日，在《春晖》第 18 期"白马读书
录"栏发表无标题读书札记。

11 月 16 日，《春晖》第 19 期有题为《丰子恺
先生赴沪讲演》的记载："上海艺术师范学校屡请
丰子恺先生赴沪讲演艺术，迄以课务不果行。本届
本校旅行，课务稍闲，遂于旅行期间赴沪应约讲
演。"按：前录《春晖》第 11 期（1923 年 5 月 1
日）有"本校教员丰子恺先生应专科师范之约，于
本月 12 日赴沪讲演，定 10 日后回校"信息。根据
这条信息中的语言，丰子恺应计划于当年 5 月 12
日赴沪讲演，10 天后返校。然根据《春晖》第 19
期的记载，曾计划 5 月赴沪讲演一事并未实现。

11 月 19、26 日，12 月 3 日，在《民国日报·
艺术评论》第 31、32、33 号发表《艺术教育的哲
学》（译文，译于 1923 年 10 月 20 日，原著〔美〕
Muensterberg）。

白马湖畔的夏丏尊故居"平屋"

11 月 23 日，在《春晖》第 19 期"白马读书
录"栏发表无标题读书札记。

11 月 23 日，作读书札记。

丰子恺发表在《春晖》上的
刘薰宇漫像

12月9日，在白马湖家中接待上海艺术师范学校西洋画教师，青年画家吴中望君等至白马湖写生旅行。吴等寓小杨柳屋。

12月16日，在《春晖》第21期有题为《吴中望君等到白马湖旅行写生》的记载："上海艺术师范学校西洋画教师，青年画家吴中望君慕白马湖风景，于本月9日偕友人张戴二君来白马湖写生旅行。现寓小杨柳屋丰子恺君画室中。吴君很爱湖上风景的清丽，拟勾留数天，多描几幅油画，再回上海云。"

12月24日，作《英语教授我观》（散文）。

丰子恺发表在《春晖》上的
自画像

是年，夏丏尊译《爱的教育》从《东方杂志》第21卷第2号起，分十余次连载，丰氏为之作插图，并设计封面（夏译《爱的教育》于1926年由开明书店出版单行本，到1949年3月，此书后来风行中国20余年，再版30余次）。

在授英文时，为使授课材料更为丰富，范围更广并符合学生的程度及兴趣，未使用教科书，自选材料并油印成讲义，深受学生欢迎。

加入"文学研究会"。

兼任宁波浙江省立第四中学、育才小学教职。

丰子恺发表在《春晖》上的
朱自清漫像

社会评价

戚屿璋：《中秋日》，载1923年《春晖》第17期"曲院文艺"栏。

评价选录

戚屿璋：《中秋日》

……

　　钟当当的鸣了，我的可喜的世界便快涌现了！急急跑上仰山楼，同学们有许多已坐在椅上。有的拍掌，有的注视着在讲坛旁的钢琴，大家都是兴高采烈。先生们来了，我们的视线都盯在他们的面上，室内充满着愉快的沉默！忽而夏先生上坛，报告说："本校自下半年起，星期假已废止，土曜讲演会也随之而打消。今改为五夜讲话。今天是九月二十五，恰好是中秋节，特请恺先生讲演，所讲的题目，是《裴德文与其月光曲》。讲好以后，他还要奏月光曲给我们听。"我们听了真是喜出望外。

　　　……

　　恺先生在掌声雷动中上了讲坛。裴德文苦闷的生涯，听了使我感奋，月光曲的故事，尤使我引起怀古的幽情。半时间悠扬的琴声，使我初听钢琴和音乐没有感情的一个人也很动情！静寂中只有琴声和一个斗火虫的飞声，以外便没有了。听琴声的心，可惜有时被斗火虫侵占了些去了！

　　一阵掌声，盛会结束了。先生们在步梯上分月饼，每人得两个，拿了便走下楼去……

1924 年　甲子　27 岁

社会文化事略

　　1 月 20—30 日，中国国民党第一次全国代表大会在广州召开。4 月 6 日，中国艺术会在上海成立。4 月 12 日，印度诗人泰戈尔抵上海，对中国进行访问。6 月 16 日，黄埔军校正式举行开学典礼。6 月，北洋政府教育部通令各省：取缔私塾，增设学校。秋，"江浙战争"爆发。11 月 5 日，末代皇帝溥仪被逐出皇宫。11 月，"语丝社"在北京成立，成员有鲁迅、周作人、林语堂、刘半农、孙伏园、钱玄同等。

生平事迹

　　1 月 1 日，在《春晖》第 22 期发表《英语教授我观》（随感，作于 1923 年 12 月 24 日，文末署"一九二三，耶稣降诞节底前夜"），建议取英美的名词，配上英美的名曲，合成音乐，使学生更切实地体验英美人的思想和精神。该期有《测验上虞各后期小学生知识》，记曰："本校为研究上虞县教育起见，拟分期举行测验，现已拟定题目，由本校教员分别于两周内亲到各校测验。结果如何当在本刊公布，以供研究。"

　　1 月 16 日，《春晖》第 23 期有题为《测验经过》的记载："本校近欲察验本县高小学生知识，

匡互生（前排坐者右一）、朱自清（前排坐者右二）与春晖中学学生合影

丰子恺发表在《春晖》上的匡互生漫像

已志前期本刊。这半月中，本校教职员课外的余间，差不多都消耗于这一件事中。各个利用了课余时日，分头先后出发。夏丏尊先生往崧镇，章育文先生往前江及沥海所，徐子梁王伯勋二先生往驿亭百官，刘薰宇陈伯勋二先生往马家堰小越，丰子恺赵友三二先生往上虞中下管及章家埠。回校以后，阅卷统计，又各费了不少的精神和时间。察验结果，见本期刘薰宇先生的文中。"该期另有刘薰宇《上虞县属后期小学的测验》一文，所谓的察验的情况是："这次所测的学校，连春晖后期小学部，共 12 个学校，415 个学生。""这次试验共用 50 题，未做以前先举一个例和被测验的人讲明，然后由他们做，大约每处都费去一小时多一点。"题目大多是人文、史地和科学常识方面的选择题，测验结果不甚理想，各科正确率分别是：社会科 47%，言文科 39%，算学科 45%，自然科 38%，体育科 30%。刘薰宇在文中指出："由这次的结果，使我们很可看出我们现在所办的教育，实在太空洞了。别的且不必说，就是对于身体也就很不注意了，自己身上有几对肋骨还是有大数的人不知道；媒介疟疾的蚊子，也只有三分之一的人能够答出；至于无病人的体温知道的更不过七分之一的人；受着教育的人尚且是这样，别的人当然只有更甚的了！把自己的身体先就是很随便地看，读书做什么呢？"

丰子恺发表在《春晖》上的
冯三味漫像

　　1 月 25 日，在《东方杂志》第 21 卷第 2 号发表《画家米勒的人格及其艺术》（艺术论述，文末署"为《东方杂志》作"，初收《艺术丛话》，[上海] 良友图书印刷公司 1935 年 4 月版）。

　　1 月，赴虞中下管及章家埠参与察验上虞高小

丰子恺发表在《春晖》上的
蔡子民演讲漫画

学生知识。①

教课之余时常跟夏丏尊、朱自清、朱光潜、刘薰宇等同事欢聚。② 同时在宁波第四中学、育德小学兼课。

2月2日，作读书札记。

2月20日，在《教育杂志》第16卷第2号发表《小学生底描画能力及其开发指导》（论文）。

丰子恺发表在《春晖》上的吴稚晖漫像

3月1日，在《春晖》第24期"白马读书录"发表无标题读书札记两则（自注写于："修陪尔忒死后九十五年忌辰后四天，在小杨柳屋"；第二则写作时间为1924年2月2日）。

3月11日，作读书札记。

3月16日，在《春晖》第25期"白马读书录"栏发表无标题读书札记（待续）。

3月24日（农历二月十六日），长子华瞻生。

3月31日，在《民国日报·艺术评论》第49号发表《西洋美术底根源》（艺术论述）、《音乐知识》（艺术论述，待续）。

3月31日，4月7日、14日、21日，在《民国日报·艺术评论》第49、50、51号，52期连载

① 参见1924年《春晖》第23期《测验经过》一文。
② 朱光潜有《丰子恺先生的人品与画品》一文记录过他与丰子恺在白马湖畔的生活情形，见《中学生》复刊后第66期，1943年8月。

《音乐知识》。① (3 月 31 日为《音乐知识：亚美利
加音乐底特征》，4 月 7 日为《 音乐知识：苏格兰
底旋律美》，4 月 14 日为《音乐知识：时间艺术》，
4 月 21 日为《音乐知识：音阶、旋律、和声》)。

4 月 1 日，在《春晖》第 26 期"白马读书录"
栏发表无标题读书札记 (续前，写作时间为 1924
年 3 月 11 日)。

4 月 2—6 日，带领学生外出野游，丰富学生
的经历和扩大视野。②

丰子恺漫画《某种教育》

4 月 20 日下午，1 时半在春晖中学大讲堂举行
的"迎春音乐会"上为学生演奏小提琴。③

4 月 21 日，在《民国日报·艺术评论》第 52
期发表《印象派以后》(艺术论述)、《曲线与直线
底对照美》(艺术论述)④、《音乐知识》(艺术论
述，续前)。

4 月 29 日，作读书札记。

4 月，装帧画被用于 (上海) 民智书局出版的

---

　① 《民国日报·艺术评论》以"51"为界，之前用"号"，从"52"起用"期"。
　② 1924 年 4 月 1 日《春晖》第 26 期有题为《中学旅行预志》："中学部有许多同学愿意利用
春假中的闲暇，作有益的旅行，在本月 24 日经公共议决旅行杭州，预定 4 月 2 日出发。6 日内返校，
同行的教职员是丰子恺、匡互生、夏丏尊三先生，学生约 30 余人。"
　③ 1924 年 5 月 1 日《春晖》第 28 期有题为《迎春音乐会》的记载，其中请柬的内容是："我
们定于 4 月 20 日下午 1 时半在大讲堂演习音乐，披露我们一年来所习得的音乐，敬请先生莅教。"
关于这次的音乐会，该文记载曰："那天除本校的全体职教员和学生与会外，又有第四中学和嵊县
完全小学两旅行团百余人，真可谓'极一时之盛了'了，散会时已经三点半了，那天音乐会的节目
是：……"从节目单看，这次的音乐会确实内容丰富，计有合唱、风琴演奏、洋琴演奏和小提琴演
奏，而两位演奏小提琴的，其中之一即为丰子恺。
　④ 目录标题为《曲线与直线底对照美》，内页正文标题为《曲线与直线的对照美》。

丰子恺漫画《音乐课》

丰子恺所作《我们的七月》
封面设计

孙俍工著《海的渴慕者》封面。①

与叶圣陶、朱自清、俞平伯、刘大白、刘延陵、白采、顾颉刚、沈尹默、潘谟华、顾维祺等共同组织"我们社"。

5月1日，在《春晖》第28期"白马读书录"栏发表无标题读书札记（写作时间为1924年4月29日）。

5月5日，在《民国日报·艺术评论》第54期发表《构图上的均衡》（艺术论述）。

5月12日，作《两出剧》（散文，后改名《两场闹》）。②

5月20日，在《民国日报·艺术评论》第55期发表《关于绘画的根本知识》（艺术论述）。

5月26日，6月2日、9日，在《民国日报·艺术评论》第57、58、59期连载《艺术教育问题底特色》。为上海艺术师范高师科所译。③

6月16日，在《春晖》第31期发表《艺术底创作与鉴赏》（艺术讲话，文末自署"一九二四，六，二一。在小杨柳屋梅雨声中"④）。又载1924年7月28日《民国日报·艺术评论》第65期。

---

① 孙俍工（1894—1962），湖南隆回人。中国现代有影响的教育家、语言学家、文学家和翻译家。

② 该文载1933年6月1日《前途》第1卷第6期，文末署"十三年五月十二日"，疑为"廿三年"之误。

③ 此文在第58期连载时题目为《艺术教育底特色》。在第59期连载时，题目复为《艺术教育问题底的特色》。

④ 此自署时间疑有误。

6 月 19 日，作《直到世界末——上海艺术师范五周纪念》（散文）。

暑期，上海艺术师范举办"上海艺术师范第四届暑期学校"，开设一系列艺术课程，丰氏担任人体写生教师。①

7 月 14 日，在《民国日报·艺术评论》第 63 期发表《直到世界末——上海艺术师范五周纪念》（艺术论述，发表时文末署"一九二四，六，一九，在小杨柳屋，梅雨声中"）。

丰子恺漫画成名作《人散后，一钩新月天如水》

7 月，《我们的七月》由（上海）亚东图书馆出版，在刊物上发表漫画成名作《人散后，一钩新月天如水》。《夏》（漫画）被用于该期杂志封面画，并为之题封面。②

8 月，装帧画用于（上海）朴社出版的［英］玛丽·司托泼著，C. Y. 译《结婚的爱》封面。

9 月 16 日，《春晖》第 32 期有题为《本年度的教职员》的记载，丰仁（即丰子恺）被列为"言文科，艺术科教员"。

叶圣陶（左一）、胡愈之（左二）、夏丏尊（右一）等在白马湖夏丏尊"平屋"前留影

10 月 16 日，《春晖》第 34 期有题为《添聘教员》的记载："舍务主任匡互生先生因兼课太多，兼顾无暇，一二年级因人数过多，音乐图画两科，均已分组，致艺术科教员丰子恺先生，亦因任课太

---

① 1924 年 5 月《民国日报·艺术评论》第 57 期上有《上海艺术师范第四届暑期学校章程》，公布该校当年暑期教学的方案，其中丰子恺和周天初一起被列为"木炭人体写生"教师。该公告中特别加了"附注"，写道："本届实习课程中最重要的：绘图组中为'人体写生'，校中雇定女模特儿，以便学员补作基本练习——裸体写生……"

② 《人散后，一钩新月天如水》在《我们的七月》发表时，画旁被标注为"漫画"。

多，不能兼授英文，故函聘陶载良先生来校，任匡
丰两先生所任课，及一年级级任，已得陶先生允
诺，并于本月二日到校矣。"

11月16日，《春晖》第36期有题为《教员赴
沪结婚》的记载："章育文先生定于本月9日在上
海与裴友松女士结婚。已于1日先期赴沪，筹备一
切。闻结婚后拟即居白马湖小杨柳屋云。"按：白
马湖畔"小杨柳屋"原为丰子恺的住宅，章育文
结婚后拟居此，说明丰子恺等"白马湖同人"应
该是于1924年年底因与学校当局发生矛盾而离开
春晖中学赴沪创办立达中学。或许因"白马湖同
人"的离去，《春晖》的编辑工作受到了影响，故
直至1925年10月才出版了《春晖》第37期，根
据该期《本年度的教职员》记载，丰子恺离开春
晖中学赴沪后，春晖中学的艺术科教员改由朱稣典
担任。在这份教职员的名录中，夏丏尊、朱自清、
匡互生、刘薰宇等均不在册。

以夏丏尊为首的"白马湖同仁"离开春晖中学前留影

11月，装帧画被用于（北京）霜枫社出版，
朴社发行的叶圣陶、俞平伯散文合集《剑鞘》
封面。①

12月24日，作《由艺术到生活》（艺术论
述）。

12月，装帧画被用于（上海）亚东图书馆出

---

① 叶圣陶曾言："我不知道这本小册子的确切印数，照当时的通常情形想，不是两千就是三
千。没有再版。封面上笨头笨脑的几个字是我写的。装帧画是请丰子恺画的。"见姜德明编著《书
衣百影》，生活·读书·新知三联书店1999年12月版，第9页。俞平伯（1900—1990），原名俞铭
衡，字平伯，浙江德清人，现代作家、红学家，1919年毕业于北京大学，曾赴日本考察教育，曾任
教于浙江省立第一师范学校、上海大学、燕京大学、北京大学、清华大学。

版的朱自清诗与散文合集《踪迹》封面。①

按：丰子恺在春晖中学任教期间曾作木刻。朱光潜回忆道："丰先生刻木刻是在白马湖时候，即1923、1924 年间。我们大家经常在一起谈天，他常常是当场画好了立即就刻，刻好后就传给我们看。我记得很清楚。他最早的一些画，是亲自作过木刻的。"（参见毕克官《访朱光潜先生——关于〈子恺漫画〉的两次谈话》，收《走近丰子恺》，西泠印社出版社 2011 年 11 月版，第 51 页）朱光潜赴春晖中学任教是 1924 年，他所谓的"即 1923、1924 年间"当是一个概述。而根据丰子恺于 1922 年 12 月 16 日在《春晖》第 4 号发表漫画《经子渊先生底演讲》《女来宾——宁波女子师范》的画面，亦可能是木刻漫画。

另有记载，丰子恺在春晖中学期间还为该校作毕业歌："碧梧何荫郁，绿满庭宇。羽毛犹未丰，飞向何处？乘车戴笠，求无愧人生。清歌一曲，行色匆匆。"②

是年，在白马湖初识方光焘。③
作《前江的新娘子》等（漫画）。
2 岁的女儿"三宝"夭折。
其妻小产，产下之"阿难"即夭折。④

---

① 朱自清曾言："这是我的第一本书，是丰先生给我设计的封面。我很满意。我写了书，请他画，不是书店请他画的。当时丰先生那么年轻，真难得。"参见毕克官《朱自清与丰子恺》，载 1980 年《艺术世界》第 1 期。
② 李兴洲：《大师铸就的春晖——1920 年代的春晖中学》，人民出版社 2008 年版，第 164 页。
③ 方光焘（1898—1964），浙江衢县人，现代文学家、语言学家，曾留学日本，后为《子恺漫画》作序。
④ 参见丰子恺《阿难》一文，载 1927 年 11 月 10 日《小说月报》第 18 卷第 11 号。末署"一九二七年九月十七日阿难三周年生辰又忌辰作于缘缘堂"。

1925 年　乙丑　28 岁

社会文化事略

3 月 12 日，孙中山在北京逝世。5 月 30 日，"五卅惨案"发生。

生平事迹

1 月 1 日，在《四明日报》（新年增刊）发表《由艺术到生活》（艺术论述，文末署"一九二四年十二月二十四日在白马湖"）①

为《中学生》读者作《朝曦》（漫画）。

1 月 9—12 日，参与磋商创建立达中学事宜。为筹划办立达中学经费，卖去白马湖畔的"小杨柳屋"，约得 700 余元，会同同事筹款共得 1000 余元。

2 月 1 日，作为主要创办者参与创办的立达中学在虹口老靶子路俭德里 10 号租用两幢民房挂起校牌。后因报名人数超出预计，校舍不敷应用，又因房租太贵继而迁至小西门黄家阙路原上海专科师范学校校舍。"立达"二字，取义《论语》中"己欲立而立人，己欲达而达人"之句。

丰子恺绘作的立达标识图一例

---

① 《四明日报》系宁波早期的大型报纸，诞生于清宣统二年（1910），停刊于 1927 年。此文作于白马湖，文章发表时丰子恺已离春晖中学赴上海参与创办立达中学。

2 月 7 日，兼任上海艺术师范大学教务长。

2 月 25 日，立达中学开学。

3 月 2 日，立达中学开课。

丰子恺绘作的立达标识图一例

3 月 12 日，"立达学会"成立，为学会常务委员。常务委员共 9 人，另 8 人为匡互生、夏丏尊、刘薰宇、陶载良、陈之佛、袁绍先、练为章、钱梦谓。"立达学会"以修养人格，研究学术，发展教育，改造社会为宗旨而成立。学会成立以后，一时校内外的文化教育界著名人士也纷纷加入，像茅盾、胡愈之、刘大白、郑振铎、周予同以及当时不在立达的其他作家叶圣陶、朱自清等亦参加学会。在匡互生的授意之下，朱光潜执笔撰写了一份"立达宣言"，公开提出教育独立的主张。许多学生也来自白马湖春晖中学，其中包括黄源、魏风江等。① 曾为立达设计校徽图案。

3 月 31 日，在《心之窗》第 2 号发表《都会艺术》（艺术论述，文末署"一九二五年寒食之夜"，配漫画《宝钗落枕梦魂远》）。

---

① 黄源（1905—2003），浙江海盐人，曾在东南大学附中、春晖中学、立达学院等校求学，现代作家、翻译家，新中国成立后曾任浙江省文联主席、中国作家协会浙江分会主席。魏风江（1912—2004），浙江萧山人。毕业于印度国际大学和印度真理学院，1982 年后历任上海新沪中学教师、印度国际大学中国学院教授、浙江文史馆馆员、宁波大学教授、杭州师范学院名誉教授。

丰子恺译《苦闷的象征》书影

3月，兼任上海美术专门学校美术教师。①

《苦闷的象征》（［日］厨川白村著），译本由（上海）商务印书馆出版，此为丰氏出版的第一本译著。

4月15日、30日，在《心之窗》第3号、第4号发表《近世音乐大家》（艺术论述）。在第3号发表漫画《归途》，在第4号发表漫画《病车》。

5月10日，在《文学周报》第172期发表《燕归人未归》（漫画）。自该月起，该刊为其漫画标上"子恺漫画"字样。②

5月17日，在《文学周报》第173期发表《指冷玉笙寒》（漫画）。

立达学园大门

5月31日，在《文学周报》第175期发表《翠拂行人首》（漫画）。

5月，被聘为《文学周报》上海特约执笔者。作《各国音乐的特征》（艺术论述）。

---

　　① 据王震编《二十世纪上海美术年表》（上海书画出版社2005年1月第1版）第166页1925年"2月7日"条："上海艺术师范大学，新任教务长丰子恺……（《申报》）"又据该书第219页1927年"3月8日"条："上海美术专门学校举行春季始业式：校长刘海粟，总务长江新，教务长汪亚尘，教授滕若渠、李士毅，音乐系主任李恩科，国画系主任钱厓分别演说及报告。又聘丰子恺为国画理论教授、沙辅卿为国画教授。（《申报》）"此说明丰子恺在当时经常受聘于其他学校。此时期，丰子恺兼职较多。另据程杏培、陶继明编著《红色学府——上海大学》（上海大学出版社2002年6月版）一书，丰子恺在上海大学也有兼课。该书第34页记载，丰子恺曾在该校授乐理。但未说明授课时间。

　　② 就目前所知，作为画种，"漫画"一词最早在中国出现是1904年3月27日。此日起，《警钟日报》发表"时事漫画"。1903年10月沙俄占领沈阳，蔡元培在上海组织"对俄同志会"，同年12月出版期刊《俄事警闻》。1904年2月日俄战争在中国东北境内爆发，俄国战败，日本企图取而代之。《俄事警闻》谴责日俄在中国境内的所为，并于1904年2月将《俄事警闻》改名为《警钟日报》，其以反对帝国主义侵略为宗旨，同时鞭挞清政府的腐败无能。1905年3月，该报被查封。

夏，立达中学在江湾觅得一地新建校舍。在同安里租屋。

作《艺术概说》序言。

丰子恺（右）与匡互生（左）
在立达学园大门前留影

6 月 7 日，在《文学周报》第 176 期发表《买粽子》（漫画）。

6 月，在《立达》季刊第 1 卷第 1 期上发表《各国音乐的特征》（艺术论述，作于 1925 年 5 月）以及《春莺》《花生米不满足》《黄昏》《晚凉》《吴稚晖》《月上柳梢头》《浣纱》（漫画）。《我们的六月》由（上海）亚东图书馆出版，在刊物上发表《黄昏》《三等车窗内》（漫画）。《绿荫》（漫画）被用于该期封面，并为之题封面。①

7 月 19 日，在《文学周报》第 182 期发表《表决》（漫画）。

7 月 27 日，立达中学开办的艺术专门部招生，为教授。

8 月 2 日，在《文学周报》第 184 期发表《无言独上西楼，月如钩》（漫画）。

8 月 9 日，在《文学周报》第 185 期发表《摘华高处赌身轻》（漫画）。

8 月 24 日，夜，与叶圣陶、王伯祥、刘大白、方光焘等自振华旅馆送北上到清华执教的朱自清至火车站。

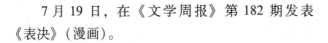

① 《黄昏》《三等车窗内》在《我们的六月》目录页中的标注为："漫画，锌版印。"

丰子恺漫画《不易忘记的生字》

9月6日，在《文学周报》第189期发表《马首山无数》（漫画）。

9月17日，在《申报》发表《卧看牛郎织女星》（漫画）。有记者题为《漫画》的注文：

日本盛行漫画，中国向所未有。漫画之意，与讽刺画不同。讽刺画意在讥评，漫画则艺术家取一刹那间之感想，用极简单之方法，作极充分之表现，又与"速写"性质不同。

上为丰子恺君作品。丰君留学日本，研究艺术甚精，所作漫画甚多，将络续刊登。记者志。

9月20日，在《教育杂志》第17卷第9号发表《中等学校的图画教育》（艺术论述）。

9月21日，在《申报》发表《帘卷西风，人比黄花瘦》（漫画）。

9月，立达中学改名为"立达学园"。丰子恺任校务委员、西洋画科负责人。居同安里租屋。

秋迁居安乐里。

丰子恺漫画《某种教师》

10月4日，在《文学周报》第193期发表《几人相忆在江楼》（漫画）。

10月9日，作《漫画浅说》（艺术论述）。

10月11日，在《文学周报》第194期发表《楼上黄昏马上黄昏》（漫画）。

10月13日，在《申报》发表《漫画浅说》

（艺术论述，又载 11 月 10 日《小说月报》第 16 卷第 11 号）。

10 月 15 日，在《申报》发表《酒徒》（漫画）。

10 月 18 日，在《文学周报》第 195 期发表《浣纱》（漫画）。

10 月 31 日，在《文学周报》第 197 期发表《栏杆私欹处，遥见月华生》（漫画）。

11 月 5 日，在《文学周报》第 199 期发表《秋夜》（漫画）。

11 月 10 日，在《小说月报》第 16 卷第 11 号上发表《漫画浅说》（艺术论述，作于 1925 年 10 月，文末署"十四年双十节前晚在立达学园"）、《饭后》、《惜别》、*FIRSTSTEP*（漫画）。

11 月 22 日，在《文学周报》第 200 期发表《过尽千帆皆不是，斜晖脉脉水悠悠》《花生米不满足》《夜半》《曲终人不见，江上数峰青》（漫画）。

11 月 25 日，在《东方杂志》第 22 卷第 22 号发表《歌剧与乐剧》（艺术译述，初收《艺术丛话》，[上海]良友图书印刷公司 1935 年 4 月版）。①

丰子恺第一部漫画集《子恺漫画》书影

11 月 29 日，在《文学周报》第 201 期发表

---

① 此为日本前田三男著《音乐常识》，丰子恺译述。

《抛书人对一枝秋》（漫画）。

12月13日，在《文学周报》第203期发表《月上柳梢头》（漫画）。

12月20日，《子恺漫画》由（上海）文学周报社出版，封面装帧画为自作。此为丰子恺最早的漫画集，次年一月又由开明书店印行。为该画集作序文的有：郑振铎、夏丏尊、丁衍庸、朱自清、方光焘、刘薰宇，俞平伯作跋。并有题卷首一篇（文末署"一九二五年黄花时节，子恺在江湾"）。①

丰子恺著《音乐的常识》书影

12月，《音乐的常识》由（上海）亚东图书馆出版，封面装帧画为自作。此为丰氏最早的一部音乐理论著作。有序"PRELUDE"，文末署"一九二五年岁晚著者在江湾立达学园"。

18幅插图收（北京）朴社出版的俞平伯儿童诗集《忆》，其中8幅为彩色。② 北京朴社在出版《忆》时曾刊出广告曰："这是他回忆幼年时代的诗篇，共36篇。仙境似的灵妙，芳春似的清丽，由丰子恺先生吟咏诗意，作为画题，成五彩图18幅，附在篇中。后有朱佩弦先生的跋。他的散文是谁都爱悦的。全书由作者自书，连史纸影印，丝线装订，封面图案孙福熙先生手笔。这样无美不备，洵可谓艺术的出版物。先不说内容，光是这样的装帧，在新文学史上也是不多见的。"朱自清在跋文

①　丁衍庸（1902—1978），广东省茂名人。毕业于日本川端洋画学校和东京美术学校，擅长西画、中国画、书法，中国现代美术的重要倡导者之一。方光焘（1898—1964），字熙先，浙江衢县人，语言学家、作家、文艺理论家、翻译家。

②　俞平伯在《忆》的附言中写道："写定此目录既竟，谨致谢意于朋友们——作画的丰子恺君……他们都爱这小顽意儿，给它糖吃，新衣服穿。彳亍于忆之路上的我，不敢轻易把他们撇掉的。十四年国庆日记。"

中感叹："平伯君给我们他的'儿时'，子恺君又画出了它的轮廓，我们深深领受的时候，就当是我们自己所有的好了。"

是年，为复旦大学的校歌作曲，刘大白作词。[①]

得钱君匋信，希望帮助介绍工作。曾回信，批评其文字水平太低，要求先补习文化课。[②] 半年后介绍其赴浙江台州浙江省立第六中学任教音乐。

作《东京某晚的事》（散文）。

作《翠拂行人首》《人散后，一钩新月天如水》《手弄生绡白纨扇》《几人相忆在江楼》《绣帘一点月窥人》《帘卷西风》《无言独上西楼，月如钩》《燕归人未归》《亡儿》《明日的讲义》《绞面》《久雨》《畅适》《阴历十二夜》《九十一度》《秋夜》《都市之春》《病车》《买粽子》《电车站》《苏州人》《编辑者》《战争与音乐》等（漫画）。

冬，在江湾立达学园举办漫画展览，叶圣陶等前往参观。

社会评价

郑振铎:《〈子恺漫画〉序》，初载 1925 年 11 月《小说月报》第 16 卷第 11 号，附《野渡无人舟自横》《病车》《灯前》（漫画）。

---

① 《新民晚报》2004 年 12 月 3 日以《复旦大学恢复使用老校歌》之题报道：复旦大学在校庆 100 周年之际，经网上投票，决定恢复使用创作于 1925 年的老校歌（刘大白作词，丰子恺谱曲）。据悉，这次投票显示，复旦大学的大多数教师投了赞成票，86% 的学生投票赞成。复旦大学校歌的确定，受到了社会的广泛关注和好评。12 月 8 日《报刊文摘》转载此消息。9 月 24 日，《人民日报》报道：《日月光华，旦复旦长——写在复旦大学 100 年华诞》，也提到丰子恺为复旦大学校歌作曲。12 月 31 日，复旦大学《校史通讯》发表了钱仁康《"复旦大学校歌"刍议》、丰一吟《为复旦校歌欢呼》二文。一般认为，复旦大学校歌初见 1930 年《复旦大学念五周年纪念册》，但该纪念册中所载校歌并未署名作者。一说为萧友梅作曲。刘大白（1880—1932），名靖裔，字大白，别号白屋，浙江绍兴人，诗人，教育家。

② 参见钟桂松著《钱君匋画传》，浙江大学出版社 2012 年 4 月版，第 45—46 页。

夏丏尊：《〈子恺漫画〉序》，初载 1925 年 11 月《文学周报》第 198 期。

佩　弦：《〈子恺漫画〉代序》，初载 1925 年 11 月 23 日《语丝》第 54 期。

平　伯：《〈子恺漫画〉跋》，收《子恺漫画》，文学周报社 1925 年 12 月版。

《本期广告预告》，1925 年 12 月 13 日《文学周报》第 203 期。

朱自清：《〈忆〉跋》，1925 年 12 月（北京）朴社初版。

评论选录

郑振铎：《〈子恺漫画〉序》

中国现代的画家与他们的作品，能引动我注意的很少，所以我不常去看什么展览会，在我的好友中，画家也只寥寥几个。近一年来，子恺和他的漫画，却使我感到深挚的兴趣。……他的一幅漫画《人散后，一钩新月天如水》，立刻引起我的注意。虽然是疏朗的几笔墨痕，画着一道上卷的芦帘，一个放在廊边的小桌，桌上是一把壶，几个杯，天上是一钩新月，我的情思却被他带到一个诗的仙境，我的心上感到一种说不出的美感，这时所得的印象，较之我读那首《千秋岁》（谢无逸作，咏夏景）为尤深。

按：文后有广告："《子恺漫画集》将出版了！共收漫画约 70 幅，半为外间未发者。不久将由上海闸北香山路仁余里二十八号《文学周报社》出版。"

夏丏尊：《〈子恺漫画〉序》

……记得，子恺的画这类画，实由于我的怂

恳。在这三年中，子恺实画了不少，集中所收的不过数十分之一。其中含有两种性质，一是写古诗词名句，原是古人观照的结果，子恺不过再来用画表出一次，至于写日常生活的断片的部分，全是子恺自己观照的表现。前者是翻译，后者是创作了。画的好歹且不谈，子恺年少于我，对于生活，有这样的咀嚼玩味的能力，和我相较，不能不羡子恺是幸福者！

佩　弦：《〈子恺漫画〉代序》

……我们都爱你的漫画有诗意，一幅幅的漫画，就如一首首的小诗——带核儿的小诗。你将诗的世界东一鳞西一爪地揭露出来，我们这就像吃橄榄似的，老觉着那味儿。

平　伯：《〈子恺漫画〉跋》

我不曾见过您，但是仿佛认识您的，我早已有缘拜识您那微妙的心灵了。子恺君！您的轮廓于我是朦胧的，而您的心影我却是透熟的。从您的画稿中，曾清切地反映出您自己的影儿，我如何不见呢？以此推之，则《子恺漫画》刊行以后，它会介绍无尽数新朋友给您，一面又会把您介绍给普天下的有情眷属。"乐莫乐兮新相知。"我替您乐了。

您是学西洋画的，然而画格旁通于诗。所谓"漫画"，在中国实是一创格；既有中国画风的萧疏淡远，又不失西洋画法的活泼酣姿。虽是一时兴到之笔，而其妙正在随意挥洒。譬如青天行白云，卷舒自如，不求工巧，而工巧殆无以过之。看它只是疏朗朗的几笔似乎很粗率，然物类的神态悉落彀中。这绝不是我一人的私见，您尽可以相信得过。

一片片的落英都含蓄着人间的情味，那便是我看了《子恺漫画》所感——"看"画是杀风景的，当说"读"画才对，况您的画本就是您的诗。

朱自清：《〈忆〉跋》

……平伯诉给我们他的"儿时"，子恺又画出了它的轮廓，我们深深领受的时候，就当是我们自己所有的好了。

1926 年　丙寅　29 岁

社会文化事略

1 月，《新女性》创刊。3 月 18 日，北京民众团体举行反帝爱国和平请愿运动，遭段祺瑞镇压。3 月 27 日，中华艺术大学、晨光艺术会、上海艺术大学、中华美术会、太平洋画会、东方画会等十余个团体联合成立上海艺术协会。5 月 16 日，世界佛教居士林在上海开幕。7 月 1 日，广州国民政府军事委员会发布北伐动员令。8 月，章锡琛、章锡珊兄弟在上海合资开办开明书店。10 月，广东国民政府教育行政委员会公布《私立学校规程》《私立学校校董会设立规程》。

生平事迹

1 月 10 日，装帧图被用于《小说月报》第 17 卷第 1 号，在该期发表《冬之趣》《爸爸耳朵里一支铅笔》（漫画）。

在《东方杂志》第 23 卷第 1 号发表新年漫画一组。

在《文学周报》第 207 期发表《天寒翠袖薄日暮倚修竹》（漫画）。

1 月 17 日，在《文学周报》第 208 期发表《我家之冬》（漫画）。

1 月 20 日，在《教育杂志》第 18 卷第 1 号发表《青年的艺术教育》（艺术论述）。

重印《子恺漫画》版权页

《子恺漫画》以"文学周报社"名义重新出版，开明书店印行，标"文学周报社丛书"。①

1月25日，在《东方杂志》第23卷第2号"苏州漫画"题下发表一组漫画：《白头翁》《检查》《茶楼》《某兄妹》。

1月，在复旦实验中学和澄衷中学兼课。

2月7日，在《文学周报》第211期发表《马滑霜浓不如休去直是少人行》（漫画）。

2月18日，上午，立达学园同事白采因当晚乘船赴厦门集美学校而冒雨前来道别。②

晚6时在大东旅社出席由田汉、黎锦晖发起的梅花会。③

① 1926年1月17日《文学周报》第208期上有广告曰："期待子恺漫画诸君公鉴：《子恺漫画》已经出版。但为印刷装订所误，致形式不得精美。现经同仁议定，以为子恺君这样纯美的作品，却给她穿了一件不很像样的外衣，这就对不起艺术，应该重印才对。印刷局方面也表同意，所以要另起炉灶了。"此"另起炉灶"的版本即1926年1月出版的新版本。

② 丰子恺在《白采》（载1926年10月5日《一般》第1卷第2号）中记曰："今年正月初六的上午，忽然白采君冒雨到我家来道别。说即晚要上船赴厦门集美学校，讲了许多客气话。我和白采君虽然在立达同事半年，因为我有无事不到别人房间里或家里的癖，他也沉默不大讲话，每天在教务室会面时只是点头一笑，或竟不打招呼，故我对他很生疏。这一天他突然冒雨来道别，使我发生异常的感觉：我懊恼以前不去望望他，同他谈谈，如今他要去了，我又感激他对我的厚意，惭愧我对他的冷淡。他穿着浑身装点小水晶球似的雨点的呢大衣，弯着背坐在藤椅上。我觉得在教务室中寻常见惯的白采的姿态，今日忽然异常地可亲可爱了！我的热情涌了起来，立刻叫人去沽酒办肴，为他饯别。他起初不允，我留之再三，他才答允。他说自己不大会喝酒，但这一次总算尽量，喝了一满碗。我送他出门，他用通红的老鹰式的大鼻子向我点了好几次而去。"

③ 参见王震编著《徐悲鸿年谱长编》第43页："晚六时在大东旅社出席由田汉、黎锦晖发起的梅花会。出席者有蔡元培、陆费逵。其余文学家有郑振铎、叶绍钧、严既澄、宗白华、魏时珍、郭沫若、郁达夫、周予同、叶法无、李璜、胡朴安、方光焘、赵景深、康洪章、唐有壬等数十人。音乐家有傅彦长、张若谷、郑觐文等数人。画家有林风眠、朱应鹏、周一舟、陈南苏、叶鼎洛、倪贻德、丰子恺等十余人。雕刻有李金发及夫人。戏剧家有洪深、欧阳予倩、唐槐秋等。电影家有陈寿荫、王元龙、黎明辉、毛剑秋、史东山等数十人，另有女宾数十人。为上海文艺界空前之盛会，会上展出徐先生在欧所作油画及素描四十余幅……"（上海画报出版社2006年12月第1版）田汉（1898—1968），湖南长沙人，1912年毕业于湖南省立第一师范学校，1917年入东京高等师范学校，1919年回国，曾任中华书局编辑，1930年加入左联，中华人民共和国国歌的词作者。黎锦晖（1891—1967），湖南湘潭人，毕业于湖南省立第一师范学校音乐绘画科，音乐家、著名编辑。

2 月 27 日，夜应郑振铎之约，在新有天聚餐，另有叶圣陶、王伯祥、徐调孚、赵景深、顾仲彝、陶希圣、徐志摩、张若谷等。

3 月 10 日，装帧图被用于《小说月报》第 17 卷第 3 号。

3 月 25 日，晚 6 时，参加立达学会在悦宾楼聚餐，欢迎王伯祥、郑振铎、李石岑、章雪村、乔峰等人加入。

3 月，装帧画被用于（上海）开明书店出版的〔意大利〕亚米契斯著，夏丏尊译《爱的教育》封面，并有 14 幅插图和扉页设计。

为《史通》一书题书名（曹聚仁校读，梁溪图书馆出版）。

丰子恺为夏丏尊译《爱的教育》所作的封面

春，得弘一大师邮片，曰："近从温州来杭，承招贤老人殷勤相留，年内或不复他适。"[1] 于是与夏丏尊一起去杭州招贤寺拜望弘一大师。抵杭州，宿清华旅馆。翌晨七时，与夏丏尊一起赴招贤寺。约定下午五时与弘一法师见面。见面时，觉得弘一师神色颇好，眉宇间秀气充溢如故。是夜与往日师友会面。对于此次与弘一法师见面，丰氏反省十年来的心境。数日后，弘一法师又从杭州来信，大略说："音出月拟赴江西庐山金光明会参与道场，愿手写经文三百叶分送各施主。经文须用朱书，旧有朱色不敷应用，愿仁者集道侣数人，合赠英国制水彩颜料 vermilion（朱红）数瓶。"末又云："欲数人合赠者，俾多人得布施之福德也。"

① 丰子恺：《法味》，载《一般》10 月号（第 1 卷第 2 号），初收《中学生小品》时改名《佛法因缘》（中学生书局 1932 年 10 月版）。

于是丰氏与夏丏尊等七八人合买了八瓶 Windsor Newton（温泽·牛顿）制的水彩颜料，又添附了十张夹宣纸，即日寄去。又附信说："师赴庐山，必道经上海，请预示动身日期，以便赴站相候。"有关过程在《法味》一文中有记。

4月1日，在《民铎》第7卷第4号发表"古诗新画"。

4月10日，上海青春好书店出版漫画信笺，其中有丰子恺绘《柳丝摇曳燕飞忙》《第三张笺》《惜别》《团圆》。

装帧图被用于《小说月报》第17卷第4号。

5月1日，在《民铎》第7卷第5号发表漫画6幅。

5月10日，装帧图被用于《小说月报》第17卷第5号。

丰子恺为《心群月》杂志设计的封面

5月20日，在《教育杂志》第18卷第5号发表《艺术教育的大教室》《读书的 PICNIC》《憧憬》《学校生活的黄昏》《大考的前夜》《春晨》（漫画）。

5月22日，立达学园召开第三次导师会，讨论添设文学专门部事，被列为筹备委员。

5月30日，装帧画"矢志"图被用于（上海）中国青年社出版的《中国青年》纪念五卅惨案专号封面画。①

装帧画被用于《心群月》月刊创刊号。

---

① 该期《中国青年》的《编辑以后》曰："这期的封面是特别请丰子恺君为我们画的，特在此表示我们的谢意。这画的含义是唐张巡部将南霁云射塔'矢志'的故事。我们希望每一个革命的青年，为了被压迫民族的解放，都射一枝'矢志'的箭到'红色的五月'之塔上去！"

6 月 6 日，在《文学周报》第 228 期发表《小语春风弄剪刀》（漫画）。

6 月 10 日，装帧图被用于《小说月报》第 17 卷第 6 号。

封面画用于《中国青年》第 6 卷第 1 号（总第 126 期）封面。该封面后连续使用半年之久。

6 月 20 日，在《教育杂志》第 18 卷第 6 号发表《试验》《学校生活的断片——吴维纲踢球，连鞋子踢了上去》《学校生活的断片——郑璋底父亲今天来，说要同她回家去结婚，不来读书了》《学校生活的断片——大胖子今天上几何又睡了》《学校生活的断片——"看匡先生穿新衣裳!"》《春假之日》《道旁的孤儿》《先生来了》《小瞻瞻底梦》（漫画）。

丰子恺（左二）在立达学园与文艺院图案系、西洋画系全体师生合影（摄于 1926 年 6 月）

6 月，与立达学园文艺院图案系、西洋画系全体学生在画室合影。

7 月 4 日，装帧图用于《文学周报》第 232 期。

7 月 10 日，装帧图被用于《小说月报》第 17 卷第 7 号。

7 月 20 日，在《教育杂志》第 18 卷第 7 号发表《小瞻瞻底梦》4 幅（漫画）。

7 月，焦菊隐诗集《夜哭》由北新书局出版，画作被用于封面画，并有插图 2 幅。①

---

① 焦菊隐（1905—1975），天津人，戏剧理论家、导演、翻译家。

暑假，友人黄涵秋因刚从日本回国，暂寓丰家。某日早晨，丰氏与黄涵秋一起翻阅李叔同照片，邻居一学生报告"门外有两个和尚在寻问丰先生，其一个样子好像是照相上见过的李叔同先生"。原来弘一法师和弘伞法师前天即到上海，寓大南门灵山寺，要等江西来信，然后决定动身赴庐山的日期。是日中午，二法师在丰家午餐，餐前，弘一法师述说了诸多往事。下午四时许，引导二法师参观立达学园，又看了他所赠的《续藏经》，五时送他们上车返灵山寺，又约定次日上午拜访二法师，同去看城南草堂。次日，同访城南草堂、海潮寺、世界佛教居士林。有关过程在《法味》一文中有记。

妻生一男孩，取名奇伟，三岁夭亡。曾有《花生米不满足》《亡儿》等画。

与朱光潜、黄涵秋等与日本归来省亲的钱歌川餐聚，邀钱氏入开明书店股份，钱氏遂成该店天字第一号股东。①

8月4日，作《法味》（散文）。

8月10日，装帧图被用于《小说月报》第17卷第8号。

8月14日，作"子恺随笔"一则（散文）。

8月15日，作"子恺随笔"一则（散文）。

8月20日，在《教育杂志》第18卷第8号发表《自然之默谕——引力》《自然之默谕——蒸汽

弘一法师在上海留影

---

① 钱歌川（1903—1990），原名慕祖，自号苦瓜散人，笔名歌川、味橄、秦戈船，湖南湘潭人。翻译家、散文家、出版家。

力》《自然之默谕——SPECTRUM》《自然之默
谕——地圆》（漫画）。

9 月 1 日，在《民铎》第 8 卷第 2 号发表漫画
2 幅。①

9 月 5 日，因立达新校舍在上海北郊江湾落
成，迁居永义里（迁入前，曾在西门乐盛里暂
住）。②

立达学会创刊《一般》月刊，为美术装帧设
计及主要撰稿人。被选为编辑。夏丏尊任主编。装
帧画用于该期扉页。此后为该刊作扉页画、插图
甚多。③

在《文学周报》第 240 期发表《大风之夜》
（漫画）。

9 月 10 日，装帧图被用于《小说月报》第 17
卷第 9 号。

9 月 19 日，在《文学周报》第 242 期发表
《铁路之旁》（漫画）。

9 月 26 日，在《文学周报》第 243 期发表
Painter（漫画）。

---

① 《民铎》杂志刊发的丰子恺文画颇多，限于资料，未列全，待补。

② 据魏风江《怀念钢琴家裘梦痕》一文："……立达学园的老师们，大多住在与学校隔开一个大操场的永义里。裘先生住在 9 号，丰子恺先生住在 8 号，匡互生先生住在 6 号，刘薰宇先生住在 12 号，谭云山先生住在 11 号，周为群先生住在 14 号。同学们在课后或假日，常从这家走到那家，看望老师，得到一点课堂上所得不到的知识。我们称这样做为'周游列国'。"

③ 《一般》创办后共出刊 9 卷，每卷 4 期，至 1929 年 12 月停刊。以《一般》为刊名的刊物在现代中国至少有 9 家，而立达学园创办的《一般》是其中刊期最长，影响最大的一种，目前学界专指的《一般》，就是立达学园所编的《一般》。参见谢其章《创刊号风景》，北京图书馆出版社 2003 年 6 月版。

9月，作《中国画与西洋画》（艺术论述）。

10月5日，在《一般》10月号（第1卷第2号）"纪念白采栏"发表《白采》（散文）①、《法味》（散文，作于1926年，文末署"一九二六年八月四日，记于石门"，初收《中学生小品》时改名《佛法因缘》，中学生书局1932年10月版）。②

10月10日，装帧图被用于《小说月报》第17卷第10号。

10月20日，在《教育杂志》第18卷第10号发表《学校生活的断片——小明小英家里有人送来东西，在会客室里》《学校生活的断片——就寝铃之声》《学校生活的断片——富祥一打钟，无论哪个都要奔向饭厅去》《学校生活的断片——那边本来还有一个卖牛肉的，被匡先生喊走了》《躲猫猫也是极有趣的》《S先生躺在藤椅，两个轿夫抬了到学校来》《菊花丛中是我们的新天地》《教育者的后光》《他们就在马弁跟随中离开会场，我们呢，有哭的，有骂的》（漫画）。

丰子恺著《音乐入门》书影

10月，《音乐入门》由（上海）开明书店出版，封面装帧为自作，有序"PRELUDE"，作者文末署"一九二六年地藏诞，迁往缘寓之次日"。③序言曰："这原是我给立达学园初中一年生的音乐讲义。因为它在程度上是读《音乐的常识》（亚东图书馆出版）的准备，且在《音乐的常识》中曾

① 白采（1894—1926），原名童汉章，江西高安人，诗人。
② 《法味》在《一般》上刊登时，其目录页标注为小说。后作者将其编入《中学生小品》，今一般将其视为散文。
③ 此署据1927年4月再版本。

经预告，故现在就把讲义稿子付印了。"

作《中国画的特色——画中有诗》（艺术论述）。

11 月 8 日，作《工艺实用品与美感》（艺术论述）。

11 月 10 日，装帧图被用于《小说月报》第 17 卷第 11 号。

丰子恺发表在《教育杂志》上的"教育题材"漫画

12 月 5 日，在《一般》12 月号（第 1 卷第 4 号）发表《工艺实用品与美感》（艺术论述）、《尝试》（漫画）。

12 月 10 日，装帧图被用于《小说月报》第 17 卷第 12 号。

12 月 20 日，在《教育杂志》第 18 卷第 12 号发表《姊弟》《毕业生产出》《毕业后一年》《教育手段》《绛帐》《"小主人放假回来了!"》（漫画）。

丰子恺发表在《教育杂志》上的"教育题材"漫画

12 月 22 日，作《女性与音乐》（艺术论述）。

12 月 25 日，作《给我的孩子们》（散文）。

秋冬时节，弘一法师自江西返杭州在上海停留，居丰子恺家。弘一法师采用"抓阄"法，即弘一大师让丰氏在许多小纸片上分别写上自己喜欢而又可以互相搭配的文字，然后把每张纸片都揉成小纸团撒在楼下大风琴旁释迦牟尼画像下的供桌上，并请其抓阄。结果，连续两次都抓到了同样一个字："缘"。于是就取其室名叫"缘缘堂"。弘一大师为其写横额，装裱后挂在寓所内。

丰子恺发表在《教育杂志》
上的"教育题材"漫画

12 月 26 日，在《文学周报》第 4 卷第 6 期发表《给我的孩子们》，副题"自题画集卷首"［序跋，后为《子恺画集》代序，作于 1926 年，文末署"一九二六年耶降诞节，病起，作于炉边"，初收（上海）开明书店 1927 年 2 月版《子恺画集》］。

12 月，装帧画被用于（上海）出版合作社出版的史震林著《天上人间》封面。

是年"黄梅时节"作《音乐与文学的握手》（艺术论述）。

在《华侨努力周报》第 2 卷第 10 期发表《南国之梦》（漫画）。

作《闲居》（散文）。

作《今夜故人来不来》《红了樱桃绿了芭蕉》《簾外蛛丝网落花》《爸爸不在的时候》《糯米饭》《阿宝赤膊》《阿宝两只脚，凳子四只脚》《饭后》《买票》《办公室》《软软新娘子》《无题》《快活的劳动者》《爸爸耳朵里一枝铅笔》《建筑的起源》《小旅行》《姊弟》《赌博者》《听》《第三张笺》《检查》《除夜》等（漫画）。

社会评价

丁衍镛：《〈子恺漫画〉序》，收《子恺漫画》，文学周报社版，开明书店 1926 年 1 月印行。

方光焘：《漫话》，收《子恺漫画》，文学周报社版，开明书店 1926 年 1 月印行。

刘薰宇：《〈子恺漫画〉序》，收《子恺漫画》，文学周报社版，开明书店 1926 年 1 月印行。

朱自清:《〈子恺画集跋〉》,初载 1926 年《文学周报》第 4 卷第 3 期。

周作人:《〈忆〉的装订》,载 1926 年 2 月 19 日《京报副刊》。

张亦菴:《读〈子恺漫画〉后》,载 1926 年 1 月 10 日《申报》。

《本期广告》,1926 年 1 月 17 日《文学周报》第 208 期。

评论选录

方光焘:《漫话》

子恺! 这充满了所谓画家、艺术家、艺术的叛徒的中国,你何必把那吃饭的钱省节下来,去调丹青,买画布,和他们去争一日之长呢! 你只要在那"说不出"的当儿,展开桌上的废纸,握着手中的秃笔,去画罢! 画出那你"说不出"的热情和哀乐,使你朋友见了,可得欢乐,使你夫人见了,可以开怀,使你的阿宝见了,可以临摹,使你的华瞻见了,可以大笑! 那就是你的艺术,也就是你的艺术生活! 又何须我多说呢!

朱自清:《〈子恺画集〉跋》

这一集和第一集显然的不同,便是不见了诗词句图,而只留着生活的缩写。诗词句图,子恺所作,尽有好的;但比起他那些生活的速写来,似乎较有逊色。第一集出世后,颇见到、听到一些评论,大概都如此说。本集索性专载生活的速写,却觉得精彩更多。还有一个重要的不同,便是本集里有了工笔的作品。子恺告我,这是"摹虹儿"的。虹儿是日本的画家,有工笔的漫画集;子恺所摹:只是他的笔法,题材等等,还是他自己的。这是一种新鲜的趣味! 落落不羁的子恺,也会得如此细腻风流，想起来真怪有意思的！集中几幅工笔画，我说没有一幅不妙。

周作人：《〈忆〉的装订》

第二特色是，里边有丰子恺君的插图十八幅，这种插图在中国也是不常见的。我当初看见平伯的诗画稿，觉得颇似竹久梦二的气味……日本漫画由鸟羽僧正（《今昔物语》著者的儿子）开山，经过锹形蕙斋和耳鸟斋，发达到现在……德法的罗忒勒克（Lautre）与海纳（Heine）自然也有他们的精彩，但我总是觉得这些人的挥洒更中我的意。中国有没有这种漫画，我们外行人不能乱说，在我却未曾见到过，因此对于丰君的画不能不感到极大的兴趣了。

张亦菴：《读〈子恺漫画〉后》

近人丰子恺君所作的一部漫画集，已有许多人替他作叙，称他底佳妙。我不是他，更不是为他捧场，但是我觉得我底意见也要发表。

子恺底漫画，诚如一般作者所说，以明快简单的东方的气派，加以些许西方的画法而绘漫画，这是他底特长，画中的诗味是他底好处。我以为明快简单信是他的好处，所谓东方绘画气派者，原是我们中国人运用毛笔习惯所表成的一种特点，这倒是很寻常的。有人说："我国人以毛笔画的很多，为何没有子恺底漫画的那种意味？"我说："我国人以毛笔写画的诚然很多，但是写漫画的很少，就是有，或者不免拘泥于我国传统的运笔法，不敢任意去挥洒。所以笔触上得不到什么意味。子恺却能任他底笔去撒烂污，面带一点速写 Skeicb 风。所以能生出一种新的意味来。"我见过许敦谷和关良先生两人作的毛笔速写，也很有一种特殊的风味。

我佩服子恺的是他底情绪，我不敢赞同的是他底思想。他的情绪丰富极了，据我看来，他那集子里有好几张是发于很自然而绝无丝毫勉强的，是作于不能不作的。

　　我所喜欢的并不是那些用诗句或词句作画题的，因为这些不尽是他情感底流露，而不免有些是有意的做作，或者画成了一张司概契后，找一句诗或词——或许是他常爱吟诵的——去凑凑画题。我觉得这一类多少有点无聊。我所爱的是连画题也是他自己做上去的那些，如"夜半"、"酒徒"、"病车"，是我所爱的中之几张，因为这些更容易使人得深刻的印象，而引起人心中底共鸣。绘画诚然常常与文学相依为命，引用文学作画题也是常有的事，然而我对子恺底漫画的见解，的确如是。或许因为我是一个俗子，我是一个生活都市的人，但是这些我都不管。

　　不错，子恺的画风很有创作的精神，但是他底思想似乎带多少颓废的气象——或许是我底武断，然而我仍然希望他底思想兴奋起来，再作些有兴奋性的作品。

1927 年　丁卯　30 岁

社会文化事略

4 月 12 日，蒋介石在上海发动"四一二"反革命政变。4 月 18 日，蒋介石在南京成立民国政府。8 月 1 日，周恩来、贺龙、朱德等在南昌领导武装起义。12 月，中华民国大学院公布《教科图书审查条例》《私立大学及专门学校立案条例》《私立中等学校及小学立案条例》和《图书馆条例》。是年，"漫画会"在上海成立。

生平事迹

1 月 1 日，在《新女性》第 2 卷第 1 号发表《泪的伴侣》《三年前的花瓣》《姐弟》（漫画）、《孩子们的音乐》（译文，原著［日］田边尚雄，后又在该刊第 2 卷第 2、3、4、5、6、7、8、9、10 号连载）。

1927 年时的丰子恺

1 月 10 日，在《小说月报》第 18 卷第 1 号发表《音乐与文学的握手》（艺术论述，作于 1926 年，文末署"千九百二十六年黄梅时节，于上海立达，为《小说月报》作"，初收《艺术丛话》，［上海］良友图书印刷公司 1935 年 4 月版）。装帧图被用于该期。

1 月 13 日，作"子恺随笔"一则（散文）。

1月14日，作"子恺随笔"一则（散文）。

1月16日，作"子恺随笔"一则（散文）。

1月，夏丏尊译《绵被》（小说，［日］田山花袋著）由（上海）商务印书馆出版，装帧画被用于该书封面。

2月1日，在《新女性》第2卷第2号发表《建筑的起源》《战争与音乐》（漫画）。

2月5日，在《一般》2月号（第2卷第2号）发表《中国画与西洋画》（艺术论述，作于1926年中秋前一周）、《子恺随笔》（五则，作于1926年，文末分别署"丙寅乞巧节"、"丙寅七月初八日"、"丙寅十二月初十日"、"丙寅十二月十一日"和"丙寅十二月十三日"，初收《随笔二十篇》，天马书店1934年8月版）、《办公室》（漫画）。

2月10日，装帧图被用于《小说月报》第18卷第2号。

2月16日，作《美术的照相——给自己会照相的朋友们》（艺术论述）。

2月，第二本漫画集《子恺画集》由（上海）开明书店出版。

3月1日，在《民铎》杂志第8卷第4号发表《幽人（一）》《幽人（二）》《幽人（三）》和《幽人（四）》（漫画）。

丰子恺第二部漫画集《子恺画集》书影

3月8日，上海美术专门学校举行春季始业式，被聘为国画理论教授。

3月10日，在《小说月报》第18卷第3号发表《乐圣裴德芬底生涯及其艺术——裴德芬百年祭纪念》《裴德芬谈话三则》（艺术论述），装帧图被用于该期。

3月13日，与立达同人胡愈之、夏丏尊、王伯祥、郑振铎、周予同、匡互生、周为群、叶圣陶等在豫丰泰聚餐，劝留匡互生。时匡互生有离开立达之意。

3月，在《一般》3月号（第2卷第3号）上发表《女性与音乐》（艺术论述，作于1926年，文末署"民国十五年冬至，为《新女性》作"，初收开明书店1934年11月版《艺术趣味》）、《美术的照相——给自己会照相的朋友们》（艺术论述，作于1927年元宵）。

4月1日，在《民铎》第8卷第5号发表《现代的艺术》（译文，［日］上田敏原著）。

4月5日，作《德菱小妹妹之像——丁卯寒食》（漫画）。

4月10日，装帧图被用于《小说月报》第18卷第4号。

4月，装帧设计图被用于（上海）商务印书馆出版的郑振铎著《文学大纲》环衬。

在《一般》4月号（第2卷第4号）发表《现代西洋绘画的主潮——印象派》（译述）。

5 月 1 日，在《新女性》第 2 卷第 5 号发表《会走的木宝宝》（译文，原著［日］滨田广介），有自作插图。

5 月 10 日，装帧图被用于《小说月报》第 18 卷第 5 号。

5 月 20 日、6 月 20 日在《教育杂志》第 19 卷第 5 号、6 号上发表《儿童的年龄性质与玩具》（译文，原著［日］关宽之）。第 5 号上有《〈儿童的年龄性质与玩具〉——译者序言——儿童苦》。

5 月，装帧画被用于（上海）出版合作社出版的［法］左拉著，宅桴、修匀合译《左拉小说集》封面。

初夏，作《华瞻的日记》其一（散文）。

6 月 10 日，在《东方杂志》第 24 卷第 11 号上发表《中国画的特色——画中有诗》（艺术论述，作于 1926 年 10 月"在江湾立达学园"）。

丰子恺漫画《艺术的劳动（其一）》

在《小说月报》第 18 卷第 6 号发表《忆儿时》（散文，作于 1927 年，文末署"一九二七年梅雨时节"，初收《缘缘堂随笔》，［上海］开明书店 1931 年 1 月版）、《华瞻的日记》（散文，作于 1927 年，第一则文末署"一九二七年梅雨时节"，第二则文末署"一九二七年初夏"。初收《缘缘堂随笔》，［上海］开明书店 1931 年 1 月版）。① 装帧图被用于该期。

梅雨时节作《忆儿时》（散文）、《华瞻的日

———————————

① 该文收入人民文学出版社 1957 年 11 月版《缘缘堂随笔》时，作者在此文篇末误署为"1926 年作"。

记》其一（散文）。

丰子恺漫画《艺术的劳动（其二）》

6月20日，在《教育杂志》第19卷第6号发表《教育界的人物：小学教员、大学教授、中学教师》《教育界人物：小学生、中学生、大学生》《教育界人物：听差、校长、教员》《教育界人物：誊写、会计、庶务》（漫画）。

6月23日，所主持的立达学园第一次洋画展开展。

7月10日，在《小说月报》第18卷第7号发表《闲居》（散文，初收《缘缘堂随笔》，［上海］开明书店1931年1月版）、《从孩子得到的启示》（散文，作于1927年，初收《缘缘堂随笔》，［上海］开明书店1931年1月版）[1]、《天的文学》（散文，初收《缘缘堂随笔》，［上海］开明书店1931年1月版）、《东京某晚的事》（散文，初收《缘缘堂随笔》，［上海］开明书店1931年1月版）、《楼板》（散文，初收《缘缘堂随笔》，［上海］开明书店1931年1月版）、《姓》（散文，初收《缘缘堂随笔》，［上海］开明书店1931年1月版）。装帧图被用于该期。

7月13日（农历六月十五日），次子元草生。

7月20日，在《教育杂志》第19卷第7号发表《无学校的教育》（二十五则，艺术随感）、《儿童的大人化（上）》（论文，作于1927年七夕）。有插图。

[1] 该文收入人民文学出版社1957年11月版《缘缘堂随笔》时，作者在此文篇末误署为"1926年作"。

7 月，装帧画被用于（上海）北新书局出版的赵景深著《童话概要》封面。①

8 月 1 日，在《新女性》第 2 卷第 8 号发表《有结带的旧皮靴》，自作插图（译文，原著［日］和田古江）。

8 月 5 日，立达学园在江湾召开同人会议，会议决定设立立达学会董事会，被选为董事。

8 月 8 日，作《秋的星座及其传说》（散文）。

丰子恺与裘梦痕合编《中等教科适用歌曲集》封面

8 月 10 日，在《小说月报》第 18 卷第 8 号上发表《艺术三昧》（艺术论述，初收《缘缘堂随笔》，［上海］开明书店 1931 年 1 月版）。装帧图被用于该期。

8 月 20 日，在《教育杂志》第 19 卷第 8 号发表《儿童的大人化（下）》（论文，作于 1927 年）。有插图。

8 月，与裘梦痕合编的《中等教科适用歌曲集·中文名歌五十曲》由（上海）开明书店出版。有序（作于 1927 年，署"一九二七年绿荫时节梦痕子恺识于立达学园"）。自作封面图及插图 9 幅。② 序言曰："这册子里所收的曲，大半是西洋的 most popular（最通俗）的名曲；曲上的歌，主要的是李叔同先生——即现在杭州大慈山僧弘一法

_____

① 赵景深（1902—1985），四川宜宾人，生于浙江处州，编辑出版家、教育家、戏剧理论家。
② 裘梦痕（—1978），音乐家、音乐教育家。据以往史料，丰子恺与裘梦痕合著或合编的书只有四种。据魏风江《怀念钢琴家裘梦痕》（载《古今谈》1985 年第 2 期）一文介绍有十余种，且说除了开明书店外，尚有春风音乐教育社出版的版本。此信息值得关注，须进一步查寻研究。此书也有单独署丰子恺的开明书店版本（1936 年 8 月，书名为《中文名歌五十曲》）。

师——所作或配的。我们选歌曲的标准，对于曲要求其旋律的正大与美丽；对于歌要求诗歌与音乐的融合。西洋名曲之传诵于全世界者，都有那样好的旋律；李先生有深大的心灵，又兼备文才与乐习，据我们所知，中国作曲作歌的只有李先生一人。可惜他早已屏除尘缘，所作的只这册子里所收的几首。"

夏丏尊译《国木田独步集》由（上海）文学周报社出版，装帧画被用于封面。

［日］武者小路实笃著，孙百刚译《新村》由（上海）光华书局出版，装帧画被用于封面。

［英］哈提著，方光焘译注《姊姊的日记》由（上海）开明书店出版，装帧画被用于封面。

9月1日，在《民铎》第9卷第1号发表《现代的精神——现代艺术十二回之一》（译文，［日］上田敏原著）、《REFRESHMENT（一）（二）（三）（四）》（漫画）。

翻译《美的世界》。

9月10日，装帧图被用于《小说月报》第18卷第9号。

9月17日，作《阿难》（散文）。

9月，在《一般》9月号（第3卷第1号）发表《秋的星座及其传说》（散文，作于1927年立秋）。

作《童心的培养》（散文）。

赵景深著《童话论集》由（上海）开明书店出版，装帧画被用于封面和后封。

秋，在家接待弘一大师约一个月，自谓："每

丰子恺皈依佛教当天所刻之印

天晚上天色将暮的时候我规定到楼上来同他谈话。
他是过午不食的，我的夜饭吃得很迟。我们谈话的
时间，正是别人的晚餐的时间。他晚上睡得很早，
差不多同太阳的光一同睡着，一向不用电灯。所以
我同他谈话，总在苍茫的暮色中。他坐在靠窗口的
藤床上，我坐在里面椅子上，一直谈到窗外的灰色
的天空衬出他的全黑的胸像的时候，我方才告辞，
他也就歇息。这样的生活，继续了一个月。现在已
变成丰富的回想的源泉了。"①

　　赴广学会访问谢颂羔，转交弘一大师赠其的书
法作品"慈良清直"。后谢颂羔赴陶载良家会见弘
一大师。陶载良为此置备素斋，丰子恺一并被邀
请。其间，弘一法师与夏丏尊、叶圣陶、李石岑、
周予同、内山完造等有交往。②

　　10 月 10 日，装帧图被用于《小说月报》第
18 卷第 10 号。

　　10 月 21 日（农历九月二十六日），在上海江
湾镇立达校舍永义里自宅楼下钢琴旁从弘一法师皈
依佛门，法名婴行。三姐丰满亦同日皈依，法名梦
忍。是日刻释迦趺坐莲台印章一枚，边款为："丁
卯九月二十六日于三宝前发阿耨多罗三藐三菩提心
竟，敬为弘一法师造此佛像　佛弟子丰婴行时年三
十岁。"又为胞姐梦忍刻法名"梦忍"印章，边款
为："丁卯九月廿六日在三宝前发菩提心竟为梦忍
姊刻印　婴行　是年三十。"皈依后的丰氏与弘一

丰子恺皈依佛教当天所刻之印

　　①　丰子恺：《缘》，载 1929 年 6 月 10 日《小说月报》第 20 卷第 6 号。
　　②　参见叶圣陶《两法师》（载 1927 年《民铎》第 9 卷第 1 号）。谢颂羔（1896—1972），浙江
人，1917 年毕业于东吴大学，1922 年获美国波士顿大学硕士学位，基督徒。李石岑（1893—
1934），湖南醴陵人，1912 年留学日本，1920 年毕业于日本东京高等师范学校，编辑出版家、教育
家、哲学家。周予同（1898—1981），浙江瑞安人，1920 年毕业于北京师范学校，经学家、编辑、
教育家。

大师共同发心编绘《护生画集》。作《晨梦》（散
文）、《告母性》（序跋）。

　　10 月，在《一般》10 月号（第 3 卷第 10 号）
发表《美的世界》（译文，原著［日］龙村雯男，
译于 1927 年 9 月 1 日）。
　　译《艺术教育的哲学的论究》。
　　作《剪网》（散文）。
　　装帧画被用于（上海）创造社出版部出版的
［日］仓田百三著，孙百刚译《出家及其弟子》
封面。
　　《子恺画集》再版。马一浮在题词中写道：
"吾友月臂大师（弘一法师——编者注）为予言丰
君子恺之为人，心甚奇之，意老氏所谓专气致柔复
归于婴儿。子恺之于艺，岂其有得于此邪？若佛五
行中有婴儿行，其旨深远，又非老氏所几。然艺之
独绝往往超出情识之表，乃与婴儿为近。婴儿任天
而动，亦以妄想，缘气尚浅，未与世俗接耳。今观
子恺之贵婴儿，其言奇恣直，似不思议境界。盖子
恺目中之婴儿，乃真具大人相，而近世所名大人，
岿琐忿矜，乃真失其本心者也。赵州有孩子六识
话，予谓子恺之画宜名孩子五阴，试以举似。月臂
大师当以予为知言。"

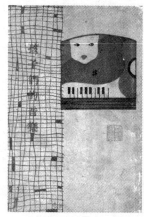

丰子恺译著《孩子们的音乐》
书影

　　11 月 10 日，在《小说月报》第 18 卷第 11 号
发表《阿难》（散文，作于 1927 年，文末署"一
九二七年九月十七日阿难三周年生辰又忌辰作于缘
缘堂"，初收《缘缘堂随笔》，开明书店 1931 年 1
月版）①、《晨梦》（散文，作于 1927 年，文末署名
"丁卯九月廿六，三十初度之日"）。装帧图被用于

---

　　①　该文收入人民文学出版社 1957 年 11 月版《缘缘堂随笔》时，作者在此文篇末误署为
"1926 年作"。

该期。

11 月 11 日，作《西洋画的看法》（艺术论述）。

11 月 20 日，在《教育杂志》第 19 卷第 11 号发表《艺术的劳动（其一）》《艺术的劳动（其二）》《艺术的劳动（其三）》和《艺术的劳动（其四）》（漫画）。

11 月 27 日，与黄涵秋、陶元庆等访鲁迅。①

11 月，译著《孩子们的音乐》（原著［日］田边尚雄）由（上海）开明书店出版，有序言《告母性——代序》（作于 1927 年，文末署“丁卯九月二十六日子恺三十年诞辰写于江湾缘缘堂”）。序言曰：“这册书，是关于西洋乐圣的逸话及名曲的解说，是请母性者讲给孩子们听，或给孩子们自己读的。这书与音乐学习没有直接关系，但有整顿音乐学习的态度的大效用。因为一般人——尤其是中国人往往视音乐为茶余酒后的娱乐物，消遣品；不知音乐研究的严肃与音乐效能的深大，因而轻视音乐，永远不得其道而入。读此书可知自来西洋的乐圣的研究何等高深，与音乐的效能何等伟大。因之可矫正其对于音乐的观念，而蒙受音乐的惠赐了。原著者日本田边尚雄先生，出版者日本文化生活研究会。全书共十章。前八章的译文曾连载于《新女性》杂志。今并译后二章，刊成此书，以奉献于我国做母亲的夫人们与小朋友们。”

---

① 鲁迅（1881—1936），原名周树人，字豫才，浙江绍兴人，文学家、思想家、革命家。鲁迅在该日的日记中记曰：“黄涵秋、丰子恺、陶璇卿来。午后托璇卿寄易寅村信。”

12月10日，装帧图被用于《小说月报》第18卷第12号。

12月15日，作《我对于陶元庆的绘画的感想》（序跋）。

12月20日，在《教育杂志》第19卷第12号发表《童心的培养》（艺术论述，作于1927年9月）、《艺术教育的哲学的论究》（译文，原著〔美〕H. Muensterberg，译于1927年10月）。

12月28日，与黄涵秋、陶元庆等共同组织的立达学园西画系第二届绘画展览会在上海福生路（今罗浮路）正式展出。正式展出前的12月17日，鲁迅曾往俭德里储蓄会参观过即将展出的作品。

丰子恺漫画"瞻瞻的梦"系列之一

12月，在《新女性》第2卷第12号上发表《给母性——孩子们的音乐序》（序跋，作于1927年9月26日，已收《孩子们的音乐》，开明书店1927年11月版，文字有不同，名为《告母性》）。

在《一般》12月号（第3卷第4号）发表《西洋画的看法》（艺术论述，作于1927年11月11日）。

是年兼任澄衷中学、复旦实验中学艺术教职。

作《被写生的时候》《穿了爸爸的衣服》《瞻瞻的梦一》《瞻瞻的梦二》《瞻瞻的梦三》《瞻瞻的梦四》《瞻瞻的脚踏车》《瞻瞻的黄包车》、BROKEN HEART、《肚痛》《注意力集中》《开火车》《爸爸还不来》《我家之冬》《!?》等（漫画）。

作《小说月报》第18卷第1—12号扉页画。

上海成立"著作人公会",签名加入。

封面画用于北平学艺研究社编《声海》第 1
卷第 1、2 期。

《乡愁与艺术——对一个南洋华侨的学生谈
话》载 1927 年《华侨努力周报》第 2 卷第 9 期、
第 10 期,自署"丙寅岁晚记于上海江湾立达学
园"。

社会评价

汪　平:《音乐入门》,载 1927 年 1 月《一
般》新年号(第 2 卷第 1 号)。

俞平伯:《关于子恺漫画的几句话》,载 1927
年 1 月《一般》新年号(第 2 卷第 1 号)。

蠲　叟:《〈子恺画集〉序》,收《子恺画
集》,开明书店 1927 年 2 月版。

1928 年　戊辰　31 岁

社会文化事略

1 月 18 日，蒋介石就任国民革命军北伐军总司令。2 月 21 日，中华民国大学院通令废止春秋祀孔旧典。2 月，中华民国大学院公布《私立学校条例》《私立学校校董条例》《教育会条例》《小学暂行条例》和《华侨学校立案条例》。3 月公布《中学暂行条例》。3 月，国立杭州艺术院成立，林风眠任校长。7 月 7 日，南京国民政府宣告废除中外不平等条约。10 月，南京国民政府令：大学院改为教育部。12 月，中国著作者协会在上海成立。

生平事迹

1 月 3 日，作《〈艺术概论〉译者序言》，谓"此原稿为立达学园西洋画科一年生译述"。

1 月 8 日，在《立达》三周纪念号第 22、23 期合刊发表《图画月画》（艺术论述。按，刊名疑为《图画月话》之误）。

1 月 10 日，在《小说月报》第 19 卷第 1 号发表《"歌曲之王"修佩尔德——为他的百年纪念祭而作》（艺术论述）。装帧图被用于该期。

1 月 20 日，在《教育杂志》第 20 卷第 1 号发

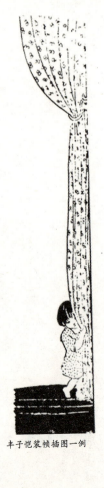

丰子恺装帧插图一例

表《儿童的音乐教育与艺术的陶冶》（译文，原著
［日］北村久雄，译于 1927 年中秋）。

1 月，在《一般》新年号（第 4 卷第 1 号）发
表《剪网》（散文，作于 1927 年，文末署"丁卯
年十月"，初收《缘缘堂随笔》，［上海］开明书店
1931 年 1 月版）。

装帧画被用于（上海）光华书局出版的赵景
深著《中国文学小史》封面。

2 月 10 日，装帧图被用于《小说月报》第 19
卷第 2 号。

2 月 19 日，画作在《国闻画报》第 3 期刊登。

丰子恺装帧插图一例

2 月 20 日，在《教育杂志》第 20 卷第 2 号上
发表《废止艺术科》（艺术论述，文末署"一九二
八年新年第四日作于上海江湾立达学园"，初收
《艺术教育》，［上海］大东书局 1932 年 9 月版，
题为《关于学校中的艺术科》）、《图画教育的方
法》（译文，原著［日］岸田柳生，译于 1926 年
12 月）。

2 月 21 日，画作在《国闻画报》第 4 期刊登。

2 月，在《一般》2 月号（第 4 卷 2 月号）发
表《现代西洋画诸流派》（艺术论述，初收《西洋
画派十二讲》，为序讲，题《现代画派及其先驱》，
［上海］开明书店 1930 年 3 月版）。

3 月 1 日，在《民铎》第 9 卷第 3 号发表《现
代诸问题——现代艺术十二回之三》。

3月10日，装帧图被用于《小说月报》第19卷第3号。

3月，在《一般》3月号（第4卷3月号）发表《现实主义的绘画——写实派》《近世理想主义的绘画——拉费尔前派，新浪漫派》（艺术论述，初收《西洋画派十二讲》，［上海］开明书店1930年3月版）。

4月1日，在《民铎》第9卷第4号发表《现代生活的基调——近代艺术十二回之二》。

4月10日，装帧图被用于《小说月报》第19卷第4号。

4月20日，翻译《艺术教育之心理学的论究》。

4月22日，作《〈口琴吹奏法〉序》（序跋）。

丰子恺编译《西洋美术史》书影

4月，《西洋美术史》由（上海）开明书店出版（编译，文末署"戊辰立春，编译完了"）。古代美术：一、原始时代的美术［古石器时代（Paleolithic Age）、新石器时代（Neolithic Age）］；二、古代埃及［金字塔时代（Pyramid Age）——古王朝期、帝国时代］；三、Mesopotamia 与 Minoa（自古 Babylonia 至 Chaldea、自 Crete 至 Mycenae）；四、古代希腊［最古时代（Archaic Age）、黄金时代（Gold Age）、白银时代（Silver Age）、希腊风时代（Hellenistic Age）］；五、古代罗马（自 Etruscans 至共和时代、帝政时代）；六、基督教艺术的发端（Catacomb 与 Basilica、Byzantium 的艺术）；七、中世纪的美术（Pomanesque 的建筑、Gothic 建筑与雕刻；近代美术：八、文艺复兴初期（Giotto 与

Fra Angelico、初期 Florence 的建筑与雕刻、Florence 的绘画与 Botticelli）；九、文艺复兴盛期（各地的画派、文艺复兴三杰、盛期与后期的绘画）；十、北欧的文艺复兴（十五六世纪的 Flanders 画家、德意志 15 世纪的画家）；十一、Baroque 时代（17 世纪的 Flanders 画家、荷兰画家、西班牙画家、Baroque-Rococo 的法兰西、18 世纪英吉利的绘画）；十二、19 世纪前半的美术（前半期的建筑与雕刻、古典主义的绘画、浪漫主义的美术）；现代美术：十三、现实派与自然派［英吉利的自然派（English Naturalism）、罢皮仲派（Barbizon school）、三个民众画家］；十四、新理想派［拉费尔前派（Pre-Raphaelitism）、法兰西的新理想派（Neo-idealism）］；十五、印象派及其后［印象派与新印象派、后期印象派（Post-impressionism）］；十六、德意志的现代美术［写实派的人们（realism）、理想派的人们（idealism）、自然派与分离派（Naturalism，Sezessionism）］；十七、北欧南欧的美术（意大利、西班牙、比利时、荷兰与斯干的纳维亚半岛、俄罗斯及其附近、英吉利与亚美利加、法兰西绘画的现状）；十八、现代的建筑雕刻及工艺（现代的建筑、现代的雕刻、现代的工艺美术）；十九、新兴美术（立体派与未来派、表现派与抽象派、新雕刻）。

在《一般》4 月号（第 4 卷 4 月号）发表《艺术的科学主义化——印象派》（艺术论述，初收《西洋画派十二讲》，［上海］开明书店 1930 年 3 月版）。

作《一般人的音乐——序黄涵秋〈口琴吹奏法〉》（序跋）。

5 月 10 日，装帧图被用于《小说月报》第 19 卷第 5 号。

丰子恺装帧插图一例

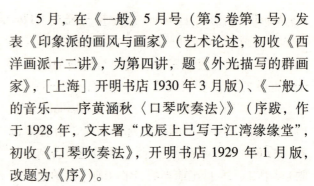

丰子恺译《艺术概论》版权页

5月，在《一般》5月号（第5卷第1号）发表《印象派的画风与画家》（艺术论述，初收《西洋画派十二讲》，为第四讲，题《外光描写的群画家》，［上海］开明书店1930年3月版）、《一般人的音乐——序黄涵秋〈口琴吹奏法〉》（序跋，作于1928年，文末署"戊辰上巳写于江湾缘缘堂"，初收《口琴吹奏法》，开明书店1929年1月版，改题为《序》）。

《艺术概论》由（上海）开明书店出版（译著，原著［日］黑田鹏信）。有译者序言（文末署"戊辰新年第三日，记于练溪舟中"）。内容为第一章：艺术的本质、第二章：艺术的分类、第三章：艺术的材料、第四章：艺术的内容、第五章：艺术的形式、第六章：艺术的起源、第七章：艺术的制作、第八章：艺术的手法与样式、第九章：艺术的鉴赏、第十章：艺术的效果、第十一章：余论。序言曰："此稿原为立达学园西洋画科一年生译述。予因其书论艺术全般，以简明为旨，适于通俗人观览；又念中国似未有此类书籍出版，遂以讲义稿付印。唯原书中有数处援日本艺术方面之实例者，皆经予删易，卷首附图亦已改换。谨向著者及读者声明。又著者在著本书之前五年，即大正九年，尚有《美学及艺术学概论》之作，其书已由俞寄凡君翻译，商务印书馆出版。爱读黑田氏的著作者可并读之。"

（上海）北新书局出版《陶元庆的出品》，作序《我对于陶元庆的绘画的感想》（序跋，文末署"丁卯十二月十五日"）。

译《拉斯金艺术鉴赏论》。

6月5日，在《贡献》第3卷第1期发表《拉斯金艺术鉴赏论》译者序言（序跋，作于1928年）；在第1、2期上发表《拉斯金艺术鉴赏论》

丰子恺装帧插图一例

（译文，原著［英］John Ruskin，译于 1928 年 5 月）。

6 月 6 日，作《渐》（散文）。

弘一法师致函（农历四月十九日），表达来年缘缘堂建成后可"依附而居"之意。关心刘质平病情。表示愿意书写《戒杀》画之文字。

6 月 10 日，在《小说月报》第 19 卷第 6 号发表《大自然与灵魂的对话》（译文，原著［意］李奥柏特）、《大地与月的对话》（译文，原著［意］李奥柏特）。装帧图被用于该期。

6 月 20 日，在《教育杂志》第 20 卷第 6 号、7 月 20 日第 20 卷第 7 号连载《教育艺术论》（论文）。

6 月，在《一般》6 月号（第 5 卷第 2 号）发表《点彩派的绘画》（艺术论述，初收《西洋画派十二讲》，［上海］开明书店 1930 年 3 月版）。

在《一般》第 5 卷第 2 号发表《渐》（散文，作于 1928 年，文末署"戊辰芒种作于石门舟中"，署名婴行，初收《缘缘堂随笔》，开明书店 1931 年 1 月版）。[1]

装帧画被用于（上海）商务印书馆出版的罗黑芷著《醉里》。

装帧画被用于（上海）开明书店出版的［意］科罗狄著，徐调孚译《木偶奇遇记》封面。[2]

丰子恺装帧插图一例

---

[1]　该文收入人民文学出版社 1957 年 11 月版《缘缘堂随笔》时文末误署"1925 年作"。

[2]　徐调孚（1901—1982），学名骥，字调孚，浙江乍浦人，出版家，先后供职于商务印书馆、《文学周报》《小说月报》、开明书店。生卒年一说为 1900—1981 年。

7月5日，在《贡献》第3卷第4期开始连载《现代的文学（上）》（译述，原著［日］上田敏，署名婴行）。

7月10日，在《小说月报》第19卷第7号发表《百鸟颂》（译文，原著［意］李奥柏特）。装帧图被用于该期。

7月15日，在《贡献》第3卷第5期连载《现代的文学（中）》（译述，原著［日］上田敏，署名婴行）。

7月19日，作《儿女》（散文）。

丰子恺著《艺术教育ABC》书影

7月，在《一般》7月号（第5卷第3号）发表《主观主义化的西洋画》（艺术论述，初收《西洋画派十二讲》，为第六讲，题《主观主义化的艺术》，［上海］开明书店1930年3月版）。

《艺术教育ABC》由（上海）世界书局出版（艺术论述）。有例言。主要内容有，上编：艺术教育的意义与原理（第一章教育上的艺术的陶冶、第二章艺术教育的原理）；下编：艺术教育的手段与方法（第三章看法的教育、第四章艺术品的观察与说明、第五章艺术教育与各教科的关系）和结论。

《构图法ABC》，由（上海）世界书局出版（艺术论述）。有例言（文末署"戊辰小暑后编者识"）。主要内容有，第一章序说、第二章画面的位置、第三章构图法、第四章构图论。①

---

① 该书第二三两章译自［日］石川钦一郎著述，第四章译自［日］黑田重太郎著述，皆经删节，不求文句与原文相符，注解非原文，系编者加入。

夏，立达学园西洋画科经费难筹，决定停办。由丰氏备函介绍教师陶元庆、黄涵秋及学生数十人去杭州，加入西湖艺术专科学校。艺专校长林风眠全部接纳，并邀丰氏共事。丰氏婉谢未去，仍居江湾永义里，专心著译。①

丰子恺著《构图法 ABC》书影

8月5日，在《贡献》第3卷第7期连载《现代的文学（下）》（译述，原著［日］上田敏，署名婴行）。

8月10日，装帧图被用于《小说月报》第19卷第8号。

8月，在《一般》8月号（第5卷第4号）发表《现代四大画家》（艺术论述，初收《西洋画派十二讲》，为第七讲，题《新时代四大画家》，［上海］开明书店 1930 年 3 月版）。

林语堂著《开明第一英文读本》由开明书店出版，画作被用于封面，并有插图 43 幅。②

9月5日，在《贡献》第4卷第1期上发表《哥白尼克斯与太阳》（译文，原著［意］雷呵巴尔地 Giacomo Leopardi，有译者序言，写于 1928 年

①　丰子恺在开明书店 1929 年 5 月初版的《现代艺术十二讲》的序言中曰："立达学园开办西洋画科凡三年。今年暑假第一次毕业后，即行停办。我为此三班美术学生译述三种关于艺术知识之讲义：为一年级生述艺术概论，为二年级生述现代艺术，为三年级生述西洋美术史。一年级与三年级两种讲义稿，已蒙开明书店排印为《艺术概论》及《西洋美术史》两书，于两月前出版。今再将二年级讲义稿付印，即此《现代艺术十二讲》。"林风眠（1901—1991），广东梅县人，1918 年赴法国勤工俭学，1920 年秋入巴黎美术学院，1925 年回国，曾任国立北京美术专门学校校长、大学院艺术教育委员会主任、国立杭州艺术专科学校校长，新中国成立后曾任中国美术家协会名誉主席。

②　林语堂（1895—1976），原名玉堂，福建漳州人，1919 年赴美国哈佛大学研究语言学，获硕士学位，后赴德国殷内大学和莱比锡大学研究语言学，1923 年获博士学位，同年回国后，曾任教于北京大学、北京师范大学等校，1932 年组织论语社，主编《论语》杂志，1934 年主编《人世间》杂志，1936 年赴美国哥伦比亚大学等校任教，文学家、语言学家、学者。

3 月 17 日，译于 1928 年 5 月 13 日）。

丰子恺装帧插图一例

9 月 10 日，装帧图被用于《小说月报》第 19 卷第 9 号。

9 月 27 日，弘一法师致函（农历八月十四日），嘱"《护生画》，拟请李居士（因李居士所见应与朽人同）等选择。俟一切决定后，再寄来由朽人书写文字"。又谈及编辑《护生画集》时在用纸、装帧等方面的意见。农历八月另有一函谈及编绘《护生画集》事。

9 月，为钱君匋拟"钱君匋装帧润例缘起"。①

在《一般》9 月号（第 6 卷第 1 号）发表《野兽派的画家》（艺术论述，初收《西洋画派十二讲》，为第八讲，题《西洋画的东洋画化》，[上海]开明书店 1930 年 3 月版）。

装帧画被用于（上海）开明书店出版的林语堂著，丰子恺绘《开明第三英文读本》封面和后封，并有插图 18 幅。

10 月 1 日，在《新女性》第 3 卷第 10 号发表《钱君匋装帧润例缘起》（邱望湘、陶元庆、丰子恺、夏丏尊、陈抱一、章锡琛仝订）。

10 月 5 日，弘一法师致函（农历八月廿二日），寄画稿一包。

10 月 6 日，弘一法师致函（农历八月廿二日写，廿三日补言）录《护生画集》中诸画的题字，

---

① 钱君匋（1907—1998），原名玉堂，学名锦堂，号豫堂，浙江桐乡人，出版家、书籍装帧家、书画家，1938 年 7 月创办万叶书店，任总编辑。

并言部分画作的修改意见。表示如将来画集赠送至
日本，须新增画十数页。

为商编《护生画集》，弘一法
师写给丰子恺的明信片

10 月 7 日，弘一法师致函（农历八月廿四
日），录新作四首护生画题诗，谈画稿修改之
意见。

10 月 8 日，弘一法师致函（农历八月廿六
日），谈《护生画集》的编排次序。

10 月 10 日，在《开明》第 1 卷第 4 号发表
《艺术的亲和力》（艺术论述）、《答询问口琴吹奏
法诸君并 TY 君》（艺术论述）。

在《小说月报》第 19 卷第 10 号发表《儿女》
（散文，作于 1928 年，文末署"戊辰年韦驮圣诞
作于石湾"，初收《缘缘堂随笔》，开明书店 1931
年 1 月版）。同时刊出的还有朱自清撰写的同题散
文《儿女》。此出于当时《小说月报》编者叶圣陶
的特意安排。当年朱自清和丰子恺均为 30 岁，各
自也都已有 5 个孩子。两位是曾在白马湖共事且情
趣相投的同龄作家，在他们的散文里真切地写出了
自己对儿女的感受。装帧图被用于该期。

10 月 12 日，作《自然颂》（散文）。

10 月 16 日，弘一法师致函（农历九月初四
日），续录护生诗。谈《护生画集》版式之意见。

丰子恺装帧插图一例

10 月 17 日，致函汪馥泉。①

①　丰子恺致汪馥泉信，收《现代作家书简》，花城出版社 1982 年 2 月版。汪馥泉（1900—
1959），浙江杭州人，1919 年赴日本留学，1928 年与陈望道合办大江书铺，出版家。

丰子恺装帧插图一例

10 月 20 日，在《教育杂志》第 20 卷第 10 号发表《艺术教育之美学的论究》（译文，原著〔美〕H. Muensterberg）《我们设身处地，想象孩子们的生活（其一）》《我们设身处地，想象孩子们的生活（其二）》《我们设身处地，想象孩子们的生活（其三）》《我们设身处地，想象孩子们的生活（其四）》（漫画）。

10 月 23 日，作《〈现代艺术十二讲〉序》（序跋）。

10 月 24 日，弘一法师致函（农历九月十二日），表示《护生画集》可在次年初完成之意。谈《护生画集》的读者对象和画风等。

10 月，装帧画被用于（上海）商务印书馆出版的宏徒著《文坛逸话》。

《丫头》（漫画）被用于（上海）开明书店初版之朱自清《背影》插图。

〔英〕罗斯金著，谢颂羔译《金河王》由（上海）开明书店出版，装帧画被用于封面及环衬，并有插图 18 幅。

11 月 10 日，装帧图被用于《小说月报》第 19 卷第 11 号。

11 月 19 日，作《修裴尔德百年祭漫感》（艺术论述）。

11 月 20 日，在《教育杂志》第 20 卷第 11 期续刊《艺术教育之心理学的论究》（译文，原著〔美〕H. Muensterberg，译于 1928 年谷雨日）。

11 月 22 日，作《〈再和我接个吻〉的翻译》

（散文）。

11 月 24 日，作《修裴尔德百年祭过后》（艺术论述）。

丰子恺等为弘一法师在浙江上虞白马湖畔修建的"晚晴山房"

11 月，为弘一法师云水萍踪，居无定所，且风闻政府有毁寺灭佛之议，乃与刘质平、经亨颐、周承德、夏丏尊、穆藕初、朱稣典等人发起酿资，为弘一法师在白马湖筑一常住之处。①

在《一般》11 月号（第 6 卷第 3 号）发表《修裴尔德百年祭过后》（艺术论述，作于 1928 年，文末署"一九二八年十一月二十四日深夜"，初收《中学生小品》，中学生书局 1932 年 10 月版）、《立体派·未来派·抽象派》（艺术论述，初收《西洋画派十二讲》，分别为第九讲、第十讲，题《形体革命的艺术》《感情爆发的艺术》，［上海］开明书店 1930 年 3 月版）。

12 月 9 日，作《二十世纪的新艺术》（艺术论述）。

12 月 10 日，装帧图被用于《小说月报》第

　　① 丰子恺、刘质平、经亨颐、周承德、夏丏尊、穆藕初、朱稣典：《为弘一法师筑居募款启》曰："弘一法师，以世家门弟，绝代才华，发心出家，已十余年。披剃以来，刻意苦修，不就安养；云水行脚，迄无定居；卓志净行，缁素叹仰。同人等与师素有师友之雅，常以俗眼，愍其辛劳。屡思共集资材，筑室迎养，终以未得师之允诺而止。师今年五十矣，近以因缘，乐应前请。爰拟遵循师意，就浙江上虞白马湖觅地数弓，结庐三椽，为师栖息净修之所，并供养其终生。事关福缘，法应广施。裒赖腋集，端资众擎。世不乏善男信女，及与师有缘之人，如蒙喜舍净财，共成斯善，功德无量。"于是在上虞白马湖附近买地造屋三椽。屋宇落成于 1929 年春末。因弘一法师晚年爱写唐人韩偓"人间爱晚晴"之诗句，遂名是屋曰"晚晴山房"。周承德（1877—1935），浙江海宁人，书法家，曾任教于浙江官立两级师范学堂补习科音乐课，一说卒于 1933 年。穆藕初（1876—1943），上海人，1909 年赴美国学习农业，1914 年回国，次年创设德大纱厂，开始从事实业，1928 年 11 月任国民政府工商部常务次长。朱稣典（1896—1947），浙江杭州人，毕业于浙江省立第一师范学校，后长期在山东、浙江的中等学校任教，1924 年经姜丹书推荐，就任上海美术专科学校教授，后又接替姜丹书任中华书局艺术科编辑部主任。

19 卷第 12 号。

12 月 15 日，作《颜面》（散文）。

12 月 20 日，在《教育杂志》第 20 卷第 12 号发表《教育艺术的实际示例》（艺术论述）。

12 月，在《一般》12 月号（第 6 卷第 4 号）发表《〈再和我接个吻〉的翻译》（散文，作于 1928 年，文末署"一九二八年十一月廿二日"，《再和我接个吻》，[日] 菊池宽著，葛祖兰译，上海国光书局 1928 年 9 月初版）。

在《大江》第 1 年 12 月号发表《修裴尔德百年祭漫感》（艺术论述，作于 1928 年 11 月 19 日，初收《中学生小品》，中学生书局 1932 年 10 月版）。

装帧画被用于东北三省旅沪同学会编辑部编《东北前锋》第 1 期封面。

是年，与夏丏尊、杜梅生、吴仲盐、胡仲持等①共同发起改组开明书店，成立股份有限公司，资本总额为 5 万元，当选为董事，后又任监事。

赵景深数次来访，请作封面画。②

为重印《重编醒世千家诗》带头捐款 10 元。③

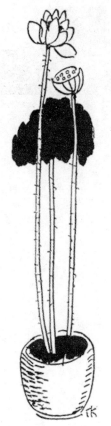

丰子恺装帧插图一例

① 杜梅生，曾任《新女性》杂志经理。胡仲持（1900—1968），浙江上虞人，出版家、翻译家。

② 参见赵景深《丰子恺和他的小品文》（载 1935 年 6 月 20 日《人间世》第 30 期）。文曰："一直到 1928 年，我才为了自己的《中国文学小史》《童话概要》和《童话论集》请他画封面，专诚去拜访了他几次。"

③《重编醒世千家诗》于 1929 年 3 月由（上海）佛教居士林印行。由演音（弘一大师）题书名。书中《重编醒世千家诗刊布因缘》写曰："……戊辰夏季，永嘉论月大师，偶在会昌罗汉山景德寺中得此孤本。展阅之，认为为今日吾国苦恼社会开智瀹德之逗机佳书。商之寺主，出以流布。因精校硃批，圈选二百七十余首，将不合时宜之诗数首删去，兼加修正若干处，挂号邮寄学人嘱再精校。未几丰子恺居士、杭垣北高峰李居士，先后来索阅……丰居士首先捐资助印……中华民国十七年戊辰中秋无相学人记于沪南寓次。""无相学人"即尤惜阴居士。书中"助印芳名录"中显示丰子恺的捐款额为 10 元。

在《国立大学联合会月刊》第 1 卷第 12 期发表《艺术教育与美育》（译文，原著［日］阿部重孝）。

《开明活页文选》由开明书店出版，画作被用于该书封面画。

作《阿宝七岁》《倚柱》《用功》《某种教育》《毕业后》等（漫画）。

社会评价

冯冽溧：《读了〈孩子们的音乐〉之后》，载 1928 年 10 月 10 日《开明》第 1 卷第 4 号。

李光田：《关于孩子的音乐》，载 1928 年 10 月 10 日《开明》第 1 卷第 4 号。

傅羽人：《艺术概论》，载 1928 年 10 月 10 日《开明》第 1 卷第 4 号。

失　名：《艺术概论》，载 1928 年 10 月 10 日《开明》第 1 卷第 4 号。

何同和：《艺术概念》，载 1928 年 10 月 10 日《开明》第 1 卷第 4 号。

朱一声：《艺术概念》，载 1928 年 10 月 10 日《开明》第 1 卷第 4 号。

费锡胤：《孩子们的音乐》，载 1928 年 10 月 10 日《开明》第 1 卷第 4 号。

朱朴庐：《孩子们的音乐》，载 1928 年 10 月 10 日《开明》第 1 卷第 4 号。

盛彤笙：《孩子们的音乐》，载 1928 年 10 月 10 日《开明》第 1 卷第 4 号。

阙仲瑶：《孩子们的音乐》，载 1928 年 10 月 10 日《开明》第 1 卷第 4 号。

高九香：《孩子们的音乐》，载 1928 年 10 月 10 日《开明》第 1 卷第 4 号。

管竹材：《孩子们的音乐》，载 1928 年 10 月

10 日《开明》第 1 卷第 4 号。

　　宋桂煌：《孩子们的音乐》，载 1928 年 10 月 10 日《开明》第 1 卷第 4 号。

　　失　名：《孩子们的音乐》，载 1928 年 10 月 10 日《开明》第 1 卷第 4 号。

　　曹文钟：《音乐入门》，载 1928 年 10 月 10 日《开明》第 1 卷第 4 号。

　　孟　斯：《中文名歌五十曲》，载 1928 年 10 月 10 日《开明》第 1 卷第 4 号。

　　伯　年：《丰子恺——丰柳燕》，载 1928 年 10 月 15 日《大江》月刊创刊号。

评论选录

李光田：《关于孩子的音乐》

　　《孩子们的音乐》，这是多好的书名，但是我们时常被"名字"骗了！这书，我看过以后，不敢说是完全受骗，然而实在没感到多大兴味。或者这是因为给孩子们的书，而我已不是孩子？但是给孩子们看了，给孩子们讲了，是不是一定感着兴味，更不敢说。因为这一本书，既不是很多的评传，又不是童话。只是平白的述说几个乐圣的事迹。我们可以说，这是一本成人不愿读，而孩子们读不了的，即读亦没趣的一本书。

　　……

　　关于丰子恺先生的《告母性》，在本篇的意义方面，还很好，但我也只能赞成他这一点。此外我还可以说一句，子恺先生也是不得已的办法，才将《告母性》代了这《孩子们的音乐》的序。不然的话，先生是精于音乐的人，何以不单在音乐方面，启发给孩子们一点？——这或者是我的偏见，因为《告母性》并不像我所想象中的一个音乐家给孩子们的音乐的序——我的意思是最看重了"孩子"。

那是，因为我是个"爱孩子癖"好关心于"孩子们"的一切事情的。

我所以很高兴买这本书来读的原因，第一个动机，也可以说是因为这是"孩子们的"。然而至终失望了，我觉得这书的内容，与孩子们没大关系。所以这书不必然是"孩子们"的！假设，孩子们读了，或者听人讲说了，究竟能发生甚么影响呢？叫他们去羡慕乐圣的伟大吗？叫他们人人都想作个音乐家，人人都作个乐圣吗？① 我说这都不需要，不需要人人学音乐，更不必人人学音乐家。最要紧的是在于使小孩子们，大孩子们，以及一切人，能容纳音乐能领受音乐。在艺术界中给音乐开辟出一块土地来，而后再盼望我们的乐圣出世。

此处，我可以插说几句另外的话：就是拿图画来比音乐。《子恺漫画》中，不少有孩子们的画，试问，看了漫画的影响，较之读了《孩子们的音乐》的影响如何？那便可以想到这书的内容的价值。

至于著者的家庭音乐教育的注意，只是为富人贵人家的孩子打算。殊不知普通以及下级社会的孩子们，所听的音乐，正须切实研究一番，切实改良一番。因为一切孩子们对于音乐的领受性，以及音乐之于他们生活的影响，都是一样的灵敏而重大。这又是一个很复杂的问题，只好就此完结。

孟　斯：《中文名歌五十曲》

我是一个爱好唱歌的人，得到一本好的歌集，往往可以忘记了一切。但是近年来中国的出版，能供给我适口的歌曲吗？这一本大半是中国唯一的艺术家李叔同先生的创作，当然都是很好的东西，记

---

① 引文照录。如此处的"作"字当为"做"字，按原文照录。

得买来的一天，曾经在琴旁唱了三句钟之久。我没有别的，只希望开明能再供给我们这一类东西，如本国里没有好材料，则请专家介绍外国的东西也是一样。

1929 年　己巳　32 岁

社会文化事略

4 月，国民政府教育部公布《取缔宗教团体私立各学校办法》。蒋桂战争爆发。10 月，世界经济大危机爆发。是年，中国佛学会在南京成立，太虚法师为会长。是年，全国美术展览会举行。

生平事迹

1 月 4 日，作《生活与音乐》译者序言（序跋，署"一九二九年元旦后三日译者记于江湾缘缘堂"）。

1 月 10 日，在《小说月报》第 20 卷第 1 号发表《自然颂》（散文，作于 1928 年，文末署"戊辰十月十二日夜半，作于江湾缘缘堂"，初收《缘缘堂随笔》，改名《自然》，〔上海〕开明书店 1931 年 1 月版）。①

1 月 11 日，作《音乐学习上的蓄音器利用——答辽宁陈堃良君》（艺术论述）。

1 月，在《一般》1 月号（第 7 卷第 1 号）发

---

① 该文收入人民文学出版社 1957 年 11 月版《缘缘堂随笔》时，作者在篇末误署为"1926 年作"。

表《音乐的神童莫札尔德及其名曲》（艺术论述，初收《世界大音乐家与名曲》，1931 年 5 月版，题《莫札尔德及其名曲》）。

在《民铎》第 10 卷第 1 号上发表《西洋音乐史鸟瞰图》（译文，原著［日］前田三男）。

在《贡献》第 5 卷第 1 期上发表《二十世纪的新艺术》（艺术论述，作于 1928 年 12 月 9 日）及漫画作品。

黄涵秋编译《口琴吹奏法》由（上海）开明书店出版，为作序。

在《教育杂志》第 21 卷第 1 号上发表《近代艺术教育运动》（译文，原著［日］阿部重孝）及《社会的背景》（教育漫画 4 幅）。

《护生画集》书影

在《良友》第 34 期发表《义务警察》《降灾》《今日与明朝》《昨晚的成绩》《夫妇》《失足》《炮烙（一）》《炮烙（二）》《母之羽》《生的扶持》（漫画）。

2 月 10 日，在《小说月报》第 20 卷第 2 号发表《颜面》（散文，作于 1928 年，文末署"一九二八年耶稣圣诞前十日在江湾缘缘堂"）。①

护生画一例

2 月，《护生画集》由（上海）开明书店出版，封面装帧画为自作。弘一大师在《护生画集》回向偈中说此画集"盖以艺术作方便，人道主义为宗趣"。本年大中书局亦有版本。

在《一般》2 月号（第 7 卷第 2 号）发表《音乐的英雄裴德芬及其名曲》（艺术论述，初收《世界大音乐家与名曲》，1931 年 5 月版，题《裴德芬及其名曲》）。

---

① 该文收入人民文学出版社 1957 年 11 月版《缘缘堂随笔》时，作者在篇末误署为"1929 年作"。

在《贡献》第 5 卷第 2 期上发表《吕修与其木乃伊的对话》（译文，原著［意］Leopardi）。

新春，作《幼儿故事》（编译）。

3 月 2 日，装帧画被用于北平学艺研究社出版部出版的《声海》第 1 卷第 1 期封面。

3 月 15 日，封面设计被用于由（上海）春潮书店出版的谢冰莹《从军日记》封面（封面画系丰氏命二女林仙所绘）。①

护生画一例

3 月 16 日，作《对于全国美展的希望》（艺术论述）。

3 月，在《一般》3 月号（第 7 卷第 3 号）发表《对于全国美术展览会的希望》（艺术论述，作于 1929 年，文末署"民国十八年三月十六日记于石湾"，又于同年 4 月 10 日在《美展》第 1 期发表，目录题《对于全国美展的希望》，正文题《对于全国美术展览的希望》，初收《艺术趣味》，开明书店 1934 年 11 月版）②、《歌曲之王修裴尔德及其名曲》（艺术论述，初收《世界大音乐家与名曲》，1931 年 5 月版，题《修裴尔德及其名曲》）。

丰子恺与裘梦痕合编的《洋琴弹奏法》书影

《洋琴弹奏法》（与裘梦痕合编）由（上海）开明书店出版。

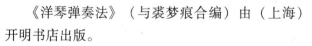

---

① 谢冰莹在该书《几句关于封面的话》中说："你们看：虽然只是四五个民众，但何尝不可代表四五千万，或者四五万万呢？说他们是孩子也好，是老人也好，成人也好，总之他们是革命的民众……"谢冰莹（1906—2000），湖南新化人，1926 年考入中央军事政治学校女生队，次年参加北伐，记者、作家，1948 年去台湾。

② 此文后有按语："全国美术展览会委员李毅士、俞剑华两先生来访，李先生为述其对于此次展览会之计划，并向我征集作品。我深佩其卓见，但无作品可以应征。嘱作文，因书当时所感，聊以塞责。"

作《谷诃生活》序（序跋）。

装帧画被用于（上海）北新书局出版的林憾著《影儿》封面。

4月5日，作《绘画之用》（艺术论述）。

4月10日，作《看展览会用的眼睛——告一般入场者》。

《美展》（三日刊）创刊，上海全国美术展览会筹委会出版，全国美术展览会编辑组发行。被聘为特约撰著者。在该期发表《对于全国美展的希望》。

4月19日，在《美展》第4期发表《无用的绘画——告一般入场者（一）》（艺术论述，发表时文末署"一九二九年清明于石湾"，初收《艺术趣味》，［上海］开明书店1934年11月版，改题名《绘画之用》）。

4月20日，作《近世十大音乐家》序言（序跋，署"一九二九年四月二十日子恺记于沪杭车中"）。

4月25日，在《美展》第6期发表《看展览会用的眼镜——告一般入场者（二）》（艺术论述，作于1929年，文末署"一九二九年清明写于石湾"）。

4月，作《大账簿》（散文）。作《音乐在近世欧洲的地位的变迁》（艺术论述）。

在《一般》4月号（第7卷4月号）发表《幸福的乐人孟特尔仲及其名曲》（艺术论述，初收《世界大音乐家与名曲》，1931年5月版，题

《孟特尔仲及其名曲》）。装帧画用于该期扉页。

装帧画被用于（上海）开明书店再版的徐学文著《给小朋友们的信》封面。装帧画被用于（上海）商务印书馆出版的王统照著《黄昏》封面。

暮春，得友人明信片，得知在浙江省立第一师范学校时的同学杨伯豪于 3 月 12 日晨辞世。

5 月 1 日，作《缘》（散文）。

5 月 6 日（农历三月二十七日），幼女一宁（后改名一吟）生。

5 月 10 日，在《美展》第 8 期发表《展览会场的壁——告一般入场者》。

在《小说月报》第 20 卷第 5 号发表《大账簿》（散文，作于 1929 年，文末署"一九二九年清明过了写于石湾"，初收《缘缘堂随笔》，〔上海〕开明书店 1931 年 1 月版）。[①]

丰子恺译著《现代艺术十二讲》书影

5 月，《现代艺术十二讲》由（上海）开明书店出版（译著，原著〔日〕上田敏）。有序言（作于 1928 年，文末署"戊辰重阳后二日记"）。内容为：第一讲现代的精神、第二讲现代生活的基调、第三讲现代诸问题、第四讲现代诸问题与艺术、第五讲现代的艺术、第六讲现代文学、第七讲自然派小说、第八讲自然派以后的文学、第九讲现代的绘画、第十讲印象派绘画、第十一讲印象派绘画（续）、第十二讲现代的音乐。

---

① 该文收入人民文学出版社 1957 年 11 月版《缘缘堂随笔》时，作者在此文篇末误注为"1927 年作"。

丰子恺装帧插图一例

装帧画被用于（上海）大江书铺出版的谢六逸译《近代日本小品文选》封面。①

装帧画用于《一般》5月号（第8卷第1号）扉页。

6月1日，在《新女性》第4卷第6号发表《幼儿故事》（选译并作，原著［日］长尾丰，译作于1929年，文末署"己巳年新春，写于缘缘堂，软软的眠着的床旁边"）、《玩具的选择》（转录，原著［日］关宽之）。②

封面图和题刊名被用于《现代僧伽》杂志第29、30期合刊。

6月6日，封面画、题刊名用于《浮图》月刊。

6月10日，在《开明》第1卷第12号上发表《音乐在近世欧洲的地位的变迁》（艺术论述，发表时文末署"一九二九年清明过后于石湾"）、《音乐学习上的蓄音器利用——答辽宁陈堃良君》（艺术论述，作于1929年，文末署"一九二九年一月十一日于江湾"，初收《艺术趣味》，改题《谈蓄音机》，［上海］开明书店1934年11月版）。

在《小说月报》第20卷第6号发表《缘》（散文，作于1929年，文末署"一九二九年劳动节子恺记于江湾缘缘堂"，初收《缘缘堂随笔》，［上海］开明书店1931年1月版）。

6月11日，作《〈初恋〉译者序》（序跋，文

① 谢六逸（1896—1945），贵州贵阳人，曾留学日本，1919年任上海暨南学校教授及神州女学教务主任，入商务印书馆任编辑，后在多所大学任教授或编辑杂志。
② 此文从日本关宽之《我儿的玩具》中录其大要编译。

末署名"一九二九年端午节记于江湾缘缘堂")。
本月重校1922年初译成的《初恋》。这是丰氏从
事翻译事业的处女作。此书于1921年冬在由日回
国的轮船上开始翻译,1922年年初交商务印书馆,
不料被该馆认为"诲淫"之作而退回。此次校对
系准备交开明书店出版。

6月,在《一般》6月号(第8卷第2号)发
表《最近的西洋画派》(艺术论述,初收《西洋画
派十二讲》,为第十一讲、第十二讲,题《意力表
现的艺术》《虚无主义的艺术》,[上海]开明书店
1930年3月版)、《哀愁音乐家晓邦及其名曲》
(艺术论述)。装帧画用于该期扉页。

装帧画被用于(上海)开明书店出版的王文
川诗集《江户流浪曲》封面。

丰子恺漫画《母亲的梦》

7月13日,作《〈音乐的听法〉序言》(序
跋,初收《音乐的听法》,大江书铺1930年5月1
日版)。

7月24日,作《伯豪之死》(散文)。

7月,在《一般》7月号(第8卷第3号)发
表《洋琴大王李斯德及其名曲》(艺术论述,初收
《世界大音乐家与名曲》,1931年5月版,题《李
斯德及其名曲》)。装帧画用于该期扉页。

子奇伟夭逝。

8月6日,陶元庆病逝,与陈抱一、郁达夫、
鲁迅、蔡元培、许寿裳、林风眠、陈之佛、潘天

丰子恺漫画《黄包车夫的梦》

寿、钱君匋、刘溉漂一起在《申报》登报致哀。①

8月27日，译《〈自杀俱乐部〉作者附言》（译文）。

8月，在《一般》8月号（第8卷第4号）发表《交响诗人裴辽士及其名曲》（艺术论述，初收《世界大音乐家与名曲》，1931年5月版，题《裴辽士及其名曲》）。装帧画用于该期扉页。

装帧画被用于（上海）北新书局出版的钟敬文《西湖漫拾》封面。②

9月10日，为松江女子中学高一生讲述《艺术鉴赏的态度》（艺术论述）。

9月28日，为松江女中高中一年生讲述《美与同情》（艺术论述）。

9月，作《"画得像"与"画得好"》（艺术论述）。

作《谈像》（散文）。

在《一般》9月号（第9卷第1号）发表《乐剧建设者华葛纳尔及其名曲》（艺术论述，初收《世界大音乐家与名曲》，1931年5月版，题《华葛纳尔及其名曲》）。装帧画用于该期扉页。

在《文华》第2期发表《遇赦》《农夫与乳

---

① 郁达夫（1896—1945），原名郁文，字达夫，浙江富阳人，文学家。蔡元培（1868—1940），浙江绍兴人，革命家、教育家、政治家，民主进步人士、国民党中央执委、国民政府委员兼监察院院长、中华民国首任教育总长，大力提倡美育，1916—1927年任北京大学校长，1920—1930年，蔡元培同时兼任中法大学校长。许寿裳（1883—1948），1902年留学日本，与鲁迅成为挚友，教育家。刘溉漂，美术家、美术教育家。

② 钟敬文（1902—2002），广东汕尾人，民间文学家、民俗学家，散文家。早年留学日本，后先后在中山大学、浙江大学、北京师范大学等校任教。

母》（漫画）。

秋，作《秋》（散文）。

兼任松江女子中学图画及艺术理论课。与郎静山为同事。①

10 月 1 日，弘一法师致函（农历八月廿九日），委托诸事：画澄照律师像一幅；前存图章一包交还马一浮；附信交内山书店和功德林佛经流通处；请代购佛书等。

封面图和题刊名被用于《现代僧伽》杂志第 37、38 期合刊。

10 月 10 日，在《小说月报》第 20 卷第 10 号发表《秋》（散文，作于 1929 年，文末署"一九二九年秋日"，初收《缘缘堂随笔》，［上海］开明书店 1931 年 1 月版）。

10 月 17 日，因生活困难致函大江书铺编辑汪馥泉。②

10 月，《生活与音乐》由（上海）开明书店出版（译著，原著［日］田边尚雄）。有译者序言（文末署"一九二九年元旦后三日译者记于江湾缘缘堂"）。

在《一般》10 月号（第 9 卷第 2 号）发表《悲观音乐家却伊可夫斯基及其名曲》（艺术论述，初收《世界大音乐家与名曲》，1931 年 5 月版，题

丰子恺译《生活与音乐》书影

---

① 郎静山（1892—1995），浙江兰溪人，现代成就卓著的摄影家。

② 信中曰："惟有所请者，弟拟于下月起动手译《现代人生活与音乐》，预计两个月脱稿。然近来不任教课，生活无着，可否尊处预借我此两月之生活费约二百元（于十一月初及十二月初分送），倘有妨大江书铺版税办法之规约，则弟愿将此版权让与大江，版权费另定。未知可否？"见《丰子恺文集》（文学卷三），浙江文艺出版社、浙江教育出版社 1992 年 6 月版，第 167 页。

《却伊可夫斯基及其名曲》）。装帧画用于该期扉页。

装帧画被用于（上海）大江书铺出版的傅东华译《两个青年的悲剧》封面。

11 月 12 日，封面图和题刊名被用于《现代僧伽》杂志第 39、40 期合刊。

11 月 4 日，弘一法师致函（农历十月四日），告知安抵厦门。嘱转达李圆净再寄《护生画集》80 余册等。

11 月 10 日，在《小说月报》第 20 卷第 11 号发表《伯豪之死》（散文，作于 1929 年，文末署"一九二九年七月二十四日于缘缘堂"，初收《中学生小品》，中学生书局 1932 年 10 月版）。

11 月 23 日，作《图画成绩》。

丰子恺编著《谷诃生活》书影

11 月，《谷诃生活》由（上海）世界书局出版（编著，艺术论述）。有序（作于 1929 年，文末署"一九二九年三月记于石湾"，附白："此书所用参考书为黑田重太郎著《谷诃传》"）。

在《一般》11 月号（第 9 卷第 3 号）发表《音诗人希得洛斯及其名曲》（艺术论述，初收《世界大音乐家与名曲》，1931 年 5 月版，题《希得洛斯及其名曲》）。装帧画用于该期扉页。

为松江女中初中一年生讲述《为什么大家学图画》（艺术论述）。

装帧画被用于（上海）华通书局出版的黄源编《屠格涅夫生平及其作品》封面。

12 月 8 日，译《青房间》（译文）。

12 月 25 日，作《世界大音乐家与名曲》序言（序跋）。

12 月 31 日，购得《音乐解说》（〔日〕门马直卫著）一书。拟改译。

12 月，在《一般》12 月号（第 9 卷第 4 号）发表《热狂音乐家修芒及其名曲》（艺术论述，初收《世界大音乐家与名曲》，1931 年 5 月版，题《修芒及其名曲》）、《新时代音乐家杜褒西及其名曲》（艺术论述，初收《世界大音乐家与名曲》，1931 年 5 月版，题《杜褒西及其名曲》）。装帧画用于该期扉页。

装帧画被用于（上海）国光印书局出版，上海佛学书局流通的李圆净编校《新编醒世千家诗》封面。①

是年，仍居江湾永义里。

经亨颐先生与何香凝女士在上海创立艺术团体"寒之友社"。为社员。

任开明书店编辑。同时在开明书店任编辑的还有叶圣陶、胡墨林、周予同、宋云彬、徐调孚、傅彬然等，编辑部负责人为夏丏尊。②

为王庆勋著《最新口琴吹奏法》作序（该书于 1931 年 12 月由商务印书馆出版）。

8 月陶元庆逝世，公葬于杭州玉泉道旁，题写墓碑和"元庆园"三字。

年末，作《从梅花说到美》（散文）、《从梅花说到艺术》（散文）。

---

① 李圆净（1900—1950），广东三水人，中年学佛，曾协助编绘《护生画集》。

② 胡墨林（1893—1957），浙江杭州人，叶圣陶夫人。宋云彬（1898—1979），笔名佩韦，浙江海宁人，出版家。傅彬然（1899—1978），又名冰然，浙江萧山人，学者、出版家。

作《某种教师》《青梅》等（漫画）。

社会评价

蠲　叟：《〈护生画集〉序》，收《护生画集》，开明书店 1929 年 2 月版。

彭永康：《孩子们的音乐》，载 1929 年 2 月 10日《开明》第 1 卷第 8 号。

郑曼吟：《孩子们的音乐》，载 1929 年 2 月 10日《开明》第 1 卷第 8 号。

高根发：《孩子们的音乐》，载 1929 年 6 月 10日《开明》第 1 卷第 12 号。

程仿尚：《音乐入门》，载 1929 年 6 月 10 日《开明》第 1 卷第 12 号。

霭：《音乐入门》，载 1929 年 6 月 10 日《开明》第 1 卷第 12 号。

阎　琦：《音乐入门》，载 1929 年 6 月 10 日《开明》第 1 卷第 12 号。

徐婉贞：《孩子们的音乐》，载 1929 年 6 月 10日《开明》第 1 卷第 12 号。

董启俊：《读了〈孩子们的音乐〉以后》，载1929 年 6 月 10 日《开明》第 1 卷第 12 号。

项纯戳：《读了〈孩子们的音乐〉以后》，载1929 年 6 月 10 日《开明》第 1 卷第 12 号，

白　叶：《丰子恺的绘画》，载 1929 年 11 月10 日《开明》第 2 卷第 5 号。

1930 年　庚午　33 岁

社会文化事略

3 月 2 日，中国左翼作家联盟在上海成立。5 月 24 日，上海艺术大学被封。

生平事迹

1 月 1 日，致函汪馥泉，表示愿意改译日本门马直卫著《音乐解说》。①

在《开明》第 2 卷第 7 号发表《析八〈"读者的交通栏"〉》。

1 月 10 日，在《东方杂志》第 27 卷第 1 号（中国美术号）发表《东洋画六法的论理的研究》（艺术论述，初收《艺术丛话》，[上海] 良友图书印刷公司 1935 年 4 月版）、《中国美术在现代艺术上的胜利》（艺术论述，作于 1927 年，署名婴行，后作为附录收《绘画与文学》，开明书店 1934 年 5 月，题《中国美术的优胜》）、《中国的绘画思想——金原省吾的画六法论》（艺术论述，初收

《中学生》杂志创刊号封面

---

① 信中曰："《音乐解说》（门马直卫著）一书，昨日购得，体裁固比田边尚雄之《音乐概论》为稳妥（田边之'概论'似觉散漫），叙述亦简洁。遵命改译此书可也。（田边之'概论'体裁不佳，字数又太多，约十万余言，似不译矣。）唯书名似欠妥当。愚意可改《西洋音乐的听法》（据其序文第一句），或《西洋音乐知识》。译毕后再拟定可也。此书弟拟在阴历年假开始译之。大约阳历三月中可以交稿（分量比前书得多二分之一）。"见《丰子恺文集》（文学卷三），浙江文艺出版社、浙江教育出版社 1992 年 6 月版，第 168 页。

《艺术丛话》，［上海］良友图书印刷公司 1935 年 4 月版，又载 1941 年 8 月 26 日至 10 月 3 日《三六九画报》第 10 卷第 17 期至第 11 卷第 10 期）。

1 月 25 日，在《东方杂志》第 27 卷第 2 号发表《云冈石窟》（艺术论述，署名婴行，初收《艺术丛话》，［上海］良友图书印刷公司 1935 年 4 月版）。

1 月 28 日，致函妻方之亲戚唐正方。感谢其代购药品。①

丰子恺漫画《灵肉战争》

1 月，开明书店创办《中学生》杂志，任艺术编辑。② 在《中学生》创刊号上发表《为甚么学图画》（艺术论述，作于 1929 年，文末署"十八年十一月为松江女中初中一年级讲述"，初收《艺术趣味》，改名为《为什么学图画》，开明书店 1934 年 11 月版）、《眼与手》（艺术论述，作于 1929 年 11 月）、《美与同情》（艺术论述，作于 1929 年，文末署"十八年九月廿八日为松江女中高中一年生讲述"，初收《艺术趣味》，开明书店 1934 年 11 月版）、《图画成绩》（艺术论述，作于 1929 年 11 月 23 日）。另有补白 2 篇：《本年应该纪念的世界文艺家》《俄罗斯的新历法》（署名恺）。

《中学生》杂志社设立"中学生劝学奖金委员会"，被列为委员，发布《中学生劝学奖金章程》。

在《小说月报》第 21 卷第 1 号发表《〈自杀俱乐部〉作者附言》（译文，原著［英］史蒂文

---

① 信见《丰子恺文集》（文学卷三），浙江文艺出版社、浙江教育出版社 1992 年 6 月版，第 170 页。

② 自《中学生》创刊到 1937 年"八一三"抗战休刊，共刊行 76 期。其后曾在桂林、重庆等地改名为《中学生战时半月刊》出版，抗战结束后迁回上海，曾改名《进步青年》。

生，译于 1929 年 8 月 27 日）。

在《教育杂志》第 22 卷第 1 号发表《贫乏的大画家》（艺术论述，初收《西洋名画巡礼》，［上海］开明书店 1931 年 6 月版）。

2 月 3 日（农历正月初五），母钟云芳病逝。丰氏为了永念饱经患难、以一身兼任严父慈母之职把他抚育成人的母亲，服丧期间开始蓄须。曾请陆维钊写墓碑。

2 月 7 日，致于石泉信，赠《护生画集》5 册。①

2 月 9 日，致汪馥泉信，因病费丧用，不得已再次向其求援。②

2 月，在《中学生》第 2 号上发表《从梅花说到美》（艺术论述，作于 1929 年，文末署"一九二九年岁暮"，初收《艺术趣味》，开明书店 1934 年 11 月版）、《从梅花说到艺术》（艺术论述，作于 1929 年，文末署"一九二九年岁暮"，初收《艺术趣味》，开明书店 1934 年 11 月版）、《舍监的头》《投井》《自修》《不平发泄处》《熄灯后》《同级生》（漫画）。

在《教育杂志》第 22 卷第 2 号发表《说谎的画与真实的画》（艺术论述，初收《西洋名画巡礼》，［上海］开明书店 1931 年 6 月版）。

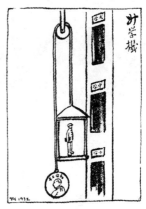

丰子恺漫画《升学机》

①　信见《丰子恺文集》（文学卷三），浙江文艺出版社、浙江教育出版社 1992 年 6 月版，第 171 页。于石泉为丰子恺幼时私塾师于云芝之侄。

②　信曰："惟病费丧用，所需甚急，不得不函请吾兄鼎力援助，如蒙劳驾代为支取北新所允付之款，以济急用，感谢不尽。倘彼肯改买稿，则尤为感激。价格尽请吾兄代定，患难之际，当无不满足也。弟另备信直接函请李小峰先生。但玉成此事，全赖吾兄居间措置之力。"见《丰子恺文集》（文学卷三），浙江文艺出版社、浙江教育出版社 1992 年 6 月版，第 169 页。

3月，在《中学生》第3号上发表《告初学美术的青年》（艺术论述，署名黄涵秋、丰子恺，作于1929年岁暮）、《青房间》（译文，正文署名为：K. GRAHAME作，丰子恺译）。

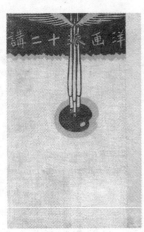

丰子恺著《西洋画派十二讲》书影

《西洋画派十二讲》（艺术理论）在（上海）开明书店出版。有《书卷首》（文末署"一九二九年暮春子恺记于江湾缘缘堂"）。内容有序讲：现代画派及其先驱（古典派·浪漫派）；第一讲：现实主义的绘画（写实派）；第二讲：近世理想主义的绘画（拉费尔前派·新浪漫派）；第三讲：艺术的科学主义化（印象派）；第四讲：外光描写的群画家（印象派画风与画家）；第五讲：外光描写的科学的实证（点彩派即新印象派）；第六讲：主观主义化的艺术（后期印象派）；第七讲：新时代四大画家（后期印象派四大家）；第八讲：西洋画的东洋画化（野兽派）；第九讲：形体革命的艺术（立体派）；第十讲：感情爆发的艺术（未来派与抽象派）；第十一讲：意力表现的艺术（表现派）；第十二讲：虚无主义的艺术（DADA派）。

在《教育杂志》第22卷第3号发表《一个铜板的画家官司》（艺术论述，初收《西洋名画巡礼》，〔上海〕开明书店1931年6月版）。

装帧画被用于（上海）开明书店出版的〔意〕孟德格查著，夏丏尊译《续爱的教育》封面及扉页。

在《小说月报》第21卷第3号发表《二百年来西洋乐坛之盛况》（艺术论述）。

4月，在《中学生》第4号上发表《怎样学习图画》（艺术论述）。

在《教育杂志》第22卷第4号发表《富贵的美术家》（艺术论述，初收《西洋名画巡礼》，〔上海〕开明书店1931年6月版）。

5 月 1 日，《音乐的听法》（译著，原著［日］门马直卫）在（上海）大江书铺出版，有序言（作于 1929 年，文末署 "一九二九年七月十三日子恺记于江湾缘缘堂"）。内容为第一讲：音乐的听法、第二讲：音乐用语的常识、第三讲：音乐的基础、第四讲：乐器、第五讲：乐器的用法、第六讲：音乐的形式、第七讲：歌曲形式、第八讲：朔拿大形式、第九讲：交响乐、第十讲：组曲、第十一讲：竞奏曲、第十二讲：标题音乐、第十三讲：独唱歌曲、第十四讲：合唱歌曲、第十五讲：演出。

丰子恺译《音乐的听法》书影

5 月 14 日，作《大艺术家的孙子做骗子》（散文）。

5 月 20 日，在《文华》艺术月刊第 10 期发表绘画作品。

5 月，《音乐初步》（音乐著作）在（上海）北新书局出版。有例言（文末署 "一九三〇年夏日记"）。内容为序章：告音乐初步者、第一章：音及音域、第二章：音阶及调子、第三章：音符及休止符、第四章：拍子、第五章：音乐的诸记号、第六章：半音阶、第七章：和声的音程、第八章：旋律的音程、第九章：速度及其他标语、第十章：长音阶、第十一章：短音阶、第十二章：音乐形式、第十三章：形式的要素、第十四章：和弦及终止、第十五章：转调、第十六章：装饰音、第十七章：声乐、第十八章：器乐、第十九章：应记之音乐用语、第二十章：应记之音乐大家、附录：练习问题。

丰子恺著《音乐初步》书影

《近代二大乐圣的生涯与艺术》（编述）在（上海）亚东图书馆出版。有序言（作于 1928 年，

丰子恺编述《近代二大乐圣的生涯与艺术》书影

丰子恺著《近世十大音乐家》书影

文末署"一九二八年岁暮子恺记于江湾缘缘堂")。内容为：裴德芬与修裴尔德（二乐圣在音乐史上的地位、二乐圣在世间的奇缘）、裴德芬的生涯与艺术（裴德芬底生涯、裴德芬底生活、裴德芬底作品、附录）、修裴尔德的生涯与艺术［歌曲与修裴尔德、修裴尔德的生涯、修裴尔德的歌曲作品、修裴尔德的交响乐（及其他）］。

《近世十大音乐家》在（上海）开明书店出版。有序言（作于 1929 年，文末署"一九二九年四月二十日子恺记于沪杭车中"）。内容为：近世西洋乐坛之盛况——十大家在近世乐坛上的位置（音乐艺术的独立、器乐的勃兴、单音乐的成立与奏鸣曲的发达、标题音乐的兴行与乐剧的建设）；罕顿（Haydn）（大音乐家的初步、流浪时代、得意时代、罕顿与莫札尔德、罕顿与英吉利、高龄与大作）；莫札尔德（Mozart）（家学渊源、惊人的神童、少年时代、贫困与恋爱、音乐家与结婚、杰作与夭死、生活与艺术）；裴德芬（Beethoven）（英雄的裴德芬、狂徒的裴德芬、儿女的裴德芬、狂岚的少年期、苦恼的袭击、月光朔拿大、英雄交响乐、永远的恋人、对运命的战斗）；修裴尔德（Schubert）（终身的贫贱、放浪的天才、作曲的突发、生活的苦况、修裴尔德与裴德芬）；裴辽士（Berlioz）（浪漫的全生涯、愤怒的天才、故乡与初恋、横逆的成长、《幻想交响乐》的动机、吻尸与暗杀、创作的欢喜、晚年的寂寥）；晓邦（Chopin）（哀愁的一生、洋琴诗人的素养、革命与去国、恋爱与作曲、晚年的颓唐）；修芒（Schumann）（创作与批评的兼长、天赐的乐才、法律与音乐的战斗、乐坛上的现身、恋爱的诉讼、如诗如花的结婚生活、发狂，投河，死）；李斯德（Liszt）（对于异性的磁力、慷慨慈悲的艺术家、幼年生活、演奏会的开始、失望的考验与先辈的感化、家庭生活、钢琴演奏家的活动、威马尔的结实）；华葛纳尔（Wagner）（从文学到音乐、从伦敦到巴黎、亡命时代、巴威国王的宠爱、华葛纳尔与尼采、华葛纳尔的幻灭、拜洛伊特的结实与晚年）；却伊可甫斯基（Tschaikovsky）（悲怆的音乐家、音乐家与死、音乐家的出发、教授时代、作曲上的逸话、恋爱的失败、自由创作时代、神秘的结婚、隐遁及晚年生活）。有自作插图 10 幅。

在《中学生》第 5 号上发表《"画得像"和"画得好"》（艺术论述，作于 1929 年，初收《艺术趣味》，改名为《谈像》，文末署"十八年九月作"，开明书店 1934 年 11 月版）。

在《教育杂志》第 22 卷第 5 号发表《身边带镜子的画家》（艺术论述，初收《西洋名画巡礼》，（上海）开明书店 1931 年 6 月版）。

装帧画被用于（上海）开明书店出版的卢冀野诗集《春雨》封面。[①]

丰子恺漫画《毕业后》

装帧画被用于（上海）开明书店出版的卢冀野诗集《绿帘》封面，并有插图 2 幅。

插图 1 幅用于（上海）文艺小丛书社出版的胡朴安、胡寄尘辑录的《子夜歌》。

6 月 11 日，作《初恋》译者序（序跋）。

6 月，在《教育杂志》第 22 卷第 6 号发表《发明油画的兄弟画家》（艺术论述，初收《西洋名画巡礼》，〔上海〕开明书店 1931 年 6 月版）。

装帧画被用于（上海）东华书屋出版的张孟休作《黄昏》封面。[②]

俞平伯著《燕知草》由（上海）开明书店出

丰子恺漫画《晚凉》

①　卢冀野（1905—1951），江苏南京人，教育家、诗人、著名词曲教授。

②　张孟休，作家、艺术家。目前可知该书有两个版本，两个版本的封面均为丰子恺设计。

版，画作《雷峰会议》被用于插图。

7月5日，弘一法师致函（农历六月十日），表示稍后写旧事数则。

7月15日，作《文学中的远近法》（艺术论述）。

7月，在《中学生》第6号发表《夏夜的星座巡礼》（天文讲话）。

在《教育杂志》第22卷第7号发表《五年画成的笑颜》（艺术论述，初收《西洋名画巡礼》，〔上海〕开明书店1931年6月版）。

在《现代文学》第1卷第1期发表《大艺术家的孙子做骗子》（散文，作于1930年，文末署"一九三〇年五月十四日作"）。

装帧画被用于（上海）中华书局出版的舒新城著《美术照相习作集》封面，作卷首语（作于1930年，文末署"十九年夏日，丰子恺记于嘉兴杨柳湾之缘缘堂"）。①

扉页画6幅（其中3幅选自《护生画集》）被用于（北平）文化学社出版的黄遵宪著《人境庐诗草》扉页。

丰子恺漫画《大考期内》

8月1日，在《中学生》第7号发表《用功》、*PAIRS*、《必修科》《卫生家》《师生》（漫画）。

8月3日，致函赵景深，言"病后羸弱"。

8月，在《教育杂志》第22卷第8号发表《文艺复兴三杰的争雄》（艺术论述，初收《西洋

---

① 舒新城（1893—1960），湖南溆浦人，出版家、教育家，1930年任中华书局编辑所所长。

名画巡礼》，［上海］开明书店 1931 年 6 月版）。

9 月 1 日，在《中学生》第 8 号发表《文学中的远近法》（艺术论述，作于 1930 年 7 月 15 日，文末署"一九三〇年七月十五日写于嘉兴杨柳湾之缘缘堂"，初收《绘画与文学》，［上海］开明书店 1934 年 5 月版，有改动，文末署"一九三〇年初作，曾载《中学生》，今改作"）、《午后第一时》《上课时间》《母与女》（漫画）。

9 月，在《教育杂志》第 22 卷第 9 号发表《万人嘲骂的大画家》（艺术论述，初收《西洋名画巡礼》，［上海］开明书店 1931 年 6 月版）。
作《秋景与野外写生》（艺术论述）。

丰子恺漫画《都市之秋》

秋季患伤寒，卧病嘉兴，居嘉兴杨柳湾金明寺弄 4 号。曾自谓："故乡石门湾，工作在江湾，暂寓杨柳湾，平生与'湾'有缘。"时有"三湾先生"之雅号。

10 月 1 日，在《中学生》第 9 号发表《大考期内》《放假归家》（漫画）。

10 月 20 日，作《文学中的写生》（散文）。

10 月，在《教育杂志》第 22 卷第 10 号发表《模糊的名画》（艺术论述，初收《西洋名画巡礼》，［上海］开明书店 1931 年 6 月版）。
装帧图被用于《松江女中校刊》第 13 期。

11 月 13 日，病愈。作《我的苦学经验》（散文）。

11 月 25 日，致舒新城信，言寄画等。①

丰子恺漫画《买粽子》

11 月，在《教育杂志》第 22 卷第 11 号发表《自己割了耳朵的画家》（艺术论述，初收《西洋名画巡礼》，[上海] 开明书店 1931 年 6 月版）。

在《中学生》第 10 号发表《膳堂中的不平》《父亲的手》《星期六之晚》《摄影练习》《高潮》（漫画）及《秋景与野外写生》（艺术论述，作于 1930 年，初收《艺术趣味》，改名《野外写生》，文末署"十九年九月，《中学生》美术讲话"，[上海] 开明书店 1934 年 11 月版）。

装帧画被用于（上海）商务印书馆出版的姜丹书著《艺用解剖学》封面。

装帧画被用于（上海）商务印书馆出版的 [苏] 高尔基著，巴金译《草原故事》封面。

丰子恺漫画《"我们造的"》

12 月 4 日，作《为妇女们谈音乐研究的态度》（艺术论述）。

12 月 17 日，作《为妇女们谈绘画的看法》（艺术论述）。

12 月 18 日，装帧画被用于浙江省立第四中学学生自治会出版股编印的《四中季刊》第 7 期封面。

12 月，在《教育杂志》第 22 卷第 12 号发表《新兴艺术鉴赏》（艺术论述，初收《西洋名画巡

---

① 此信《丰子恺文集》（文学卷三）中未收，见《子恺书信》（下），海豚出版社 2013 年 9 月版，第 17—18 页信曰："惠示前由开明转来。嘱画十三幅，今挂号寄奉，乞收。弟因病后身体未健，一时不能到申。以后惠示，请寄'嘉兴杨柳湾金明寺弄四号'为荷。又此画十三幅之润资，亦拟请邮汇，未知可否？……"

礼》，［上海］开明书店 1931 年 6 月版）。《艺术教育思想之发展》（译文，原著［日］阿部重孝）。

作《艺术教育》序（序跋）。

致函钱歌川，谈稿件等事。①

顾均正译述《公平的裁判》由（上海）开明书店出版，6 幅插图收入书中。

是年初，作《文学中的远近法》（散文）、《文学的写生》（散文）。

作《立达五周纪念感想》（散文，作于 1930 年，初收《缘缘堂随笔》，［上海］开明书店 1931 年 1 月版，文末署"一九三〇年作"）。

作《好问的学生》《上午九时》《缺席》《某件事》《音乐课》《惊异（一）》《惊异（二）》《惊异（三）》《惊异（四）》、*NAMELESS SORROW*（1）、*NAMELESS SORROW*（2）、*NAMELESS SOR-ROW*（3）、*NAMELESS SORROW*（4）、《绿杨芳草》《太白遗风》等（漫画）。

为黄涵秋译《口琴吹奏法续编》作序。

收鲍慧和为弟子。②

巴金翻译的克鲁泡特金《自传》脱稿，因索

---

① 此信《丰子恺文集》（文学卷三）中未收，见《子恺书信》（下），海豚出版社 2013 年 9 月版，第 15—16 页。信曰："承寄书两包已收。前兄宴客时，贵局编辑所所长舒先生曾在席上嘱我为中华写些稿子。后来我长不在申，亦未谈起。现在我想售些稿子了，便想起舒先生的话。我恐他已不需，故未见嘱。直接询问，将使彼难于答复。故拟托兄便中代为一询。如尚有所嘱，乞示可也。上海 XMAS 的空气想已渐浓了？此间一味岑寂，极感沉闷。病后生怕电车汽车，又不敢来申，苦矣……"

② 鲍慧和（1912—1969），浙江嘉兴人。1930 年因景仰丰子恺之为人及其漫画风格请求拜师，并得允成为丰氏弟子。曾遵丰氏之嘱，于 1931 年秋入上海美术专科学校西画系，1934 年夏毕业。鲍慧和自 1935 年起陆续在《太白》《宇宙风》《时事新报》和《立报》等刊物上发表漫画。鲍慧和的画风酷似子恺漫画。丰子恺曾有言："接我衣钵者，唯慧和矣！"此外，丰子恺在《教师日记》中也有记："见鲍慧和，乃我流离后快事之一。此人疏财仗义，而又厚道可风。其画之似吾笔，乃出于自然，非普通模仿皮毛之可比也。"1943 年，丰子恺曾把自己的画寄鲍慧和，在西安、洛阳两地举办了两人的师生画作联展。

非转请为之题写封面。①

冬，作朱稣典、徐小涛合编《作曲法初步》序言（序跋）。

《美术概论》（译著，原著〔日〕森口多里）在（上海）大江书铺出版。

社会评价

林　玉：《孩子们的音乐》，载 1930 年 2 月 1 日《开明》第 2 卷第 8 号。

山山出：《谈丰子恺的画》，载 1930 年 2 月 6 日《益世报》副刊。

柔　石：《丰子恺君的飘然的态度》，载 1930 年 4 月 1 日《萌芽》第 1 卷第 4 期。

莫芷痕：《读子恺先生的小品》，载 1930 年《真善美》第 6 卷第 2 期。

评论选录

山山出：《谈丰子恺的画》

丰子恺先生本是国内几个画家中胸襟比较开扩一点的。他的第一部画集，曾留与我们以极大的希望。集尾俞平伯先生那般跋语，虽然写得有些杂熟得肉麻，不过当时的丰先生着实是可敬重的。说他的画里富有诗意，并非虚语。他的第二部画集，却成了他的艺术的另一个阶级，不幸他又出了第三部画集。

---

① 巴金在《怀念丰先生》（载 1981 年 6 月 11—13 日香港《大公报》）中称："我不仅喜欢他的漫画，我也爱他的字，1930 年我翻译的克鲁泡特金的《自传》脱稿，曾托索非转请丰先生为这书写了封面题字，我不用多说我得到他的手迹时的喜悦。这部印数很少的初版本《我底自传》就是唯一的把我和那位善良、纯朴的艺术家连在一起的珍贵的纪念品了。"巴金（1904—2005），四川成都人，现代著名作家、出版家、翻译家，曾任第三、四、五、六届中国作家协会主席，第六、七、八、九届全国政协副主席。

　　看他的第一部集子，几是品茶，从清淡中感到一种远意。看第二部集子，犹如嚼萝卜干，嚼时磅磅脆，咽下了去，打起呃来，还得吃口香糖。那几幅"教育"，"检查"之类，想必都是他红着眼睛画的，看到他的第三部集子，令我想起了我的三姑婆。

　　三姑婆是持长斋的，最爱看善书，在她的书房里挂着的观音像旁边就摆着一大柜善书……当时我们小孩子们对于这一柜书也很发生兴趣，因为爱听她的故事，而她所讲的多是这些书上的。更因为书上有画，所以我们更喜欢。

　　"护生画集"和三姑婆的善书，在我的脑子里混合了。善书印来分送给人，可以修阴功，积阴德，而这部画集后面，也印着"欢迎翻印"的字样。

　　欢迎翻印，则此集自然不是打算拿来赚钱的，这功德真是无量了……
　　　　……

　　这部护生画集，从技术上看，也很有趣。很可以说它是说服派的画。说服派比新新未来派更富有特色。

　　……护生画集每幅画上除了题目之外，对页上又有几行词句为之说明，这也为之添色不少。

　　柔　石：《丰子恺君的飘然的态度》
　　最近在一本杂志上读到两篇丰子恺君的随笔。他在这两篇随笔上的意思，都叫青年学生们放下课本去观赏梅花，似乎不去观赏，连做人的意义都要失了一样。他彻底的赞美了当作国花的梅花，似乎非常地用了他的思想与美丽之笔。可是我看了，几乎疑心他是古人，还以为林逋、姜白石能够用白话来做文章了。

还有最后几句话，是对丰君的那两篇文章的最后一段说的。丰君自赞了他的自画的《护生画集》，我却在他的集里看出他的荒谬与浅薄。有一幅，他画着一个人提着火腿，旁边有一只猪跟着说话："我的腿"。听说丰君除吃素以外是吃鸡蛋的，那么丰君为什么不画一个人在吃鸡蛋，旁边有一只鸡在说话："我的蛋"呢？这个例，就足够证明丰君的思想与行为的互骗与矛盾，并他的一切议论的价值了。

莫芷痕：《读子恺先生的小品》

……

是三年前的暮春了，有一天，偶然翻开一本《小说月报》（十八卷，七号），看到一个标题——《姓》，我就读了下去。不料这一篇短短的文章，竟给予了我无限的快感：起初是悠悠的情趣。

……

于是我接连将排在《姓》以上的那几篇，（《闲居》，《从孩子得到的启示》，《天的文学》，《东京某晚的事》，《楼板》。）生吞活剥地一口气嚼了下去。她们给我的感受，是一般人所体味不到的细腻的人生的意味。不久我又见了子恺先生的使我神往的两幅画，一是《帘卷西风，人比黄花瘦》；一是《人散后，一钩新月天如水》。

从此以后，"子恺"两字深深地刻在我底脑膜上了。

几年来，常常在报章上留心，子恺先生的小品，读到的也不少了。心中想有许多话要说，但总不能说出完全所感受的，往往想动笔，老是写非所感。今朝是对与不对总之是要写的了。

我很想见见子恺先生，（是怎么样儿的一个人？）总是无机会，但听朋友们说，是一个身体不十分长而性情沉默的中年人。我终于只能在他底文章里认识他。他是一个爱孩子的人……他又是一个爱护生灵的人，他不肯毁灭一个小小的生命……

　　……

　　我以为《秋》是作者一九二七年的对于他自己本身回顾的重要之作，他将自己底生命行程分了界线，说自己的申明亦已立了秋了。这一点又影响到他的思想，感情……

　　……

　　读文学作品，各人所感受的都不同。我读子恺先生的小品，至今是这样经验着。最后我还期待着作者今后有更多更佳的赐予！

1931 年　辛未　34 岁

社会文化事略

2 月 7 日，左联五作家李伟森、柔石、胡也频、冯铿、殷夫被国民党政府秘密杀害于上海龙华警备司令部。5 月，汪精卫等人在广州成立“国民政府”。8 月，鲁迅在上海创办木刻讲习会。9 月 18 日，“九一八”事变，日本帝国主义侵占中国东北。

生平事迹

1 月 1 日，在《妇女杂志》第 17 卷第 1 号发表《为妇女们谈音乐研究的态度》（艺术论述，文末署“十九年十二月四日写于嘉兴杨柳湾之缘缘堂”，初收《艺术丛话》，［上海］良友图书印刷公司 1935 年 4 月版，又收《艺术学习法及其他》，［桂林］民友书店 1944 年 4 月版）。

丰子恺漫画《邻人》

1 月 1 日、2 月 1 日，在《中学生》第 11 号、12 号上发表《文学中的写生》（散文，作于 1930 年 10 月 20 日，初收《绘画与文学》，改名为《文学的写生》，［上海］开明书店 1934 年 5 月版，有改动，文末署“一九三〇年初作，曾载《中学生》，今改作”）。在《中学生》第 11 号发表《我的苦学经验》（散文，作于 1930 年，文末署“一九三〇，一一，一三，嘉兴”，初收《中学生小品》，中学生书局 1932 年 10 月版）及 *NAMELESS SORROW*（1）、《卫生》《咬铅笔》《经济的听讲》（漫画），在《中学生》第 12 号上发表 *NAMELESS SORROW*（2）、*NAMELESS SORROW*（4）和《灵肉战争》《不欢喜戴的领带》《新设备》（漫画）。

1 月 10 日，在《小说月报》第 22 卷第 1 号发表《乐圣裴德芬的恋爱故事》（艺术论述，初收《艺术丛话》，〔上海〕良友图书印刷公司 1935 年 4 月版）。

1 月 12 日，致舒新城信，谈稿件等事。[①]

1 月 20 日，在《教育杂志》第 23 卷第 1 号发表《拂拭灰尘的拍子——节奏的话》（艺术论述，初收《西洋音乐楔子》，〔上海〕开明书店 1932 年 12 月版）。

丰子恺第一部散文集《缘缘堂随笔》书影

1 月，第一部散文集《缘缘堂随笔》由（上海）开明书店出版。该集收散文《剪网》《渐》《立达五周纪念感想》《自然》《颜面》《儿女》《闲居》《从孩子得到的启示》《天的文学》《东京某晚的事》《楼板》《姓》《忆儿时》《华瞻的日记》《阿难》《晨梦》《艺术三昧》《缘》《大账簿》和《秋》。

在《海潮音》第 12 卷第 1 号上开始刊登"警世漫画"，本期刊登 4 幅：《人生的阶段》《世路》

---

① 此信《丰子恺文集》（文学卷三）中未收，见《子恺书信》（下），海豚出版社 2013 年 9 月版，第 18 页，信曰："承嘱总辑音乐，至感厚意。惟对于高中音乐编辑，弟乃实不胜任，决非推托。务祈愿鉴是幸。又，弟在事前未曾想到书局新年停止办公，架不接尊示，以为尊嘱已告决定，故已接受他项定期时间。预计最近只能为贵局作《艺术纲要》一册。故《洋画入门》拟请另托人撰，免致延期。况一人著作同样二书，由两书店同时出版，在著作者及发行者均感乏味，不如另请人撰为妥也。未知尊意以为如何？……"

《昔日的照像》《痛快的梦》。此后这类画陆续发表。①

2月13日，作《寄宿舍生活的回忆》（散文）。

2月16日，致舒新城信，谈稿件等事。②

2月20日，在《教育杂志》第23卷第2号发表《美的教育》（译文，原著〔日〕赤井米吉，初收《艺术趣味》，开明书店1934年11月版）、《学校生活与艺术》（译文，原著〔日〕小林佐源治）、《破洋琴与大演奏家——音阶的话》（艺术论述，初收《西洋音乐楔子》，〔上海〕开明书店1932年12月版）。

2月，在《海潮音》第12卷第2号续刊"警世漫画"，本期刊登4幅：《屋与花》《人与花》《人与月》《对镜》。

3月13日，作《西洋名画巡礼》序言（序跋）。

---

① 《昔日的照相》亦在1931年《佛学半月刊》第8期上刊出；《人生的阶梯》亦在1931年《佛学半月刊》第9期上刊出。

② 此信《丰子恺文集》（文学卷三）中未收，见《子恺书信》（下），海豚出版社2013年9月版，第19—20页，信曰："两次惠示均收到。弟极愿允命写稿，奈事实上不能完全如愿。所嘱作四书，惟《艺术纲要》一书可以遵命，不久当开列内容要目呈阅，并于三月内交稿。其余三书，（1）高中师范科《音乐教科书》及（2）小学《教员应用音乐教科书》，材料不易搜集，无论选曲作歌或自作歌曲，均非一时可以速成。若不含乐曲而仅有音乐理论，则较易也。开明屡嘱编中学音乐教科书，弟迄未答允。故今对于中华之嘱，亦无法奉命。（3）《洋画入门》本可如命。奈在前已约开明《图画入门》（与该店所已出之拙著《音乐入门》为姊妹版也），二书内容范围虽不全同，而名目上三字冲突，对于两方均不适宜。以是亦不克奉命。（若《洋画入门》能改名为《洋画初步》，则名目上可多示分别，但弟不敢要求贵局改换书名也。）以上（1）、（2）两书系弟能力上不可能。（3）一书系题材冲突。均属事实。至祈原谅为幸……"

　　3 月 20 日，在《教育杂志》第 23 卷第 3 号发表《可惊的记忆力——乐谱的话》（艺术论述，初收《西洋音乐楔子》，［上海］开明书店 1932 年 12 月版）。

丰子恺漫画《接婴处》

　　3 月 25 日，致舒新城信，言《艺术纲要》即将完成。①

　　3 月 30 日，作《近代艺术纲要》自序（序跋）。

　　3 月 31 日，致函舒新城，言《艺术纲要》书稿事。②

　　3 月，在《中学生》第 13 号发表《某种学生》《某种教师》《每日的工作》（漫画）。

　　朱稣典、徐小涛合编《作曲法初步》由（上海）开明书店出版，收丰氏序言（作于 1930 年，文末署"十九年初冬，病中记于嘉兴杨柳湾之缘缘堂。丰子恺"）。

　　在《海潮音》第 12 卷第 3 号续刊"警世漫画"，本期刊登 4 幅：《从前涂雪花膏的地方》《最

---

　　① 此信《丰子恺文集》（文学卷三）中未收，见《子恺书信》（下），海豚出版社 2013 年 9 月版，第 20 页，信曰："前曾函催《艺术纲要》，此书现将脱稿，三月底当可寄奉。今又接尊函，系关于音乐者，此书当初曾承嘱作，弟因不能编辑，早已辞谢，想系发函时笔误之故。今将原函附还，乞即检收……"

　　② 此信《丰子恺文集》（文学卷三）中未收，见《子恺书信》（下），海豚出版社 2013 年 9 月版，第 21 页，信曰："《艺术纲要》脱稿后，回顾'百科全书编辑通则'及'艺术纲要'的题名，殊觉不合，奈何？但约期已到，不得不姑将稿件呈阅。倘其性质不能参与百科丛书之列，（不能依照通则而作问题，提要，索引等，恐与丛书体例不能一致也。）祇请退回，只得将来另觅效劳之机矣……"

后的一面》《现世的家庭》《我们最后的需物》。①

4月1日，在《妇女杂志》第 17 卷第 4 号发表《为妇女们谈绘画的看法》（艺术论述，发表时文末署"十九年十二月十七日写于嘉兴杨柳湾之缘缘堂"）。

4月6日，赴杭州延定巷访马一浮，聆听马氏说"无常"之理。这是他继 1918 年后第二次来到这里拜访马先生。丰子恺这次造访马一浮，客观上是受弘一大师之托为马先生送去两块印石。与上回不同的是，现在的丰子恺已多了妻室和一群子女，却失去了一位慈母。而马一浮则长年孑然一身隐居在这条陋巷里。这老屋依旧古色苍然，马一浮的音容居然也与十多年前一样："坚致有力的眼帘，炯炯发光的黑瞳，和响亮而愉快的谈笑声……他和我谈起我所作而他所序的《护生画集》，勉励我；知道我抱着风木之悲，又为我解说无常，劝慰我。其实我不须听他的话，只要望见他的颜色已觉羞愧得无地自容了。"②

4月20日，在《教育杂志》第 23 卷第 4 号发表《以唱歌救国王的乐师——声乐器乐的话》（艺术论述，初收《西洋音乐楔子》，〔上海〕开明书店 1932 年 12 月版）。

4月28日，作《〈古代英雄的石像〉读后感》

---

① 《现世的家庭》亦在 1931 年《佛学半月刊》第 10 期上刊出；《从前涂雪花膏的地方》亦在 1931 年《佛学半月刊》第 11 期上刊出。在 1931 年《佛学半月刊》第 13 期上还有丰子恺作《自塑像》一幅，从性质上看亦当属"警世漫画"，画的是一个人在塑雪人，太阳高照，暗示雪人不久即会融化。画下有署名"无阁"题句："经营殊费力，人巧夺天工。幻相总难久，须知转眼空。"

② 丰子恺：《陋巷》，收《丰子恺文集》（文学卷一），浙江文艺出版社、浙江教育出版社 1992 年 6 月第 1 版，第 202 页。

（散文）。①

4 月 30 日，作《旧话》（散文）。

4 月，在《中学生》第 14 号发表《寄宿舍生活的回忆》（散文，作于 1931 年，文末署"二十年二月十三日于嘉兴"，初收《中学生小品》，[上海] 中学生书局 1932 年 10 月版）、《买路钱》《教室中的设计》《自来水笔》（漫画）。

《初恋》（英汉译注，原著 [俄] 屠格涅夫，由英文本转译）由（上海）开明书店出版。有译者序（作于 1929 年，文末署"一九二九年端午节记于江湾缘缘堂"）。此译本为译者于 1921 年冬在从日本归国的轮船上开始翻译，1922 年春译毕。

装帧画用于由马来亚书店出版的 [苏] 高尔基著，巴金译《草原故事》封面。

《海潮音》第 12 卷第 4 号刊出吕碧城、圣因编译《世界动物节》一文，文中附丰子恺《护生画集》中的护生画《醉人与醉蟹》《开棺》《母之羽》《"吾儿!?"》《幸福的同情》《修罗》《今日与明朝》《遇赦》《冬日的同乐》《示众》《诀别》《尸林》和《松间的音乐队》等 13 幅。

丰子恺译《初恋》书影

5 月 7 日，作《甘美的回味》（散文）。

5 月 20 日，作《音乐入门》九版序言（序跋，作于 1931 年，文末署"二十年五月二十日子恺记"）。序曰："这稿子本来是我在立达学园教音乐时所用的讲义。当时把讲义稿托开明书店排印，半为避免每学期抄写油印讲义的烦劳起见。不料出版以后，五年内重印了八版。……最近承交通大学冯

---

① 收叶圣陶的童话集《古代英雄的石像》，（上海）开明书店 1931 年 6 月版。

可君来函，指摘本书中笔误或排误各点，并蒙造一勘误表见惠。这方始惹起我的注意，就把本书校阅，请书店重排而印行这九版……"

在《教育杂志》第 23 卷第 5 号发表《维多利亚女皇的害怕》（艺术论述，初收《西洋音乐楔子》，〔上海〕开明书店 1932 年 12 月版）。

5 月 24 日，《申报》头版刊出《护生画集》中的 10 幅画，并配文解说，另有署名"悲"的《敬告青年》一文。是日该版的主题是"把慈悲来降伏残酷，把公理来战胜强权"。

5 月，《世界大音乐家与名曲》由（上海）亚东图书馆出版，封面画为自作。有序言（作于 1929 年，文末署"一九二九年基督降诞节子恺记"）。第一讲：莫札尔德及其名曲、第二讲：裴德芬及其名曲、第三讲：修裴尔德及其名曲、第四讲：孟特尔仲及其名曲、第五讲：修芒及其名曲、第六讲：晓邦及其名曲、第七讲：李斯德及其名曲、第八讲：裴辽士及其名曲、第九讲：华葛尔纳及其名曲、第十讲：却伊可夫斯基及其名曲、第十一讲：希得洛缩及其名曲、第十二讲：杜褒西及其名曲。

在《中学生》第 15 号发表《小学时代的同学》《缺席》《上午九时》《课间妆》（漫画）。

装帧画被用于（苏州）弘化社出版的吴契悲编，丰子恺画《光明画集》封面。①

《光明画集》在（上海）国光印书局出版。②

《中学生》杂志新定《中学生劝贷金章程》，被列为中学生劝贷金委员会委员。

---

① 吴契悲，佛教居士，江苏人。
② 此画集有 1937 年弘化社版本。

6 月 1 日，在《中学生》第 16 号发表《旧话》（散文，作于 1931 年，文末署"二十年四月三十日作"，初收《中学生小品》，[上海] 中学生书局 1932 年 10 月版）、《录取新生》《缴卷》《开票》《密谈》《最易记忆之生字》《无题》《新皮鞋》（漫画）。

6 月 20 日，在《教育杂志》第 23 卷第 6 号发表《晚餐的代价——风琴洋琴的话》（艺术论述，初收《西洋音乐楔子》，[上海] 开明书店 1932 年 12 月版）。

丰子恺著《西洋名画巡礼》书影

6 月，《西洋名画巡礼》由（上海）开明书店出版。有序言（作于 1931 年，文末署"丰子恺记于民国二十年三月十三日于嘉兴"）内容为"第一讲：贫乏的大画家；第二讲：说谎的画与真实的画；第三讲：一个铜板的画家官司；第四讲：富贵的美术家；第五讲：身边带镜子的画家；第六讲：发明油画的兄弟画家；第七讲：五年画成的笑颜；第八讲：文艺复兴三杰的争雄；第九讲：万人嘲骂的大画家；第十讲：模糊的名画；第十一讲：自己割了耳朵的画家；第十二讲：新兴艺术鉴赏。①

叶圣陶《古代英雄的石像》由（上海）开明书店出版。收丰氏《〈古代英雄的石像〉读后感》（散文，作于 1931 年，文末署"廿十年四月廿八日，子恺作"）。画作被用于该书封面画及扉页，另有插图 20 幅。

在《海潮音》第 12 卷第 6 号续刊"警世漫画"，本期刊登 4 幅：《抱子虾》《风烛》《明月明年何处看》《团圞》。

丰子恺警世漫画《抱子虾》

---

① 第一讲至第十二讲载《教育杂志》第 22 卷第 1—12 号。

夏，由弘一法师介绍，为厦门南普陀寺广洽法师绘释迦牟尼像。此后，丰氏与广洽法师成为挚友。

7月9日，作《自杀俱乐部》译者序言（序跋）。

7月20日，在《教育杂志》第23卷第7号发表《御赐的名乐器——怀娥铃的话》（艺术论述，初收《西洋音乐楔子》，〔上海〕开明书店1932年12月版）。

丰子恺警世漫画《风烛》

7月，在《海潮音》第12卷第7号续刊"警世漫画"，本期刊登4幅：《明年此会知谁简》《今日残花昨日开》《生存竞争的决胜点》《夕阳无限好》。

8月3日，致赵景深信，受田惜庵之托，代邀其加入《中国儿童时报》社。①

8月6日，作《为中学生谈艺术科学习法》（散文）。

8月7日，致赵景深信，感谢其答应加入《儿

---

① 此信见《丰子恺文集》（文学卷三），浙江文艺出版社、浙江教育出版社1992年6月版，第175页。1930年6月1日《中国儿童时报》创刊于浙江绍兴县，为中国第一张儿童报纸。由丰氏在浙江省立第一师范学校同学，时任绍兴县教育视导员的田锡安任社长兼编辑。该报发刊词曰："以培养社会儿童与科学儿童相结合的中国儿童"为目标。第一版为时事综述，第二、三版为科学、文艺，第四版"自己的园地"专门刊登儿童的作品。田锡安（1990—1981），毕业于浙江省立第一师范学校，1934年赴日本东京中央大学留学，攻经济学。

童时报》社。①

8 月 10 日，作《儿童生活漫画》序言（序跋）。

8 月 16 日，作《为中学生谈艺术科学习法》（艺术论述）。

9 月 1 日，在《中学生》第 17 号发表《甘美的回味》（散文，作于 1931 年，文末署"二十年五月七日作"，初收《中学生小品》，［上海］中学生书局 1932 年 10 月版）、《休息十分钟》《参观者》《某事件》《停课热度》《供给漫画材料的人》（漫画）。
在《申报》发表《读申报□□□□少女》（漫画）。②

9 月 8 日，在《申报》发表《女墙之月》（漫画）。

9 月 13 日，在《申报》发表《高楼之夜》（漫画）。

9 月 15 日，装帧画被用于（上海）儿童书局出版的中华儿童教育社编《儿童教育》第 4 卷第 1 期封面。

丰子恺警世漫画《明月明年何处看》

9 月 20 日，在《教育杂志》第 23 卷第 9 号发

---

① 此信见《丰子恺文集》（文学卷三），浙江文艺出版社、浙江教育出版社 1992 年 6 月版，第 175—176 页。信中曰："承慨允入社，弟感同身受。已函告该社，将来迁沪后再行直接前来道谢。弟去秋病后至今不振，写作读书均极荒怠，实负吾兄来示之殷望。承为青年界征稿，愧无以报命。只待将来努力振作，以求不负来示之雅意也。"
② "□"为字迹难以辨认之字。

表《十分钟作成的名曲——乐曲的话》。（艺术论述，初收《西洋音乐楔子》，［上海］开明书店1932年12月版）。

9月22日，在《申报》发表《舷的内外》（漫画）。

9月23日，全国小学艺术教材供应社成立，社址为上海江湾花园街33弄9号。与陈抱一、朱应鹏、潘伯鹰、倪贻德、刘质平、关良、陈之佛、关紫兰、王道源、傅彦长、俞寄凡等共同主持赞助。①

丰子恺警世漫画《团圞》

9月，《怀娥铃演奏法》（与裘梦痕合编）由（上海）开明书店出版。

《学生漫画》由（上海）开明书店出版，封面画为自作。

在嘉兴为黄涵秋译《续口琴吹奏法》作序。

10月1日，在《中学生》第18号发表《为中学生谈艺术科学习法》（艺术论述，作于1931年，文末署"二十年八月十六日稿"，初收《艺术丛话》，改题为《为中学生谈艺术科学习法》，文末署"二十年八月十六日，为《中学生》作"［上

---

① 朱应鹏（1895—？），浙江人，画家、艺术理论家，为西洋美术团体晨光美术会的发起人之一，曾任教于上海艺术大学、中华艺术大学、新华艺术专科学校、复旦大学等，并先后任《申报》《时报》编辑和《时事新报》《大美晚报》总编辑。潘伯鹰（1898—1966），安徽怀宁人，书法家。倪贻德（1901—1970），浙江杭州人，1922年毕业于上海美术专科学校西画系，1927年赴日本东京川端绘画学校学习，画家、作家。关紫兰（1903—1986），上海人，1927年毕业于上海中华艺术大学西洋画系，同年赴日本留学，入东京文化学院，画家。王道源（1896—1960），湖南常德人，艺术家。傅彦长（1892—1961），湖南宁乡人，曾留学日本，1926年任《音乐界》杂志编辑。俞寄凡（1891—1968），江苏吴县人，南京两江优级师范学堂毕业，1915年春在上海参加洋画研究机构东方画会，1916年赴日本，入川端绘画学校，1917年入东京高等师范学校图画手工部学习，1921年回国，曾任教育部新学程标准委员会艺术科课程纲要起草员，《新艺术》主编。

海] 良友图书印刷公司 1935 年 4 月版)、《某大学的校舍》《消费合作社》《快信》《钮》（漫画）。

10 月 20 日，在《教育杂志》第 23 卷第 10 号发表《雷声的伴奏——管弦乐的话》（艺术论述，初收《西洋音乐楔子》，[上海] 开明书店 1932 年 12 月版）。

10 月，在《海潮音》第 12 卷第 10 号刊出总题为"子恺漫画"的作品 4 幅：《六朝旧时明月》《昔我往矣，杨柳依依》《客养千金躯》《接吻》。其性质当与"警示漫画"一致。

11 月 20 日，在《教育杂志》第 23 卷第 11 号发表《屠户的发的幸运——歌剧的话》（艺术论述，初收《西洋音乐楔子》，[上海] 开明书店 1932 年 12 月版）。

丰子恺警世漫画《人生的阶段》

11 月，在《中学生》第 19 号发表《粉笔灰之香》《学校生活的发条》《书的横队》（漫画）。

作《〈英文名歌百曲〉例言》。

在《良友》画报第 71 期发表《将来的车夫》（漫画）。

冬，作《西洋音乐楔子》序言（序跋）。

12 月 20 日，在《教育杂志》第 23 卷第 12 号发表《兔子和龟的竞走》（艺术论述）。

12 月，在《中学生》第 20 号发表《招收免费生》《写生课毕》、*UNIFORM*（漫画）。

王庆勋著《最新口琴吹奏法》由商务印书馆出版，为其作序（作于 1929 年，文末署"一九二

丰子恺警世漫画《昔日的照相》

九年除夕，子恺时居石湾")。①

在《海潮音》第 12 卷第 12 号刊出总题为
"子恺漫画"的作品 4 幅：《新婚之夕》《待毙》
《公众阅报处》《将来的车夫》。其性质当与"警示
漫画"一致。

是年，应浙江省立第一师范学校同学田惜庵之
请加入《中国儿童时报》社。

插图 7 幅用于（上海）商务印书馆出版的周
越然、桂裕编纂的《英语卅二故事》。

作《仿陶渊明〈责子〉诗》（诗）。②

作《眠儿歌》《清明》《小母亲其一》《小母
亲其二》《小母亲其三》《小母亲其四》《壁上不
可写字！先生说的》《父子》《小学时代的同学》
《父亲上学去》《去年的先生》《两家的父亲》《妆
奁之一部》《进步》《废历新年的学生》《同级生》
《母女》《训育主任的头》《舍监的脚》《不易忘记
的生字》《教师的门》《大考期内》《不平发泄处》
《新皮鞋》《调养室中》《参观者》《阅报室中的不
平》《膳堂中的不平》《第八碗饭》《开票》《自己
的作品》《两种战斗》《不爱戴的领带》《挥毫》
《卖品》等（漫画）。

丰子恺警世漫画《世路》

社会评价

贺海舟：《西洋名画巡礼》，载 1931 年 12 月 1
日《开明》第 2 卷第 26 号。

盛醒吾：《由〈子恺画集〉谈到其他》，载

---

①　王庆勋，口琴演奏家，1926 年与刘因建中国第一个口琴队——大夏大学口琴队，任指挥，1930 年创办中华口琴会，1931 年 8 月，上海天一影片公司由王庆勋指挥录制了中国第一部有声口琴音乐片。

②　见《丰子恺文集》（文学卷三），浙江文艺出版社、浙江教育出版社 1992 年 6 月版，第739 页。

1931 年 12 月 1 日《开明》第 2 卷第 26 号。

何报通:《缘缘堂随笔》,载 1931 年 10 月 1 日《开明》第 2 卷第 24 号。

平 伯:《读了〈孩子们的音乐〉》,载 1931 年 10 月 1 日《开明》第 2 卷第 24 号。

《学生漫画》广告,载 1931 年 12 月 24 日《申报》。

评论选录

《学生漫画》广告

丰子恺先生的巧妙画笔,一经着纸,妙趣横生。他的漫画,久已勾起读者的热狂的情绪。本集用漫画描写现今的学生生活及学校状况,有诗趣,有讽刺,亦庄亦谐。你看这幅缩小的《大考期内》,多么有趣,是文艺精品,又是学生诸君的有切身兴味的图画练习本。

丰子恺警世漫画《痛快的梦》

1932 年　壬申　35 岁

社会文化事略

1 月 28 日，日本军队进攻上海，中国军队展开淞沪抗战。国民政府迁都洛阳。1 月 28 日，陈望道等 35 人发起组织中国著作者协会。3 月 9 日，伪满洲国在长春成立，溥仪就任执政。5 月 5 日，中国国民党政府与日本签订《淞沪停战协定》。9 月，林语堂主办《论语》半月刊。

生平事迹

1 月 26 日，《北洋画报》第 733 期刊出《丰子恺赞胡奇》。①

1 月，《儿童漫画》由（上海）开明书店出版，封面画、扉页画为自作。

在《儿童与教育》（儿童书局版）发表《父型》《二重人格》《权利与义务》《布施》《贫民窟之冬》（漫画）。

叶圣陶、夏丏尊和章锡琛等发起创办开明书店函授学校，成立开明中学讲义社，被列为讲师

---

① 文曰："天津人无不知有画家胡奇者。胡君新出漫画一集，尤为人所称道。丰子恺，以漫画闻名国内，对此书亦多有赞仰，可见其价值之一斑，觅录丰致胡函如下：'承赐大作，由美专转开明，复由开明转敝寓，今日始得展读。大作极佳。内中如《最后之爱》，《饱暖》等幅，尤为弟所爱读。弟亦以此为游戏之人，承来示谬赞，至惭。先生供职银行界（胡在中南银行），而爱为斯道，足见生活趣味，温暖丰富，诚吾国难得之士也。佩甚佩甚。'"

（夏丏尊任社长）。

3 月，《儿童生活漫画》由（上海）儿童书局出版，封面画、扉页画为自作。有序言（作于1931 年，文末署"二十年八月十日子恺记"）。

《海潮音》第 13 卷第 3 号有佛学书局佛学小丛书李圆净著述、丰子恺图绘《绘图护生痛言》广告。广告文中说："本篇用语体来说明护生的原理，和杀生的痛言。使用新式标点，适合时代化，插以警世图画，更多感动性，尤其是封面的含意。本式的玲珑，是谁都欢迎的。"

丰子恺译《自杀俱乐部》书影

4 月，《自杀俱乐部》（译著，［英］史蒂文生，英汉对照附注释）由（上海）开明书店出版。有译者序言（作于 1931 年，文末署"民国二十年七月九日子恺记于嘉兴"）。

黄涵秋编《续口琴吹奏法》由（上海）开明书店出版，为其作序。

5 月，《风琴名曲选》（编选）由（上海）开明书店出版。

《怀娥铃名曲选》（编选）由（上海）开明书店出版。

傅彬然编、叶圣陶书、丰子恺绘《开明常识课本》（共八册）由开明书店出版。

6 月，《开明国语课本》（八册）由开明书店出版，叶圣陶编纂，丰子恺绘图誊写。

《开明文学词典》由开明书店出版，被列为"编辑者"之一，"编辑主干章克标"。

丰子恺编选《风琴名曲选》书影

夏，因"一·二八"淞沪战役中立达学园遭破坏，遂迁居法租界雷米路（今永康路）雷米坊

丰子恺编选《怀娥铃名曲选》
书影

暂住，与裘梦痕为邻（裘住楼下）。因房租太贵，仅住了一个夏天。

秋，立达学园校舍修复后又迁回永义里。

7月1日，在《中学生》第26号上发表《画家的少年时代》（艺术论述，作于1932年7月25日，初收《中学生小品》，中学生书局1932年10月版，后收《甘美的回忆》，［上海］开华书局，1940年12月版）。①

7月25日，作《画家的少年时代》。

7月，作《我的学画》（散文）。

8月4日，赴上海广东饭店参加朱自清与陈竹隐的婚礼。

8月20日，在《社员俱乐部》创刊号发表《我的学画》（散文）。

8月，作《新艺术》（艺术论述）。
装帧画被用于（上海）开明书店出版的叶圣陶著《稻草人》封面，并有扉页画。

9月11日，在《艺术旬刊》第1卷第2期上发表《新艺术》（艺术论述，作于1932年，文末署"二十一年八月，为不果出版之某美术刊作"，初收《艺术趣味》，［上海］开明书店1934年11月版）。又载1937年《涛声》第1卷第5期，题

---

① 《画家的少年时代》发表时文末署："廿一年七月二十五日，于上海。"而《中学生》第26号版权页则标注"民国二十一年七月一日初版发行"。

《论新艺术》。

9 月 13 日，作《儿童与音乐》（艺术论述）。

9 月 15 日，装帧图被用于上海群众图书公司出版的《絜茜》第 1 卷第 2 期。

9 月，应母校（石门湾崇德县立第三小学）校长沈元之请求，为该校作校歌并谱曲。

《艺术教育》（译著，原著［日］阿部重孝等）由（上海）大东书局出版，封面画为自作。有序（作于 1930 年，文末署"民国十九年十二月丰子恺识"）。内容为：一、艺术教育思想的发达，二、艺术教育运动，三、图画教育论，四、音乐教育论，五、音乐教养初步，六、教育艺术论，七、教育艺术的实际示例，八、关于学校中的艺术科，九、关于儿童教育，十、儿童的年龄性质与玩具。其中"关于学校中的艺术科"和"关于儿童教育"为丰氏所著。序言曰："这书中所载的十篇论文，中有八篇是外国的艺术教育论者所著而我所译的。计有日本著者四人，即阿部重孝，岸田刘生，北村久雄，及关宽之；德国著者二人，即 Ernst Weber 与 Franck Damrosch。其余二篇，是我自己所作的。这等文字，都曾在最近二三年来的《教育杂志》上发表过，本来不须保留；因见国内关于艺术教育的论著绝少，遂纂而刊印为这册书，使在岑寂的中国艺术教育界中暂作一个细弱的呼声。"

丰子恺译著《艺术教育》书影

装帧画被用于（上海）商务印书馆出版发行的宏图著《文坛逸话》封面。

丰子恺编选《英文名歌百曲》书影

10 月 27 日，作《小白之死》（散文）。

10 月,《英文名歌百曲》(编选)由(上海)开明书店出版。有例言(署"二十年十一月编者记")。

《中学生小品》由(上海)中学生书局出版。该集收《伯豪之死》《旧话》《出了中学校以后》《甘美的回味》《寄宿舍生活的回忆》《佛法因缘》《关于修培尔德》和《画家的少年时代》。

11 月 1 日,作《胡桃云片》(散文)。

11 月 20 日,在《社员俱乐部》第 2 号发表《关于"调子"》(艺术论述)。

11 月 24 日,致尤其彬函,愿为其小说集《苓英》作封面。①

冬,作《写生世界(上)》(艺术论述)。

12 月 3 日,作《最近世界艺术的新趋势》(艺术论述)。

12 月 5 日,作《梦耶真耶》(散文)。

12 月 14 日,作《画谶》(散文)、《羞耻的象征》(散文)。

---

① 函曰:"其彬吾友:承示大作《苓英》,已拜读,文字流丽,趣味隽永,弟甚为爱读。闻大著将结集出版,如已约定,弟当代为书画封面,以表爱读之忱也。专此奉达,顺颂著祺,弟子恺叩十一月廿四日。"此信未收入《丰子恺文集》(文学卷三)。抗战时期,尤其彬还为丰子恺刻过一枚正方形的"TK"名章,丰氏即致函道谢。此信亦未收入《丰子恺文集》(文学卷三)。信的全文如下:"其彬仁兄:寄下英字印大作,已拜领道谢,此印在中国数千年金石界,可谓别开生面。泥古不化之金石家,见此或将摇首,但弟谓此乃金石之时代精神表现,具足艺术真价,百年后必有多人认识吾兄之革命精神也。即颂秋祺　弟丰子恺顿首　九月四日。"尤其彬(1910—1972),字冰子、老冰,号步林,生于南通市。1936 年毕业于复旦大学外国文学系。毕业后曾任教于杭州虎林中学和南通县中。后入江苏农民银行、中央银行。1949 年后供职于中国人民银行上海分行黄浦分理处。

12 月 28 日，作《玻璃建筑》（散文）。

12 月，《西洋音乐楔子》由（上海）开明书店出版。有序言（作于 1931 年，文末署"二十年冬子恺记于嘉兴"）。① 内容为第一讲：拂拭灰尘的拍子——节奏的话、第二讲：破洋琴与大演奏家——音阶的话、第三讲：可惊的记忆力——乐谱的话、第四讲：以唱歌救国王的乐师——声乐器乐的话、第五讲：维多利亚女皇的害怕——唱歌的话、第六讲：晚餐的代价——风琴洋琴的话、第七讲：御赐的名乐器——怀娥铃的话、第八讲：十分钟作成的名曲——乐曲的话、第九讲：雷声的伴奏——管弦乐的话、第十讲：屠户的发的幸运——歌剧的话。

丰子恺著《西洋音乐的楔子》书影

《立达》复刊号出版，装帧画用于该期。

是年，《护生画集》由（上海）佛学书局出版。

《音乐概论》（译著，原著［日］门马直卫）由（上海）开明书店出版。

《洋琴名曲选》（上、下册，编选）由（上海）开明书店出版。

为《安琪儿》月刊作封面画。②

作《儿戏》（散文）。

作《"糖汤"》《十二岁与五岁》《漫画原稿》《姊妹》《听故事》《新刊》《尝试》《研究其一》《研究其二》《研究其三》《研究其四》《罢工》《骑马》《抬轿》《拉黄包车》《取苹果》《种花》《你给我削瓜我给你打扇》《受伤》《"要！"》《自己恐吓》《"一样大"》《摸索》《似爱之虐其一》

---

① 此书 1949 年重版时改名《西洋音乐知识》。

② 参见钦鸿《丰子恺三作"安琪儿"画》，载 2009 年 1 月 16 日《文汇读书周报》。

《似爱之虐其二》《似爱之虐其三》《似爱之虐其四》《似虐之爱其一》《似虐之爱其二》《似虐之爱其三》《似虐之爱其四》《布施》《"明天会!"》《升学机》《失学者》《师生》《招收免费生》《招生广告》《开学》《哥哥放假回家》《哥哥穿嫌短》《兄弟》《灵肉战争》《校园中的 Pairs》《投井》、KISS、《香烟吃到了》《观剧》《七夕》《纳凉》《三年前的花瓣》《都市之秋》《邻人》《夫妻》《施粥》《兼母之夫其一》《兼母之夫其二》等（漫画）。

在《晨报》发表《儿童与音乐》（随笔，作于1932 年 9 月 13 日，初收《艺术趣味》，［上海］开明书店 1934 年 11 月版）。

在《社员俱乐部》第 2 期发表《关于"调子"》（艺术随笔）。

社会评价

陈子展：《丰子恺的缘缘堂随笔》，载 1932 年 3 月 20 日《青年界》第 2 卷第 1 期。

评论选录

陈子展：《丰子恺的缘缘堂随笔》

这部随笔虽只有二十篇，然而我们在这里可以看到作者用他清隽美之笔，写他童年的愉快，中年的怅触；写他和乐的家庭，以及他的小燕子似的一群儿女；尤其是显示了他在生活上所具的思想情趣之重要部分，——他的人生观，艺术观，宗教观。

1933 年　癸酉　36 岁

社会文化事略

1 月，中国教育会在上海成立。2 月 17 日，英国剧作家、政治家萧伯纳访华。7 月 1 日，《文学》月刊在上海创刊。11 月 12 日，中华全国美术会成立。

生平事迹

1 月 1 日，在《读书杂志》第 3 卷第 1 期 "新年特号" 发表《丰子恺自述》（散文，文末署 "一九三二年十二月记"）。①

艺风社在杭州正式成立，加入该社。该社由孙福熙任社长。会员主要是来自京、沪、杭一带的画家。②

在《东方杂志》第 30 卷第 1 号（新年特大号）发表《梦耶真耶》（散文，作于 1932 年，文末署 "廿一年十二月五日于石门湾"，初收《随笔二十篇》，［上海］天马书店 1934 年 8 月版）。③ 漫画被用于该期封面画，并在刊中发表《建筑家之梦》《母亲的梦》《教师之梦》《黄包车夫的梦》和《投稿者的梦》（漫画）。

丰子恺绘《东方杂志》新年特大号封面

1 月 10 日，在《新中华》第 1 卷第 1 期 "创

---

① 此文与柳亚子、巴金、高语罕、徐悲鸿、熊佛西等 11 人的文章一并发表，总题目为 "作家自传"。丰氏此文为第一篇（以收稿先后为序）。

② 孙福熙（1898—1962），浙江绍兴人，散文家、艺术家、出版家。

③ 收入《随笔二十篇》时，该文文末署 "廿一年十二月五日"。

刊号"发表《最近世界艺术的新趋势》（艺术论述，初收《艺术丛话》，［上海］良友图书印刷公司 1935 年 4 月版，又收《艺术论集》，［上海］中华书局 1935 年 3 月版，又收《艺术学习法及其他》，［桂林］民友书店 1944 年 4 月版）。

1 月 15 日，作《陌巷》（散文）。

装帧画被用于（上海）儿童书局出版的中华儿童教育社编《儿童教育》第 5 卷第 1 期封面。

1 月 16 日，在《东方杂志》第 30 卷第 2 号发表《胡桃云片》（散文，作于 1932 年，文末署"民国二十一年十一月一日"）。

1 月，在《现代》第 2 卷第 3 期发表《小白之死》（散文，作于 1932 年，文末署"民国二十一年十月二十七日写"）。

在《良友》第 73 期发表《画谶》（散文，作于 1932 年，文末署"二十一年十二月十四夜"）、《羞耻的象征》（散文，附图《邻人》，作于 1932 年，文末署"二十一年十二月十四日"，初收《随笔二十篇》，改名《邻人》，有改动，［上海］天马书店 1934 年 8 月版）。

《海潮音》第 14 卷第 1 号封面采用弘一大师书，丰子恺画，目录页用丰子恺的漫画插图。

赴杭州延定巷访马一浮先生。此系第三次到"陌巷"访马一浮。此时已"不复如前之悲愤，同时我的生活也就从颓唐中爬起来，想对'无常'作长期的抵抗了"。[①] 这几年里，丰子恺经常在古诗词中读到"笙歌归院落，灯火下楼台"、"六朝旧时明月，清夜满秦淮"以及"白头宫女在，闲

弘一法师书，丰子恺绘《海潮音》第 14 卷第 1 号封面

① 丰子恺：《陌巷》，收《丰子恺文集》（文学卷一），浙江文艺出版社、浙江教育出版社 1992 年 6 月第 1 版，第 202 页。

坐说玄宗"等咏叹无常的文句，并及时把它们演绎成现代漫画，将来这些画画多了，可以出版一本"无常画集"。他把这个设想讲给马一浮听，马一浮一方面告诉他许多可以找这种题材的佛经和诗文集，还背诵了不少佳句，而另一方面又开导他："无常就是常。无常容易画，常不容易画。"①

丰子恺绘图的《海潮音》第28 卷第 1 期封面

2 月 1 日，在《东方杂志》第 30 卷第 3 号发表《社会运动》《施粥》（漫画）。

2 月 15 日，装帧画被用于（上海）海潮音社出版的《海潮音》第 14 卷第 2 号封面，刊内用丰子恺的漫画插图。该期"编后记"中说："丰子恺居士来信：'《海潮音》征稿，恺乐愿投稿，惟体弱（目疾未痊愈）事多，须稍缓动笔写稿，他日当有小品文呈正。'弘一律师也答应'写稿俟明正（去腊来信）寄至武昌'之信……这都是很好的消息。"

2 月 20 日，在《社员俱乐部》第 3 号发表《写生世界》（上，艺术论述）。

2 月 24 日，作《两个"？"》（散文）。

2 月，装帧画被用于（上海）佛学书局再版的李圆净编校《新编醒世千家诗》封面，另有《先觉者》（绘画）刊于其中。

3 月 9 日，作《怜伤》（散文）。

3 月 16 日，装帧画《恼人春色》用于《东方杂志》第 30 卷第 6 号封面。

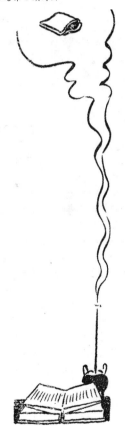

丰子恺佛教杂志装帧插图一例

① 丰子恺：《陋巷》，收《丰子恺文集》（文学卷一），浙江文艺出版社、浙江教育出版社1992 年 6 月第 1 版，第 202 页。

3月27日，在《申报·自由谈》发表《儿戏》（散文，作于1932年）。

3月，在《现代》第2卷第5期发表《玻璃建筑》（艺术论述，作于1932年，文末署"廿一年十二月廿八日于江湾"）。

《海潮音》第14卷第3号封面采用弘一大师书，丰子恺画，刊内用丰子恺的漫画插图。

画作被用于章衣萍著《寄儿童们》封面，（上海）儿童书局出版。

春，作《写生世界（下）》（艺术论述）。

石门湾缘缘堂落成，耗资6000元。地址为梅纱弄8号。① "缘缘堂"匾额由马一浮题写。匾额

---

① 关于石门湾缘缘堂的落成时间，另参考1937年9月1日丰子恺曾在缘缘堂向钟器先生提供过一份自传。这自传手迹最近被发现。钟器（1888—1938），又名怀柔，号晚成庐主人，为活跃在20世纪30年代京津地区的著名学者、书画家、篆刻家、佛学家。钟器原拟出版《书画名家集成》。丰子恺先生曾向其提供了52幅画作，并与其有多次书信交流，其中一封信附有自传。后方继孝先生收集到丰子恺致钟器书信三通（包括自传），并交换给王金声先生。王金声的好友陈子善先生又将这些书信及自传复印后赠丰一吟女士留作史料。在丰子恺的自传中，提到缘缘堂落成的时间为1932年秋。此为一新的研究信息，值得关注。自传曰："余于一八九八年阴历九月十六日生于浙江省石门湾之丰同裕染坊中，染坊为先祖父小康公所创。公早卒，先祖母沈氏性豪爽，爱文艺事，尝延技师教先父及姑母丝竹绘事。此为吾家艺术爱好之渊源。余四岁，先父斛泉公举恩政并科孝廉。同年祖母死。九岁父亦弃养，母钟氏善治家，赖薄田及小店抚育余等姊妹兄弟十人，历三十年之辛苦。余十岁入私塾，十三岁改入小学，十七岁升学杭州第一师范，二十二岁毕业。同年吾妻徐氏来归。时有友在申办艺术专科学校。余以在师范时曾于课外从李叔同先生（即今大慈山僧弘一法师）专修绘画音乐，略长一技，遂为之助教。二十四岁赴日本游历，旅中自修英文日文皆粗通。越一年，购书百册而返。随第一师范时业师夏丏尊先生任教上虞春晖中学，约三年。关于文艺多蒙夏先生指导，课余埋头读书，因得略知世界艺术之概况。二十八岁改任上海立达中学教师。自此至三十三岁间，兼任上海各校艺术教科，复为上海开明书店编著各艺术书稿。三十三岁丧母，尽辞一切职，于嘉兴城南赁屋暂居，自此宿食。三十五岁，即一九三二年秋缘缘堂成，率妻及子女六人还乡，居之至今。前年，女陈宝林先宁馨及儿华瞻赴杭入中学，余夫妇于杭辟寓，时挈嗣男元草及幼女一宁到杭小住。丧母以来，以绘画著述自娱，复以此自活。诸儿学费布衣蔬食之资尚不乏。虽勤靡余暇，但念吾母抚育吾辈时，不敢有所怨尤矣。余不喜社交，又不好孤居，常喜于无人相识之市井中彷徨观览。每见世间可惊可喜可哂可悲之相，辄有所感，归而记之以画，意在描写现世群生之相，不拘题材之雅俗与笔法之中西也。国中嗜痂者频频索画，应酬不暇，遂订例以限制之。廉其润资，庶少自愧，复以结翰墨姻缘耳。天津钟怀柔先生广征书画，嘱作册页专集，并索作者自传，因略记其平生如右，随便附寄。时在民国廿六年秋，正当两地兵火破家之际。此册页若得安抵天津之晚成庐，则虽甚拙劣，亦足贵也。九月一日丰子恺于石门湾缘缘堂。"

下面挂吴昌硕《红梅图》。两旁挂两副对联。厅之两壁挂弘一大师书写的《大智度论·十喻赞》。

　　按：关于缘缘堂，丰氏在《告缘缘堂在天之灵》一文中的描述是：

　　到了中华民国廿二年春，我方才给你赋形，在我的故乡石门湾的梅纱弄里，吾家老屋的后面，建造高楼三楹，于是你就堕地。弘一法师所写的横额太小，我另请马一浮先生为你题名。马先生给你写三个大字，并在后面题一首偈：

　　能缘所缘本一体，收入鸿蒙入双眦。
　　画师观此悟无生，架屋安名聊寄耳。
　　一色一香尽中道，即此××非动止。
　　不妨彩笔绘虚空，妙用皆从如幻起。

　　第一句把我给你的无意的命名加了很有意义的解释，我很欢喜，就给你装饰：我办一块数十年陈旧的银杏板，请雕工把字镌上，制成一匾。堂成的一天，我在这匾上挂了彩球，把它高高地悬在你的中央。这时候想你一定比我更加欢喜。后来我又请弘一法师把《大智度论·十喻赞》写成一堂大屏，托杭州翰墨林装裱了，挂在你的两旁。匾额下面，挂着吴昌硕绘的老梅中堂。中堂旁边，又是弘一法师写的一副大对联，文为《华严经》句："欲为诸法本，心如工画师。"大对联的旁边又挂上我自己写的小对联，用杜诗句："暂止飞乌才数子，频来语燕定新巢。"中央间内，就用以上这几种壁饰，此外毫无别的流俗的琐碎的挂物，堂堂庄严，落落大方，与你的性格很是调和。东面间里，挂的都是沈子培的墨迹，和几幅古画。西面一间是我的书房，四壁图书之外，风琴上又挂着弘一法师写的长

丰子恺佛教杂志装帧插图一例

对，文曰："真观清净观，广大智慧观，梵音海潮音，胜彼世间音。"最近对面又挂着我自己写的小对，用王荆公之妹长安县君的诗句："草草杯盘供语笑，昏昏灯火话平生。"因为我家不装电灯，（因为电灯十一时即熄，且无火表。）用火油灯。我的亲戚老友常到我家闲谈平生，清茶之外，佐以小酌，直至上灯不散。油灯的暗淡和平的光度与你的建筑的亲和力，笼罩了座中人的感情，使他们十分安心，谈话娓娓不倦。故我认为油灯是与你全体很调和的。总之，我给你赋形，非常注意你全体的调和，因为你处在石门湾这个古风的小市镇中，所以我不给你穿洋装，而给你穿最合理的中国装，使你与环境调和。因为你不穿洋装，所以我不给你配置摩登家具，而亲绘图样，请木工特制最合理的中国式家具，使你内外完全调和。记得有一次，上海的友人要买一个木雕的捧茶盘的黑人送我，叫我放在室中的沙发椅子旁边。我婉言谢绝了。因为我觉得这家具与你的全身很不调和，与你的精神更相反对。你的全身简单朴素，坚固合理；这东西却怪异而轻巧。你的精神和平幸福，这东西以黑奴为俑，残忍而非人道。凡类于这东西的东西，皆不容于缘缘堂中。故你是灵肉完全调和的一件艺术品！我同你相处虽然只有五年，这五年的生活，真足够使我回想：

春天，两株重瓣桃戴了满头的花，在你的门前站岗。门内朱栏映着粉墙，蔷薇衬着绿叶。院中的秋千亭亭地站着，檐下的铁马丁东地唱着。堂前有呢喃的燕语，窗中传出弄剪刀的声音。这一片和平幸福的光景，使我永远不忘。

夏天，红了的樱桃与绿了的芭蕉在堂前作成强烈的对比，向人暗示"无常"的至理。葡萄棚上的新叶把室中的人物映成青色，添上了一层画意。垂帘外时见参差的人影，秋千架上常有和乐的笑

丰子恺佛教杂志装帧插图一例

语。门前刚才挑过一担"新市水蜜桃"。又挑来一担"桐乡醉李"。堂前喊一声"开西瓜了！"霎时间楼上楼下走出来许多兄弟姊妹。傍晚来一个客人，芭蕉荫下立刻摆起小酌的座位。这一种欢喜畅快的生活，使我永远不忘。

秋天，芭蕉的长大的叶子高出墙外，又在堂前盖造一个重叠的绿幕。葡萄棚下的梯子上不断地有孩子们爬上爬下。窗前的几上不断地供着一盆本产的葡萄。夜间明月照着高楼，楼下的水门汀好像一片湖光。四壁的秋虫齐声合奏，在枕上听来浑似管弦乐合奏。这一种安闲舒适的情况，使我永远不忘。

冬天，南向的高楼中一天到晚晒着太阳。温暖的炭炉里不断地煎着茶汤。我们全家一桌人坐在太阳里吃冬舂米饭，吃到后来都要出汗解衣裳。廊下堆着许多晒干的芋头，屋角里摆着两三坛新米酒，菜橱里还有自制的臭豆腐干和霉千张。星期六的晚上，孩子们陪我写作到夜深，常在火炉里煨些年糕，洋灶上煮些鸡蛋来充冬夜的饥肠。这一种温暖安逸的趣味，使我永远不忘。

你是我安息之所。你是我的归宿之处。我正想在你的怀里度我的晚年，我准备在你的正寝里寿终。谁知你的年龄还不满六岁，忽被暴敌所摧残，使我流离失所，从此不得与你再见！①

4 月 16 日，在《东方杂志》第 30 卷第 8 号发表《怜伤》（散文，作于 1933 年，文末署"民国二十二年三月九日于石门湾"，初收《随笔二十篇》，［上海］天马书店 1934 年 8 月版）②、《陋巷》（散文，作于 1933 年，文末署"一九三三年

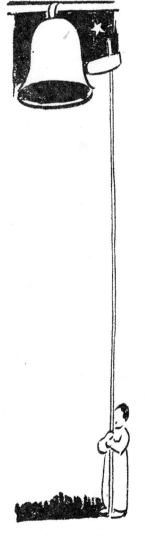

丰子恺佛教杂志装帧插图一例

---

① 《告缘缘堂在天之灵》，曾载 1938 年 5 月 1 日《宇宙风》第 67 期。
② 收入《随笔二十篇》时，此文文末署"廿二年三月九日"。

一月十五日于石门湾")。①

4 月 22 日，立达学园创办人匡互生逝世，丰子恺不再过问校务。

4 月，《海潮音》第 14 卷第 4 号封面图以丰子恺设计为基础，主图选一佛像，刊内用丰子恺的漫画插图。

在《明灯》第 192 期发表《我的信教》（散文，后改题为《两个 "?"》）。

5 月 7 日，作《旧地重游》（散文）。②

5 月 20 日，作《作父亲》（散文）。在《社员俱乐部》第 4 号发表《写生世界（下）》（艺术论述）。

5 月，《海潮音》第 14 卷第 5 号封面图以丰子恺设计为基础，主图选一佛像，刊内用丰子恺的漫画插图。该期有［日］吉田龙英著，灯霞译《俱舍论的解说》，亦采用丰子恺护生画《雀巢可俯而视》。

6 月 1 日，在《前途》第 1 卷第 6 期发表《旧地重游》（散文，作于 1933 年，文末署 "廿二年五月七日"，初收《随笔二十篇》，［上海］天马书店，1934 年 8 月版）、《两出剧》（散文，文末署 "十三年五月十二日"，初收《随笔二十篇》，改名

---

① 丰子恺之母逝世于 1930 年农历正月初五，即公历 2 月 3 日，故文末所署写作时间疑为农历。

② 此文在作者自编的《缘缘堂随笔》（人民文学出版社 1957 年 11 月版）中，写作时间被署为 1934 年春。

《两场闹》，［上海］天马书店 1934 年 8 月版）。

6 月 12 日，封面题字被用于《现代佛教》第 6 卷第 1 期。

6 月 20 日，作《标题音乐》（艺术论述）。

6 月 24 日，作《忆弟》，（散文）。

6 月 25 日，作《取名》（散文）。

6 月 29 日，作《爱子之心》（散文）。

6 月，《海潮音》第 14 卷第 6 号封面图以丰子恺设计为基础，主图选一佛像，刊内用丰子恺的漫画插图。该期有演实《暹罗佛教丛谭》，亦附丰子恺护生画《雀巢可俯而视》。

7 月 1 日，在《文学》第 1 卷第 1 号发表《作父亲》（散文，作于 1933 年，文末署"二十二年五月二十日"，初收《随笔二十篇》，［上海］天马书店 1934 年 8 月版）。
在《东方杂志》第 30 卷第 13 号发表《上桥》《下桥》《游山》《脚夫》（漫画）。

7 月，装帧画被用于（上海）开明书店出版的开明书店编译所编《开明活页文选总目》封面。
《海潮音》第 14 卷第 7 号封面图以丰子恺设计为基础，主图选一佛像，刊内用丰子恺的漫画插图。

8 月 1 日，在《文学》第 1 卷第 2 号发表《标题音乐》（艺术论述，作于 1933 年，文末署"一

丰子恺佛教杂志装帧插图一例

九三三年六月二十日")、《忆弟》（散文，作于
1933 年，文末署"一九三三年六月廿四日在石
门湾"）。

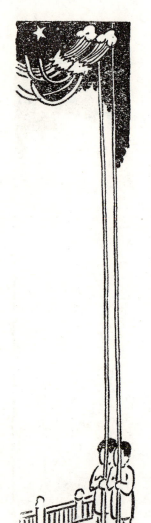

丰子恺佛教杂志装帧插图一例

8 月 16 日，在《东方杂志》第 30 卷第 16 号
发表《取名》（散文，作于 1933 年，文末署"一
九三三年六月二十五日于石门湾"）、《爱子之心》
（散文，作于 1933 年，文末署"一九三三年六月
廿九日于石门湾"，初收《随笔二十篇》，［上海］
天马书店 1934 年 8 月版）。[①]

8 月，装帧画被用于（上海）开华书局出版的
尤其彬短篇小说集《苓英》封面。

《护生画集》英文译本由（上海）中国动物保
护会发行（黄茂林译），自作装帧画和后封画。

《海潮音》第 14 卷第 8 号封面图以丰子恺设
计为基础，主图选一佛塔，刊内用丰子恺的漫画
插图。

开明函授学校招生，任图画、音乐教员。

新秋，作《月的大小》（散文）。

9 月，作《读书》（散文）。

在《中学生》第 37 号发表《月的大小》（艺
术论述，作于 1933 年，文末署"一九三三年新秋，
于石湾，为《中学生》作"，初收《艺术趣味》，
［上海］开明书店 1934 年 11 月版）。

《子恺小品集》由（上海）开华书局出版。该
集收《伯豪之死》《旧话》《出了中学校以后》
《甘美的回味》《寄宿舍生活的回忆》《佛法因缘》
《关于修培尔德》和《画家的少年时代》。

---

① 收入《随笔二十篇》时，此文有较大的改动。

作《随感十三则》（散文）。

《海潮音》第 14 卷第 9 号封面图以丰子恺设
计为基础，主图选一佛塔，刊内用丰子恺的漫画
插图。

10 月，作《九日》（散文，文末署"廿二年
十月"，初收《随笔二十篇》，［上海］天马书店，
1934 年 8 月版）。

《海潮音》第 14 卷第 10 号封面图以丰子恺设
计为基础，主图选一佛塔，刊内用丰子恺的漫画
插图。

秋，作《广洽法师嘱题弘一法师肖像》
（诗）。①

11 月，在《中学生》第 39 号发表《读书》
（散文，作于 1933 年，文末署"二十二年秋日"，
初收《随笔二十篇》，［上海］天马书店 1934 年 8
月初版）。②

在《文学》第 1 卷第 5 号发表《劳者自歌》
（散文，随感十二则，前十一则初收《随笔二十
篇》，［上海］天马书店 1934 年 8 月）。

《海潮音》第 14 卷第 11 号封面图以丰子恺设
计为基础，主图选一佛塔。刊内用丰子恺的漫画
插图。

12 月 5 日，作《绘画与文学》（散文）。

————————————

① 见《丰子恺文集》（文学卷三），浙江文艺出版社、浙江教育出版社 1992 年 6 月版，第 739
页。是年秋，广洽法师请丰氏为弘一法师造像题偈一章，分赠诸净友。丰氏为题："广大智慧无量
德，寄此一躯肉与血。安得千古不坏身，永住世间刹尘劫。"

② 该文后由作者删改，改名《独游西湖》，在 1947 年 7 月 7 日《天津民国日报》发表，又载
1947 年 8 月 15 日《书报精华》第 32 期。

12 月 7 日，作《新年的快乐》（散文）。

12 月 31 日，在《音乐教育》（江西省推广音乐教育委员会编）第 1 卷第 8、9 期发表《爵士音乐》（艺术论述）。

12 月，学生魏风江赴印度国际大学留学。丰氏鼓励其前往，并在此后由魏风江居中与泰戈尔书画往还。当时青年学生多热衷于留日、留欧，几乎没有人会想到要去印度留学。然而丰子恺却鼓励魏风江去，而且还经常给远在印度的这位学生写信，指点其学习的方法。其中有一封信中说："印度人民从古以来，在文学、音乐、舞蹈、绘画、雕刻、建筑等上的成就是异常丰盛的，要研究印度是研究不完的，你钻研印度历史文学志趣很高，但一个人精力有限，不能见猎心喜，兼顾各方，获其常识即可。"魏风江赴印度后有感于泰戈尔的艺术成就，并由此想到了国内的老师丰子恺，遂"诚意地想把中国的艺术家丰子恺和印度的艺术家泰戈尔联系起来。因为两老的绘画、音乐和文学在国内都是著名的，而教育思想更有许多共同之点。我觉得这种联系，由一个他俩共同宠爱的学生来牵线是最适宜的了"。此后由魏风江"牵线"，泰戈尔与丰子恺有过相互间的评论，而泰戈尔的学生洛克什·钱德拉（Lokesh Chandra）此后亦来到中国师从过丰子恺，而且还翻译了《护生画集》。①

作《中国画法与远近法》（艺术论述）。

《海潮音》第 14 卷第 12 号封面图以丰子恺设计为基础，主图选一佛塔，刊内用丰子恺的漫画插图。

装帧画用于（昆明）广学会出版的谢颂羔著

①　参见魏风江《我的老师泰戈尔》一书，贵州人民出版社 1986 年 8 月版。

《理想中人》扉页。

是年，作《漫笔十则》（散文）。

在《良友》第 73 期发表《羞耻的象征》（散文）。

作《仓皇》《战后》《昔年的勇士》等（漫画）

在（上海）开明书店出版《西洋名歌百曲》。

年末，作《商业艺术》（艺术论述）。

社会评价

天　舒：《西洋画派十二讲》，载 1933 年 6 月《中学生》第 36 号。

慎　先：《题母亲的梦》，载 1933 年 1 月 21 日《涛声》第 2 卷第 4 期。

无　梦：《题三面人》，载 1933 年 1 月 21 日《涛声》第 2 卷第 4 期。

聚　仁：《丰子恺之梦》，载 1933 年 1 月 21 日《涛声》第 2 卷第 4 期。

梦　梦：《敬题丰子恺先生新年插画》，载 1933 年 1 月 21 日《涛声》第 2 卷第 4 期。

圆觉：《丰子恺先生》，载 1933 年 6 月 19 日《现代佛教》第 6 卷第 2 期。

《丰子恺挥毫信佛》，载 1933 年《摄影画报》第 9 卷第 19 期。

评论选录

圆觉：《丰子恺先生》

他说他已茹素六年，并不感觉什么痛苦，至于他的夫人和他的四个子女都是长年除荤，尤其他的令妹，不但茹素而且持午，可谓是全家佛化了。他还说："我虽长年茹素，但是每天因忙于看书写稿，没有空暇来修持，心里很一觉惭愧，将来我总想勉力做到修持的这层。"

《丰子恺挥毫信佛》

专写音乐理论和舍（疑为"含"字之误——引者注）有消极的哲理的小品文的丰子恺，有人请他作书，他常以"南无阿弥陀佛"六字报之，因为他是"我佛如来"的忠实信徒，他的书法极似他的老师李叔同，李已出家为僧，即弘一法师。

聚　仁：《丰子恺之梦》

子恺兄：

你在《东方杂志》三十卷一期那几张梦的漫画，实在有点离奇，不仅是痴人说梦！

黄包车夫做那么古怪的梦：自己生了四只脚，拉得车快，使搁起脚来那位主子坐得更舒服，那真荒天之大唐？请兄问一问胡愈之先生，俄国的劳动者是否都是这样白日见鬼的？

若依我替兄设计，要画四只脚，不如把上面那两只放到地下，把车挡衔在口里，直接把兄脑中"车夫即狗"的印象画出来为上。那三个面向的投稿家，也画他一个面向一种奴才模样，不要统把香烟含在嘴里，奴才见了主子，是不许含香烟的。兄以为如何？

兄前几年所画护生漫画，已经十分荒唐。这几张漫画，更是不近人情，该如此等等地狱。兄皈依佛法，何苦争名争利？回头是岸，善哉善哉！

弟聚仁合十①

① 曹聚仁之信刊于该期《涛声》杂志的第11页，同页还附有丰子恺漫画《黄包车夫的梦》和《母亲的梦》，并配有署名"慎先"写的《题母亲的梦》和署名"无梦"所写的《题三面人》，似有以诗代评的意味。

　　梦梦：《敬题丰子恺先生新年插画》

　　子恺先生作官梦，时清欲上承平颂。极目人间画福人，无灾无难无悲痛。母亲教师建筑家，投稿者与黄包车，平心静气都安乐，有梦咸成锦上花。昨宵一梦来寻我：众生兀兀经坎坷；画师颈上系金铃，独自低眉花下坐。

1934 年　甲戌　37 岁

社会文化事略

1 月，上海《时代漫画》月刊创刊。2 月 19 日，蒋介石发起"新生活运动"。3 月 1 日，溥仪在长春称帝。4 月，林语堂等主办的《人间世》半月刊在上海创刊。8 月 19 日，希特勒成为德国国家元首。9 月 20 日，陈望道主编的《太白》半月刊创刊。9 月，国民政府教育部发布训令，限制宗教团体设立学校。10 月 10 日，中央红军开始长征。11 月 13 日，《申报》负责人史量才被国民党特务杀害。

生平事迹

1934 年年初，丰子恺在岳母家为岳母做寿时合影

1 月 1 日，在《文学》第 2 卷第 1 号（新年号）发表《绘画与文学》（艺术论述，作于 1933 年 12 月 5 日，初收《绘画与文学》，[上海] 开明书店 1934 年 5 月版，有改动，文末署"一九三三年十二月作，曾载《文学》，今改作"）、《新年试笔》（散文）。①

在《文学季刊》创刊号发表《诗人的平面观》（艺术论述）。为该刊特约撰稿人。

在《东方杂志》第 31 卷第 1 号（三十周年纪

---

① 1934 年 1 月 1 日《文学》第 2 卷第 1 号（新年号），在"新年试笔"专栏下共发表冰心等 15 位作家的文章，丰子恺之文为其八。

念号）发表《个人计划》。①

在《长城》第 1 卷第 1 期发表《九日》（散文，初收《随笔二十篇》，［上海］天马书店 1934 年 8 月版）。

1 月 10 日，在《新中华》第 2 卷第 1 期发表《商业艺术》（艺术论述，初收《艺术丛话》，［上海］良友图书印刷公司 1935 年 4 月版，又收《艺术论集》，［上海］中华书局 1935 年 3 月版，又收《艺术学习法及其他》［桂林］民友书店 1944 年 4 月版）。

丰子恺与妻及次女林先在缘缘堂合影

1 月 16 日，在《论语》第 33 期发表《树犹如此》（漫画）。

1 月，在《中学生》第 41 号上发表《新年的快乐》（散文，作于 1933 年，文末署“二十二年十二月七日于浙江”，初收《随笔二十篇》，改名《新年》，［上海］天马书店 1934 年 8 月版）②、《中国画与远近法》（艺术论述，作于 1933 年 12 月，初收《绘画与文学》，［上海］开明书店 1934 年 5 月版，入集时文末署“一九三三年十二月作，曾载《中学生》”）。

《海潮音》第 15 卷第 1 号刊内用丰子恺的漫画插图。

丰子恺在缘缘堂楼下西书房欣赏图章

2 月 1 日，在《论语》第 34 期发表《有情明

---

① 计划写曰：“我年来想写一册《非战画集》。计划的第一步，是阅读古人关于从军的诗文，和今人关于非战的论著，而从中选集或感得画的题材。第二步，是收集关于近代战争的照片或画图，以作画的参考。第三步是描画题字。”并解释曰：“这事的动机，发生于一二八战争期间。后来忙别的事，没有做。后来患眼疾，又没有做。直到去年年底，马一浮先生也劝我做。不约而同，也是难得的缘，我便决心动手。”

② 此文收入人民文学出版社 1957 年 11 月版《缘缘堂随笔》时，文题仍用《新年的快乐》。

月》（漫画）。

在《中学生》第 42 号发表《理想的钟：考试时间》《理想的钟：休息十分间》《星期六之夜》《星期一之晨》（漫画）。

2 月 5 日，作《纪念近世音乐的始祖罢哈》（散文）。作《绘画与文学》序言（序跋）。作《中国美术的优胜（附录）》附记。

2 月 6 日，在《论语》第 35 期发表《生趣》《夫死战场子在腹》（漫画）。

2 月 27 日，致钱晋容信。述及请其购书之事。①

2 月，作《学画回忆》（散文）。

《海潮音》第 15 卷第 2 号刊内用丰子恺的漫画插图。

在《申报周刊》发表《一将功成》《吉与凶》《一二八之夜》《勋章》（漫画）。

3 月 1 日，在《论语》第 36 期发表《丧家之狗》（漫画）。

在《中学生》第 43 号发表《听讲六式》《用下巴写字的人》（漫画）。

3 月 7 日，作《儿童画》（艺术论述）。

3 月 12 日，作《春》（散文）。

丰子恺在缘缘堂廊下看书
（摄于 1934 年）

---

① 此信见《丰子恺文集》（文学卷三），浙江文艺出版社、浙江教育出版社 1992 年 6 月版，第 180 页。钱普容系丰子恺之同乡，曾供职于开明书店。

3 月 15 日，在《良友》第 86 期发表"非战漫画"（漫画）。作《文言画》（散文）。作《读画史》（散文）。

3 月 17 日，作《谈中国画》（艺术论述）。

3 月 26 日，作《音乐之用》（艺术论述）。

3 月，《海潮音》第 15 卷第 3 号刊内用丰子恺的漫画插图。

4 月 1 日，在《中学生》第 44 号发表《春》（散文，作于 1934 年 3 月 12 日，文末署"一九三四年，三月十二夜十时"，初收《随笔二十篇》，[上海] 天马书店 1934 年 8 月版）、《抖着腿读书的人》《钻研》（漫画）。

4 月 2 日，作《素食以后》（散文）。

4 月 5 日，在《人间世》第 1 期发表《文言画》（散文，作于 1934 年，文末署"一九三四年三月十五日，为《论语》著"，初收《艺术趣味》，改名《谈中国画》，[上海] 开明书店 1934 年 11 月版）。

丰子恺为《学佛女郎》所作的插图《今日残花昨日开》

4 月 8 日，作《五月》（散文）。

4 月 10 日，在《新中华》第 2 卷第 7 期发表《大众艺术的音乐》（艺术论述，初收《艺术丛话》，[上海] 良友图书印刷公司 1935 年 4 月版，又收《艺术论集》，[上海] 中华书局 1935 年 3 月版，又收《艺术学习法及其他》[桂林] 民友书店 1944 年 4 月版）。

丰子恺绘图的《论语》杂志
封面一例

4月13日，作《五月预想》（散文）。

4月16日，在《论语》第39期上发表《读画史》（散文，作于1934年3月15日，初收《艺术趣味》，［上海］开明书店1934年11月版）、《这两个不要》（漫画）。

4月20日，作《吃瓜子》（散文）。

4月22日，作《蝌蚪》（散文）。作《教师之经验及感想》（散文）。

4月24日，作《将来的绘画》（艺术论述）。

4月，《海潮音》第15卷第4号刊内用丰子恺的漫画插图。

5月3日，《益世报》"妇女周刊""读书"栏刊出丰氏著《世界大音乐家与名曲》介绍，署名"编者"。

5月16日，在《论语》第41期发表《吃瓜子》（散文，作于1934年，文末署"廿三年四月廿日"，初收《随笔二十篇》，［上海］天马书店1934年8月初版）。

5月19日，作《看灯——船室随笔之一》（散文）。

5月20日，在《人间世》第4期发表《蝌蚪》（散文，作于1934年，文末署"一九三四年四月廿二日"，初收《随笔二十篇》，［上海］天马书店1934年8月版）。作《鼓乐——船室随笔之一》

（散文）。

5 月 24 日，在《申报》发表《摸索》《阿花饮水处》《盾》（漫画）。

5 月 26 日，在《申报》发表《歌声雨声履声的交响乐》（漫画）。

5 月 30 日，在《申报》发表《五卅之歌》（漫画）。

5 月，在《中学生》第 45 号发表《五月预想》（散文，作于 1934 年 4 月 13 日，文末署"一九三四年四月十三日于上海客寓"，初收《随笔二十篇》，改名《五月》，［上海］天马书店 1934 年 8 月版）①、《音乐之用》（音乐讲话，作于 1934 年，文末署"廿三年三月廿六日，为《中学生》作"，初收《艺术趣味》，［上海］开明书店 1934 年 11 月版）。

《绘画与文学》由（上海）开明书店出版。有序言（作于 1934 年，文末署"一九三四年二月五日记"）。该集收《文学中的远近法》（文末署"一九三〇年初作，曾载《中学生》，今改作。"）、《文学的写生》（文末署"一九三〇年初作，曾载《中学生》，今改作。"）、《绘画与文学》（文末署"一九三三年十二月作，曾载《文学》，今改作。"）、《中国画与远近法》（文末署"一九三三年十二月作，曾载《中学生》。"）和《中国美术的优胜（附录）》［自注"附记：此文写于千九百二十六七年间，曾载第二十七卷第一号《东方杂志》

丰子恺著《绘画与文学》书影

---

① 入集时署"廿三年四月八日"。此文后又载 1947 年 6 月 30 日《天津民国日报》，改名《五月写生旅行》。

（署名婴行）。现在稍加修改，附刊在此书卷尾，为其与前篇略有关系之处。一九三四年二月五日记。"]

作《作客者言》（散文）。

《海潮音》第 15 卷第 5 号刊内用丰子恺的漫画插图。

6 月 1 日，在《申报》发表《活傀儡》（漫画）。

在《中学生》第 46 号发表《升学》《升学机》《失学者》（漫画）。

丰子恺组画作品一例

6 月 2 日，在《申报》发表 *A BOY AND A DOG*……（漫画）。①

6 月 4 日，在《申报》发表《深巷黄昏》（漫画）。

6 月 5 日，在《申报》发表《案头》（漫画）。

6 月 7 日，作《疤》（散文）。
在《申报》发表《宿题》（漫画）。

6 月 8 日，在《申报》发表《第九十九拍》（漫画）。

丰子恺组画作品一例

6 月 9 日，在《申报》发表《晚归》（漫画）。

6 月 10 日，作《野外理发处》（散文）。

6 月 12 日，在《申报》发表《老蚕豆》（漫画）。

---

① 此画之一部分还作为装饰图用于 1934 年 8 月 6 日《申报》。

6 月 16 日，作《三娘娘——船室随笔之一》（散文）。

6 月 17 日，致钱普容信，婉言谢绝为其作插图事。①

6 月 20 日，在《申报》发表《鼓乐——船室随笔之一》（散文，作于 1934 年，文末署"二十三年五月廿日"，附图《鼓乐》，初收《车厢社会》，［上海］良友图书印刷公司 1935 年 7 月版）、《新生活运动提灯大会所见》（漫画）。

6 月 25 日，在《申报》发表《熟梅》（漫画）。

6 月 26 日，在《申报》发表《糖糕》（漫画）。

6 月 27 日，在《申报》发表《卖席》（漫画）。

6 月 28 日，在《申报》发表《薄荷糖》（漫画）。

6 月 29 日，在《申报》发表《云霓》（漫画）。

丰子恺组画作品一例

6 月，在《前途》第 2 卷第 6 期发表《世界绘画的前途》（艺术论述，初收《艺术丛话》，［上海］良友图书印刷公司 1935 年 4 月版，改题《将来的绘画》。又收《艺术学习法及其他》［桂林］民友书店 1944 年 4 月版）。

————————

①　此信见《丰子恺文集》（文学卷三），浙江文艺出版社、浙江教育出版社 1992 年 6 月版，第 182 页，信中曰："你的'唐诗'和'白香谱'要我作插画，我实不能遵命。因古人诗词我自在《子恺漫画》中试描数幅之后，未曾再写。为的是古代人情风物，不能空想。杜造往往有误（《子恺漫画》古诗句部，曾以此点受人批评）。若要认真画，非费数年穷考古代器物图谱不可。此事在极忙的我不能胜任……倘你与开明接洽好了，我为你画一封面可也。"

（上海）开明书店出版叶绍钧编，丰子恺绘《开明国语课本》。

《海潮音》第15卷第6号刊内用丰子恺的漫画插图。

7月1日，在《文学》第3卷第1号发表《三娘娘——船室随笔之一》（散文，作于1934年，附图《三娘娘》，文末署"廿三年六月十六日"，初收《车厢社会》，〔上海〕良友图书印刷公司1935年7月版）。①

作《随笔二十篇》付印记（序跋，文末署"二十三年七月一日下午，寒暑表上九十八度的时候，丰子恺记"）。

丰子恺组画作品一例

7月2日，在《申报》发表《迷路》（漫画）。

7月4日，在《申报》发表《柳荫》（漫画）。

7月6日，在《申报》发表《话桑麻》（漫画）。

7月7日，在《申报》发表《休息》（漫画）。

7月9日，在《申报》发表《你给我削瓜，我给你打扇》（漫画）。

7月10日，在《申报》发表《乘凉》（漫画）。

---

① 此文在收入人民文学出版社1957年11月版《缘缘堂随笔》时有改动。

7 月 11 日，收读者来信。①

7 月 12 日，在《申报》发表《新丝》（漫画）。

7 月 13 日，在《申报》发表《南亩》（漫画）。

7 月 14 日，作《穷小孩的跷跷板》（散文），并附图。

在《申报》发表《剃头担》（漫画）。

7 月 15 日，在《申报月刊》第 3 卷第 7 号（创刊二周年纪念特大号）发表《野外理发处》（散文，作于 1934 年，文末署"廿三年六月十日作"，附图《野外理发处》，初收《车厢社会》，［上海］良友图书印刷公司 1935 年 7 月版）。

作《热天写稿》（散文）、《劳者自歌》（散文）一则。

7 月 16 日，在《论语》第 45 期发表《看灯——船室随笔之一》（散文，作于 1934 年，文末署"廿三年五月十九日"，附图《此地不准小便》，初收《车厢社会》，［上海］良友图书印刷公司 1935 年 7 月版）。

在《申报》发表《归宁》（漫画）。

---

① 信曰："子恺先生：近来在《自由谈》上，几乎每天能见到你的插画。你的画好极了。倘要问我怎样好法，却又说不出来。总之，很是耐人寻味的。前数天偶然看见几个穷小孩在玩。他们的玩法，我意颇能作你画稿的材料，而且很合你向来的作风。现在特地贡献给你，已备采纳。此祝康健。一个敬佩你的读者上七，十一日。"信后附注曰："小孩的玩法——先把一条长凳放置地上。再拿一条长凳横跨在上面。这样二个小孩坐在上面一张长凳的两端，仿跷跷板的玩法，一高一低的玩着。"此外，还画了一张草图。

丰子恺于 1934 年 7 月 23 日在
《申报》发表《穷小孩的跷跷板》
的附图

7 月 20 日，在《人间世》第 8 期发表《疤》（散文，作于 1934 年，文末署"一九三四年六月七日"，初收《随笔二十篇》，改名《梦痕》，［上海］天马书店 1934 年 8 月版）。①

在《申报》发表《求雨》（漫画）。

作《劳者自歌》（散文）一则。

7 月 22 日，作《劳者自歌》一则（散文）。

7 月 23 日，在《申报·自由谈》发表《穷小孩的跷跷板》（散文，有附注、附图《穷小孩的跷跷板》②，作于 1934 年，文末署"廿三年七月十四日"，初收《车厢社会》，［上海］良友图书印刷公司 1935 年 7 月版）。

作《劳者自歌》（散文）一则。

7 月 24 日，作《劳者自歌》（散文）二则。

在《申报》发表《二弦琴》（漫画）。

7 月 25 日，在《申报》发表《汗》（漫画）。

7 月 27 日，作《劳者自歌》（散文）一则。

7 月 28 日，作《劳者自歌》（散文）二则。

7 月 29 日，作《劳者自歌》（散文）一则。

7 月 30 日，作《劳者自歌》（散文）一则。

丰子恺在杭州皇亲巷的租屋

---

① 此文后又删节改名《黄金时代》，收入《率真集》，万叶书店 1946 年 9 月 20 日印刷，10 月 10 日初版。

② 丰子恺特意请编辑在画旁注上了这样一段文字："（附注）世间倘有看了我的仿画而教孩子们做这游戏的人，务请关照孩子们，'当心轧手指'！那板凳的交叉点的地方，很危险，手不可伸过去。细嫩的手指被轧了一下，不是耍处。"

在《申报》发表《三眠》（漫画）。

7 月 31 日，在《申报》发表《卖浆》（漫画）。

7 月，《海潮音》第 15 卷第 7 号刊内用丰子恺的漫画插图。

暑假，送子女到杭州赴考。在杭州租皇亲巷 6 号为别寓。往返于杭州石门及上海之间。

8 月 1 日，在《论语》第 4 卷第 46 期发表《热天写稿》（散文，作于 1934 年，文末署"二十三年七月十五夜"）。

8 月 2 日，作《劳者自歌》一则（散文）。

8 月 4 日，作《劳者自歌》一则（散文）。

丰子恺子女在杭州皇亲巷租屋花园合影（丰子恺摄）

8 月 9 日，作《比较》（散文）。

8 月 10 日，作《劳者自歌》二则（散文）。

8 月 13 日，作《劳者自歌》一则（散文）。

8 月 15 日，作《肉腿》（散文）、《闲》（散文）。
在《申报》发表无题漫画 1 幅。

8 月 16 日，作《劳者自歌》（散文）一则。
在《申报》发表《牵牛织女星》（漫画）。
在《长城》第 1 卷第 16 期发表《劳者自歌》四则（散文）。

8 月 17 日，在《申报》发表《西瓜》（漫画）。

8月21日，在《申报》发表《"黄包车？"》（漫画）。

8月22日，在《申报》发表《买办》（漫画）。

8月23日，在《申报》发表《口的助力》（漫画）。

8月24日，在《申报》发表《目的地》（漫画）。

8月25日，在《申报》发表《3×2＝6人》（漫画）。

8月28日，作《谈图画的用具和材料》（艺术论述）。

8月29日，在《申报》发表无题漫画1幅。

8月31日，在《申报》发表《余香》（漫画）。

丰子恺组画作品一例

8月，《随笔二十篇》由（上海）天马书店出版。有付印记（作于1934年，文末署"廿三年七月一日下午，寒暑表上九十八度的时候，丰子恺记"）。该集收《吃瓜子》《读书》《邻人》《蝌蚪》《给我的孩子们》《作父亲》《儿戏》《旧地重游》《两场闹》《梦痕》《两个？》《怜伤》《爱子之心》《梦耶真耶》《新年》《春》《五月》《九日》《随感五则》和《随感十三则》。

在《湖北教育月刊》第1卷第8期"湖北教育问题专号"发表《教师之经验及其感想》（散文，发表时文末署"一九三四年四月廿二日"）。

在《海潮音》第15卷第8号发表《素食以

后》（散文），又载是年 10 月 4 日《护生报》"动
物节特刊"。漫画用于该期插图。

农历七月作《乘凉——石门湾木场桥》（漫画）。

秋，作《钱江看潮记》（散文）。
送小学毕业的女儿、亲戚及朋友的孩子到杭州
投考中学。
林语堂来信，嘱写《谈漫画》。

9 月 1 日，在《良友》第 93 期发表《劳者自
歌》（随感六则，无写作时间）。
扉页题字被《小说半月刊》第 7 期采用。
在《申报》发表《施粥》（漫画）。
《中学生》第 47 号发表《从坟到店》（建筑讲
话，初收《西洋建筑讲话》，［上海］开明书店
1935 年 12 月版），刊出《西洋名画巡礼》广告。

丰子恺组画作品一例

9 月 3 日，在《申报》发表《10 + 10 = 20 岁》
（漫画）。

9 月 5 日，在《新潮杂志》第 1 期发表《音乐
与人生》，后收《开明音乐教本·乐理篇》，1935
年 7 月（上海）开明书店版。

9 月 10 日，在《教育杂志》第 24 卷第 1 号发
表《谈图画的形式与内容》（艺术论述）及漫画
《民族教育的 FIRST STEP》（作于 1934 年 7 月）。
作《送考》（散文）。
在《申报》发表《三板两支》（漫画）。

9 月 11 日，在《申报》发表《阿要看
到……》（漫画）。

9 月 13 日，在《申报》发表《筏》（漫画）。

9 月 14 日，在《申报》发表《藕》（漫画）。

9 月 15 日，在《申报》发表《荷花池上》（漫画）。

9 月 16 日，在《论语》第 49 期发表《作客者言》（散文，作于 1934 年，文末署"廿三年五月旅中"，初收《车厢社会》，［上海］良友图书印刷公司 1935 年 7 月版）。

9 月 17 日，在《申报》发表《中流》（漫画）。

9 月 18 日，在《申报》发表《开水》（漫画）。

9 月 19 日，在《申报》发表无题漫画 1 幅。

9 月 20 日，在《太白》创刊号发表漫画作品。

9 月 22 日，在《申报》发表《等夜车》（漫画）。

9 月 24 日，在《申报》发表《剧的姿势》（漫画）。

9 月 25 日，在《申报》发表《多样统一》（漫画）。

9 月 26 日，在《申报》发表《八十七岁》（漫画）。

9 月 27 日，作《〈艺术趣味〉付印记》（续跋）。

在《申报》发表《血》（漫画）。

9月28日，在《申报》发表《三与一之比》（漫画）。

9月29日，在《申报》发表《"人丹，阿要买仁丹?"》（漫画）。

9月，《近代艺术纲要》由（上海）中华书局出版。有自序（作于1931年，文末署"二十年三月三十日子恺记"）。内容有：第一章总论、第二章古典主义与浪漫主义的艺术、第三章写实主义的艺术、第四章印象主义的艺术、第五章表现主义的艺术、第六章新兴艺术。①

丰子恺编《近代艺术纲要》书影

被聘为《太白》半月刊特约撰稿人。

《劳者自歌》（16人合集）由（上海）生活书店出版，收丰氏《劳者自歌》二则，作于1933年。

《海潮音》第15卷第9号刊内用丰子恺的漫画插图。

10月1日，在《论语》第50期发表《比较》（散文，作于1934年，文末署"二十三年八月九日"，初收《车厢社会》，[上海]良友图书印刷公司1935年7月版）。

在《申报》发表《板儿饭》（漫画）。

在《中学生》第48号发表《坟的艺术》（艺术论述，初收《西洋建筑讲话》，[上海]开明书店1935年12月版）、《送考》（散文，作于1934年，文末署"廿三年九月十日于西湖招贤寺"，初收《车厢社会》，[上海]良友图书印刷公司1935

丰子恺漫画《烟中三昧》

---

① 此书大部分内容为日本中井宗太郎著，为节译。

年7月版）及《拉得高》《难关》《视线》（漫画）。

10月2日，在《申报》发表《湖畔路》（漫画）。

10月3日，在《申报》发表《西湖上的卖花生米》（漫画）。

10月4日，在《申报》发表《卫生设备》（漫画）。

10月5日，在《太白》第1卷第2期发表《簾外雨潺潺》《美丽的旧梦》（漫画）。

在《申报》发表《绿与白》（漫画）。

10月6日，致张院西信，言儿童相漫画等事。①

10月10日，在《教育杂志》第24卷第2号发表《谈图画的用具和材料》（艺术论述，作于1934年8月28日）、《前程远大》（漫画）。作《画友——对一青年习画者的谈话》（散文）。

在《申报》发表《东邻吊罢西邻贺》《拿下来！我们要迎提灯会！》（漫画）。

10月13日，在《申报》发表《行商》（漫画）。

---

① 此信《丰子恺文集》（文学卷三）中未收，见《子恺书信》（下），海豚出版社2013年9月版，第36—37页，信曰："院西仁弟：示奉到。施君横幅二件，前恐未决定，故剩未动笔。今当于双十前后写寄。吾弟欲得'儿童相'而藏之，此事仆自己亦感兴味。盖仆一向喜写儿童也。待笔债还清，（因双十润笔加倍，故近笔债堆积，大约双十前后可还清。附寄改订润例，供传观）当将漫画儿童相中可爱诸相，汇集为一图（画面必甚闹热矣），同时仆自己亦绘一张自藏也。惟此事费时，请略缓报命。兴味之作，不收润笔，请勿客气……"张院西系丰子恺漫画爱好者。

10 月 20 日，在《人间世》第 14 期发表《劳者自歌》（随感六则，作于 1934 年，文末分别署"廿三年八月十日于船中"、"廿三年八月十四"、"二十三年八月二日"、"廿三年八月四日"、"廿三年八月十三日"、"廿三年八月十六日"）。

10 月 23 日，在《申报》发表《毛野人》（漫画）。

10 月 24 日，在《申报》发表《他们的 SO-FA》（漫画）。

10 月 26 日，在《申报》发表《五娘娘》（漫画）。

10 月 27 日，在《申报》发表《摄影》（漫画）。

10 月 29 日，在《申报》发表 KISS（漫画）。

10 月 31 日，在《申报》发表《卖菊花》（漫画）。

丰子恺漫画《新夫妇乘凉两身汗》

10 月，作《开明图画讲义》例言。作《开明音乐讲义》编辑例言。

《海潮音》第 15 卷第 10 号刊内用丰子恺的漫画插图。

在《东南日报》双十特刊发表"双十节漫画"（漫画）。

11 月 1 日，在《申报》发表《钟声》（漫画）。

在《中学生》第 49 号上发表《殿的艺术》（艺术论述，初收《西洋建筑讲话》，［上海］开明书店 1935 年 12 月版）、《画友——对一个青年习画者的谈话》（散文，作于 1934 年 10 月 10 日，文末署"廿三年双十"，初收《车厢社会》，［上海］良友图书印刷公司 1935 年 7 月版）及《敬礼》《招生其一》《招生》（漫画）。

11 月 5 日，在《太白》第 1 卷第 4 期发表《桂花蒸》《头奖五十万元》（漫画）。

11 月 7 日，在《申报》发表《馄饨担》（漫画）。

11 月 9 日，在《申报》发表《"吃茶"》（漫画）。

11 月 10 日，在《教育杂志》第 24 卷第 3 号发表《建设的材料——此人所担者如砖亦如书》（漫画）。

11 月 13 日，作 SWEET HOME（散文）。

11 月 19 日，在《申报》发表《拍卖》（漫画）。

11 月 20 日，在《太白》第 1 卷第 2 期发表漫画作品。

11 月 21 日，在《申报》发表《小车》（漫画）。

11 月 24 日，在《申报》发表《好音》（漫画）。

11 月 27 日，在《申报》发表《"将!"》（漫画）。

丰子恺著《艺术趣味》书影

11 月 29 日，致张院西信，谈所订之画事。①

11 月，《艺术趣味》由（上海）开明书店出版。有付印记（文末署"廿三年九月廿七日，子恺记于石门湾"）。该集收《对于全国美展的希望》（文末署"十八年三月十六日于石门湾"）、《从梅花说到美》（文末署"十八年岁暮《中学生》美术讲话"）、《从梅花说到艺术》（文末署"十八年岁暮，《中学生》美术讲话"）、《艺术鉴赏的态度》（文末署"十八年九月十日为松江女子中学高一讲述"）、《新艺术》（文末署"二十一年八月，为不果出版之某美术刊作"）、《美的教育》（译文，原作〔日〕赤井米吉，文末署"某年，为《教育杂志》译"）、《为什么学图画》（文末署"十八年十一月为松江女中初中一年生讲述"）、《美与同情》（文末署"十八年九月八日为松江女中高中一年生讲述"）、《绘画之用》（文末署"十八年清明于石门湾，为全国美展刊作"）、《谈像》（文末署"十八年九月，为《中学生》"）、《儿童画》（文末署"一九三四年三月七日，为江苏省教育厅《小学教师》作"）、《我的学画》（文末署"廿一年七月于上海法租界雷米坊，为开明函授学校《社员俱乐部》作"）、《写生世界（上）》（文末署"廿一年冬为开明函授学校《学员俱乐部》作"。按：应系《社员俱乐部》）、《写生世界（下）》（文末署"廿二年春为开明函授学校《学员俱乐部》作"。按：应系《社员俱乐部》）、《野外写生》（文末署"十九年九月，《中学生》美术讲话"）、《谈中国画》

---

① 此信《丰子恺文集》（文学卷三）中未收，见《子恺书信》（下），海豚出版社 2013 年 9 月版，第 37—38 页，信曰："院西仁弟：订画至今全清。足下大批订件，八件又二件，共十件，今邮奉。八件中并未题上款，因当时未曾询明白，恐有不需要者。今先将画寄奉，哪几帧要题上款，乞再寄示题奉可也……"

（文末署"一九三四年三月十七日为《人间世》作"）、《读画史》（文末署"一九三四年三月十五日，为《论语》者"，者疑为著字之误——引者注）、《月的大小》（文末署"一九三三年新秋，于石湾，为《中学生》作"）、《音乐之用》（文末署"廿三年三月廿六日，为《中学生》作"）、《儿童与音乐》（文末署"廿一年九月十三日，为《晨报》作。病中口述，陈宝笔录"）、《女性与音乐》（文末署"民国十五年冬至，为《新女性》作"）和《谈蓄音机》（文末署"十八年一月十一日，为《开明》作"）。

丰子恺编著《开明图画讲义》书影

《开明图画讲义》由（上海）开明书店出版。有例言（文末署"廿三年十月"）。本书一部分材料取自日本早稻田函授中学《图画讲义》，大部分为编著者讲述。

《开明音乐讲义》由（上海）开明书店出版。有编辑例言（作于 1934 年 10 月，署名"编者"）。①

《海潮音》第 15 卷第 11 号刊内用丰子恺的漫画插图。

《开明国文讲义》（共三册）由开明函授学校出版，开明书店印行，其中第一册收《剪网》（散文）。

12 月 1 日，在《申报》发表无题漫画 1 幅。

在《中学生》第 50 号发表 SWEET HOME（散文，作于 1934 年 11 月 13 日，文末署"廿三年十一月十三日"，初收《丰子恺创作选》，仿古书店 1936 年 10 月版）、《寺的艺术》（艺术论述，初收《西洋建筑讲话》，[上海] 开明书店 1935 年 12 月版）及《挥毫》《新刊》（漫画）。

---

① 本书材料大部分取自日本伊庭孝著《音乐读本》，编者另有补充删改。

12 月 3 日，在《申报》发表《缓步》（漫画）。

12 月 5 日，在《太白》第 1 卷第 6 期发表漫画作品。

在《申报》发表《𝄞与𝄢》（漫画）。

12 月 6 日，在《申报》发表《热手巾》（漫画）。

12 月 10 日，在《教育杂志》第 24 卷第 4 号发表《眼药——心眼需要药亦然》（漫画）。

12 月 11 日，在《申报》发表《站岗》（漫画）。

12 月 12 日，在《申报》发表《不凶狗》（漫画）。

12 月 13 日，在《申报》发表《待车》（漫画）。作《米叶艺术颂》（艺术论述）。

12 月 15 日，在《申报》发表《向后转》（漫画）。

12 月 16 日，致函张院西，谈作画等事。①

12 月 17 日，作《市街形式》（散文）。

12 月 18 日，在《申报》发表《看汽车》（漫画）。

12 月 19 日，在《申报》发表无题漫画 1 幅。

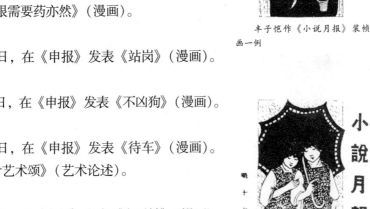

丰子恺作《小说月报》装帧画一例

丰子恺作《小说月报》装帧画一例

---

① 信曰："院西仁弟：示奉到。贵友（嵩云、持中二君）嘱画二横幅（各二方尺），嘱减润为各贰十四万，遵命可也，即祈转达为荷。元旦又要改订润例（加倍），正在印新例，暂用蓝印预告。（附上一张。）近正构图一儿童画，是开明中学生什志（元旦用）印彩色立幅赠读者用。构成后当重绘一张奉赠吾弟。因前所言'儿童相'规模太大，一时无暇构图，先作一小规模之儿童相耳……"

12月20日，在《漫画生活》第4期发表《到都会去》《涎》《离家》（漫画）。

在《太白》第1卷第7期发表漫画作品。

12月22日，在《申报》发表《粗布》（漫画）。

12月31日，在《申报》发表《冬暖》（漫画）。

12月，作《市街形式》（散文，初收《车厢社会》，［上海］良友图书印刷公司1935年7月版）。

《海潮音》第15卷第12号刊内用丰子恺的漫画插图。

丰子恺作《中学生》封面画一例

是年，专事著译，往来于上海、杭州、石门湾之间。

在《小学教师》（江苏省教育厅编辑出版）上发表《儿童画》（散文，作于1934年3月7日，初收《艺术趣味》，［上海］开明书店1934年11月版）。

曾收到一女读者信，说看了丰氏漫画《最后的吻》后非常感动："我不忍看，掩卷而泣，泪如雨下——我要你赔偿我的眼泪……"

肖像照列入《论语》第49期两周年特大号15幅"同志小影"之一。

另有致钱普容信，述及委托代购画集之事。①

在《前途》第2卷第6期发表《世界绘画的前途》。

作《送阿宝出黄金时代》（散文）。作《〈艺

---

① 此信见《丰子恺文集》（文学卷三），浙江文艺出版社、浙江教育出版社1992年6月版，第180—181页。据《丰子恺文集》编辑者注，此信约写于1934年3月。

术丛话〉付印记》。

为《浙江青年》作《青年水手》（漫画）

在《人言》第 1 卷第 27 期发表《劳者自歌》
（散文）。

在《良友》第 86 期发表"非战漫画"
（漫画）。

在《良友》第 93 期发表《劳者自歌》
（散文）。

作《乘凉——石门湾木场桥》《最后的吻》

丰子恺作《中学生》封面画
一例

《高柜台的今昔》《"今天天气好"》《米和豆》《任
重道远》《三娘娘》《搓线》《铲除》《馄饨担》
《卫生设备》《挖耳朵》《糖糕》《行商》《"头彩十
六片"》《竹叶青》《向导》《晨风》《收头发》
《守株》《店》《支撑》《三等售票处》《待车一》
《待车二》《嘉兴之冬》《暇日》《五娘娘》《摄影》
《锣鼓响》《巷口》《归宁》《市梢》、KISS、《邻
人》《孤云》《感同身受》《"今天我的东道"》《好
音》《大雨唻小雨》《向后转》《颁白者》《接婴
处》《立等》《诸亲好友》《留心扒弄》《和菜》
《冰·施茶》《狭路》《脚夫》《上桥》《高柜台》
《招贴即扯》《俑》《号外》《热手巾》《小弟弟的
出殡》《谈判》《不平》《籤筒与手枪》《两种吸
烟》《中西合璧》《新洋装》《"阿三夫君如
见……"》《饱狗》《湖滨路春昼》《西湖上的囚
犯》《捣衣声》《游春》《酒家》《"我们所造的"》
《西法牙科》《在两家当工役的夫妇》《孤寡》、
GYPSY、《清道夫》《卖菊花》《小工》《"洋画"》
《八十七岁》《傀儡》等（漫画）。

社会评价

周　启：《丰子恺论》（附丰氏漫画《剧的姿
势》），载 1934 年 9 月 24 日《申报·自由谈》。

沈　宁：《阿 Q 作者鲁迅先生谈阿 Q》，载 1934 年 10 月 28 日《戏》周刊第 11 期。

王统照：《〈子恺画集〉之一页》，收《片云集》（王统照著），生活书店 1934 年 10 月初版。

评价选录

周　启：《丰子恺论》

做孩子的时候便看见丰子恺的画，在中学堂里念书也看见丰子恺的画，到现在还看见丰子恺的画，丰子恺的画可说是"画之时者"了。

……

丰子恺的画儿，是用速写画的手法作成的漫画，画面上，所能找得着的仅粗粗的墨线，大块墨团，想来他所用以作画的工具，只有秃笔一枝，墨水一瓶。画面一点都不细致，看来觉得作者画时毫不经心，信笔乱涂，可是仔细找去，却又找不出错处。

他所用的墨线是十分结实的，也苍老，也坚韧，如同广东牛皮胶，一刀，都斩不断，用这种线条所表现着的人与物，很简单很浅显，一眼看去便可明其意义，讲布局小构图，并不怎么出奇，可是很够度数，很稳妥，常常不用什么背景，单纯地告诉我们一件事。"简单明了"四字，已可说明丰子恺的画儿的形式了。

……

有的人以为丰子恺的画儿太浅近，太简单，并且缺乏时髦。说这话的人在我却认为他是不懂得丰子恺的画，因为丰子恺画儿的表面诚然浅显易解，没有什么奥妙与新奇，可是画里的含义并不肤浅的，你不信，请瞧，哪一处不显现着人生？偶一体味吧，你便会从而发现你自己的悲苦与烦恨，而觉得这画儿是能够作你悲苦的代言人。

……

简单地说一句，丰子恺的画儿是简单明快平和冲淡而带着人间的苦味，在平凡里有着奇特；浅显里有着高深，是老的小的，男的女的，村的俏的都能够看得懂的大众的精神的粮秣。

……

画儿比丰子恺相似的人很多，但是当大众需要黑面包的时候他们去制造了些干牛酪冰淇淋，要如丰子恺的画儿这样合于大众的口胃的可没有，所以丰子恺的画儿被大众爱好，于今为时已颇悠长了。

……

1935 年　乙亥　38 岁

社会文化事略

1 月 1 日，全国木刻联合展览会在北京开幕。3 月，《小品文与漫画》由生活书店出版。4 月，《太白》半月刊出《小品文和漫画》专辑。8 月，国民政府教育部公布第一批简体字表，共 324 个简体汉字。9 月，《宇宙风》半月刊在上海创刊，国民政府教育部公布《促进注音汉字办法》。10 月，赵家璧主编的《中国新文学大系》开始出版。12 月，北平爆发"一二·九"学生爱国运动。

生平事迹

丰子恺在杭州某亭内留影

居杭州皇亲巷 6 号，专事著译。冬、夏常回石门湾。

1 月 1 日，在《中学生》第 51 号上发表《米叶艺术颂》（艺术论述，作于 1934 年 12 月 13 日，文末署"廿三年十二月十三日，时寓居开明斋晖堂楼上"，初收《车厢社会》，[上海] 良友图书印刷公司 1935 年 7 月版）、《裁衣》《回家》及封面画（漫画）。漫画一幅彩印后折叠夹入《中学生》杂志附送。

在《申报》发表《不知元旦的人》《家庭小景》（漫画）。

1月5日，在《太白》第1卷第8期发表《墙间——张宅墙界　别墅墙界》《无家之儿》（漫画）。

彩色漫画《青年水手》用于《浙江青年》第1卷第2期。

1月10日，在《申报》发表《阿三夫君如见》（漫画）。

1月16日，在《申报》发表《中西服装》（漫画）。

1月17日，在《申报》发表《好位置》（漫画）。

1月20日，在《人间世》第20期发表《闲》（散文，作于1934年，文末署"廿三年八月十五日"，初收《车厢社会》，［上海］良友图书印刷公司1935年7月版）。刊出丰子恺大幅照片。

1月21日，在《申报》发表《求医乎，求食乎?》（漫画）。

1月22日，在《申报》发表《铺盖》（漫画）。

1月25日，在《新中华》第3卷第2期发表《市街形式》（散文，作于1934年，文末署"廿三年十二月十七日于石门湾缘缘堂"，初收《车厢社会》，［上海］良友图书印刷公司1935年7月版）。

1月，大幅半身肖像刊载在《人间世》第20期卷首。

《海潮音》第16卷第1号刊内用丰子恺的漫画插图。另有所绘佛像一幅。在本期的大醒所写的"编辑后记"中，对该画有所介绍："内面的一幅佛像，本是子恺居士替编者私人画的，因想刊他一张佛像，去函请他画的还没有寄来，所以就制了这一张。佛像画得是很庄严的！"

2月4日，作《谈自己的画》（散文）。

2月8日，在《申报》发表《握手》（漫画）。

2月12日，在《申报》发表《贫贱江头自浣纱》（漫画）。

2月19日，作《我的画具》（散文）。

2月20日、3月5日，在《人间世》第22、23期发表《谈自己的画》（散文，作于1935年，文末署"廿四年二月四日"，初收《车厢社会》，[上海]良友图书印刷公司1935年7月版）。①

2月20日，在《申报》发表《废历新年的学生》（漫画）。

2月22日，在《申报》发表《捣衣声》（漫画）。

2月26日，在《申报》发表《都会之音》（漫画）。

2月，在《中学生》第52号发表《归人》、*Home going song* 及封面画（漫画）。
《海潮音》第16卷第2号刊内用丰子恺的漫画插图。

---

① 此文在编入人民文学出版社1957年11月版《缘缘堂随笔》时有删改。

3月1日，在《中学生》第53号上发表《纪念近世音乐的始祖罢哈》（艺术论述，作于1934年，文末署"廿三年二月五日，即废历元旦后一日写于石门湾"，初收《车厢社会》，［上海］良友图书印刷公司1935年7月版）及《提议》《站岗》《校门口》（漫画）。装帧画被用于该期封面。同期刊出叶圣陶《〈中学生杂志丛刊〉编印缘起》，该丛刊总目中有"《憧憬（随笔集）》（丰子恺、夏丏尊、王鲁彦等）"。

作《谈自己的画——〈色彩子恺新年漫画〉》（散文）。①

3月2日，作《放生》（散文）、《我与手头字》（散文）。

《子恺彩色漫画润例》再刊于《申报》。在是日《申报》发表《西法牙科》（漫画）。

3月3日，《子恺彩色漫画润例》三刊于《申报》。

3月4日，作《杨柳》（散文）。《子恺彩色漫画润例》刊于《申报》。

丰子恺题《浙江青年》封面

3月5日，在《申报》发表《谈自己的画——"彩色子恺新年漫画"》（艺术论述，作于1935年3月1日）、《卖金元宝的祖母》（漫画）。

在《太白》第1卷第12期发表《拍卖生财——大洋一元二角》《招贴……》（漫画）。

3月6日，作《荣辱》（散文）。

① 见《丰子恺文集》（艺术卷三），浙江文艺出版社、浙江教育出版社1990年9月版，第111页。文集收此文时系根据作者手稿。

在《申报》发表《赶火车》（漫画）。

3月7日，作《蜜蜂》（散文）。

3月8日，《益世报》刊出《丰子恺漫画润例启事》。①在《新民晚报》发表《浣云壶弄即图》（漫画）。

3月9日，作《我的书：〈芥子园画谱〉》（散文）。

3月10日，作《故乡》（散文）。

3月11日，在《申报》发表《家》（漫画）。

3月12日，在《申报》发表《荣辱》（散文，作于1935年，文末署"廿四年三月六日于杭州肖圃"，初收《车厢社会》，〔上海〕良友图书印刷公司1935年7月版）。

3月13日，在《申报》发表《"摸彩"》（漫画）。

3月14日，作《记乡村小学所见》（散文，后改名《俭德学校》）。

3月15日，在《良友》第103期发表《学画回

---

① 《丰子恺漫画润例启事》曰："丰子恺先生，为当代第一流漫画家，其意味于平淡中见深刻。近时为沪上报纸及各刊物作画，吉光片羽，名贵非凡，近以嗜痂者纷询润例，特在沪上报刊登启事，规定润资。其启事，亦典雅有味，如其画然，兹为转录如次：'人间多可惊可喜可咤可悲之相，见而有感，辄写留印象。但寄感兴，固不拘笔法之中西，题材之雅俗也。嗜痂者频来索画。或装裱而悬之室中，或缩印而载之卷头。受嘱既多，知闻渐广。时接来函，惠询润例，今暂定数则，以副雅。'"

忆》（散文，标注"名人生活回忆录其三"，初收
《车厢社会》，［上海］良友图书印刷公司 1935 年 7 月
版）。①

　　在《申报》发表《古墓》（漫画）。

　　3 月 18 日，在《申报》发表《物役》（漫画）。

　　3 月 19 日，作画集《云霓》代序《云霓》
（序跋）。

　　3 月 20 日，在《太白》第 2 卷第 1 期发表
《我与手头字》（散文，作于 1935 年，文末署"二
十四年三月二日于杭州"）、《子恺漫画润例》（又
载 1935 年 6 月 1 日至 12 月 1 日《青岛画报》和
1935 年 3 月 16 日《论语》）。

　　3 月 21 日，在《申报》发表《子恺彩色漫画
润例》《供职时间》（漫画）。

　　3 月 22 日，在《申报》发表《过旱桥》（漫画）。

　　3 月 25 日，在《申报》上发表《笑涡》
（漫画）和《子恺彩色漫画润例》。

　　3 月 26 日，作《车厢社会》（散文）。

　　3 月 27 日，在《申报》发表《兴奋之群》
（漫画）。

丰子恺等著《艺术论集》书影

　　3 月，在《太白》第 1 卷特辑《小品文和漫画
特辑》发表《我的画具》（散文，作于 1935 年，

────────────

①　此文又载 1948 年 8 月 1 日《儿童故事》第 2 卷第 9 期，改题《讲我自己儿时的故事》。

文末署"一九三五年二月十九日于杭州肖圃",初收陈望道编《小品文和漫画》,〔上海〕生活书店1935 年 3 月版)。

在《良友》第 103 期上发表《学画回忆》(散文,作于 1934 年,文末署"一九三四年二月作",初收《车厢社会》,〔上海〕良友图书印刷公司1935 年 7 月版)。①

陈望道等 200 人及 15 个文化机关共同发表《推行手头字缘起》,丰子恺为发起人之一。

在《论语》第 61 期发表《子恺漫画润例》。②

上海中华书局出版《艺术论集》,署名"丰子恺等著",有该书编者序,序曰:"本集所收的文字,大抵是关于绘画与音乐两方面的。不消说,都是在过去一年半的《新中华》上发表过的,不过成为单行本的形式,这还是第一次与读者相见。在我国音乐美术的研究还未十分普及以前,这本小小选集的出版,或者不为徒劳罢。"书中收丰子恺《最近世界艺术的新趋势》《大众艺术的音乐》《商业艺术》、宗白华《哲学与艺术——希腊大哲学家的艺术理论》、凌琳如《二十世纪的西洋画派》、王光祈《中国音律之进化》、傅雷《音乐之史的发展》、凌丽茶《音乐与科学》。

《海潮音》第 16 卷第 3 号刊内用丰子恺的漫画插图。

丰子恺绘《新小说》封面

① 此文在收入人民文学出版社 1954 年 11 月版《缘缘堂随笔》时有改动。
② 《子恺漫画润例》全文是:"人间多可惊可喜可哂可悲之相。见而有感,辄写留印象。但记感兴,固不拘笔法之中西,设色之繁简,题材之雅俗也。嗜痂者频来索画,或装裱而悬之室中,或缩印而载之卷头。受嘱既多,知闻渐广,时接来函,惠询润例。今暂定则例,以副雅望:立轴六元,横幅六元,册页扇面各三元。△复制者及指定题材者另议。△嘱画除扇面外不须寄纸。但来函说明嘱者姓名与住址,画件格式与款识。并请先惠润资。△函洽者请用挂号信。收到信后一个月即将画件挂号寄奉。面洽者先给润资收据。一个月后凭收据向原接洽处领取画件。△函洽处:杭州皇亲巷六号丰梦忍先生　面洽处:南京丹凤街一三四号陈之佛先生　上海梧州路开明书店华挺生先生　上海福州路开明书店陆仿游先生　上海河南路宁波路江南银行夏采文先生　杭州旧藩署树范中学郑棣先生。△本润例限用于民国廿四年内。以后如续应则另订。丰子恺谨订。"

4 月 1 日，在《文学》第 4 卷第 4 号 "我的
书" 专栏发表《我的书：〈芥子园画谱〉》（散文，
作于 1935 年，文末署 "廿四年三月九日于自长安
至石门湾的舟中"，初收《车厢社会》，[上海] 良
友图书印刷公司 1935 年 7 月版）。

在《中学生》第 54 号发表《杨柳》（散文，
作于 1935 年，文末署 "廿四年三月四日于杭州"，
初收《车厢社会》，[上海] 良友图书印刷公司
1935 年 7 月版）及《两小时以前进来的顾客》
《一片春愁》《两重饥荒》《教室内的春心》
（漫画）。

在《论语》第 62 期发表《俭德学校》（散文，
作于 1935 年，初收《缘缘堂再笔》，改名《记乡
村小学所见》，[上海] 开明书店 1937 年 1 月版，
入集时有删改，文末署 "廿四年三月十四日作于
石门湾，曾载《论语》。"）、《看戏式的听讲》《兼
保姆的学生》《做教员的父亲，恭听做校长的儿子
的训话》（漫画）。

在《漫画漫话》第 1 期（创刊号）发表《会
议》（漫画）。

在《申报》发表《家》（漫画）。

丰子恺绘《东方画报》第 30
卷第 3 号封面

4 月 4 日，在《申报》发表《市井小景》
（漫画）。

4 月 5 日，在《文饭小品》第 3 期发表《蜜
蜂》（散文，作于 1935 年，文末署 "廿四年三月
七日于杭州"，初收《车厢社会》，[上海] 良友图
书印刷公司 1935 年 7 月版）。

在《太白》第 2 卷第 2 期发表《小工》
（漫画）。

4 月 8 日，作《惜春》（散文）。

4月11日，在《申报》发表《守株》（漫画）。

4月12日，作《都会之音》（序跋）。

作《他们的 REFRESHMENT》《乡村纱坊》（漫画）。

4月15日，在《新小说》第1卷第3期发表《放生》（散文，作于1935年，文末署名"廿四年三月二日于杭州"，初收《车厢社会》，〔上海〕良友图书印刷公司1935年7月版）。

丰子恺著《艺术丛话》付印记之一页

4月20日，《艺术丛话》由（上海）良友图书印刷公司出版。有付印记（文末署"廿三年岁暮，子恺记"）。收《最近世界艺术的新趋势》（文末署"二十一年十二月三日于石门湾，为《新中华》作"，并有附注："本文中所记关于最近外国艺术界的情形，是根据日本伊奈信川的报告的。谨声明于此。"）、《商业艺术》（文末署"廿二年岁暮，为《新中华》作"）、《大众艺术的音乐》（文末署"为《新中华》作"）、《将来的绘画》（文末署"二十三年四月廿四日为《前途》作"）、《中国的绘画思想》（文末署"为《东方杂志》作"）、《东洋画六法的论理的研究》（文末署"为《东方》作"）、《云岗石窟》（文末署"为《东方杂志》作，曾载第二十七卷第二号"。按：此文在《东方杂志》发表时题名为《云冈石窟》，收入《艺术丛话》时题名为《云岗石窟》）、《为妇女们谈音乐态度的研究》（文末署"十九年十二月四日于嘉兴，为《妇女杂志》作"）、《为中学生谈艺术科学习法》（文末署"二十年八月十六日，为《中学生》作"）、《音乐与文学的握手》（文末署"千九百二十六年黄梅时节，于上海立达，为《小说月报》作"）、《歌剧与乐剧》（文末署"为《东方

杂志》作")、《画圣米叶的人格及其艺术》(文末
署"为《东方杂志》作")、《乐圣裴德芬恋爱故
事》(文末有附注:"本文所述裴德芬的事迹,根
据木村省三的遗稿《乐圣及其爱人》。为《小说月
报》作")。付印记曰:"我近年来应各杂志征稿,
写的大部分是关于美术音乐的短文,长文,及译
文。每期我从杂志上撕下发表稿来,塞在一个竹篮
里,向来没有工夫去回顾。最近偷闲打开竹篮来看
看旧稿,发见很厚的一叠!惊讶之余,继以感慨。
这些密密地排印着的活字,一个个都是从我的右腕
上一笔一笔地写出来的!我过去数年间的生活,一
半是消磨在这一叠旧纸里的!"

4 月 22 日,作《半篇莫干山游记》(散文)。

4 月,在《文学》第 4 卷第 4 号上发表《我的
书:芥子园画谱》(散文,作于 1935 年 3 月 9 日,
初收《车厢社会》,〔上海〕良友图书印刷公司
1935 年 7 月版)。

画集《云霓》由(上海)天马书店出版。有
代序《云霓》(作于 1935 年,文末署"画集《云
霓》〔天马版〕代序,廿四年三月十九日作")。

《海潮音》第 16 卷第 4 号刊内用丰子恺的漫
画插图。

《漫画漫话》创刊,上海漫画漫话社出版,为
该刊作者之一。[①]

5 月 1 日,在《中学生》第 55 号发表《宫的
艺术》(艺术论述,文末署"廿四年四月十日于杭
州",初收《西洋建筑讲话》,〔上海〕开明书店
1935 年 12 月版)、《惜春》(散文,作于 1935 年,

---

① 《漫画漫话》共出版 4 期,该年 7 月出版第 4 期后停刊。

文末署"廿四年四月八日于杭州",初收《车厢社会》,〔上海〕良友图书印刷公司 1935 年 7 月版)及《民众夜校》《小学时代的先生》及封面画(漫画)。

5 月 3 日,在《申报》发表《云霓》(散文,初收《车厢社会》,〔上海〕良友图书印刷公司 1935 年 7 月版,文末署"画集《云霓》〔天马版〕代序,廿四年三月十九日作")。

5 月 7 日,作《漫画艺术欣赏》(艺术论述)。在《申报》发表《车厢之一隅》(漫画)。

5 月 9 日,在《申报》发表《走尽崎岖之路,前有美丽之乡》(漫画)。

5 月 13 日,在《申报》发表《游春人在画中行》(漫画)、《送阿宝出黄金时代》(散文,待续,作于 1934 年,文末署"廿三年岁暮,选辑近作漫画,定名为《人间相》,付开明出版。选辑既竟,取十年前所刊《子恺画集》比较之,自觉画趣大异。读序文,不觉心情大异。遂写此篇,以为《人间相》辑后感"。初收《车厢社会》,〔上海〕良友图书印刷公司 1935 年 7 月版)。

5 月 14 日,在《申报》发表《送阿宝出黄金时代》(散文,续)、《此人徒有衣冠,只能威吓鸟雀》(漫画)。

5 月 20 日,在《太白》第 2 卷第 5 期发表《都会之音》(序跋,画集《都会之音》代序,作于 1935 年,文末署"画集《都会之音》〔天马版〕代序,廿四年四月十二日作",初收《车厢社会》,

［上海］良友图书印刷公司 1935 年 7 月版)。

5 月 21 日，作《西洋建筑讲话》卷首语
(序跋)。

在《申报》发表《劳人无限意，诉与老树知》
(漫画)。

5 月 22 日，在《申报》发表《双双瓦雀窥饭
团》(漫画)。

5 月 24 日，广告画《老德记汽水》在《申
报》刊出。是日在《申报》发表《守得三天生意
好，与尔买条小抱裙》(漫画)。

5 月 25 日，在《新中华》第 3 卷第 10 期上发
表《民众乐器》(随笔，初收《缘缘堂再笔》，改
名为《山中避雨》，［上海］开明书店 1937 年 1 月
版，入集时文末署"廿四年秋日作，曾载《新中
华》"按："秋日"疑有误。)、《子恺彩色漫画润
例》和漫画《山路寂，雇客少，胡琴一曲代 Ra-
dio》。

作《音语》(散文)。

5 月，《海潮音》第 16 卷第 5 号刊内用丰子恺
的漫画插图。

夏，作《纳凉闲话》(散文)。

6 月 1 日，在《文学》第 4 卷第 6 号发表《随
园诗话》(散文，作于 1935 年，文末署"廿四年
作"，初收《缘缘堂集外遗文》，香港问学社 1979
年 10 月版)。

在《论语》第 66 期发表《半篇莫干山游记》

（散文，作于 1935 年，文末署"廿四年四月二十二日于杭州"，附图《旷野中的病车》《都会之客》，初收《车厢社会》，［上海］良友图书印刷公司 1935 年 7 月版）。

在《中学生》第 56 号上发表《漫画艺术欣赏》（艺术论述，作于 1935 年，初收《艺术漫谈》，［上海］人间书屋 1936 年 10 月版，入集时文末署"廿四年五月七日作，曾载《申报》"）、《精美寿字有几种写法》《村学校的唱歌课》（漫画）、《店的艺术》（艺术论述，初收《西洋建筑讲话》，［上海］开明书店 1935 年 12 月版）。装帧画被用于该期封面。

6 月 1 日至 12 月 1 日，在《青岛画报》第 14—19 期发表《子恺漫画润例》。

6 月 6 日，在《申报》发表《呼渡》（漫画）。

6 月 7 日，作《比喻》（散文，6 月 8 日作该文附记）。

6 月 24 日，在《申报》发表《瓜车翻覆，助我者少，啖瓜者多》（漫画）。

6 月，作画集《〈都市相〉序言》（序跋）。
作画集《人间相》序言（序跋）。
《海潮音》第 16 卷第 6 号刊内用丰子恺的漫画插图。

7 月 15 日，在《创作月刊》创刊号发表《音语》（散文，作于 1935 年，初收《缘缘堂再笔》，［上海］开明书店 1937 年 1 月版，入集时文末署"廿四年五月廿五日作于石门湾，曾载《创作月刊》"）。

丰子恺（左）与二姐夫周印池在湖州练市合影

7 月 19 日，致谢颂羔函，慰问其遭大故。①

7 月，在《文学》第 5 卷第 1 号发表《比喻》
（艺术论述，作于 1935 年，初收《艺术漫谈》，
［上海］人间书屋 1936 年 10 月版，入集时文末署
"二十四年六月七日"、"六月八日附记。曾登《文
学》"）。

丰子恺著《车厢社会》书影

《车厢社会》由（上海）良友图书印刷公司出
版。该集收《车厢社会》（文末署"廿四年三月廿
六日"）、《故乡》（文末署"念四年三月十日于石
门湾"）、《作客者言》（文末署名"廿三年五月旅
中"）、《画友——对一青年习画者的谈话》（文末
署"二十三年双十"）、《穷小孩的跷跷板》（文末
署"二十三年七月十四日"，附图《穷小孩的跷跷
板》）、《肉腿》（文末署"一九三四年八月十五日
于杭州招贤寺"）、《送考》（文末署"廿三年九月
十日于西湖招贤寺"）、《市街形式》（文末署"二
十三年十二月十七日于石门湾缘缘堂"）、《野外理
发处》（文末署"廿三年六月十日作"，附图《野
外理发处》）、《三娘娘》（文末署"廿三年六月十
六日"，附图《三娘娘》）、《看灯》（附图《此地
不准小便》）、《鼓乐》（文末署"二十三年五月廿
日"，附图《鼓乐》）、《荣辱》（文末署"廿四年
三月六日于杭州"）、《蜜蜂》（文末署"廿四年三
月七日于杭州"）、《杨柳》（文末署"廿四年三月
四日于杭州"）、《惜春》（文末署"廿四年四月八
日为中学生作"）、《放生》（文末署"念四年三月
二日于杭州"）、《素食以后》（文末署"二十三年
观音诞"）、《米叶艺术颂》《纪念近世音乐的始祖
罢哈》（文末署"二十三年二月五日，即废历元旦

---

①　此信见《丰子恺文集》（文学卷三），浙江文艺出版社、浙江教育出版社 1992 年 6 月版，
第 183 页。

丰子恺与裘梦痕合编《开明音乐教本·乐理编》书影

后一日写于石门湾")、《学画回忆》《比较》（文末署"二十三八月九日"）、《闲》（文末署"廿三年八月十五日"）、《劳者自歌》（共十一则，分别文末署"廿三年七月廿八日"、"廿三年七月廿七日"、"廿三年七月廿四日"、"廿三年八月十日"、"廿三年八月十日于船中"、"廿三年七月廿九日"、"廿三年八月四日"、"廿三年七月二十二日"、"廿三年七月廿三日夜"、"廿三年七月廿八日"、"廿三年七月廿四日"）、《送阿宝出黄金时代》《云霓》（文末署"画集《云霓》［天马版］代序，廿四年三月十九日作"）、《都会之音》（文末署"画集《都会之音》［天马版］代序。廿四年四月十二日作"）、《谈自己的画》（文末署"廿四年二月四日"）、《我的书：芥子园画谱》（文末署"廿四年三月九日于自长安至石门湾的舟中"）和《半篇莫干山游记》（文末署"二十四年四月二十二日于杭州"，附图《旷野中的病车》《都会之客》）。①

《开明音乐教本》（与裘梦痕合编），共 7 册，分乐理及唱歌二编，"乐理编" 1 册，"唱歌编" 6 册。由（上海）开明书店出版。有编者例言，并收《音乐的意义》《音乐与人生》（艺术论述）。②

《什么是三部曲》（艺术论述）收入傅东华编，生活书店出版《文学百题》（文学二周年纪念特辑）一书。

《海潮音》第 16 卷第 7 号刊内用丰子恺的漫画插图。

8 月 5 日，在《太白》第 2 卷第 10 期发表

---

① 此为精装本。1939 年 10 月又出版 "普及本"。出版普及本时扉页标注精装本的出版时间却是 "一九三五年五月精装本出版"。此书亦有（桂林）良友复兴图书印刷公司 1943 年版本。
② 该二文今收《丰子恺文集》（艺术卷三），浙江文艺出版社、浙江教育出版社 1990 年 9 月版，第 285 页。

《纳凉闲话》（散文，作于 1935 年，初收《缘缘堂再笔》，［上海］开明书店 1937 年 1 月版，入集时文末署"廿四年夏日作，曾载《太白》"）。

8 月 8 日，作《二学生》（散文）。

8 月 10 日，在《学校生活》第 113、114 合刊发表《学，然后知不足》（漫画）。

8 月 17 日，致谢颂羔函，述欲购地建房之事，并评述李荣祥其人。①

丰子恺著《绘画概说》书影

8 月 20 日，《绘画概说》由（上海）中国文化服务社出版。有序言（作于 1935 年，文末署"廿四年梅雨时节子恺记"）。内容为第一章：绘画艺术的性状、第二章：绘画的种类、第三章：绘画的技法、第四章：绘画的理论、第五章：中国绘画的完成［一、六朝以前的绘画（人物中心时代），二、唐代的绘画（山水画的独立）］、第六章：中国绘画的繁荣［一、五代及宋的绘画（画院最盛时代），二、元明清代的绘画（中国画的集大成）］、第七章：文艺复兴期的西洋绘画、第八章：十九世纪以来的西洋绘画（一、古典派与浪漫派，二、写实派，三、印象派，四、后印象派，五、野兽派，六、新兴诸派）。

---

①　此信见《丰子恺文集》（文学卷三），浙江文艺出版社、浙江教育出版社 1992 年 6 月版，第 183—184 页。信中曰："片悉。《人间相》承谬许甚愧。今午派人去地产公司毛君（弟之友人）问何日看地，据说接洽人在申尚未归，再缓数日来约我。（附回片，请看。）弟急急想看地，究竟地位及价格如何？并想探听平屋建筑价如何？如下半年弟之生活不受影响，颇想买地建屋，与兄为邻。（即使生活受影响，地仍想买，不过造屋是问题耳。）荣祥居士深居简出，积虑深远，弟看不像宗教徒模样。前来片云劝其注重平民生活，可谓对症发药。弟已转述，但恐无甚效果。其实，处彼之地位（有些儿钱在手）大可做些利他事业，庶不负彼苍之厚。岂知彼愁水愁风，大有一日风波十二时之忧，以致自顾不暇，其生活比我更不舒服。亦大可惜。秋凉来杭，弟甚欢迎。最好等弟看地之后，邀兄来杭复看。可以商量取舍。"

丰子恺夫妇与子女在乌镇合影

8月30日，在《学校生活》第115期发表《慈母手中线，游子身上衣》（漫画）。

8月，画集《人间相》由（上海）开明书店出版。有序言（作于1935年，文末署"廿四年六月子恺记"）。

《海潮音》第16卷第8号刊内用丰子恺的漫画插图。

"中国文学珍本丛书"第一辑50种由上海杂志公司总发行。被列为编委（主编施蛰存）。

夏，作《午夜高楼》（散文）。

9月1日，在《中学生》第57号发表《二学生》（散文，作于1935年，文末署"二十四年立秋"）、《一暑假不见的同学脸孔都异样了》《开学的一天的起身铃被误听作小弟弟玩摇铃的声音》（漫画）。装帧画被用于该期封面。

9月5日，致赵景深函，述及《车厢社会》《人间相》等。①

9月16日，《宇宙风》创刊，自第1期起连载"人生漫画"组画（四幅），每期一题。② 此后为该杂志绘封面画、单幅漫画颇多。自第121期起，

---

① 此信见《丰子恺文集》（文学卷三），浙江文艺出版社、浙江教育出版社1992年6月版，第176页。信中曰："《车厢社会》皆应酬之作，不足观，故未奉呈。函索，即寄一册，请教。《人间相》多社会丑态，令郎易林观之，得毋生恶感？弟颇思写如《小弟弟的出殡》之类之画，惜力不足耳，承嘱为青年界写稿，容计虑之。如有可陈，当即写呈。介绍拙作，已在《人间世》读，谬奖之处，实深惭报。"

② 第一期《新夫妇四题》，此后依次是《旅客四题》《劳动者四题》《商人四题》《医生四题》《文盲四题》《画家四题》《儿童四题》《爱国青年四题》《家庭四题》《卫生家四题》《宾主四题》《春人四题》《诗人四题》《少女四题》《苦力四题》《摩登女四题》《青年四题》《蚕桑四题》《不合作四题》《婴儿四题》《裸体四题》《邻人四题》和《杀风景四题》。

连续 24 期作扉页画。创刊号"编辑后记"写道：
"承丰子恺先生许为本刊逐期作'人生漫画'，正
合本刊畅谈人生之旨。"

在《东方杂志》第 32 卷第 18 号发表《抓着
鼻粪回想昼间的事》（漫画）。

9 月，画集《都会之音》由（上海）天马书
店出版。有代序。①

《海潮音》第 16 卷第 9 号刊内用丰子恺的漫
画插图。

10 月 1 日，在《论语》第 73 期发表《钱江看
潮记》（散文，作于 1934 年，初收《缘缘堂再
笔》，［上海］开明书店 1937 年 1 月版，入集时文
末署"廿三年秋日作，曾载《宇宙风》"）。

在《宇宙风》第 1 卷第 2 期发表《午夜高楼》
（散文，作于 1935 年，初收《缘缘堂再笔》，［上
海］开明书店 1937 年 1 月版，入集时文末署"廿
四年残暑作，曾载《宇宙风》"）。②

在《中学生》第 58 号发表《男学生在女学生
前是体育家》《男学生在女学生前是道德家》《父
母亲大人膝下男已安抵校中》（漫画）。装帧画被
用于该期封面。同期刊出《开明图画讲义》和
《开明音乐讲义》广告。

10 月 5 日，作《谈梅兰芳》（散文）。

10 月 6 日，作《清晨》（散文）。

10 月 10 日，作《初冬浴日漫感》（散文）。

---

① 参见 1935 年"5 月 20 日"条。
② 此文又载 1936 年 10 月 10 日《好文章》创刊号。

《独立漫画》第 2 期刊出"中国文学珍本丛书"广告，主编为施蛰存，编辑委员有丰子恺等21 人。①

在《学校生活》第 119、120 合刊发表《儿童年双十节的礼物》（漫画）。

10 月 12 日，作《小钞票历险记》（童话）。

10 月 31 日，在《呼声》第 8 卷第 2 期发表随感一则，与周志禹、竺规身等人的文章合题为"习惯成自然"。

10 月，装帧画被用于（上海）儿童书局出版的徐亚倩编著《世界奇观》第 4 册封面。

《海潮音》第 16 卷第 10 号刊内用丰子恺的漫画插图。

丰子恺（左一）在湖州练市与次女及二姐夫周印池（左二）家人合影

11 月 1 日，在《宇宙风》第 1 卷第 4 期发表《谈梅兰芳》（散文，作于 1935 年，文末署"廿四年十月五日，石门湾"，初收《缘缘堂集外遗文》，［香港］问学社 1979 年 10 月版）。

在《中学生》第 59 号发表《初冬浴日漫感》（散文，作于 1935 年，文末署"廿四年双十节晚于石门湾"，初收《缘缘堂再笔》，［上海］开明书店 1937 年 1 月版，入集时文末署"廿四年双十节晚于石门湾，曾载《中学生》"）、《偷营的女童子军》《露营之日》（漫画）。装帧画被用于该期封面。

患足疾，回到乡间的旧栖去静居一个月。

11 月 2 日，作《艺术漫谈——洋式门面》（艺术论述）。

---

① 施蛰存（1905—2003），浙江杭州人，文学家、出版家、文学理论家。

11 月 6 日，在《申报》发表《二重生活》（散文）。

11 月 7 日，《教师之友》第 2 卷封面图附于《申报》刊出的该卷预告中（《教师之友》由俞子夷主编）。

11 月 8 日，在《申报》发表《某车站》（漫画）。

11 月 12 日，在《申报》上发表《艺术漫谈——洋式门面》（艺术论述，作于 1935 年，文末署“二十四年十一月二日”，初收《艺术漫谈》，［上海］人间书屋 1936 年 10 月版），附插图《新建三层楼“洋式门面”》《南辕北辙在此一脚》（漫画）。

11 月 13 日，作《视觉的粮食》（艺术论述）。

11 月 15 日，在《申报》发表《群盲》（漫画）。

11 月 22 日，在《申报》发表《面包》《前途》（漫画）。

11 月 28 日，作《梧桐树》（散文）。

11 月 28 日、29 日，在《申报》上发表《具象美》（艺术论述，初收《艺术漫谈》，［上海］人间书屋 1936 年 10 月版入集时文末署“廿五年十一月作，曾登《申报》”）。①

---

① 因此文已于 1935 年 11 月 28 日、29 日在《申报》上发表，入集时文末署时间疑系“廿四年”之误。

11 月 29 日，作《读画漫感》（散文）。

在《申报》发表《不缴制服费的兄弟二人》（漫画）。

11 月，《海潮音》第 16 卷第 11 号刊内用丰子恺的漫画插图。

12 月 1 日，在《中学生》第 60 号发表《北风里的头发和手臂》《冬天大家争夺夏天所共弃的座位》（漫画）。装帧画被用于该期封面。

12 月 3 日，作《钟表的脸》（散文）。

12 月 6 日，在《申报》发表《流线型》（漫画）。

12 月 7 日、8 日，在《申报》发表《钟表的脸》（艺术论述，初收《艺术漫谈》，［上海］人间书屋 1936 年 10 月版，入集时文末署"廿四年十二月三日作，曾载《申报》"）。

12 月 10 日，在《新中华》第 3 卷第 23 期发表《看残菊有感》（散文）。

12 月 13 日，作《新年怀旧》（散文）。

12 月 16 日，在《宇宙风》第 1 卷第 7 期发表《梧桐树》（散文，作于 1935 年，初收《缘缘堂再笔》，［上海］开明书店 1937 年 1 月版，入集时署"廿四年十一月廿八日夜，曾载《宇宙风》"）。

12 月 23 日，致谢颂羔函，谈平民生活，并续谈购地之事。①

12 月 26 日，作《无常之恸》（散文）。

12 月 27 日，在《申报》发表《战胜侵略国的
阿国人没有见过飞机。我们是见惯的！》（漫画）。

12 月，《西洋建筑讲话》由（上海）开明书
店出版。有卷首语（作于 1935 年，文末署"二十
四年五月二十一日子恺记于石门湾"）。内容为第
一讲：从坟到店，第二讲：坟的艺术，第三讲：殿
的艺术，第四讲：寺的艺术（一、地下礼拜堂，
二、地上礼拜堂，三、拜占庭式，四、罗马内史克
式，五、哥特式，六、复兴式），第五讲：宫的艺
术，第六讲：店的艺术（一、广告性质的建筑，
二、合理主义的建筑）。

丰子恺著《西洋建筑讲话》
书影

《海潮音》第 16 卷第 12 号刊内用丰子恺的漫
画插图。

是年，在《经理月刊》第 1 期发表《蚍蜉啃
大树，可恶宜力防》（漫画）。

在《经理月刊》第 2 期发表《"何日平胡虏，
良人罢远征"》（漫画）。

在《经理月刊》第 3 期发表《撩乱边愁弹不
尽，高高秋月照长城》（漫画）。

在《经理月刊》第 4 期发表《大众一体，敌
人气馁。大众一心，敌人难侵》（漫画）。

---

①　此信见《丰子恺文集》（文学卷三），浙江文艺出版社、浙江教育出版社 1992 年 6 月版，
第 184—185 页。信中曰："昨夜读书，见二句写平民生活者，甚可喜，因绘图附赠《平民》，乞登
载之。泰华药房毛君来信，云'中天竺附近有地三十三亩（与中天竺寺同方向），卖价约二千
元……约弟去看。弟尚未去过，明日或后日当去一观。如条件满意，再奉告。'"写完前信后，未
发，晨见天气佳，即邀毛君到天竺看地。现将所见情形奉告。……倘觉有可取，或倘能来一看，最
好。否则我们谢绝他，说山地不要可也。"

作《市井小景》（一）、《市井小景》（二）、《家酿家厨，胜于沽酒市脯；国货国产，胜于洋品劣货》《孤女院》《静看檐蜘结网低》《羡他村落无盐女》《乡村茶坊》《万方多难此登临》《民众夜校——儿子教父亲写"大"字》《仿古萤灯夜读——大考前夜》《视线》《浣云壶弄印图》《莫向离亭争折取》《六朝旧时明月》《会议》《抵抗》《杨柳岸晓风残月》《三眠》《冬日的汗》《中秋》《疲》《东邻吊罢西邻贺》等（漫画）。

《欲穷千里目　更上一层楼（十一月献词）》（散文）收生活书店出版的《文艺日记》。

在《现象》第 9 期发表《莫向离亭争折取》《哥哥拉姊姊推，一双蝴蝶护车飞》（漫画）。

扉页题字"音乐辞典"（款"丰子恺署"）用于商务印书馆出版的刘诚甫编著《音乐辞典》。

社会评价

曹聚仁：《李叔同先生》，收《笔端》，（上海）天马书局 1935 年 1 月。

苏雪林：《俞平伯和他几个朋友的散文》，载 1935 年 1 月《青年界》第 7 卷第 1 期。

季诚性：《子恺先生给我的印象》，载 1935 年 2 月 1 日《艺风》第 3 卷第 2 期。

松：《记丰子恺》，载 1935 年 3 月 28 日《东南日报》。

猛　克：《子恺先生的画》，载 1935 年 5 月 15 日《杂文》第 1 期。

钦　文：《郁达夫丰子恺合论》，载 1935 年 5 月 20 日《人间世》第 28 期。

一　行：《丰子恺的广告画——最初在文学周报发表作品，先画诗内容逐渐充实丰富，近作广告画题材接近现实》（附丰氏广告画《国产老德记汽水》），载《益世报》1935 年 5 月 29 日。

赵景深：《丰子恺和他的小品文》，载 1935 年 6 月 20 日《人间世》第 30 期。

胡　风：《略谈"小品文"与"漫画"》，收《太白》第 1 卷纪念特辑《小品文和漫画》，［上海］生活书店 1935 年版。

郁达夫：《中国新文学大系·散文二集》导言，收《中国新文学大系·散文二集》，［上海］良友图书印刷公司 1935 年 8 月 30 日版。

黄士英：《中国漫画发展史》，载 1935 年《漫画生活》第 13 期。

《宇宙风》创刊号《编辑后记》，1935 年 9 月。

《丰子恺与钱子矜》，载 1935 年《每周评论》第 173 期。

张日频：《丰子恺先生访问记——杂谈吃素及其他》，载 1935 年《晨光周刊》第 4 卷第 12 期。

评论选录

曹聚仁：《李叔同先生》

近来忽然从镜子里照见我自己的灵魂，五四的狂热日淡，厌世之念日深，不禁重复唤起李先生的影子来了。友人丰子恺和弘一法师过从最密，他差不多走完了李先生那一段路程，将以削发入山为其终结了。我乃重新来省察李先生当时的心境。

苏雪林：《俞平伯和他几个朋友的散文》

丰子恺是一个艺术家，以漫画出名。关于艺术文字甚多，散文则有《缘缘堂随笔》。丰氏乃叶绍钧之友，与俞、朱大约也相识。其作风虽不能说与俞平伯一路，但趣味则相似。所谓趣味即周作人之"隐逸风"及俞平伯"明末名士的情调"，我们又不妨合此二人者以日本夏目漱石的东方人"有余裕""非迫切人生""低徊趣味"来解释。

丰氏说他的心为四事占据着：天上的神明与星辰，人间的艺术与儿童。……他教人"对于世间的麦粮，不要想起是面包的原料；对于盘中的橘子，不要想起是解渴的水果；对于路上的乞丐，不要想起是讨钱的穷人；对于目前的风景，不要想起是某镇某村的郊野"。这就将网剪断了，其人便能"常常开心而赞美"了。这类思想在现代批评家看来也许要加以什么"反革命""落伍"等等攻击，但弓弦张而不弛便不免迸断，人类心灵永远充满战斗思想也不免苦闷难堪。在这十分紧张的工业时代和革命潮流汹涌的现代中国，搏斗之余，享乐暂时的余裕生活，也是情理所许的事，不过沉溺其中不肯出来成为古代真的避世者风度，却是要不得的罢了！

季诚性：《子恺先生给我的印象》

我在《给小朋友的信·自序》中有过这样一段话："嚣俄是一个年老的文学家，他却有一副小孩子的脾气，他也跟小孩子们玩，讲故事，唱歌，游戏，有时甚至自己当马让小孩子们骑"（见本刊第二卷第十期中）。这段话也可应用到子恺先生身上去。他有吸引小朋友们的伟力，他与小朋友们的灵魂是一致的，小朋友见到他决不会一望生畏。那亲昵，那和蔼，那慈祥的光芒的放射，小朋友决不会感到长者的威严了！

一个人的灵魂能够保持住小孩时代的天真，活泼，并不跟着年华的长大而硬化，是可喜的，是值得庆贺的。如果以季节来形容丰先生的话，不妨采用"秋天里的春天"这一句。

他的画仿佛全是清新有味的小品文，包括着下层社会的种种相。它唤起阅者同情于不幸者的遭遇！他不画官僚之类的东西，却不忘在官僚压迫下挣扎的小民的苦难；由他的画中我们可以知道丰先生确是一个有心肝的艺术家！

钦 文：《郁达夫丰子恺合论》

照一般人所说，郁达夫先生是"浪漫派"或者竟叫作"颓废派"；丰子恺先生是被称作"佛化"的，好像根本是两样的。其实不然，其中有的出于误会，有的只说着一点皮毛，都是不曾搔到痒处的话。

丰子恺先生，虽然已吃了许多年的素，常常寄寓在寺院里；但他固然不曾受戒做和尚，而且服侍母亲是非常周到的，又非常爱护子女，近来常常在杭州，就是为着三位女儿的读书，并不像是出家人的样子。只是由于他的老师李叔同先生的关系，有着许多熟人在寺院里面；为着看朋友他才到寺院里去，并非为想进佛门而结交和尚的。况且他不是阔人，也非富翁，在出门的时候，不好随便去住费用要大的旅舍，耽搁在寺院里才便利。至于吃素，无非为着生理和心理上的修养；这在蔡子民先生的《言行录》上有着明显的解释，难道蔡子民先生也是佛化的么？吃素既然是修养身心的一种方法，艺术家是很需要修养功夫的，即使吃素真同佛教有着密切的关系，采取佛教的一种手段来修养身心，也并不就是佛化。

一 行：《丰子恺的广告画——最初在文学周报发表作品，先画诗内容逐渐充实丰富，近作广告画题材接近现实》

丰子恺是现代中国漫画家之一，最初在十年前的《文学周报》上发表作品，后来逐渐受读者的欢迎，便陆续在"一般"上，文学月报上，东方杂志上发表起作品来了，还在开明书店出版过两本"子恺画集"。近来除在"中学生"及申报的自由谈上发表作品之外，连最摩登的画刊如良友等也都有作品发表了。

丰子恺是后来出家当和尚的李叔同的学生，所以他的出世观念也是非常之深，至少在他的作品里可以看到浓厚的幽闲轻淡的意味。……一方面仍保持固有的诗意见，一方面便用笔描到悲剧了，像"护生画集"里的作品……

……不料近几年来，却就看到丰君的严肃之作不少，都是用快刀来分析现实的，这样的作品，自然是转进的一面，同时却也证明他作画的题材益加丰富了。……

昨晚我偶然翻上海报纸，无意中在占满篇幅的广告当中发现一家卖汽水的广告，一看便相识，知道是丰君的作品。丰君的画见之于市面的广告上，据我所见的当以此为第一次。于是便挖下来，去作铜版了……

赵景深：《丰子恺和他的小品文》

后来有一次，子恺到开明书店来玩，使我很诧异的，竟完全变了一个子恺了。他坐在藤椅上，腰身笔一样的直，不像以前那样的御着纸烟随意斜坐；两手也垂直的俯在膝上，不像以前那样的用手指拍着椅子如拍音乐的节奏；眼睛则俯下眼皮，仿佛入定的老僧，不像以前那样用含情的眸子望着来客；说起话来，也有问必答，不问不答，答时声音极低，不像以前那样的声音之高下疾徐。是的，我也常听丏尊说："这一程子子恺被李叔同迷住了！"照子恺的说法，以上的叙列就是我与他的"缘"。

李叔同是丰子恺的老师，无论在艺术上或是思想上，都是影响他最深的人。他的《缘》和《佛法因缘》都是专写李叔同的。李叔同在杭州第一师范教过他的木炭画，后来出家；子恺曾特地替他绘过《护生画集》。《两个"？"》更明白的承认"被它们引诱入佛教中"。我们一听说佛教或基督教，就会联想到迷信上去；其实，倘若除去了那些不科学的成分，这对于人世间的悲悯，恐怕是任何社会主义思想的发动力和种子吧？

照这样说来，子恺的小品文里既是包含着人间隔膜和儿童天真的对照，又常有佛教的观念，似乎，他的小品文尽都是抽象的，枯燥的哲理了。然而不然，我想这许就是他的小品文的长处。他哪怕是极端的说理，讲"多样"和"统一"（《自然》和《艺术三昧》）这一类的美学原理，也带着抒情的意味，使人读来不觉其头痛。他不把文字故意写得很艰深，以掩饰他那实际内容的空虚。他只是平易的写去，自然就有一种美，文字的干净流利和漂亮，怕只有朱自清可以和他媲美。以前我对于朱自清的小品文非常喜爱，现在我的偏嗜又加上丰子恺。

郁达夫：《中国新文学大系·散文二集导言》

丰子恺今年三十九岁，是生长在嘉兴石门湾的人，所以浙西人的细腻深沉的风致，在他的散文里处处可以体会得出。

少时入浙江师范，以李叔同（现在的弘一法师）为师，弘一剃度之后，那一种的佛学思想，自然也影响到了他的作品。人家只晓得他的漫画入神，殊不知他的散文，清幽玄妙，灵达处反远出在他的画笔之上。

对于小孩子的爱，与冰心女士不同的一种体贴入微的对于小孩子的爱，尤其是他散文里的特色。

他是一个苦学力行的人，从师范学校出来之后，在上海半工半读，自己努力学画，自己想法子到日本去留学，自己苦修外国文字，终于得到了现在的地位。我想从这一方面讲来，他的富有哲学味的散文，姑且不去管它，就单论他的志趣，也是可以为我们年青的人做模范的。

猛　克：《子恺先生的画》

看了去年九月二十四日申报自由谈上的周启先生的《丰子恺论》，于我极有意思。正和周先生一样，我没有见过子恺先生，也不知道他多大年纪，自然也"无须问得"；不过，我在"做孩子的时候"，"在中学堂里念书的时候"，便也看见子恺先生的画，"到现在也还看见子恺先生的画"，而且到现在也还爱看子恺先生的画；说得更亲热一点，则我现在之居然成为一个艺术学徒，怕莫也受了他一些什么"启示"或"影响"的吧。子恺先生可真是所谓"画之时者"了。

据说子恺先生从前做过小学教员，这传闻想来是真确的，而这所小学校，大约也如周先生所说，是位置在什么小市镇的附近吧。记得他的处女作集，题材固然大抵是从古诗中割来，而那里面也就间或有描写小学生的生活。那些以古诗辞句作题材中心的作品，背景正多是小市镇周围的酒楼茶肆，河港柳堤，以及什么落阳新月。这在周先生视察得最透底。

这样的"风俗淳厚"，"半乡半市"的"生活环境"，在有一碗饭吃的小学教员——不——艺术家看来，是"冲淡"而"和静"，幽美而凄清，不过天下太平的日子过久了，有时也不免发生"平凡"，"单调"，"苦闷"之感慨的。自然，这只是一时的心血来潮，与无病呻吟相等，事后就仍得回到快乐的情境里去。

这"精美的一角",确是子恺先生的艺术上的生命的泉源,也是子恺先生至今不能忘怀的乐境。它使他时时回顾,不觉而笔底下流露出他的留恋过往的心情,终于成为"阿弥陀佛"的人生观了。

子恺先生是闲雅地还卧在陶渊明先生的东篱下打瞌困。

弄弄笔墨的,大抵属于中等人物,只因现世界究竟有些不同,职业上既然不景气了,又无铤而走险的胆量,就不免常要做做美妙的梦。而现在的中国的杂志,也还是这班少数做文章的——至少是属于这一面的人在那里互相看,谈,发议论。子恺先生的画在这种杂志上流行,"十年而不败"者,确是与那"得航空奖券的侥幸不同",有他的"社会根据"。

我们之爱好子恺先生的画,是了然的,这也有"社会根据"。

近来有一位赵望云先生,常在天津大公报上用画写西北游记,他是利用中国的笔墨,古人的法则来描写现在的事物,可算给了那班崇拜宽袍大袖的国画家一个当头棒,大进一步。子恺先生作画也是用一枝中国的秃毛笔的,但是,运用起来却不大"国粹",似乎颇带着点日本味儿,更进一步了。子恺先生的笔调是"轻松","简洁",纯热,所以即使"毫不经心","信笔乱涂",大体上也仿佛没有什么错处,但说这还苍老则有之,若以为"如同广东牛皮胶,刀也斩不断"的那么坚实却未必的,例如与周先生的那篇大作一同载在自由谈上的《剧的姿式》,那位丙锄而立的农夫的动作就连力感也没有。"风格"与个性有关,而个性也有"生活环境"——即"社会"的根据,我想子恺先生自己也未必高兴这种"广东牛皮胶",过于坚实,就伤雅了。

形式联系着内容，在子恺先生的画中"找不到暴风雨的恐怖，高速度的紧张"是极自然的。鸡儿，猫儿，狗儿，也是太平世界的点缀品，这类"和平"的题材，是最合乎那种"冲淡"的笔调的，子恺先生喜欢它们，这正是周先生之所谓"颇饶趣味的事"。

常识告诉我们，真的艺术是反映时代的，代表时代的，成为现在的真的艺术品，就必然是能够代表现在的多数大众的东西，子恺先生是画着他们了，但是，子恺先生在外表描歪了他们的嘴脸，在内心换上了自己的"意特沃落基"；凡所表现的悲欢哀乐，都是自己这一面的悲欢哀乐。子恺先生拿他们做了装饰门面的材料，子恺先生是强奸了他们。看吧，子恺先生近来又在《太白》上发表了不少的杰作，那里边有不少的工人农人，但是，那些人物不是现在的真的大众，是子恺先生心造的型像，假扮的丑脚（疑为"角"字之误——引者按）。随手举三个例在这里——《米和豆》（一·五）。所谓小贩卖是商贾中最没有本钱，最受压迫，也最穷苦的，他们整天地叫卖，还不能求得一饱是常事，取了这一类题材，就单是代表他们陈述痛苦，也大可成为一幅动人的作品。但子恺先生是怎样处置的呢？那位卖"米和豆"的贩子却懒懒地坐在杨柳树下，悠然自得，要不是旁边摆着一担"米和豆"，我几乎要疑心他是一位哥儿或才子。

《我们所造的》（一·五）。建筑工人是不但劳苦，也极危险的，不论风吹雨打，他们都要搬着石块，吭育吭育地到半空中去，尚不留神掉下了，则明年的今日，就恰巧是一周年。将他们那种给阔人去享受的创作，和自己大抵睡在马路上的悲惨情景对照起来，是多么可感激的画面呢？然而子恺先生所表现的这个对照，却是两位谈闲天的雅士，袖手坐着，在欣赏一座堂皇的官殿了。

《冬夜工毕》（一·八）现在的中国农村，是天灾人祸，遍地哀鸿的时候，伟大的，划时代的大悲剧，真是随处可拾，取之无尽。但子恺先生却不肯去采取的，这里画了的是两个坐在电灯光下，愉快地濯脚的农民——这是伪造。

听说子恺先生曾经赞美过乞丐们的穿破衣，这是将别人的痛苦拿来给自己当作艺术品而欣赏，真也够残忍的吧。现在是更进一步，给他们的痛苦包上一件美丽的外衣，想要欺骗得连他们自己也看不出自己了。这就简直是阴毒。

晓得了这个奥妙，再回头去看子恺先生的《护生画集》是颇有益处的。

这种与大众隔杂的天远的帮闲的东西，周先生竟像煞有介事地捧为"大众的画儿"，并且断定是什么"老的小的，男的女的，村的俏的都能够看得懂的大众的精神粮秣"，真不知从何说起，不但使我觉得滑稽，就是子恺先生自己恐怕也要笑周先生"是不懂他的画"了。

周先生希望子恺先生"以长健的笔，指引大众向光明的路"，用意极好，但请不要希望得过早，先托子恺先生放下佛珠，切切实实到真的大众中去体验体验再说吧，否则，结果恐怕要指引大众向黑暗的路去了。

"阿弥陀佛"！

（此文附《米和豆》《我们所造的》和《冬夜工毕》三幅漫画）

《丰子恺与钱子矜》

石门湾，是一个多么渺小的地方啊！在历史上，在地理上，都没有她的名字。她，什么都是落后的，有什么足以称道的呢？但是，丰子恺与钱子矜这两位著名的作家，却同是浙江石门湾的人。

丰子恺，他是艺术家，也是文学家。他的文字，和他的画一样的富有诗意，很耐人寻味的。出版的书很多，文学作品有缘缘堂随笔等。他现在的生活很恬适，每天在他的书斋中为"沙发"或"自由谈"画几幅画，为各大杂志写点文章，有时跑跑杭州，在寺院里住。他吃素，但他不劝人戒荤，他信佛，但他不提倡念经救国；这是他的不可及处。

钱子矜，她是石门湾的唯一的女作家，在读者的耳中，或比较生疏一些。她前年刚从日本回来，出版的集子还不多。（有儿童书局出版的日本少年文学集。）不过她对于文学是有相当的素养。……她现在是在杭州初中教书，是一个很有前途的女作家。

小区区的石门湾，亦"地灵"而"人杰"哩。

张日频：《丰子恺先生访问记——杂谈吃素及其他》

是十七日的早晨，约了公维去看丰先生。

到皇亲巷六号，进着一扇小门，只看见些矮树。在丰先生的屋子前面，有着一个高高的花坛，坛上安着石凳，和一张小小的圆石桌，尽藏在矮树丛中。地方并不大，却叫人感得清静可爱。

丰先生正在洗澡，要我们在小客厅里坐坐。一位活泼的小弟弟，替我们倒了茶，并且向我们微微地笑了笑。公维说：

"这就是丰先生的孩子。"

没几分钟，丰先生来了，穿了身棉绸短衫裤，戴了副黑眼镜，长长的黑须，依旧是那么多。他看见我们，摸摸胡须，脸上，又露出了富于同情心的爱人的微笑。

　　他叫孩子倒了橘子水，又倒了普洱茶，我们一起在小客厅里谈话。

　　丰先生住在此地还不久，他说：

　　"这里好像是我的旅馆，并不长住。如果温度到了九十八度以上，我要回石湾了。"

　　问了丰先生的近况，又问了他关于吃素的事。他笑着：

　　"我是一生未曾尝过肉味的，这是受了传统的结果，因为我父亲也一生未曾尝过肉味。最近，为着害眼，医生说是缺少动物质的缘故。所以每天要我吃些鸡蛋……"

　　话还没说完，公维就向我笑了笑，我懂得他的意思，笑着对丰先生说：

　　"鸡蛋不是荤的吗？它也有生命啊！"

　　"是的！我的吃素，并不根据生命说，要是根据生命说的话，如果照科学去分别有生无生，那么我们是很难吃素了。像水中，就有不少生命，而且按生物学说，有生无生的分界，原是很模糊的。所以我的吃素，是完全基于自己的内心，视痛苦的深浅为断。像鸡蛋，在我看来它的痛苦是较少的。前几天，朋友将别人笼子里一只鸟放掉了，到晚，那只鸟又飞回来，因为它已失去了觅食的能力。后来朋友问我'究竟该不该放？'我的回答是应该放的，因为这'放'的行为，完全基于人的'内心'，人的内心，总觉得被囚于小笼，是非常痛苦的。其实，在鸟的本身，也许反觉得笼中舒服，但我以为，宁可让它出去因觅不着食而死，那至少是'自然'得多了。"

　　丰先生的行为，处处都表现着爱自然，爱天真，他说：

　　"成人的世界，因为受实际的生活和世间的习惯的限制，所以非常狭小苦闷。孩子们的世界不受这种限制，因此非常广大自由，年纪愈小，所见的世界愈大。他们见了天上的月亮，会认真地要求父母给捉下来；见了已死的小鸟，会认真地喊它转活；要是受了痛苦，只要哭脱声就没事了。哭的一事，在孩子们有特殊的效用。大人们惯说哭有什么用，原是为了他们的世界狭窄的缘故。在孩子们的广大的世界里，哭真有意想不到的效力。譬如跌痛了，只要尽情一哭，比服凡拉蒙还灵得多，能把痛完全忘却。又如泥人跌破了，也只要放声一哭，就可把泥人完全忘却，而热衷于别的玩具。在这种真率的儿童生活中，我会梦见了过去的幸福，觉得了自己已失的童心，我企慕他们的生活的天真。觉得孩子们都有大丈夫气，大人比起他们来，个个都虚伪卑怯。又觉得人世间各种伟大的事业不是那种虚伪卑怯的大人们所能致，都是具有孩子们似的大丈夫气的人所建设的。"

我出神地回想着丰先生说过的话，望着他嘴里含着的香烟咀，又记起他曾经说的：

"我看见世间的大人都为生活的琐屑事件所迷着，都忘记人生的根本；只有孩子保住天真，他们的言行多足以供我欣赏的。八指头陀有诗'吾爱童子身，莲花不染尘。骂骂唯解笑，打亦不生嗔。对镜心常定，逢人语自新。可慨年既长，物欲蔽天真。'我当时把这首诗刻在香烟咀的边上。"

但如今，那枝香烟咀遗失了，这正如丰先生的孩子们已经变成拘谨驯服的少年少女一样，所以丰先生说：

"现在已经产生不出有感兴的作品了。那些，只是受了各杂志的编辑先生底硬拉，勉强成就的，我真希望，今年的杂志年会极快的过去。"

从这话，我们知道丰先生是不再去赞美那昙花似的儿童世界了，他不再去儿童世界中获得感兴，也不再去玩味和描守（疑是"写"字之误——引者按）那种感兴了。

最后，我们又谈到"中国艺社"，丰先生摸摸
他的长须，露着热望的微笑。这位替《论语》守
（疑是"写"字之误——引者按）《俭德学校》，
替幼奇画大脚的老先生，终究是令人可爱的。

1936年　丙子　39岁

社会文化事略

2月，"左联"宣布解散。5月，蔡元培、鲁迅、茅盾、郭沫若、柳亚子、陈望道、巴金等88人联名发表《我们对于推行新文字的意见》。6月7日，中国文艺家协会成立。10月19日，鲁迅在上海逝世。11月4日，第一届全国漫画展览会在上海举行。11月22日，"七君子"被捕。12月12日，张学良、杨虎城发动西安事变。是年，弘一法师自日本请得大小乘经卷整理编成《佛学丛刊》第一辑出版。

生平事迹

1月1日，在《宇宙风》第1卷第8期发表《新年怀旧》（散文，作于1935年，初收《缘缘堂再笔》，[上海]开明书店1937年1月版，入集时文末署"廿四年十二月十三日作，曾载《宇宙风》"），附图。

在《申报》发表《一目十册》《恭贺新禧!》（漫画）。

在《论语》第79期发表《病入新年感物华》（漫画）。《阴历阳历，如影随形》（漫画）用于《论语》第79期封面画。

丰子恺绘图的《新少年》封面

1月9日，作《记东京某音乐研究会中所见》（散文）。

1 月 10 日，开明书店为纪念创办十周年，创
刊了一份以初中学生和高小学生为读者对象的重要
的刊物《新少年》（半月刊），仍由夏丏尊任社长，
丰子恺、叶圣陶等为编辑，主编为顾均正。① 在创
刊号上发表《贺年》（美术故事，初收《少年美术
故事》，［上海］开明书店 1937 年 3 月版）。在创
刊号和 1 月 25 日第 1 卷第 2 号、2 月 10 日第 1 卷
第 3 号上发表《小钞票历险记》（童话，附图 24
幅，作于 1935 年 10 月 12 日，初收《小钞票历险
记》，［上海］万叶书店 1947 年 10 月 10 日版，有
序言，作于 1947 年 1 月 14 日）。

丰子恺绘图的《新少年》封面

在《申报》发表《鬓边虽有丝，不堪织寒衣》
《失窃》（漫画）。

1 月 16 日，在《宇宙风》第 1 卷第 9 期发表
《无常之恸》（散文，作于 1935 年，初收《缘缘堂
再笔》，［上海］开明书店 1937 年 1 月版，入集时
文末署“廿四年十二月廿六日作，曾载《宇宙
风》”）。

在《申报》发表《博士晒书》（漫画）。题字
“读书俱乐部”用于是日该报。

1 月 17 日，在《申报》发表《一世之雄》
（漫画）。

1 月 24 日，作《实行的悲哀》（散文）。

1 月 25 日，在《新少年》第 1 卷第 2 期上发
表《初雪》（美术故事，初收《少年美术故事》，

————————

① 该刊因“八一三”战事而停刊。1945 年 7 月在重庆复刊，改刊名为《开明少年》。顾均正
（1902—1980），浙江嘉兴人，1923 年考入商务印书馆理化部任编辑，业余翻译童话和小说，先后编
辑《中学生》《新少年》等杂志。

［上海］开明书店 1937 年 3 月版）。

1 月，在《中学生》第 61 号上发表《视觉的粮食》（美术讲话，作于 1935 年，文末署"二十四年十一月十三日"，初收《艺术漫谈》，［上海］人间书屋 1936 年 10 月版，入集时文末署"二十四年十一月十三日作，曾登《申报》"）。①

在《文学》第 6 卷第 1 号发表《读画漫感》（散文，作于 1935 年，文末署"二十四年十一月二十九日"）。

装帧画被用于（上海）开明书店出版的于在春编《文字的自由画》封面。

插图 12 幅用于（上海）开明书店出版尤炳圻译，〔英〕格莱亨著《杨柳风》（原名《芦中风》）。

《海潮音》第 17 卷第 1 号刊内用丰子恺的漫画插图。

谢颂羔著《九楼随笔》由（上海）广学会出版，收丰氏插图 6 幅。

2 月 1 日，在《宇宙风》第 10 期上发表《记东京某音乐研究会中所见》（散文，作于 1936 年，初收《缘缘堂再笔》，改名为《记音乐研究会中所见之一》，［上海］开明书店 1937 年 1 月版，入集时文末署"廿五年一月九日作，曾载《宇宙风》"）。②

题字"读书俱乐部"用于《申报》，并发表《仿古凿壁偷光》（漫画）。

---

① 此文亦收入作者《艺术与人生》一书，（桂林）民友书店 1944 年版，改题为《我儿时的美术因缘》。

② 此文亦收入 1957 年 11 月人民文学出版社版作者自编本《缘缘堂随笔》，有删改。

2 月 2 日，在《申报周刊》第 1 卷第 4 期上发表《绘画的欣赏》（艺术论述，作于 1936 年，初收《艺术漫谈》，人间书屋 1936 年 10 月版，入集时文末署"廿五年春日作，曾登《申报周刊》"）、《冬日的热情》《小车》（漫画）。

2 月 3 日，作《艺术漫谈——七巧板》（艺术论述）。

2 月 10 日，在《新少年》第 1 卷第 3 期上发表《花纸儿》（美术故事，初收《少年美术故事》，〔上海〕开明书店 1937 年 3 月版）。

2 月 11 日，作《林先生》（散文）。

2 月 13 日，在《申报》上发表《艺术漫谈——照相与绘画》（艺术论述，作于 1936 年，初收《艺术漫谈》，〔上海〕人间书屋，1936 年 10 月版，入集时文末署"二十五年五月作，曾登《申报》"）。①

与钱君匋、陈恭则、翁之琴、郑川谷、顾晓初、缪天瑞、陈抱一等在上海唐山路 417 弄 36 号开办艺术教育书店。②

2 月 14 日，在《申报》发表《八十公公八岁

---

① 因此文于 1936 年 2 月 13 日已在《申报》发表，入集时文末署"二十五年五月作，曾登《申报》"，所记时间疑有误。

② 据王震编《二十世纪上海美术年表》（上海书画出版社 2005 年 1 月第 1 版）第 401 页 1936 年"2 月 13 日"条："艺术教育书店成立，由丰子恺、陈抱一、钱君匋、缪天瑞、沈秉筠、陈恭则、翁之琴、郑川谷、顾晓初等创办，出版《儿童画册》等幼儿读物等。店址在唐山路四一七弄三六号。（《申报》）"陈恭则，上海澄衷中学教师，民族音乐家。翁之琴，上海澄衷中学艺术教师。郑川谷（1910—1940），浙江宁波人，1931 年 8 月参加鲁迅主办的木刻讲习会，曾在上海生活书店从事书籍装帧设计工作，1936 年在澄衷中学任美术教师。顾晓初，上海澄衷中学教师。缪天瑞（1908—2009），浙江瑞安人，音乐教育家、音乐学家，曾任中央音乐学院副院长、天津音乐学院院长等职。

孙》（漫画）。

2月16日，在《宇宙风》第1卷第11期发表《实行的悲哀》（散文，作于1936年元旦，初收《缘缘堂再笔》，［上海］开明书店1937年1月版，入集时文末署"一九三六年阴历元旦写于石门湾，曾载《宇宙风》"）。

2月17日，在《申报》发表《艺术漫谈——七巧板》（艺术论述，作于1936年，文末署"廿五年二月三日"）。①

2月21日，在《申报》发表《先吃藤条后吃粥》（漫画）。

丰子恺与次女林先在杭州合影，（摄于1936年）

2月25日，在《新少年》第1卷第4期上发表《弟弟的新大衣》（美术故事，初收《少年美术故事》，［上海］开明书店1937年3月版）。

2月27日，作《西湖船》（散文）。

2月，在《中学生》第62号发表《声嘶力竭只得自己动手了》《最近的写生画材》《谨防剪绺》《如防盗贼》（漫画）。

《海潮音》第17卷第2号刊内用丰子恺的漫画插图。

3月1日，在《宇宙风》第12期上发表《林先生》（散文，作于1936年，初收《缘缘堂再笔》，改名为《记音乐研究会中所见之二》，［上海］开明书店1937年1月版，入集时文末署"廿

① 此文又载1936年6月《通问报》第23号。

五年二月十一日作，曾载《宇宙风》"）。

在《天地人》第 1 期发表《诗画》（诗与画）。

3 月 6 日，在《申报》发表《为有眼前障，遂教竖子欺》《此亦人子也》（漫画）。

3 月 10 日，在《新少年》第 1 卷第 5 期上发表《初步》（美术故事，初收《少年美术故事》，［上海］开明书店 1937 年 3 月版）。

3 月 13 日，作《访疗养院记》（散文）。

在《申报》发表《香稻》（漫画）。

3 月 16 日，在《宇宙风》第 2 卷第 13 期发表《西湖船》（散文，作于 1936 年，文末署"廿五年二月廿七日"，初收《缘缘堂再笔》，［上海］开明书店 1937 年 1 月版）。漫画《樱占梅瓶蝶泪垂》用于该期封面。

在《申报》发表《仿古萤灯夜读——大考前夜》（漫画）。

3 月 18 日，作《赤栏桥外柳千条》（艺术论述）。

3 月 25 日，在《新少年》第 1 卷第 6 期上发表《喂食》（美术故事，初收《少年美术故事》，［上海］开明书店 1937 年 3 月版）。

3 月 26 日，作《深入民间的艺术》（艺术论述）。

3 月 28 日，在《永生》第 1 卷第 4 期发表《归去来兮——德国撕毁罗卡诺公约》（漫画）。

3月31日，在《申报》上发表《艺术漫谈——绘事后素》（艺术论述，作于1936年，初收《艺术漫谈》，人间书屋1936年10月版，入集时文末署"廿五年三月作，曾载《申报》"）。作《手指》（散文）。

3月，济东印书社出版张默生著《武训传》（上海东方书社发行）。书中附有丰子恺所作插图20幅。①

在《越风》第10期发表《生机》（散文，初收《缘缘堂再笔》，［上海］开明书店1937年1月版，入集时文末署"廿五年三月作，曾载《越风》"）。

《海潮音》第17卷第3号刊内用丰子恺的漫画插图。

装帧画用于《浙江青年》第2卷第5期封面。

春，作《绘画的欣赏》（艺术论述）。

4月1日，在《宇宙风》第2卷第14期发表《访疗养院记》（散文，作于1936年，附图《于疗养院》，文末署"二十五年三月十三日"）。

4月3日，在《申报》发表《春城无处不飞花》《夜未央》（漫画）。

4月4日，在《永生》第1卷第5期发表《清明节——长城内口的扫墓者》（漫画）。

4月10日，在《新少年》第1卷第7期发表

① 张默生（1895—1979），山东淄博人，毕业于北京师范大学国学系，曾任复旦大学、重庆大学、四川大学等校教授，学者、教育家。

《清晨》（散文，作于 1935 年 10 月 6 日，初收《缘缘堂再笔》，［上海］开明书店 1937 年 1 月版，入集时文末署"廿四年十月六日在石门湾，曾载《新少年》"）①、《儿童节前夜》（美术故事，附图《儿童节纪念》，初收《少年美术故事》，［上海］开明书店 1937 年 3 月版）。

在《新中华》第 4 卷第 7 期上发表《深入民间的艺术》（艺术论述，作于 1936 年，初收《艺术漫谈》，［上海］人间书屋 1936 年 10 月版，入集时文末署"二十五年三月二十六日作，曾载《新中华》"）。

4 月 11 日、12 日在《申报》发表《赤栏桥外柳千条》（艺术论述，作于 1936 年，初收《艺术漫谈》，［上海］人间书屋 1936 年 10 月版，入集时文末署"二十五年三月十八日作，曾登《申报》"）。②

4 月 16 日，漫画《好花时节不闲身》用于《论语》第 86 期封面。

漫画《春景》用于《宇宙风》第 15 期封面。

4 月 17 日，作《版画与儿童画》（散文）。

在《申报》发表《山茶欣赏》《率兽而食人肉》（漫画）。

4 月 21 日，作《大人》（散文）。

4 月 25 日，在《新少年》第 1 卷第 8 期上发

---

① 丰华瞻、殷琦编《丰子恺研究资料》第 462 页误记为 1935 年 4 月发表于《新少年》第 1 卷第 7 期。

② 该文亦收入作者《艺术与人生》一书，（桂林）民友书店 1944 年版，改题为《红与绿》。

表《踏青》（美术故事，初收《少年美术故事》，
［上海］开明书店1937年3月版）。

4月，致钱歌川函，欢迎其赴杭州一游。①

《海潮音》第17卷第4号刊内用丰子恺的漫
画插图。

5月1日，在《宇宙风》第2卷第16期发表
《手指》（散文，作于1936年，文末署"廿五年三
月卅一日"，初收《缘缘堂再笔》，［上海］开明书
店1937年1月版）。

5月8日，在《申报》发表《唯有旧巢燕，主
人贫亦归》（漫画）。

5月10日，在《新少年》第1卷第9期上发
表《远足》（美术故事，初收《少年美术故事》，
［上海］开明书店1937年3月版）。

5月13日，作《物语》（散文）。作《"带点
微笑"》（散文）。

5月15日，在《浙江青年》第2卷第7期上
发表《版画与儿童画》（艺术论述，作于1936年，
初收《艺术漫谈》，［上海］人间书屋1936年10
月版，入集时文末署"廿五年四月十七日作，曾
载《浙江青年》"）。

---

① 此信见《丰子恺文集》（文学卷三），浙江文艺出版社、浙江教育出版社1992年6月版，
第189页。信中曰："示欣悉。文驾来杭，弟甚欢迎。关于时期，宜在今后一月余中，大约五月底
前，不寒不暖，西湖正是游玩季节。"钱歌川，丰子恺之友，时为中华书局编辑。此信为明信片。
据《丰子恺文集》编者注，此明信片上之邮戳模糊不清，疑为1936年4月10日所寄。

5 月 22 日，在《申报》发表《感时花溅泪》（漫画）。

5 月 25 日，在《新少年》第 1 卷第 10 期上发表《竹影》（美术故事，初收《少年美术故事》，［上海］开明书店 1937 年 3 月版）。

5 月 31 日，作《禁止攀折》（散文）。

5 月，作《艺术漫谈——照相与绘画》（艺术论述）。
《海潮音》第 17 卷第 5 号刊内用丰子恺的漫画插图。

暮春，作《画鬼》（散文）。

6 月 1 日，在《宇宙风》第 2 卷第 18 期发表《大人》（散文，作于 1936 年，文末署“廿五年四月廿一日”，初收《缘缘堂再笔》，［上海］开明书店 1937 年 1 月版）。

6 月 10 日，在《新少年》第 1 卷第 11 期上发表《爸爸的扇子》（美术故事，初收《少年美术故事》，附图《爸爸的扇子》，［上海］开明书店 1937 年 3 月版）。

6 月 16 日，在《申报》发表《防倒于未倒之时，则永远不倒》（漫画）。题字“读书俱乐部”用于是日该报。

6 月 25 日，在《新少年》第 1 卷第 12 期上发表《尝试》（美术故事，初收《少年美术故事》，附图《明月几时有》，［上海］开明书店 1937 年 3

月版）。

6 月 28 日、29 日，在《申报》发表《禁止攀折》（艺术论述，作于 1936，初收《艺术漫谈》，[上海] 人间书屋 1936 年 10 月版，入集时文末署"二十五年五月三十一日作，曾载《申报》"）。

6 月，加入中国文艺家协会，并在《中国文艺家协会宣言》署名。

《海潮音》第 17 卷第 6 号刊内用丰子恺的漫画插图。

封面画用于上海儿童书局出版的《日本少年文学》（钱子祤编译，丰子恺、郁达夫校阅）。

开明书店出版《国文百八课》（署名夏丏尊、叶圣陶），《从孩子得到的启示》（散文）被收入第一册第 16 课，《养蚕》（散文）被收入第二册第 6 课，《美与同情》（散文）被收入第三册第 15 课。

夏，从皇亲巷 6 号迁马市街 156 号，两个月后又迁田家园 3 号。专事著译。作《"带点笑容"》（散文）。

7 月 1 日，在《宇宙风》第 20 期发表《物语》（散文，作于 1936 年，入集时文末署"廿五年五月十三日，曾载《宇宙风》"，初收《缘缘堂再笔》，[上海] 开明书店 1937 年 1 月版）。

7 月 3 日、7 日，在《申报》上发表《扇子的艺术》（艺术论述，作于 1936 年，初收《艺术漫谈》，有删节，[上海] 人间书屋 1936 年 10 月版，入集时文末署"廿五年七月作，曾登《申报》"）。

7 月 5 日，在《上海漫画》第 3 期刊出《上海

时代漫画主办：全国漫画展览会征求作品》，被列
为"筹备人员"之一。

7 月 10 日，在《新少年》第 2 卷第 1 号上发
表《珍珠米》（美术故事，初收《少年美术故事》，
〔上海〕开明书店 1937 年 3 月版）。装帧画用于该
期扉页

在《申报》发表《从病院归家》（漫画）。

7 月 16 日，在《论语》第 6 卷第 92 期上发表
《画鬼》（艺术论述，作于 1936 年，初收《艺术漫
谈》，〔上海〕人间书屋 1936 年 10 月版，入集时
文末署"廿五年暮春作，曾载《论语》"）。

7 月 17 日，在《申报》发表《钓罢》
（漫画）。

7 月 21 日，致谢颂羔函，代友人咨询养外国
羊事，并告杭州寓所已迁马市街 156 号，提及张逸
心在杭州欲办书屋。①

7 月 24 日，在《申报》发表《轻快的担负》
（漫画）。

7 月 25 日，在《新少年》第 2 卷第 2 号上发
表《姆妈洗浴》（美术故事，初收《少年美术故
事》，〔上海〕开明书店 1937 年 3 月版）。装帧画

---

①　此信见《丰子恺文集》（文学卷三），浙江文艺出版社、浙江教育出版社 1992 年 6 月版，
第 186 页。信中曰："弟暑假在石门湾度送。大约八月底到杭寓。杭寓已另迁，新址为'马市街一
五六'，交通较前便利。秋间来杭，尚请惠临。今有奉询者：闻兄曾养外国羊。此间有友人预备资
本，拟从事此道。（闻尊处之羊系取羊乳者，彼则意在取羊毛。）因欲探听各方有经验者，藉资参
考。知尊处有外国羊，因嘱函叩。……前在杭会见之张君，决于秋间独办书屋，弟不过供给些书
稿，且让他一试如何。""张君"指学生张逸心。

用于该期扉页。

7 月 29 日，作《日本的裸体画问题》（艺术论述）。

7 月 31 日，在《申报》发表《日暮》《浴后》（漫画）。

7 月，《海潮音》第 17 卷第 7 号刊内用丰子恺的漫画插图。

8 月 1 日，在《宇宙风》第 2 卷第 22 期发表《"带点笑容"》（散文，作于 1936 年，初收《缘缘堂再笔》，［上海］开明书店 1937 年 1 月版，入集时文末署"廿五年夏日作，曾载《宇宙风》"）。

在《申报》"开明书店创业十周纪念特刊"发表《祝开明十周纪念》（散文）。

8 月 7 日，在《申报》发表《无产者之群》（漫画）。

8 月 10 日，在《新少年》第 2 卷第 3 期上发表《洋蜡烛油》（美术故事，初收《少年美术故事》，［上海］开明书店 1937 年 3 月版）。装帧画用于该期扉页。

作《艺术上的矛盾律》（艺术论述）。

8 月 11 日，作《我的少年时代》（散文）。

8 月 15 日，在《农村合作》第 2 卷第 1 期发表《买得晨鸡共鸡语》《今朝卖谷得青钱》《夜半呼儿趁晓耕》《晓来采桑多苦辛》（漫画）。

8 月 16 日，题字"读书俱乐部"用于《申报》。

8 月 21 日，在《申报》发表《慈父》（漫画）。

8 月 25 日，在《新少年》第 2 卷第 4 期上发表《新同学》（美术故事，初收《少年美术故事》，［上海］开明书店 1937 年 3 月版）。装帧画用于该期扉页。

8 月，《海潮音》第 17 卷第 8 号刊内用丰子恺的漫画插图。

9 月 1 日，在《中国美术会季刊》第 1 卷第 3 期发表《西洋画之中国画化》（艺术论述）。

9 月 4 日，在《申报》发表《夏景中的对比》（漫画）。

丰子恺与长子（左一）、长女（中）在某火车站留影

9 月 10 日，在《新少年》第 2 卷第 5 期上发表《葡萄》（美术故事，初收《少年美术故事》，［上海］开明书店 1937 年 3 月版）。装帧画用于该期扉页。

作《谈日本的漫画》（艺术论述）。

9 月 11 日，在《申报》发表《某洋行买办》（漫画）。

9 月 12 日，演讲稿《图画与人生》于是日下午四时三十分至五时在中央广播电台播出。

9 月 16 日，在《宇宙风》第 25 期发表《日本的裸体画问题》（随笔，作于 1936 年，文末署"廿五年七月廿九日"，初收《艺术漫谈》，［上海〕人间书屋 1936 年 10 月版)。

9 月 18 日，在《申报》发表《谩骂》(漫画)。

9 月 25 日，在《新少年》第 2 卷第 6 期上发表《九一八之夜》(美术故事，初收《少年美术故事》，〔上海〕开明书店 1937 年 3 月版)。装帧画用于该期扉页。

在《申报》发表《人之所以异于禽兽者》(漫画)。

丰子恺在杭州田家园留影
(摄于 1936 年 10 月 10 日)

9 月，《海潮音》第 17 卷第 9 号刊内用丰子恺的漫画插图。

在《交通职工月报》第 4 卷第 9 期发表《交通职工》(漫画)。

10 月 1 日，在《宇宙风》第 26 期上发表《谈日本的漫画》(艺术论述，作于 1936 年，文末署"廿五年九月十日病起"，初收《艺术漫谈》，〔上海〕人间书屋 1936 年 10 月版)。

与文学艺术界人士共同发表《文艺界同人为团结御侮与言论自由宣言》(载《文学》第 7 卷第 4 号)。其他共同发表者是：巴金、王统照、包天笑、沈起予、林语堂、洪深、周瘦鹃、茅盾、陈望道、郭沫若、夏丏尊、张天翼、傅东华、叶圣陶、郑振铎、郑伯奇、赵家璧、黎烈文、鲁迅、谢冰心。主张"在文学上，我们不强求其相同，但在抗日救国上，我们应团结一致以求行动之更有力"。"我们要求政府当局即刻开放人民的言论自由，凡足以阻碍人民言论自由之法规，如报纸检查刊物禁扣等，应立即既予废止"。

10 月 2 日，在《申报》发表《休息》《恐怖》

（漫画）。

10 月 10 日，在《新少年》第 2 卷第 7 期上发表《展览会》（美术故事，初收《少年美术故事》，[上海] 开明书店 1937 年 3 月版）。装帧画用于该期扉页。

在杭州田家园寓所摄一影。题赠陶亢德，后刊于《宇宙风》杂志。①

在《好文章》创刊号发表《午夜高楼》（散文）。

10 月 13 日，作《艺术漫谈》序言（序跋）。

10 月 16 日，在《申报》发表《夕阳与落叶》《目睹惨状之一》（漫画）。

10 月 20 日，作《蟹》（散文）。

10 月 25 日，在《新少年》第 2 卷第 8 期上发表《落叶》（美术故事，初收《少年美术故事》，附图《听讲》，[上海] 开明书店 1937 年 3 月版）。装帧画用于该期扉页。

10 月 28 日，作《家》（散文）。

10 月 31 日，作《房间艺术》（艺术论述）。

10 月，在《中学生》第 68 号发表《图画与人生》（艺术论述，初收《艺术漫谈》，[上海] 人间书屋 1936 年 10 月版）。又发表于同年《播音教育月刊》创刊号。

-----

① 陶亢德（1908—1983），浙江绍兴人，出版家。

丰子恺著《艺术漫谈》书影

《艺术漫谈》由（上海）人间书屋出版。有序言手迹（作于1936年，文末署"时廿五年双十节后三日丰子恺于杭州田家园别寓"，亦发表于1936年11月16日《宇宙风》第3卷第5期）。该集收：《图画与人生》（文末署"廿五年九月十二日下午四时半至五时，中央广播电台播音演讲稿"）、《绘事后素》（文末署"廿五年三月作，曾载《申报》"）、《禁止攀折》（文末署"二十五年五月三十一日作，曾登《申报》"）、《洋式门面》（有附图《新建三层楼"洋式门面"》）、《钟表的脸》（文末署"廿四年十二月三日作，曾载《申报》"）、《具象美》（文末署"廿五年十一月作，曾登《申报》"）、《扇子的艺术》（文末署"廿五年七月作，曾登《申报》"）、《赤栏桥外柳千条》（文末署"二十五年三月十八日作，曾登《申报》"）、《照相与绘画》（文末署"二十五年五月作，曾登《申报》"）、《视觉的粮食》（文末署"二十四年十一月十三日作，曾登《中学生》"）、《绘画的欣赏》（文末署"廿五年春日作，曾登《申报周刊》"）、《漫画艺术的欣赏》（文末署"廿四年五月七日作，曾载《中学生》"）、《版画与儿童画》（文末署"廿五年四月十七日作，曾载《浙江青年》"）、《深入民间的艺术》（文末署"二十五年三月二十六日作，曾载《新中华》"）、《画鬼》（文末署"廿五年暮春作，曾载《论语》"）、《日本的裸体画问题》（文末署"廿五年七月廿九日作，曾载《宇宙风》"）、《谈日本的漫画》（文末署"廿五年九月十日病起"）和《比喻》（文末署"二十四年八月七日"）。

《丰子恺创作选》（筱梅编）由（上海）仿古书店出版。该集收：《伯豪之死》（文末署"一九二九年七月二十四日于缘缘堂"）、《寄宿舍生活的回忆》（文末署"二十年二月十三日于嘉兴"）、

筱梅编《丰子恺创作选》书影

《出了中学校以后》（文末署"一九三〇年，一一，
一三，嘉兴"）、《甘美的回味》（文末署"二十年
五月七日作"）、《画家的少年时代》（文末署名
"廿一年七月二十五日，于上海"）、《读书》（文
末署"二十二年九月"）、《蝌蚪》（文末署"一九
三四年四月廿二日"）、《给我的孩子们》《作父
亲》（文末署"二十二年五月二十日"）、《儿戏》
《送考》（文末署"廿三年九月十日于西湖招贤
寺"）、SWEET HOME（文末署"廿三年十一月十
三日"）、《两场闹》（文末署"十三年五月十二
日"）、《新年》《春》《随感十三则》（文末署"一
九三三年九月"）、《画友》（文末署"二十三年双
十"）、《秋》《儿女》《缘》《忆儿时》《华瞻的日
记》和《自然》。

《海潮音》第17卷第10号刊内用丰子恺的漫
画插图。

11月1日，题字"读书俱乐部"用于《申报》。

11月6日，在《申报》发表《有惨史的人》
《风景》（漫画）。

11月10日，在《新少年》第2卷第9期上发
表《二渔夫》（美术故事，初收《少年美术故事》，
［上海］开明书店1937年3月版）。装帧画用于该
期扉页。

11月13日，在《申报》发表《五四时代的伤
疤》（漫画）。

11月16日，在《宇宙风》第29期上发表
《艺术上的矛盾律》（艺术论述，作于1936年，文
末署"廿五年八月十日"）。《艺术漫谈序》手迹和

摄于杭州田家园寓所的全身像及手迹以《丰子恺先生近影》之题亦刊载于该期。照片上的题字为："廿五年双十于杭州田家园寓所　子恺　赠亢德先生"。

致谢颂羔函，述及重订画例事，并谈"艺术的价值"与"艺术品价值"之关系。①

在《论语》第 100 期发表"家的专号"发表《家》（散文，作于 1936 年，文末署"廿五年十月廿八日"）。②

题字"读书俱乐部"用于《申报》。

11 月 25 日，在《新少年》第 2 卷第 10 期上发表《壁画》（美术故事，初收《少年美术故事》，［上海］开明书店 1937 年 3 月版）。装帧画用于该期扉页。

11 月 27 日，在《申报》发表《大人物恕不招待》（漫画）。

11 月，作《具象美》（艺术论述）。

---

① 此信见《丰子恺文集》（文学卷三），浙江文艺出版社、浙江教育出版社 1992 年 6 月版，第 186—188 页。信中曰："赠阅《字林西报》，已收到。至感谢。但不必每周寄赠，因小女为学英文，看一二份已见一斑，前日托订阅，本无此必要也。且近闻杭州亦有零售，故请以后勿寄，以免操心。弟近重订画例，比前仅增大洋一元（第一项），始终以贱卖艺术品为今日画家之义务。盖艺术品犹米麦医药，米麦贱卖可使大众皆得疗机，医药贱卖可使大众皆得疗疾，艺术品贱卖亦可使大众皆得欣赏。米麦与医药决不因贱卖而失却营养与治疗之效能，艺术品亦决不因贱卖而降低其艺术的价值。盖'艺术的价值'与'艺术品价值'原是两件事也。国人墨守旧习，且以欺骗为心，每将画价定为数十元乃至数百元，实则其作品所费工作仅半小时，假定每日作画四五小时，每月作画二十天，而所作皆以每幅五十元卖脱，则此画家之收入每月五千元，每年六万元，如此敛财，罪大恶极，岂艺术界所能容？弟深为若辈叹息。实则若辈之画，百中不能售脱其一，余九十九皆白送，或白送无人要也。弟持此见，故拟坚持廉价。此广告已由各志登载，今附奉数枚，非请兄兜揽生意。若兄所编刊物有广告页，乞为登载一次，俾基督教社会亦知弟之卖画。其中有欲得者，亦可自然推广弟之'营业'，使弟多得些'工资'也。若无广告页，则作罢。倘登，乞示，弟当照纳广告费不误。另附小画一页，赠兄为纪念。但此亦'白送无人要'之流欤？惭愧惭愧！"信中括号"第一项"系指重订之画例中的第一项，为"册页或扇面四元"。

② 此文亦发表于 1947 年 8 月 1 日《文艺知识》。发表时作者加有文前告白，叙述有误。

重订《子恺画例》。

《海潮音》第 17 卷第 11 号刊内用丰子恺的漫画插图。

12 月 1 日，漫画《满地封侯》用于《宇宙风》第 30 期封面。

题字"读书俱乐部"用于《申报》。

12 月 10 日，在《新少年》第 2 卷第 11 期上发表《寄寒衣》（美术故事，初收《少年美术故事》，［上海］开明书店 1937 年 3 月版）。在《谈风》第 4 期上发表《房间艺术》（随笔，作于 1936 年，文末署"廿五年十月卅一日"）。① 在《好文章》第 3 期上发表《放生》（散文）。装帧画用于该期扉页。

作《援绥游艺大会》（美术故事）。

12 月 11 日，在《申报》发表《以教人失业为业》（漫画）。

12 月 16 日，题字"读书俱乐部"用于《申报》。

12 月 25 日，在《新少年》第 2 卷第 12 期上发表《援绥游艺大会》（美术故事，作于 1936 年 12 月 10 日，初收《少年美术故事》，［上海］开明书店 1937 年 3 月版）。装帧画用于该期扉页。

在《申报》发表《告辞》（漫画）。

12 月，《青年水手》（漫画）用于《浙江青年》第 1 卷第 2 期。

---

① 此文初收杨牧编《丰子恺文选 Ⅳ》，（台北）洪范书店 1982 年 9 月版。

装帧画被用于（上海）儿童书局出版的《教师之友》第2卷第1期封面。

插图6幅收（上海）佛学书局出版的李圆净著《旅行者言》。

《海潮音》第17卷第12号刊内用丰子恺的漫画插图。

是年，被列为"中国文学珍本丛书"（上海杂志公司总发行）编选委员。

谢颂羔著《九楼随笔》在广学会出版，为其题写之扉页及8幅漫画刊于书中。

在石门缘缘堂接待姜丹书来访。①

《人间世》第29期上登出丰子恺全身照片。

作《五月西湖绿，山山杜鹃哭》《瓜车翻覆，助我者少，啖瓜者多》《春日小景》《我醉欲眠君且去》《朱颜今日虽欺我》等（漫画）。

社会评价

士　佼：《丰子恺先生——印象记和著译书目》，载1936年2月1日《申报·读书俱乐部》。

圣　陶：《丰子恺的〈现代建筑的形式美〉》，载1936年5月25日《新少年》第1卷第10期。

季诚性：《我与丰子恺先生》，载1936年6月1日《西北风》第3期。

王　彬：《访丰子恺先生作记》，载1936年《蕙兰》第7期。

陈筱梅：《〈丰子恺创作选〉序》，收《丰子恺

---

① 姜丹书访问缘缘堂后写有《至崇德县石门湾，访丰生子恺，就宿其书斋缘缘堂》和《子恺赠笆篮送别语儿溪头》二诗。《至崇德县石门湾，访丰生子恺，就宿其书斋缘缘堂》："缘缘堂里不烹腥，买得盘飧一放觚。半世情怀摅小醉，丰干敛舌已三更。"《子恺赠笆篮送别语儿溪头》："两岸青桑映碧流，故人送我上归舟。同舱野叟欣然问，为底携篮忘钓钩？"见姜书凯整理《丹枫红叶楼诗词集》，浙江文艺出版社2007年11月第1版。

创作选》，上海仿古书店 1936 年 10 月版。

士　佼：《西洋名画巡礼》，载 1936 年 10 月 1 日《申报·读书俱乐部》。

谢颂羔：《民间疾苦集》，收《九楼随笔》，1936 年广学会版。

《丰子恺等创办艺术书店》，载 1936 年 2 月 21 日《申报》。

汪子美：《春夜宴桃李园图》（附文），载 1936 年《漫画界》第 2 期。[画中六人自右至左分别是苦茶和尚（周作人）、逸夫山人（郁达夫）、语堂居士（林语堂）、平伯学究（俞平伯）、子恺画师（丰子恺）和老舍秀才（老舍）]。

郁达夫：《题丰子恺〈建设的起源〉》，载 1936 年 8 月 15 日《华报》。

评论选录

士　佼：《丰子恺先生——印象记和著译书目》

他的漫画作风，从幽趣如梦，诗意葱郁的境地中，改变到充满着荆棘的现实相，是有着明显的痕迹的。当第一本《子恺漫画》出世时，那种题材和笔调，像春天的新柳一般娇柔可爱，给阅者一种比美梦更要舒适轻松的感觉。当时对于这个集子的批评，除大部分的赞美者外，自然也有一些人不以为然，说他是躲在他的象牙塔里，做他自己的美梦。到了第二本《子恺画集》出版，显然的已稍稍带着一些现实生活的描写。其中许多关于儿童生活的漫画，暗暗地表现出天真的思想与现实的矛盾，特别的得到好评。这也许就是他后来续出《儿童漫画》和《儿童生活漫画》的动机。到了《护生画集》和《学生漫画》出版，他那柔和的诗一般的笔调，突然换上了讥讽腐败的情形，都很深刻。这种作风的转变，曾经引起文坛上许多的批评和鼓励，使他倾向实际方面转变的态度更形坚决。从最近的一本《人间相》出版，我们就可以看出这个结果来。

王彬：《访丰子恺先生作记》

在一个不雨的阴天下午，客地的春光引不起浪子的游心。

"去访问丰子恺先生"，这念头已经安安地埋藏在我的心头好久了，环境和时间，累次地没有容许我这样做。但，今天我终于真的去访问他了！

二时左右，整整衣冠，接着就从容就道。根据知识和聪明，我并没有问路，虽则在出发的当儿，我还没有准确地知道王亲巷（应系"皇亲巷"——引者注）的路由。凭着意志的驱使，凭着决心的警策，我终于没有走错路头。"为善之神"保送我平安地抵达了丰氏家园。

出新民路，经官巷口右转弯，弼数坊、同春坊一一地从眼底窜过。众安桥、观桥也都微微地印上了我的小履痕。很容易的，我到了宝极观巷。再进去，又很顺溜地找到了王亲巷，那边有一块本色的木板，写着"王亲巷"这三个恭正的楷书。风霜雨雪，并没有使它的色素减淡。入巷再转弯，就到了丰氏的前门。

经过几次的敲门之后，才蒙丰先生的贵同居领导进内。还好，总算没有被拒于门外。

丰先生的庭间，有一座玲珑的假山，更有一座平凡的花坛。玲珑的假山上盖着一座中式的亭台，平凡的花台上却竖着一枝不平凡的石笋。此外，还有些杂草和花卉。都在含苞吐蕊，象征出欢迎我的诚意。这些东西，安置在艺术家的房旁，只觉得"清"！"新"！

由一位女仆的招待，跟着走进方丈大小的会客室里。这间会客室里，压根儿没有一些儿摩登的布置，更没有什么图画和照相，除了抬桌椅子以外，就只有一盏彩色的灯罩。四壁萧条，别无所有！

女仆把我的名片拿上楼去，接着就端下一个茶盘来。盘里两杯绿茶，还有一罐美丽牌香烟。"请坐！""吃茶！""丰先生就在下来了！"这是应酬者的三重曲，丰先生的家里，居然也没有例外。

隔了不久，丰先生就从楼上跑下来。轻健的步声，显见得他是一位善于摄生的艺术家。

作访问记照倒（应系"例"字之误——引者注）要写些儿对话式的文种，我这里也不能例外。以下便是丰先生和我的对话：

"丰先生几时离开故乡的？"这是开场白。

"我刚从石门来，还不到十天咧！"他很轻松地回答；

"丰先生以为哪里的环境比较好一些？"接着我又如此发问。

"我因为两边都住得厌烦了，因而调换居住。暑假和寒假，孩子们都放假了，就相偕着回到石湾。"

……我们又谈些儿家乡琐事，真是略话沧桑，言不尽词。更谈些益藩的近况，最后乃述及蕙兰的军训，他说：

"蕙兰的军训，听说向来就很严格。从前有一位钟开莱，也因为体格的关系，不能在那儿继续求学。后来由我介绍到立达，现在还在那边。他的父亲，原是和我很熟悉的。"

后来又谈到"东南社"我请他题一张封面，并且写些儿文章，他居然满口允诺了。丝毫不推托什么"没有时间"和"事情太忙"等等使人扫兴的话语。由此可见艺术家非但和常人一样，并不是神圣不可侵犯的。而且很肯帮助人家，使我们得到满意的答复。

讲到封面这问题，丰先生倒很费些儿时间和我讨论。我们本来原想称为"东南文艺二旬刊试刊号"的，但是丰先生以为"试刊号"这名称不大有人用过，似乎不很妥当。他说：

"'名不正则言不顺'，这是中国的一句话。'试刊号'这名称既然很少看见，照我的意思还是请你们局内的人员再去商酌一下，将来再写信通知我好了。"

……话犹很多，不能尽记。

末了，经过几分钟默然无语之后，我就告辞而退出，顺原路返校。

丙子春六月二十五日彬脱稿于蕙兰

陈筱梅：《〈丰子恺创作选〉序》

丰子恺的大名，我想凡是在新文学的狂流中呐喊过的人，都是明晰底知道的。他是一位万能博士，会画画，会音乐，会作随笔、小品，我好像还记得他也曾做过小说的，可惜这一些，在收集材料的时候，未曾收集得来；他似来也曾做过一些什么"流体"，还是"油体"诗过，但是我照样也未曾收集来，这些却不能不深深地认为抱憾的事。

子恺各种技能虽然都能弄得来，但在我的心中，却以为他最擅长还是画，尤且是他的那种滑稽的漫画，讽刺的漫画，的确是宣扬着他的大名的原素……

他的文字虽也造成了他相当的名望，但是他的文字却没有高明到值得我们来钦佩的程度。……我想子恺也不见的就是一位天才家吧，就想门门都能得很好……所以子恺在这一方面的失败，我们深表同情，同时也能十二万分的原谅他……所幸他的漫画已能取得相当人的赞赏，我们希望他以后还是专门在这些画术上用点功，勿作卑鄙的，流贱的乱涂，应当抱了为艺术而努力，为艺术而牺牲，也就是为艺术而生，为艺术而死的决心，使绘画的艺术，能达到登峰造极的地步，为画界放一个伟大而奇异的光，这就是咱家我们鄙衷了。在文字方面买卖，我望他还是将店门关起来，贴上一张封条，"宣告停止营业"吧！

负有相当名誉的丰子恺！我这里也将他创作的随笔小品选上了几十篇，给读者们看看，这里所选来的文字，是给读者看看以证实我的话的。……

士　佼：《西洋名画巡礼》

凡是读过丰子恺先生文章的人，谁都喜欢他那亲切、柔和、隽永、富有诗意的语调，和那趣味的结构。他的小品文如此，他的艺术理论文字也是如此，这就是本书的第一个特色。

艺术是人生乐趣的要素，是养成伟大的胸怀的原子。我们虽不能希望每人都能成为一个艺术，但至少不能不对它有着相当的认识，因此，我们至诚介绍这本最能使人兴起阅读兴趣的《西洋名画巡礼》，贡献给一般预备前进的青年们。

《丰子恺等创办艺术书店》

艺术界巨子丰子恺、钱君匋、陈恭则、翁之琴、郑川谷、顾晓初、缪天瑞、陈抱一、沈秉廉、程懋筠等以全副精神，创办艺术书店于上海塘山路四一七弄三十六号，为艺术界服务。……

汪子美：《春夜宴桃李园图》（附文）

时维二月，序属仲春。是夜月色甚佳，星斗徘徊。园中桃李灿烂开矣。名儒"语堂居士"及"苦茶和尚"，联笺雅召四方山野高士雅客，来园中饮酒赏花。于是国内文坛"藏鹿卧鹤"之士，皆翩然而至。一时杯觥交错，谈笑风生。龟能解韵，鹤可唱咏。举止无粗线条，吐露尽细表情。各述经验，不外小桥、明月、凉风。有所探讨，无非种竹、看花、钓鱼。并没有"阿比西尼亚"名词搀杂入耳，致伤大雅。酒酣，由"语堂居士"抻纸援笔，草《春夜宴桃李园序》一文，落英缤纷中，但见走笔如龙，一挥而就。文曰：

　　夫宇宙者，万载之文章，苍蝇者，百代之小品；而浮生若梦，幽默几何？古人桃源避秦，良有以也！况小碟磕我以瓜子，大块吃我以豆腐。会桃李之芳园，序文坛之雅事。群季俊秀，皆为"公安"，吾人文章，独尚"中郎"。"拉丁"未化，简字普行。开"人间"以"书屋"，飞"宇宙"而生"风"。不有佳作，何抽版税？如稿投来，酬依千字五元。

1937 年　丁丑　40 岁

社会文化事略

5 月 28 日，张伯伦出任英国首相。7 月 7 日，卢沟桥事变爆发。8 月 13 日，"八一三"事变爆发，淞沪会战开始。8 月 22 日，国民政府宣布将中国工农红军改编为国民革命军第八路军。茅盾、巴金主编的《烽火》周刊创刊。10 月 12 日，国民政府宣布将江南红军改编为新四军。11 月 20 日，国民党政府宣布迁都重庆。12 月 13 日，日军占领南京，开始了长达一个月之久的南京大屠杀。是年，日机轰炸南开、暨南、复旦、同济、中央、中山等大学，众多大学被迫迁校。

生平事迹

1 月 1 日，在《论语》第 103 期发表《好容易跳过了》（漫画）。

在《宇宙风》第 32 期发表《除夜》《过年》（漫画）。

题词用于是日出版的《教育部立案新华艺术专科学校第二十届毕业纪念刊》。

1 月 8 日，在《申报》发表《杭州之夜》（漫画）。

丰子恺绘图的《谈风》杂志第 6 期封面

1 月 10 日，在《新少年》第 3 卷第 1 期上发表《独揽梅花扫腊雪》（音乐故事）。

漫画《盲人瞎马临深渊》用于《谈风》第 6 期（新年特大号）封面画。

1 月 15 日，在《申报》发表《母与子——波罗蜜多与哀皮西提》（漫画）。

1 月 16 日，在《宇宙风》第 33 期发表《蟹》（散文，作于 1936 年，文末署"廿五年十月二十日"）。① 漫画《明明如月，何时可掇》用于该期封面。

1 月 25 日，在《新少年》第 3 卷第 2 期上发表《晚餐的转调》（音乐故事）。

丰子恺散文集《缘缘堂再笔》书影

1 月，《缘缘堂再笔》由（上海）开明书店出版。该集收：《物语》（文末署"廿五年五月十三日作，曾载《宇宙风》"）、《午夜高楼》（文末署"廿四年残暑作，曾载《宇宙风》"）、《生机》（文末署"廿五年三月作，曾载《越风》"）、《实行的悲哀》（文末署"一九三六年阴历元旦写于石门湾，曾登《宇宙风》"）、《梧桐树》（文末署"廿四年十一月廿八日夜作，曾登《宇宙风》"）、《山中避雨》（文末署"廿四年秋日作，曾载《新中华》"）、《纳凉闲话》（文末署"廿四年夏日作，曾载《太白》"）、《记音乐研究会中所见之一》（文末署"廿五年一月九日作，曾载《宇宙风》"）、《记音乐研究会中所见之二》（文末署"二十五年二月十一日作，曾载《宇宙风》"）、《记乡村小学所见》（文末署"廿四年三月十四日作于石门湾，曾载《论语》"）、《大人》（文末署

丰子恺与幼女一吟在缘缘堂留影（摄于 1937 年）

① 此文初收《缘缘堂随笔》，人民文学出版社 1957 年 11 月版。

"廿五年四月廿一日作，曾载《宇宙风》"）、《手指》（文末署"廿五年三月卅一日作，曾载《宇宙风》"）、《西湖船》（文末署"二十五年二月廿七日作，曾载《宇宙风》"）、《钱江看潮记》（文末署"廿三年秋日作，曾登《宇宙风》"）、《初冬浴日漫感》（文末署"廿四年双十节晚于石门湾，曾载《中学生》"）、《无常之恸》（文末署"廿四年十二月廿六日作，曾登《宇宙风》"）、《新年怀旧》（文末署"廿四年十二月十三日作，曾载《宇宙风》"）、《音语》（文末署"廿四年五月廿五日作于石门湾，曾载《创作月刊》"）、《"带点微笑"》（文末署"廿五年夏日作，曾载《宇宙风》"）和《清晨》（文末署"廿四年十月六日在石门湾，曾载《新少年》"）。后曾多次再版。

插图 5 幅收（上海）文光书局出版的周天籁著《梅花接哥哥》。[①]

《海潮音》第 18 卷第 1 号刊内用丰子恺的漫画插图。

2 月 1 日，漫画《嗟来食》用于《宇宙风》第 34 期"苏联特辑增大号"封面。

2 月 10 日，在《新少年》第 3 卷第 3 期上发表《松柏凌霜竹耐寒》（音乐故事）。

2 月 11 日，行"不惑之礼"。

按：《不惑之礼》一文写道：
廿六年阴历元旦，我破晓醒来，想道："从今

---

① 周天籁（1906—1983），安徽休宁人，作家，相继出版十余种儿童文学著作，其作品曾得到丰子恺很高评价。1951 年赴香港，1967 年移居台北，出任《华报》编辑兼特约撰稿人，晚年返回上海。

天起，我应该说是四十岁了。"摸摸自己的身体看，觉得同昨天没有什么两样；检点自己的心情看，觉得同昨天也没有什么差异。只是"四十"这两个字在我心里作怪，使我不能再睡了。十年前，我的年岁开始冠用"三十"两字时，我觉得好像头上张了一把薄绸的阳伞，全身蒙了一个淡灰色的影子。现在，我的年岁上开始冠用"四十"两字时，我觉得好比这顶薄绸的阳伞换了一柄油布的雨伞，全身蒙了一个深灰色的影子了。然而这柄雨伞比阳伞质地坚强得多，周围广大得多，不但能够抵御外界的暴风雨，即使落下一阵卵子大的冰雹来，也不能中伤我。设或豺狼当道，狐鬼逼人起来，我还可以收下这柄雨伞来，充作禅杖，给它们打个落花流水呢。

阴历元旦的清晨，四周肃静，死气沉沉，只有附近一个学校里的一群小学生，依旧上学，照常早操，而且喇叭吹得比平日更响，步伐声和喇叭一齐清楚地传到我的耳中。于是我起床了。盥洗毕，展开一张宣纸，抽出一支狼毫，一气呵成地写了这样的几句陶诗：

先师遗训，余岂云坠！四十无闻，斯不足畏。脂我名车，策我名骥。千里虽遥，孰敢不至！

下面题上"廿六年古历元旦卯时缘缘堂主人书"，盖上一个"学不厌斋"的印章，装进一个玻璃框中，挂在母亲的遗像的左旁。古人二十岁行弱冠礼，我这一套仿佛是四十岁行的不惑之礼。……①

2月16日，漫画《早春》用于《宇宙风》第

---

① 《不惑之礼》，载1938年1月11日《宇宙风》第57期。

35 期封面。

2 月 25 日，在《新少年》第 3 卷第 4 期上发表《理发与情趣》（音乐故事）。

2 月 28 日，作《我的母亲》（散文）。

2 月，《海潮音》第 18 卷第 2 号刊内用丰子恺的漫画插图。

3 月 1 日，漫画《阳春白雪》用于《宇宙风》第 36 期封面。

3 月 10 日，在《新少年》第 3 卷第 5 期上发表《铁马与风筝》（音乐故事）。

3 月 14 日，致谢颂羔信，愿为其友作画，并谓近以所作西湖十二景托同乡（美术学校毕业生）张逸心君付印。①

3 月 24 日致广洽法师函。谓拟赴厦门拜见弘一大师，后未成行。②

―――――――――――

① 此信见《丰子恺文集》（文学卷三），浙江文艺出版社、浙江教育出版社 1992 年 6 月版，第 188 页。信中曰："孟子新君仰慕'以文字为基督教发光'之颂羔先生，实具诚意。其嘱画弟自当应命，于旬日后写含有宗教意味者数枚寄奉请转。弟近以所作西湖十二景托敝同乡（美术学校毕业生）张逸心君付印。张君意欲加印英文画题。此事弟拟奉恳一译。共十二题，费心良多。印成后当奉赠该书若干册以酬好意。想不见却。"

② 此信《丰子恺文集》（文学卷三）未收。信曰："快示奉悉。鄙人拟于阴历二月之内来厦门奉谒弘一法师暨尊座。因近正耳疾长期注射，出门不便。而四月间弘一法师须他往，唯三月间为最便也。承赐日本文佛书，收到谢谢。丏尊先生来信，说弘一法师欲重写护生画集文字，甚深欣幸。其画亦拟修改重绘，倘能三月间面聆弘一法师指教，尤幸。余后述。顺请净安。丰子恺敬具。三月廿四日　行期决定后，当续奉告。勿劳到埠迎候，便请示从埠到尊处路径可也。又具。"从此信的文字判断，丰子恺写此信时的"三月廿四日"当为公历，而信中所谓的"三月间"应系农历，即公历 4 月。至于写信的年份，根据《丰子恺文集》（文学卷三）丰子恺 1937 年 4 月 8 日致广洽法师函，可

3月25日，在《新少年》第3卷第6期上发表《律中夹钟》（音乐故事）。

丰子恺著《少年美术故事》书影

3月，《少年美术故事》由（上海）开明书店出版，自作插图5幅。该集收：《贺年》《初雪》《花纸儿》《弟弟的新大衣》《初步》《喂食》《儿童节前夜》《踏青》《远足》《竹影》《爸爸的扇子》《尝试》《珍珠米》《姆妈洗浴》《洋蜡烛油》《新同学》《葡萄》《九一八之夜》《展览会》《落叶》《二渔夫》《壁画》《寄寒衣》和《援绥游艺大会》。

《海潮音》第18卷第3号刊内用丰子恺的漫画插图。

4月8日，致广洽法师函，述及赴厦门计划。①
在《少年周报》第1卷第2期发表《我的少年时代》（散文，作于1936年8月11日，文末署"二十五年八月十一日"）。

4月10日，致广洽法师函，再述及赴厦门计划。②在《新少年》第3卷第7期上发表《翡翠

知为1937年。丰子恺在那封信中说道："航空示奉悉。仆于阳历四月下旬必可到厦门。日期未定……弘一法师能暂不离厦，至深欣幸。乞转叩如有需办事物，请快函示之，（若度其函十六前不克送到杭州，则请夏先生转，因仆赴厦前一日必晤夏先生也。）可在申办就带奉。再者，此次到厦，专为谒访弘一法师及大德，对于世俗社会拟概不惊扰。"然而，丰子恺终于未能成行。其原因，在丰子恺于1937年5月1日致广洽法师的信中已有说明："示奉到。尊处地带安全，至慰。前日在申候船时，悔不决意南行也。然当时报载闽方消息，鼠疫日甚一日，有非打消南行不可之势。当时曾逐日将报剪留，今便附奉请阅，看是否符实事。今疫势想已消灭，本可即日前来。但开明教本工急，暑假前均须改编送审，预算已无长期旅行之余暇，附呈丐先生函可证，是故南行之愿，只得期于秋间矣。以上情形，请为代陈于弘一法师，乞恕失约之罪。此次返杭，因事与愿违，心情十分恶劣。盖劳弘一法师按装等等，心至不安。"

　　① 此信见《丰子恺文集》（文学卷三），浙江文艺出版社、浙江教育出版社1992年6月版，第190页。信中内容参见本年谱1937年3月24日信之注释。
　　② 此信见《丰子恺文集》（文学卷三），浙江文艺出版社、浙江教育出版社1992年6月版，第191页。信中曰："十六日赴京后，当尽速返申，登轮首途。搭何轮今未能决定。"

笛》（音乐故事）。

4 月 20 日，《逸经》第 28 期刊瑶斋漫笔《新旧八仙考》，被誉为"《论语》八仙"之一。此文还有插图一幅，曰《新八仙过海图》（汪子美作，斑园藏）。描绘林语堂驾鹤作云游状，下面的大海上漂浮着一棵连根带秃枝的硕大树木，上面自左至右依次坐着七人，他们分别是：姚颖、简又文（即所谓"大华烈士"）、郁达夫、丰子恺、老舍、周作人、俞平伯。其装束均似传说中的八仙，一派"新八仙"的气度。

刊于 1937 年 4 月 20 日《逸经》第 28 期的《新八仙过海图》（汪子美绘）

晚赴开明书店营业处聚餐，参加者有王畹卿、刘震初、夏丏尊、章锡琛、章雪山、王伯祥、叶圣陶、索非等。餐后与王伯祥、叶圣陶、范洗人、章锡琛等赴大新仙霓社听昆曲。

4 月 25 日，在《新少年》第 3 卷第 8 期上发表《巷中的美音》（音乐故事）。

4 月中旬赴南京参加美术研究会。
《海潮音》第 18 卷第 4 号刊内用丰子恺的漫画插图。

丰子恺在缘缘堂二楼书房留影

春，在别寓杭州田家园以鲁迅小说《阿 Q 正传》为画材作漫画，以为友朋谈笑之助。学生张逸心见了这些画，表示愿意出资印行一册《漫画阿 Q 正传》。

5 月 1 日，致广洽法师信，述未能赴厦门之原因。①

丰子恺在缘缘堂二楼书房作画（摄于 1937 年）

------

① 此信见《丰子恺文集》（文学卷三），浙江文艺出版社、浙江教育出版社 1992 年 6 月版，第 191—192 页。信中内容参见本年谱 1937 年 3 月 24 日信之注释。

丰子恺在南京车站与长子华瞻
（左）、友人张善孖（中）合影
（摄于 1937 年春）

5 月 10 日，在《新少年》第 3 卷第 9 期上发表《外国姨母》（音乐故事）。

5 月 20 日，在《涛声》第 1 卷第 5 期发表《论新艺术》（艺术论述）。

5 月 25 日，在《新少年》第 3 卷第 10 期上发表《芒种的歌》（音乐故事）。

5 月，《海潮音》第 18 卷第 5 号刊内用丰子恺的漫画插图。

春，老师姜丹书访缘缘堂。

6 月 3 日，致钟器信，谈画作及自传等事。时旅行居上海新亚旅馆 511 号。①

6 月 10 日，在《新少年》第 3 卷第 11 期上发表《蛙鼓》（音乐故事，附图《王老伯伯和阿四合奏，蚊虫也合奏》ORCHESTRA）。

6 月，《海潮音》第 18 卷第 6 号刊内用丰子恺的漫画插图。

《初中国文教本》（六册）由开明书店陆续出版，夏丏尊、叶圣陶合编，《从孩子得到的启示》（散文）被收入第一册，《小鸡》（散文）被收入

---

① 此信《丰子恺文集》（文学卷三）中未收，见《子恺书信》（下），海豚出版社 2013 年 9 月版，第 49—50 页，信曰："钟器先生大鉴：前嘱画惠赠隆酬，已由杭州敝寓收领，敬谢。尊处搜集晚成庐书画集锦，好艺之心良深，钦佩。仆偶以绘事游戏，信手涂鸦，不成章率。猥蒙眷爱，实深惭悚。尊嘱页数较多，至今尚未满数。恐劳盼待，故先奉达。大约本月内当可全部呈教也。稽延之处，尚请曲谅。拙传前为中国辞典馆专撰一篇，尚未出版。其副稿留杭州，旅行归杭，当嘱记室抄呈一份，或与画一并寄上可也。承询前明片上钢笔字，已问过，系小女陈宝（即前之阿宝）代笔者，非记室所书。附闻，近亚旅暂居新亚，不日返杭也……"

第二册。

7 月 16 日，在《宇宙风》第 43 期发表《西北西南旱灾烈》（漫画）。

7 月，徐懋庸杂文集《不惊人集》由（上海）千秋出版社出版，画作被用于封面画。[①]
装帧画被用于（上海）儿童书局出版的《教师之友》第 3 卷第 1 期封面。
插图收（上海）开明书店出版林语堂著《开明第一英文读本》（修正初版）、《开明第二英文读本》（修正初版），并有封面画。
《海潮音》第 18 卷第 7 号刊内用丰子恺的漫画插图。

夏，漫画《阿 Q 正传》被制成 54 块锌板，送上海南市某印刷厂印刷。后"八一三"事起，南市成了一片火海，这些画作皆成灰烬。

8 月 1 日，在《宇宙风》第 44 期发表《旱灾图》（漫画）。

8 月 2 日，作《不惑之礼——自传之一章》（散文）。

8 月 13 日，"八一三"事变，后关闭杭州别寓。

---

① 姜德明认为此画并非丰子恺特意为其所作，应系作者或出版者自选。姜德明曰："……至于出版这本书的上海千秋出版社则不见史载，好像也没有出版过什么书。从编者随便找来一张丰子恺先生的漫画作《不惊人集》的封面来看，也稍欠章法，背景仍待考。"见姜德明著《新文学版本》，江苏古籍出版社 2002 年 12 月版，第 115 页。徐懋庸（1911—1977），浙江上虞人，1933 年参加左联，1938 年赴延安。杂文家、翻译、教育家。

8月26日，致陶亢德信，表示若欲避难石门湾，当辟室扫榻相迎。述近来创作情形。①

8月，《海潮音》第18卷第8号刊内用丰子恺的漫画插图。

秋，曾赴南京，回程中途在上海下车，赴梧州路去看望夏丏尊先生。

9月1日，作自传。

9月16日，在《宇宙风》第47期发表《是可忍，孰不可忍》（漫画）。

9月20日，8月26日致陶亢德信在《非常时期联合旬刊》（《逸风》《西风》《宇宙风》三刊合编）刊出。

9月23日，致钟器信，寄画及自传，并言近况。②

9月24日，致陶亢德信，言作战时漫画已寄

---

① 此信见《丰子恺文集》（文学卷三），浙江文艺出版社、浙江教育出版社1992年6月版，第361页。信中曰："旬余不通音信，不谓天地变色也。廿二所发示至十六始收到，读之竦然，石门湾现尚可居，尊眷如欲避居，可从南站上车，到长安下车，于站旁雇小舟，三小时可抵敝庐，当辟室扫榻相迎，并共安危可也。此间十二里外乡镇，曾被炸，长安站旁民房亦被炸，石门湾幸未吃炸弹，惟飞机时过，缘缘堂屋顶，风鹤日夜不绝耳，弟十三日以来，日日刻印作画，惟准备转乎沟壑而已。"

② 此信《丰子恺文集》（文学卷三）中未收，见《子恺书信》（下），海豚出版社2013年9月版，第51—52页，信曰："怀柔先生：九月六日所惠函今日始收到。在程计半月矣。幸方地皆无恙，今日犹得通信也。所嘱册页字画五十帧，附自传两纸，封面二页，封裹待寄久矣。专盼尊示方敢付邮。今依来示作印刷品快递寄上。收到后，幸乞先生见示，以慰下念。此间久苦飞机炸弹，唯今日战事偏向京沪路上，此间稍得安宁。闻天津兵火甚烈，不知尊庐'推真室'、'践善亭'皆无恙否？尊藏艺术品皆无恙否？至引为念也……杭州敝寓已取消，以后通讯地址如封旁上所刊。"

奉，表示刊否不计。述嘉兴死伤甚惨。①

9 月，为黄涵秋、曹冠群合编《口琴入门》作序。

《海潮音》第 18 卷第 9 号刊内用丰子恺的漫画插图。

《我的母亲》（散文）收中国文化馆香港分馆出版的《我的母亲》一书。②

10 月 1 日，在《宇宙风》第 48 期发表《战事四题》（漫画）。

10 月 16 日，在《宇宙风》第 49 期发表《战地之狗》（漫画）。

10 月 23 日，作《劳者自歌》（散文）一则。

10 月 29 日，作《劳者自歌》（散文）一则。
时农历九月廿六日，为 40 岁生日，在缘缘堂做寿。

10 月 30 日，作《劳者自歌》（散文）一则。

10 月，《海潮音》第 18 卷第 10 号刊内用丰子恺的漫画插图。

11 月 1 日，在《宇宙风》第 50 期发表《失却一腿，收复一城》《中日形势图》《睡狮初醒》

---

① 此信见《丰子恺文集》（文学卷三），浙江文艺出版社、浙江教育出版社 1992 年 6 月版，第 361—362 页。信中曰："前日寄上画件，想蒙收到。今又得一画，战地之狗，景象太惨，恐伤士气。姑寄奉，刊否不计也。近日上海闻略安些，不知确否？嘉兴吃炸弹，死伤甚惨。一女打去屁股。一母打头，手中犹紧抱褪褓。敝族人自禾来，目击其状云……"
② 此文后收《缘缘堂集外遗文》，（香港）问学社 1979 年 10 月版。

《日本——桃太郎》《请惠钞!》(漫画)。

11月6日,读蒋坚忍著《日本帝国主义侵略中国史》,预备编《漫画日本侵华史》。石门湾突然遭到日机空袭,当晚率全家及丰满、岳母避居妹雪雪夫家所在地南深浜。

11月15日,晚与长女陈宝及章桂三人返缘缘堂取物书。

11月20日,决定避难内地。章桂自愿相随,因喜其干练,决令同行。离开故乡前曾收到马一浮从浙江桐庐寄来的信,信上说他已由杭州迁往桐庐,又问丰家安否?同时寄来的还有马一浮的一首诗《将避兵桐庐,留别杭州诸友》。丰氏自谓读了此信和诗,觉得这里面有一种伟大的力量,把他的心渐渐地从故乡拉开了距离;这信和诗,带来了一种芬芳之气,散布在将死的石门湾市空,把硫磺气,炸药气,戾气,杀气都消解了。当晚检点行物,发现走路最重要的东西没有准备:除几张用不上的公司银行存票外,家里所余的只有数十元现款。六个孩子将每年所得的红纸包打开,凑得四百余元。

11月21日,率眷及亲友共16人离开南深浜往桐庐避难。同行者有:岳母、妻力民、姐丰满、子女陈宝、林先、宁馨、华瞻、元草、一吟,连丰氏共十人。表弟周丙潮夫妇及婴儿等三人、店员章桂亦等随行。

在《宇宙风》第52期发表《劳者自歌》(三则,分别署"廿六年、十、廿三","廿六年、十、廿九","廿六年、十、卅")。

11 月 22 日，过新市，在白云庵稍歇。往塘栖。夜半至杭州拱宸桥。

11 月 23 日，至杭州六和塔，稍歇。

11 月 24 日，抵桐庐。

11 月 28 日，迁河头上黄村埠。常至阳山阪的汤庄拜见马一浮先生并聆听教诲。此被丰氏称之为"桐庐负暄"。

12 月 7 日，再访马一浮，马一浮门人王星贤记曰："十二月七日丰君子恺来谒，先生语之曰：辜鸿铭译礼为 Arts，用字颇好。Arts 所包者广。忆足下论艺术之文，有所谓多样的统一者。善会此义，可以悟得礼乐。譬如吾人此时坐对山色，观其层峦叠嶂，宜若紊乱，而相看不厌者，以其自然有序，自然调和，即所谓多样的统一是也。又如音乐必合五音六律，抑扬往复而后成。然合之有序，自然音节谐和，铿锵悦耳。序和同时，无先后也。礼乐不可须斯去身。平时如此，急难中亦复如此。因不失亨，而不失其亨之道在于贞。致命是贞，遂志即是亨。见得此义理端的，此心自然不乱，便是礼。不忧不惧，便是乐。纵使造次颠沛，槁饿以死，仍不失其为乐也。颜子不改其乐，固是乐。乐必该礼。而其所以能如是者，则以其心三月不违仁。故仁是全德，礼乐是合德。以其于体上已自会得。故夫子于其问为邦，乃就用上告以四代之礼乐。会不得者，告之亦无用。即如此时，前方炮火震天，冲锋肉搏，可谓极乱。而吾与二三子犹能于此负暄谈义，亦可谓极治。即此一念，便见难当极乱之时，活机固未息灭。扩而充之，未必不为将来拨乱反正之因端也。非是漠然淡然，不关痛痒。吉凶与民同患，自然关怀。但虽在忧患，此义自不容忘。亦非故作安定人心之语。克实而言，理本如此。所谓真语者，实语者，如语者，不妄语者也。礼乐之兴，必待其人。苟非其人，道不虚行。吾今与子言此，所谓千钧之弩不为鼷鼠发机。善会此义而用之于艺术，亦便是最高艺术……"

11月，《海潮音》第18卷第11号刊内用丰子恺的漫画插图。

12月21日，离桐庐河头上西行。在桐庐期间，曾接到开明书店长沙分店经理刘甫琴来信，代其兄刘叔琴邀请去长沙。

12月23日，抵达兰溪。在兰溪停留期间，受到浙一师同学曹聚仁的接待。后沿途经衢州、常山，进入江西省。①

12月24日，过常山，夜抵江西。

12月，《海潮音》第18卷第12号刊内用丰子恺的漫画插图。

是年，《护生画集》由道德书局印行。

在《谈风》该年第6期发表《子恺画例》（1936年11月重订）。②

在《涛声》第1卷第5期发表《论新艺术》（论文）。

---

① 曹聚仁（1900—1972），浙江兰溪人，作家、记者、学者。

② 《子恺画例》全文是："册页或扇面四元。立轴或横幅六元。（以上指定题材者另议。）报志插画每幅八元。书籍封面或插幅十二元。（以上须同意后应嘱。特约另议。）嘱画除扇面外不必寄纸，但示姓名住址，并先惠润资。受嘱后一月内挂号寄件。通讯处'杭州田家园三号丰寓'或'浙江石门湾缘缘堂丰宅'。丰子恺谨订。"

作《仁者无敌歌》《旧时王谢堂前燕》《青天白日下》《大树被斩伐》等（漫画）。

社会评价

徐 讦:《与子恺先生论房间艺术》，载 1937 年《谈风》第 12 期。

黎 庵《并不艺术谈房间》，载 1937 年《谈风》第 12 期。

何 鹏:《艺术漫谈》，载 1937 年 5 月 16 日《宇宙风》第 41 期。

瑶斋漫笔《新旧八仙考》，载，1937 年 4 月 20 日《逸经》第 28 期。

季诚性:《丰子恺先生——在杭作家印象之一》，载 1937 年 1 月 1 日《新时代》第 7 卷第 1 期。

何 鹏:《谈丰子恺的小品文》，载 1937 年《图书展望》第 2 卷第 4 期。

《宇宙风》第 46 期:《或问》（1937 年）。

乃麟:《丰子恺的赠书》，载 1937 年《学校新闻》第 68 期。

小琳:《丰子恺》，载 1937 年《春色》第 3 卷第 3 期。

评论选录

何鹏:《艺术漫谈》

丰子恺先生是一位画家，更是一位小品文家。以我个人的偏嗜说，觉得他的小品文上的成就，比画更伟大。第一他有自我的格调，第二是简洁，第三是真挚，第四是朴素。并且在他写作的量的方面，除知堂老人外，恐怕没有人比他写得更多吧。一二年内，继《随笔二十篇》《车厢社会》之后，去年又出了这本《艺术漫谈》。单就他这种努力看来，亦足为小品文前途幸矣。

章伯雨《谈知堂先生的读书杂记》中云："知堂的文章，有的地方是不可言妙，似乎只有他那枝笔才能写得出，我最服膺他文章中的比喻的运用，真是妙不可言。"我觉得子恺的随笔，亦具有这种特色，这也许是他对于比喻很有研究的缘故吧。……我想即与知堂文章相较，亦无逊色。

瑶斋漫笔《新旧八仙考》

林语堂氏提倡幽默创办《论语》，风靡一时。世人以在《论语》上常发表文字之台柱人物，拟为八仙，林氏亦承认不讳。如《宇宙风》第一期，林跋姚颖文云："本日发稿，如众仙齐集将渡海，独何仙姑未到，不禁怅然。适邮来，稿翩然至。"吾人虽知有"新八仙"——或"活八仙"——之说，而究悉诸仙尊姓大名。至去年夏，林氏将赴美，其漫画杂志始有《八仙过海图》，即摩登新八仙也。……所拟为：吕洞宾——林语堂、张果老——周作人、蓝采和——俞平伯、铁拐李——老舍、曹国舅——大华烈士、汉钟离——丰子恺、韩湘子——郁达夫、何仙姑——姚颖。此新八仙题名录，亦近年来文坛佳话也。

季诚性:《丰子恺先生——在杭作家印象之一》

我和丰子恺先生的认识，是在三年前的一个秋天。

那时我还在里西湖国术馆当编辑。一天，有一位须垂胸膛和颜悦色的老先生带着几位男女小孩在馆前经过，那种毫无拘束且走且谈的风趣，使我起了一个古怪的感觉。

"这大概是丰子恺先生吧?"想虽如此想，却没有一位认识丰先生的人给我一个有力的证明。

我认识子恺先生的漫画，还在十年以前。那时我还在义乌绣湖书院作小学生。不知从何而来的一个机缘，踏进了门虽设而常关从来无人过问的图书馆。翻阅一叠教育杂志，整个小心灵就被它牵住了，这并非文章的力量，而是几幅子恺先生的漫画的诱惑！

在我想象中的子恺先生，是一个后期的中年人，或是初期的老年人。胡子的有无不能凭空决定，洋装？中服？也无从臆测，若干年来想一睹丰先生为快的愿望总因空间限制而不能如愿以偿！

虽然与丰先生未有一面之缘，但他已在我的灵魂中留下深刻的印象。由于他画幅的暗示，他是一个可亲可近的人物，即使整天倾听孩子们的说笑也不会喊一声倦。他爱护着世界上每一个孩子，如同慈母的爱渗透了儿子们的心灵，他不但爱好儿童，在我的悬想中，他是一个天真直率的大孩子，也会屏入孩子们的队伍，讲故事，唱歌，或者无厌的做游戏的玩意。

所以当那个老人与孩子们谈谈说说经过国术馆的时候，一个来自天外的灵感告诉我："这大概就是丰子恺先生吧！"后来有人告诉我，子恺先生有时候在旗下功德林吃饭，说不定他们会知道他的来迹去踪的。于是我就去探听丰先生的下落。幸亏并不落空。更使我欢喜的，他是我的近邻。

那时他在里西湖招贤寺住着。与我相隔，仅仅抽一枝烟的路途。于是我常往他那里闲谈，喝喝茶。或者从楼窗中探望仅一带湖水的孤山枫林；那么富有画意的境地，给予我无限的愉快，使我更加喜爱那间玲巧的楼房了。

丰先生的谈吐和风趣，与我想象中的他大致相同的。

在拙著《给小朋友的信中》，我居然写了"介绍一个小朋友"。当子恺先生看完这本稿子时，他带着笑容说：

"你当我是一个孩子了，"一面摸摸胡子。

我的回答是：

"是的，我始终以为你是一个孩子。"

我承认他是一个孩子，一半根据过去的臆测，一半则根据现实的昭示。一个人，年纪可让他增加，而他的心灵决不可硬化。否则，就会变做一个化石似的僵尸！这是我的一贯的信念。直到现在，自己虽然年近三十，而一点"孩子气"仍不肯离我而去！

子恺先生待人是忠实的又是诚恳的。与他接谈，如同在一个南国公园里过着美丽的生活，多么舒适阿！

他是一个实是求事（应系"实事求是"——引者按）的艺术家和散文作家。他的散文，别成一格，另有风趣。有一次，在寄晓梅信中我写了这么两句："不着洋装着布衫，文章漫画自成家。"因为丰先生长年吃素，又有人以为他是一个变相的出家人。

据他自己说，"吃素是生理的，不是心理的。"

"吃素"与"念佛"，是连贯的名词，是出家的前奏曲。子恺先生佛学是偶尔研究的，不明真相的人误为他是"在家"的"出家人"，关于这，他对我有过这样的说明："我与佛教只能说恋爱，而没有结婚。"想不到这个大孩子却也会说这样幽默的话。

　　　　　　　　一九三六年十二月十一日于杭州大学路

　　乃麟：《丰子恺的赠书》

丰子恺先生在故乡浙江崇德县石门湾有住宅一所，是精美的小型洋房，在杭垣又有寓所一处，布置亦甚华贵。丰先生每于自己的作品集出版后，必亲笔签名分赠给亲戚朋友；但其襟弟沈雨苍，本系城中汇源钱庄经理，只知持筹握算，对于文学则完全是门外汉，故每于接到丰氏之赠书后，辄不翻一页而即捐赠县立民众教育馆图书部，以便他人阅读。因之丰子恺赠与其襟弟的著作，无异间接赠给图书馆也。

小琳：《丰子恺》

不久在人间书屋出版了《艺术漫谈》的丰子恺先生，最近又在《谈风》上写了篇《房间艺术》，丰子恺先生真不愧是一个理论而兼实践的艺术家。

提到了丰子恺先生，读者中对于他是应该有很深刻的认识的吧！他的独创一格的漫画，和淡恬轻松的散文，同时他更是一个音乐的爱好者，在开明出版的《口琴入门》，五年前是一本风行一时的作品，那时学吹口琴的青年多极了！因为在许多乐器中他是最简单的一种，无疑的也使丰子恺的《口琴入门》不胫而走了！

三年以前，他还在上海立达学园教书，时常带着他的阿宝在江湾路上散步，阿宝是丰先生的女公子的小名，现在也快二十岁了！凡是看过开明出版的《子恺漫画》的，终不会忘记有《阿宝赤膊》的一幅，这一幅寥寥数笔的漫画里，他把一个小女孩儿的羞涩态度表现得淋漓尽致了！在这本漫画集里，阿宝属于画中的主人公的地方还多，这里不过提到他的一端罢了！可是无情的岁月，把赤膊时代的阿宝，在江湾路上散步时代的阿宝的年龄递增了。去年的《自由谈》上就有丰先生一篇《送阿宝出黄金时代》的散文，丰先生这篇文字中所流露着的，是阿宝泯灭童真的悲哀。在最近《谈风》的一篇文字里，也曾提到他自己的："别人说我到底年纪一大，好静不好动了。"我们感得丰先生确实是上了年纪的人了，这从我最近一次的会见中，同他的生活的态度上可以看得出来。

丰子恺是于三年前离开上海的，蛰居杭州故

里，早年是日本的留学生，他的漫画和散文的作风，颇受到日本作品的影响。他的虔诚信佛，也是尽人皆知的事了！早曾和某法师合作过《护生画集》，在他杭州的寓所里也是供奉着佛像的。

近年在杭州，他是过着一个艺术家的清贫生活，可是靠着漫画和散文的稿费，却也很可以生活过去了！去年曾自订润例鬻画，在这个消息散布不久，慕名而来的络绎不绝。过后也就门庭冷落了！因为在中国家庭里终高兴以《牡丹中堂》等作为墙饰，他的着重于生活形态的漫画的不受人欢迎是必然的！这中间也曾经发生过一桩趣事，就在去年夏天里，有一位女太太请他画几种拖鞋花样；他也毫无疑难的接受了！

他的日常生活过得很有纪律的，这从他最近发表在《谈风》的那篇《房间艺术》跟他其他散文集里，都能够看得出来。而他自己未曾提到的，就是他也爱上劳动者们集会的茶馆，因为在这里他可以找到许多漫画和散文的资料。

1938 年　戊寅　41 岁

社会文化事略

3 月 27 日，中华全国文艺界抗敌协会在汉口成立。5 月 4 日，《抗战文艺》创刊。茅盾等 18 位作家在《抗战文艺》第 1 卷第 4 期发表《给周作人的一封公开信》。9 月 29 日，英法德意四国首脑签订《慕尼黑协定》。4 月 4 日，西南联合大学在昆明成立。

生平事迹

1 月 1 日抵上饶。

1 月 6 日，抵宜春。

1 月 8 日，抵萍乡，遇学生萧而化、吴裕珍夫妇。

1 月 11 日，在《宇宙风》第 57 期发表《不惑之礼——自传之一章》（散文，作于 1937 年，文末署"廿六年八月二日于杭寓"）。

1 月 13 日，经萧而化、吴裕珍夫妇挽留在萍

丰子恺漫画《战地之春》

乡乡下暇鸭塘萧氏宗祠暂住。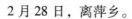①

1月20日，在《闽政与公余非常时期合刊》第14号发表《因祸得福》（散文，初收《漫文漫画》［汉口］大路书店1938年7月版）。

2月9日，得马一浮信。信曰："愚意此后撰述，务望尽力发挥非战文学，为世界人道留一线生机。目睹战祸之烈，身经乱离之苦，发为文字，必益加亲切，易感动人。"不久又作《高阳台》（词）。②

晚，章桂从萍乡城里取邮件归来，递上2月4日裴梦痕寄自上海的明信片，明信片曰："一月初上海新闻报载石门湾缘缘堂已全部焚毁，不知尊处已得悉否……"

2月28日，离萍乡。

2月，作《归来报明主，恢复旧神州》《巨宅镇国图，讴歌致太平》（彩色漫画）。

3月5日，致弘一法师信，汇报近况。③ 致广洽法师信，告知逃难后之行踪。此函托弘一法师转交。④

丰子恺漫画《轰炸二》

---

① 萧而化（1905—1985），江西萍乡人，1931年赴日本东京上行音乐专科学校学习，音乐理论家、音乐教育家。

② 此词见《丰子恺文集》（文学卷三），浙江文艺出版社、浙江教育出版社1992年6月版，第741页。编者注此词写作时间为"约1938年3月"。

③ 此信见本年谱本年"评论选录"。

④ 此信见《丰子恺文集》（文学卷三），浙江文艺出版社、浙江教育出版社1992年6月版，第192页。信中曰："此次仓皇出奔，仅携棉衣被两担，书物均毁于缘缘堂中，前承惠赐之念珠（中有弘一法师玉照者）亦未携出，殊深遗憾，倘尊处有余，还望续赐一串，寄'长沙南阳街开明书店'。余言详弘一法师函中，舟中局促，恕不详具……""此函烦弘一法师转交。"

3 月 10 日，夏丏尊来信，言对于挂于寓壁的丰子恺漫画《几人相忆在江楼》"日夕观览，聊寄遐想，默祝祷平安而已"。

3 月 12 日，抵湘潭，未觅得住处，借宿一旅馆。

3 月 13 日，抵长沙，在长沙南门外天鹅塘旭鸣里附 1 号萧而化叔父家安顿家属。

3 月 18 日，致函马一浮。

3 月 20 日，在《少年先锋》第 3 期发表《中华古国万万岁》（诗）。

3 月 21 日，致覃恒谦信，述逃难经过，现居长沙萧宅，言长沙近况，谓故乡房屋已全部焚毁，书籍数万册及一家十口之衣物，尽付丙丁。咨询再入内地之路径。①

3 月 23 日，率长女、次女赴汉口，住开明书店仓库近二月。其间，范用曾拜访请教封面设计，

---

① 此信见《丰子恺文集》（文学卷三），浙江文艺出版社、浙江教育出版社 1992 年 6 月版，第 363—364 页。信中曰："久未通信，不料江南惨遭大劫，天地变色也。仆于去年十一月廿一日（即故乡失守之前二日）挈眷属老幼十人离乡，辗转流徙，备尝艰苦，于月前始抵长沙，现居'长沙天鹅塘旭鸣里附一号'萧宅（宅主即前上海艺师大同学萧而化之叔）。今抗战胜利，敌机来袭甚少，即来亦不过在飞机场投弹，或未投弹即被我空军逐退，故市内尚可安居。惟浙江石门湾故乡，房屋已全部焚毁（友人自失地赴申，由申来信）。书籍数万册及一家十口之衣物，尽付丙丁。仅逃出十人及被头两担，冬衣各人一套而已。幸长沙开明书店尚可支持。目前生活不成问题，且家人均健好，堪告慰也。寇之所向，殊不可测，武汉我国命脉所在，当不致轻易放弃（近日甚安定）。仆将来拟令家眷再入内地，如云南贵州广西等处。倘来广西，当烦指示路径，代觅栖止。故今先行函询，以便将来投奔。得信请即示覆，告以自长沙至贵处之路径，及贵处生活状况。固不限于柳州，但择足下所熟悉者可也……"覃恒谦（1906—1992），广西贵现人，丰子恺在上海艺术师范大学任教时的学生，漫画家。

并请写封面字。①

丰子恺漫画《轰炸三》

春，作《和友人诗》（诗）。②

4月1日，致马一浮信。此信和3月18日致马一浮信，谈近作抗战诗文歌曲。马一浮此后在回信中评价曰："高射炮打敌机一首，篇法甚佳，音节亦似古乐府，似较东邻有小国一首为胜。声音之道，入人最深。此类歌曲能多作，甚善。遣词虽取易晓，不欲过文，但亦不可过俚。用韵及音节尤不可忽。若能如古乐府歌辞，斐然可诵，则尤善矣。"

4月3日，作《歌曲〈幼女之愿〉附说》。

4月4日，作《漫画是笔杆抗战的先锋》（艺术论述）。

4月5日，在《少年先锋》1938年第4期发表《决心——避寇日记之一》（日记）。对曹聚仁发表在《少年先锋》1938年第2期的《数月来的繁感》予以回应。③

---

① 参见范用《叶雨书衣》，转引自宁成春、汪家明编《生活·读书·新知三联书店书衣500帧》，宁成春《写在前面》，三联书店2008年10月版。范用（1923—2010），江苏镇江人，出版家。
② 见1981年11月《东海》11月号。
③ 丰子恺在文中述及在兰溪与曹聚仁相遇，曹聚仁请他全家在聚丰园会餐，彼此就当时的时局有过一些交谈，接着对曹聚仁在《少年先锋》上的文章作了一个附注："内有数处错误：他说我对他自称以前'昏聩'，又说'以后要改变做人的态度'，皆非我说的话，恐是他军事繁忙，记不清这些小事之故，或另有他故。还有，他说我从桐乡逃来，非也。我是崇德人，乃从崇德逃来。又说我四十一岁，亦非也。我当时四十岁。又说我的儿子瞻瞻是高中生，亦非也。他十四岁，是初中二年级生。此等事在他虽甚小，但在我却有关系：例如外人看了他的文，以为我是桐乡人而冒充崇德籍，或者以为我的儿子以初中二年级生冒充高中学生，岂不冤枉。故须在此附笔声明。"按：丰子恺以上文字，看似平和，实际上已对曹聚仁有了若干的看法。

4 月 6 日，作《谈抗战歌曲》（散文）。

4 月 7 日，《新华日报》刊出《丰子恺书画例》。①

4 月 9 日，作《劳者自歌——"则勿毁之已"》（散文）。

4 月 10 日，作《劳者自歌——战士与战匠》（散文）、《劳者自歌——粥饭与药石》（散文）、《劳者自歌——散沙与沙袋》（散文）。

4 月 11 日，作《劳者自歌——喜剧》（散文）。

4 月 15 日，在《立报·言林》发表《劳者自歌——战士与战匠》（散文，作于 1938 年，文末署"廿七年四月十日，汉口"，初收《缘缘堂集外遗文》，［香港］，问学社 1979 年 10 月版）。

4 月 16 日，在《立报·言林》发表《劳者自歌——粥饭与药石》（散文，作于 1938 年，文末署"廿七年四月十日，汉口"）。②

在《文艺阵地》第 1 卷第 1 期发表《〈我们四百兆人〉附说》（歌词并附说，《我们四百兆人》由丰子恺作歌，萧而化作曲）。文中曰："此曲曲趣，'深沉雄壮，威而不猛'。作者是根据了'长期抵抗，沉着应战，以正克邪，以仁克暴'的精神而作曲的，目下的中国人，正需要这种精神；就

抗战时的《文艺阵地》封面

---

① 《丰子恺书画例》的具体内容为：书例：册页或扇面五元，立幅或横幅十元，对联或中堂限五尺以内十二元，屏条与四立幅同，余件另议；画例：册页或扇面六元，立幅或横幅限三尺以内十二元，屏条与四立幅同，封面插画另议。先润后墨，约期取件，外埠挂号寄件。收件处：汉口交通路开明书店、长沙南阳街开明书店、武昌胡林翼路师竹友梅馆开明书店支店。

② 此文初收《缘缘堂集外遗文》，（香港）问学社 1979 年 10 月版。

是正需要这种歌曲。因为现在我们所对付的敌人，非常凶狠，非常残暴。唯沉着可以克制凶狠，唯仁厚可以克制残暴。所以'深沉雄注，威而不猛'是我们四百兆人人人应有的感情。此曲就是供给这种感情的。"

在《抗战漫画》全国美术界动员特辑发表《漫画是笔杆抗战的先锋》（艺术论述，作于1938年，文末署"廿七年儿童节于衡武车中"，初收1939年9月30日《建国画报》第23期，四川省图书馆）。

4月17日，在《立报·言林》发表《劳者自歌——"则勿毁之已"》（散文，作于1938年，文末署"廿七年四月九日于汉口"，初收《缘缘堂集外遗文》，［香港］问学社1979年10月版）。

4月20日，在《少年先锋》第5期发表《爱护同胞》（散文，作于1938年，初收《子恺近作散文集》，［成都］普益图书馆1941年10月版）。

4月21日，在《立报·言林》发表《劳者自歌——散沙与沙袋》（散文，作于1938年，文末署"廿七年四月十日，汉口"）。①

4月23日，在《立报·言林》发表《劳者自歌——喜剧》（散文，作于1938年，文末署"四月十一日，汉口"）。②

4月29日，武汉空战大捷，作《望江南》一首。

---

① 此文初收《缘缘堂集外遗文》，（香港）问学社1979年10月版。
② 同上。

4 月，在汉口结识张乐平。①

是年 3 月 27 日成立的中华全国文艺界抗敌协会为出版会刊《抗战文艺》于本月成立了编委会，丰子恺被推举为 33 位编辑委员之一。

丰子恺题刊名的《抗战文艺》

春，在汉口时，学生钱君匋从广州来信，替《文丛》期刊向丰子恺索要《漫画阿 Q 正传》。遂又重作，并陆续寄《文丛》发表。他先寄 2 幅，后又寄 6 幅。可惜《文丛》刚发表了 2 幅，就遇上日军在广州的大轰炸，余下的 6 幅，再次葬于火海。

5 月 1 日，在《宇宙风》第 67 期发表《告缘缘堂在天之灵》（散文，作于 1938 年，初收《子恺近作散文集》，［成都］普益图书馆 1941 年 10 月版）。

在《文艺阵地》第 1 卷第 2 期发表《还我缘缘堂——避寇日记之一》（散文，作于 1938 年 2 月 9 日，初收《子恺近作散文集》，［成都］普益图书馆 1941 年 10 月版）。

丰子恺绘图的《宇宙风》杂志封面一例

5 月 4 日中华全国文艺界抗敌协会会刊《抗战文艺》在汉口创刊，编委会由当时文艺界抗日民族统一战线各方面的代表作家 33 人组成，为编委会委员之一，为该刊封面题字。②

因九江失守，遂回长沙。在汉口期间曾应范寿

---

① 张乐平（1910—1992），漫画家，代表作有《三毛流浪记》等。

② 《抗战文艺》前 4 期为三日刊，后改为周刊。初由汉口天马书店、新知书店、读书生活出版社发行。出至第 2 卷第 4 期停刊。武汉沦陷前夕曾出版武汉特刊 4 期。同年 10 月 8 日在重庆复刊，仍为周刊，卷期号续前。第 4 卷起改为半月刊。第 6 卷起改为月刊。1945 年 5 月 4 日终刊。据范用先生回忆，丰子恺为《抗战文艺》题刊名是由范用先生赴丰子恺居住处取回的。时范用先生 15 岁。参见丰一吟《我和爸爸丰子恺》，百花文艺出版社 2008 年 10 月版，第 58 页。

康邀请，参加过总政治部第三厅第七处的工作。①

5月5日，在《少年先锋》第6期发表《一饭之恩——避寇日记之一》（日记），与曹聚仁就是否应放弃护生思想开展论战。此后曹氏遂与之"绝交"。在同期《少年先锋》上发表《仁者无敌歌》（诗）。

在《战地》第1卷第4期上发表《谈抗战歌曲》（散文，初收《子恺近作散文集》，［成都］普益图书馆1941年10月版）、《傀儡》（散文，初收《漫文漫画》［汉口］大路书店1938年7月版）。②

5月7日，在《抗战文艺》第1卷第2期发表《寄语我儿郎》（漫画）。

春，作《和表侄徐益藩》《题一九三八年画》（诗）。③

5月16日，在《文艺阵地》第1卷第3期上发表《歌曲〈幼女之愿〉附说》（歌词并附说，作于1938年，文末署"廿七年四月三日子恺附记"，《幼女之愿》丰子恺作词，萧而化作曲）。

5月17日，弘一法师致函（农历四月十八日），介绍近况，曰："写字极多，居泉不满两月，已逾千件。"又曰："朽人亦发愿为法舍身。虽所

丰子恺（左一）在汉口杨森别墅参观中国制片厂时与家人、友人等合影（摄于1938年5月23日）

---

① 此据张振刚著《丰子恺、章桂和"逃难"这两个汉字》，（台北）秀威资讯科技股份有限公司2009年5月版，第85页。范寿康（1896—1983），浙江上虞人，教育家、哲学家。

② 《傀儡》另载1938年8月20日《文丛》第2卷第3号、1939年《血流》第1卷第1期。

③ 诗今见《丰子恺文集》（文学卷三），浙江文艺出版社、浙江教育出版社1992年6月版，第743页。其中第一首编者注："此诗与画作于汉口，参见作者1938年写的《中国就像棵大树》一文（已收入本文集）。又见1940年2月文艺新潮社版《大树画册》。"

居之处，飞机日至数次，（大炮叠鸣，玻璃窗震动。）……"

5 月 21 日，在《中国的空军》杂志第 11 期发表漫画《百万传单乃百万重磅炸弹之种子》和《神鹰东征琐话》（散文）。

5 月 23 日，携女陈宝、林先在汉口杨森别墅参观中国制片厂，并与莫志恒夫妇、傅彬然等合影留念。

5 月 28 日，作《漫文漫画序》（序跋）。

5 月，桂林教育局致函丰氏，聘请其到桂林广西全省中学艺术教师暑期训练班授课。

作《口琴歌曲集》（与萧而化合编）序（序跋）。

在汉口，为便于宣传抗战，改穿中山装，并摄一影。

丰子恺在汉口着中山装留影
（摄于 1938 年 5 月）

6 月 1 日，在《宇宙风》第 69 期上发表《四部合唱横渠四句教附说》（说明文）。[1]

在《文艺阵地》第 1 卷第 4 期发表《民众去劳军》（漫画）。

6 月 6 日，在《立报·言林》发表《全人类都是他的家族》（散文，初收《漫文漫画》，［汉口］大路书店 1938 年 7 月版）。又载是月 25 日出刊的《文艺旬刊》第 1 卷第 2 期，题为《全人类都是他的家族——劳者自歌之一》。

马一浮来信，函中针对丰子恺与曹聚仁关于护生画的论辩，曰："夫人不言，言必有中。在近时

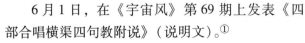

---

[1]　此文初收《缘缘堂集外遗文》，（香港）问学社 1979 年 10 月版。

作家浅薄思想中，忽有此等朴实沉着文字，此真是最后胜利之福音也。续有新撰，仍盼寄示……得读佳文，便如吃冰麒麟矣。"

丰子恺漫画《愿作安琪儿，空中收炸弹》

6月8日，弘一法师来信（农历五月十一日），表示待时局稍安再写大幅字寄上。言近况等。

6月11日，在《抗战文艺》第1卷第8期发表《空军杀敌归》（漫画）。

6月13日，在《立报·言林》发表《炸弹的种子》（散文，初收《漫文漫画》，改名《传单是炸弹的种子》，[汉口] 大路书店1938年7月版）、《国格的象征》（散文，初收《漫文漫画》，[汉口] 大路书店1938年7月版）。

6月15日，在《立报·言林》发表《富士山太小》（散文，初收《漫文漫画》，改名《孙中山先生伟大》，[汉口] 大路书店1938年7月版）。

6月23日，在《立报·言林》发表《引蚊深入》（散文，初收《漫文漫画》，[汉口] 大路书店1938年7月版）。

上午率家人与张梓生一家乘车离开长沙赴桂林，经衡阳抵零陵。

丰子恺漫画《征夫语征妇，死生不可知。欲慰泉下魂，但视襁中儿》

6月24日，应桂林师范学校之聘，率眷抵桂林，暂居大中华旅馆。因桂林师范学校校舍尚未竣工，桂林开明书店经理陆联棠为丰家租得靖江王城附近的马皇背三间平房。暑假后租住泮塘岭40号谢四嫂家。

6月25日，作《未来的国民——新枚》（散文）。

6 月 28 日，在《立报·言林》发表《卑怯和自私》（散文，初收《漫文漫画》，[汉口] 大路书店 1938 年 7 月版）。

6 月 30 日，作《桂林初面》（散文）。

7 月 1 日，在《烽火》第 17 期发表《敌马被俘虏》（漫画）。

在《宇宙风》第 70 期发表《豺虎入中原》（漫画）。

7 月 11 日，在《中国的空军》第 13 期发表《空军的人格亦要至高无上》（散文）。

7 月 16 日，在《文艺阵地》第 1 卷第 7 号发表《不惜流离苦》（漫画）。

漫画《山如眉黛秀，水如罗纹碧。为念争战苦，好景忽减也》用于《宇宙风》第 71 期封面。

7 月 19 日，致徐一帆信，述逃难经过及故乡故居被毁和至桂林后之心情。"①

7 月 24 日，作《"佛无灵"》（散文）。

7 月，致弘一法师信，希望法师能来内地生活，并表示供养法师至终老。后未获法师同意。

① 此信见《丰子恺文集》（文学卷三），浙江文艺出版社、浙江教育出版社 1992 年 6 月版，第 365 页。信中曰："仆等于去年十一月二十一日去乡，经杭州时已满城风雨，换船到桐庐，住二十天；杭州失守，又换船西南行，经兰溪、衢州、常山、上饶，南昌、以至萍乡，已旧历年底。在萍乡住一月，又西行至长沙、汉口；在长沙住三个月，最近又西南行来桂林，因广西省政府相聘，来此担任教职也。""故乡房屋虽遭焚毁，然仆等过去惯于浮家泛宅，尚能到处为家，惟书籍损失为可惜耳。""桂林山水甲天下，环城风景绝胜，为战争所迫，得率全家遨游名山大川，亦可谓因祸得福，江浙来者甚多，皆文化界人，盖武化东流，文化西流也。"徐一帆为丰子恺姑母之孙。此信曾载 1938 年 8 月 9 日《文汇报·世纪风》。

丰子恺编著《漫文漫画》书影

丰子恺漫画《征妇语征夫，
有身当殉国。君为塞下土，妾作山
头石》

艺术教师暑期训练班结束，迁两江泮塘岭
40号。

《漫文漫画》（编著）由（汉口）大路书店出
版。有《漫文漫画序》（作于1938年，文末署
"廿七年五月二十八日子恺记于汉口"）。该书一文
一画，序文中曰："……但光是选集别人的画，同
我关系太少，给我兴趣也不多。我就把每幅画所引
起我的感想，写在画的一旁……但五十篇中有十四
篇是抄别人作品的，文末均有注明。其余三十六篇
文末没有注明的，都是我自己所写的。""画五十
幅中，四十九幅选他人的作品，惟最后一幅是我自
己画的。"该集收文：《孙中山先生伟大》《抗战领
袖画像赞》《只要他能醒来》《我悔不早点站起来》
《引蚊深入》《国格的象征》《只要拉他进来》《选
诗》《传单是炸弹的种子》《开出一条平正的大路
来》《大汉与顽童》《全面抗战》《大而有当》《朝
鲜老妇杀贼被捕》《妇人忍辱杀敌》《朝鲜女英雄》
《选诗》《全人类是他的家族》《衣冠群兽》《最后
胜利》《日本政策高明》《日本的空城计》《泥人
猖獗》《剪报》《剪报》《剪报》《剪报》《日本空
军近视眼》《不过粉身碎骨了自己而已》《亡国之
道》《小泉八云在地下》《一大群疯狗》《有纸如
牢》《和平外交》《国格堕落》《阴谋的奏章》《抄
孟子》《防止汉奸》《大奸灭亲》《志士与汉奸》
《傀儡》《因祸得福》《焦土抗战的烈士》《警钟》
Costly Killing《欢迎和平之神》《物质文明》《兵上
当》《卑怯和自私》和《生机》（诗）。①

《口琴吹奏法初步》（与萧而化合编，署名
"编著者"）由（汉口）大路书店出版。有序（作

---

① 　其中《选诗》《朝鲜老妇杀贼被捕》《妇人忍辱杀敌》《朝鲜女英雄》《选诗》《一大群疯
狗》《和平外交》《阴谋的奏章》《防止汉奸》*Costly Killing* 和四则剪报非丰子恺所作。此书亦有
1938年长流书店版本。

于 1931 年 5 月）。

11 幅插图被用于（上海）开明书店修正版
《爱的教育》，［意］亚米契斯著，夏丏尊译。插图
与该书 1926 年 3 月版不同。

作《民众去劳军》（漫画）。

夏，作《桂林艺术讲话之一》《桂林艺术讲话
之二》《桂林艺术讲话之三》（艺术论述）。

8 月 1 日，在《宇宙风》第 72 期以"劳者自
歌"为总题发表散文《我悔不早点站起来》《衣冠
禽兽》《日本政策高明》《日本的空城记》《日本
空军近视眼》《不过粉碎了自己而已》《只要醒来》
《欢迎和平之神》《物质文明》（收《漫文漫画》，
［汉口］大路书店 1938 年 7 月版）、《巨人与顽童》
（收《漫文漫画》时题名《大汉与顽童》，［汉口］
大路书店 1938 年 7 月版）、漫画《积尸数十万》。
漫画《人民如散沙，抗战如布袋……》用于该期
封面。

8 月 9 日，《文汇报·世纪风》刊出《致××
书信》（题目为编者所加，作于 1938 年 7 月 19
日）。

8 月 13 日，在《抗战文艺》第 2 卷第 4 期发
表《"佛无灵"》（散文，作于 1938 年文末署"二
十七年七月二十四日于桂林"，初收《缘缘堂集外
遗文》，香港，问学社 1979 年 10 月版）。

8 月 17 日，在《大公报·文艺》发表《亡国
之道》《志士与汉奸》（散文，已收《漫文漫画》，
［汉口］大路书店 1938 年 7 月版）。

8月20日，在《文丛》第2卷第3号发表《小泉八云在地下》（散文，已收《漫文漫画》，［汉口］大路书店1938年7月版，又载1939年《血流》第1卷第1期）、《傀儡》（散文，已收《漫文漫画》，［汉口］大路书店1938年7月版）。

8月21日，在《烽火》第18期发表《有纸如牢》《大奸灭亲》（散文，已收《漫文漫画》，［汉口］大路书店1938年7月版）。是日作《望江南六首》（词）。①

桂林崇德书店开幕合影（摄于1938年9月1日）

8月，作《空袭也，炸弹向谁投》（彩色漫画）。马一浮抵桂林，常与之来往。

9月1日，位于桂林桂西路南侧崇德街上的"崇德书店"开张。此书店乃丰氏为安排表亲和乡亲章桂等的生活而开（同年12月28日毁于空袭），有书店开幕合影。②

在《宇宙风》第74期发表《鱼，我所欲也……》（漫画）。漫画《战苦军犹乐，功高将不骄》用于该期封面。

9月14日，致弘一法师信，呈有关夏丏尊、马一浮及广西佛教氛围等事，敦请法师来桂林。③

①　词今见《丰子恺文集》（文学卷三），浙江文艺出版社、浙江教育出版社1992年6月版，第744—745页。

②　在崇德书店工作的还有杨乔。杨乔（？—2014），原名子才，丰子恺石门同乡，后曾任职于香港华商报、新华社香港分社、南方时报、解放日报等，1954年在中央人民广播电台对台广播部工作，1959年罹冤遭受迫害，1962年回乡，1979年得平反改正，1983年离休。

③　此信《丰子恺文集》（文学卷三）中未收，见《子恺书信》（下），海豚出版社2013年9月版，第58—60页，信曰："弘一法师座下：旧七月廿八示并墨宝二幅，敬收，谢谢。闻吴敬生君言，漳州农民银行吴仲升君曾索墨宝，吴敬生所索墨宝亦已收到，均深感谢。承许秋后续赐法书，不敢多请。唯缘缘堂被毁，前赐书均损失，内《大智度论·十喻赞》大屏六条，及狭长对一副（真

　　9 月 16 日，在《宇宙风》第 75 期发表《未来的国民——新枚》（散文，作于 1938 年，文末署"大中华民国廿七年六月廿五日于桂林，大中华旅馆三〇三号"）。[①] 漫画《豫藏花雕酒，为君祝凯旋》用于该期封面。

丰子恺在桂林着广西装留影
（摄于 1938 年 9 月）

　　9 月 17 日，弘一法师来信（农历闰七月廿四日），言弘法甚忙，并有良好效果。委托绘佛像一纸。信曰："前复函及写件，想已收到。朽人近在此弘法甚忙，亦颇有良好之效果，可庆忭也。仁者暇时，乞绘释迦佛像一纸，约二尺高之直幅，（四尺宣纸一张裁开为四幅。）像上，乞写'南无本师释迦牟尼佛'九字。下方纸边，乞写'笑棠居士供养、仁者敬绘。'（并盖印）之小字，如常式。至用感谢……"另在附言中说："倘仁者多暇，乞再绘如上式之佛像数叶，但不写上款，一并寄下，尤感。"

　　在桂林着广西装留影。

观清静观广大智慧观，梵音海潮音胜彼世间音）为恺所宝爱，竟未取出（因敌寇取迂回战，不期而至，仓皇出奔，全家十人仅以身免，一切衣物器什皆从新购置，书籍字画全毁），他日乞于宏法之暇，重写见赐。《十喻赞》但写小屏或横直幅即可，对亦不须长大，因今无屋可供，但得法书该文，即可到处供养，没有迁居，可卷而怀之也。今有三事奉陈：一、夏先生来信，云护法款虽略损失，当由同人填补，今后如有需用，乞随时示之，当即汇送。夏亦有信寄奉。二、马一浮先生已于国历八月底到桂林，率眷属（姊之子媳等）十余人，从江西泰和南行，过大庾岭，走韶州，由西江泛苍梧，经柳州以至桂林，在途二十五天，正值炎暑，幸皆康适。今卜居桂林城东，（通信由恺转）其藏书一部分在桐庐被焚，余一部在杭，一部在赣，一部分随身带桂，路上幸无损失。近时相过从，谈言中每念及法踪，深为关念。三、广西十年前曾有毁佛像之举，故宗教气甚薄，但迩来文化西行，广西人吸收不遗余力，此亦可嘉之现象。闻当地最致力于宏法之万少石居士言，因彼之努力，广西已有《大藏经》三部（桂林，梧州，南宁），且不复有辟佛之妄举，今马先生到桂，教海所及，当如草上之风。今后之广西，当不复为佛法难闻之边地矣。沿海诸省，每多烽火，今后恐一时难靖，鄙意拟请法驾西行来桂，特先征请尊意，如蒙许可，当设法派人（或即请郑健魂居士）来迎。走海道由香港到此，较为便捷。若行李不多，则陆路或亦可通也。'桂林山水甲天下'，所谓甲，徒奇秀耳，远不如吾杭之秀，然山间大可住居。因其土人以质胜文，且当局治理颇有秩序，故盗匪几于绝无，真可谓'山无盗贼'也。至祈酌复为感。恺下月任新办之桂林师范课，当迁城外五十里之乡间，但通信仍由开明转可也……"

　　① 此文后载于 1946 年 8 月 11 日《文艺春秋》第 3 卷第 5 期，改题名为《新枚的故事》。

秋，作《山如眉黛秀》（彩色漫画）。

9 月 21 日，在《大公报·文艺》第 413 期发表《焦土抗战的烈士》（散文，收《漫文漫画》，〔汉口〕大路书店 1938 年 7 月版，又载 1938 年 10 月 31 日《礼拜日周刊》第 1 卷第 4 期）。其中有《和表侄徐益藩》（诗）。①

9 月，在《民族诗坛》第 5 辑发表《幼女之愿》（诗）。

丰子恺漫画《凯旋》

10 月 1 日，在《烽火》第 19 期发表《警钟》（散文，收《漫文漫画》，〔汉口〕大路书店 1938 年 7 月版）。

漫画《一箪食》用于《宇宙风》第 76 期封面。

10 月 11 日，在《申报》发表《狂炸也，娘背乳儿逃》（漫画）。

10 月 14 日，致弘一大师信，遵嘱绘佛像并挂号寄上，述马一浮及本人之近况等。②

---

　　① 诗今见《丰子恺文集》（文学卷三），浙江文艺出版社、浙江教育出版社 1992 年 6 月版，第 742 页。
　　② 此信见《丰子恺文集》（文学卷三），浙江文艺出版社、浙江教育出版社 1992 年 6 月版，第 366—367 页。信中曰："两示均拜领。嘱绘佛像，日内当即多画几幅挂号寄上，勿念。漳州宏法事忙，未能来桂，殊深怅惘，只得他日再觅胜缘。马一浮先生本定同住桂林，现亦欲迁居宜州（离此二日旅程），因浙江大学在宜州开学也。恺因桂林师范在离此六十里之乡间，故不日亦将迁乡。以后通信，仍寄开明亦可。或寄'桂林两江泮塘岭四十号'，则可直接收到。前一师同学傅彬然君，在此与恺同事。欲求墨宝。彼之友人洪纠咎君，亦有同愿。彬然前曾得赐，但未赐呼。今次拟乞赐题上款。上二幅（彬然，纠咎）乞于便时书寄，不胜感谢。来示捧读后甚深感慨。豺虎逼人，使吾师友东分西散，不得时亲侍奉，怅何如之。但愿玉体日健，久住此世，长为群生渡苦，则幸甚也。今日函上海夏先生，请其汇款供养，大约即可寄到。有所需要，尚请随时见示……"

10月16日，在《文艺新潮》第1卷第1期发表《今朝不吃糖》（漫画）。

10月18日，在《申报》发表《空袭也，炸弹向谁投》（漫画）。

10月23日，作《教师日记》序言（序跋）。

10月24日，上午七时十分参加桂林师范学校初次纪念周，并发表讲话。九时十分为高师班授第一次美术课。十时授简师图画课。因妻徐力民患子痫症，于是日下午赴桂林医院。决定手术。幼子新枚出世。夜宿崇德书店。同日开始写《教师日记》。

10月25日，在桂林与张梓生同赴东环路送马一浮先生离桂赴宜山。归途"忽见桂林城中黯淡无光，城外山色亦无理唐突，显然非甲天下者。盖从此刻起，桂林已是无马先生的桂林了"（见丰子恺《教师日记》）。由此可见丰氏对马一浮的敬重和景仰。①

10月27日，在桂林与唐现之、王鲁彦、朱雯会面。②

10月28日，上午返桂林师范学校。

10月29日，上午恢复授课，授简师国文。

10月30日，上午赴桂林，探望患病的周丙

丰子恺漫画《广西所见之一》

---

①　张梓生，出版家。

②　朱雯（1911—1994），作家、翻译家。王鲁彦（1910—1944），浙江镇海人，作家。

潮。旋赴医院探望妻徐力民。下午访张梓生、王鲁彦夫人覃英等。夜访吴敬生。旋返医院。

10 月 31 日，上午返桂林师范学校授高师美术与简师图画课。

10 月，结识刚至桂林师范任教的舒群，以画相赠。时舒群与王鲁彦同住在城内。①

10 月，儿童战事画《兴华大力士》《大同大姊姊》（画集）由（桂林）特种教育社出版。自作封面画及 30 幅插图。②

11 月 1 日，授简师国文课、师训班图画教材教法课。

在《华大桂声》第 1 卷第 2 期发表《空袭也，炸弹向谁投?》（漫画）。

11 月 3 日，下午参加同学会成立大会，发表讲话。

弘一法师致函（农历九月十二日），寄《十喻

---

①　舒群在回忆中介绍了一则丰子恺关于是否去延安的选择："岳阳失守，长沙一把大火，点燃了桂林的紧张空气。敌情紧迫，何去何从? 每个人都要做出抉择。关于子恺的去向，我时时为之挂心，因为他有一家之累，负担之重、压力之大，他常有所流露。我替他考虑，请他拿定主意，早作准备。我曾劝子恺去延安，他没去。为什么呢? 他说：'我虽然是一个自由主义者，一个无党派的人，但也不是不向往革命，不向往进步。我反反复复考虑了你的话，有时甚至作出了去的决定，但转而又否定了自己的想法。因为，如果我们是在红军长征时结识，或者是在苏区结识，你这样劝我，我倒真有可能上延安。可现在不同，共产党的天下稳定了，我怎么能带一大家人去坐享其成呢? 像我这样一个没有为共产党出过力的人，去坐享共产党的果实，问心是有愧的。'"见舒群口述、廖倩萍整理《我和子恺》，载《纵横》1996 年第 8 期。舒群（1913—1989），作家。

②　《兴华大力士》"例言"记曰："这册书是初小三四级生的国语课外读物。""这册书里的事实，都是很有根据的，所以兴华是代表失地中许多小英雄的一个人物。读者应该学习他的忍耐、敏捷和勇敢。""廿七年十月十六日子恺记于桂林。"《大同大姊姊》"例言"记曰："这册书，是高小学生的国语课外读物。""这册书，是借故事来讲理论。三个故事中含有三种理论，都是抗战时代的少年们所必须知道的。读者理解了之后，还得向别人宣传，使中国人大家知道。""廿七年十月十六日子恺记于桂林。"

赞》书件。谈护生画续编诗句等事。

11 月 5 日，上午赴桂林探望妻徐力民。访吴敬生、王鲁彦夫人覃英。夜宿崇德书店。

11 月 6 日，上午张梓生来桂林医院访问。另有吴姓读者来访，谓有汽车赴昆明。欲将马一浮留存桂林的 10 箱书托带宜山，拟托吴敬生与之接洽。下午，吴敬生备车相邀，遂携妻力民及出生 13 天的幼子新枚坐小车同回两江。在二我轩照相馆为新枚拍照。

11 月 11 日，见陆联棠，陆来桂林师范学校系为探听至柳州之船。时因形势严峻，其有迁徙之想。

丰子恺漫画《沦陷区》

11 月 12 日，中午与傅彬然同赴桂林。夜与其同宿崇德书店。吴敬生、朱雯来谈。

给居留孤岛上海的夏丏尊寄去一封信，信中说："弘一法师前来函，略云福建宏法事忙，且年高怕行动，故不能来桂。前曾将原函抄奉，不知收到否？尊眷在沪安好，甚慰……"①

11 月 13 日，上午与张梓生一起访范寿康夫人、王鲁彦夫人，复独自赴桂林大中华旅馆访林憾庐。② 中午与傅彬然同返两江泮塘岭。

11 月 14 日，收到马一浮赠诗《赠丰子恺》：

---

① 丰子恺致夏丏尊信，收《丰子恺文集》（文学卷三），浙江文艺出版社、浙江教育出版社 1992 年 6 月版，第 369 页。
② 对于访林憾庐，丰子恺在《教师日记》里的记述是："憾庐乃一老人，态度诚恳，甚可敬爱。已来开明访我两次。今晨我访大中华不遇，返崇德，彼正坐待，遂得快晤。"

赠丰子恺

惜有顾恺之，人称三绝才画痴；今有丰子恺，漫画高才惊四海。但逢井汲歌耆卿，所至儿童识姓名。人生真相画不得（君自题其画曰"人间相"），眼前万物空峥嵘。"护生"画了画"无常"（"护生"、"无常"皆君画集名），缘缘堂筑御儿乡（君家崇德，榜其居曰"缘缘堂"，今毁于寇）。吴楚名城一朝烬，辗转流离来象群。谁言杀尽始安居（庞居士偈云：护生须是杀，杀尽始安居，此言杀者，谓断无明也），此是无常非岁运。乱峰为笔云为纸，点染虚空如妙指。晴阴昏旦异风光，万物何心著忧喜。每忆栖霞洞里游，仙灵魑魅话无休（在桂林时与君同游是洞，导游者历指洞中物象，述成故事，言皆谬悠□，予因谓君：世间历史或亦类此）。石头何预三生业，国史犹争几世仇。吾欲因之铲叠嶂，不见神尧天下丧。书契结绳等胶漆，鸡狗比邻相谯让。琴台汉上已成灰，破垒焦原百事哀。巴蛇吞象知无厌，黄鹤西飞遂不回。豪情壮思归何处，梦中勋业风前絮。岂如华子能操戈，不信留侯能借箸。伏波山下酒初醒，一别漓江入杳冥。丹穴空桐堪送老，白龙青鸟惜零丁（白龙洞、青鸟峰并在宜山）。若知缘起都无名，始知名言离四病。如江印月鸟飞空，幻报何妨论依正。画师示现无边身（华严偈云：心如工画师，能出一切相。予每谓君：三界唯心，亦即三界唯画。若问画是色，法无色界作护生画，答曰：空处着笔），痴与无痴共一真。骑得虎头作龙猛，会看地狱变天人。（顾恺之小字虎头，龙树菩萨玄奘译名龙猛，骑虎头把虎尾，禅师家恒言，亦即龙猛真智也。君尝题其画曰"人间相"，其实今之人间殆与地狱不别。予尝谓君：画师之任在以理想之美改正现实之恶，故欲其画诸天妙庄严相，以彼易此，使大地众生转烦恼为菩提，则君之画境必一变至道矣。）①

11 月 15 日，在《公余》复字第 4 期发表《新中国的艺术》（艺术论述）。

11 月 16 日，写信七八封向亲友通报近况。

11 月 20 日，为桂林全县国民中学作校歌，乐谱取《我的诺曼底》改作。②

11 月 21 日，致周丙潮信，约来两江聚会。

弘一法师来信（农历九月三十日），表示屏联稍后写寄。曰："朽人居闽南已十年，淄素诸善友等护法甚力。朽人年来老态日增，不久即往生极乐。故于今春在泉州及惠安尽力弘扬佛化，近在漳州亦尔。诚自惭智识不及，亦藉是以报答诸善友之厚谊耳。犹如夕阳，殷红绚彩，随即西沉。吾生亦尔，世寿将尽，聊作最后之纪念耳。"

11 月 24 日，午后请桂林师范学校医生为家人诊治疾病。

11 月 25 日，得胡愈之自桂林来信，希望在桂林相晤，或其至两江来访。

11 月 26 日，夜得郑晓沧电报，曰浙江大学欲聘王星贤为英文讲师，元旦开学。希望劝驾。

---

① 此诗原无标点，标点由《丰子恺文集》编者所加。在《子恺漫画全集之一·古诗新画》（开明书店 1945 年 12 月版）中，此诗作为"代序"，诗句中的文字与现录之诗有所不同。现录之诗，采自《丰子恺文集》（文学卷三）《教师日记》，浙江文艺出版社、浙江教育出版社 1992 年 6 月版。

② 此歌歌词为："励勤朴兮贵劳谦，全县国民体魄健。崇信义兮尚仁爱，全县国民道德全。健健健，日日健，全全全，日日全。精神物质本无偏，试看湘漓分流共一源。"

11 月 28 日，周丙潮、陈瑜清来访。为陈瑜清查看租屋，并陪同二人参观桂林师范学校，共进午餐。餐后陈瑜清返桂林，周丙潮暂宿丰家一宵。①

11 月，为桂林师范作校歌。②

得弘一大师 11 月 8 日（农历十一月十八日）函。弘一大师表示："前承寄画像，已分赠诸友人，欢感无尽。"③

《嘉兴所见·梦江南》（漫画）用于《华大桂声》第 1 卷第 2 期封面画。

丰子恺漫画《捷报》

12 月 1 日，晚为桂林师范学校学生作题为《漫画宣传艺术》的演讲。指定学生 5 人依样稿仿作宣传画，计划 10 种，每种描 4 张。

12 月 2 日，上午作画，一为某军官之嘱，一赠王星贤（《偶抛佳果种，喜见绿芽生》，款曰："星贤兄赴宜山，临别有感，作画赠别。廿七年冬子恺居桂林师范。"）④

12 月 3 日，收集学生漫画，共 40 幅。吩咐学生次日赴乡间张贴。中午学校开会，教师分班率学生下乡。

12 月 4 日，因桂林遭轰炸，上午萍乡廖声凯（岂凡）来托觅屋，下午陈瑜清前来觅屋。分别予以介绍。

---

① 周丙潮，丰子恺的表亲。陈瑜清，翻译家，丰子恺的学生。
② 此歌歌词为："百年之计树人。教育根本在心。桂林师范仁为训，克己复礼泛爱群。洛水之滨，大岭心村，心地播耘，普雨悉皆萌。"
③ 见《弘一大师全集八·杂著卷、书信卷》，福建人民出版社 1992 年 9 月版。
④ 是日之日记曾载 1962 年 10 月 26 日《广西日报》。

12 月 5 日，陈瑜清返桂林，托其带信与周丙潮，言崇德书店不能迁动。若敌机轰炸，听其烧毁；若未遭轰炸，可继续营业。并另书两纸交陈瑜清托周丙潮代访蔡定远①及王鲁彦夫人，表示若欲乡居，可代为觅屋。

12 月 6 日，开明书店上海总店托金士雄带来书信，曰去年 6 月前版税可付；以后则尚未计算，并附毁书清单。为开明书店介绍堆货之屋。下午为邻人王亚农作画，画二人穿广西鞋对饮，题曰："故国云千叠，青梅酒一杯"。

12 月 7 日，发心将抗战以来所作画稿选较佳者描绘各一幅，盖"缘缘堂毁后所蓄"印，以供自藏。先绘 7 幅，一气描成。傍晚周丙潮夫人与其长子传农自桂林来住。②

12 月 8 日，得钟敬文之岳丈陈炽之信，表示乐意为此后的宜山之行提供协助。

12 月 9 日、10 日，带领学生在两江宣传抗战。

12 月 12 日，致夏丏尊信，转述弘一法师来函内容，述己近况，谓桂林师范形似春晖、立达，而精神则非昔比，对经亨颐逝世表示哀悼之情等。③

丰子恺漫画《散沙团结，可以御敌》

---

① 蔡定远为丰妻徐力民之表姐夫。

② 丰一吟言："这期间父亲不仅重画了缘缘堂原有的藏画，还选取他中意的新题材陆续作画，并在四川举行了多次个人画展。这 200 多幅，是他最满意的作品。"见丰一吟《介绍〈丰子恺精品画集〉》，收丰一吟著《天与我，相当厚——丰子恺女儿的自述》，上海远东出版社 2009 年 1 月版，第 108 页。

③ 此信见《丰子恺文集》（文学卷三），浙江文艺出版社、浙江教育出版社 1992 年 6 月版，第 369—370 页。信中曰："……弘一法师前来函，略云福建宏法事忙，且年高怕行动，故不能来桂……敝眷居两江（离桂林七十里）山乡已两月，托庇粗安。内子十年不育，近产一男。幸大小平安。流亡之群已增大为十一人……两江师范开课已两月，一切从新做起，形似春晖、立达。精神则非昔比。盖时地不同，不可同年而语也……子渊先生逝世，五千里外未能致奠，心甚慊然。唯默祝其能往生乐土……浙大在宜山，马一浮先生来书，云郑晓沧有相邀之意，然桂师未便遽去，宜山地点并不胜于桂林，一时无意他迁也……"

为宣传抗战停课两周后开始到校上课。

12月13日，赴桂林商洽送王星贤去宜山之车辆的开车时间。

12月14日，上午作画应吕飞雄、蒋增汉二君之嘱。一为《惟酒无量》，一为《星期六之晚》。下午与傅彬然、唐现之一起为王星贤饯行。

丰子恺漫画《轰炸一》

12月16日，在《文艺新潮》第1卷第3号发表《后方工作毕》（漫画）。中午携傅彬然、章桂赴车站送王星贤。别后返校参加校务会。

12月17日，因女儿林先病，上午携妻力民、女林先乘便船赴永福求医。次日上午抵永福。嘱子元草送信与傅彬然，请其代监做文章课。

12月18日，上午抵永福，住华宁栈。

12月19日，游永福。感觉物价甚廉。

12月20日，只身返两江。

12月21日，得悉舒群于20日来访，留有一函，问及万一桂林有变，如何计划。敦促早为之谋，并表示乐意协助。

12月22日，收柯灵寄自上海信及其为丰子恺辩护文二篇。①

① 此事出于丰子恺致表侄徐一帆信。丰子恺在《教师日记》（1938年12月22日）中曰："上海一班无聊小文人，在报上攻击我。起因是我寄表侄一帆信，中有句云：'此次流离来桂林，虽道途劳顿，但一路饱览名山大川，可谓因祸得福。' 一帆以此信交《文汇报》发表，次日即有某报攻

12 月 23 日，接马一浮来信。浙江大学老友郑晓沧先生托马一浮先生转言，竺可桢校长诚意相邀，聘丰氏往浙大任艺术指导。[①] 是年秋，郑晓沧先生经过桂林时就曾访问丰子恺，已表示浙江大学欲相聘之意。当时丰子恺初受桂林师范聘，校长意诚，丰子恺不便就此离开桂林师范。现从马一浮信中知浙江大学的聘事成真。为了使丰子恺能在宜山安居，马一浮还特地在宜山城外觅得一亩地，有茅屋三间，空地上还可新建房屋二处，足以供马、丰、王（星贤）三家结邻而居。马一浮又有《水调歌头》一首，其中一句是："着我三间茅屋，送老白云边。"

12 月 25 日，下午在桂林师范学校仪式上发表演讲，提出"艺术办学"和"礼乐治校"的理念。收到柯灵来函。

12 月 26 日，致柯灵信，谈上海某人非难事。

击我与叶圣陶。因叶圣陶有诗句云：'全家来看蜀中山'，亦曾在此报发表也。此事上月章雪村先生最早来信相告。但言之甚略。今日得《文汇报》高季琳来信，附辩护文二篇。我读该二文，始知其半。但攻击之文，终未见及，不知说些什么。据该二文推测，其言一定是咬文嚼字，吹毛求疵，无聊之极，大约另有用意。或者，孤岛人满，生活困难；欲骗稿费，苦无材料，就拿我作本钱。如此则甚可怜。我惠而不费，做个善举也罢。不然，则甚可悲观：吾国有此种无赖青年，如何抗战？"丰子恺此信中有："桂林山水甲天下，环城风景绝佳，为战争所迫，得率全家邀游名山大川，亦可谓因祸得福。"按：此信在《文汇报》"世纪风"副刊于 1938 年 8 月 9 日作为"战乱中的作家音讯"以《丰子恺由湘抵桂》之题发表。同时发表的还有叶圣陶的一首诗。书信和诗发表后，一位署名"若霖"的人分别于 8 月 16 日和 8 月 27 日在《华美晨报》上发表《关于"因祸得福"》《不必"诡辩""武断"》二文，指责丰子恺在抗战期间还有心游山玩水，仿佛并不怎么积极似的。文章同时还攻击叶圣陶诗句中"摘鲜饱啖红樱桃"，说这是忘记了"千万同胞的血腥气"。柯灵的二篇"辩护文"为《拭去无知的唾沫》（8 月 19 日《文汇报》）和《拭沫之余》（9 月 2 日《文汇报》），对"若霖"的"风凉话"给予驳斥。柯灵（1909—2000），原籍浙江绍兴，生于广州，作家、剧作家、电影理论家。

① 郑晓沧（1892—1979），浙江海宁人，教育家。竺可桢（1890—1974），浙江绍兴人，著名教育家、气象学家、地理学家。

解释未能为其写稿之原因等。①

12月28日，开始重作《漫画阿Q正传》。桂林崇德书店在空袭中被毁。

12月29日，得知桂林崇德书店在空袭中被毁。

12月，装帧画被用于（上海）儿童书局出版的郭后觉编《闽粤语和国语对照集》封面及环衬。②

是年，作《望江南》（词三首）③、《避寇中作》（诗）④、《春晨》（诗）⑤、《望江南》⑥、《活的艺术》（艺术论述）。

《抗战歌选》（第一、二集）（与萧而化合编）由（汉口）大路书店出版。有代序《怎样唱歌——〈抗战歌选〉代序》。

关于"沙袋"与"一盘散沙"的言论被刊录在1938年《流声机》第4期在《一针见血》的总

---

①　此信见《丰子恺文集》（文学卷三），浙江文艺出版社、浙江教育出版社1992年6月版，第371—372页。信中曰："十月十二日示，不久以前才收到，另封长示，昨日才收到。交通阻滞，一至于此……上海有人非难圣陶及弟，日前友人来函亦曾谈及，但寥寥一二说耳。今得尊示，始悉其详，一帆亦未有说述及此事。此辈见解，诚是奇怪。然吹毛太甚，弟疑其别有用意，可付一笑。乃蒙再度答辩，词意周详公正，反使弟惭愧无似。圣陶实受无妄之灾，弟则自念缺德必多，故有以招致讥毁。惟有自反而已，不为怨天尤人之语也。近任桂林师范教师，校务在身，文笔画笔遂致荒废，不写稿者将四月阅矣。尊嘱一时未能应命，然略缓必当投呈若干，请赐教正，承询直接寄址，欲赐贵报，诚甚感谢，如蒙赐阅，乞写：桂林两江桂林师范弟收，则可直接收到……"

②　郭后觉（1895—1944），浙江嘉兴人，语言学家。

③　见1981年11月《东海》11月号。

④　见《丰子恺文集》（文学卷三），浙江文艺出版社、浙江教育出版社1992年6月版，第740页。

⑤　同上书，第742页。

⑥　同上书，第745页。

标题下。①

在《新阵地》第22期发表《和友人悼缘缘堂诗》（诗）。

在《东南日报》发表《避寇萍乡代女儿作》（诗）。

收夏丏尊信，曰"在沪安好"。

作《清明节》《严霜烈日皆经过》《战地之春》《腰下防身剑》《他年麟阁上》《停杯投箸不能食》《轰炸一》《轰炸二》《轰炸三》《轰炸四》《愿作安琪儿》《征夫语征妇》《征妇语征夫》《战地的狗》《散沙团结》《捷报》《沦陷区》《广西所见之一》《广西所见之二》《广西所见之三》《广西所见之四》《广西所见之五》《凯归》《绛园图》《恢复旧神州》等（漫画）。

在《青年作者》第1卷第5期发表《大哥同小弟》（漫画）。

在《战时艺术》第2卷第5期发表《俘虏受优待》（漫画）。

在《抗战漫画》第9期发表《看谁放得高》（漫画）。

社会评价

《作家近讯》，载1938年6月5日《文艺》第1卷第1期。

《文汇报》："战乱中的作家音讯"栏《丰子恺由湘抵桂》，1938年8月9日。

若 霖：《关于"因祸得福"》，载1938年8月16日《华美晨报·闲话今日》。

---

① 1938年《流声机》第4期刊录的丰子恺这段言论是："沙的分子非常细小，一经解散，便不可收拾，但用袋装沙，约束起来，就显示伟大的力量，能够阻止敌人的炮火弹片了。中国四万万人曾经被称为'一盘散沙'。'抗战'好比一只沙袋，已经把他们约束了，成了比铁还大，比石还强的功用了。（丰子恺）"

陈　浮：《拭去无知的吐沫》，载 1938 年 8 月 19 日《文汇报·世纪风》。

若　霖：《不必"诡辩""武断"》，载 1938 年 8 月 17 日《华美晨报·闲话今日》。

陈　浮：《拭沫之余》，载 1938 年 9 月 2 日《文汇报·世纪风》。

陈　浮：《抗战中的丰子恺先生》，载 1938 年 9 月 28 日《循环报》。

神　风：《丰子恺的护生画》，载 1938 年 10 月 14 日《大众日报》。

胜　进：《漫画家丰子恺先生近况》，载 1938 年《每周导报》第 1 卷第 3 期。

《丰子恺先生》，载 1938 年《明灯道声非常时期合刊》12 月号。

评论选录

《作家近讯》

丰子恺最近已在长沙，他于"石门湾失守前一天率眷十人逃出战区，行二千余里戎马之地得安抵萍乡，同行十三、四人，仅携被窝三担，别无他物"。听说他在未离战区之时，曾作连续漫画，记"九一八"以来的被侵略情况，草稿已成，后仓皇逃难，同行者恐被检到而有性命之忧，乃投于钱塘江。现在他打算抽出工夫再画它一套。

陈浮：《抗战中的丰子恺先生》

有一位先生，曾经代表中国全体青年，判定丰子恺先生近来"仿佛是不十分积极似的"。——这自然是实话，因为丰先生本来不是革命家，但战后呢，由我看来，却是很"积极"的了。虽然不免老朽，不曾上前线杀敌，但已经是一位民族统一战线中可敬的战士。他勇敢，坚决，乐观，和一切的战斗者一样。

一个切实有为的人，业绩昭彰，原不是几口唾沫所可淹煞。何况像丰子恺先生那样的作家，哪用得着我这样多余的"发扬"！但上海成为"孤岛"之后，诬蔑的血潮正在泛滥，笔头一曲，往往把清白之身，弄得满是秽气，在以耳代目的读者心中，终至于冤沉海底，而客观的影响上，却完成了代敌人缴械的任务。我实在也还觉得有出来揭破那些扯谈家的面目的责任。

陈浮：《拭去无知的唾沫》

别人的故乡沦陷了，家也毁了，不甘于奴隶的命运，老老小小一大串，流离颠沛，历尽风霜，这才千里迢迢地逃到重庆或桂林，喘息刚定……通个报告行踪的音讯，"文学家"又咬牙切齿地大骂："阿弥陀佛，你怎么毫无血气……就是此路不通的游玩主义"……我们的"文学家"，这一年来没有吃过一些水果，上过一次酒楼吗？吃一点樱桃，怎么就忘记了"千万同胞的血腥气"？逃难时看一看风景，怎么就是"游玩主义"……重庆桂林是后方，上海的租界倒算是前线吗？——我们的"文学家"所缺少的，偏又是一面镜子！

陈浮：《拭沫之余》

中国的文坛，也真是奇怪得很。扯淡可以成家，卖空偏能立业……太积极了，于扯淡卖空有害，大家纷纷地来剿。比较温和一点，却又有人觉得"仿佛不十分积极似的"。国难当头，逃难到桂林，也只好闭起眼睛，不看风景，以示忧愤；倘使不免一看，而且看得怡悦，那就连一切抗战行动和作品，都给抹杀……

胜进：《漫画家丰子恺先生近况》

漫画家丰子恺先生一向卜居杭州城内，在他那缘缘堂中，过着他的艺术生活！可是不幸的杭城，被敌军侵占之后，这位艺人究竟流亡到哪里去呢？我想这也许是一般平素对于艺术有兴味，而关切于丰先生的朋友们所乐知道的吧！

大家都晓得最近在我们刺桐城内，有一位艺术界的先辈李叔同先生（出家后号弘一）吧！他正是漫画家的老师呢！当弘一法师未出家前，曾在杭州高等师范任艺术教师，那时所造就的人材，至今在国内大半都已成名。丰子恺先生就是当时他的学生之一。

法师对于艺术，负有绝顶的天才，举凡音乐，绘画，演剧，书法，金石，刻绘，……靡不造诣极精，所以他的出家，蔡元培及吴稚晖都说是中国艺术界莫大的损失呢！可是他们没有想到他在宗教中，却特别地放出光照灿烂的异彩啊！

且说有一天，法师赠我一份每周导报，顺便笑逐颜开地对我说丰子恺最近有来信了，于是郑重地拿出信来，嘱我看完之后，再送交给他，我乘此良机，便把信抄起来，让读者们知道一些自从暴日侵略以来，我们同胞流离失所的苦况，以及丰先生的近况吧，兹录其原信如下：

"弘一法师座下：

久不奉候，不谓今日在此寄书也。厦门近况如何？寺中能否安居？至深切念。恺于石门湾失守前一日率家族老幼十人逃出战区，至桐庐，与马一浮先生同居桐庐乡间，凡三星期，寇又犯杭，富，恺力劝马先生同行，未蒙允许，遂先率眷南行；阴历年底始抵江西萍乡，依旧友萧君居一个月，前日又离萍乡，乘舟赴湘，拟令眷属卜居于湘潭，自赴长沙开明书店。今日舟次醴陵，遥念东土，遂作此书。收到后无祈赐示一二，'寄长沙南阳街开明书

店'可也。前日得马先生书，谓富阳失守，桐庐
不可存留，故已迁居开化，其通信处为'开化城
内□德寿堂药号转'，自浙至此，行路甚难，恺与
马先生皆幸免，今战讯转佳，胜利和平恐已在即，
唯上海新闻报载缘缘堂已全部被焚，故恺已断回乡
之念，拟即在湘作客，且邀马先生同来也，夏先生
仍居上海租界，未有来信。开明沪厂被焚，残局移
在汉口，但营业停顿，战期中未能发展耳，草此肃
请 崇安

> 弟子丰子恺叩上
> 三月五日夜船中。"

按信中所言之马一浮先生，在此有介绍之必
要。马先生为国学名士，隐居杭州陋巷，虽屡经国
府聘请为浙江大学校长，但均辞谢不应。曾记得曼
殊大师之随笔中对于马先生有"其人无书不读"
之誉，及某名人游杭杂诗有"杭人争识马一浮"
之句，可见这位老先生极受文化界的推崇。现在却
被暴敌的压迫，不能过其隐士的生活了。

又子恺发表于《东方杂志》之随笔中，有一
篇记述M先生及L先生的事迹，M先生即马一浮，
L先生即李叔同（弘一法师）也。

此外，信中尚有夏先生者，即《爱的教育》
的译者，夏丏尊先生是也。他是弘一法师的挚友、
未出家前的同事。他在《越风》杂志中，有一篇
《我的畏友弘一和尚》。即描写弘一法师的过去事
迹的。

关于丰先生近况的报告，即此为止。至于艺术
界老前辈弘一法师的事迹，如果读者觉得兴趣的
话，让我来日再细谈罢！

（引者按：文中所谓杭州城内之缘缘堂不确
切，缘缘堂当在丰氏之故乡石门湾。又所谓马一浮
被聘请为浙江大学校长亦不确切，当为特别讲座

之职。）

《丰子恺先生》

丰先生为国内第一流作家，又是一位漫画专家，他的故乡在浙江的石门湾，由于他的勤奋，白手起家，又在故乡造成了"缘缘堂"，费了不少的钱，但是住了不到五年，"八一三"以后竟毁于炮火。

子恺先生并不以此灰心，仍努力奋斗，最近到了广西，在桂林地方做教师，虽然他的收入不多，却仍能继续作画，投稿，不失其本来面目，本期我们特意介绍他的作品一张以供同好。

1939 年 己卯 42 岁

社会文化事略

9 月 1 日，第二次世界大战爆发。9 月 17 日，日军进攻长沙。

生平事迹

1 月 1 日，在重庆商会礼堂举行的《抗敌画展》上展出 30 件画作（总共展出各名家作品 152 件）。

1 月 2 日，下午陪同傅彬然赴两江圩做大衣。

王星贤来函，告知马一浮已花去二百法币把一亩地和三间茅屋买下，要丰氏去宜山浙江大学任艺术讲师兼训导。丰氏决定前往。

丰子恺漫画《战时的儿童》

1 月 4 日，赴永福。

1 月 7 日，下午为子新枚摄影。

1 月 8 日，自永福返两江。得郑晓沧电报，谓自下学期起拟聘为浙江大学讲师兼训导。

弘一法师致函（农历 1938 年十一月十八日），言前寄之画像已收到，分赠诸好友，欢感无尽。

1 月 10 日，与傅彬然同拟《改良中国艺术师范教育刍议》一文。①

1月11日，下午向唐现之校长辞职，不遇，留书数行。

1月12日，遇校长唐现之，当面提出辞职。唐现之情商留至学期结束。傅彬然集唐诗句赠之，诗中有"天下何人不识君"之句。

1月13日，晨，致王星贤信。

1月14日，出做文章题托傅彬然带至学校嘱学生作文。

丰子恺漫画《警报中》

1月15日，中午唐现之校长请驻两江军队之李团长吃饭，作陪。

1月16日，上午赴校上课。

1月20日，与章桂同赴永福。

1月23日，雇轿接眷返两江。

1月24日，到校得知吴梦非不能前来代己课业。

---

① 参见丰子恺《教师日记》（1929年1月2日）。根据此日日记，拟此文系因为丰子恺以为当时中国之艺术家，"有许多人已变成西洋人。他们学得西洋艺术之皮毛，欲硬把此皮毛种植于中土，而浑忘其为中国人，诚可笑也。艺术如此生吞活剥，艺术教育遂游离人生，而成为一种具文。普通中学校之图画，见者皆说'我们外行看不懂'。普通中学校之音乐，闻之皆说'我们外行听不懂'。此是何等不合理、不调和状态！实非改革不可。"拟此文，"我欲使中国艺术教育开辟一新纪元：扫除从前一切幼稚，生硬，空虚，孤立等流弊，务使与中国人生活密切关联，而在中国全般教育中为一有机体。"

1 月 26 日，得宋云彬信，盼去桂林谈为第三厅作画事。

1 月 28 日，因幼子新枚病足须诊治，与傅彬然、陆联棠、妻力民及子新枚同赴桂林。访蔡定远、张梓生、王鲁彦等，见巴金。

1 月 29 日，访舒群，以画赠之。画中写一人除草，题曰《除蔓草，得大道》。晚应约见第三厅第六处处长张志让，允在赴宜山前为作抗战宣传画若干。

1 月 30 日，返两江。

1 月 31 日，得鲍慧和自上海来信，知其近来艰辛之况。

2 月 1 日，在《鲁迅风》第 4 期发表《给××先生信》（书信，"乱离中的作家书简"）。批阅上周学生作文题。

2 月 2 日，下午请圩上新开之联华照相馆来家摄合家欢。

2 月 4 日，因次日立春，预约傅彬然、周丙潮共饮。

2 月 5 日，与傅彬然、周丙潮共饮，多饮而醉。

2 月 6 日，上午到校。

2 月 8 日，在《鲁迅风》第 5 期发表《给××

先生信》（书信，"乱离中的作家书简"）。是日周三，上午高师国文课，全天下雨，令女仆送信到校换课至周五。中午饮酒至醉。

2月9日，接王星贤2月1日来函，谓马一浮尚在宜山，浙江大学挽留其续任。

2月10日，通信兵百余人来村投宿，转让其大米七八十斤。

2月12日，开始患眼疾。大约一周后稍愈。

2月19日，上午作画8幅。

丰子恺漫画《"今天天气好!"》

2月20日，得王星贤信，知马一浮已于2月7日赴四川。得郑晓沧信，谓因公赴浙。

2月21日，到校，见浙江一师同学贾祖璋，甚喜。彼下学期起将继己之国文课。①

2月23日，得夏丏尊信，谓弘一法师已闭关，信由夏转。又言李荣祥居士有出尘之思，前日忽失踪。又言于1月起已辞开明书店职，并函叶圣陶早为其女满子完婚，以了大事。得上海陶亢德寄《众生月刊》数册，代为约稿。

2月24日，得姐月珠自上海来函，信末云："昨日看见无锡报载子恺兄在乱山丛林之中步行万

①　贾祖璋（1901—1988），浙江海宁人，科普作家、出版家。

里，到达长沙。一掬长须，剃个干净。不知确实否？"① 拟请联华照相馆摄一影，以白巾衬领，使胡须特别明显，印出后寄予各地索稿之报刊，请其制版刊布，以明前此各报之传讹，并以答其关念之诚。此事在上一年抵汉口后即有传言。并于上年 5 月在汉口摄全身像。

2 月 27 日，在桂林师范学校授最后一堂美术课。上课时向学生正式宣布离校消息，并嘱学生就关于美术上的问题相问，以为结束。面对诸生惜别之情，以"天涯若比邻"慰之。

2 月 28 日，下午在桂林师范学校授最后一堂国文课。课后，即下午 3 时，桂林师范为开欢送会。欢送会上，略述离校之原因："吾之去有三因：一者吾拟利用此流离，以从事游历。在我多历地方，可以增长见闻，在诸君多得师傅，亦可以集众广益。此利己利人之事也。二者吾乡失陷，吾浙已非完土，吾心常有隐痛。浙江大学乃吾之乡学，对吾有诸君不能想象之诱惑力。此乃吾去此就彼之主观方面之原因。三者，吾在此虽蒙学校当局优遇，学生诸君爱戴，然吾于美术不能教实技，贻误诸君前程。不早告辞，罪将愈重，故不可不去也。"义述最后之赠言："总之，艺术不是孤立的，必须与人生相关联。美不是形式的，必须与真善相鼎立。至于求学之法，吾以为须眼明手快，方可有广大真实之成就。眼明者，用明净之眼光，从人生根本着眼之谓也。手快者，用敏捷之手腕，对各学

---

① 抗战以来，江浙报纸屡载丰子恺之行踪，多捕风捉影。丰子恺在《教师日记》（1929 年 2 月 24 日）中写道："前浙江某报，曾标题曰'丰子恺割须抗战'。又有一报，云记者亲在开化见我'长须已去'。（实则我并未到过开化。）上海某小报则曰'一根不留'。今无锡报又言'剃个干净'。当此国家危急存亡之秋，我之胡须承蒙国人如此关念，实出意料之外。"

科作切实之钻研之谓也。故眼明乃革命精神之母，手快乃真才实学之源。诸君若能以此法求学，则吾此去，于心甚慰……"①

致柯灵函，言日内将率眷赴宜山，就浙江大学聘，谈《申报》有画署"次恺"者一事。②

丰子恺漫画《菜粥》

3月1日，在《宇宙风》（乙刊）创刊号发表《中国就像棵大树》（散文，附图《大树被斩伐，生机并不绝。春来怒抽条，气象何蓬勃!》，作于1938年，初收《子恺近作散文集》，［成都］普益图书馆1941年10月版）。是日为脱离桂林师范学校之第一日。

作《仙姊抱新枚》（漫画）。

3月2日，得谢颂羔信，曰上海《申报》常刊漫画，署名"次恺"，其字、画均酷似丰氏，甚于鲍慧和。因言："得信甚喜。摹我画者，以前不乏其人，惟吾徒鲍慧和最得吾心，今此君似吾甚于慧和，则吾画派中又得一有力分子，殊可喜也。"③得浙江大学师范学院主任孟宪成函，相邀早行，并言嘱任艺术教育、艺术欣赏及儿童文学三课，可自选其中二种。致电回复，选艺术教育和艺术欣赏二课。

3月3日，开始作画，以应桂林师范学校友人。

3月4日，得上海《文汇报》高柯灵信，赠

① 丰子恺：《教师日记》（1939年2月28日）。

② 此信见《丰子恺文集》（文学卷三），浙江文艺出版社、浙江教育出版社1992年6月版，第372页。信中曰："示欣悉。虽遭颠沛，幸全家康健，尚可到处为家。承垂念，感谢不尽。日内弟将率眷赴宜山，就浙江大学聘……《申报》有画署'次恺'者，弟亦闻之，但未识其人，附告。"

③ 丰子恺：《教师日记》（1939年3月2日）。

《边鼓集》一册，约稿，并寄《申报》所刊"次恺"画稿一幅，题为《拜年与压岁》。丰氏亦惊其风格之肖似。①

3月5日，与傅彬然、贾祖璋等一起赴桂林。途中于邮局得鲍慧和、夏丏尊来函。前者曰已自申抵桂，住三十一集团军办事处，盼相晤。后者内附弘一法师信，言已在漳州闭关，有信由夏丏尊转。又附李圆净与夏丏尊信及弘一法师提议重写《护生画集》书。下午5时抵桂林，晚邀莫一庸、唐现之、莫宝坚、蒋增汉等宴会。夜宿林半觉寓所。②

3月6日，访鲍慧和，约傅彬然、贾祖璋同游七星岩。晚鲍慧和设宴，与张梓生、宋云彬、钱可人、汪毓灵等一同参加。夜仍宿林半觉寓所。

3月8日，搭车返两江，舒群、鲍慧和等同车，是夜，与之作长夜之谈。

3月9日，上午与鲍慧和、舒群等到桂林师范学校，中午受傅彬然之请共用午餐。

丰子恺（右二）在桂林两江与傅彬然（左二）、傅彬然之子（左一）和贾祖璋（右一）合影（摄于1939年春）

3月16日，在《宇宙风》（乙刊）第2期上发表《艺术必能建国》（艺术论述，文末署"桂林艺术讲话之一"）。③

---

① 1939年4月浙江省战时作协编《作者通讯》第2期上有补白文披露："丰子恺近应广西宜山浙大之聘，担任该校讲师，暇与本省大路周刊绘写抗战漫画多幅，至最近在申报自由谈作画，署名次恺者，丰氏自言未识其人。按，次恺原名李毓镛，浙江永嘉人，现年25岁，毕业于省立温中现肄业于上海东吴大学，此君生平，寡言笑，嗜吟咏，不好修饰，布衣朴素，有'子恺'风，除研究理科及儿童教育外，并喜写作漫画，笔法与子恺酷肖，因以'次恺'自名，亦窃比老彭之意也。"又据《教师日记》，《中美日报》亦有"次恺自白"一文，并谓其因受《护生画集》感化而学丰画。

② 林半觉（1907—1983），广西融县人，金石家。

③ 此文初收《缘缘堂集外遗文》，（香港）问学社1979年10月版。

3月19日，作广西小品8幅（漫画）。

3月21日，开始重作《漫画阿Q正传》。①

3月24日，在《文汇报·世纪风》发表《书信一封》（书信，作于1939年2月8日）。

3月25日，重作《漫画阿Q正传》完成。

3月26日为重作的《漫画阿Q正传》征求友人意见。

接陆联棠电话，胡愈之有要事谈，请赴桂林。下午5时抵桂林，访章锡琛及张梓生。夜宿舒群寓所。作《漫画阿Q正传》初版序言（序跋）。②

3月27日，上午与张梓生一起访胡愈之。时胡愈之拟广约朋友，编制大套抗战宣传文画，使全国五百家以上乡村各置一份，名曰"抗战建国室"。因此种文画之读者为民众，须大众化，且多用图画。允为襄助。中午访吴敬生。下午电两江傅彬然，请其次日来桂林，共商《中学生》复刊事。

3月28日，晨蔡定远来访。中午傅彬然至。中午胡愈之设西宴。晚章锡琛设宴。被推为编辑委

---

①　丰子恺自谓："此画今日已是第三次重作。第一次作于廿六年春，时闲居杭州田家园，茶余饭后，取《阿Q正传》逐一描现，悬之床头，以为友朋谈笑之助。时张生逸心同居杭州，出资自印吾所作西湖十二景将成，即要求再印《漫画阿Q正传》。许之，夏间锌版五十四块已成，付上海南市城隍庙附近某印刷厂印行。正在印刷中，'八一三'事起，南市成为火海，此阿Q漫画之锌版及原稿皆成灰烬……廿七年春抵汉口，钱君匋预知此事，从广州来信，为《文丛》索此稿。吾许为重作，在《文丛》连载。即先寄二幅。续寄六幅。二幅果刊出，六幅寄出后，正直广州大轰炸，君匋逃难九龙，旋即返沪，邮件遂杳无着落……今者，桂师已辞，浙大未就，无职身轻，画兴又作……"（丰子恺《教师日记》1929年3月21日）。
②　胡愈之（1896—1986），浙江绍兴人，社会活动家，早年创建世界语学会，参与创办文学研究会，1949年后曾任国家出版总署署长、全国人大常委会副委员长和全国政协常委等职。

员，傅彬然被推为《中学生》（战时半月刊）主编。列叶圣陶为社长，陆联棠为发行人。

3 月 30 日，校改《漫画阿 Q 正传》。

3 月，《中学生》杂志筹备复刊，丰子恺被提名为编辑委员。

在《文艺新潮》第 1 卷第 6 号发表《今日你生日》（漫画）。

赠贾祖璋《客中风雨故人来》画一幅，并题："祖璋兄自浙来桂，予即去桂林赴宜山，匆匆聚散，以此画为念。廿八年三月，子恺。"

丰子恺漫画《广西所见之二》

4 月 1 日，在《宇宙风》（乙刊）第 3 期上发表《活的艺术》（艺术讲话，作于 1938 年）。

4 月 3 日，作《谈壁上标语》（散文）。

4 月 5 日，下午乘浙大校车离两江，5 时抵阳朔。

4 月 6 日，上午 8 时乘车离阳朔。9 时许到修江。

4 月 7 日，下午 3 时乘车至榴江，晚上 9 时抵柳州。

4 月 8 日，上午 8 时乘车赴宜山，下午 1 时 30 分抵达。暂住龙岗园开明书店栈房。

4 月 9 日，下午入城访浙江大学教师贺昌群，[1]

---

① 贺昌群（1903—1973），四川马边人，历史学家。

又见校长竺可桢，师范学院院长王季梁和浙江大学教师梅迪生、胡刚复等。在浙江大学任讲师，授艺术教育、艺术欣赏二课。①

4月13日，上午9时许，在浙江大学授第一课。曾自编"艺术教育"油印讲义，其中有《平凡》（艺术讲话）、《精神的粮食》（艺术讲话）、《工艺术》（艺术讲话）、《近世艺术教育运动》（艺术讲话）。②

4月15日，为浙江大学学生授艺术教育课，听者百余人。③晚，在江南餐室宴请子女的家庭教师，浙江大学土木系学生周家骧。

丰子恺漫画《广西所见之三》

4月16日，上午参加王驾吾夫人出殡仪式。晚，参加教育系学生组织的学会活动。④

在《文艺新潮》第1卷第7号发表《严霜烈日皆经过，次第春风到草庐》（漫画）。

4月19日，下午授艺术欣赏课。因教室仅可容二三十人，而听者达百余人，故暂用饭厅为讲堂。

4月21日，弘一法师自漳州来函，寄书法六件。其中赠丰氏者为一联："真观清静观，广大智慧观"，"梵音海潮音，胜彼世间音"。此原挂于故

---

① 关于丰子恺应聘浙江大学的时间，应向阳、郭汾阳编著《名流浙大》（浙江大学出版社2007年5月第1版，第91页）一书介绍为1939年4月，而李曙白、李燕南编著《西迁浙大》（浙江大学出版社2007年5月第1版，第140页）则介绍为1939年3月。

② 见《丰子恺文集》（艺术卷四），浙江文艺出版社、浙江教育出版社1990年9月版，第47页。

③ 丰子恺在《教师日记》1939年4月15日日记中曰："上午续讲艺术教育，听者骤增，共约百余人，后排无坐位，均站立，如看戏然。吾如演独脚戏，颇感周章。下课后闻学生言，其中有许多人逃他课而来听吾讲。"

④ 王驾吾（1900—1982），江苏南通人，历史学家。

乡缘缘堂西室，已为炮火所毁，曾致函请再赐书。其余五件分别代为王星贤、傅彬然及其友人、唐现之和居林才所求。时居林才已逝世，由丰氏代为保存。

4 月 22 日，上午授课。中午三时学生胡庆钧、王树椒、侯俊吉等来访。复有史地系学生刘操南询问读佛经事。下午返龙岗园租屋，取所有诗本，拟选护生诗寄弘一法师，请其复选，书写。然后寄回，按诗补画，交开明书店刊印。① 是日作《和贺昌群》（诗）②

4 月 23 日，上午为贺昌群作《移兰图》，为章锡琛之兄章振中作《凯旋图》等。下午在江北第二公园散步时遇穿军装的诗人汪静之。③

4 月 25 日，得陶亢德信，附《中美日报》有关"次恺自白"一节。始知次恺其人乃一青年，受《护生画集》感化而学"子恺漫画"之画风。

4 月 28 日，下午 4 时上艺术欣赏课。得章锡琛信，谓夏丏尊已于宁波被封锁前抵上海。又言弘一法师年届六十，广结书缘。徐调孚附信，曰《漫画阿 Q 正传》五月可出版，并附有关"次恺"之剪报。

丰子恺漫画《广西所见之四》

① 丰子恺《教师日记》1939 年 4 月 22 日日记中记曰："《护生画集》原稿已在上海居士林被毁。吾誓当使之复活。弘师许为重写，则复活必比原状更有光辉。"

② 今见《丰子恺文集》（文学卷三），浙江文艺出版社、浙江教育出版社 1992 年 6 月版，第 745 页。贺昌群，时任职于浙江大学。此诗亦见作者《教师日记》（1939 年 4 月 22 日）。贺昌群原诗："山城晓角动轻寒，欲去回头顿瞥看。万里烟云归梦短，几行清泪落花残。"

③ 汪静之（1902—1996），安徽绩溪人，1922 年 4 月与友人一起组织成立了中国现代文学史上最早的新诗团体之一——湖畔诗社，诗人。

4月下旬，由城郊龙岗园迁至南一街开明书店居住。胡庆钧等来访。

丰子恺漫画《广西所见之五》

5月1日，得戴葆德夫人顾娱春女士自上海寄洋书两册：*How to Draw Caricatures and Cartoons* 和 *Students，Book of Life Drawing*。此为1938年暑假中因广西中学艺术教师训练班学员之要求，拟编《漫画描法》，曾托戴葆德代为向欧美购求新刊之此类书籍。

5月2日，浙江大学师范学院院长王季梁送来教育部令：附初高中课程时间拟订表，及六年一贯制中学课程时间拟订表，嘱就艺术科审阅，并发表意见。①

5月3日，晚与浙江大学学者聚餐，多为数理学者。

5月5日，下午授艺术欣赏课，讲远近法。晚与王驾吾等聚餐。

在《中学生》复刊号（战时半月刊）发表《谈壁上标语》（散文，作于1939年，文末署"二十八年四月三日子恺作于桂林、两江、泮塘岭"，初收《子恺近作散文集》，〔成都〕普益图书馆1941年10月版）。

---

① 丰子恺在《教师日记》1939年5月2日日记中曰："今日整日从事于此。对后者表示一意见：音乐一小时宜改为二小时，始终不减。理由云：'音乐亲和力最大，最善于统制群众感情，团结民族精神。抗战建国时，尤不可忽，故宜增为始终二小时，且在事实上，较长较深之乐曲，一小时不能教完。若半途停止，过一星期再教，则学生都已忘却，重温颇为费力。一星期二次则易于教成。盖此课与体育相似，必须团体练习，不宜个别自修，故宜照体育例始终二小时也。'对于前者，除音乐宜改始终二小时外，对于廿五年所颁课程标准，指摘应修正之处共十五点。此课程标准不知教育部当日如何拟定，如何颁布？内容失当姑且不讲，文字上亦多不妥，甚至不通……今既来征求意见，不得不竭诚指示，故就必不可免者指摘十五点，交王院长转覆。尽吾忠告而已。"

5 月 6 日，上午为浙江大学学生授课。以 1 元钱购得石印本《白香诗谱笺》。晚浙江大学文书课孙某来访，受赠浙江大学学生一览，并附 1939 年 2 月 5 日敌机在标营（即浙江大学校舍）所投炸弹详图一纸。

5 月 9 日，得《国民旬刊》一册，内载竺可桢校长宜山开学仪式讲稿。

5 月 10 日，应宜山合作金库开幕，应其主任王正夫之邀，作画一幅助兴。

5 月 11 日，上午为浙江大学学生授课。

5 月 13 日，弘一法师来信（农历三月廿四日），言"朽人近年来，身体虽可勉强支持，但旧病未除，新疾时增。故自去秋闭门静养，谢绝见客及普通信讯。惟有关系于《护生画集》等诸要事，乃亲自通讯耳"。

5 月 14 日，上午访松江女中任教时之同事诸葛麒及陈大慈。

5 月 16 日，在《宇宙风》第 78 期发表《暴敌养汉奸》（漫画）。

5 月 27 日，上午为浙江大学学生授课。晚，三位学生来访。

5 月 29 日，上午为浙江大学学生演讲，题为《中国文化之优越》。

5 月 31 日，汪静之赠《爱国诗选》。

丰子恺漫画《寄语路人休掩鼻，活人不及死人香》

5月，在《民族诗坛》第3卷第1辑发表《忆江南·广州所见》（诗词）。

在《文艺新潮》第1卷第8号发表《藏书如积山》（漫画）。

为子新枚在宜山照相。后将照片赠章桂。题曰："新枚廿八年五月摄于宜山，时年七月，赠桂荣惠存，子恺"。

林半觉为刻印三方："石门丰子恺"、"丰"、"子恺"。

6月1日，在《宇宙风》乙刊第25期发表日记（1939年1月12日至23日）。其中1月12日、13日、15日、17日至20日、22日、23日收崇德书店1944年6月版《教师日记》。

6月2日，为《中学生》战时半月刊写《读爱国诗选》。

6月5日，作有《〈大树画册〉序》（序跋）。

在《文艺新潮》第1卷第9号发表《夕阳无限好》（漫画）。

6月7日，为避轰炸，离城返龙园岗租屋。

6月9日，为浙江大学授漫画课。

6月10日，为浙江大学教师梅迪生作扇面画。扇之另一面有马一浮所书五律一首诗云："自古言皆寄，从心法始生。清凉成月义，普遍与天名。飞动群分命，山月亦有情。林园随处好，裘葛顺时更。"

6月11日，晚访王星贤，得赠诗一首："分手田间去，清言信可珍。感兹朝夕别，怀子性情真。
斗室天伦乐，疏离灯火亲。何当重结伴，南岭倚
松筠。"

6 月 14 日，下午为浙江大学学生授艺术欣赏
课。讲日本画家葛饰北斋漫画。① 课后与张三小姐
同访浙江乌镇人，防疫大队长杨某。

6 月 16 日，收到钱君匋寄自香港，由英商不
列颠图书公司盗版的《战地漫画》，署"丰子恺
著"。内刊画数十幅，皆丰氏抗战后发表于各报刊
者，且将丰氏的一篇艺术讲话用作序言，漫画内容
与书名并不相符。致函钱君匋，述其真相，请其将
信公布于杂志。对此，丰氏本人在《客窗漫画》
序言中的表态是："前年香港有人把我的新画旧画
拉杂地收集拢来，编刊一本书名之曰《战地漫
画》。又从报上剪下我在桂林时的《艺术讲话》稿
来，刊在卷首，名之曰'代序'而且书中有好几
幅画，是编刊者代笔的，或代题的。我全不知道这
事，钱君匋首先把这书寄给我，而且说他一看就知
道是假的，所以买了寄给我，劝我留意。我感谢他
的好意，同时可怜那代编者，料想他是逃难中穷极
无聊，不得已而出此的。后来据人说，那人在香港
靠这书赚了不少的钱，于是我心中感觉不安。因为
这书实在编得太不成样，骗了许多读者。第一，把
我的画增删修改，勉强安上与抗战有关的题目；第
二，加上不伦不类的'代序'，张冠李戴；第三，
用骗人的书名《战地漫画》，实则书中没有一幅写
战地的，这行径与趁火打劫想发国难财相似。"②

---

① 葛饰北斋（1760—1849），日本江户末期浮世绘画家。
② 《客窗漫画》，1942 年 8 月（桂林）今日文艺社出版。

6月20日，为浙江大学学生授课。①

6月22日，上午结束浙江大学艺术教育课。寄赠汪静之宜山风景画一幅。

6月23日，下午为浙江大学学生授艺术欣赏课。是日为最后一课。

6月24日，上午汪静之来访。

6月30日，因次日考艺术教育及艺术欣赏，预为出题。作《绘事后素——黔桂流亡日记之一》（日记）。

6月，《漫画阿Q正传》由（上海）开明书店出版。有序言（作于1939年，文末署"民国二十八年三月二十六日深夜，丰子恺记于桂林"），图53幅。序言中曰："抗战前数月，即廿六（1937）年春，我居杭州，曾作《漫画阿Q正传》。同乡张生逸心持原稿去制锌版，托上海南市某工厂印刷。正在印刷中，抗战开始，南市变成火海，该稿化作灰烬。不久我即离乡，辗转迁徙，然常思重作此画，以竟吾志。廿七（1938）年春我居汉口，君匋从广州来函，为《文丛》索此稿，我即开始重作，允陆续寄去发表。不料广州遭大轰炸，只登二幅，余数幅均付洪乔。《文丛》暂告停刊。我亦不再续作。后《文丛》复刊，来函请续，同时君匋新办《文艺新潮》，亦屡以函电来索此稿。惜其时我已任桂林师范教师，不复有重作此画之余暇与余

---

① 丰子恺在《教师日记》1939年6月19日日记中曰："读《乐记》。至'大乐必简，不礼必易'，忆托尔斯泰及尼采。此二人皆反对'曲高和寡'而主张'曲高和众'者。今世音乐，技术已成畸形发达，循流而忘源矣。此事明日当为浙大学生述之。"

兴，故皆未能如命。今者，我辞桂林师范，将赴宜山浙江大学。行装已整，而舟车迟迟不至。因即利用此闲暇，重作《漫画阿Q正传》，驾轻就熟，不旬日而稿已全部复活，与抗战前初作曾不少异。可见炮火只能毁吾之稿，不能夺吾之志。只要有志，失者必可复得，亡昔必可复兴。此事虽小，可以喻大。因即将稿寄送开明，请速付印。"

7月5日，在《中学生》战时半月刊第5期发表《读爱国诗选》（散文，作于1939年，文末署"二十年六月二日于宜山"）。①

7月9日，作《看凤凰城——黔桂流亡日记之一》（日记）。

7月16日，作《逃难板——黔桂流亡日记之一》（日记）。

在《宇宙风》（乙刊）第10期发表《勇死寻常事》（漫画）。

7月20日，在《中学生》战时半月刊第6期发表《丰子恺启事》（又载1941年1月1日《佛学半月刊》第220期）。②

7月21日，作《宜山遇炸——黔桂流亡日记之一》（日记）。

① 此文又载于同年8月25日《现实》第3册，题名为《读爱国女子诗选》，文字略有改动。《爱国诗选》（共四册），汪静之选注，（长沙）商务印书馆1938年3月至7月出版。文末所署时间有误，应系"二十八年六月二日于宜山"。

② 《丰子恺启事》曰："近有不良之人，将鄙人在各报所发之画，代为收集，并摹鄙人笔迹，于画上代为题诗，又抄录鄙人艺术论文一段，刊于卷首，名曰'代序'，擅自刊印出版，题名曰《战地漫画，丰子恺著》，下署'香港英商不列颠公司刊'，在香港上海等处销售。各地友好及读者或代为查破，来函相告；或受其惑乱，来函询问。关念之诚，良可感谢。除设法查究外，特此告白，以明真相，并以答谢来函诸友好及读者之美意。"

7月28日，作《荒冢避警——黔桂日记之一》（日记）。

8月17日，弘一法师来信（农历七月三日），曰："《护生画集》，拟分为两部。旧辑者，余已再写题诗（一切如旧本），其画及续文依英文本影印制版，与原稿无异，近已由佛学书局印行。此外再拟编辑一部，仁者搜集诸诗寄下，即可书写也"。

8月18日，迁家属至思恩。日寇攻南宁。浙大嘱师生员工各自疏散。丰氏一家亦化整为零，历经千辛万苦，往指定地点贵州都匀进发。经三天奔波，抵小镇河池，宿于一家旅馆的楼上。旅馆老板得知其名，招待周到。为写一副对联。因系闪金纸不易吸水，晒于门外马路边。汽车加油站的站长赵正民路过，见对联作者，且墨迹未干，即来拜见，了解到作者正愁无汽车赶路时，慷慨表示："我有办法。也是先生运道太好：明天正有一辆运汽油的车子开都匀。所有空位，原是运送我的家眷，如今我让先生先走。途中只说我的眷属是了。"[①] 次日一早便搭车赶路。12月1日，全家相聚于都匀。笑曰此番逃难是"艺术的逃难"："一个普通平民，要在战争紧张的区域内舒泰地运出老幼五人和十余件行李，确是难得的事。我全靠一副对联的因缘，居然得到了这权利。"甚至还以为，与其说这是"艺术的逃难"，还不如说是"宗教的逃难"。他把这等奇事视作"缘"，如果没有"缘"，艺术是根本无用的。这当然是作为一位佛教徒对人生的

---

① 参见丰子恺《"艺术的逃难"》，收《丰子恺文集》（文学卷二），浙江文艺出版社、浙江教育出版社1992年6月第1版，第167页。曾载1946年8月1日《导报》月刊第1卷第1期。

诠释。①

8 月,《中文名歌五十曲》(署"丰子恺编")由(上海)开明书店出版,封面画为自作。

丰子恺编《中文名歌五十曲》

9 月 6 日,是日写《辞缘缘堂》一文,内有《辞缘缘堂二首》(诗)。②

9 月 8 日,因腿病加剧,托桂林师范学校任教时之学生欧同旺请医生。得周家骥信,告知宜山每日均有警报。得堂侄沧祥信,言上海米价每石大洋 30 元、故乡石门屡遭轰炸。开始作《病中日记》(日记)。

9 月 9 日,下午医生来看腿病。续作《病中日记》(日记)。

9 月 10 日,得"王羽仪"信,言"九一八"浙江大学放映幻灯,嘱作三英寸半见方的抗战题材幻灯漫画数幅寄去,以便放映,并可令学生临摹,张贴于城门。③浙江大学史地研究会张晓峰来函,嘱物色绘制挂图之人才。

丰子恺作图的《觉有情》杂志封面一例

9 月 11 日,腿病好转。上午应黄羽仪之嘱作幻灯漫画 4 幅,并用快信寄之。因张晓峰上日之信,致函傅彬然,托代探询有无可绘制挂图者。续作《病中日记》(日记)。

① 参见丰子恺《"艺术的逃难"》,收《丰子恺文集》(文学卷二),浙江文艺出版社、浙江教育出版社 1992 年 6 月第 1 版,第 167 页。曾载 1946 年 8 月 1 日《导报》月刊第 1 卷第 1 期。

② 《辞缘缘堂》后收入 1946 年 10 月 10 日出版的《率真集》(万叶书店出版)。此诗系"避寇五记"之小序。

③ 王羽仪,应作黄羽仪,浙江大学心理学教师。

9月14日，续作《病中日记》（日记）。

10月14日，1931年8月3日致赵景深信被收入大日本图书株式会社出版《时文读本》。

10月15日，漫画《难民之梦》被用于《觉有情》第2期。

11月1日，致弘一法师信，言今日为法师六十寿辰，敬绘续《护生画集》一册计六十幅，于今日起草完竣，正式描绘后付邮寄奉，敬乞指教，并加题词。忆十余年前拜弘一大师皈依佛法之情形。①

漫画《突围而出，只身幸免》被刊于《觉有情》第3期（此画在1943年10月1日出版的《觉有情》第5卷第3—4号也有刊载）。

11月3日，作《谈抗战艺术》（艺术论述）。

11月6日，在某报发表《宜山遇炸记》（散文，附图《龙岗园》《躲在V字形的岩石中》《不知有无警报》，文末署"卅五年五月十六日于沙坪"）。②

丰子恺作图的《觉有情》杂志封面一例

---

① 信中曰："弘一法师座下：今日为法师六十寿辰。弟子敬绘续《护生画集》一册计六十幅，于今日起草完竣。正在请师友批评删改，明日起用宣纸正式描绘，预计九月廿六日（即弟子生日）可以付邮寄奉，敬乞指教，并加题词，交李居士付印。先此奉禀。忆十余年前在江湾寓楼得侍左右，欣逢法师寿辰，越六日为弟子生日。于楼下披霞娜（piano）旁归依佛法，多蒙开示。情景憬然在目。十余年来，奔走衣食，德业无成。思之不胜惶悚。所幸法体康健，慈光远被，使弟子在颠沛流离之中，不失其所仿仰也……"此信曾收入开明书店1940年11月版《续护生画集》。
② 此文又载1946年8月1日《导报》第1卷第1期，又载1946年12月1日《论语》第118期，又载1948年10月3日《京沪周报》第2卷第39期。文末所署名时间、地点疑有误。

11 月 14 日，致谢颂羔信，言近况。①

11 月 16 日，在《宇宙风》乙刊第 17 期发表《教师日记》原序（文末署"民国廿七年十月廿三日夜，子恺记于桂林两江圩泮塘岭谢四嫂家"）及日记（1938 年 10 月 24 日—10 月 31 日，初收《教师日记》，崇德书店出版、万光书局 1944 年发行）。

丰子恺作图的《觉有情》杂志封面一例

12 月 1 日，在《大美报》发表《杀身成仁》（散文）。②

许兆光、张亦非二君来访。王星贤留许张二君便饭。是日写日记，谈日本国歌。③

---

① 此函刊 1940 年《明灯》第 274 期"漫画家近况"。信曰："颂羔吾兄：弟因宜山空袭太多，率眷于八月中迁思恩，地在宜山西北 120 里山中，甚安，但弟因逃警报伤筋，腿上淋巴腺炎，卧床二月，至今始来宜山上课，家眷仍居思恩。久未奉书，得片欣甚。所言'国事有希望，我等也许不久可以相见'，闻之雀跃。查此片发于十月廿五日，今已十一月十四，宜山消息沉闷，一点也不知道，不知'有希望'至如何程度。近来舍下小儿们天天谈杭州，大家希望早日胜利和平，仍归杭州，弟亦渴望已久。然倘条件不佳，则情愿在此听炸弹逃山洞也。承询近况，弟腿病不能行步，手腕却健，最近又作《护生画续集》一册，共六十幅，为弘一法师六十祝寿（法师今年六十，阴历九月二十生日，弟之画于是日完成寄出，请其题字，寄上海李荣祥刊印），大约出版须在半年之后。春间又绘《阿 Q 正传》一部，现已由开明出版。但宜山至今尚未运到，运到后，当寄赠一册，此外并无作品，但每日用小品文体写日记，以练习文章耳。宜山生活比昆明贵阳低廉，米百斤约十元，惟洋货甚贵，纱袜每双一元二角，自来火每包七分半，普通热水瓶每个五元（以前上海买只费六七角），府上小孩想都康健，倘有照片，送弟作纪念。舍下小儿因思恩无照相，未曾拍得，他日有时亦当寄奉，顺祝道安 弟丰子恺叩。"

② 作者在此文的一份抄稿上，将文题写作"伟大的同情"。

③ 日记记曰："天奇冷，此屋北向不得日，乃移椅屋外，端坐曝背。不久，许兆光、张亦非二君至，相与坐谈。又不久警报至。许张二君之来，乃为友人取寄存之书箱，闻警报，即刻托邻家农人来扛，甫扛出，紧急警报即至。遂置之门外，共赴石洞中隐避。至午警报不解，即返家午饭。星贤留许张二君便饭。吾于石洞中偶忆日本国歌，觉其旋律轻佻油滑，足以象征该民族性之卑鄙，可作一文以论述之。归家饭未熟，即乘兴作文。忆幼时在小学唱沈心工先生所编'小猫歌'，其旋律即用此曲。当时不知其为日本国歌，误以为彼国人借用沈心工小猫歌之曲为国歌之曲，后方知沈心工之小猫歌之曲乃借用日本国歌之曲者也。沈君小猫歌配得极妙。因日本国歌之曲，颇似小猫游戏之状，歌与曲非常吻合也。今日吾于石洞中回思，又觉此曲大类猴子爬铁杠。初闻得意洋洋而来，继而装腔作势，忽然上升杠杆，忽然翻身下垂，荡来荡去，最后一跃落地自鸣得意。凡理解音乐'乐语'者，闻此譬喻，必能会心。吾即以此意作文，下午一起作成。""警报发自上午八时，至下午四时始解除，吾文亦警报中作成。""……日本这个国家，是不能在世界上成大事业的。这不是主观的感情作用的谩骂，却是根据客观事理的公评，先请读者谅解。根据甚么事理？并不根据政治经济，也不根据军事战略；却根据他们的国歌。国的音乐，是一国民族性的表现。 一国的国歌，是

在《宇宙风》乙刊第 18 期发表日记（1938 年
11 月 1 日至 3 日、5 日、6 日，初收《教师日记》，
崇德书店出版、万光书局 1944 年发行）。其中 11
月 1 日至 3 日、5 日又在 1940 年 1 月 2 日《战时中
学生》第 2 卷第 1 期发表。

漫画《为念电网苦，救此小生命》刊于《觉
有情》第 5 期（此画在 1943 年 10 月 1 日出版的
《觉有情》第 5 卷第 3—4 号上也有刊载）。

12 月 2 日，是日写日记。[①] 上午二次警报，时
局日趋紧张。

12 月 3 日，上午晨受训生宋铭奎等三人来访，
言原定今日下午为教育系讲演青年的艺术修养因与
师范学院导师学生联合会时间冲突，故来声明缓
期。吴志尧来，谈及车之难得，即言有某饭店之老
板某，曾供职军界，常为人介绍包车。吴曾亲见其
为某同事成交，以故相识。下午当托此人为物色车
辆。正午解除警报，归村午饭，即与星贤志尧二君

一国民族精神的象征。所以听了国歌，便可知道其民族性。但现在所谓国歌，不是指文句，是指曲
谱。即音调的高低强弱缓急所表出的一种精神。这在音乐上称为'乐谱'。辨别这种精神，不用智
力，而用感情。仿佛用舌头尝滋味一样，说不出，但是感得到。……若不知道这是一国的国歌，则
无论何人，唱过一遍之后，辨辨滋味看，一定料想它是一曲 Game Song，例如游春曲，赛船曲，采
莲歌，蹴鞠歌等，决不会相信这是国歌。因为它的情调轻佻，愉悦，而甘美，使人联想青年男女
歌舞欢笑之状，而绝无庄严伟大之气……""故日本这国家，是一定不能在世界上成大事业的。这
不是主观的感情的漫骂，正是根据客观事理的公评。"

① 记曰："上午二次警报，不知南宁贵阳间打得如何，时局似乎日趋紧张。吾家十一人，半居
思恩，半居宜山。相隔一百二十里，欲逃难而无从商量，欲管自读书写作而心不在焉。诸事不宁，
日唯饮酒二次，始终不辍。古人云：'事大如天醉亦休'我不敢赞同。我以为人生快乐，则饮酒后
更快乐。人生烦忧，则饮酒后更烦忧。近日饮酒，徒增烦忧耳，岂能解决大事？若多饮，泥醉不省
人事，则如天大事依旧存在，并不休止。酒醒之后，其事将因耽误而比天更大矣。故'事大如天醉
亦休'乃 Decadance 之言，彻头彻尾要不得。应给改一字，曰'事大如天为亦休'。近来战火已迫，
迁校之议已动。吾等不积极计划避地之道，而在此荒村中饮酒看灯，（警报灯也，）是等于不'为'。
不为何能了结大事？学校自顾不暇，吾等难望其帮助，惟有尽力设法，以求自力更生。"

同赴蓝田村开导师会。是日写日记。①

12 月 4 日，上午吴志尧来，将同去接洽汽车。
下午一时一同入城。见饭店老板，送上百元。言定
次日上午在车站外三四里处之大树下会集上车，且
允在德胜等候数小时，使思恩之老幼六人得同车以
行。写日记。②

────────────

① 记曰："晨受训生宋铭奎等三人来访，言原定今日下午请我为教育系讲演青年的艺术修养。
因与师范学院导师学生联合会时间冲突，故来声明缓期。又言南宁事急，有人言宾阳已失守，不知
是否谣言云云。宾阳离宜山不过百公里，与武鸣宜山成鼎足之势。前武鸣已失，如果宾阳又失，则
宜山屏藩尽去，已成直接前方矣。吾闻言甚恐。不久周家骥君来为诸儿授课，周亦言时局紧张，劝
我等宜先将家眷迁贵州。此皆促成吾之避地者。又不久，吴志尧君来，吾独身在宜山，担负轻便，
常慷慨为朋友帮忙。谈及车之难得，即言有某饭店之老板某，曾供职军界，常为人介绍包车。吴曾
亲见其为某同事成交，以故相识。今下午当托此人为我等物色车辆。吾与星贤兄闻言，喜感交集。
而紧急警报忽作，即共逃至石洞口继续商谈。正午解除警报，归村午饭，即与星贤至尧二君同赴蓝
田村开导师会。""导师会假席蓝田村浙大附属小学。吾等至，师生共五六十人将近到齐。即就座开
会。初由师范学院院长王季梁君致辞，后诸导师相继讲话。至吾与星贤，警报忽作，因得藉口求免讲。
学生中即有人出来表演余兴。盖此地距蓝田洞近，紧急警报后逃避尚来得及，故警报中仍可作余兴
也。""散会后吴君导吾二人访某饭店老板，托其觅车。据云现有一车，明日或后日开都匀，可容行
李四十件，坐人二十五位，包价一千六百元。吴君为吾等计算，吴家与星贤家丙潮家十七票外，再
加王羽仪君一家，共得二十票，若让价至千二三百元，则每票五六十元，不为太贵。吾等以为然。
即由吴君与之讲价。结果言定车价千二百元，另送此老板大洋一百元为酬。约明日成交，后日开
车。……但客车票难得，每日去抢买，至多得一二票。此四家均有老幼，不便分班，如何搭得客
车？竹杠只得被敲，是晚归村，大家忙整行李。吾则另有一番心事：家族中有老幼六人安居百二十
里外之思恩，必须明日打电话，属其连夜收拾，后日破晓坐轿挑担到四十五里外之德胜站，搭上车
子，同赴都匀。电话是否讲得清楚？连夜收拾是否来得及？轿子挑夫是否雇得到？后天的车子是否
可留六人及十余件行李之余地，而于经过德胜站时容吾之半家上车？凡此种种皆成问题。辗转思
维，不能成寐，二时合眼，五时即醒。"

② 记曰："晨吴志尧君来，将同去接洽汽车，而警报忽至。只得在村坐等其解除。至下午一
时，幸而解除。遂一同入城。见饭店老板，送上百元，幸蒙赏收。言定明晨一早在车站外三四里处
之大树下会集上车，且允在德胜等候数小时，使思恩之老幼六人得同车以行。事既洽定，吾即赴指
挥部找谭代时君打电话，途中设想思恩之老幼六人，刻下正在闲居，梦想不到一小时内将接到此火
速开拔之命令，而必须连夜将四月来安居已惯之家庭连根拔起。思念至此，颇觉此事处置失当。即
使逃难，也不必如此其唐突。设思恩之家族中有人正在患小恙，或有他事牵制，或轿子挑夫难得，
如何可强其明日必须德胜上车？悔不先令其宜山之四人入黔，而自赴思恩偕老幼六人另行设法北
上。但吾已与二王约定共包一车，我家担任九票半。则思恩之六人虽不上车，其费亦非由我担负不
可。因此只得去此唐突之电话。至指挥部，访谭君，二次皆不值，心甚焦灼，倚门口壁上立等其
归。倚壁约半小时，阍人出，见吾倚壁而守候，怜而指教之曰：'恐在邮政局楼上。'即奔邮政局楼
上，果见谭正在检查信件。拉之出，托速打电话，盖思恩电话，惟指挥部可通，而部内无熟人不许
借打，故非藉谭无法通话也。胡载之君住思恩电话局旁。吾托谭请思恩局员请胡来谈，因胡操沪
语，且有乡谊，可以详谈而转告家人也。但复音曰'胡下乡未返'。再请吴夫人，果一女声至，但

12 月 5 日，在《中学生》战时半月刊第 13 期上发表《谈抗战艺术》（艺术论述，作于 1939 年 11 月 3 日，初收《子恺近作散文集》，［成都］普益图书馆 1941 年 10 月版）。

上午五时即起，入城回饭店老板交车赁。候车颇费周折。下午五时车至，因司机索价太高未能成行。是日写日记。①

12 月 6 日，决定搭客车上都匀。颇费周折后于上

电话非常嘈杂，彼此均听不清。交换数次'甚么？''听不出！'之后，吾又请谭用如雷之广西白请局员人请丰师母亲来接话。复音曰'没得人可派'。再三相请，终归'没得'。茫然出电话室，而指挥部之晚餐已过半，谭已为吾之电话而牺牲其晚餐矣。心甚抱歉，即邀往嘉华饭店共酌。电话既不得通，最后办法唯有明日请汽车在德胜停候一天，若不肯，则托钞票代请，必得许诺。于是放怀一切，与谭对酌山花，闲谈闲事。至五时半，食毕，谭君试再打电话一次，或有效。于是又同赴指挥部电话室。室中有人正在通话，顾谓谭曰：'思恩找姓丰的讲话。'吾持电筒，即闻清晰之上海白，正胡君口音，即与畅谈，托劳驾转告家人。彼言其夫人已在上次电话中闻知大体，已走告我家人。但因不详，故再电询。又言彼当亲去帮助整装，明日破晓亲送到德胜。吾力却之，不可，遂道谢而别。目的既达，匆匆言归。天已昏黑，暗中摸索四里路返村寓。四儿闻之皆欣喜；但念此时思恩家中收拾之忙碌，不堪设想。是晚思虑太多，又不能安眠。"

① 记曰："今日可谓平生最狼狈之一日，全日在焦灼，疲劳，饥渴，不快中度送。晨五时即起，一面属丙潮钧亮等在家整装雇人速送车站外四里之公路旁大树下候车，一面与星贤携洋千元，于严霜残月中入城回饭店老板交车赁。至饭店，老板不在，于店头晨风中立等一小时，天大明，老板始至。引吾等往车上缴价。随之行，至店外三四里处，不见车。坐路旁等候约半小时。老板言欲去催，即起去。星贤亦返村催行李及家人。恐开车时刻延迟，将遇警报也。吾独坐久之，不见老板或车至。忽见吴志尧君在前相招。趋之，始知四家人物均已到齐，在大树下等候。吴嘱我赴大树下，而自去车站找老板及车。吾行至大树下见二王一周之家族及吾家四儿皆鹄立道旁引领望车，行李杂陈荒草地上，大小数十件，形如盗劫之物。群众见吾至，就问'车子'？吾支吾以对，但言留待。时已八点，警报时间已到。而骄阳灼灼，天无纤云，乃标准的空袭天气。候车之群众，目光时时集于北山之巅，常恐其有灯。来车甚多，而皆非所望。至九时，吴志尧君至，言车坏，正在修理；下午二时可开。诸人脸上皆现尴尬相。设吾有画兴，速写此时马路旁一群男女老幼之相，可得一幅出色之难民图。其中王羽仪夫人正在患病，不禁风吹日曝，今日破晓冒风寒而至，经三四小时之恭候，现已不能支持。令仆展帆布床而卧于一草屋之檐下。今闻下午二时可开，则尚有五小时之曝露也。至十时饭店老板同司机至，言修车今日难望完成。另有车藏在离此五里外飞机场畔，可载我等赴都匀。言已即偕司机沿公路去。但此一去，杳如黄鹤。吾等大小二十余人，忧心悄悄，饥肠辘辘，忽见山北挂一灯，则惊心动魄。此间东近车站，西近机场，北面阻江，南面炸弹坑到处皆是。设有空袭，我等向何处逃避？路旁行李数十件，如何办法？死守乎？丢弃乎？幸而十一时余灯即除去。但下午难免再挂。儿童呼饥，幸附近村中有米面，聊以充肠，吾但食橘子数枚，抽香烟无数。有人欲归去。但结果不行。因归去则车子绝望，况四家均是破釜沉舟而来，根本无家可归。于是再等。等至下午三时，饭店老板坐脚踏车而来。车后系一电器。言该车久不用，此器之电，须入城充电方可开驶。充电须一夜，故明日可开。王羽仪君闻言，许以学校之电器借与。即派二工人入

午十时上车西行，下午六时可抵六寨。是日写日记。①

12 月 7 日，在德胜休息。是日写日记。②

12 月 8 日，一客车至，机坏，停车修理，车

城去借。四时借到，五时该车开到。车甚小，以目视之，只能载道旁之行李。但司机索价二千三百元。吾等与饭店老板订约一千二百元，此司机全不认承。而饭店老板已于不知何时悄然逃脱，不知去向矣。时已昏黑，事已绝望，吾等决心就宿旅馆。行李挑夫无法雇请，犹幸司机允为装载，即纷纷搬运上车。搬毕，车中已无立锥之地。设照原价，吾等须包两辆，出二千四百元，方可人物俱载。若照二千三百元算，则须四千六百元方可抵都匀也。返城已上灯，就宜宾旅馆开房间，形似已抵都匀。诸人皆饥，入市求食。独吴君不食，约吾等回饭店老板交涉。吾与星贤兄准备放弃此金，不欲再见此棍。但吴君力邀：且吾欲一观流氓相，即随之去。吾日记时间有限，无暇描写此情景。但此确为吾生难得之经验。结果该流氓允还五十元，须于明日还领。吴君美意相劝，得此结果，诚为憾事！吾等除狼狈，劳倦与不快之外，又怀对吴君抱歉之忧。吾个人则又关念思恩之六人。彼等今日破晓动身，至德胜候吾等之车，日晚不至，必甚惊讶。今又无电话可通。只得置之不顾。黄昏后目暝意倦，无聊之极！宜宾旅店主人来谈。此主人甚殷勤，月余前吾自思恩来宜山，曾在此馆一宿，主人招待甚周。今日见之，吾心甚慰，方知人类社会中毕竟有爱之存在，尚可容吾等居。白昼所感之不快，与此稍稍消减。两夜少眠。今夜酣睡。"

　　① 记曰："黎明睡醒，平心静思，计划大定。即呼丙潮及四儿醒，告之曰：谣传宾阳失守，汽车夫敲竹杠，吾等不可上当，决定搭客车上都匀。客车票难买，但汝等六人（丙潮夫妇及四儿）可分数班逐渐北上。每次停留，于车站门口及邮局门口张贴姓名住址，以便团聚。德胜之六人皆老幼，其地搭车更难，只得由吾自去领导。万一不得车，当逐步乘轿，徐徐而行，终有在都匀团聚之一日。诸人皆唯唯。吾检查身上现金八百余元。即以二百付丙潮，一百五十付华瞻。遂别去。于体育场畔辞星贤兄，相谓曰：'不知何时何地再见！'握手道珍重而别。时为上午八时半，晴光皎洁，警报有望。吾沿公路徒步西行，形单影只。念及遗弃在德胜及宜山之家族，心绪黯然，与晴明之天光适成对比。""宜山至怀远四十五华里，怀远至德胜又四十五华里，共九十里。吾意欲在途中觅钓鱼车……再三向西行之汽车夫挥手，不被理睬，恨甚。但念此等汽车夫皆廉公，即转恨为喜，鼓勇前进。每行五十分钟，坐地吸烟十分钟，如上课然。至十二时半，已抵怀远浮桥。遥望车站，不见人影。入市，十室九空。询一老翁，始知正在紧急警报中。乃快步出市……坐憩片时，精力又振。出表视之，下午一时。本想在怀远觅车或轿，或在怀远留宿，今将继续步行，拟走尽此九十里，以打破平生步行之记录。心既决，即开步走，路上小尖石触脚底甚痛……途遇二军人，亦因在宜山购德胜票不得而徒步者，我同志也。遂与闲谈，忘路之远近。天黑，抵德胜。先访区公所，知吾家族寓居新和伙铺。亟往敲门。六人已就睡，闻吾至，皆起身。各述所历，皆叹惋。……忽区公所来人，言宜山有电话。强起往听，乃丙潮打来，言陈宝宁馨华瞻三儿已购得车票，于上午十时上车西行，下午六时可抵六寨。然则上午十时余吾在宜山怀远间之公路上步行之时，三儿已疾行先长者而去矣。不知彼等曾在汽车窗中望见乃父否？是晚酣睡如死。"

　　② 记曰："今日在德胜休息。……新枚一月余不见，甚生疏。但不久即熟识。足见一岁小儿已有相当之记忆力。抱之缓步入市，见德胜市街依旧，安静亦如旧。询诸土人，据云近来警报甚多，时闻远处炸弹声，本市幸未遭殃，但对警报比前戒严，幸附近多山洞，可保险也。询及时局，据言宾阳并不失守，心甚慰……""午与夜均在对门某饭馆中吃酒菜。其菜尚佳，足抵宜山中等馆子。后闻本地人言，此是德胜第一菜馆。"

上有二浙大学生周宗汉、吴廷璨，知有二三人到河池当下车，不妨挤上一二人，即为满姊元草二人择轻便行李四件挤入车内。是日写日记。①

12月9日，午携岳老太太，及妻子共五人吃馆子。是日写日记。②

12月10日，上午整理完成李四担，托人挑赴车站。准备空等一天，旁午，有军校学生二人来站长室，求在小册上留墨迹。此例一开，大批军校学生蜂拥而至，皆出手册，援例求画。无可奈何，来者不拒。遇乡公所职员刘聘三，即托其雇轿，次日上午出发赴河池。是日写日记。③

———————————

① 记曰："情知德胜小站，搭车万无希望，姑且偕满姊元草一吟三人到站询问。见站长零有贤君，据云宜山来车皆满载，无票可卖。吾家有行李十余件寄站中，遂去整理，准备坐轿西行矣。忽一客车至，机坏，停车修理，车上有二浙大学生——周宗汉吴廷璨二君——下车与吾招呼，因言内有二三人到河池当下车。此刻不妨挤上一二人，暂向彼等让坐，至河池便可得位。吾甚喜，即为满姊元草二人择轻便行李四件，连人挤入车内，旋即向零站长购得车票，交与元草，不久而车已飞奔向六寨……""午前携一吟返伙铺，检点家族连自己只剩五人，心情轻快，又吃馆子。下午派工人到站，将行李十余件尽行挑来，大加整理。盖此间所剩五人，皆老幼，不能分班，势必坐轿而行。行李必须请人挑担。故非删整不可。遂将火食用具及价廉而笨重之日用物尽行检出，令一吟写价目标贴其上，托伙铺老板置门口拍卖之。市人争来购取，共卖得桂币三十余元。而所得之价皆高于新购之价。盖此等物皆一年前购置……"

② 记曰："……午携岳老太太，及妻子共五人仍赴馆子。老板以熟识故，招待甚勤，前教以花生油煮菜，今已熟练。烹调甚佳。于馆子中见一茶罐，乃我家物。盖昨日标卖旧货，为此老板买得者。又见一盆，亦我家物，原系洗尿布用者，今老板已用以盛猪汤。老妻素注重'上下'之分，深为不安，意欲向老板说明。吾阻止之。下午思恩房东欧颂雨忽至，乃从东莱天峨视学归来，将返思恩而道经德胜者。见吾已率眷离思恩而居德胜伙铺中，惊讶且愧惜。此君善饮，因邀入菜馆，设酒以谢其数月来招待之诚。复邀区公所助理巫振焜来共饮。此君屡为我雇轿接电话，今日敬酒一卮，以谢其德。六时醉饱而散……"

③ 作者在此文的一份抄稿上，将文题作写"伟大的同情"。记曰："晨将整理完成之行李共四担，托人挑赴车站，复算清伙铺账，扶老携幼，共赴车站，姑且等一天看。零站长招待甚周，然而爱莫能助，频频摇头。吾声明准备空等一天，遂在站上盘桓，思恩县长廖君忽至，乃自宜山返思恩道经此地者，相晤甚欢。……旁午，有军校学生二人来站长室，求吾在小册上留墨迹。吾因空闲，又因零站长亦好画，笔墨颇精，即在其册上作小画以应之。此例一开，不可收拾，不久大批军校学生蜂拥而至，皆出手册，援例求画。无可奈何，只得来者不拒。约一小时，笔底经手册数十本，而来者犹源源不绝。内有数学生从旁劝阻，吾始得休息。时正值紧急警报，吾等散步至附近林中暂避。正午归……下午三时，站长劝吾归休，即以行李寄存站中，扶老携幼而归。仍住杨新和。又赴菜馆晚餐。遇乡公所职员刘聘三君，即托其雇轿，黄昏，乡警伴轿头老廖至，言定轿四乘，挑夫四人，明日上午出发赴河池，每人工资桂币七元五角……"

12 月 11 日，上午十一时西行。下午四时而抵东江乡，停宿于韦老板之伙铺中。是日写日记。[①]

12 月 12 日，上午赴乡公所见乡长，托其代觅挑夫，获允。不久来访，言挑夫即至，但彼欲乞一画。即同赴乡公所挥毫。又引得众人索画，遂信手五幅，始换得一挑夫。九时半上道。下午三时，经金城街店头吃饭。觅屋包租。有大批军人前来拜访。是日写日记。[②]

12 月 13 日，八时半新枚母子之轿忽倒。幸有军校教官数人在旁，共为扶持。三时抵河池。租吉祥旅馆。是日写日记。[③]

---

① 记曰："德胜共有轿二顶耳。今得四顶者，余二顶乃乡公所属老廖临时赶制者。……于上午十一时迤逦西行。沿途十里一停，每停半小时，至下午四时而抵东江乡，停宿于韦老板之伙铺中，此伙铺外设米粉店，内租与黔桂路局，中间只有一房，内设二铺，其高及脐，即为吾等所赁居。每晚大洋一元。吾出观东江乡，只有一条街，二分钟可以走尽。中有一饭店，尚可坐，即邀家人晚餐……"

② 记曰："晨起，托轿夫代表老杨觅挑夫……老杨去觅，久之不得，乃自赴乡公所见乡长，托其代觅。乡长允可。不久来访，言挑夫即至，但彼欲乞吾一画。情不可却，即同赴乡公所，见桌上陈列白报纸及墨汁，等吾挥毫。想此间文化工具以此为最上，宣纸与松烟墨盖已绝迹矣。即草草为写一幅，写竟而街长亦持白报纸来，邻近之小学教师亦持白报纸来，另有二人穿广西装者又各持白报纸来。遂信手乱涂，共涂五幅，始换得一挑夫，言定到河池工资桂币六元。九时半，始克上道，道中回思，此广西小小一乡中，亦有人知我名者。马先生赠诗'但逢井汲歌耆卿，到处皆儿童识姓名'，洵非虚语也。""下午三时，经金城街，于店头吃饭一碗，轿又息足于一小乡，名曰六塘，比东乡更草草。找伙铺，皆统间，众客杂处，而无房间。有一家姓谭，内仅设三榻，无窗无门，即包租之，言定一夜桂币一元二角。甫卸装，大批军人蜂拥而入，吾以为查旅客也，将出浙大教职员证示之；乃为首二人深深鞠躬，称适见行李担上有吾姓名，故来拜访求教，彼等皆军校学生也。室内无一凳，来客有数十，无法招待，但立而周旋应酬。众目灼灼，以吾为目标而集注，其严不可忍耐。去后，又来一批。凡三四次，至晚，一教官孙姓者来，言学生因慕大名，群来肆扰，使不得休息，至为抱歉，其辞令甚善。与之立谈（因室内无凳），知为贵州人，为言贵州各地风土状况。颇可参考。不久辞去，即亦就寝……"

③ 记曰："八时半发甫启行而新枚母子之轿忽倒。幸有军校教官数人在旁，共为扶持，未致跌伤。……将近河池，东江之挑夫绳索断绝，将热水壶打破……三时抵河池，市街繁盛，与过去所经过不相同，旅馆尤讲究。吾租住之吉祥旅馆，可仿佛杭州之中等客栈。……东江之挑夫来取工资，吾照付之，不责偿热水壶，其人拜谢而去。卸装毕，共入一山东馆子。正饮三花酒，见门外有朱医生，此人送眷往都匀，今日返宜山，途经河池者。吾欲闻都匀状况，邀入共饮。……食毕，别朱医生，访站长刘继枚。据言车票张数及日记均不能预定。吾所率共五人，不能分班，必须同行。料当在河池恭候多天，不知何日可得全家团聚也。"

12月14日，拂晓赴车站，无车。约明日再来等候。某运输机关之站长求书画并言可搭便车。闻此大快。是日写日记。①

12月15日，上午七时，站长来邀上车。下午二时半至六寨，出广西境。下午五时半抵独山，下榻于市梢小旅馆。是日写日记。②

漫画《团圞》刊于《觉有情》第6期（此画在1931年《佛学半月刊》的"佛诞纪念刊"上亦已刊出，画下有余了翁的题句："大家团圞头，人物固同体。安知无生活，不在啐啄里"）。

12月16日，在《宇宙风》乙刊第19期发表日记（1938年11月7日、8日、11日至15日，初收《教师日记》，崇德书店出版、万光书局1944年发行）。

---

① 记曰："拂晓赴车站，站长请吾坐办公室内等候。乘车均拥挤无空位。至八时，更无来车，始辞去。约明日再来等候。……归旅馆，闻茶房言，双十起此间被敌机连炸三天，后常有警报，今日天气晴朗，难免警报。问其附近有否山洞，则曰无之。吾甚恐。因吾之团体中，除老妻及十岁之一吟能远逃外，其余七十一岁之老太太，及一岁之婴孩，皆不能逃。婴孩尚可抱走，老太太实无办法。其行路难进易退，数十步即需休息，如何能逃警报？吾走访最近之山，于县政府后面发见一谷，内有怪石崎岖，勉强可以藏身。但自旅馆至此，吾步行需十二分钟。在老太太，恐非百二十分钟不可。警惕中过了一上午，心稍安。……下午，旅馆账房谭海潮君来，请吾写对。问其何以知吾能书？答言有旅客告彼，谓勿错过机会，故研墨买纸，求为其主人胡君及其自己各书一对。吾允之，乘酒兴下楼挥毫。归而奄卧，念车票渺无把握，而警报无处可逃，此地如何久居？正惘怅中，账房又伴一人来访，谓某运输机关之站长。姓某，名某某，手捧宣纸，欲求写对作画。其人操江苏白，一见如故，恳切相谓曰：'先生欲赴贵州，车票难买，何不搭我们便车去？'吾正求车不得。闻此大快。某君继言，适见旅馆门口晒吾所书对，因托账房先生介绍，请赐墨宝，遂诺之，即赴楼下写对。许于今晚在房中作画相赠。即与约定，五人与十余件行李，明晨搭其便车赴都匀。持宣纸上楼，老妻洗尿布归来，未知此事。吾告之曰：'车子办到了！五个人十件行李同去。明日开，后日到。'老妻不信，以我为酒后戏言。详告之，始共相庆幸。盖吾家已分为四队，父子不相见，兄弟妻子离散多日矣。是否诸人皆安抵都匀，时在悬念中，极盼早日团聚也。下午即为此君作画。夜此君来，言车已准备，到都匀时但略赏司机酒力若干，余无费用。吾即以画奉赠。是夜大喜……"

② 记曰："晨七时，站长某君来邀上车。谭账房探知吾昨日曾为此君作画，亦欲得画，不收两天旅馆之费，而欲吾到都匀后作画寄赠，辞曰'托以此金买纸'。吾受而许之。谭代为押送行李赴车。八时，吾家老幼六人皆上车，即向贵州开驶。……至南丹，已正午……饭后继续开车……下午二时半至六寨，出广西境，入境以来，一年半于兹矣。下午五时半，车安抵独山，下榻于市梢小旅馆……"

七时开车，十时入都匀，一浙大学生协助卸行李，并为在附近第一招待所赁定房间。见王星贤。是日写日记。①

12 月 31 日，全家十一人在中华饭店吃年饭。是日写日记。②

12 月，在《艺术与生活》第 1 卷第 4 期刊出《与友人论"艺术与生活"书》，（书信，写于 1939 年 9 月 21 日），曰："美术是否必发达于太平盛世？此言当然可以肯定。衣食足而后礼义，美术犹礼义也。今日之世，民惟救死之不瞻，奚暇治术哉？""总之，艺术根源于心，丹青刻划，乃技巧之末节。不事修养人格（思想感情），而徒习指头之技巧，乃舍本而逐末，其所远就，最多一匠人耳。"有按语曰："丰子恺先生现于广西宜山县浙江大学任教，此文为其暑假中与友人论艺术之作，

① 记曰："七时开车，十时入都匀……车停，一浙大学生来招呼，助卸行李，并为我在附近第一招待所赁定房间。……入旅舍休息，腹甚饥。于是先赴附近天津饭店进膳，拟于吃饱后再访家族行踪。……正在点菜，忽有人力握吾手。视之，王星贤也。彼先我而至，适才见该学生，知吾已至，且正吃饭，即遍访饭店，于此相见。……语罢，即起去，并许代为通知我家族。不久二女二男奔腾而至。相见之欢，虽渊云之墨妙，难于摹写。争述来时一路情状……""初访吾家，见仅有楼二间，并无隔壁，形成一大间，约宽丈五，深约三丈，犹如大轮船之统舱，木匠正在修门，满哥坐守其中。察其环境，楼前为猪棚，楼左为厕所，楼下为灶间。据诸儿言，都匀有炮校常驻，房屋难觅，此楼乃前日在德胜助满姊元草上车之浙大同学代为设法觅得者。每月出租金十五元，而得此屋，在今日犹为幸运云……""下午访王星贤……坐幽窗下互叙所经历，皆叹惋。辞出已四时。返旅馆，属诸儿今夜停炊；当共赴中华饭店聚餐。全家十一人，十人已安抵目的地，唯林先一人不至，音信全无，未免美中不足。今夜之聚餐，为此须少饮一杯，诚为憾事！正卧床中纳闷，窗外有人狂呼'先姊'。起视，见栏外马路上丙潮夫妇及林先三人满身黄尘，正在一面与楼上诸人对应，一面拉挑夫上楼。吾待诸儿狂欢既息，然后问其经历。据云彼等一队最不顺利：在宜山及六寨等车，均留滞三四日始得成行，以故到达独迟。盖自十二月五日速装启程，以至今日之团聚，已历十二天矣。今日回忆此十二天之离散，各有痛定思痛之感。是夜中华饭店之晚餐，遂成团圆夜饭……"

② 记曰："今日为二十八年除日。全家十一人在中华饭店吃年饭。五荤五素，茅台酒六两。尽醉而归。回忆去年今日，一部分人居永福，一部分人居两江。前年今日，全家共乘自上饶至南昌之舟中。流亡以来，三历除夕，烽火犹未息；而国与家，均能支持，诚堪庆喜。安得不尽醉而归？但望明年此日，吾国吾家均有更大庆喜。"

今本人特赠刊布，以公诸同好，而资共勉焉！沈承庆志。"

是年，完成《续护生画集》，由弘一法师题字，共 60 幅，为祝弘一法师 60 岁寿。此书初由开明书店于次年 11 月印行。后由佛学书局翻印，有精装本、平装本、大开本、小开本、英汉对照本流布中外，发行量颇大。有夏丏尊先生序，李圆净居士跋。《续护生画集》完成后，弘一大师曾写信给丰子恺："朽人七十岁时，请仁者作护生画第三集，共七十幅；八十岁时，作第四集，共八十幅；九十岁时，作第五幅，共九十幅；百岁时，作第六集，共百幅。护生画集功德于此圆满。"丰氏收到信后，以为其时寇势凶猛，自己流亡在外，命运生死难卜。但弘一大师既有此嘱，自当从命。丰氏曾有复函，表示："世寿所许，定当遵嘱。"① 后丰子恺为践约，续有所作，并陆续出版。②

作《平凡》（艺术论述）、《精神的粮食》（艺术论述）、《工艺术》（艺术论述）、《近世艺术教育运动》（艺术论述）。

作《眉长鬈青》《洒将忠烈血，栽培自由花》《折得荷花浑忘却》《努力惜春华》《贫儿的自修室》《"母亲，他为什么?"》《擒贼先擒王》《灶间

---

① 丰子恺：《护生画三集自序》，大法轮书局 1950 年 2 月版。

② 《续护生画集》出版后，1941 年 8 月 1 日《佛学半月刊》第 10 卷第 15 号第 234 期、第 16 号 235 期、第 17 号第 236 期刊出过佛学书局的《征求护生画题材》，征求文写道："弘一法师与丰子恺居士合作写绘之护生画集，十余年来，流通者已有正续二册。法师曾与丰居士相约，每十年出一册，续出至六册始止。近者，法师掩关闽中，自感衰老，且痛世变日深，亟思提前成办，速完斯愿，复为布种善因，集思广益起见，嘱代向海内普征题材。如蒙随喜参加，无任欢迎。"征求文还详列了四个方面的题材："（甲）关于生物本身德性者——选取生物界自爱或爱他之现象，令人知生物之可爱而起护生之念。（乙）关于日常生活者——选取日常生活中有关生物之事项，或正或反，以引起护生之观感。（丙）关于外国及各宗教者——选取世界各地之风俗及各宗教之规则，有关护生者。（丁）关于儿童者——选取儿童生活中有关生物之部分或有兴味之儿童故事，自幼培养其护生之念。"征求文最后还特别提示："如有佳作，则当代求弘一法师之书法或丰子恺居士之法绘，以结善缘。"

婢子见人羞》《寄语路人休掩鼻》《战时的儿童》
《警报中》《"今天天气好!"》《菜粥》等（漫画）。

作《眉长鬓青——女儿十九岁》（速写）。

在《文学杂志》第 1 卷第 2 期发表《"阿Q真能做!"》（漫画，此系鲁迅小说插图）。

在《宇宙风》第 74 期发表《洒将忠烈血，栽培自由花》（漫画）。

在《觉有情》第 2 期发表《难民之梦》（漫画）。

在《觉有情》第 3 期发表《突围而出，只身幸免》（漫画）。

在《觉有情》第 5 期发表《为念电网苦，救此小生命》（漫画）。

按：教育家董渭川在此时期曾受赠丰子恺漫画《江春不肯留行客，草色青青送马蹄》。

附记：

据丰陈宝等《缘缘堂子女书》第 16—17 页（大象出版社 2008 年 11 月版），丰陈宝于 1992 年 11 月 2 日致叶瑜荪函中抄录了二首丰子恺填词的歌曲。丰陈宝注曰："二歌的写作年代不明，可能在 30 年代。如要标明，或可写：约三十年代。"二歌歌词如下：

浩歌（曲作者舒伯特）

当空发长矢，矢去如流电。临风放浩歌，歌声随风散。谁知数年后，两者皆可见：歌在情人心，矢在老树干。

夜景（曲作者不明）

月儿如钩，星儿如豆，深夜深院深秋。沉沉垂柳，柳外高楼，楼头灯火未曾收。

社会评价

胡庆钧：《丰子恺先生在浙大》，载 1939 年 7 月 1 日《宇宙风》乙刊第 9 期。

余　柳：《子恺与次恺》，载 1939 年 7 月 16 日《宇宙风》乙刊第 10 期。

《丰子恺与次恺》，载 1939 年《浙江战时教育文化月刊》第 1 卷第 3 期。

评论选录

胡庆均：《丰子恺先生在浙大》

……

丰先生是四月八日下午四时许到宜山的。

远在去年孟冬，便由教务长郑晓沧的演词，预告了礼聘丰先生的消息，当时即有许多人向郑氏探听丰氏行期，回答是未得复函，不能确定……

一个蜚声文坛的艺术家兼文学家，众所共仰，也用不着我来饶舌，我在这里要"饶舌"的是丰先生平日为大众服务的态度与精神，值得为后辈效法。我们看他的漫画，既无一般画家的同弊，而又通俗近情，美与丑，光明与黑暗，在他的画里都有鲜明的意识和表现。读他的散文，又是一幅畅谈人生态度的图面，清新秀丽，引导人生趋于美化，于前者具有异曲同工之妙。我们欢迎丰先生，就艺术观点说：是欢迎一个重人道而又有正义感的"文""艺"家。就人生态度说：则其亲爱慈和，至诚感人，可以说是欢迎自己的长辈亲人。

所以，待听到丰先生莅临的消息，在宜山，这古老简陋的校舍里，每个青年男女嘴边谈的都离不了他。

……

第一课

四月十三日上午九时许。

这是丰先生来浙大的第一课。浙大原为浙江省立工业专科学校化身，理工独霸，"艺""文"则姗姗来迟，即中国文学还是去秋创办的。正因其姗姗来迟，所以特别受人欢迎，丰先生来校新开两学程："艺术教育"和"艺术欣赏"，恰够满足大家多年的渴望。

一栋长方形的教室，好处是大，前面钉牢十来行桌凳，后面还有一方空地，听众顷刻挤满百多名，后到者虽未"望门兴叹"，也只能让你一足之地。

头发白了一大半，面庞相当瘦削，鼻梁上架着一副黑色眼镜，下颚一撮五寸来长的胡子，也现出苍白色了；年约五十上下，身着灰袍，丰先生飘然而来，出现在讲台上。

……

看过丰先生的文画的人，都有一种感觉：那"一贯作风"，虽三尺孩童可以不看署名而辨识，决不会走了样儿；而一幅人道主义的心襟，言行相应，也确定了他的艺术理论与方针。

在某次讲堂里，丰先生自称非艺术家亦非文学家，而只是一个美术爱好者……但因此我们可以想象他的处世态度；不炫奇，不力异，兼爱非攻，自奉俭约，甚有墨家风度。因重人道，故其画多以贫富生活失均为题材，讽刺豪华，同情贫弱，与流行漫画相较，又别具一格。而爱物及鸟，便是他之所以作《护生画集》，以至精研佛经，都可说是人道主义精神之发扬……

西洋艺术思潮自法国路易十四盛倡所谓"宫廷艺术"……平民莫由问津。其反动是一般新兴画家拥起"出象牙之塔"的口号，这口号在我国亦曾轰动一时，丰先生认为是失败了。因为艺术出象牙之塔后，便进了小洋房，民众仍得不到好处，他认为艺术必须出洋房而入工厂，方能与大众亲近……

在开明书店

丰先生已经搬进开明书店，得到消息，在四月下旬的某日，我们三人（我和两个朋友）第一次去拜会他。

……

一星期后，我们第二次去见丰先生……

这次谈起了沦陷区的情形……

最后谈起了周作人先生，他说："周先生附逆不见得确实，不过因为他是一个文人，易受攻击罢了。"

《丰子恺与次恺》

丰子恺近致函沪友，道及关于最近《申报》自由谈画署，具名"次恺"者，丰氏自言未识其人；按"次恺"君原名李毓镛，系浙江永嘉人，现年二十五岁，浙江省立温中毕业，现肄业于上海东吴大学，该君生平，寡言笑，嗜吟咏，不好修饰，布衣朴素，有"子恺"风，除研究理科及儿童教育外，著有《叶》一书，参（疑为"阐"——引者按）述关于植物学"叶"的构造甚详，并喜写作绘画，笔法与"子恺"酷肖，因以"次恺"自名，其作品常可散见上海《申报》《学校新闻》《红茶》《大众青年》《小朋友》诸刊。

1940 年　庚辰　43 岁

社会文化事略

1 月，中华全国文艺界抗敌协会发动"保障作家生活"运动。3 月 5 日，蔡元培在香港逝世。3 月20 日，汪伪国民政府在南京成立。6 月 22 日，法国沦陷。9 月 27 日，德、日、意三国签订《德日意三国同盟条约》。

生平事迹

1 月 1 日，上午入市，感受各界庆祝元旦游行。绘释迦牟尼佛像五帧。以为元旦画佛，最为恭敬。是日写日记。[①] 续任浙大讲师，兼全校艺术指导。在都匀约住一月，又随校迁黔北遵义。初居城内，因房挤，旋迁城外罗庄，在南潭巷的熊宅定居。因见熊宅窗明几净，环境幽雅。据苏东坡改写的《洞仙歌》中的句子："时见疏星渡河汉。"定

丰子恺漫画《创家》

---

① 记曰："抗战以来，三历元旦，今日印象特佳。破晓四时半，各处军号声如晨鸡，远近响应。随后唱歌声步伐声不绝于耳。军队皆赴早操或集会，吾亦不待鸡鸣而起。一年之计，在于此刻，不可不敬也。早膳后入市，见各界庆祝元旦之大游行队。炮校，师范，小学，以及其他各机关，联成一大队，皆严装，佩廿九年新徽章，气象森然。四行并进，全队延绵至一二里之长。吾抱新枚立道左，手酸思归，为队所隔，不得穿过。待全队通过，始克穿道返寓，手臂酸痛不可当矣。此游行队约计有数万人之多。都匀区区一小县耳，且有此壮观。全国健儿，为数当不可胜计。以此制敌，何敌不克？以此图功，何功不成？吾人观游行会归来，沐手敬绘释迦牟尼佛像五帧。以其二寄赠弘一法师，其一寄赠李圆净居士，其一赠丙潮之父，其一归满哥供养。元旦画佛，最为恭敬。吾人年中不免罪过。今二十九年肇始仅数小时，吾于其间未犯何种罪过。至少在二十九年是清净之身。以此清净之身手，绘写佛像，乃最恭敬。所写之相，亦最近于十全也。愿藉佛之慈力，消彼暴寇，使最后胜利早归于我，宇内群生，咸享和平之幸福。"

名为"星汉楼"。欣然执笔题写了这三个字，然后托人装裱成横披，悬于前楼。

在《浙江青年》第 1 卷第 1 期发表《看谁放得高》（漫画）。

在《觉有情》第 7 期发表《明月明年何处看》（漫画）。

1 月 2 日，在《大美报》发表《生道杀民》（散文）。

1 月 3 日，得上海开明由柳州分店转来一信，内有章锡琛、徐调孚之函，及版税划款单和避寇五记清样。下午同女儿林仙入城，买各种糖果食物及美丽牌香烟而归。是日写日记。①

丰子恺漫画《贵州的黄包车》

1 月 8 日，上午王星贤来访，偕赴新屋。是日写日记。②

1 月 10 日，过境兵士佯言欲借新屋一宵，其长官声明不止一宵，欲待命令而后开拔，答其不

①　记曰："得上海开明由柳州分店转来一信，内有章雪邨徐调孚二兄之函，及版税划款单，避寇五记清样。章奔父丧返绍兴，重到上海，而刘叔琴已物化。读之令人感慨。又言上海教育界受'某方'威胁，学校将有不少停闭。陶载良已离沪赴滇。读之令人愤激。版税乃廿七年秋冬之账，须向桂林或柳州支取。数目超过我所逆料，甚喜。避寇五记第一记清样甚清楚，在内地久不见如此精良之铅印，况是自己文章，更觉可爱。即检读一遍，发见错字二个。调孚函催续写第二记。吾在宜山时已半月。但十人一室，狭窄，嘈杂，而简陋，竟无续写之机会。今见清样，兴味忽浓。即日当冒万难而续成之。下午同林仙入城。版税超过预期，使钱便觉手松，买各种糖果食物及美丽牌香烟而归。"

②　记曰："昨日课诸儿女题曰'都匀之家'。盖吾家之简陋狭隘，未有甚于都匀之寓者，故出题令各人描写。……今晨丙潮来言，其寓屋楼上之兵正在迁出，其房东刘君，因兵住一年无酬，故欢迎吾等去住，宜速去占据，否则其他兵士将至。于是仓卒束装，房东伴二三工人至，即为肩挑行李，扶老携幼而去。幸路近，不过五十步即至，有楼五间，底一间，均归我家，于是草草布置，顷刻而新家成立。另一批兵士果来与房东交涉，声言欲逐吾等出屋，房东惧，奔楼上相告，吾宽慰之，令勿惧，万无此理。久之，兵士又来，欲与吾面谈。下楼视之，乃炮校一副官，姓刘，颇有礼貌，但言屋既由我包租，彼夫妻二人及一小孩，欲向吾分租一室，照付房金，求吾允许。问之房东，前此来啰扰者即此人也。吾初以为'秀才逢着兵，有理讲勿清'，势必拉他到宪兵部，谁料此人颇有礼貌，且讲情理。因即许以楼下饭间让彼，明日迁来。其人满足而去。军民合作，此乃一好现象。""上午正在迁家时，王星贤兄来访。即偕赴新屋，旋束星北亦至，彼亦拟分赁吾屋，未定。倘来居，楼上东面二室可以让与……"

便，士兵即去，感其纪律严明。是日有警报，全家
走避一里外山洞。是日写日记。①

1 月 11 日，下午王星贤来谈。是日写日记。②

1 月 13 日，下午周丙潮赴办事处领信件，携
归一大叠，多索稿者。是日写日记。③

1 月 14 日，下午理发。傍晚王星贤来，借去
毛诗一册，借来复性书院讲录一册。是日写
日记。④

1 月 15 日，在《宇宙风》乙刊第 20 期发表日
记（1938 年 11 月 16—23 日，其中 11 月 17—23 日
日记初收《教师日记》，1944 年 6 月崇德书店出
版、万光书局 1944 年发行）。11 月 23 日一篇后载
于 1962 年 10 月 26 日《广西日报》。

上午作画，赠都匀师范。得王驾吾信，言已代
为租定房屋，在遵义水井湾六号，有四室，月租十
六元，地在北山麓，便于逃警报云。又得贵阳开明

① 记曰："吾寓楼一连五室，三室住人，一室吃饭，一室空闲。有过境兵士伴言欲借用一宵，
许之。既而其长官至，声明不止一宵，欲待命令而后开拔。问我可否延长。吾因已约友人来住，答
以未便。兵士即去，宿楼下门内地房中。足见今日军纪之佳……""今日是闹市，家人出门买物，
午饭迟煮，至十二时三刻犹未熟；而警报忽至。十分钟后，紧急警报亦至。全家走避一里外山洞
中，至三时二十分解除，始返家吃饭，饭毕已四时矣……"
② 记曰："寓楼栏外江边有空场……某兵队每日在此中训练。晨六世起，至晚九时止……教
头口音似浙江人，热心而周到。兵士五十人之行动，起居，衣着，饮食，无不顾到，有类于幼稚园
之保姆。兵士亦驯服，唯命是听。……""下午星贤来，闲谈人事，傍晚辞去。"
③ 记曰："下午丙潮赴办事处领信件，携归一大叠。内索稿者特多：香港耕耘社索创刊号文
或画。重庆全国慰劳抗战将士委员会索慰劳半月刊元旦特刊稿。福建南靖陆军第七十五师野战补充
团指导员办公室索漫画特刊题词。长沙三民主义青年团命令我为特约撰稿并索稿。重庆中国文艺
社，中法比瑞文化协会，全国美术界抗敌协会慰劳将士美术展览会筹备会索展览出品。傅彬然复为
中学生索卷头言，小品文，及西南联大文学月刊封面……"
④ 记曰："下午剃头……""傍晚星贤来，借去毛诗一册，借来复性书院讲录一册。讲录未附
通治群经必读诸书举要，凡百余种。吾检点之，曾寓目者不过二十种耳，渐憾无似。四十犹如此，
百年已可知。念此又不胜悲。"

陶仁寿信，言款已汇出，独狮子街三十三号有空屋，盼去小住。是日写日记。①

1月17日，有士兵来借住，将吃饭间及什物间让之。是日写日记。②

1月18日，上午访王星贤，闲谈校事，国事。午同女儿林仙入城求医。下午某排长邀赴参观试验手榴弹，作画赠之。是日写日记。③

1月19日，借住之士兵上午离去，下午又来一批兵士。得镜安甥女信，言其父于十二月九日病逝于练市乡下。是日写日记。④

1月20日，子新枚是日起能叫"爸爸"，在是日日记中提及。

弘一法师来信（1939年农历十二月十二日），曰："前承寄承天寺三函二明信及画稿，已于今晨收到（由夏居士转寄一牋亦收到），欢感无尽。朽人近来身体尚健，精神大衰，未能构思。画集题

丰子恺漫画《遵义的负重》

---

① 记曰："晨作画……以赠都匀师范。前日吾到浙大办事处，曾被学生包围，要求演讲，幸得逃脱。以后又派晋启生夫妇二人来邀，必欲吾去演讲。吾实不愿作此种应酬。但浙大办事处设该校内，情理上不便不睬。与其去讲，不如作图奉赠……""得王驾吾兄信，言已代为租定房屋，在遵义水井湾六号，有四室，月租十六元，地在北山麓，便于逃警报云。同时又得贵阳开明陶仁寿君信，言款已汇出，独狮子街三十三号有空屋，盼吾去小住。又言贵阳生活程度并不很高。然则前此所闻，皆不可靠……"

② 记曰："有三十三师兵队来借住。将吃饭间及什物间让与。在走廊上吃饭。兵士纪律甚好……""办事处开迁校大会。丙潮去出席，吾托其代表。傍晚归来，言议决函校长要求具体办法，不知何日可得复云。"

③ 记曰："上午访星贤，闲谈校事，国事。午同林仙入城求医，至半分利吃面。下午某排长邀赴参观试验手榴弹……""此排长之同辈陈荣坤（刚）是石门湾人，今日来访。七千里外遇乡友，欣慨交集……作画赠之……"

④ 记曰："三十三师兵士今晨离去……吾起身，兵已去。室内打扫干净，用具一概归清，足见纪律甚好。……""下午又来一批兵士，乃坐两室。房东代为不平，因吾已付彼房金，损失在我也。吾慰之曰，此亦难得，吾向君租此二室，即作为招待兵士之用可也。""得镜安甥女信，言其父于十二月九日病逝于练市乡下……"

句，拟请仁者代恳浙大校同人分撰。撰就，乞汇寄与夏居士转交朽人，即可书写也。"

1 月 25 日，刘之远来访。函贵阳开明书店，托陶仁寿代为探听能否从贵阳接洽车辆。为开明书店作国文月刊封面寄傅彬然。是日发现抗战以来自己习惯有一大改革：在抗战前，写稿只用自来水笔，偶用毛笔。抗战以后，已屏绝洋笔，专用中国毛笔。是日写日记。[①]

1 月 26 日，是日写日记曰："栏外江边公园中，每日有兵士教练。吾等无异旁听生……"

1 月 27 日，读复性书院讲录第一册。是日写日记。[②]

1 月 30 日，王星贤来访。是日写日记。[③]

1 月 31 日，是日写日记曰："新枚今日起能叫'铛铛'，意乃指汽车也……""星贤又来，行期仍渺茫，恐须在此过年……"

---

① 记曰："刘之远君来，久为物色车辆，但无把握。我另函贵阳开明，托陶仁寿君代为探听，能否从贵阳接洽车辆，行期正未可卜。为开明作国文月刊封面寄傅彬然。此月刊是西南联大出版，托开明发行者。画中流砥柱之图案，流中有二鱼，分居砥柱之左右。装饰耳，但读者或将神经过敏，猜想此二鱼暗示何意，听之。""今日方始发见抗战以来自己习惯的一大改革：在抗战前，吾写稿只用自来水笔。偶用毛笔，手指酸痛不可持久。抗战以后，已屏绝洋笔，专用中国毛笔。原因何在？儿女辈说是内地洋纸墨水不易得之故，吾以为不尽然，此外更有爱惜祖国之一种精神的作用，为此改革之主力焉。"

② 记曰："读复性书院讲录第一册，怀马先生，向往不置。……自前年十月二十五日于桂林送别马先生后，一年多以来，常处于所谓上流社会中，苦于不能自拔，故心中所积鄙吝，可用斗量……"

③ 记曰："新枚今日起，见自鸣钟间能叫'铛铛'。""王星贤兄来，谓彼之行期又成渺茫。因学校派来接一年级师生之车，只载男子，不载女眷，诸教师势难弃家眷于此而自去上课，故皆不走。"

丰子恺漫画《黔道》

1月，在《文学集林》第 3 辑发表《辞缘缘堂——避难五记之一》（散文，作于 1939 年，文末署"第一记完，廿八年九月六日下午三时脱稿于思恩"，初收《率真集》，有改动，万叶书店 1946 年 10 月版）。

2月1日，在《宇宙风》乙刊第 21 期发表日记（1938 年 11 月 24 日—12 月 2 日，初收《教师日记》，崇德书店出版、万光书局 1944 年发行）。是日写日记曰："日来胸怀不开，异常沉闷。今晨细思，发觉其原因，乃每天生活相同，全无变化之故……"

在《觉有情》发表《昔日的照相》（漫画，此画在《海潮音》杂志上亦有）。

2月2日，是日写日记曰："晨飞雪，屋瓦皆白。从栏内望见对岸有人丛集，向江中注视。审视之，江中有人溺毙，其尸浮出水面，众正设法打捞也……""贵阳陶仁寿君来信，正在为吾谋车。有成当以电告云。"

2月3日，作《桐庐负暄——避难五记之二》（散文）。

2月15日，《大树画册》由（上海）文艺新潮社出版。有《〈大树画册〉序》（作于 1939 年，文末署"中华民国二十八年六月五日子恺时客广西宜州"）。其中有《题一九三九年画》（诗）。

3月5日，在《中学生》战时半月刊第 18 期发表《日本的国歌》（散文，初收《子恺近作散文集》，［成都］普益图书馆 1941 年 10 月版）。

3 月,《明灯》月刊第 274 期"来函"栏发表 1939 年 11 月 14 日致谢颂羔之函。

4 月 1 日,在《宇宙风》乙刊第 23 期发表日记(1938 年 12 月 3 日—14 日,其中 12 月 3 日至 11 日初收《教师日记》,崇德书店出版、万光书局 1944 年发行)。

4 月 6 日,《缘缘堂随笔》由日本汉学家吉川幸次郎译成日文在日本创元社出版发行。(版权页署"昭和十五年四月一日印刷,昭和十五年四月六日发行")这是丰氏作品第一次译成外国文出版。日本文学评论家谷崎润一郎评丰氏的文章为"艺术家的著作"。而吉川幸次郎则说丰氏是当今中国"最像艺术家的艺术家"。①

日本创元社出版的吉川幸次郎译日文版《缘缘堂随笔》封面

4 月 18 日,作《卅年来艺术教育之回顾》(艺术论述)。

4 月 28 日,在《黄埔》周刊第 4 卷第 8 期发表"避寇日记"(1939 年 12 月 1 日、2 日)。

4 月,在《文学集林》第 4 辑发表《桐庐负暄——避难五记之二》(散文,作于 1940 年,文末署"第二记完。廿九年二月三日夜于都匀")。②

5 月 1 日,在《宇宙风》乙刊第 24 期发表日记(1938 年 12 月 15 日至 26 日、28 日至 31 日, 1939 年 1 月 1 日至 11 日,其中 12 月 15 日、21 日

---

① 谷崎润一郎(1886—1965),日本文艺评论家。吉川幸次郎(1904—1980),日本汉学家,曾译丰子恺《缘缘堂随笔》并于 1940 年 4 月由创元社出版。

② 此文初收《缘缘堂随笔集》,浙江文艺出版社 1983 年 5 月版。

至 26 日、29 日至 31 日、1939 年 2 月 1 日、2 日、4 日、5 日初收《教师日记》，崇德书店出版、万光书局 1944 年发行）。

在《觉有情》第 16 期发表《接吻》（漫画）。

5 月 5 日，在《黄埔》周刊第 4 卷第 9 期发表"避寇日记"［1939 年 12 月 3 日、4 日、5 日（第一自然段）］。

5 月 9 日，作《传闻与实际》（散文）。

5 月 12 日，在《黄埔》周刊第 4 卷第 10 期发表"避寇日记"（1939 年 12 月 5 日［含第一自然段］、6 日）。

5 月 13 日，作《文艺与工商》（艺术论述）。

丰子恺漫画《黔道二》

5 月 16 日，在《觉有情》第 16 期发表《客养千金躯》（漫画）。

5 月 19 日，在《黄埔》周刊第 4 卷第 11 期发表"避寇日记"（1939 年 12 月 7 日至 11 日）。

5 月 26 日，在《黄埔》周刊第 4 卷第 12 期发表"避寇日记"（1939 年 12 月 12 日至 16 日）。

6 月 1 日，在《宇宙风》乙刊第 25 期发表日记（1939 年 1 月 12—23 日，其中 1 月 12 日、13 日、15 日、17 日至 20 日、22 日、23 日初收《教师日记》，崇德书店出版、万光书局 1944 年发行）。

6 月 13 日，作《告音乐初学者》（艺术论述）。

6 月 15 日，作《归途偶感》（散文）。

6 月 20 日，在《中学生》战时半月刊第 25 期发表《传闻与实际》（散文，作于 1940 年，文末署"廿九年五月九日于遵义"，初收《子恺近作散文集》，［成都］普益图书馆 1941 年 10 月版）。

6 月 25 日，作《七七三周随感》（散文）。

6 月 30 日，在《黄埔》周刊第 4 卷第 16、17 合刊发表"避寇日记"（1939 年 12 月 31 日、1940 年 1 月 1 日、3 日、8 日、10 日、11 日），题为《避寇日记选》。同期又载丰子恺致《黄埔》编辑的信："……避寇日记，二三日内续奉。今复加一'选'字，因见有许多篇，与贵刊不甚宜，故挑选其适于军界读者，以付贵刊，或较相宜也。……"

弘一法师来信（农历五月廿五日），曰："惠书及画集文词，皆收到，至用欢忭。文词甚佳。朽人暇时，拟随力稍为润色。"

7 月 1 日，在《宇宙风》乙刊第 26 期发表日记（1939 年 1 月 24 日至 2 月 2 日，其中 1 月 25、26 日、28 日至 31 日、2 月 2 日初收《教师日记》，崇德书店出版、万光书局 1944 年发行）。

致竺摩法师信，谈及绘维摩图事。①

7 月 7 日，在《黄埔》周刊第 4 卷第 18 期发表"避寇日记"（1940 年 1 月 13 日至 20 日、25 日至 27 日），题为《避寇日记选》。

---

①　此信在《丰子恺文集》（文学卷三）中未收。全文如下："竺摩法师：惠书读悉。恺比来教务画务俱忙，嘱画维摩居士示疾图，颇难落笔。浊世茫茫，危机遍地，举目尽是修罗，何处尚存净土？师能于海之一隅，广布大觉之音，诚为希有！匆颂撰安！丰子恺　七月一日"。

7月14日，在《黄埔》周刊第4卷第19期发表"避寇日记"（1940年1月30日、31日、2月1日、2日），题为《避寇日记选》。

丰子恺漫画《黔道三》

8月1日，在《宇宙风》乙刊第27期发表日记（1939年2月3日至11日、17日至25日，其中2月3日、5日至7日、9日、10日、17日至25日初收《教师日记》，崇德书店出版、万光书局1944年发行）。

8月5日，在《中学生》战时半月刊第28期上发表《文艺与工商》（艺术论述，作于1940年，文末署"廿九年五月十三日于遵义"，附漫画《一人把舵十人鼓桨》，初收《子恺近作散文集》，［成都］普益图书馆1941年10月版）。

8月，《罗汉菜》杂志第14期刊出《丰子恺先生赠画佛像》启事曰："名画家丰子恺居士发愿画佛千尊，普赠有缘。凡欲得以供奉者，须将阔约八九寸，长约十二三寸之夹宣纸，邮递贵州遵义县浙江大学转交，并附邮费。即当将原纸绘就寄回。此项确实佳音。得自本年7月11日丰居士致上海李圆晋居士书。谨为介绍，欲求从速。"

9月1日，《佛学半月刊》第9卷第17号（第212期）上刊出《丰子恺先生绘画佛像》，文字与《罗汉菜》杂志第14期《丰子恺先生赠画佛像》一文基本相同。

在《宇宙风》乙刊第28期发表日记（1939年2月26日至28日、3月1日至8日，其中2月26日至28日、3月3日至7日初收《教师日记》，崇德书店出版、万光书局1944年发行）。

9 月 10 日，在《文艺月刊·战时特刊》第 5
卷第 1 期发表《文艺的不朽性》（散文）。

9 月 16 日，在《宇宙风》乙刊第 29 期发表日
记（1939 年 3 月 9 日至 19 日，其中 3 月 11 日至
16 日、18 日、19 日初收《教师日记》，崇德书店
出版、万光书局 1944 年发行）。

9 月 30 日，姜丹书致函，并有《戏赠丰子
恺五首，仿辘轳体，寄遵义》。丰子恺收到赠诗后
曾致函姜丹书。①

10 月 1 日，在《宇宙风》乙刊第 30 期发表日
记（1939 年 3 月 20 日至 27 日，其中 3 月 20 日至
24 日、27 日初收《教师日记》，崇德书店出版、
万光书局 1944 年发行）。

---

① 　姜丹书《戏赠丰子恺五首，仿辘轳体，寄遵义》："无家天下便为家，累得有家灶产蛙。
若说无家哪有灶？未闻游子总餐霞！""未闻游子总餐霞，凤髓龙肝猫狗蛇。俱是从来珍馐品，况今
人亦吃人耶！""况今人亦吃人耶，菩萨无灵恣夜叉！闻子开荤已四载，诛夷美髯废趺跏。""诛夷美
髯废趺跏，心树灵根笔著人花。信使毁家纾得难，归来把酒话桑麻。""归来把酒话桑麻，此日心期
路未赊。昨听语儿溪客说，缘缘堂址满权桠！"丰子恺回信曰："敬庐业师右左：九月卅示今奉到。
抗战以来，屡询尊址不得，正以为念，得示殊欣。承赠诗，满纸谐兴，足见近况佳胜，至慰。恺自
廿六年冬空手去乡（时甚紧急，全家十人，皆空手逃出），家业尽成灰烬，幸一路平安，由江西、
湖南、广西，直窜贵州，匆匆已三足年矣。回忆缘缘堂中光降之时，恍如一梦。不知湖上丹枫红叶
室今无恙否？承惠润例，嬉笑滑稽，如亲馨欬，想见'生意'甚佳。后方不乏收藏鉴赏之专家，曾
有人询及尊址，他日逢缘，当为介绍。恺流亡后曾为广西师范教师，近又在浙大授艺术教育，已二
年矣。课暇亦研究绘事，但乏善可陈耳。吾师长子逝世，心绪想多不宁，晤时乞有以慰之。顺祝居
安　学生丰子恺顿首　居安。再，阅赠诗，有'闻子已开荤'句，确有其事，流亡后饮食稍变通，
赴宴或与人共食，吃三净肉随喜，不似以前之固执吃素耳。但素食已久，早成习惯，开荤亦勉强
耳。但家居照旧素食，近且有《护生画续集》与弘师合作，正在上海（丐师经募）付印。各地小报
多谣言，并不全然属实，附告。再：临发又读来示，见有'摸摸光下颚'一语，恐又是小报谣言所
传，恺胡须并未剃脱，一向保留，不知何来此谣言，甚奇。大约办报者缺乏材料，信口乱造，以引
观听耳。以上皆小事，故勿声明。廿七年春，浙地小报即有此谣传，可笑。"见姜书凯整理《丹枫
红叶楼诗词集》，浙江文艺出版社 2007 年 11 月第 1 版。姜丹书在丰子恺书信手稿上有注："此系抗
战期中（约廿九、卅年间）子恺在贵州遵义浙大流亡校中寄我之□函，值得留念。姜丹书。"因此
信系回复姜丹书 9 月 30 日来函，又函中说到《续护生画集》正在上海付印（《续护生画集》于 1940
年 11 月由开明书店出版），推测此函写于 1940 年秋。

丰子恺著《子恺随笔》书影

11月5日，在《中学生》战时半月刊第 34 期上发表《告音乐初学者》（艺术论述，作于 1940 年 6 月 13 日）。

11月12日，致刘模良信，推荐《芥子园画谱》，谈有关学习中国画的途径等事。① 作《中国画的书和画本》［散文（通讯问答）］。

11月15日，《子恺随笔》由（上海）三通书局出版。该集收：《吃瓜子》《邻人》《蝌蚪》《作父亲》《儿戏》《旧地重游》《梦痕》《爱子之心》《新年》《春》《九日》《随感五则》《劳者自歌》《怜伤》《梦耶真耶》《两场闹》《五月》《忆儿时》《送阿宝出黄金时代》和《读书》。

夏丏尊来信，谈绘画："……鄙意：中国人物画有两种，一是以人物为主的（如仕女、如钟进士、佛像等），一是以人物为副的（如山水画中之人物）……其实二者之外，尚有第三种方式，就是背景与人物并重……为君计，似以从第三种入手为宜……君于漫画已有素养。作风稍变（改成国画风），即可成像样之作品。暂时以此种画为目标如何？……由漫画初改国画，纯粹人物与纯粹山

---

①　此信见《丰子恺文集》（文学卷三），浙江文艺出版社、浙江教育出版社 1992 年 6 月版，第 373—374 页。信中曰："来函要我介绍'关于国画的书及画本'。画本我只能介绍一部《芥子园画谱》……但你用的时候，须注意一事：此画谱分类汇集各种东西的画法。例如石头，亭台，人物，梅，兰，竹，菊等，都把古来各大家所画的汇在一起，给你参考。但只供参考而已。不是教你学会各种画法，拿来拼凑图画。你自己作图画，仍须依照实际风景而写者，不可就用古人的东西来拼凑，是为至要……""至于'关于国画的书'，那范围很广。最初你须得多看古人名作。有正书局有许多古人画集刊行。不能看到真本，印本看看也好。其次，须读中国美术史。（商务《万有文库》中有日本人著中国人翻译的，可读。）又次，须读古人的画论。神州国光社所刊印的美术丛书，收罗得很多（共有一百册）……"刘模良，丰子恺作品爱好者。此信后载于 1940 年 12 月 5 日《中学生》战时半月刊第 36 期。

水，一时恐难成就（大幅更甚），如作人物背景并
重之画，虽大幅当亦不难……"并言："浙东不通
车故，欲归不得，在上海也恐活不下去……烟已吸
至平常不吸之劣牌子……"11 月，《续护生画集》
由（上海）开明书店出版，封面画为自作。有代
跋（作于 1939 年 9 月 20 日）。仍由李圆净负责编
务。夏丏尊作序，弘一法师作跋文。其配画诗词
中，有 32 首为丰氏所作，署名大多用笔名，或用
法名"婴行"。笔名主要用"即仁"、"杜蘅"、
"学童"、"东园"、"智颢"等。①

　　黄涵秋、曹冠群合编《口琴入门》由（上海）
开明书店出版，为之序（序跋，作于 1937 年，文
末署"一九三七年九月丰子恺"）。

开明书店版《续护生画集》
书影

　　12 月 1 日，在《读书通讯》第 15 期上发表
《论正诈及其他——读书杂记四则》（论文）。

　　12 月 5 日，在《中学生》战时半月刊第 36 期
上发表《中国画的书和画本》（通讯问答，作于
1940 年 11 月 12 日）。

　　12 月 26 日，叶圣陶收到丰氏来信，言下学期

---

　　① 弘一法师的跋文是："己卯秋晚，续护生画缋就，余以衰病，未能为之补题，勉力书写，
聊存遗念可耳。"夏丏尊在序言中介绍了《续护生画集》的特点："至其内容旨趣，前后更大有不
同。初集取境，多有令人触目惊心不忍卒读者。续集则一扫凄惨罪过之场面。所表现者，皆万物自
得之趣与彼我之感应同情，开卷诗趣盎然。"（早在 1928 年 8 月 21 日弘一法师致李圆净信中对续集
的特色亦有交代："将来编二集时，拟多用优美柔和之作，及合于护生正面之意者。至残酷之作，
依此次之删遗者，酌选三四幅已足，无须再多画也。"）《续护生画集》中还有丰氏本人手书的一封
致弘一法师的信。此信在目录中称为"代跋"。此外还有李圆净的一篇跋文。画集出版前，《觉有
情》第 26 期（1940 年 10 月 16 日）上有《征求附印续护生画集》之通告："名画家丰子恺先生，
为纪念法一大师六旬寿辰，续绘护生画集 60 幅，更由大师每幅题词。稿已到沪，克日制版筹印。续
集艺术之精美，更胜初集，寓意之深刻，直可弭世界之乱源，化干戈为玉帛。如有愿附印者，请即
向上海慕尔鸣路 111 弄 6 号（威海卫路南）大法轮书局接洽……乐中印经会谨启"。丰华瞻、殷琦
编《丰子恺研究资料》（宁夏人民出版社 1988 年 11 月版）第 480 页误将出版时间记为"1970 年
11 月"。

丰子恺著《甘美的回味》书影

丰子恺漫画《胜境在望》

将担任浙江大学现代文学课程，以所拟纲要相商。

12 月 28 日，叶圣陶回信丰氏。

12 月，《甘美的回味》由（上海）开华书局出版。该集收：《伯豪之死》《旧话》《出了中学校以后》《甘美的回味》《寄宿舍生活的回忆》和《画家的少年时代》。

是年，在《中等教育季刊》第 1 卷第 2 期发表《图画教育的效果》（艺术论述，发表时文末署"二十九年十一月于遵义浙大学舍"）。①

在《黄埔》第 6 期发表《匈奴未灭，何以家为》（漫画）。

在《黄埔》第 10 期发表《为其杀是童子而征之!》（漫画）。

在《黄埔》第 14 期发表《青天白之下》（漫画）。

在《中等教育季刊》第 1 卷第 4 期发表《卅年来艺术教育之回顾》（艺术论述，作于 1940 年 4 月，初收《子恺近作散文集》，［成都］普益图书馆 1941 年 10 月版）。

在《安徽儿童》第 2 卷第 1 期发表《儿童画》（艺术论述）。

作《我所见的艺术与艺术家》（艺术论述）。

1938 年秋因病逝世的书籍装帧家郑川谷于是年 3 月安葬于公安公墓，为作墓志铭。

① 刊载《图画教育的效果》的《中等教育季刊》与发表丰氏《卅年来艺术教育之回顾》之《中等教育季刊》为同刊名的两个刊物。刊载《卅年来艺术教育之回顾》的《中等教育季刊》，1941 年 3 月 15 日创刊于重庆，重庆中央大学师范学院编辑，中等教育季刊社出版发行，存见至 1942 年 12 月第 2 卷第 3、4 期合刊。刊物由陈立夫题名并撰《发刊词》。刊载《图画教育的效果》的《中等教育季刊》，1940 年 9 月 30 创刊于成都，四川中等教育季刊编辑委员会编辑，四川省立教育科学馆发行，存见至 1942 年 10 月第 2 卷第 4 期，为四川省教育厅辅导刊物。

作《田翁烂醉身如舞》《寒食近也》《煨芋如拳劝客尝》《青山个个伸头看》《前面好青山》《垂鬓村女依依说》《衔泥带得落花归》《一枝红杏出墙来》《松间明月长如此》《樱桃豌豆分儿女》《儿童不解春何在》《唯有君家老松树》《触目横斜千万朵》《一肩担尽古今愁》《自立》《独坐》《开箱子》《除夜》《艺术教育的大教师》《拟随斗柄独回天》《国中生女尽如花》《摧残文化》《命中》《自写岳王词在壁》《任他霹雳眉边过》《战苦军犹乐》《马革裹尸真壮士》《留得人间姓名香》《不许戎衣有泪痕》《燕归人未归》《翠拂行人首》《荒山枫叶红于染》《夜来试上城头望》《傀儡戏》《阶下弓刀》《丑剧》《创家》《贵州的黄包车》《遵义的负重》《黔道一》《黔道二》《黔道三》《落日》《胜境在望》《炮弹作花瓶》《抛锚》《车子不来》《蜀道》《义务书店》等（漫画）。

社会评价

维　山：《读〈漫画阿 Q 正传〉》，载 1940 年 1 月《刀与笔》第 2 期。

维　山：《读〈漫画阿 Q 正传〉的更正》，载 1940 年 2 月 25 日《刀与笔》第 3 期。

夏丏尊：《〈续护生画集〉序》，收《续护生画集》，开明书店 1940 年 11 月版。

李园晋：《〈续护生画集〉跋》，收《续护生画集》，开明书店 1940 年 11 月版。

《征求附印续护生画集》，载 1940 年 10 月 16 日《觉有情》第 26 期。

《丰子恺先生赠画佛像》，载 1940 年 8 月《罗汉菜》杂志第 14 期。

《丰子恺先生绘画佛像》，载 1940 年 9 月 1 日《佛学半月刊》第 9 卷第 17 号（第 212 期）。

《丰子恺先生的漫画》,《续护生画集》开明书店 1940 年 11 月初版封底广告。

评论选录

维山:《读〈漫画阿 Q 正传〉》

在从前,《阿 Q 正传》被改编为剧本或偶然被取作漫画的材料的时候,阿 Q 总往往被涂改了;或者将阿 Q 改成一个革命家,或者就将他看成简单的供人玩笑的小丑。丰子恺先生的这一帙《漫画〈阿 Q 正传〉》,这些弊病是完全免避了。这是很使人愉快的。

但是,这漫画却似乎不是有特色的作品……丰子恺先生的这作品,我们觉得很枯燥,没有什么引人眼目的地方,它仅仅止于一些墨写的图像而已。五十三幅漫画作为一个完整的作品来看,我们并不能得到一个绘画上的活的阿 Q 的形象。

《丰子恺先生的漫画》

丰先生的漫画题材,到处都有,无论何种人的生活断片,在他是随时可以捉来做笔下的题材。他的作品,早受社会人士称誉,这里几本,便是他历年所作漫画的结集。爱好丰先生的漫画者,置备案头,随时翻阅,当得无穷趣味。

1941 年 辛巳 44 岁

社会文化事略

1 月 6 日，皖南事变爆发。6 月 22 日，苏德战争爆发。12 月 7 日，日本偷袭美国海军基地珍珠港。12 月 8 日，上海商务、中华、世界、开明、大东五大书局（店）被封。12 月 9 日，国民政府对日、德、意宣战。12 月下旬，日军侵占香港。梅兰芳蓄须明志，罢歌罢舞，不为日本人和汉奸演出。

生平事迹

1 月 1 日在《佛学半月刊》第 10 卷第 1 号（第 220 期）上刊出《丰子恺启事》，欲绘佛像千尊。①

1 月 20 日，作《艺术的效果》（艺术论述）。

---

① 《丰子恺启事》原文如下："敬启者：鄙人今春发愿画佛千尊流通世间，广受供养。半载以来，所绘百有余尊。斯愿已偿十分之一矣。乃者，沪地某居士将此消息刊登佛教杂志，各地信善，纷纷来函相嘱，至今已得数十通，皆辞意诚恳，信愿深挚，并附最胜宣纸足数邮票。可见末劫时代，佛法固自存在，修罗场里，慈心相映益彰，斯诚至可庆喜。今特敬告，宇内信善，凡欲得拙画佛像供养者，请将宣纸（大约阔一尺长，二尺为限，请勿过大）及回件邮资封寄贵州遵义浙江大学鄙人收。当即如命写奉。非有特故，延搁不逾一月。专此奉启。附启者，鄙人近患伤寒，卧病月余，至今犹未痊愈，以致前所嘱画至今未报。一俟病愈，当即写寄。恐劳盼待，特此附告。民国二十九年九月廿八日丰子恺启。"据叶瑜荪《末劫时代的救心之举——新发现的丰子恺佚文手稿》一文（载 2012 年《桐乡名人》第 1 期），丰子恺此启事的手稿已被发现，写于 1940 年 9 月 28 日，文字与《佛学半月刊》第 10 卷第 1 号（第 220 期）上刊出《丰子恺启事》略有出入。

2 月 2 日，与遵义耆宿赵乃康、浙江大学文学系主任王焕镳等赴遵义新舟沙滩祭扫清代桐城散文名家郑子尹、莫友芝以及曾出使国外的黎莼斋墓。归来作画多幅，并参与编《子午山纪游册》。①

2 月 5 日，在《中学生》战时半月刊第 39 期发表《怎样学习艺术》（艺术论述）。

2 月，《图画常识》由（桂林）文化供应社出版。

3 月 5 日，在《中学生》战时半月刊第 41 期上发表《艺术的效果》（艺术论述，作于 1941 年 1 月 20 日，初收《率真集》，万叶书店 1946 年 10 月版）。

3 月 27 日，在《中央日报》第 8 号"中央"副刊发表《谈"画"》（艺术论述）。

4 月 15 日，《音专通讯》（福建省立音专编辑室编）第 2 卷第 1 期发表《庆祝胜利》（孙启民作曲，丰子恺作词）。

---

① 据李连昌《丰子恺在遵义》一文："1941 年春，浙江大学初来遵义，因学者们久闻'沙滩文化'之名，常在交谈中谈及，却无缘造访。遵义名士赵乃康遂邀丰子恺和江南名士王驾吾、李瑜、冯励青、罗巴山等去沙滩一游，王因病未能成行，其余 4 人欣然应邀，他们饱览了美丽的乐安江风光，参观了古刹禹门寺和钦使第（黎庶昌故居），以及王青莲（贵大教授王燕玉祖上，清嘉庆进士入翰林院，官至山东布政使）故里等处。往谒子午山郑子尹墓，青田山莫友芝墓，鱼塘黎庶昌墓，共历时 5 天，他们下榻于沙滩黎家和护国军团长胡献之家（今存）。他们一路赞叹遵义自然风光之美，对沙滩文化如数家珍，感慨遵义人文精神之盛，个个思绪万千，纷纷挥毫作诗，同行诸人共作诗 25 首，有律诗和古风，丰子恺则根据他们的诗意，取其最精彩的句子，配画 13 幅，并将诗句题于画上。因'沙滩文化'的代表人物排序是郑（子尹）、莫（友之）、黎（庶昌），郑子尹旧居是沙滩子午山，故将这本画册定名为《子午山纪游册》。"载《文史天地》2002 年第 6 期。据该文，《子午山纪游册》于 1942 年 5 月在遵义出版，毛边纸印刷，线装，编辑为赵乃康、丰子恺、李瑜，遵义孤儿院印刷厂石印，公开发行。

4月，《活页古今名画选（彩色版）丰子恺
"西湖景"第一辑》由艺文欣赏社印行。每套
4幅。

春，作《梁上莺，轻罗扇》（彩色漫画）。

5月26日，致蔡慧诚信，谈及绘佛千尊已
圆满。①

5月，《护生画集正续合刊》由（上海）大法
轮书局出版。

在《漫画》月刊创刊号发表《广西小品之一》
（漫画）。

大法轮书局版《护生画集正
续合刊》书影

7月26日，与子女进行第一次"慈贤会"。②

7月，《艺术修养基础》由（桂林）文化供应
社出版。内容为上编：艺术总说、中编：绘画
（附书法）、下编：音乐。上编内容为第一章：艺
术的学习法、第二章：艺术的种类、第三章：艺术
的性状、第四章：艺术的形式、第五章：艺术的内

---

①　此函载1941年8月《觉有情》第44、45期合刊。《丰子恺文集》（文学卷三）中未收，全
文如下："慧诚居士道席：一月间赐示早到。事冗久不复，至歉。画佛千尊今已满愿。但四方求者，
已达千三百余尊，来函尚源源不绝。不得已，已在佛学半月刊启事，请额外求者延迟至秋间应嘱。
宏法事业不嫌多，惟弟尚有世俗事务，为生活所必须，故不得已暂停。至秋间再宏佛法可也。藏香
已蒙见赐，不当再受。今邮寄不便，逾觉难得。弟处尚余一匣，珍藏书箱中，不敢滥用矣。佛化家
庭一书，诚近世家庭实典。来函谓近世所谓佛教家庭极少绝对奉佛者，大都与神鬼教互混。此言甚
是。此乃未曾认明佛教真相之故。因此误认佛法为迷信一类之事。其实世间最不迷信者，无过于佛
法。（连人生都不信。何况神鬼）但世间能懂此语者，恐寥寥无几。足下致力于净业，今后如有出
版，希望将'佛教最不迷信'一题多所说明，使一般似是而非之佛教家庭，知所感悟。弟常在自己
家庭中向儿女解释此点，家人都能了解此旨，不做一切迷信事件。可见解释良有效果也。专此奉
达，顺祝净安　弟丰子恺和南　三十年五月廿六日。"蔡慧诚，《人间觉》《佛化新青年》编辑。
②　为丰子恺在遵义时与子女一起进行的娱乐学习活动。初称"和谐会"（故乡口音"五元会"
的谐音）。周末，丰子恺买回五元食品，与子女边吃边讲故事，会后令子女根据所述故事写一文。
后物价上涨，每次需十元食品，故又称"慈贤会"（故乡口音"十元会"的谐音）。

容、第六章：艺术的创作、第七章：艺术的鉴赏、第八章：艺术的起源、第九章：艺术的效果；中编内容为第一章：绘画的种类、第二章：绘画的工具、第三章：绘画的学习法、第四章：形体的描法、第五章：色彩的描法、第六章：构图法、第七章：图案画、第八章：漫画、第九章：中国画与西洋画、第十章：中国画简史、第十一章：西洋画简史、第十二章：书法略说；下编内容为第一章：音乐的种类、第二章：音乐的学习法、第三章：读谱法、第四章：唱歌法、第五章：风琴与钢琴的奏法、第六章：小提琴的奏法、第七章：口琴的奏法、第八章：近世音乐简史。

8月1日，《复蔡慧诚信》在《觉有情》第44—45期发表（书信）。

8月9日，与子女进行第二次"慈贤会"。

8月15日，在《铁风画刊》第3期发表《空军训条第五：再接再厉为空军救国尽忠报国的气节》《空军训条第六：冒险敢死为空军救国死中求生的出路》（漫画）。

8月，歌曲《庆祝胜利》（丰子恺词，萧而化曲）收顾西林主编《小学歌曲选》，（丽水）有限责任江南出版合作社出版。

秋，升任浙江大学副教授。

9月7日，次女林先与宋慕法在遵义成都川菜馆结婚，苏步青为男方的代理主婚人出席结婚典礼。①

10月，《子恺近作散文集》由（成都）普益图书馆出版。该集收：《中国就像棵大树》《日本的国歌》《文艺与工商》（文末署"廿九年五月十三日于遵义"）、《七七三周随感》（文末署"二十九年六月二十五日于遵义"）、《谈抗战歌曲》《谈抗战艺术》（文末署"二十八年十一月三日于宜山"）、《谈壁上标语》（文末署"二十八年四月三日子恺作于桂林、两江、泮塘岭"）、《桂林艺术讲话之一》（文末署"二十七年夏"）、《桂林艺术讲话之二》（文末署"二十七年夏"）、《桂林艺术讲话之三》（文末署"廿七年夏"）、《卅年来艺术教育之回顾》（文末署"廿九年四月十八日于遵义"）、《还我缘缘堂》《告缘缘堂在天之灵》《桂林初面》（文末署"廿七年六月卅日于桂林"）、《传闻与实际》（文末署"廿九年五九于遵义"）、《爱护同胞》和《归途偶感》（文末署"廿九年六月十五日"）。

丰子恺著《子恺近作散文集》书影

《子恺近作漫画集》（画集），由（成都）普益图书馆出版。

是年，因浙大开学，罗庄离城太远，交通不便，又迁至狮子桥塊南潭巷熊宅，命其室曰"星汉楼"。在浙江大学增授新文学课。在星汉楼，重绘旧作漫画，成六册，名《子恺漫画全集》，并作序，总结战前和抗战以来的作品。

作《客窗漫画》序（序跋）。

在《宇宙风》第 121 期发表《不畏浮云遮望眼》《儿童不解春何在》（漫画）。

在《宇宙风》第 122 期发表《儿童不知春》

---

①　苏步青（1902—2003），浙江平阳人，数学家，曾任第七、第八届全国政协副主席。

《年丰便觉村居好》（漫画）。

在《宇宙风》第 123 期发表《长条乱拂春波动》《青山个个伸头看》（漫画）。

在《宇宙风》第 124 期发表《香饵自香鱼不食》《松间明月长如此》（漫画）。

在《宇宙风》第 125 期发表《三杯不记主人谁》《贫贱江头自浣纱》（漫画）。

作《天涯静处无征战》《不畏浮云遮望眼》《春光先到野人家》《年丰便觉村居好》《年丰牛亦乐》《三杯不记主人谁》《小桌呼朋三面坐》《门前溪一发》《我见青山多妩媚》《溪家老妇闲无事》《栏杆私倚处》《客来不用几席》《有酒有肉》《郎骑竹马来》《海棠轩外石栏边》《儿童散学归来早》《柳边人歇待船归》《欸乃一声山水绿》《驻马兮双树》《梦与松根乞茯苓》《水藻半浮苔半湿》《乌鸦且莫啼高声》《小亭闲可坐》《野人闲种树》《为他人作嫁衣裳》《贫女如花只镜知》《满山红叶女郎樵》《贫贱江头自浣纱》《只是青云浮水上》《幸有我来山未孤》《香饵自香鱼不食》《屋边松树经春长》《折取一枝城里去》《摩挲数尺沙边柳》《古调虽自爱》《天地一沙鸥》《夕阳无限好》《湛湛江水兮上有枫》《前日风雪中》《日暮客愁新》《阿婆三五少年时》《山有木兮木有枝》《好是晚来香雨里》《欲骂东风误向西》《守着窗儿》《抱得秦筝不忍弹》《儿童不知春》《脱鞋》《搬凳》《小梦》《春到人间》《都市之音》《父亲的手》《盲丐》《莲花生沸汤》等（漫画）。

社会评价

若　遇：《记丰子恺》，载 1941 年 2 月 21 日《平报》。

王其寒：《丰子恺》，载 1941 年 3 月 11 日

《平报》。

《征求护生画题材》，载 1941 年 8 月 1 日《佛学半月刊》第 10 卷第 15 号。

评论选录

《征求护生画题材》

弘一法师与丰子恺居士合作写绘之护生画集，十余年来，流通者已有正续二册。法师曾与丰居士相约，每十年出一册，续出至六册始止。近者，法师掩关闽中，自感衰老，且痛世变日深，亟思提前成办，速完斯愿，复为布种善因，集思广益起见，嘱代向海内普征题材。如蒙随喜参加，无任欢迎。

1942年　壬午　45岁

社会文化事略

5月2日至23日，延安文艺座谈会召开。5月27日，陈独秀病逝于四川。5月28日，毛泽东发表《在延安文艺座谈会上的讲话》。是年，国民党统治区封禁报刊杂志500种，禁售1400余种。

生平事迹

1月29日，致函《佛化新闻》，声明"绘佛千尊"已圆满。①

1月，是月起陆续画给幼子新枚看的画，部分署绘作时间，大多未署时间，目前可见47幅。

2月17日，叶圣陶日记记曰："至江家拐李渔初家，应其春宴之招。晤月樵及程受百……月樵言拟以半年出小学国语四册，用木板刊刻，图画仍拟烦子恺，托余征其同意。"

丰子恺漫画《一肩担尽古今愁》

① 该年3月5日《佛化新闻》第一版刊出报道《丰子恺居士为祝弘一法师六十大庆画佛像千尊结缘》，小标题为"早已满额，申明截止"。报道曰："丰子恺居士，昨函本报，申明佛像满额截止绘画，兹录其原函如左，以饷读者，原函云：敬启者：不慧前年为祝弘一法师六十之寿画佛千尊结缘。全国各省信善纷纷函请，去春早已满额，曾在上海佛学半月刊启事截止。今接川中各地信善来信，谓因见贵刊载有赠画佛像消息，故寄纸嘱画。函件亦有数十通之多。唯不慧近来多病，俗事又忙，暂时未能绘画。故特奉书，乞为照登，以代辞谢。凡已寄下者，当择暇绘寄。但今后请勿再寄纸邮，以免耽误。他年有缘，定当多绘广赠，再结缘可也。专此即请佛化新闻社执事，兹照。丰子恺顶礼启。卅一年一月二十九日。"

2 月 18 日，叶圣陶致丰氏信，请为小学教本画图。

3 月 1 日，在《思想与时代》第 8 期发表《绘画改良论》（艺术论述）。

3 月 4 日，叶圣陶得丰氏回信，允为小学国语课本作画。

3 月 21 日，马一浮撰《观丰子恺画展》："卧游壁观可同时，万法生心即画师。每怪倪迂耽竹石，恰如郑侠写流离。洞霄九锁人归远，云海千重鸟去迟。屏上春山蕉下梦，未妨收入一囊诗。"

叶圣陶作书复丰氏。

3 月 25 日，在《文化杂志》第 2 卷第 1 号上发表《评中国的画风》（艺术论述，作于 1941 年，文末署"1941 年作于贵州"）。

丰子恺漫画《艳不求名陌上花》

4 月 9 日，致函宋慕法信，表达对女儿林先初产平安的欣慰之情，为新生儿起名菲君。①

4 月 20 日，叶圣陶致信丰氏。

4 月 21 日，叶圣陶得丰氏来信。

4 月 30 日，叶圣陶收到丰氏寄来的《小学国语》第三册画稿。

———————————

① 此信见《丰子恺文集》（文学卷三），浙江文艺出版社、浙江教育出版社 1992 年 6 月版，第 375 页。信中曰："得信全家大喜。（老实说，她初产，住在荒村中，我们实担心，以前信中皆慰情语耳。）商量起名，至今决定，另写一纸附去，菲是芳菲之意，因其清明日生。芳菲之君，又含平凡的伟大之意，以前取名，大都有封建思想，今新时代之人，宜力避免也。阿先产后可吃补品，徐徐自能复健。盼望满月后可见见菲君。……"宋慕法，丰子恺次女丰林先（阿先）之夫。

4 月，傅彬然来访，赠以字画。

5 月 10 日，黄炎培题丰氏为俞友清画红豆卷："的的珠圆长绿柯，离人有泪比如何；此心白到天堪表，无奈沙场血染多。"同日，黄炎培函丰氏，附"红豆"诗《苞桑集》。①

5 月 15 日，叶圣陶日记曰："下午一时许过遵义，车少停，入站登记即复开。不及往访子恺，颇感怅惘。……车中得一律，拟寄子恺。"

5 月，装帧画被用于（成都）普益图书馆发行的叶绍钧编，丰子恺绘《开明国语课本》第 8 册封面。

戈宝权来访。②

《子午山纪游册》（画集，与赵乃康合著）由遵义孤儿所印刷。

6 月 25 日，叶圣陶致丰氏信，表示请丰氏担任开明编译委员。

7 月 24 日，叶圣陶致丰氏信，劝不必推辞开明编译委员一职。

7 月 29 日，致叶圣陶信，答应担任开明编译委员。

---

① 中国社会科学院近代史研究所整理《黄炎培日记》第 7 卷，华文出版社 2008 年 9 月第 1 版第 266 页。黄炎培（1878—1965），江苏川沙人，教育家、社会活动家。

② 1979 年 12 月 29 日戈宝权在致丰一吟信中回忆写道："回想起 1942 年 5 月间，在一个阴雨的黄昏，作为一个不速之客来到遵义南潭你们家，得到你父亲的热情接待；经过了三十多年之后，这次我又是一个阴冷的黄昏，作为一个不速之客来到上海漕溪北路你们家，得到你和你母亲的盛情款待，真有人生沧桑之感！"见丰一吟《我和爸爸丰子恺》，百花文艺出版社 2008 年 10 月版，第 105 页。戈宝权（1913—2000），江苏东台人，外国文学研究家、翻译家。

8月1日，在《国文杂志》第1卷第1期发表《国画与国文》（艺术论述）。

8月，《客窗漫画》由（桂林）今日文艺社出版。有序（作于1941年，文末署"三十年子恺于遵义"）。

9月，《口琴歌曲集》（与萧而化合编）由（成都）越新书局出版，有序（作于1938年，文末署"二十七年五月编著者识"）。

9月21日，陈之佛向教育部提交了推荐函，推荐丰子恺为国立艺术专科学校教务主任：

丰子恺与陈之佛（中）、黄涵秋（左）在杭州合影

事由：为遴荐本校教务主任及总务主任并检呈履历祈核定由。

查本校三十一学年度教务主任一职，拟聘丰子恺担任，总务主任一职拟聘张东里担任，理合检同该员等履历表呈请核定，以便聘任；再本校因人选困难，未能依照规定加倍遴荐，仰恳俯察事实，予以通融，实为公便。

谨呈
教育部

丰子恺绘弘一法师像

计呈履历表一份。

国立艺术专科学校校长陈之佛①

10月18日，得泉州开元寺性常法师电报，通报弘一法师于13日圆寂，静坐数十分钟，发愿为法师造像一百尊。②

① 崔卫：《陈之佛与丰子恺重庆交往考——兼谈抗战时期的国立艺专》，载《吴中学刊》（社会科学版）1996年第3期。

② 性常法师（1912—1943），福建晋江人，早年从会泉法师问学，亲近弘一法师。

10 月，叶圣陶编纂，丰子恺绘图的《小学初级学生用〈普益国语课本〉》第二册由（成都）普益图书公司出版。

11 月 6 日，应国立艺术专科学校校长陈之佛之聘，率眷抵重庆，任该校教授兼教务主任。[①] 初到重庆时，寄居在陈之佛家楼上。为表示感谢，丰子恺作画《米与豆》相赠。而陈之佛则在画上题诗以答："笔底烟霞未肯贫，客山携酒醉花茵。他年倘过章门路，沽酒江潭是故人。一片芦烟忆断鸿，还家三过白萍风。逢窗若展烟江看，帆影反疑在扇中。"后在风生书店楼上租屋。赴重庆前，王质平为之饯行，作家蹇先艾作陪。[②]

风生书店影像

11 月 17 日，致性常法师信，谈及为弘一法师绘像及暂存弘一法师写赠刘质平墨宝等事。[③]

11 月 19 日，教育部批复陈之佛的人事方案。

11 月 23 日至 30 日，在重庆夫子池励志社举行个人画展。此为平生第一次举行个人画展（本

---

① 1942 年 9 月 21 日，陈之佛向教育部提交推荐信函后，教育部为减少事端，曾要求补荐。然而陈之佛仍推荐丰子恺为教务主任的第一人选。1942 年 11 月 19 日，教育部批复了陈之佛的人事方案。引自崔卫《陈之佛与丰子恺重庆交往考——兼谈抗战时期的国立艺专》，载《吴中学刊》（社会科学版）1996 年第 3 期。

② 王质平，丰子恺在遵义时的学生。蹇先艾（1906—1994），贵州遵义人，作家。

③ 此信发表于 1943 年 4 月 1 日《觉有情》第 4 卷第 15、16 号。全文如下："性常法师道席：弘一法师生西电到，仆正束装上车，将迁居重庆。得电后即发愿到重庆后，先画法师遗像百帧，广赠海内信善，托为勒石、立碑，以垂永久。今到渝已旬日，舍馆未定，尚未动笔，将来画就拟函告各地友好，请代为宣传。如有发愿刻石立碑者，即寄赠一帧。（或在福建、浙江、江苏、四川等处登报征求愿勒石者，必易满百帧，届时再定。）仆远居川中，未能得法师最后一见，至引为怅，但读与质平居士最后一书：'华枝春满，天心月圆'，则知法师往生，必异常安祥，至为慰也。遗愿护生画集四册（法师曾欲刊护生画集六册，已出二册，尚有四册未出），仆但得世寿稍长，必为续成。承寄示报纸，得知详情，甚。质平居士寓址仆亦不知。最后墨宝暂为保藏，容后寄去。匆匆未尽，即颂净安　丰子恺和南　十一月十七日。"此信透露了一条重要信息，即弘一法师的最后墨宝中给刘质平的这份因不知刘质平的地址，首先是寄给丰子恺的。由于丰子恺亦不知其寓居何处，便有了"最后墨宝暂为保藏，容后寄去"之说。

人未到场者不计。是年春，曾在乐山的画展系友人携画代展）。这次展出的都是逃难以来所作彩色风景画，并发表《画展自序》，阐述由黑白简笔漫画转变为彩色人物风景画之经过。11 月 28 日正式举行揭幕时，黄炎培前来参观。

11 月 27 日，在《中央日报》发表《画展自序》（序跋）。[1]

12 月 5 日，致王质平信，述近况。[2]

12 月 30 日，叶圣陶致丰氏信。

是年，作《催生诗》（诗）。[3]

在《吾友》1942 年第 2 卷第 16 期发表中日文对照《姓》，胡谟译注。此文原在 1927 年 7 月 10 日《小说月报》第 18 卷第 7 号发表。

《〈吻冰漫画之三——可逆反应〉序》收文化出版社《吻冰漫画之三——可逆反应》（序跋，作于 1942 年，文末署"一九四二年　月子恺于贵州遵义"）。[4]

年初，收叶圣陶来信及《自重庆之贵阳寄子恺遵义》诗。

去年杭州王星记扇庄在上海设批发部，是年改为扇庄，地址为南京路新雅粤菜馆隔壁，被特邀在

---

① 见《丰子恺文集》（艺术卷四），浙江文艺出版社、浙江教育出版社 1990 年 9 月版，第 256 页。《丰子恺文集》编者注曰："本篇于抗战期间载重庆某报。在作者遗物中发现，但前二十短行（约二百余字）已被作者用黑墨涂去。现在按作者修改意图发表。"

② 此信《丰子恺文集》（文学卷三）中未收，见《子恺书信》（下），海豚出版社 2013 年 9 月版，第 79—80 页，信曰："质平仁弟：信收到。仆于十一月六日安抵重庆，现居沙坪坝正街二十七号。多蒙关念，殊深感谢。学校正在建筑中，诸事未上轨道，故甚繁忙。开年大约可以就绪。吾弟今冬毕业后，不知前程作何计划？仆有眷属留丙潮兄处，吾弟有便，尚请随时照拂为幸……"

③ 此诗见《丰子恺文集》（文学卷三），浙江文艺出版社、浙江教育出版社 1992 年 6 月版，第 751 页。

④ 《吻冰漫画之三——可逆反应》，朱吻冰作，文化出版社 1942 年版。原书此序文末未署月份。

扇面上作画题字。另被特邀的还有齐白石、吴湖帆、沈尹默等。

作《家书》《只是青云浮水上，教人错认作山看》《声嘶力竭，只得自己动手了》《醉卧沙场君莫笑，古来征战几人回》《粥少生多》《一壶酒一斗米》《香车宝马湖山闹》等（漫画）。

社会评价

李凤棠：《丰子恺的画》，载 1942 年 11 月 11 日《东南日报》。

郑约珊：《寄怀丰子恺画师》（诗二首），载《觉有情》杂志第 56、57 期合刊，1942 年 2 月 1 日。

陈之佛：《丰子恺画展序言》，载 1942 年 11 月 27 日《中央日报》。

傅抱石：《春天的画家》，载 1942 年 11 月 27 日《中央日报》。

钱歌川：《子恺的画境》，载 1942 年 11 月 27 日《中央日报》。

《国画中之白话文，丰子恺画展今日揭幕》，载 1942 年 11 月 28 日《新民报》。

宋菲君：《丰子恺先生画展先睹记》，载 1942 年 11 月 30 日《新蜀报》副刊"蜀道"第 834 期。

1942 年 11 月 30 日《新华日报》报道画展。

影　子：《现代的中国画——略评丰子恺教授画展》，载 1942 年 12 月 4 日《时事新报》"青光"副刊。

《牒简钞存》，1942 年《新动向》第 44 期。

《丰子恺居士为祝弘一法师六十大庆画佛像千尊结缘》，载 1942 年 3 月 5 日《佛化新闻》。

评论选录

郑约珊：《寄怀丰子恺画师》（诗二首）

泉明自识琴中意，摩诘亦传画里诗。

独爱丰君千佛笔，慈颜念笑意无涯。

弥天劫运知胡底，大智修持识往因。

画集护生悲愿切，挥毫到处自成春。

宋菲君：《丰子恺先生画展先睹记》

丰子恺先生于本月 28 日至 30 日在励志社开画展了。他一到重庆，我最先去访问他，最先看到他带来的画件。我是他画展的先睹者。故为这篇小文。向重庆的观众介绍一下：丰先生携来的画，共有 103 幅，我最先睹他展览，他叫我选剔，我看了一遍，说剔不出，他就全部付裱。这 103 幅中，有立幅 39 帧，横幅 30 帧，册页 24 帧，外加了 19 幅书法，先就画谈谈。

丰先生的画风，比抗战前显然大变了，以前爱作寥寥数笔的人物画，现在却都是二三尺长的山水风景，而处处用人物点境，又都敷彩。我初见时，觉得这是中国画中别开生面的一种作风。我在重庆看了数十个展览会，从未尝过这种味道。其特色何在？我发现八个字：画面妥帖，意味丰富。画面妥帖，是西洋画的长处。丰先生青年时代研究西洋画，他现在把西洋画的远近法、构图法用在中国画中，造就这种特色。我常觉得，构图的散漫及远近的错误，是中国画的缺憾。这缺憾现在由丰子恺弥补，所以他的画，远看好像西洋画，而近看又笔墨淋漓，全是中国画。意味丰富，是丰先生个性的表现，他是流丽幽默的小品文作家，他的画都很含蓄。以前上海某评家把他比作徐文长，甚是确当。我看别人的画，大都只看时发生美感，离开了画面，这美感就消失。看丰先生的画却不然，看时视觉美的思想美同时发生，看后又回味隽永，好似吃橄榄一般。随意取几个实例来说：例如《不畏浮云遮望眼，只缘身在最高层》《闲云莫愁山头住，

四海苍生正望君》《严霜烈日皆经过，次第春风到
苇庐》《可怜地僻无人赏，抛掷深红乱木中》《落
红不是无情物，化作春泥更护花》《只是春云浮上
水，教人错认作山看》《折取一枝城里去，教人知
道是鲁深》……诸如次类，表面是一幅美丽风景，
里面含蓄着深长的人生意味，古人说有"读画"
之说，这二字用在丰先生的画上最为得当。

至于丰先生的书法，特色也很显著。我接到他的
信，不必查阅，一看信就知道是他寄来的。他的字得
力于晋人章草，而经过他自己的个性化。章法妥帖，
笔致逸丽，同他的画一样显示特色，我觉得他的字和
他的老师弘一法师早年的笔迹相似。其中有几幅弘一
法师未出家时所作的诗词，更使我看了想起这位最近
圆寂的中国艺术界元老，不胜哀悼之情。

以上是我先睹画展后的感想，写告重庆的读
者，或可帮助对他的欣赏。

《牒简钞存》
××：以前丰子恺论第一次世界大战后世界艺
术的新趋势一文，里面说到大众艺术的蓬勃，说
道："生活繁忙，没有养植盆栽的余闲，遂把花草
放诸原野。"那时候实在不懂"生活繁忙"四字的
意思。数年以来，为繁忙的生活所苦，渐渐明白，
生活繁忙，不特养植盆栽的余闲没有，就是去看一
看放诸原野的花草那份心情也渐渐弄得淡然了；现
在，一看到隔居的朋友写了信来说道："近来很
忙"，即仿佛看见一个满头大汗仓皇的人影……

1943 年　癸未　46 岁

社会文化事略

9月3日，意大利宣布向盟国投降。10月19日，延安《解放日报》为纪念鲁迅逝世七周年，全文发表毛泽东《在延安文艺座谈会上的讲话》，11月28日至12月1日，美、英、苏三国首脑举行德黑兰会议。12月1日，美、英、中三国首脑发表《开罗宣言》。

生平事迹

1月1日，作《画中有诗》序（序跋）。

1月10日，叶圣陶日记曰："……子恺来信，于开明出书延缓，影响著作人之利益，颇有微词，故作书与洗翁，商量加紧排书印书之工作。"

1月24日，叶圣陶得丰氏来信。

1月25日，叶圣陶复丰氏信。

1月，为实践诺言，开始作 100 幅弘一法师像。①

丰子恺漫画《不知有劳动节的劳动者》

---

① 丰氏自谓："为欲勒石，用线条描写，不许有浓淡光影。所以不容易描得像。幸而法师的线条画像，看的人都说'像'。大概是他的相貌不凡，特点容易捉住之故。但是还有一个原因：他在我心目中印象太深之故。我自己觉得，为他画像的时候，我的心最诚，我的情最热烈，远在惊惶恸哭及发起追悼会、出版纪念刊物之上。"见丰子恺《为青年说弘一法师》，载 1943 年 5 月《中学生》第 63 期。该文编入 1957 年人民文学版《缘缘堂随笔》时改名为《怀李叔同先生》。

2月17日，叶圣陶日记曰："丰子恺寄来《漫画的描法》一稿，由开明书店出版。"

2月至4月，赴泸州、自贡、五通桥，至乐山访马一浮，请他为弘一法师作传，并作《乐山访濠上草堂》等诗。① 回重庆又作《一九四三年，赴乐山访马一浮先生，回沙坪坝记录》。在乐山曾举办画展，会见朱光潜等。

2月，叶圣陶编纂，丰子恺绘图的《小学初级生用〈普益国语课本〉》第三册由（成都）普益图书公司出版。

丰子恺漫画《小猫想救它的母亲》

3月7日，在《时事新报》"鲁赈灾宋步云水彩画展特刊"发表《宋步云先生的画》（评论）。

3月17日，作《郎骑竹马来》（彩色漫画）。

3月25日，叶圣陶日记曰："作书致子恺，子恺于上月游乐山，云将由乐山来蓉，而至今未到……故以书问之。"

3月，叶圣陶编纂，丰子恺绘图的《小学初级生用〈普益国语课本〉》第五册由（成都）普益图书公司出版。②

① 龚静染《小城之远——五通桥的历史记忆》（天津教育出版社2008年7月第1版，第140页）一文中曰："著名学者朱光潜先生见证了丰子恺寻访一事，他参加了马一浮与丰子恺的宴聚，当时桌上坐的都是当时从全国各地流落到大后方的文化名流，马一浮与丰子恺两人都很特别：齐胸的大胡子，一派儒生形象。两个人在千里之外的再度相聚，大有'人生不相见，动如参与商'之意。当时，朱光潜感动于丰子恺这个意义非同寻常的聚会，并作文记之：'……他的性情向来深挚，待人无论尊卑大小，一律蔼然可亲，也偶露侠义风味。弘一法师近来圆寂，他不远千里，亲自到嘉定来，请马蠲叟（马一浮）先生替他老师作传。即此一端，可以见他对于师友情谊的深厚。"
② 该国语课本第一册和第四册待查。

《音乐初阶》由（桂林）文光书店出版。内容
为第一课：音乐序说、第二课：音的高低记录法、
第三课：音的长短强弱记录法、第四课：唱歌序
说、第五课：弹琴序说、第六课：提琴序说、第七
课：管弦乐序说。

4 月 1 日，《与性常法师书》在《觉有情》第
15、16 号（第 87、88 期）发表（书信）。

4 月 6 日，访时任武汉大学教务长朱光潜并于
当晚同赴武汉大学文学院院长陈源寓访问，为其女
小滢在小册子上画《努力惜春华》。又为武汉大学
历史系教授方壮猷之子作类似之画。

4 月 7 日，叶圣陶致丰氏信。

4 月 18 日，叶圣陶致丰氏信。
《画中有诗》由（桂林）文光书店出版。有自
序，作于 1943 年，文末署"三十二年元旦子恺记
于重庆沙坪坝，寓楼"。①
致汪子豆信，答其关于学习书画之问。②
书"护生诗"，署"癸未乞巧后一日书于沙坪
新屋　子恺"。

春，作《蜀道》《寄长子华瞻》《乐山濠上草
堂呈马一浮先生》（诗，初载 1980 年 9 月 10 日

_____

① 　1944 年 6 月 23 日《大公报》载图书出版消息，误将书名写成《诗中有画》。
② 　此信见《丰子恺文集》（文学卷三），浙江文艺出版社、浙江教育出版社 1992 年 6 月版，
第 380 页。信中曰："来书收到。承询各点，略覆如下：一、中国纸均可，宣纸最佳。二、用狼毫。
三、三十二开或十六开本。四、可。五、可。六、多作木炭石膏型写生。七、学字有助，但不必学
我，可学章草。八、作画态度。九、二种修养：（一）学习石膏写生，（二）修养人生观……"汪
子豆（汪林），爱好丰子恺书画，时为一初中学生。此信信封邮戳为 4 月 18 日发。寄达浙西开化县
邮戳为 4 月 20 日。

《文教资料简报》第 105、106 期，南京师范学院编）、《濠上草堂接家书》（诗，初载 1980 年 12 月《星星》12 月号）。

结识蔡介如。

5 月 16 日，作《艺术与人生》（艺术论述）。

5 月 30 日，叶圣陶日记曰："接丰子恺、吕叔湘、范寿康信。"

5 月 31 日，叶圣陶日记曰："作书复叔湘、子恺。"

丰子恺漫画《抬望眼，仰天长啸》

5 月，迁居刘家坟租屋，与雕刻家刘开渠为邻。①
作《艺术的展望》（艺术论述）。
在《中学生》第 63 期发表《为青年说弘一法师》（散文，文末署"弘一法师逝世后第一百六十七日子恺作于四川五通桥旅舍"，初收《率真集》，万叶书店 1946 年 10 月版）。②
为学生郝石林画作题字。

夏，在沙坪坝正街以西租地自建竹壁平屋，命名为"沙坪小屋"（地址为庙湾特 5 号）。

7 月 2 日，叶圣陶收到丰氏来信。

7 月 3 日，叶圣陶复丰氏信。

7 月，在《中学生》复刊后第 65 期上发表

① 刘开渠（1904—1993），安徽萧县人，雕塑家、美术教育家。
② 此文编入人民文学出版社 1957 年版《缘缘堂随笔》时改名《怀李叔同先生》（有改动）。

《艺术的园地》（艺术论述，初收《率真集》，万叶书店 1946 年 10 月版）。

丰子恺著《漫画的描法》书影

在《时与潮》副刊第 2 卷第 6 期发表《艺术与人生——卅二年五月十六日在沙坪坝青年馆演讲》（艺术论述，作于 1943 年，初收《率真集》，万叶书店 1946 年 10 月版）。①

8 月 1 日，在《时与潮》第 3 卷第 1 期发表《略谈漫画》（艺术论述，作于 1943 年 8 月 1 日，此文又刊 1947 年 7 月 31 日《图书展望》复刊第 4 期）。

8 月 14 日，作《艺术与人生》序言（序跋）。《漫画的描法》由（桂林）开明书店出版。内容为第一章：漫画的意义、第二章：漫画的由来、第三章：漫画的种类、第四章：漫画的学程、第五章：写实法、第六章：比喻法、第七章：夸张法、第八章：假象法、第九章：点睛法、第十章：象征法。附插图，其中有自作插图 17 幅。

致王质平信，赞其新居，言已为其题画等。②

8 月 30 日，在《中外春秋》创刊号发表《漫画创作二十年》（艺术论述）。③

9 月，在《中学生》复刊后第 67 期上发表《艺苑的分疆》（艺术论述，初收《率真集》，万叶书店 1946 年 10 月版）。

① 此文又载 1947 年 1 月 20 日《地方自治（上海）》第 1 卷第 1 期。
② 此信见《丰子恺文集》（文学卷三），浙江文艺出版社、浙江教育出版社 1992 年 6 月版，第 381 页。信中曰："观画得见新筑景象，至喜。他日有缘，定当一到，藉仰轮奂也。画已为代题，可随身带赴大学。孝思纯切，至可嘉许。余亦在此自建茅庐，聊可容膝，但极狭陋，明年胜利将至，当弃此茅庐尚返上海也……"
③ 此文又载 1946 年 2 月 20 日《书报精华》第 14 期。

《我写文章的一些经验》收（重庆）天地出版社版《文艺写作经验谈》（中国青年写作协会编辑部编）。文末附"丰子恺先生小传"。

《〈战时漫画〉序》（序跋）收朱吻冰著《战时漫画》，（泰和）江西文化出版社出版。后以《〈可逆反映（吻冰漫画之三）〉序》之题收朱吻冰著《可逆反映（吻冰漫画之三）》，（浙江温岭）文化出版社1946年10月版。

秋，辞去国立艺术专科学校教务主任之职。辞职后，陈之佛亦萌生退意。1944年3月，陈之佛辞去校长之职。①

10月1日，在《觉有情》第5卷第3—4号（第99—100期）上发表《此脚犹虐杀无辜之炸弹也》（漫画）。

10月16日，致刘以鬯信，为《国民公报》题写报名，述未能写稿之原因等。②作《谈工艺美术》（艺术论述）。

10月20日，在《文学修养》第2卷第1期发表《艺术的展望》（艺术评论，又载1944年《雍言》第4卷第1期，题为《艺术的展望：答艺术学生质问》）。

---

①　2007年12月7日《嘉兴日报》有记者朱静燕所写《离休教师李长木述说他印象中的丰子恺——丰子恺对我而言，就是一个亲切的长辈》，所述丰氏辞职时间为1944年，为误记。

②　此信见《丰子恺文集》（文学卷三），浙江文艺出版社、浙江教育出版社1992年6月版，第382页。信中曰："嘱写报题，今日邮奉，乞收。弟近来久不写文，因身体和眼力均不胜任。尊编副刊，弟暂未能投稿。以后如有所作，当再命命可也。……"刘以鬯，时任《国民公报》副刊主笔。（信中所述"写报题"即为该报题写报名。）后任《扫荡报》（抗战胜利后改名《和平日报》）副刊编辑。

10 月，《我教你描画》（丰子恺著，汪子美绘）由（重庆）文风书局出版。

11 月 1 日，叶圣陶致丰氏信。

11 月 16 日，作《东西洋的工艺》（艺术论述）。

11 月 17 日，作《养鸭》（散文）。

11 月 19 日，致刘以鬯信，谈为《和平日报》写稿事。

11 月 21 日致黎丁信，其正在桂林刊印"缘缘堂丛书"，表示可寄旧稿《教师日记》《艺术丛话》。表示愿意为其向刘薰宇邀稿。言及章桂可为其代售图书并述将在桂林举行画展等。①

11 月 25 日，叶圣陶致丰氏信。

丰子恺漫画《大人相骂，儿童相戏》

11 月 30 日，致熊佛西信，言蒙擢为《当代文艺》特约撰稿人，勉成一稿（指 1944 年 1 月 1 日该杂志创刊号上所载《我所见的艺术与艺术家》，此文后改名为《艺术与艺术家》，收入《率真集》），随函附上，述现已辞艺专职，又曰新年集

---

①　此信见《丰子恺文集》（文学卷三），浙江文艺出版社、浙江教育出版社 1992 年 6 月版，第 384—385 页。信中曰："柳州信收到。昨发一航平至桂，想亦收到。缘缘堂丛书已承开始刊印，好意甚感。但恐此'丛'不大，因旧稿不多也。今检点结果，目前可寄者只二种……""……拉稿甚难。因写稿者都忙，且不可靠。刘薰宇先生当校长甚忙，写稿无望。以后留意，如有机缘，当尽力代拉。""沙坪坝互生书店（朗西太太柳静所开）今已收业，改开合作社。其余书店熟的没有。我意你有书运来，可交章桂。或者由他代售，或者由他托别的书店代售，均可。""元旦或元旦后，我要在桂举行展览卖画，画九十件，已有六十件寄联袋，托他代办。明知桂地卖画不利。然有作品余多，拟来一试，想总不致贴本。吾弟在桂年久，画展方面情形知否？如有忠告，甚为盼感……"此信曾载人民日报出版社 1986 年 9 月版"万叶散文丛刊"第 3 期《霞》。黎丁，又名黄恢复，后为《光明日报》高级编辑。朗西，指吴朗西。其妻柳静为丰子恺在立达学园时的学生。

拙作在桂林展览，由开明书店代办。①

11 月，装帧画被用于（上海）中华文化社第 4 版丰子恺画《幼稚园读本》第 2 册封面，并有插图。

12 月 1 日，插图被用于是日出刊的《慧灯》杂志（月刊）第 2 卷第 9 期冬季号刊载的慈溪洪巢林遗著《学佛女郎》（中篇小说）。编者注曰："丰子恺居士绘学佛女郎插图。"文前有作者小传，可知洪巢林其人与李叔同、丰子恺、马一浮等均有交往。小传写曰："洪巢林，讳允祥，号佛矢，慈溪洪魏村人。少负俊才，有奇气，入南洋公学特科，与天津李叔同、梓潼谢无量共研习。既卒业，东游日本，回国后，与戴季陶同主天铎报笔政，鼓吹革命，历任大夏北平各大学教授。弟子著籍者凡数千人，好佛学，与马一浮、徐文蔚深相契，修净土宗，尝云：禅宗之弊，莽蔼而无归宿，我辈初心，勿近其藩，否则空腹高谈，人己两损，转不如净土之老实念佛也。其诗如老鹤孤嗥，幽兰独矣，记其赠弘一上人诗云：'吴江小阁看斜曛，青眼还因赏小文，三十年来如梦过，尊前突兀示僧身。''来劫龙华会上人，大千幻境人微尘，维摩说法文殊默，都是毗耶老病身。''烟水南游旧踪，圣湖会约冉和逢，世间车笠皆儿戏，誓毕残生礼大雄。'巢林嗜酒，蓬首电目，野服萧然，言谈雅令。望之如晋宋间人，任浙江省第四中学教职最久，著有《悲华经舍诗文集》数十卷，二十二年四月十八日寂圆。"

丰子恺漫画《抗战儿子十年归，老父恭迎问是谁》

①　此信见《丰子恺文集》（文学卷三），浙江文艺出版社、浙江教育出版社 1992 年 6 月版，第 391 页。信中曰："屡蒙不弃，来示索稿，实因无文可作……今又蒙擢为当代文艺特约撰稿人，勉成一稿，随函附上，即乞教正。弟已辞艺专职，一如抗战以前，闲居在家，通信址如信面上。新年弟集拙作在桂展览。由开明书店代办……"熊佛西，著名戏剧教育家。时为《当代文艺》主编。此信曾载 1944 年 4 月 1 日《当代文艺》第 1 卷第 4 期。

12 月 5 日，叶圣陶致丰氏信。

12 月 7 日，叶圣陶致丰氏信。

12 月 11 日，在《川中晨报·今日文艺》第 1 期发表《艺术与革命》（艺术论述，作于 1943 年 3 月 2 日）。

12 月 15 日，叶圣陶致丰氏信。

12 月 20 日，作《画碟余墨》（艺术论述）。

12 月，在《中学生》复刊后第 70 期上发表《谈工艺美术》（美术讲话，作于 1943 年 10 月 16 日）。

是年，曾向学生鲍慧和寄画，在西安、洛阳两地举办丰、鲍师生联展。

学生柳静在沙坪坝正街上开办互生书店，为书店题名。

作《癸未蜀游杂诗》（诗），其中有《蜀道》《寄长女陈宝》《寄长子华瞻》《寄幼女一吟》和《乐山访濠上草堂》。①

作《艺术的不朽性》（艺术论述）。

年末，作《艺术学习法及其他》序（序跋）。

《弘一大师永怀录》由（上海）大雄书局出版，《缘》《法味》二文收入书中，该书扉页为丰

① 诗今见《丰子恺文集》（文学卷三），浙江文艺出版社、浙江教育出版社 1992 年 6 月版，第 752—753 页。其中《乐山访濠上草堂》写于 1943 年 2 月 4 日作者自重庆经泸州、自贡、五通桥去乐山看望马一浮之时。诗题又作《乐山访濠上草堂马一浮先生》。丰氏又有《一九四三年，赴乐山访马一浮先生，回沙坪坝记录》（诗），见《丰子恺文集》（文学卷三），浙江文艺出版社、浙江教育出版社 1992 年 6 月版，第 753—754 页。未标写作日期。《寄长女陈宝》《寄幼女一吟》曾在 1980 年 9 月 10 日《文教资料简报》第 105、106 期刊出，南京师范学院编。

氏绘弘一大师造像，署"癸未元旦弟子丰婴行敬绘"；夏丏尊《〈子恺漫画〉序》亦收入书中。

为中华书局出版的《欧美漫画精选》题书名。

在《训练与服务》第 3 卷第 1 期发表《时代论坛》（漫画）。

社会评价

吕斯百：《读丰子恺先生所作"绘画改良论"》，载 1943 年《文史杂志》第 2 卷第 5、6 期合刊。

砚　亭：《丰子恺画阿 Q》，载 1943 年 5 月 24 日《东南日报》。

袁　羽：《看〈子恺画展〉归来——漫谈子恺的画》，载 1943 年 8 月 1 日《春秋导报周刊》第 14 期。

朱光潜：《丰先生的人品与画品——为嘉定子恺画展作》，载 1943 年 8 月《中学生》战时半月刊第 66 期。又载《浙江潮》1944 年复刊新 3 期。

《时事新报》（1943 年 9 月 3 日）：消息。

［日］谷崎润一郎作，夏丏尊译：《读〈缘缘堂随笔〉》，载 1943 年 9 月 5 日《中学生》战时半月刊第 67 期。

段从光：《丰子恺在萍乡时》，载 1943 年 9 月 30 日《东南日报》。

评论选录

朱光潜：《丰先生的人品与画品——为嘉定子恺画展作》

在当代画家中，我认识丰子恺先生最早，也最清楚……常在一块聚会。我们吃饭和吃茶，慢斟细酌，不慌不闹，各人到量尽为止，止则谈的谈，笑的笑，静听的静听。酒后见真情，诸人各有胜概，我最喜欢子恺那一副面红耳热，雍容恬静，一团和气的风度……

……他老是那样浑然本色，无忧无嗔，无世故气，亦无矜持气。黄山谷尝称周茂叔"胸中洒落如光风霁月"，我的朋友中只有子恺庶几有这种气宇。

当时一般朋友中有一个不常现身而人人都感到他的影响的——弘一法师。他是子恺的先生。他的音乐图画文学书法的趣味，他的品格风采，都颇近于弘一。

……一个人须先是一个艺术家，才能创造真正的艺术。子恺从顶至踵是一个艺术家，他的胸襟，他的言行笑貌，全都是艺术的。他的作品有一点与时下一般画家不同的，就是它有至性深情的流露。子恺本来习过西画，在中国他最早木刻，这两点对于他的作风都有显著的影响。但是这只是浮面的形象，他的基本精神还是中国的，或者说，东方的……

书画在中国本有同源之说。子恺在书法上曾经下过很久的功夫。……他用笔尽管疾如飘风，而笔笔稳重沉着，像箭头钉入坚石似的。在这方面，我想他得力于他的性格，他的木刻训练和他在书法上所下的功夫。

《时事新报》（1943 年 9 月 3 日）：消息

丰子恺自下学期起，将不在国立艺术专科学校任教，专门从事著书作画。刘开渠在成都制作民族英雄像九月完，盘溪国立艺专将聘刘氏任教务主任。

［日］谷崎润一郎作，夏丏尊译：《读〈缘缘堂随笔〉》

《缘缘堂随笔》著者丰子恺的名字，在我国差不多没有人知道，我也还是于接到这本书的时候初听到的。这随笔是中国丛书中的一册，译者是吉川幸次郎。在"译者的话"之中，有这样的话："我觉得，著者丰子恺，是现代中国最像艺术家的艺术家，这并不是因为他多才多艺，会弹钢琴，作漫画，写随笔的缘故，我所喜欢的，乃是他像艺术家的真率，对于万物的丰富的爱，和他的气品，气骨。如果在现代要想找寻陶渊明、王维那样的人物，那么，就是他了罢。他在庞杂诈伪的海派文人之中，有鹤立鸡群之感。"

《缘缘堂随笔》，仅仅读了译本一百七十页的小册子，著者的可爱的气禀与才能，已可窥见，足以证明吉川氏的介绍不曾欺骗读者。如果说胡适氏的《四十自述》是学者的著作，那么这本随笔可以说是艺术家的著作。他所取的题材，原并不是什么有实用或深奥的东西，任何琐屑轻微的事物，一到他的笔端，就有一种风韵，殊不可思议。求之于现在的日本，内田百间氏一流人差可比拟（在通晓音乐一点上亦相共通）。在这部译本里面，第一篇写"吃瓜子"，有十五页光景，我希望大家能一读。因为题材是中国式，能把这种些微的题材写得那样有趣，正是随笔的上乘（吉川氏的译文也很好）。这恐怕是他最得意的一篇吧。可是著者的境地，决不仅限于这种方面，各篇都有情味与特色。我所喜欢者是下面的《山中避雨》。著者带了两个女儿游西湖，在山间遇雨，避雨茶肆，雨老是不止，为想解女儿们的厌倦，借了茶博士所拉的胡琴，拉奏各种的小曲，全篇所记只五页，于短篇之中，富有余韵。"我用胡琴从容地（因为快了要拉错）拉了种种西洋小曲，两个女孩和着了歌唱，好像是西湖上卖唱的，引得三家村里的人都来看。一个女孩唱着《渔光曲》，要我用胡琴去和她。我和着她拉，三家村里的青年们也齐唱起来，一时把这苦雨荒山闹得十分温暖。（中略）我有生以来，没有尝过今日般的音乐的趣味。"我读了这风趣的一节，不禁想到从前盲乐师葛原氏乘船上京，在明石浦弹琴一夜，全浦的人皆大欢喜的故事来。……还有一篇叫《作父亲》，比《山中避雨》长两三页，诗趣横溢，非常的好。大概著者是非常喜欢孩子的人，这两篇以外，如《华瞻的日记》，《送考》等，都写着儿女的事情。

夏丏尊译《读〈缘缘堂随笔〉》序言

八一三以来，藏书尽付劫火，生活困苦，购书无资，与日本刊物更乏接触之机会。昨日友人某君以谷崎新著随笔集《昨今》见示，中有著者之中国文艺评，对胡适、丰子恺、林语堂诸氏之作品各有所论述。其中论子恺最详，于全书百页中竟占十页，所论尚允当，故译之以示各地之知子恺者。余不见子恺倏逾六年，音讯久疏，相思颇苦。子恺已由黔入川，任教以外，赖卖画以自活。此异国人士之评论，或因余之迻译有缘得见，不知作何感想也。三十二年五月，译者，在上海。

1944 年　甲申　47 岁

社会文化事略

　　3 月, 国民政府公布《国民学校法》。同月,
国民政府教育部举办扩大国语运动周活动。4 月 27
日, 国民政府公布修正《著作权法》。8 月 25 日,
盟军解放巴黎。9 月 10 日, 日军发起桂林战役。
10 月 5 日, 中国著作人协会在重庆成立。

生平事迹

　　1 月 1 日, 在《当代文艺》第 1 卷第 1 期上发
表《我所见的艺术与艺术家》(艺术论述, 作于
1940 年, 文末署"二十九年作", 初收《率真
集》, 改名为《艺术与艺术家》, [上海]万叶书店
1946 年 10 月版)。

丰子恺漫画《两小时以前进
来的顾客》

　　1 月 7 日, 蔡光初、徐振中书画展在重庆夫子
池励志社举行。为介绍人之一(其他介绍人为:
吴铁城、张道藩、陈树人、余井塘、周启删、肖吉
删、陆丹林、林风眠、徐悲鸿、陈之佛、傅抱石、
黄君璧、蔡淑慎、李骧、吕斯百、李希穆、俞介
禧、潘韵)。

　　1 月 19 日, 致华开进信, 谈画展, 言: "示欣
悉展览得好评, 至可庆慰, 今年尚望于写实方面及
读书方面多用工夫, 则二次展时, 当得更好之结

果也。"

1 月，在《中学生》复刊后第 71 期上发表
《东西洋的工艺》（艺术论述，作于 1943 年，文末
署"三十二年十一月十六日于沙坪坝"，初收《率
真集》，〔上海〕万叶书店 1946 年 10 月版）。

《艺术与人生》由（桂林）民友书店出版。有
序言（作于 1943 年，文末署"卅二年八月十四日
子恺记于沙平新屋"。按："沙平"应系"沙坪"
之误）。该集收：《图画与人生》《绘事后素》《禁
止攀折》《洋式门面》《钟表的脸》《具象美》《扇
子的艺术》《红与绿》《照相与绘画》《我儿时的
美术因缘》《绘画的欣赏》《漫画艺术的欣赏》
《版画与儿童画》《深入民间的艺术》《画鬼》《日
本的裸体画问题》《日本的漫画》和《比喻》。

2 月 9 日，叶圣陶致丰氏信。

2 月，《世态画集》（与吴甲原合作）由（桂
林）文光书店出版。①

2 月至 3 月，携一吟去长寿、涪陵、丰都等旅
行并举行个人画展。在涪陵时常去听京剧。曾绘
《李蔷华登场》等戏剧人物画。

3 月 1 日，致孙音信，言不便应邀演讲，请

①《丰子恺文集》（文学卷三），浙江文艺出版社、浙江教育出版社 1992 年 6 月版，第 851 页
将此画集名写为《世态漫画》。周勇、王志昆主编《中国抗战大后方历史文献联合目录》（中）第
1330 页中记录，该书名为《世态画集》。1944 年 6 月 23 日《大公报》载图书出版消息，亦将该画
集名写作《世态画集》。

延缓。①

3月2日，作《艺术与革命》（艺术论述）。

3月，《音乐合阶》由（桂林）文光书店出版。

《文明国》（连环图文）由（上海）作家书屋出版，为"儿童文库第一种"。

4月1日，在《当代文艺》第1卷第4期"作家生活自述"栏目发表《给××先生的一封信》（书信，此为致《当代文艺》主编熊佛西函）。

在《国文杂志》第3卷第1期发表《画碟余墨》（艺术论述，发表时文末署"三十二年十二月二十日于沙坪"）。《画碟余墨》（二）载该刊1945年9月10日第3卷第4期，《画碟余墨》（三）载1946年2月1日第3卷第5、6期合刊。

丰子恺著《艺术学习法及其他》书影

4月，《艺术学习法及其他》由（桂林）民友书店出版。有序言（作于1943年，文末署"卅二年岁暮子恺记于沙坪坝新屋"）。内容为：为青年谈艺术学习法、为妇女们谈音乐研究的态度、最近世界艺术的新趋势、将来的绘画、大众艺术的音乐、商业艺术。

5月1日，作《教师日记》付刊序（序跋）。

5月12日，叶圣陶致丰氏信，为《文与艺》约稿。

---

① 此信见《丰子恺文集》（文学卷三），浙江文艺出版社、浙江教育出版社1992年6月版，第392页。信中曰："前嘱公开讲演，经弟再三考虑，似觉未可急行，拟请延缓时日……"孙音，又名罗因，四川人，丰子恺作品爱好者。

5 月 16 日，赴重庆蔡介如家，赠画一幅以贺蔡氏 30 岁生日。①

5 月 24 日，作《现代艺术二大流派》（艺术论述）。

5 月 26 日，叶圣陶致丰氏信。

5 月 31 日，叶圣陶致丰氏信。

6 月 21 日，叶圣陶致丰氏信。

6 月 22 日，叶圣陶致丰氏信。

6 月，《教师日记》由崇德书店出版、（重庆）万光书局 1944 年印行。其中收有未先行发表的 1939 年 3 月 28 日至 6 月 24 日的日记。有原序（作于 1938 年 10 月 23 日）和付刊序（作于 1944 年，文末署"卅三年劳动节子恺记于沙坪小屋"）。②

丰子恺著《教师日记》书影

7 月 10 日，叶圣陶致丰氏信。

8 月 8 日，为陈纪莹著《新中国幼苗的成长》作插图、后记。③

9 月 2 日，作《人生漫画》自序（序跋）。

① 蔡介如（1913—2007），江苏常熟人，画家、篆刻家。
② "付刊序"曰："此教师日记，有一小部分曾登载于廿八九年间后方各杂志上。大部分则未曾发表……" 1944 年 7 月 19 日《大公报》有对《教师日记》出版的报道，言"丰子恺抗战以来第一部文集《教师日记》出版，文集书名自题"。
③ 陈纪莹著《新中国幼苗的成长》，1944 年 9 月由（重庆）建中出版社出版。出版时该后记采用丰子恺手迹。

9月5日，访叶圣陶。叶圣陶日记曰：子恺"白发已多，须髯亦苍，而精神甚好。回想以前会晤，尚是二十六年在沪共编小学教本时事。五时偕洗公、彬然、子恺、璋圭（子恺之亲戚）至大梁子一小酒肆共饮黄酒。谈彼此近况，谈艺术界情形，甚欢，各饮酒三碗有余。食素面于紫竹林"。

9月8日，出席开明书店董事会。

9月9日，与叶圣陶、范洗人一同访章元善。

9月12日，在沙坪坝接待叶圣陶、贺昌群。①

9月26日，填《贺新郎》词，表达其切盼抗战胜利之心。

9月，《人生漫画》由（重庆）崇德书店出版、万光书局发行。有自序（作于1944年，文末署"卅三年九月二日子恺记于沙坪小屋"）。

插图4幅用于（重庆）建中出版社出版的陈纪滢著《新中国幼苗的成长》。

10月2日，作《贺新凉》（词）。②

---

① 参见叶圣陶《〈丰子恺文集〉序》，初载1983年6月《绿》第1期。文中曰："直到1944年的秋天，我又从成都去重庆，那时候子恺兄已经搬到重庆住在沙坪坝了，他听说我到了，特地进城来看我。七年不相见，他须发都花白了，但是精神挺好。六月天以后我去沙坪坝，贺昌群兄陪我去看他。我在那天的日记上这样记着：'途中望四山俱为云封，似雨意郁不得开。……小径泥泞，颇不易走。望见一小屋，一树芭蕉，鸽箱悬于屋檐，知此是矣。入门，子恺方卧床看书，其子女见客至，皆欢然。闲谈之顷，阳光微露，晚晴之际访归，似别有情趣。傍晚饮酒，子恺意兴奋，斟酒甚勤。余闻子恺所藏留声机片有一昆曲片，……开机而共听之。……自昆曲转而谈宗教，谈艺术，谈人生，意兴飙举，语各如泉，酒亦屡增。三人竟尽四瓶，子恺有醉意矣。共谓如此良会不易得，一夕欢畅，如获十年之聚首。余知子恺有寂寞之感矣。'那天是9月12日。"
② 此词见作者1947年元旦所写《谢谢重庆》一文，今见《丰子恺文集》（文学卷三），浙江文艺出版社、浙江教育出版社1992年6月版，第754—755页。

10 月 27 日，叶圣陶致丰氏信。

10 月，在《中学生》复刊后第 79 期发表《养鸭》（散文，作于 1943 年，文末署"三十二年十一月十七日于沙坪坝"）。①

丰子恺著《音乐初阶》书影

11 月 13 日，叶圣陶致丰氏信。②

11 月 24 日，叶圣陶致范洗人、章士敩信。是日叶氏日记言："并附去子恺之复书。子恺复书殊简单，唯谓'要版税'而已。"

12 月上中旬，沿嘉陵江而上，游川北诸地结识夏宗禹。③

12 月 15 日，在南充举办画展。

12 月 20 日，致夏宗禹信，嘱代办棉絮并代送粮食局邓局长，托其代运。④

丰子恺与幼女一吟在重庆沙坪坝合影（摄于 1944 年夏）

---

①　此文又载于 1945 年《宇宙》创刊号。此文已收殷琦编《丰子恺集外文选》，上海三联书店 1992 年 5 月版。

②　据商金林《叶圣陶年谱长编》第二卷（人民教育出版社 2004 年 10 月版），第 304 页，此前，丰子恺致信范洗人，要求收回在开明的书籍版权，叶圣陶特致信劝慰。

③　夏宗禹（1921—1995），曾先后供职于《商务日报》《石家庄日报》《新观察》《新疆日报》《新疆画报》《市场报》和《人民日报》。晚年潜心编辑《君子书》，先后出版了《弘一大师遗墨》《马一浮遗墨》《叶圣陶遗墨》和《丰子恺遗作》等。曾拜丰子恺为师，并在抗战期间与丰子恺有过特殊的因缘。夏宗禹逝世后，其家人曾编辑《随缘集》，内收其致友人的书信，以作为一种特别的纪念。《随缘集》出版于 1999 年 7 月（华夏出版社），赵朴初先生带病为之题写书名。

④　此信见《丰子恺文集》（文学卷三），浙江文艺出版社、浙江教育出版社 1992 年 6 月版，第 393 页。信中曰："今托裴经理送上洋四二五〇元（850×5＝4250），乞代办棉絮五条，并乞代送粮食局邓局长，托其代运，俾早日到舍，藉御严冬……"

12 月 21 日，致夏宗禹信，再谈代办棉絮事。①

12 月 28 日，在阆中举行个人画展。万人参观，所有作品第一日即售完，驻军潘清州，县长罗崇礼等数十人联名启示。②

冬，作《在四川南充等地开画展归途作》（诗三首，初载 1981 年《东海》11 月号）。结识蒋阆仙。③

丰氏居"沙坪小屋"期间，每至重庆，常往长安寺拜谒太虚法师。

是年，作《友人赠红豆作诗答之》（诗，初载 1980 年《星星》12 月号）。④

在《歌与诗》第 3 期发表《尼采与托尔斯泰的音乐观》。

另有致华开进信一通。

作《台望眼仰天长啸》《卖了萝卜去上课》等（漫画）。

在《时代论坛》第 3 卷第 1 期发表卷首漫画。在第 2 期发表《川东风景》（卷首漫画）。

社会评价

《大公报》1944 年 10 月 13 日报道。

---

① 此信见《丰子恺文集》（文学卷三），浙江文艺出版社、浙江教育出版社 1992 年 6 月版，第 393—394 页。信中曰："弟今晨早发，刻已抵毛家坝投宿。今晨托裘经理送上一信，并国币四千二百五十元，托买棉絮五条，并恳代送粮食局邓雨甘先生，托其觅粮船运送沙坪坝，想此刻早经送到，费神至感。弟明日可抵南部，后日可抵阆中。有兵队同路，约有数百人，皆武装，不啻弟之卫队，一路可保无虞。……"

② 1945 年 1 月 7 日《新蜀报》载："丰子恺去年 12 月 28 日在阆中办展览，40 余件，万人参观，所有作品第一日售完，驻军潘清州，县长罗崇礼等数十人联名启示，词句极风雅之盛。"

③ 蒋阆仙，四川南充人。

④ 《丰子恺文集》（文学卷三），浙江文艺出版社、浙江教育出版社 1992 年 6 月版，第 755 页将此诗注为 1945 年。

评论选录

《大公报》1944 年 10 月 13 日报道

　　丰子恺的《人生漫画》熟料纸精印出版，自题书，定价 90 元。丰子恺先生的漫画，早已驰名国内外，其画笔的生动，含意的深刻，早已为读者所共闻，此集共收漫画 60 幅，内容包括由人生的真相中描画出社会的情况、人间的风俗等。作者在画中，有给予露骨的讽刺，有暴露社会的丑态，有寄予真挚的同情，看后当起无限深思，真正的艺术作品是永远有其存在的价值，丰先生的作品是否这样，让读者自去体会吧！

1945 年　乙酉　48 岁

社会文化事略

5 月 2 日，苏联红军攻克柏林，欧战结束。7月 26 日，中、美、英三国政府首脑联合发布敦促日本投降的《波茨坦公告》。8 月 6 日、9 日，美国用原子弹轰炸日本广岛、长崎二城市。8 月 15日，日本宣布无条件投降。8 月 28 日，毛泽东飞赴重庆与蒋介石举行和平会谈。8 月，中华全国文艺界抗敌协会总会成立附逆文化人调查委员会。9月 9 日，中国战区在南京举行受降典礼。10 月 10日，国共两党签订"双十协定"。10 月 14 日，中华全国文艺界抗敌协会改名为中华全国文艺协会。10 月 24 日，联合国成立。

丰子恺所绘的军邮

生平事迹

1 月 1 日，邮政正式发行抗战时唯一的军邮邮票，邮票图案由丰氏所绘。①

1 月 25 日，自川北返重庆。岳母方宝珍病逝。

---

① 据林衡夫《邮票上的丰子恺画》（载 1991 年 11 月 7 日《浙江日报》）一文，此邮票于 1944年印制，是当时唯一一枚专门设计的军邮邮票。该邮票原计划在福建南平印制，但由于当时湘省战事紧张，交通有阻断之危险，因而改为在重庆中央信托局印刷处印刷。该邮票的图案为邮务士兵向前线战壕内的战士递送邮件。该邮票票面无面值，发行时每枚售价 2 元，随着国内邮资于 1945 年 10月 1 日起调整为 20 元，该邮票的售价也相应上调，1947 年 7 月 1 日起改为每枚 500 元，以后亦曾多次上调。

1 月 27 日，致夏宗禹函，言因遭家岳母之丧，近为丧葬甚忙。因晚辈岳英一家无法赶来，殡葬仪式后，以岳母语气写一挽联："我无遗憾，但望于凯歌声中归葬故里；尔当自强，务须在国难声中重振家声。"

春节期间参与保释进步作家骆宾基、丰村。①

按：骆宾基在《社会科学》1983 年第 3 期《怀念郭沫若，师承其创新精神》一文中曰：

……我是 1945 年的春节之夕由四川酆都县的军统特务机关——稽查所的秘密羁押处转解县政府的。当天经县长张一之审讯，而后由地方士绅林梅荪当庭保释。且不说，我们当时是如何吃惊了——因为我们和来保释的这位地方士绅并不认识，而作为主审人的那位县长竟下座迎接，为我们作了介绍，说他就是惠民小学老校长，是来"保你们的"，而且当场由这位身穿中式缎面长袍缎面马褂的老校长领走三人。我和丰村同志两人遂被张一之留下便宴"压惊"。他在宴席中自称是邵力子先生的学生，他接到邵老的嘱托电报就开始以侵犯地方权限为由向军统方面要人……由于老舍先生的奔走也出面向军统在渝的指挥部门"拍案"交涉。而林梅荪先生出面保释，又是丰子恺先生的专函声援。三条渠道归于一，而源头却都是来自重庆文艺界党的领导之一冯雪峰的活动以及周恩来的关注。

丰子恺漫画《海陆空》

丰村先生 1983 年 3 月 1 日给笔者来信曰：

……我和小说家骆宾基同志于四四年在四川酆

---

① 骆宾基（1917—1994），祖籍山东平度，生于吉林珲春，现代作家。丰村（1917—1989），河南清丰人，现代作家。

都被捕，丰子恺同志参与了营救活动，但不是他出面保释的……

我和丰子恺同志是四二年在重庆沙坪坝认识的，并且都住在沙坪坝一个叫唐湾的地方，相距甚近。我住在一家工厂的宿舍里，他住在一个叫什么村的新建平房里，和翻译家曹靖华是邻居。当时，经常往来，也认过"本家"。四三年底我爱人去世，丰子恺同志还为此给我画了一副（疑为"幅"字之误——引者注，下同）画，画的释迦。这幅画很宝贵，但"文革"中被搞掉了，十分可惜！

我原姓不姓丰而姓冯，当时为什么与丰子恺同志认"本家"呢？因当时在国民党的特务统治下，我的原姓是不公开的，我又不便告诉子恺同志。这一点，直到现在我内心还十分遗憾。

2月16日，朱怡生书画展在重庆夫子池励志社举行。为介绍人之一（其他介绍人为：于右任、居正、吴敬恒、邵力子、邹鲁、陈果夫、梁寒操、陈立夫、张道藩、谷正纲、许崇灏、冷籀、王晓籁、胡秋原、陈之佛、潘天寿、蒋志澄、沈百先、颜实甫、张宗祥、蒋碧微、张启华、过志杰、虞季中、李君范、陈国荣、张迦陵、章桂、郑洪福、朱文铭、许恒、孔雪雄）。介绍人名单分别刊登在是日《大公报》和《中央日报》。

3月1日，在《读者通讯》第105期"艺文丛谈"栏目发表《艺术教育的本意》（文艺评论）。

3月15日，《文艺春秋丛刊》之三《春雷》刊出1930年1月1日致汪馥泉信。

3月30日，中华全国美术会第七届理监事，经年会选举揭晓，被选为理事。

3 月，在《歌与诗》第 5 期发表《音乐学习法》（艺术论述）。

4 月 1 日，在重庆夫子池忠义堂参加漫画家沈振黄追悼会并致辞。沈钧儒主祭，王亚平、徐迟诵诗，金仲华报告生平。范寿康、郭沫若亦致辞。[①]

4 月，《儿童新画宝》《学生新画宝》（编绘）由（重庆）新中出版社出版。按：二书后改书名为《儿童新画册》《学生新画册》，目前可见由（重庆）陪都书店出版的第 3 版。此书序言写于 1945 年 4 月，署"三十四年四月子恺记于重庆沙坪坝"。

丰子恺编绘《儿童新画册》书影

5 月 1 日，在《春秋》杂志第 2 年第 5 期（5 月号）发表《晨鸡》（漫画）。

5 月 12 日，在重庆江苏旅渝同乡会举办书法展。同时展出的还有许绳武国画。

5 月 13 日，《大公晚报》登出广告《许绳武丰子恺国画书法展览》。

6 月 1 日参加开明书店设计会，与叶圣陶、巴金、茅盾等会面。[②]

丰子恺与夏宗禹合影（摄于 1945 年春）

6 月 3 日，致夏宗禹信，表示今后通信用白话，并说明理由；述前日入城参加开明书店开设计会，见到叶绍钧、巴金、茅盾等；言及王鲁彦遗著出版事，并言拟于 6 月 10 日后赴隆昌参加立达学

---

① 沈振黄（1912—1945），浙江嘉兴人，现代漫画家。
② 茅盾（1896—1981），原名沈德鸿，字雁冰，浙江桐乡人，文学家。

园 20 周年纪念会，同时带画在隆昌开一画展；出门以前还将写一文，此系良友公司所托，命题"我的良友"，拟写烟、酒、茶、留声机"四良友"，曰茅盾评价此题系"取巧"。①

6 月 11 日，致夏宗禹信，言患牙痛，已拔三颗；谈南充画展近讯；述《中央日报》报道失误之事；曰定于 6 月 15 日到青木关农民银行友人处小住等。② 致蔡介如函，表示愿意将其画代展；另托修理留声机等。③

---

① 此信见《丰子恺文集》（文学卷三），浙江文艺出版社、浙江教育出版社 1992 年 6 月版，第 395—397 页。信中曰："今后我们通信，请用白话……""……我前日入城，为了开明书店开设计会。叶绍钧由成都来到会，巴金、茅盾也到。外客一共就是我们四个，其他都是本店人。开会，无非是商量些'生意经'，我很不感兴趣，乘此机会同叶君见见而已。""傅先生又同我谈起王鲁彦遗著问题，他的意思，要顾到两方面互利，才肯介绍。我的意思，终嫌此书成本太大（连买纸版，须费一百五十万），不应教新开小书店出版。……""我六月十日后拟出门一次，到隆昌（汽车，青木关去一天）。为了立达学园（昔在上海，我是创办人，现在我是校董）二十周纪念，要我到到。同时，我带些画去，想在隆昌开一画展，收些回老家用的旅费……""我出门以前，还要写一篇文章，是良友公司托我的，题目叫做'我的良友'（他们用这题目，请国内各文人大家作文，集拢来出一本书，真是会做生意）。我本想老老实实，写几个好朋友。左思右想，觉得难于下笔，因为良友虽有，选择也很难。况且人是多变的动物，没有盖棺，就难得定论。我不便写真的人物，我想出一个调皮办法，写四个'良友'：烟、酒、茶、留声机。……前天我问茅盾，他说他写了一个已死的好友。他问我，我说预备写烟、酒、茶、唱机，四良友，他羡慕我的办法好，说是'取巧'……"

② 此信见《丰子恺文集》（文学卷三），浙江文艺出版社、浙江教育出版社 1992 年 6 月版，第 398—400 页。信中曰："……我患牙痛，吃了两天苦，决心去拔，拔了三个，痛就停止……""南充画展近讯，甚是奇怪。怎么竟有百比一，七十万比八千之结果？我闻此消息，更加深信，今日展览，卖画，全是畸形怪状。此事与艺术其实全无关系……""我也告诉你一件笑话，前日（六月九号？）《中央日报》集纳版载：'全国大学国文考试丰子恺令嫒得冠军'，题下又云：'名画家丰子恺之令嫒丰华瞻得冠军奖……'他们认为华瞻是女。报纸到时，大家哗然。次日华瞻去信《中央日报》更正。其信中有云：'鄙人乃丰子恺先生之子……特请更正……'""我定于六月十五日（端午后一天）出门。……到青木关农民银行友人处小住。……此次他知我到隆昌参加廿周纪念，又开画展，要我到他行中小住……"

③ 此信见《丰子恺文集》（文学卷三），浙江文艺出版社、浙江教育出版社 1992 年 6 月版，第 432—433 页。信中曰："我要端午后一日（六月十五）动身（在青木关小住数日），大约要七月中回来，我们再谈了。（你的画，我尽力代展，决不使你失望。一星期前，已将你画寄隆昌先裱。）""今有一事相托：我三个留声机，一个新的自用，二个旧的，一个已托拍卖行发卖，另一个旧的，我舍不得卖掉……不幸此双发条机，有了小毛病……想费你心，代为一修……"

6 月 15 日，动身赴隆昌，参加立达学园成立
20 周年纪念活动，途经青木关，应友人红豆诗人
俞友清的建议，举办绘画作品预展。

丰子恺漫画《慈父》

6 月 21 日，致夏宗禹信，言已到隆昌，一路
安适，且画展确由学校包办，定 6 月 23 日至 26 日
展览四天；拟赴成都参加国际救济会的手工艺讨论
会；谈不办书店之意见等；赠诗一首。①

6 月 23 日至 26 日，在隆昌举办个人画展。

6 月 27 日，致张院西信，请代购白糖、食
油等。②

6 月 28 日，赴遂宁。

6 月，作《红豆诗》（诗，初载 1980 年 9 月
10 日《文教资料简报》第 105、106 期，南京师范
学院编）。

7 月 2 日，叶圣陶得丰氏来信。

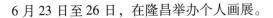

　　① 此信见《丰子恺文集》（文学卷三），浙江文艺出版社、浙江教育出版社 1992 年 6 月版，
第 400—402 页。信中曰："……我终于到了隆昌，是六月十五离家……幸而，一路安适，且画展确
由学校包办，我毫不操心。定六月廿三至廿六，展览四天。……展毕，廿周纪念会毕，我就同这校
长（廿年前一同办立达的老朋友）一同到成都（约七月初），去参加国际救济会的手工艺讨论会，
同时总算到一到成都，明年返江南就可无憾。回家约在七月二十左右，至迟七月底。……关于书
店，我意思还是不办。《大公报》所载，确是实情，（纸张、印工飞涨，而书价不能提高。）同业均
叫苦连天……""你有鹅送我，很好……""蜀游途中得双红豆寄赠宗禹"。引者按：此诗为："相
隔云山相见难，寄将红豆报平安。愿君不识相思苦，常作玲珑骰子看。"今亦见《丰子恺文集》（文
学卷三），第 755 页。
　　② 此信《丰子恺文集》（文学卷三）中未收，见《子恺书信》（下），海豚出版社 2013 年 9 月
版，第 39 页，信曰："院西仁弟：示奉到。白糖及麻油有办法，甚为欣慰，即请代购：白糖廿斤
麻油尽尊处限量，多多益善。买定后，乞示知数量、价值，当即派工人持器及货款，前来化龙桥领
取，费神至感。仆明日赴遂宁，约十余日返沙坪，容图晤谈……"

丰子恺漫画《写街头所见》

7月9日，叶圣陶来燕大主持文艺讲座。丰子恺访叶圣陶。

7月中旬，在内江举行个人画展。

7月12日，经内江抵成都。叶圣陶至丰氏下榻的嘉利客寓拜会。在成都期间参加了国际救济会的手工艺讨论会、举行个人画展。为杜甫草堂书写杜甫《茅屋为秋风所破歌》。作描写女儿一吟诗："最小偏恋胜谢娘，丹青歌舞学成双。手描金碧和渲淡，心在西皮合二黄。刻意学成梅博士，投胎愿作马连良。藤床笑倚初开口，不是苏三即四郎。"

7月13日，访叶圣陶。

7月14日，致夏宗禹信，言7月12日到成都；拟访武子章；拟7月底8月初返渝。①
与叶圣陶、陶载良一起访郭子杰。

7月15日，中午接受叶圣陶、章雪舟在明湖春的宴请。

7月16日，夜，叶圣陶等来访。

7月18日，在冯月樵宅出席"星期三座谈会"，叶圣陶日记曰："子恺将于下星期开展览会。余为言其画应改变作风，今所用线条宜于旧画而不宜于表现现实。子恺谓将徐徐图之。"

---

① 此信见《丰子恺文集》（文学卷三），浙江文艺出版社、浙江教育出版社1992年6月版，第402页。信中曰："……我于七月十二到成都，老友新朋，应酬甚忙。今日返店，忽见武子章留名片，他住四川旅行社，我明晨定去访他。我未到上二天，《新民报》上已登'欢迎丰子恺先生'的文章，到后又发消息，因此访客甚多。……我约七月底返渝，正在办飞机票，如成功，八月二日飞渝……"武子章，书法家，时任中央银行南充分行经理。

7 月 19 日，与叶圣陶、陶载良、胡赞平、朱自清一起应省议长向今之招宴。夜，接受刘诗圣款待。

7 月 20 日，接受王畹茹招宴，法尊法师、叶圣陶、姚雪垠等在坐。

7 月 21 日，下午与叶圣陶、吕叔湘、卢剑波、朱自清、王楷元等聚于望江楼。夜与叶圣陶、朱自清一起应郭子杰之宴。宴会后访宋大鲁。

7 月 22 日，夜，出席开明同人所设茶会。

7 月 23 日，叶圣陶日记曰："至美术协会助子恺照料画展。观者甚众。"

7 月 24 日，出席文协所设茶会。

7 月 25 日，在燕大礼堂参加文艺讲座，讲《艺术与艺术家》。夜，叶圣陶、王楷元来访。是日叶圣陶日记曰："子恺开画展三日，售去卅四件。渠谓此为末次画展，以后不拟复开。余谓以后作风有新创，社会人士之认识有进步，亦何妨复开。"

7 月 26 日，夜，与叶圣陶同赴刘开渠宅接受招宴，吴作人在坐。

丰子恺漫画《写生的写生》

7 月 28 日，是日与叶圣陶一起赴锦城酒家应谢颂羔之宴。夜，又与叶圣陶一起应沈福文宅接受宴请。

7 月 29 日，与陶载良一同乘车离开成都。

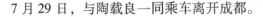

7月，朱自清在四川成都赠诗四首。

作《成都道中闻陈宝毕业中大外文系应南开中学聘率成一律寄示》（诗）、《寄阿先并示慕法菲君》（诗）、《〈中央日报〉载"三届全国大学生国文竞赛丰子恺令媛丰华瞻得冠军"，华瞻实系男子，戏作一律示之》（诗）、《寄一吟》（诗）。①

在成都期间为谢冰莹作画，并书杜甫《闻官军收河南河北》诗。

8月初返重庆。

8月10日，日本投降。作《八月十日之夜》（又名《狂欢之夜》，分赠亲友）、《百年笑口几回开》（署"卅四年八月十日之夜子恺画"）、《卅四年八月十日之夜》等（漫画）。

丰子恺漫画《百年笑口几回开》

8月11日，作《新枚的故事》（儿童故事）。

8月23日，致夏宗禹信，关心其病情；言已托鲍慧和在上海觅屋；表达国共两党纠纷之意见；附赠一画。②

8月，作《仁能克暴》《发条已断翁不倒》等（漫画）。

9月8日，在《周报》创刊号发表封面画《炮弹作花瓶 人世无战争》（漫画）。

---

① 此信见《丰子恺文集》（文学卷三），浙江文艺出版社、浙江教育出版社 1992 年 6 月版，第 756—757 页。

② 此信见《丰子恺文集》（文学卷三），浙江文艺出版社、浙江教育出版社 1992 年 6 月版，第 402—404 页。信中曰："你的病……现在想早日复健。……鲍先生于你去后一日来告别。我托他到上海，先给我租屋。……中共纠纷，讨厌之至！但我料不致用武……""附赠近作一张。"按："鲍先生"指鲍慧和，丰子恺弟子。"中共纠纷"指国共纠纷。

9 月 15 日，在《周报》第 2 期发表封面画《凯归》（漫画）及《丑剧》（漫画）。

9 月 18 日，致夏宗禹信，谈处事态度等。① 致华开进函，言因客观原因，回归江南尚无计划。

9 月 22 日，漫画《自写岳王词在壁　从头整顿旧山河》用于《周报》第 3 期封面，该期另收《傀儡戏》（漫画）。

丰子恺漫画《卅四年八月十日之夜》

9 月 29 日，漫画《荒山枫叶红于染，半是英雄血泪多》用于《周报》第 4 期封面。

10 月 4 日，致夏宗禹信，述是日吴朗西来访，其言在碚访夏宗禹不遇；言为画上色已成一半，约 10 月 7 日可完成，在渝展出日期地点尚未定。②

10 月 6 日，在《周报》第 5 期发表封面画《拟随斗柄独回天》（漫画）。

10 月 7 日，致夏宗禹信，关心夏家鹅的命运；表达画展地点的意见等。③

10 月 13 日，在《周报》第 6 期发表封面画《留得人间姓名香》（漫画）。

---

① 此信为残简，见《子恺书信》（下），海豚出版社 2013 年 9 月版第 115—116 页。信中曰："……你'旁观者清'。热中的人反而有偏见。我觉得，要取演戏的态度去参加，才是有价值的行为。真正变成了一'官'，实在是堕落。不知你意以为然否？"

② 此信见《丰子恺文集》（文学卷三），浙江文艺出版社、浙江教育出版社 1992 年 6 月版，第 404 页。信中曰："……吴朗西今来此，言在碚访吾弟不遇，盖文驾正在渝也。吴即日赴蓉转阆中为文化合作社集股云。我画上色彩已成一半，约十月七日可完成。渝展日期地点则未定也……"吴朗西（1904—1992），四川开县人，出版家、翻译家。

③ 此信见《丰子恺文集》（文学卷三），浙江文艺出版社、浙江教育出版社 1992 年 6 月版，第 404—405 页。信中曰："……你家的鹅也遭殃，真是同命之禽！不知医疗后能否活命……""江苏同乡会的确不成样，今日欧阳君来，他也不赞成，他要为我到精诚堡垒一带（商店或银行）设法（最后，取励志社）。我已把全权交他……画已成百分之九十五，明天一天即可完工……"

10 月 16 日，致夏宗禹信，关心夏宗禹履新事；述画展定为两路口社会服务处客厅，日子决定 11 月 1 日至 7 日；表示有迁居北平的可能。①

10 月 17 日，致夏宗禹信，感谢其为鲍夫人送行；言可人兄所还之画的处理办法；曰画展地点又有变化，改社会服务处，拟 1 日至 7 日在社服处展览，毕后再迁址，预料渝展成绩不会很好等。②

10 月 20 日，在《周报》第 7 期发表《阶下弓刀》（漫画）。

10 月 27 日，漫画《摧残文化》用于《周报》第 8 期封面。

11 月 1 日至 7 日，在重庆两路口社会服务处及励志社举行个人画展。画展后曾在北碚看望老舍、陈望道、章靳以等朋友。③

11 月 3 日，在《周报》第 9 期发表封面画《都市之音》（漫画）。

---

① 此信见《丰子恺文集》（文学卷三），浙江文艺出版社、浙江教育出版社 1992 年 6 月版，第 405—406 页。信中曰："……你将乔迁职务，确定后望见告……""我画展事，已由友人代定两路口社会服务处客厅，（地点不及都邮街好，但也算了。）七天一万八千元，不贵。不过地点不及励志社。但别人已为我决定，我就随缘了。日子决定十一月一日至七日。（十月卅一日登报。）我自己就在该服务处租二个房间，住在里面……""……近日颇沉寂，因绘事已毕，（画精选二百，已付裱。）……渴望早归。但我家恐走北平的可能性多。不过上海一定要先到一到的……"

② 此信见《丰子恺文集》（文学卷三），浙江文艺出版社、浙江教育出版社 1992 年 6 月版，第 406—407 页。信中曰："……鲍夫人已东返，甚好，固我家何日走尚渺茫，深恐不能带她们。劳你远送，足见推爱之诚。可人兄所还之画，乃昔年为西安展而作，笨重难带，将来我到碚取回可也。倘你欢喜，就存你处，免得我带了。励志社十月底移交新运会，故十一月初不能作主租与我。而我所托的人，去问新运会，他们因初接收，未定办法，亦不成。因此改定了社会服务处。我想一日至七日在社服处展览，毕后再迁'精诚堡垒'一带，那时励志社肯租最好。……渝展恐成绩不会好耳……"按："鲍夫人"指鲍慧和之妻。"可人"指鲍慧和之连襟钱可人。

③ 老舍（1899—1966），北京人，作家。章靳以（1909—1959），天津人，作家、文学编辑。

11 月 5 日，邀请叶圣陶至滋美餐饮。

11 月 10 日，在《周报》第 10 期发表封面画《春到人间》（漫画）。在《宇宙》创刊号发表《养鸭》（散文）。

11 月 11 日，在重庆《新民晚报刊·西方夜谈》发表《邵恒秋先生的画》（评论）。

11 月 12 日，章桂与周凤珍在重庆中华路四海大厦举行婚礼。未出席婚礼，曾在婚帖上画"同心图"，题写："二人同心，其利断金。璋圭、凤珍结缡纪念。子恺画祝。"

丰子恺绘图的《周报》封面一例

11 月 13 日，晚，应陈望道的邀请，在北碚复旦大学作题为《关于漫画》的讲演。

11 月 17 日，在《周报》第 11 期发表封面画《他年麟阁上 先画美人图》（漫画）。

11 月 19 日，致刘以鬯函，答应为其写稿。①

11 月 24 日，在《周报》第 12 期发表封面画《今天天气好!》（漫画）。

致夏宗禹信，言近日作画状况，一日产生四十余张；谈对夏宗禹的工作意见；曰画展还将继续等。②

丰子恺漫画《一人出亡十人归》

---

① 此信见《丰子恺文集》（文学卷三），浙江文艺出版社、浙江教育出版社 1992 年 6 月版，第 382—383 页。信中曰："屡示，并蒙为拙展作文宣扬，深感美意。弟渝展闭幕后即去北碚，昨日始返沙坪。尊嘱为《和平日报》作稿，定当如命。惟此次订画者太多（两处达二百余件），故月内非埋头作画还债不可。十二月初，即得空闲，届时必有以报命……"

② 此信见《丰子恺文集》（文学卷三），浙江文艺出版社、浙江教育出版社 1992 年 6 月版，第 407—409 页。信中曰："……我这四天，做了一架'造画机'，上午八时至下午五时，埋头作画，一日产生四十余张。……写此信时，已将所订画一百五十件（共一百六十余，有十余已取去。）墨稿画完……""出洋之事从缓，先向中国实业圈一走，也是办法……""交大下月迁沪转平。走的人还是有。内战可恶，我近日不管，免得受气。城中续展，拟待元旦，沙坪会场不空，亦需元旦后举行……"

11 月，在北碚作《卢冀野词翁印象》（漫画）。

12 月 1 日，在《周报》第 13 期发表封面画《灶间女子见人羞》（漫画）。

12 月 5 日，致夏宗禹信，谈对《战地钟声》之印象；关心其生活等。[①]

12 月 7 日，致《导报》编者信，应该杂志约稿，寄漫画数幅。[②]

12 月 8 日，在《周报》第 14 期发表封面画《中庭树老阅人多》（漫画）。

12 月 11 日，在《川中晨报·今日文艺》发表《艺术与革命》（艺术论述，作于 1944 年，文末署"卅三年三月二日写于涪陵客中"）。

12 月 17 日，致夏宗禹二信，言已于 14 日入城；谈其在重庆的住处；曰画展时间地点已定。[③]

[①]　此信见《丰子恺文集》（文学卷三），浙江文艺出版社、浙江教育出版社 1992 年 6 月版，第 409—410 页。信中曰："……《战地钟声》摄影技术甚佳，内容我未看完，不能批评。你在城如觉烦乱，而无事可办，不妨随时来沙坪休息……"

[②]　此信见《丰子恺文集》（文学卷三），浙江文艺出版社、浙江教育出版社 1992 年 6 月版，第 434 页。信中曰："一别九年，得示甚喜。瞩稿，兹寄上漫画数帧……"1945 年 12 月 25 日《导报》半月刊第 4 期刊出此信，其标点符号与《丰子恺文集》（文学卷三）中所录此信有一处不同。

[③]　此信见《丰子恺文集》（文学卷三），浙江文艺出版社、浙江教育出版社 1992 年 6 月版，第 410—411 页。信中曰："……我十四日入城，接收蔡先生屋，甚满意。住了三天，昨日返沙。（租金送五万元一季，强而后可。）并托蔡先生，你母子二人到时，如凯旋路未空，则暂住我室……""凯旋路屋租，章雪山来信，说全部二幢三层，（共六间，上二间最好，下面四间无窗，只作栈房。）每月四万八千元。你住上二间，房金如何分派，叫我第三者代定。他说'本店不在这上面打算，故多少不拘'，如此，只得等你迁入后我们再议一公平数目。""续展已决定如下：一月五六日沙坪展。两天。一月十一至二十，江苏同乡会展，共十天。房金已付清。不再改变……"按："蔡先生"指蔡绍怀（号介如）。

　　12 月 31 日，致《导报》编者信，应约稿，再
作时事漫画 4 幅，对其中'落红'一题最得意；对
念忱先生欲缔神交，自甚欣幸；报漫画润例等。①

　　12 月，《子恺漫画全集之一：古诗新画》《子恺
漫画全集之二：儿童相》《子恺漫画全集之三：学
生相》《子恺漫画全集之四：民间相》《子恺漫画全
集之五：都市相》《子恺漫画全集之六：战时相》
由（上海）开明书店出版。有总序，作于 1941 年，
文末署"民国三十年落花时节，子恺记于贵州遵义
南坛之星汉楼"。序曰："抗战以前，我的画结集出
版的共有八册，即《子恺漫画》（十五（1926）年
出版），《子恺画集》（十六（1927）年），《护生画
集》（十八（1929）年），《学生漫画》（二十
（1931）年），《儿童漫画》（二十一（1932）年），
《都会之音》（廿四（1935）年），《云霓》（廿四
（1935）年），《人间相》（廿四（1935）年）。廿六
（1937）年秋抗战事起，这八册画集的版子和原稿尽
被炮火所毁灭，绝版已经四年了。我常想使它们复
刊。但流亡中转辗迁徙，席不暇暖，苦无执笔的机
会。最近安居贵州遵义，始得将《护生画集》重绘
一遍，使它最先复刊。又新作《护生画续集》一
册，为弘一法师祝六十之寿。这样，《护生画集》
却因炮火的摧残而增多了一册。接着，开明书店徐
调孚兄屡次来信，说常有读者要求，嘱将其余七册
画集重新编绘，以便早日复刊。这七册共有画六百
幅，重绘一遍，工程浩繁，一时不敢动手。今年花
朝，我告一大奋勇，开始重绘。把六百幅旧作删去

　　① 此信见《丰子恺文集》（文学卷三），浙江文艺出版社、浙江教育出版社 1992 年 6 月版，
第 434—435 页。信中曰："……弟久疏时事漫画，今承屡函催督，居然又逼出四题（其中"落红"
一题弟最得意，樱花象征日本）。龚定庵诗，题字含意深远宽大，最宜以吊慰今日之日本，随函附
上……""念忱先生弟在《导报》已久仰，来示云欲缔神交，自甚欣幸，尚乞先为致候，他日到沪，
当图良晤也。承询润例，最近甚简单：'漫画四千元半方尺左右（即壹万贰千元）'，两言决耳……"

了约一半，把选存的三百余幅加以修改重绘，又把流亡以来的新作百余幅加入。埋头三十八天，至昨天居然完成，共得四百二十四幅。我把它们分编为六册：写诗意的八十四幅为一册，名曰《古诗新画》。写儿童生活的八十四幅为一册，名曰《儿童相》。写学生生活的六十四幅为一册，名曰《学生相》。写民间生活的六十四幅为一册，名曰《民间相》。写都市状态的六十四幅为一册，名曰《都市相》。抗战后流亡中所作六十四幅为一册，名曰《战时相》。这样，七零八落的旧画集也因炮火的摧残而变成了一部有系统的新画集。"

是年，（成都）东方书社出版丰子恺插图本〔德〕歌德著，李长之译《歌德童话》。

在《读书通讯》第 105 期发表《艺术教育的本意》（艺术论述）。

作《失子重归慈母怀》《胜利之夜——日本投降后三日于重庆》《热烈的重庆》《一片孤城万仞山》《孤帆一片日边来》《奏凯归来解战袍》《人瑞》《报童》《悬崖勒马图》《火照旌旗夜受降》《功成不受禄》《功成拂袖去》《落红不是无情物》《一时之雄》《皇军贪黩武》《正义之矢》《众擎易举》《"回乡豆"》《战时相之一》《荣誉军人》《升旗》《饮马》等（漫画）。

《傀儡》（漫画）用于正行出版社出版的天戈著《群丑现形记》封面。

社会评价

《欢迎丰子恺先生》，载 7 月 12 日《新民报》。

马蠲叟：《〈子恺漫画全集之一：古诗新画〉代序》，收《子恺漫画全集之一·古诗新画》，开明书店 1945 年 12 月版。

《丰子恺氏应复旦新闻晚会讲辞》，1945 年
《复旦》12 月号。

黄茅：《读子恺漫画》，载 1945 年 11 月 7 日
《国民公报》。

季诚性：《子恺先生的画》，载 1945 年 12 月 1
日《中央日报》。

1945 年 11 月 5 日《新华日报》（画展报道）。

评论选录

《丰子恺氏应复旦新闻晚会讲辞》

（复新社稿）丰子恺氏于十一月十三日晚应复
旦新闻学系之邀，讲"关于漫画"。略谓："漫画"
两字，其意较西洋所谓卡通或讽刺画为广。初为日
本画家所用，二十年前，我将画交郑振铎先生之文
学周刊及陈望道先生之太白杂志发表，名为漫画。
近代画一般可分简笔与三笔二科或分有意无意两种，
故漫画可名之为有意义的简笔画或形象化的文章。
一篇漫画可译为一篇短文，不过读文章需时费力，
漫画则否，故作画者，需具技巧及思想二因素。技
巧可由摩仿与练习得来，思想则需敏锐头脑以观察
群象，丰富知识以作判断，然后配合技巧以奏全功。
漫画之欣赏亦然，须读出画内之涵意，但不应有曲
解与神经过敏之情形发生，否则即不易收到应有之
效果。漫画既为形象化之文章，故与新闻配合，可
发生更大之效力。至如何利用，则有待诸君了。

1946 年　丙戌　49 岁

社会文化事略

1 月 17 日，联合国安理会首次召开会议。1 月 10 日至 31 日，政治协商会议在重庆召开。1 月 10 日，国共双方代表在重庆签订停战协定。5 月 5 日，国民政府在南京举行还都典礼。6 月 5 日，全国漫画家协会召开大会，选举张光宇等为理事。6 月 26 日，蒋介石派兵进攻中原解放区，全面内战爆发。7 月 11 日、15 日，李公朴、闻一多先后被国民党特务暗杀。

生平事迹

丰子恺漫画《听诊》

1 月 1 日，致画家华开进信，言："示奉到，内乱不止，交通困难，我东归暂缓，大约须春夏间可走耳。"又言："一月十一日，在渝开漫画展，不卖画，收门票作开销而已……"

1 月 4 日，致夏宗禹信，言续展地点有变，表达对画展的消极之心；曰《新民报》总务主任李性良来访，约稿并许打八折代登广告等。①

---

① 此信见《丰子恺文集》（文学卷三），浙江文艺出版社、浙江教育出版社 1992 年 6 月版，第 411—412 页。信中曰："……陆先生……提及，'精诚堡垒'觅屋之事失败。正如你信所说，多是'关系'得来。此事决定作罢，决照原定在江苏同乡会。我对画展，十分消极，不得已而为之耳。……故对成绩好坏，也只得不计较……""写到这里，《新民报》的总务主任李性良（此人很可友，我早认识的）来访，拉稿子，（我一定给他。此报甚好，以前因无人来拉，我不自动投稿耳。）并许代登广告打八折……"按："陆先生"指陆剑南。

1月11日至20日，在重庆七星岗江苏同乡会举办《丰子恺漫画续展》。①

1月15日，在《导报》半月刊发表《富士山增光》（漫画）。

1月25日，致夏宗禹信，为四位浙江大学校友介绍工作。②

1月31日，致夏宗禹信，言送张纯一老翁画，欲选《唯有君家老松树》。③

丰子恺漫画《日暮乡关何处是，烟波江上使人愁》

2月1日，在《宇宙风》第141期"春季特大号"发表"特为本刊作画"（漫画）。

2月7日，致夏宗禹信，言是日还清画展笔债（上彩，付邮）等。④

2月13日，致夏宗禹信，言送张纯一之画已另画一幅，托工友杜世贵带上，请便中转交。⑤

---

① 据张振刚著《丰子恺、章桂和"逃难"这两个汉字》，是年1月丰子恺在沙坪坝、七星岗江苏同乡会各举办画展一次。（台北）秀威资讯科技股份有限公司2009年5月版，第145页。

② 此信见《丰子恺文集》（文学卷三），浙江文艺出版社、浙江教育出版社1992年6月版，第413页。信中曰："兹有浙大校友钟、张、昌、宋四君（另附履历），因原任萃文中学迁回安徽不带走教师，故欲在渝另觅教职。范中阳先生为潼南县中物色教师，如未有定，此四君均可推荐。"

③ 此信见《丰子恺文集》（文学卷三），浙江文艺出版社、浙江教育出版社1992年6月版，第413—414页。信中曰："……写告诸事如下：……送张纯一老翁画，我想向蔡介如先生处箱中寄存画（共有字画十余件）中取一幅'唯有君家老松树'（裱好的）较为好看……"张纯一（1871—1955），湖北汉阳人，国学家。

④ 此信见《丰子恺文集》（文学卷三），浙江文艺出版社、浙江教育出版社1992年6月版，第415页。信中曰："今日七人入城，他们各人各志……我与老唐二人在此守家。我乘此机会，还清画展笔债（上彩，付邮），亦是各得其所……"

⑤ 此信见《丰子恺文集》（文学卷三），浙江文艺出版社、浙江教育出版社1992年6月版，第416页。信中曰："……送张老的，我已另画一幅，今托杜送上，便中乞转……"

3月2日，在《周报》第26期发表《贺新凉·甲申中秋重庆作》（词）。

3月10日，致《导报》编者，寄漫画10幅，言以5幅转邓君，余5幅右上角有铅笔记号者，投《导报》等。①

3月20日，在《宇宙风》第142期发表"特为本刊作画"（漫画）。

3月28日，致夏宗禹信，关心其脚病；对其生活提出建议。②

4月1日，致《导报》编者信，言近得故乡亲友来信，当年从缘缘堂取出一箱书，寄存农家，今日依然完好，内有竹久梦二全集，盛赞其艺术之美妙，并期盼帮助了解竹久梦二是否健在。③

4月11日，作《〈读缘缘堂随笔〉读后感》

---

① 此信见《丰子恺文集》（文学卷三），浙江文艺出版社、浙江教育出版社1992年6月版，第436页。信中曰："……兹寄上画十幅，乃最近数周积得，内请以五幅转邓君，余五幅右上角有铅笔〇者，投《导报》，但乃可由先生任意选定，不过有伊吕波歌文句之数幅，以登《导报》为宜……"此函曾以"陪都来鸿"为题载1946年3月15日《导报》半月刊第9期。

② 此信见《丰子恺文集》（文学卷三），浙江文艺出版社、浙江教育出版社1992年6月版，第416—417页。信中曰："……脚上毛病，听说已好，可以出门了，甚慰。但望早去早回。我迁城（铁定四月二十日）时，料你或已回来。你回来仍住原室，即在我家吃饭，就好比我们来代替了你家老太太。如此，老太太可放心离渝也。"

③ 此信见《丰子恺文集》（文学卷三），浙江文艺出版社、浙江教育出版社1992年6月版，第436—438页。信中曰："来示盼弟返沪，美意甚感！……弟在山居若干时，再定归计……""……近得故乡亲友来信，言弟尚有书一箱，当年逃难时从缘缘堂取出，寄存农家，得不遭焚，今日依然完好……该亲友将箱中之书抄一目录寄来，见内有日本老漫画家竹久梦二全集……此书在战前早已绝版，乃弟亲自在东京神田区一带旧书店中费了许多心血而搜得者……因念竹久梦二先生，具有芬芳悱恻的胸怀、明慧的眼光与遒劲的脑力。其作品比后来驰誉的柳濑正梦等高超深远得多，真是最可亲爱的日本画家。不知此老画家今日尚在人间否？若在，当是七十余岁，非不可能，只恐这位心地和平美丽的最艺术的艺术家……已为其周围的杀气戾气所窒息而辞世了亦未可知！弟颇想知道竹久老先生的消息，贵处如有熟悉日本艺术家状况的人，尚乞代为探听……"

（散文）。

4 月 19 日，作《蜀道奇遇记》（散文）。

4 月 20 日，卖去沙坪坝小屋，迁居重庆凯旋路特 7 号开明书店栈房，候舟车返江南。

4 月 23 日，老师夏丏尊先生逝世。

4 月 25 日，作《沙坪小屋的鹅》（散文）。

4 月 29 日，作《"艺术的逃难"》（散文）。

丰子恺漫画《稚子牵衣问，归家何太迟。共谁争岁月，赢得鬓边丝》

4 月，《毛笔画册》（一至四册）由（上海）万叶书店出版。

《海潮音》第 27 卷第 4 期刊有《两个"?"》（散文，文末署"廿二年二月廿四日"）。① 本期末页有"海潮音月刊社社长太虚编辑福善谨启"，题为《本刊推请作家如左》，其中有丰子恺。②

5 月 1 日，作《悼丏师》（散文）。

5 月 6 日，致广洽法师信，表示有意赴北平卜居。后未果。③
作《率真集》序（序跋）。

5 月 14 日，作《读丏师遗札》（散文）。

---

①　此文后又载于 1947 年 10 月 10 日《佛教文摘》第 3 集。
②　太虚法师（1889—1947），浙江崇德人，近代高僧，倡导人间佛教。
③　此信见《丰子恺文集》（文学卷三），浙江文艺出版社、浙江教育出版社 1992 年 6 月版，第 193 页。信中曰："弟流离八年，故园旧业，尽成焦土。幸全家十人俱告无恙。今在渝候船，大约六七月可返上海，在上海小住，即随小儿（在北平图书馆供职）赴北平卜居。因南方旧业荡然，旧友亦少，故今后拟迁北方也。"

5月16日，在《川中晨报》副刊第11期发表《悼丏师》（散文，作于1946年，文末署"卅五年五月一日于重庆客寓"，初收《率真集》，万叶书店1946年10月版）。①

5月17日，致华开进信，言："……前函收到，画三件被骗，乃是一件风雅话。倘捉住骗子，我还想同他题上款奉送也。一笑。"

5月30日，致黎丁信，言登记飞机事，并说拟赴北平定居。②

5月，封面画和插图20幅用于（上海）东方书社出版的张默生著《武训传》。

春，作《流光容易把人抛》（彩色漫画）。

6月1日，在《导报》月刊第13、14期合刊发表《蜀道奇遇记》，（散文，作于1946年，附图《寒漏迢迢，旧话娓娓》《抱住了她的媳妇狂呼母亲》及人物关系图）。③

在《中学生》6月号（总第176期）发表《悼丏师》。

6月15日，在《文艺春秋》第2卷第6期发表《下江太太》《"抗建式"建筑》《黄包车》《下

---

① 此文又载1946年《中学生》6月号（总第176期）。编入人民文学出版社1957年版《缘缘堂随笔》时改名《悼夏丏尊先生》。

② 此信见《丰子恺文集》（文学卷三），浙江文艺出版社、浙江教育出版社1992年6月版，第386页。信中曰："……广州飞机，我托《商务日报》记者去探听，说已登记至八百八十号，每日送出平均十余人，你倘决定要走，立刻登记，二三个月可走。我行事亦受阻，亦想去登记飞机，因船舶极难得且多苦也。战事大约无甚阻碍，我仍思赴北平。"

③ 此文又载1947年2月15日《文艺春秋》第2卷第2期，又载1948年11月14日《京沪周刊》第2卷第45期。

坡》（漫画）。

6 月 28 日，在《大晚报》发表《胜利已至胡不归》（漫画）。

6 月 30 日，在《海潮》第 4 期发表《悼念夏丏尊先生》（散文，作于 1946 年 6 月，文末署"卅五年六月，重庆"）。

丰子恺漫画《昔年欢宴处，树高已三丈》

7 月 3 日乘汽车离开重庆，取道绵阳往广元。

7 月 13 日，在《益世报》副刊第 105 号发表《日本人气质》（散文）。

7 月 14 日，抵广元。致夏宗禹信，告知旅途情况。[①]

7 月 15 日，经陕西汉中至宝鸡，在夏宗禹母家小住。

在《文艺春秋》第 3 卷第 1 期发表《验入洞证》《病院中的警报》《凯旋路》《窥见室家之好》（漫画）。

7 月，在《中学生》7 月号（总第 177 期）发表《读丏师遗札》（散文，作于 1946 年，文末署"卅五年五月十四日于重庆"）。

8 月 1 日，乘火车抵开封。卧病开封，盘川将绝。不得已，回郑州，下武汉。住开明书店栈房，

①　此信见《丰子恺文集》（文学卷三），浙江文艺出版社、浙江教育出版社 1992 年 6 月版，第 417 页。信中曰："我们出发已十天，因在绵阳候渡，住了四天，故今日方抵广元。一路不见令弟，不知是否先走？一路很平安。有周先生同行，趣味更丰富……"按："周先生"指周元瑞。

并举办个人画展以筹盘川。然后乘江轮至南京。8月在汉口时为戴易山所藏夏丏尊著《平屋杂文》题字。①

上海《导报》月刊发行第 1 卷第 1 期。据"编者播音"："本刊主编任务已征得丰子恺先生的同意。即将抵沪，从下期起将以更新的姿态与读者见面，特此预告。"在本期上发表《宜山遇炸记——黔桂流亡日记之一》（散文，附图《龙岗园》《躲在 V 字形的岩石中》《不知有无警报》，文末署"卅五年五月十六日于沙坪"）②、《沙坪小屋的鹅》（散文，附图《鹅老爷吃饭》《沙坪小屋》，作于 1946 年，文末署"卅五年四月二十五日于重庆"，初收《率真集》，万叶书店 1946 年 10 月版，编入 1957 年版人民文学出版社《缘缘堂随笔》时改名《白鹅》）、《"艺术的逃难"》（散文，附图《汽车不来，预报球挂起了》《桂道》，作于 1946 年，文末署"三十五年四月二十九日于重庆"，初收《率真集》，万叶书店 1946 年 10 月版）③、《八年乱离草》（散文）、《东风满地春如海，欲向樱花问往年》（漫画）、《一时之雄也》（漫画）、《廿年来未有之晴明》（漫画）、《一江春水向东流》（漫画）。

丰子恺漫画《遍地荆棘》

8 月 12 日，致周天籁信。言 8 月 2 日抵开封，次日即患病，腹泻兼发热，昏睡数日。告路途之艰

---

① 戴易山，丰子恺之友，曾供职于《长江日报》、湖北大学。

② 此文曾载 1939 年 11 月 6 日某报，亦发表于 1946 年 12 月 1 日《论语》第 118 期和 1948 年 10 月 3 日《京沪周刊》第 2 卷第 39 期。初收《缘缘堂随笔》，人民文学出版社 1957 年 11 月版。据《丰子恺文集》（文学卷一）第 710 页注释，此文曾在 1939 年 11 月 6 日在某报发表。发表在《导报月刊》时文末署"卅五年五月十六日于沙坪"，有误。据《丰子恺文集》（文学卷一）第 717 页注释，应为"二十八年七月二十一日于宜山"。作者于 1946 年再度发表时误署。

③ 此文又载 1948 年 9 月 19 日《京沪周刊》第 2 卷第 37 期，为"八年离乱草"之一。编入人民文学出版社 1957 年版《缘缘堂随笔》时改名《白鹅》，文末误署"1946 年 9 月于沙坪坝"。

辛。将作画展，所得尽数捐赠灾区难民等。①

8 月 15 日，在《文艺春秋》第 3 卷第 2 期发表《桃太郎缴械》（漫画）。

8 月 27 日，致周天籁信，言在开封患病十日，告处境艰难，正觅船返沪，当地人士请办画展，预计中秋前可到沪等。②

在上海大新公司举办画展期间，丰子恺与李尊庸（左）合影留念（摄于 1946 年秋）

8 月 31 日，作《会场感兴》（散文）。

8 月，在《中学生》8 月号（总第 178 期）发表《近视养成所（战时学生相之一）》《缴学费（战时学生相之一）》（漫画）。

9 月 1 日，在《中学生》9 月号（总第 179 期）发表《〈读缘缘堂随笔〉读后感》（散文，作于 1946 年，文末署“卅五年四月十一日于沙坪坝”，初收《率真集》，万叶书店 1946 年 10 月版）。③

① 函曰：“天籁先生：弟于七月四日离渝，八月二日方抵开封。三日即患病，腹泻兼发热，昏睡数日，幸当地旧友新知，多所爱拂，诊疗至今日（十二日），已能起床作书，大约再事休息数日，即可返沪图晤矣。复员难于逃难，今始确信。盖自陕州至开封一段，或铁路桥断，山洞坍圮，或渡河困难，使行客受尽辛苦，车皆无顶篷。弟曾在车中露宿一宵，日晒两天。此即病之所由生也。幸眷属一行五人皆健安，客中得不孤寂。前在宝鸡，弟被留住，欲发画箧展览，同行诸人恐耽误行期，力劝弗可，终于婉谢。今到开封，又逢此请，情不可却，日内将作画展。且以门券所得，尽数捐赠灾区难民，此间城内甚繁荣，而城外百里之泛区，则哀鸣遍野，日食树皮草根而已。余面谈，顺颂秋安　弟 丰子恺 叩 八月十二日。昨日此间戒严，火车亦停驶。因兰封（开封之东）有战事。小儿在此买得《亭子间嫂嫂》一部，二厚册五千元，正在阅读。”此信原载 1946 年 12 月 7 日《礼拜六》复刊第 54 期（周天籁系该刊主编）。

② 信曰：“天籁先生：开封寄上一信，不知到否？弟在开封患病十日，病愈而战乱忽起，徐州火车断绝，城郊三面被围，几乎逃不出来。且城中粮食恐慌，物价飞涨，几有孔子在陈之叹。幸友朋众多，护送我老幼五人及行李七八件，西返郑州，乘平汉车，于本月二十日安抵汉口，现在此休息，正觅船返沪，但当地人士坚请举行画展，情不可却，则归期又须延迟，大约中秋前必到沪也。弟 丰子恺 叩 八月二十七日。”

③ 此文在收入人民文学出版社 1957 年版《缘缘堂随笔》时改题为《读〈读缘缘堂随笔〉》。

丰子恺著《率真集》书影

在上海大新公司举办画展时的
丰子恺（摄于1946年秋）

9月初，在（武汉）《大同日报》发表《会场感兴》（散文，作于1946年，文末署"八月三十一日于开明书店"）。

9月15日，由南京乘火车到上海。暂居宝山路宝山里学生鲍慧和家。

9月24日，访叶圣陶。

10月10日，《率真集》由（上海）万叶书店出版。有序（作于1946年，文末署"三十五年五月六日子恺"）。该集收：《〈读缘缘堂随笔〉读后感》（文末署"三十五年四月十一日于沙坪坝"，有附录：《读〈缘缘堂随笔〉》）、《辞缘缘堂》（文末署"二十八年八月六日下午三时脱稿于广西思恩"）、《为青年说弘一法师》（文末署"弘一法师逝世第一百六十七日作于四川五通桥旅舍"）、《悼丏师》（文末署"三十五年五月一日于重庆客寓"）、《沙坪小屋的鹅》（文末署"三十五年四月二十五日于重庆"）、《"艺术的逃难"》（文末署"三十五年四月二十九日于重庆"，以上为上卷）、《现代艺术二大流派》（文末署"三十三年五月二十四日作于沙坪坝小屋"）、《艺术的展望》（文末署"三十二年五月答艺术学生质问"）、《艺术的园地》《艺苑的分疆》《东西洋的工艺》（文末署"三十二年十一月十六日沙坪坝"）、《艺术的眼光》《漫画创作二十年》《艺术与人生》（文末署"三十二年五月十六日重庆"）、《艺术与艺术家》（文末署"二十九年作"）、《艺术的效果》（文末署"三十年一月二十日作"，以上为中卷）、《吃瓜子》（文末署"二十三年四月二十日"）、《两场闹》（文末署"十三年五月十二日"）、《作父亲》（文末署"二十二年五月二十日"）、《给我的孩子们》

（文末署"《子恺画集》代序，一九二六年耶诞节作"）、《黄金时代》（文末署"一九三四年六月七日"）、《邻人》（文末署"三十一年十二月十四日"）、《蝌蚪》（文末署"一九三四年四月二十二日"）、《两个"?"》（文末署"二十二年二月二十四日作"）和《漫笔十则》（文末署"一九三三年作"，以上为下卷）。

10 月 14 日，在上海大新公司二楼举办个人画展。同日下午三时，应美术中心站之请，在八仙桥青年会公开演讲"艺术之用"。

某报刊出丰子恺在上海大新公司举办画展时亲自布置展品（1946 年秋）

10 月 17 日，作《平生自序》（散文）。

10 月 18 日，作《一篑之功》（儿童故事）。

10 月 19 日，在上海大新公司举办的画展结束。① 此前数日在上海宁波同乡会举办个人画展，为石门小学重建校舍义卖。

10 月 25 日，致郑蔚文信，言灵隐之屋不拟租。②

10 月 27 日至 11 月 3 日，在上海改造出版社举办画展，免费参观。其间会见内山完造。请内山先生代购一套 20 卷的《漱石全集》。其时，内山手头正好有此书，但已经缺了 3 卷，只有 17 卷。

---

　　① 在钱君匋《丰子恺先生漫画展》（1946 年《儿童周报》第 6 期）一文中被表述为"二十日止"。若莫《丰子恺裸体卖画》一文写道：他在大新公司的画展是"十四日至十九日"。

　　② 此信见《子恺书信》（下），海豚出版社 2013 年 9 月版，第 172 页。信中曰："两示皆奉到。灵隐之屋，弟嫌距城太远，拟不租赁。蒙兄操心。盛情心感。近曹辛汉学长为弟介绍城中房屋，正在接洽中。弟约十一月中到杭，暂住功德林，届时当走访面谢……"郑蔚文，曾任世界书局杭州分局经理。

于是内山先生开价法币 17 万元。不久，内山完造
又得到了 3 卷缺本中的一卷，并很快寄给丰子恺，
同时写明书价是 1 万法币 。几天后内山完造就收
到了丰子恺寄来的挂号信，里面是一张 10 万元的
汇票，附言中写道："内山先生：《漱石全集》缺
卷一册收到。这部全集实在过于便宜，因此奉上的
10 万元，尚希收下。"①

　　10 月，在《涛声》第 1 期（复刊号）发表
《平生自序》（散文，1946 年作，文末署"卅五年
十月十七日于上海鲍寓"）。

　　11 月 3 日，致福善法师信，言因故未及时作
画，奉漫图代稿，安定当写文稿投登。②

　　11 月 5 日，作《生死关头》（儿童故事）。

　　11 月 7 日，由沪抵杭州居留一日。

　　11 月 9 日，下午抵崇德（今崇福），宿于亲戚
家。在练溪小学讲学，并题写"崇本思源"匾额。

　　11 月 10 日，上午到石门湾。凭吊一片瓦砾之
缘缘堂并探望亲友。夜宿丰坤益家。

　　11 月 11 日，至练市，为二姐之子周志亮证

---

① ［日］内山完造：《花甲录》，1960 年［日］岩波书局版。
② 函曰："福善法师：前嘱制封面，因展览会事冗，至今未报，实深抱歉。今诸事结束，又
因杭州方面事迫，即须匆匆返杭。觉群之意，绘图甚为困难，与其勉强涂画，反而有伤佛法尊严，
故不如从简朴也。另奉漫图可以代稿，到杭安定后，当写文稿投登。顺颂法安　子恺　叩　十一月三
日。"福善法师（1915—1947），江苏泰兴人，时为《觉群周报》编辑部主任。信中所谓"漫图"
即漫画《石火光中寄此生》。此信载 1946 年 11 月 12 日《觉群周报》第 20 期，题为《漫画家从简
朴》。图用作该期《觉群周报》封面画。

婚。事毕赴杭州，暂住里西湖招贤寺。①

11 月 12 日，在《改造杂志》创刊号发表《生活艺术漫谈之一》（艺术论述）。《觉群周报》第 20 期刊登致福善法师函，题为《漫画家从简朴》。

11 月 15 日，在《文艺春秋》第 3 卷第 5 期发表《新枚的故事》（散文）。

在《宇宙风》第 144、145 期发表"特为本刊作画"（漫画）。

11 月 17 日，作《子恺漫画选》（彩色版）自序（序跋）。

11 月 30 日，作故事《猫叫一声》序言（序跋，文末署"三十五年十一月三十日子恺记于杭州招贤寺"）。

11 月，在上海举办漫画展览。②

12 月 1 日，在《儿童故事》创刊号发表《生死关头》（故事，附图《一个失手，索子圈飞也似的荡了开去》，作于 1946 年，文末署"卅五年十一月五日于上海作"，初收《博士见鬼》，儿童书局 1948 年 2 月版），漫画被用于该期封面。

漫画《酒酣耳热》用于《论语》第 118 期（复刊号）封面。

---

① 有关丰子恺回故乡的行程参见 1946 年 11 月 13 日《新崇德民报》一版题为《艺术家丰子恺，回里探望故旧，旋即回返杭州》之报道。

② 参见余公《吴稚晖丰子恺立达复校运动》，载 1946 年《新上海》第 50 期。言与立达学园前董事长吴稚晖、校长陶载良数次商议立达学园复校办法。拟作画一千件以上在上海、南京、无锡等地举办画展。鬻画所得，完全充为立达复校之用。又见 1946 年 12 月 1 日《雍华图文杂志》创刊号《艺坛短讯》。

12月2日，在《立报》发表《八月十日的爆竹比八年的炸弹更凶》《西湖劫后依然好》（漫画）。

12月5日，偕立达学园校长陶载良抵南京，下榻太平路开明书店，携有近作漫画三百余幅，定于6日起至15日止，在新街口社会服务处展览，将以所得画润作立达学园复校基金。①

12月7日，《礼拜六》复刊第54期刊出致周天籁二信。

12月13日，作《伍元的话》（儿童故事）。
在《东南日报》（上海版）发表《卅年大病霍然愈》（漫画）。

12月15日，在《北国杂志》第1期上发表《为谁辛苦为谁忙》《胜利时》（漫画）。

12月16日，装帧画《石火光中寄此生》用于《觉群周报》第23期封面。

12月，在《儿童知识》第6期发表《破坏与建设》（漫画）。
《彩色版子恺漫画选》由（上海）万叶书店出版。此为丰氏第一本彩色漫画册。有自序（作于1946年，文末署"三十五年十一月十七日子恺记于杭州功德林"）。
《护生画集正续合刊》由中国保护动物会印行。

---

①　参见1946年12月16日《新崇德民报》一版题为《丰氏为立达募金　在首都公开展画》的"南京通讯"。

是年，作《狂欢之夜》（散文，文末署 "卅五年复员途中作"）。①

《护生画集》由大雄书局印行。

作《防空洞中所闻》（散文）。

（上海）万叶书店印行《天眼镜》（文化玩具，版权页标：绘画者：丰子恺，发行者：张心逸，发行所：艺文堂出版部）。丰氏自撰 "附说"："此玩具乃日本人所创作。我复员时道经汉口，在摊上买得。但是日文的，中国人看不懂，玩不来。这种玩具富有趣味，今特为依法另行创制一套，以便中国人玩赏。中华民国三十五年冬子恺记。"

在《海涛》第 17 期发表《惊呼》（漫画）。

在《新中国月报》第 1 卷第 3 期发表《文艺的不朽性》（艺术论述，又载 1948 年 5 月《春秋》第 5 年第 2 期和 1948 年《建中周报》第 1 卷第 5 期）。

张默生著《默僧自述》由（重庆）人物杂志社出版，画作被用于该书封面画。（1948 年 10 月，该书又由济东印书社出版）

至上海峨眉路大公职业学校讲课。

在《胜流》第 4 卷第 11 期发表《卅四年八月十日之夜》（漫画）。

作《托根大地中》《十年骨肉》《公井》《八年不归，路改家迷》《山城回首》《胜利已至胡不归》《在下的人站起来》《左浆右浆，协力同向，彼岸在望》《日暮乡关何处是，烟波江上使人愁》《儿童相见不相识》《去日儿童皆长大》《"我到过十三省……"》《"今年二百元一个……"》《柑子哭起来》《风云变幻》《稚子牵衣问》《昔年欢宴处》《要讲话》《茶店一角》《遍地荆棘》《"民主

---

① 今见《丰子恺文集》（文学卷二），浙江文艺出版社、浙江教育出版社 1992 年 6 月版。第 102 页。

馒头”》《听诊》《无产者之群》《甚么事?》《明明如月》《娇儿与孤儿》《可望而不可接》等（漫画）。

社会评价

温肇桐:《评丰子恺漫画》,载 1946 年 4 月 10 日《申报》。

《导报》月刊（改造出版社 1946 年 8 月 1 日出版发行）第 1 卷第 1 期“编者播音”。

赵景深:《丰子恺》,收《文人印象》,北新书局 1946 年版。

姜丹书:《从头话丰子》（今见《写意丰子恺》,浙江文艺出版社 1998 年 9 月版)。

吴贵芳:《沪寓秋窗访子恺,他渐渐的老了》,载 1946 年 10 月 9 日《益世报》。

《丰子恺画展并公开演讲》,载 1946 年 10 月 13 日《申报》。

《丰子恺画展十九日结束》,载 1946 年 10 月 16 日《申报》。

《艺术家丰子恺回里探望故旧,旋即回返杭州》,载 1946 年 11 月 13 日《新崇德民报》第 1 版。

《丰氏为立达募金　在首都公开展画》,载 1946 年 12 月 16 日《新崇德民报》。

纸帐铜瓶室主:《丰子恺进退维谷》,载 1946 年《快活林》第 26 期。

华　生:《丰子恺谈女人裸体》,载《海涛》第 17 期。

野　里:《丰子恺在哪里?》,载 1946 年《文饭》第 2 期。

谷　均:《佛门子弟丰子恺在渝筹开画展》,载 1946 年《海晶》第 10 期。

余　公：《吴稚晖丰子恺立达复校运动》，载
1946 年《新上海》第 50 期。

天　昌：《丰子恺的古怪脾气——终年不吃肥
鱼大肉喜欢早起游荡马路》，载 1946 年《新上海》
第 41 期。

马亮昌：《丰子恺的怪脾气》，载 1946 年《泰
山》革新第 7 期。

《艺坛短讯》，载 1946 年 12 月 1 日《雍华图
文杂志》创刊号。

钱君匋：《丰子恺先生漫画展》，载 1946 年
《儿童周报》第 6 期。

石　佛：《弘一法师得意高足丰子恺的两件大
事》，载 1946 年《海潮周报》第 11 期。

若　莫：《丰子恺裸体卖画》，载 1946 年《海
星》第 26 期。

梗葛氏：《丰子恺买棹回石湾》，载 1946 年 12
月 25 日《沪光》第 7 期。

常　青：《丰子恺与羊》，载 1946 年《泰山》
革新第 9 期。

评论选录

温肇桐：《评丰子恺漫画》

……

丰子恺的漫画，是家喻户晓的作品，最近他编
成了一部全集，可是作者的主观愿望与社会效果的
相互关系，到底是怎样？也就是他的许多作品和史
之轨迹的因果关系是怎样，实在是有着明了的
必要。

丰子恺是生长在山明水秀的浙江省崇德县，那
儿西滨大运河，南临西子湖……艺术的种子，可说
他先天已经萌芽了。

……描出"古诗新画"的一类作品，他更敏

感地观察到社会各阶层的苦……"民间相"、"都市相"的两集漫画，便代表了他这一方面的倾向。

……

抗战军兴，丰子恺从锦绣如画的家乡，流亡到贵州遵义，他不但耳染目睹了血风腥雨，还感于"去日儿童皆长大，昔年亲友半凋零"。因之消极地咒诅现实，还不如积极地描表大后方抗战的实况来激励大众，指示大众，"战时相"便是表现艺术家贡献抗战的功绩，确是无法可以否定的。

丰子恺漫画所以会有如此多方面的表现，从主题的把握一点来看，是他的文学根基的优越；至于以他惯用的表现形式来看，是中国毛笔画的形式——仅是运用简捷的线条与水墨，单纯地，平面地描出一些形象，充分获取"骨法用笔"的特长。所以与其说他在漫画中保存国粹，还不如说他为使中国大众易于了解和接受起见，是旧形式的利用，也正是艺术大众化的好方法。

民主的洪流，弥漫于全世界的每一个角落里，因之，今后的艺术，尤其是漫画，应该走向指示大众争取民主的一条大道前进，有着独特成就的丰子恺的漫画，笔者敢相信，当也不会使我们失望吧。

吴贵芳：《沪寓秋窗访子恺，他渐渐的老了》

……

他谈起这次回上海，不打算作久居之计，所以预备在本月十四日，借用大新公司的二楼画厅，把二十年来的漫画三百多件，展览六天其中半数标价出售。上海的物价较高，所以□价，也比在汉口展览时为的大些。展览过后，就带家眷到杭州去安顿，至于浙大复校后，也有信邀请他。再回校在艺教系任教，不过此刻还没有定规。

……

按：文中似有错字和标点错误，现皆依原文。

《丰子恺画展并公开演讲》

[本报讯] 著名艺术家丰子恺氏，最近由渝转汴来沪，定明日（十四日），将其生平杰作，在大新公司展览。同日下午三时，应美术中心站之请，在八仙桥青年会，公开演讲"艺术之用"，欢迎各界听讲。

《丰子恺画展十九日结束》

[本报讯] 著名美术家丰子恺氏，于本月十四日，假本市大新公司，举行个人画展，出品约三百余点，国画与漫画参半。丰氏素以漫画著称，其国画风趣，不减漫画。凡研究美术者，莫不先睹为快。前后两日，前往参观者，异常踊跃。闻此次画展，为期六天，定十九日下午五时，宣告结束云。

姜丹书：《从头话丰子》

隔昨，丰髯子恺的画展闭幕了，我看了以后，确认他是个当今第一流漫画家。他的画，妙在能深入浅出。从浅说，人人看得懂，而有趣味；从深说，能打入人人的心坎里。无论你是深人或浅人。都能感觉到至情至理，此即所谓有感兴、有生命的作品。……我自愧没有什么东西可以给他受益，而李先生却是他醍醐灌顶之师，但他的艺术天才和艺术性格，我也早已识出了。尤其当时以经亨颐先生为校长，夏丏尊和堵申甫两先生司训育，在我们共同主倡"人格教育"的主张下，涵濡培养，有如种花壅根，后来所开的美丽之花，固不止他一人，然而他的作品中，无论是画或是文，都反映着"人格教育"的因素，尤其他能将弘一（李叔同）的禅味完全学了来，所以他的造诣，有与众不同之处。

……总而言之，他的画之好处，是在三分画面、七分思想，合成十分饱和。他所以能如此成功者，因为他有一副特别大的头和脑，又大又黑又灵活的眼睛和内心上禅的修养。至于一络腮的长胡子，不过是装饰品罢了！

《导报》月刊"编者播音"一，本刊原定 7 月 1 日出版，因了各种关系，竟拖延到今天，致劳预约订户纷纷函问，这是首先要向各地读者道歉的。但在这个短短的时间中，本刊正像一株花木似的已由客厅的花盘中，移植到野外的土地里，在一个至短的时间里，花木的本身也许呈现一点枯索的现象，但必须这样才能收到大量的新养分，泼剌地成长起来。希望本刊读者，今后更予以多量的同情与援助。

二，本刊的旨趣，在开宗明义第一章——发刊词里，已经交代清楚了，从下期起还预备增辟"文化人座谈会"和"读者的话"两栏，如果能够集众议而成洪流，那便是本刊的无上光荣了。

三，本期内承文坛名流各地作者赐撰的稿件很多，尤其对远东问题，国际路线，都详明的加以剖析，并恳切的指出今后的动向，俾作太平洋诸般问题的研究资料。其间有的或因了本刊脱期较久，在字句中失掉一点时间性，但我们认为这是确保在冷藏中的，并未损耗了它原有的鲜美，所以我们还是照原文发表在这里，希望原作者及读者们特别予以原谅。

四，本刊以极少的人力，与极微的物力来支撑这个严肃公正的刊物，在"海派"的环境中，也许会遭受到种种的困难与失败，本刊同人已预料及此，誓以坚决的信念不断的努力支撑到底，我们不敢说是挽回颓风，至少也不受这种风气的影响。

五，本刊主编任务已征得丰子恺先生的同意。即将抵沪，从下期起将以更新的姿态与读者见面，特此预告。

纸帐铜瓶室主：《丰子恺进退维谷》

谁不知道艺术家丰子恺先生，他的画，作风很有些像清代的七道士，尤其那些护生画，更属慈祥恺悌，真是菩萨心肠，偶为小品文，冲淡闲适，言之有物，光受人欢迎，当抗战军兴，那时他尚在浙江大学任教，浙大设在宾阳附近的宜山，宾阳沦陷，他老人家就带了一家老小逃难，他自称艺术的逃难，写了一篇八年乱离草，把逃难情形，写的非常详尽，他擅画，随时把逃难的地点，和生活状况，一一的画出来，作为插图，越发生动真切，他逃到重庆，在沙坪坝庙湾地方自建小屋，养些白鹅，以慰寂寥，此次胜利，他就把小屋让给人家，迁居城中去等候归舟，可是等了好久等不到，他就没有决心东归了，最近上海有家刊物，请他来沪担任编辑，他归心又动，再三设法趁得一船，不料行至中途，那边发生战事，船只运兵，不载客人，弄的他老人家上不上，下不下，滞留路中，不知哪一天可以抵申，正深焦虑呢。①

华生：《丰子恺谈女人裸体》

丰子恺是音乐，绘画，文章都有相当贡献的，他的画，别创一格，而且又是一个爱佛学的人，所以还画了不少爱护动物的"护生画集"。有一次他竟大谈其女人问题，而且见解奥妙，一些朋友莫不惊异叹服，他说：

"有人说了一个字谜，谜语即是'妇人裸体'谜底却是'规'字，这是拆字格，就是说女人的身体只有丈夫可见的意思，可是以前中国女人，身体只可露示给丈夫看，把身体露示给非丈夫看的模特儿，是近代都会的特产，不入一般女子之列的。对于守旧的女子，所以可以毋庸教导新生活

---

①　本文除结尾处用句号外，其他均为逗号，现依原文。作者纸帐铜瓶室主即郑逸梅。

运动。"

野里：《丰子恺在哪里？》

丰子恺会画会文在艺坛上也是一位能手。他的《缘缘堂随笔》曾经获得许多散文读者的赞美。缘缘堂是他建造的峡石的家，战争中被炮火毁了，他就携了妻儿往内地去，在桂林曾经住下一时，充当教师，我们可在宇宙风上，他所作的日记当中，揣测他的生活情景。

丰子恺是信佛吃素的，曾印过《护生画集》，我在小时候便喜欢他的画，那时在《中学生》《论语》等刊物上时时看到他的画与文字。有一时期，上海曾有题名"次恺"的漫画出现，作风与丰子恺的完全一样，连写字也同，听说这位"次恺"是一个大学生，与丰子恺固有师生关系也。

我们的老画师丰子恺呢？

谷均：《佛门子弟丰子恺在渝筹开画展》

名漫画家兼音乐家丰子恺，同时也是文学家，这真是出人意料之外的，他却是一个佛门子弟，他是弘一大师的高足，说起皈依我佛，其间却有一段轶事，缘丰子恺幼时攻读甚勤，博览群书因致双目失明，多方求治，终未见效，有劝其虔佛学经，必得凡重见光明，丰从之，长斋茹素，年余目果然复明，是益深信佛教矣，曾为佛教绘宣传之画册《护生画集》正续二集此为其代表作。

事变后，丰子恺即西撤之川，年来在渝购茅屋一所，良田数顷，度其田园生活，颇自得也，前年曾举行画展，深博各界好评，成绩斐然，渝之画界中人甚羡之。

兹闻渝之来友谈及，丰子恺现正积极埋头绘

事，预备于夏季间将在渝再举行画展云。①

余公：《吴稚晖丰子恺立达复校运动》

在抗战前，上海江湾有立达学园，办理得成绩卓著，全国闻名，但不幸一毁于一二八之役，再毁于八一三，该校在江湾的校址，现在已片瓦不存。名画家丰子恺，为该校创办人之一，他自内地回沪之后，即积极筹谋复校，与前该校董事长吴稚晖，及前该校长陶载良，数次集议，筹定复校办法，有前该校教务主任夏丏尊先生，在逝世后有遗产一部在杭州，由其家属情愿献出为立达复校之校舍，其他费用，则由吴稚老鬻书与丰子恺鬻画来完成之，稚老自本年元旦起，即从其书件中抽出百分之三十以充立达复校之用，至于丰子恺，则赶写画件一千件以上，分别在杭州，上海，南京，无锡，苏州五地，举行展览会把鬻画所得，完全充为立达复校之用。因为陶载良与吴稚老者为无锡人，丰子恺在元旦日就先赴无锡假民众教育馆举行画展，其出售成绩，定可以圆满，今后他当以立达学园为他的家云。

天昌：《丰子恺的古怪脾气——终年不吃肥鱼大肉喜欢早起游荡马路》

名毛笔画家丰子恺，这次在南京路大新公司二楼，开了一次个人画展，成绩非常良好，丰先生因此也着实赚了一票。

提起丰先生，他有着一个古老奇异的脾气，生平很爱乡村生活，因此他常常到穷乡僻地，和有山有水的地带去游玩，在那里，他会开放了胸襟尽量的赋诗，得意的时候，他还会跑到溪边，拿了一条竹制的钓竿钓鱼。

---

①　本文所述"失明"而信佛之事不实。

这位与众不同的画师，他经年不吃肥鱼大肉吃的只是一些面点，蔬菜和鸡蛋。

他喜欢起早，差不多天还未亮，他就起来了，一个人站到阳台上去，对着东方呼吸新鲜空气，有时候，还要打上几套拳术，拳术打过，然后进食早餐（鸡蛋和牛奶），早餐后，他就独自到马路上去彳亍，不知道他的人们，谁会相信他是位当代画家！提起他从前的事，可供读者一噱，那时是夏天，他住在中区一家小旅馆中，一个人很早起来，朝着浦滨走去，浦江工人唱着"唷荷！唷荷！"的曲子，丰先生用笔画了一幅图，然后也欣然的吊起嗓子，和他们合唱，惹得人们疑心他是疯人！

其实，他哪里是个疯人，他不过喜欢这样浪漫，也喜欢和任何人嘻哈作笑，所以凡是他的熟友，人人知道他有这个脾气。

《艺坛短讯》

丰子恺氏于上月在上海举行漫画展览，有一百七十多幅是不卖的，四十多幅是卖的，成绩甚佳。

钱君匋：《丰子恺先生漫画展》

丰子恺先生的漫画，谁都爱看的，爱学的。因为他的取材，是那么现实；他的线条，是那么优美。他可说是漫画界中的一个老前辈了。

这次，他从重庆动身，绕道大西北，才回到上海来。经过汉口的时候，曾举行了一次漫画展览会，参观的人很多很多，大家都对丰先生的画，不绝赞美。现在，和上海阔别多年的丰先生，终于回来了，他决定在十月十四日起，到二十止，借南京路大新公司二楼，展览他的作品。

小朋友们，你们在书本上，一定看见过丰先生的作品，现在既有机会来看一看丰先生在抗战期间的大作，怎可错过机会呢？因为丰先生的漫画，有很多是取材于儿童生活的。

丰先生的故乡是浙江崇德县石门湾。他的祖上，是开染坊的，他本人曾到过日本留学，现在已经是五十岁的人了。下面四幅，是他的近作，先介绍给小朋友欣赏一下。以后，丰先生答应替我们经常画一些有关你们生活方面的漫画，这当然一个是好消息，要先告诉你们的。

（引者按：本文以《子恺先生的作品》为题，附丰子恺漫画《旋糖》《广播电台》《地图》和《敌人投降了》）

石佛：《弘一法师得意高足丰子恺的两件大事》

由太虚法师此次来沪，想起了在抗战期间圆寂了的弘一法师，倘使弘一法师还健在的话，也许他的锋芒，不会在太虚法师之下。

弘一法师对于佛教和文化上的贡献甚大，在《弘一法师永怀录》《晚晴老人演讲集》两书中，可以知道一切，他生平有一个高足，最使他满意，这人便是丰子恺先生。

丰子恺的笃信佛教，常年茹素，完全是受弘一法师的熏陶所致，在丰子恺受教于弘一法师以后，曾经画过一本《护生画集》，确是宣扬佛教慈悲的好书，这本书颇传炙人口，得到大众的爱好。

弘一法师在未出家前，原名李叔同，本来对于佛学，喜欢研究，其后博览佛经，见解深邃，所以在出家后，常以佛学宣扬，到各地寺院讲经，战后他到无锡，不幸肺病不治，竟告圆寂，那时不但丰子恺悲痛欲绝，就是许多佛门子弟无论识与不识，都为之同声一哭！

丰子恺有东来的音讯，所以有人说，丰子恺回来时，有两件大事，第一件是到无锡去凭吊弘一法师的遗骨，第二件是去望望崇德石门湾的老家。

（引者按：文中所谓"无锡"乃"泉州"之误）

若莫：《丰子恺裸体卖画》

善描写乡村小市民民风之丰子恺，最近由重庆来沪后，第一件大事，便是和一家书局结算版税，结果今天推明天，明天推后天，到无可再推的时候，他拿到一张五万七千元的十日期支票……
……

梗葛氏：《丰子恺买棹回石湾》

漫画家丰子恺不久前曾举行了一次画展。他的作品不同于凡俗，而在简单的线条里，蕴蓄深远的涵义，雅俗都赏，是已经达到了大纯音的境地。

近来，他是不大作新画了，他已无意于新的创制作，他是有着隐居的企图。

最近，他回到浙江崇德石湾原籍去了，他自战起离乡，已有十年未曾回去，这次归去后，使他最增感触的，是心爱的缘缘堂已成了一堆瓦砾。

他于该地有着不少的纪念，曾以之作为随笔的篇名，虽说是几间茅舍，但丰子恺个人说来，却价值甚巨。

他意欲重建缘缘堂，作为在乡间长住之所。

可是，一笔建筑费并非他所能咄嗟立新，还要煞费脑筋，设法向亲友们挪借一下。

他为此事，感到相当困难，他开始感到艺术的不可为。当然艺术并非不可为，但在中国，确是毫无办法，何况这几年来他在后方，吃了许多艺术的苦头，在山灵水秀中过惯了幽静岁月的他，老来的时候，是想到了乡土。

常青：《丰子恺与羊》

丰子恺先生是□内有名的文学家，艺术家。他的画更是风行全国，受人称戴。

有一次丰先生给了一幅牧羊。图（句号应在"图"字之后——引者按）两只羊的颈上各绘了一根绳子。画是绘得很好，但是丰先生的画画错了，起先他不晓得，直到一个朋友写信给他，对他说牵羊的人从不用绳子牵住每只羊的。一群羊中，只有一只领头的老羊用绳牵着，其余的羊部（疑为"都"字之误——引者按）会跟着第一只羊走的。

丰先生见说，就注意起来，果真是如此，因此丰先生叹口气说："真正学到老，学不了！什么地方都是学问呢！"

诸位不信，请留心路上赶羊的……

《艺术家丰子恺回里探望故旧，旋即回返杭州》

本月七日由沪至杭居留一天，九月下午四时抵崇德，宿于戚家。各友好闻讯，均前往探访，有求书联者接踵而至。十日上午，回石湾，凭吊已毁成一片瓦砾之缘缘堂并探望亲友。十一日至练市，为其甥证婚。事毕即赴杭州。

《丰氏为立达募金　在首都公开展画》

本县著名漫画家丰子恺系上海立达学园创办人，五日偕该校陶戴良校长来京下榻太平路开明书店，丰氏携有近作漫画三百余，定于六日起至十五日止，在新街口社会服务处展览，将以所得画润为该校复校基金。该校二十余年来提倡生产教育，不遗余力，抗战时迁校四川隆昌，今将复校，而江湾及南翔校舍已毁于炮火，近闻该校已发动募捐，重建校舍，丰氏画展即为募捐之一种。

1947 年　丁亥　50 岁

社会文化事略

1 月 1 日，国民政府公布《中华民国宪法》。2
月 28 日，台湾人民武装起义。

生平事迹

1 月 1 日，在《宇宙风》第 146 期 "元旦纪念
号" 发表《一九四七》（漫画）。作《谢谢重庆》
（散文）。

丰子恺在杭州招贤寺内（摄
于 1947 年初）

在《儿童故事》第 2 期发表《一篑之功》（故
事，附图《为山九仞，功亏一篑》《自流井》，作
于 1946 年，文末署 "卅五年十月十八日在杭州
作"，初收《博士见鬼》，儿童书局 1948 年 2 月
版），漫画《松林远眺》被用于该期封面画。

在《申报》发表《遍地干戈在，迎春酒不香》
（漫画）。

在无锡过元旦。《新年忆旧年》一文写曰：
"三十七（1948）年的元旦又到了。我忆起了卅六
年在无锡度元旦的情景。那时我从重庆回上海不
久。与江南阔别十年，好比旧雨重逢，倍觉兴奋。
我冒了寒威，向京沪路巡礼一次。元旦那一天，我
住在无锡公园对面的旅馆内，与公园隔湖相望。"①

---

① 《新年忆旧年》，曾载 1948 年 1 月 1 日《天津民国日报》。

1 月 14 日，作《〈小钞票历险记〉自序》（序跋）。

丰子恺在杭州招贤寺与家属及法师等合影（摄于 1947 年）

1 月 15 日，致夏宗禹信，言已在杭州西湖边找到住屋，开门见放鹤亭；表示正月廿七将在上海为立达学园复校续办画展。①

1 月 20 日，在《申报》发表《长亭路》（漫画）。

在《地方自治》第 1 卷第 1 期发表《艺术与人生》（艺术论述）、《"民主馒头"——胜利后上海小景》《湖滨之秋——胜利后杭州小景》（漫画）。

1 月 21 日，在《申报》发表《读后感》（漫画）。

作《今夜一岁，明朝两岁》（彩色漫画）。

1 月 30 日，在《新重庆》月刊第 1 卷第 1 期发表《谢谢重庆》（散文，作于 1947 年，文末署"三十六年元旦脱稿"，初收《缘缘堂随笔》，人民文学出版社 1957 年 11 月版）。②

1 月，在《儿童知识》第 7 期发表《冬日可爱》（漫画）。

画作用于东方书社出版的《异行传》封面

丰子恺设计的张默生著《异行传》第一集封面

---

① 此信见《丰子恺文集》（文学卷三），浙江文艺出版社、浙江教育出版社 1992 年 6 月版，第 418—419 页。信中曰："……报上屡载我的描写，使得江南人误认我为'伟人'或'发国难财者'，此事很伤脑筋！……杭州山水秀美如昔，我走遍中国，觉得杭州住家最好，可惜房子难找。我已租得小屋五间，在西湖边，开门见放鹤亭（即孤山林和靖放鹤处），地点很好，正在修理，大约一个月后可进屋。……阴正月廿七，又将在上海续展，但是立达学园主办，所得画润半数捐赠学校。这学校二十年前是我创办的，今江湾房屋尽毁，无法复原，我竭尽绵力，希望它下半年（今年秋）在杭州复校，但不知能否如愿也……"
② 该文亦在 1947 年 3 月 24 日《天津民国日报》发表。

（张默生著）。①

《海潮音》第 28 卷第 1 期封面用丰子恺漫画《所欲有甚于生者》。

春节前后，苏步青赠诗。②

2 月 1 日，在《儿童故事》第 3 期发表《伍元的话》（故事，附图《粽子里有钞票》《麻子伯伯的窗》，作于 1946 年，文末署"卅五年十二月十三日于南京"，初收《博士见鬼》，儿童书局 1948 年 2 月版）；漫画《雪人》被用于该期封面画。

2 月 5 日，访杭州虎跑，与宽愿法师合影留念。

丰子恺杭州虎跑与宽愿法师（右）合影（摄于 1947 年 2 月 5 日）

2 月 9 日，作《赌的故事》（儿童故事）。

2 月 12 日，在《申报》发表《观棋不语》（漫画）。

2 月 13 日，致常君实信，谈订书画润例原因。③

在《申报》发表《红烛自怜无好计，夜深长伴人垂泪》（漫画）。

2 月 14 日，作《又生画集》自序（序跋）。

在《申报》发表《相对忘贫》（漫画）。

---

①　张默生（1895—1979），山东临淄人，教育工作者并从事古典文学和传记文学研究。

②　苏步青诗："草草杯盘共一欢，莫因柴米话辛酸。春风已绿门前草，且耐余寒放眼看。"

③　此信见《丰子恺文集》（文学卷三），浙江文艺出版社、浙江教育出版社 1992 年 6 月版，第 439 页。信中曰："……近体弱多病，每日不能多写，而求者纷纷，实难应付，故订书画润例，以示限制，附上二纸，如有见者索写，可藉此限耳。"常君实，河南原阳人，作家、编辑。

2 月 15 日，在《文艺春秋》第 4 卷第 2 期发表《蜀道奇遇记》（散文，作于 1946 年 4 月 19 日，文末署"卅五年四月十九日居沙坪坝的最后一天"，初收《缘缘堂随笔》，人民文学出版社 1957 年 11 月版）。

在《申报》发表《荆棘遍地》（漫画）。

2 月 16 日，在《申报》发表《无心闲看儿童戏，不上梅边即柳边》（漫画）。

2 月 17 日，丰子恺漫画展在上海大新画厅举行，上海立达学园复校募捐会主办。

2 月 18 日，在《申报》发表《嗷嗷待哺》（漫画）。

2 月 21 日，在《申报》发表《父在战场，母在南岗》（漫画）。

丰子恺（右一）在杭州招贤寺与姐丰满（左一）及弘伞法师（左二）等合影（摄于 1947 年）

2 月 23 日，在《申报》发表《醉卧沙场君莫笑，古来征战几人回》（漫画）。

2 月 26 日，在《申报》发表《好染髭须事后生》（漫画）。

2 月 28 日，在《申报》发表《丈夫清万里，谁能扫一室》（漫画）。

2 月，在《儿童知识》第 8 期发表《喜怒哀乐》（漫画）。

作《沙坪的酒》（散文）。

《海潮音》第 28 卷第 2 期封面用丰子恺漫画《所欲有甚于生者》。

抗战胜利后丰子恺在杭州

作《柳下桃蹊乱兮》《春水渡溪桥》等（漫画）。

在《妇女月刊》第 5 卷第 5 期发表《身不是男儿列，心却比男儿烈》（漫画）。

3 月 1 日，在《宇宙风》第 147、148 期发表"特为本刊作画"《精诚团结》（漫画）。

在《申报》发表《钻研》（漫画）。

在《儿童故事》第 4 期发表《博士见鬼》（故事，附图《林太太死时，正是阴历年底》《夜深了，鸦雀无声，但闻邻家农夫打米的声音》，初收《博士见鬼》，儿童书局 1948 年 2 月版），漫画《进城去》被用于该期封面画。

在摄影家郎静山、摄影记者陈警聪及老友盛学明引导下去上海思南路访梅兰芳先生。丰氏自谓："我平生自动访问素不相识的有名的人，以访梅兰芳为第一次。"①

上海立达学园复校募捐会主办的丰子恺漫画展在上海大新画厅结束。后去南京、无锡开个人画展。同年，又为故乡石湾小学重建校舍举行漫画义卖。

3 月 2 日，与梅兰芳、郎静山的合影刊登于是日《申报》。

在《申报》发表《功成不受禄，长揖归田庐》（漫画）。

3 月 3 日，作《我的烧香癖》（散文）。

丰子恺与梅兰芳（右二）、郎静山（右三）等在梅兰芳上海寓所前合影（摄于 1947 年 3 月）

① 参见丰子恺《访梅兰芳》，收《丰子恺文集》（文学卷二），浙江文艺出版社、浙江教育出版社 1992 年 6 月第 1 版，第 209 页。《访梅兰芳》一文的片段曾在 1947 年《一四七画报》第 13 卷第 1 期上刊出，编者标以"上海通讯"，并题《丰子恺访梅兰芳》。

3 月 6 日，致郑晓沧信，谈饮酒及戏改唐诗等。① 作《大人国》（儿童故事）。

在《申报》发表《一人出亡十人归》（漫画）。

3 月 7 日，作《桂林的山》（散文）。

3 月 11 日，迁入杭州静江路（即今北山路）85 号小平屋内，称"湖畔小屋"。在给友人夏宗禹的信中言："此屋租修约三百万元，连家具布置，共花五百万左右。上海画展所得，就用空了。"② 平屋大门上写有一联：居邻葛岭招贤寺；门对孤山放鹤亭。

丰子恺在杭州里西湖的湖畔小屋

3 月 15 日，在《申报》发表《凯歌马上高声唱，不似当年抗战时》（漫画）。

3 月 16 日，在《论语》第 125 期发表《我的烧香癖》（散文，作于 1947 年，文末署"三十六年三月三日于杭州"）。③

在《申报》发表《内战与蝴蝶》（漫画）。

3 月 17 日，在《申报》发表《城市不堪飞锡到，恐惊莺语画楼前》（漫画）。

湖畔小屋前的湖畔景色

3 月 19 日，致夏宗禹信，寄其简笔画三幅，副刊题签一幅；言于 3 月 11 日由寺迁入自租房屋

---

① 此信《丰子恺文集》未收。信曰："昨夜湖楼畅饮，以诗佐酒，共入酩酊，为西湖增光不少！今晨弟本思走访，恐先生尚有宿醒，未便仃扰，即着小女一吟持柬代候……""'相逢意气为君饮，醉倒西湖垂柳边'。戏改唐诗，以博一粲……"此信见浙江钱塘公益拍卖有限公司举办的"2004 浙江钱塘中国书画艺术品拍卖会"，该拍卖会于 2004 年 7 月 9 日下午在杭州华辰国际饭店开槌。第 464 号拍品为此信。据丰一吟回忆，此信当是 1947 年。

② 1947 年 1 月 15 日丰子恺致夏宗禹信，收《丰子恺文集》（文学卷三），浙江文艺出版社、浙江教育出版社 1992 年 6 月版，第 418 页。

③ 此文今见《丰子恺文集》（文学卷二），浙江文艺出版社、浙江教育出版社 1992 年 6 月版。

内；曰开门对着孤山放鹤亭，最初看屋时，脱口而出："门对孤山放鹤亭"，以为是一副对的下联，想找一句上联，写一副对挂起来，至今找不出；言昨日从报上得知太虚法师圆寂消息；言弘伞法师是目前杭州唯一的真和尚。[1]

在《申报》发表《某夫妇》（漫画）。

丰子恺（左三）全家在杭州湖畔小屋前留影（摄于1948年初）

3月21日，在《申报》发表《如此春来春又去，白了人头》（漫画）。

3月22日，在《申报》发表《一壶酒典一斗米》（漫画）。

3月23日，作《幼幼画集》自序（序跋）。

3月24日，在《申报》发表《洋房四面是茅棚》（漫画）。

3月26日，在《申报》发表《听诊》（漫画）。

丰子恺与舒国华（左）在西湖边合影（摄于1947年）

3月27日，在《申报》发表《但愿得河清人寿》（漫画）。

3月28日，在《申报》发表《我到过十三省》（漫画）。

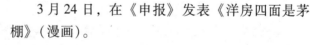

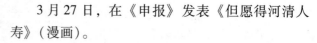

[1] 此信见《丰子恺文集》（文学卷三），浙江文艺出版社、浙江教育出版社1992年6月版，第419—420页。信中曰："……今寄上简笔画（近来爱作简笔画）三，副刊题签一，卖得稿费，替我买糖代送你吃。但恐没有几粒糖。我于三月十一日由寺迁入自租房屋内。今日电灯装好，后天放光。……方可称为'复家'完成。可见复员真比逃难更难。……开门对着孤山放鹤亭（西湖风景中心点）。我最初看屋时，脱口而出：'门对孤山放鹤亭'，正好是一副对的下联。我想找一句上联，写一副对挂起来，至今找不出……""昨日报载，太虚法师圆寂了。我在上海见最后一面。弘伞师即在招贤寺，与我常常谈起你。他在杭为僧界权威。清心寡欲，尽规蹈矩，是个真和尚。杭州西湖上寺庙数十，只有一个和尚——他。"

3 月 29 日，在《申报》发表《两小无嫌猜》
（漫画）。

3 月 31 日，在《天津民国日报》发表《沙坪
的酒》（散文，作于 1947 年，文末署"卅六年二
月于杭州"，又载 1947 年 4 月《新重庆》，改题为
《沙坪的美酒》，又载 1948 年 9 月 5 日《京沪周
报》第 2 卷第 35 期，初收《缘缘堂随笔》，人民
文学出版社 1957 年 11 月版，有删改）。

3 月，在《儿童知识》第 9 期发表《失而复
得》（漫画）。

《海潮音》第 28 卷第 3 期封面用丰子恺漫画
《所欲有甚于生者》。

封面画用于由（上海）东方书社出版的张默
生著《王大牛传》。

丰子恺与陶载良（左一）、幼
子新枚在西湖游船上

4 月 1 日，在《宇宙风》第 149 期发表"特为
本刊作画"（漫画）。

作《劫馀漫画》自序（序跋）。

在《儿童故事》第 5 期发表《赌的故事》（故
事，附图《有几处小地方，竟又公然地赌博》《原
来第一次天门上大输的时候，主人心里一急，竟急
死了！》，标注为"小说"，作于 1947 年，文末署
"卅六年二月九日于西湖招贤寺"，初收《博士见
鬼》，儿童书局 1948 年 2 月版），漫画《猛兽》被
用于该期封面画。

漫画《"公公十八岁"》用于《论语》第 126
期封面。

4 月 5 日，作《有情世界》（儿童故事）。

在《申报》发表《清明小景》（漫画）。

丰子恺与三姐丰满（左）、妹
雪雪（右）在杭州西湖边合影

4月7日，在《申报》发表《谁言西湖好，处处有钓饵》（漫画）。

4月9日，在《申报》发表《今年二百元一个，去年一百元一个，前年五十元一个》（漫画）。

4月12日，在《申报》发表《儿童相见不相识》（漫画）。

4月13日，在《申报》发表《踉跄趋讲席，诵读斗高声，我亦曾为此，而今白发生》（漫画）。

4月14日，在《申报》发表《日前抛核处，忽看幼芽生》（漫画）。

4月15日，在《申报》发表《密约》（漫画）。

4月16日，漫画《"妈妈我要吃点东西!"妈妈我也要!"》用于《论语》第127期封面。

丰子恺（二排左一）与家人在杭州

4月18日，在《申报》发表《迷途》（漫画）。

4月20日，在《申报》发表《去日儿童皆长大》（漫画）。

4月21日，在《申报》发表《橙子是桌，桌子是屋，饼干罐头是橙，花瓶是烟囱》（漫画）。

4月23日，在《申报》发表《还没有成熟呢!》（漫画）。

4月30日，在《图书展望》复刊第3期发表

《中等学校训导与艺术科教学》（艺术论述）。

在《申报》发表《毋投与狗骨》（漫画）。

4月，在《儿童知识》第10期发表《结婚》（漫画）。

《又生画集》由（上海）开明书店出版。有自序（作于1947年，文末署"卅六年二月十四日子恺记于金陵号第二车厢第十二号座上"）。

《丰子恺杰作选》（巴雷编选）由（上海）新象书店出版。该集收：《梧桐树》《寄宿舍生活的回忆》（文末署"二十年二月十三日于嘉兴"）、《出了中学校以后》（文末署"一九三〇年，一一，一三，嘉兴"）、《甘美的回味》（文末署"二十年五月七日作"）、《清晨》（文末署"廿四年，十月，六日，在石门湾，曾载《新少年》"）、《初冬浴日漫感》（文末署"廿四年双十节晚于石门湾，曾载《中学生》"）、《晨梦》《山中避雨》（文末署"廿四年秋日作，曾载《新中华》"）、《楼板》《儿女》《颜面》《午夜高楼》（文末署"廿四年残暑作，曾载《宇宙风》"）、《剪网》《华瞻的日记》《自然》《西湖船》（文末署"二十五年二月廿七日作，曾载《宇宙风》"）、《秋》《新年》《给我的孩子们》《儿戏》《送考》《从孩子得到的启示》《随感十三则》（文末署"一九三三年，九月"）、《生机》《钱江看潮记》《纳凉闲话》《大账簿》《无常之恸》《阿难》《记乡村小学所见》和《带点微笑》。书前附作者"小传"。

丰子恺《又生画集》书影

5月1日，《"民众茶园"一隅》（漫画）被用于《自由谈》第1卷第1期发表封面。致夏宗禹函，寄画三张，托交《商务日报》；言因来客不

巴雷编选《丰子恺杰作选》书影

断，送迎甚苦。①

在《儿童故事》第 6 期发表《大人国》（故事，附图《我们买东西，总希望多得东西，少出铜钱》《有一次我看见他们的市教育局门前，有大批群众示威请愿》《她手提一只篮，向主人鞠躬，看样子又是一个叫化子》《我雇一辆大卡车，装了这些钞票，直送警察局》《幼幼画集（一）（二）（三）》《卅四年八月十日之夜》《奏凯归来解战袍》《万里征人罢战归》），漫画《小白兔》被用于该期封面画。

在《新闻天地》第 23 期发表《布施纱线》《香时的王多客》《飞来峰》《细语人不闻》（漫画）。

在《申报》发表《不知有劳动节的劳动者》（漫画）。

5 月 2 日，作《种兰不种艾》（儿童故事）。

5 月 3 日，在《申报》发表《米贵偏逢饭量加》（漫画）。

5 月 4 日，在《申报》发表《才解人言便骂人》（漫画）。

5 月 6 日，在《申报》发表《久佳即归家》（漫画）。

5 月 7 日，作《不快的快事》（散文）。
在《申报》发表《劝君莫讶东风好，吹上还

丰子恺为《自由谈》杂志所绘封面一例

---

① 此信见《丰子恺文集》（文学卷三），浙江文艺出版社、浙江教育出版社 1992 年 6 月版，第 420 页。信中曰："今又寄画三张，请交《商务日报》。……杭州香时，闹得不堪，我家每日来客，不下十班。送迎甚苦。宿夜客不断，有时客堂里设行军床……"

能吹下来》（漫画）。

　　5 月 8 日，作《不光荣的光荣》（散文）。
　　在《申报》发表《乡村四月闲人少》（漫画）。

　　5 月 9 日，作《怀太虚法师》（散文）。
　　在《申报》发表《乡村五月日迟迟，一日劳动二十时》（漫画）。

丰子恺与宝云法师（左）在杭州招贤寺

　　5 月 10 日，在《宇宙风》第 150 期发表《万里征人罢战归》（漫画）。《东风吹上还吹落，不似人间物价高》用于封面画。
　　作《还乡记》（散文）。

　　5 月 12 日，在《申报》发表《不快的快事》（散文，作于 1947 年，文末署"卅六年五月七日"）、《笑里磨刀》（漫画）。

　　5 月 13 日，在《申报》发表《劳者自歌》（漫画）。

丰子恺与黄鸣祥（左）在杭州招贤寺

　　5 月 16 日，在《申报》发表《怀太虚法师》（散文，作于 1947 年，文末署"卅六年五月九日于杭州"）。①
　　漫画《余唯不食嗟来之食，以至于斯也》被用于《论语》第 129 期封面。

　　5 月 19 日，在《天津民国日报》发表《桂林的山》（散文，作于 1947 年，文末署"卅六年三月七日于杭州"，初收《缘缘堂随笔》，人民文学

────────────────

　　①　此文与《对太虚大师抱歉》（载 1947 年 6 月 1 日《觉有情》第 8 卷 6 月号）属同文异题之文。又载 1947 年 6 月 9 日《觉群周报》第 47、48 期合刊。

丰子恺（右）与友人在杭州招贤寺

丰子恺（右）与友人在杭州招贤寺

出版社 1957 年 11 月版）。

5 月 20 日，《劫馀漫画》由（上海）万叶书店出版。有自序（作于 1947 年，文末署"三十六年万愚节子恺记于杭州湖边小屋"）。

5 月 22 日，在《天津民国日报》发表《不光荣的光荣》（散文，作于 1947 年，文末署"卅六年五月八日于杭州"）。

5 月 27 日，作《白象》（散文）。
装帧画用于《民国日报》。

5 月 30 日，在《申报》发表《白象（上）》（散文，作于 1947 年，文末署"一九四七年五月二十七日于杭州作"，初收《缘缘堂随笔》，人民文学出版社 1957 年 11 月版）。
作《续大人国》（儿童故事）。

5 月 31 日，在《申报》发表《白象（中）》（散文），附图《白象及其五子》（漫画）。
作《宴会之苦》（散文）。致王伯祥信，谈《史记》等。①

5 月，在《儿童知识》第 11 期发表《妈妈点钞票》（漫画）。
作《音乐启程序》（序跋）。
作《新的国骂："没出息！一生一世当公务

————————

① 此信见《子恺书信》（下），海豚出版社 2013 年 9 月版，第 194 页。信中曰："示及惠赠《史记》一册，先后收到。此书注解精详，乃今日青年学习古文之良书，已收领道谢。近十年阔别，此次得在沪共饮，洵为良会，惜匆促未及多叙耳。上海已到'百花过尽绿阴成'之候，京城想亦已入夏……"王伯祥，原名王钟麒，江苏苏州人，历史学家，曾任开明书店编辑。

员！"》《高柳蝉嘶，采菱歌断西风起》（漫画）。

6月1日，在《申报》发表《白象（下）》（散文），附图《白象的遗孤》（漫画）。

在《自由谈》第1卷第2期发表《悬崖勒马图》（漫画）。

在《儿童故事》第7期发表《有情世界》（故事，附图《月亮姐姐走得同他一样快，两人一边说话，一边上山》《白云就慢慢地变样子，先把身子伸长，变成一条，然后湾转来，变成一个白环，绕在月亮姐姐的四周》，作于1947年，文末署"卅六年清明于西湖作"，初收《博士见鬼》，儿童书局1948年2月版）、《幼幼画集（四）（五）（六）》（《等候从四川回来的不曾见面过的爸爸》《儿童相见不相识》《去日见童皆长大》），漫画《放风筝》被用于该期封面画。

丰子恺与夏宗禹（右）在湖畔小屋

漫画《太平时的狗》用于《论语》第130期封面。

6月2日，作《访梅兰芳》（散文）。

在《申报》发表《南辕北辙，在此一脚》《八年来养成了习惯，老婆婆看见冈警就鞠躬》（漫画）。

6月3日，在《中苏日报》上发表《音乐启程序》（艺术论述，作于1947年5月，此为1947年9月10日［上海］万叶书店版《音乐十课》的第一课，题《序言》），装帧图被用于该日"文艺周刊"栏。

在《申报》发表《买米归途——"一块钱有没有二十粒好买？"》（漫画）。

6月5日，作《假辫子——答〈漫画阿Q正传〉读者》（散文）。

丰子恺与家人在塔前合影

丰子恺在湖畔小屋旁留影
（摄于 1947 年秋）

6 月 6 日、7 日、8 日、9 日，在《申报》发表《访梅兰芳》（散文，作于 1947 年，文末署"卅六年六月二日于杭州作"）。

6 月 10 日、11 日，在《申报》发表《假辫子——答〈漫画阿 Q 正传〉读者》（上、下，散文，作于 1947 年，文末署"卅六年六月五日于杭州作"）。

6 月 11 日，在《申报》发表《初夏之晨》（漫画）

6 月 12 日，在《申报》发表《十年骨肉团圞在，一一交还白发人》（漫画）。

6 月 14 日，作《小钞票历险记》序言（序跋）。

6 月 15 日，在《宇宙风》第 151 期发表《玉骢惯识西湖路》（漫画）。
　　在《申报》发表《肯与邻翁相对饮，隔篱呼取尽余杯》（漫画）。

6 月 16 日，漫画《过路真君子》用于《论语》第 131 期封面。

6 月 18 日，在《申报》发表《公井》（漫画）。

6 月 19 日，在《申报》发表《何处幽眠号，松阴六尺床》（漫画）。

6 月 23 日，在《申报》发表《端阳忆旧》

丰子恺与妻儿及外甥女夫妇和陶载良（左一）在杭州三潭印月合影

（散文）。

6 月 24 日，在《天津民国日报》发表《还乡记》（散文，作于 1947 年，文末署"一九四七年五月十日于杭州作"，初收《缘缘堂随笔》，改名《胜利还乡记》，人民文学出版社 1957 年 11 月版）。

丰子恺（右一）与家人在杭州钱江大桥前合影

6 月 30 日，在《天津民国日报》发表《五月写生旅行》（散文，作于 1934 年，文末曾署"廿三年四月八日"）。①

6 月，在《儿童知识》第 12 期发表《一百块钱买东西》（漫画）。

作《俞乃大乡村素描序》（序跋）。

《中日对照缘缘堂随笔》（共 4 册，《作父亲》《山中避雨》《西湖船》《谈自己的画》），〔日〕吉川幸次郎日译，由（台北）开明书店出版。

7 月 1 日，在《论语》第 132 期发表《宴会之苦》（散文，作于 1947 年，文末署"卅六年五月卅一日于杭州作"，初收《缘缘堂随笔》，有删改，改名《宴会》，人民文学出版社 1957 年 11 月版）。漫画《绐兄之臂而夺之食》用于该期封面。

丰子恺（右二）与妻儿及外甥女夫妇在杭州三潭印月

在《儿童故事》第 8 期发表《种兰不种艾》（故事，附图 5 幅，作于 1947 年，文末署"卅六年五月二日于杭州作"，初收《博士见鬼》，〔上海〕儿童书局 1948 年 2 月版），漫画《飞》被用于该期封面画。

① 此文原题《五月》，初收《随笔二十篇》，（上海）天马书店 1934 年 8 月版。发表在《天津民国日报》时有改动。

7月2日，作《夏天的一个下午》（儿童故事）。

7月7日，在《天津民国日报》发表《独游西湖》（散文）。①

7月13日，在《申报》发表《凶岁子弟多暴》（漫画）。

7月15日，漫画《钓鱼须钓一天半，三十六鳞如抹朱》被用于《自由谈》第1卷第3期封面画。

7月16日，漫画《同居尽小人》用于《论语》第133期封面。

7月18日，在《申报》发表《搔癣之为悦，先笑而后愁》（漫画）。

7月19日，在《申报》发表《挑灯观画儿啼饥》（漫画）。

7月21日，在《申报》发表《街头惨状之一——顽童偷盲丐的钱》（漫画）。

7月24日，在《申报》发表《全家去看电影》（漫画）。

7月28日，在《申报》发表《乘凉夜饭》（漫画）。

---

① 该文原题《读书》，曾发表于1933年11月《中学生》第39号。改题发表在《天津民国日报》时有删改。

7 月 29 日，在《申报》发表《绿鬓朱颜，重见两衰翁》（漫画）。

7 月 31 日，在《图书展望》复刊第 4 期发表《略谈漫画》（艺术论述）。

7 月，《幼幼画集》由（上海）儿童书局出版。有自序（作于 1947 年，文末署"三十六年三月二十三日在杭州西湖边上的寓屋中作。丰子恺"）。

在《儿童知识》第 13 期发表《油漆未干》（漫画）。

作《夏景》《祖袒裸裎于我侧》《葫芦里头是甚么?》《南风之薰兮，可以解吾民之愠兮》《却羡蜗牛自有家》《冰与烈日——人与自然的斗争》《这些玩具都不要》《他吃的不是智慧果》《公公的年龄大于我们十个人》《饥者弗食，劳者弗息》《九十九度的夫爱》《种瓜得瓜，吃瓜得灯》《屋漏在上知之在下》《荷花娇欲语》（漫画）。

丰子恺与陶载良（右一）及幼子在杭州三潭印月

8 月 1 日，在《论语》第 134 期发表《赤心国》（童话，附图《军官看时，只见他胸前突出一个很大的心形，鲜红得非常可爱》《当这大轮船泊岸之后，他便回到家乡……人们听他讲到胸前那颗赤心，大家都笑他发痴》，作于 1947 年，文末署"卅六年十月于杭州"）。[①] 漫画《家有三亩田，不离县门前》用于该期封面。

在《儿童故事》第 9 期发表《续大人国》（故事，作于 1947 年，文末署"卅六年五月三十日于杭州作"，初收《博士见鬼》，[上海] 儿童书局 1948 年

---

① 写作时间存疑，"10 月"疑为"7 月"之误。因此文已于 8 月 1 日在《论语》上发表。此文初收《缘缘堂集外遗文》（香港）问学社 1979 年 10 月版。

丰子恺与友人在湖畔小屋前留影

2 月版），漫画《乘凉》被用于该期封面画。

在《申报》发表《快哉此风》（漫画）。

8 月 6 日，在《申报》发表《"姊姊抱抱我!"》（漫画）。

8 月 10 日，在《宇宙风》第 152 期发表《密约》。此后《宇宙风》停刊。

8 月 16 日，漫画《打了梅香，丑了姑娘》用于《论语》第 135 期封面。

8 月 20 日，在《文艺知识连丛》第 1 集之 4 发表《家》（散文）。

在《东南日报》副刊"东南风"发表《俞乃大乡村素描序》（序跋，作于 1947 年，文末署"三十六年六月于杭州"）。

8 月 22 日，作《明心国》（童话）。

8 月，在《儿童知识》第 14 期上发表《夏云》（漫画）。

装帧画被用于（杭州）浙江文化印刷公司出版的李平之、马绍常编著《中等学校音乐教本》封面。

作《划破琉璃千万丈》《"马儿打嚏了!""马儿咳嗽了!""马儿骂我们了!"》《"妈妈，稿子写好了没有?""妈妈，写好了稿子去看电影!"》《只有一 烟囱有烟》《卖儿郎》《倦旅》《前年同在大学当教授的》《发薪水之日》《宛如待嫁闺中女》《团圞之夜》《待得来年重把酒》《幸有我来山未孤》《一丛蟹爪菊》（漫画）。

9 月 1 日，在《天津民国日报》发表《陪都觅屋记》（散文，作于 1947 年，文末署"一九四七年作"，初收《缘缘堂随笔》，改名《重庆觅屋记》，人民文学出版社 1957 年 11 月版）。

在《儿童故事》第 10 期发表《夏天的一个下午》（故事，附图《屠沽市井挥拳》《公子章台走马》《妓女花街卖俏》《老僧方丈参禅》《乞丐古墓酣眠》《山妇闺阁刺绣》，作于 1947 年，文末署"卅六年七月二日于杭州作"，初收《博士见鬼》，［上海］儿童书局 1948 年 2 月版），漫画《游湖归来》被用于该期封面画。

漫画《到老方是妻，穿破方是衣》用于《论语》第 136 期封面。

丰子恺著《音乐十课》书影

9 月 5 日，漫画《削足适履，杀头便冠》用于《生活文摘》第 1 卷第 1 期（创刊号）封面。

9 月 8 日，在《天津民国日报》发表《防空洞中所闻》（散文，作于 1946 年，文末署"一九四六年作"，[①] 初收《缘缘堂随笔》，人民文学出版社 1957 年 11 月版）。

9 月 10 日，《音乐十课》由（上海）万叶书店出版（8 月 20 日印刷），有序言，为十课中的第一课。其他内容为第二课：谱表、第三课：音符、第四课：拍子、第五课：音阶、第六课：长音阶十二调、第七课：短音阶、第八课：音程、第九课：记号及标语、第十课：音乐学习指导。[②]

---

① 浙江文艺出版社、浙江教育出版社 1992 年 6 月版《丰子恺文集》（文学卷二）收录此文，在该文末对写作时间的注释中曰："文末写作时间为 1957 年版《缘缘堂随笔》中所署。疑为 1947 年之误。"

② 1952 年 8 月 10 日万叶书店有修订重排本。重排本版权记录有误。

丰子恺著《猫叫一声》书影

　　故事《猫叫一声》由（上海）万叶书店出版。① 自作封面画，有序言（文末署"三十五年十一月三十日子恺记于杭州招贤寺。"附图《后半夜，猫不知为什么，在屋顶上大叫一声》《伯伯的那朵痰向窗外的草地里飞，恰好落在二男的新鞋上》《二男借穿了大男的新鞋子，跟着爸爸向火车站去》《二男的鞋子被一个肥大的旅客一擦，落在地上》《他伸手拾起画片，把这事告诉爸爸》《"这可以归我吗?"》《乡下人验过票后，一颠一撞地向后面走》《提了包裹下车，立刻登上了回家的小路》《当他经过石桥的时候，小洋刀从他的袋里落了下来》《"老子的家都被抄空了，你还想我还赌钱?"》《你一拳，我一拳，越打越凶，终于滚倒在桌子旁边的地上》《睡到半夜，他独自悄悄起身，拾了小刀，背了尸体，开门就走》《财主家的后门发见一死尸》《于是财主就定罪下狱，财产全部充公》《原来他院落里的地窖内，埋藏着足赤金十大瓮》《不料，财主在狱中病死。一个拾荒者看到财主的棺材被抬到义冢一角》《他从腰里解下一根绳来，一端缚住了财主的头颈，一端穿过近旁的树枝，从树的那面把绳死命地拉》《他发现衣服口袋里有封信》《这一天他照例挑了"敬惜字纸"的担，拿了一把竹夹，出门闲行》《他回到家里，仔细阅读这封信》《他立刻去访藏金者的家》《召集四方的同志，藏金被如数挖掘出来》《三个月后，这个爱国青年不但驱尽了外侮，又整理了内政》）。

　　9 月 16 日，漫画《屋漏偏遭连夜雨》用于《论语》第 137 期封面。

---

　　① 浙江文艺出版社、浙江教育出版社1992年6月版《丰子恺文集》（文学卷二）中收有《猫叫一声的结果》。编者在注释一中曰："1947 年 9 月［上海］万叶书店曾出版作者《猫叫一声》一书（"万叶儿童文库"之一）。本篇据手抄稿。——编者注。"

9 月 18 日，在《自由谈》第 1 卷第 4、5 期合刊
发表《上海中秋之夜》（散文，文末署"卅六年八月
廿五日作"）、《一种团圞月，照愁复照欢》（漫画）。

9 月 20 日，作《吃糕的话——儿童故事〈博
士见鬼〉代序》（序跋，文末署"一九四七年九月
二十日子恺于西湖记"）。

9 月 22 日，在《天津民国日报》发表《明心
国》（童话，作于 1947 年乞巧节，初收《博士见
鬼》，［上海］儿童书局 1948 年 2 月版）。

9 月 29 日，是日起，中国艺术服务社春秋戏
剧工作团在杭州青年会礼堂演出《雷雨》。被聘为
艺术顾问。①

9 月，在《儿童知识》第 15 期上发表《连环
画》（漫画）。

秋，以遵义生活为背景的《桐油灯下读书图》
赠苏步青。时苏步青正写乞画诗，尚未寄出。苏步
青遂勾起对遵义生活的回想，再写答谢诗连同乞画
诗一并寄呈。收到二诗，据"乞画诗"中"淡抹
浓妆水与山，西湖画舫几时闲"之句作画，再送
苏步青一幅《西湖游舸图》。苏步青再写答谢诗，
并作题画诗。②

作《经年不带买花钱》《都市月夜》《秋扇的
凭吊者》《上行不正下行歪——看布置画展有感》

----

① 该节目单图片见 2004 年 9 月 17 日《杭州日报》，图片解说文字言本次演出系抗战胜利至
1948 年间。艺术顾问共 4 人：丰子恺、林风眠、雷圭元、李朴园。节目单未标注年份，据丰子恺在
杭州卜居的时间，可确定为 1947 年。
② 苏步青乞画诗："淡抹浓妆水与山，西湖画舫几时闲？何当乞得高人笔，晴雨清斋坐卧
看。"答谢诗："半窗灯火忆黔山，欲语平生未得闲。一幅先传无限意，梦中争似画中看。"苏步青
题画诗："一舸笙歌认夜游，岚光塔影笔中收。如何湖上月方好，柳下归来欲系舟。"

《米与菊花》《沽酒囊中自有钱》《鱼游沸水中》《燕巢板窗上》《兴尽晚回舟，误入藕花深处》《天末凉风送早秋，秋花点点头》《今年欢笑复明年，秋月春风等闲度》《一弯眉月懒窥人》《相逢不用忙归去，明日黄花蝶也愁》（漫画）。

10月1日，在《儿童故事》第11期发表《油钵》（故事，附图《谁知那象一点不怕，张开大口，好像一扇血门，翘起鼻头，在空中乱舞》《直到刽子手放下了刀，伸手去接他的油钵，他才喊道："你不得打翻我的油！性命交关！"》，初收《博士见鬼》，〔上海〕儿童书局1948年2月版），漫画《骑象》被用于该期封面画。

漫画《中秋之夜》用于《论语》第138期封面。

10月10日，《小钞票历险记》由（上海）万叶书店出版。有序言（作于1947年6月14日，文末署"中华民国三十六年元月十四日附记"）和自作插图。

在《立报》发表《湖畔小景》（漫画）。

10月16日，在《开明少年》第28期发表《人市》（散文）。10月13日，作《〈弘一大师全集〉序》（序文）。[1]

漫画《佳节年年愁里过》用于《论语》第139期封面。

10月17日，在《申报》发表《莫嫌老圃秋容淡，犹有黄花晚节香》（漫画）。

---

[1]　此序今收浙江文艺出版社、浙江教育出版社1992年6月版《丰子恺文集》（文学卷二）。文末署"弘一法师生西五周年纪念日于杭州"。编者代注的弘一法师生西时间误注为"1943年10月13日"，应为"1942年10月13日"。

10 月 19 日，在《申报》发表《钓得金鳌又脱钩》（漫画）。

朱镜宙就所绘弘一法师像来信商榷。①

10 月 20 日，访叶圣陶，谈弘一法师纪念会事。叶圣陶在日记中曰："渠此次来，专为陪其女儿观梅兰芳，连日往观。明日返杭，约定弘一纪念会时再来。"

10 月 27 日，在《天津民国日报》发表《看凤凰城——黔桂流亡日记之一》（日记，文末署"二十七年七月九日于宜山"。按：应系"二十八年"之误）。

10 月，在《儿童知识》第 16 期上发表《读书去》（漫画）。

在《觉有情》第 8 卷 10 月号发表《弘一大师全集序》（序跋，发表时文末署"弘一法师生西五

---

① 信曰："子恺先生：蜀中握别，寒暑载赓。顷读《觉有情》第 8 卷 10 月号，先生为弘一大师造像，欢欣无量。先生前曾发心为大师造像百尊，今此所作，其权舆欤？惟问有待商榷者：佛门最重威仪，而律宗尤谨严。经云，剃除须发，是为沙门。故沙门戒相，剃除须发，乃其先决必具条件。昔佛住世，凡有求请出家者，以佛神力，须发自落，此为后世剃度制之滥觞。《百丈清规·剃度正范》云，当举刀时，维那师唱净发偈云：剃除须发，当愿众生，远离烦恼，究竟寂灭。唵，悉殿都，漫多啰，跋陀耶，娑婆诃。三举三和，偈毕停刀。是吾国比丘戒相，必须剃除须发明甚。今大作所造大师像皆有须（所见二尊皆同），实非佛制，与律不合。弟世障甚深，未识大师一面，然仰止之诚，与日俱积。昔年客蜀，曾请马一浮先生为函介见，而大师遽以寂闻，引为生平第一憾事。自见觉刊先生造像后，特走访此间大师往来最密之周孟由居士，询以大师先前究留须。承告，大师生前，虽偶留须，但因事未剃，决非有意蓄须也。周居士并言，渠于一日偶询大师同门某君，大师慨然曰，彼已蓄有长髯矣！周居士又尝见云栖大师有遗像，以质印光大师，师曰，此后人所妄为，非云栖本来面目也。净土宗且如是讲求僧相，况律宗大德，其敢方便出入耶？至吾国禅宗大德，间有须发髯者，实以生死事大，无常迅速，不暇修饰耳。若夫律宗，最讲戒相，绝不苟且从事。今先生既称大师为南山律宗第十一代律祖，而造像有须，恐非大师之意。大师生平，虽细事，必遵绳墨。曾见其致周居士代借续藏经书，凡麻绳包纸邮票，一并附来，其不苟如是。又尝闻觉华上人云，大师住持厦门南普陀时，严冬赤足，竟致龟裂，不能步行，群弟子环请纳履，不从。即此数端，足概其余。弟深惧造像留传后世，或有误解，影响佛法前途匪浅。盖蓄须之风，已盛行吾国今日之僧界，大有积非成是之观，用谨掬诚奉商。明知大作必有所本，然非大师本意，可断言也。未审尊意以为何如？敬颂著安。弟朱镜宙顿首　三六，十，十九。"见 1947 年 12 月 1 日《觉有情》半月刊第 8 卷第 12 号。朱镜宙（1890—1985），浙江乐清人，编辑，曾任国民革命军总司令部军需处副处长，兼任中央银行南京分行行长，居士，曾随侍虚云法师。

周年纪念日于杭州"，初收蔡惠明编，［上海］大雄书局 1948 年 2 月初版《永恒的追思》）。

作《赤心国》（童话）。

作《工毕》《中厨已断炊，无钱买灯烛》《水涨》《市头米价新来减，一醉瓷瓯四五钱》《深巷深夜》《挤》《小憩》《年年不带看灯眼，不是愁中即病中》《同学少年都不贱，五陵裘马自轻肥》《长安买花者》《大海沉沉》《名花庆国两相欢》《立马群山第一峰》《万方多难此登临》（漫画）。

在《新重庆》第 1 卷第 4 期发表《鸣机夜课图》（漫画，蒋士铨"鸣机夜课图记"拟图）。

11 月 1 日，致朱镜宙信，答复朱氏关于弘一大师画像的意见。为刊布此信，另有致陈无我信。①

在《儿童故事》第 12 期发表《明心国》（故事，标注为"小说"），漫画《儿童音乐大会》被用于该期封面画。

漫画《菊花会不会结馒头》用于《论语》第 140 期封面。

11 月 2 日，在《立报》发表《秋夜》（漫画）。

11 月 3 日，在《天津民国日报》发表《宜山

---

① 信曰："镜宙先生：蜀中一别，匆匆数载。今大法轮书局转下大札，读之深为惶恐。律主不应蓄须，弟甚赞善。惟当时画像百尊，根据各种照片，有蓄须者，有无须者。（编者按：丰先生原函于上句之旁注有'据生西前最近肖像'八字。）前者题'弘一法师遗像'，后者遵闽僧之嘱，题'南山律宗……'字样。《觉有情》所载，来示谓有须而题'南山律宗……'，必是当时误题。异日刊法师全集时，当为文更正也。来示保存，异日一并刊出，以明先生对于佛法之精严，及对于弘一法师之厚爱。专此奉复，即颂时祺 弟丰子恺叩 十一月一日"。按：丰信文中之"编者按"系《觉有情》编者所加。丰氏此函与上述朱镜宙函系丰子恺要求刊出。一同刊出的还有丰子恺致编者陈无我一短信："无我先生：示奉到。朱先生原信附上。乞即请将两信刊出，以代声明，则弟可不须另作声明矣。专此奉复，即颂道安。弟丰子恺扣"。见 1947 年 12 月 1 日《觉有情半月刊》第 8 卷第 12 号。陈无我，时任《觉有情》半月刊编辑。

遇炸——黔桂流亡日记之一》（日记，作于 1939年，文末署"二十八年七月二十一日于宜山"）。

在《立报》发表《光荣的残废，残废的光荣》（漫画）。

11 月 4 日，在《立报》发表《其所休息，即其所担负》（漫画）。

11 月 6 日，在《立报》发表《墙头草，风吹两边倒》（漫画）。

11 月 8 日，在《立报》发表《煮鹤焚琴图》（漫画）。

11 月 11 日，在《立报》发表《望梅》（漫画）。

11 月 16 日，在《论语》第 141 期发表《病中日记——选自黔桂流亡日记》（日记，作于 1939年，收入作者 1939 年 9 月 8 日、9 日、11 至 14日日记 6 篇，其中 9 月 14 日日记文末署"廿八年于广西思恩"）。① 有图《病态》，另漫画《同病》用于该期封面。

11 月 17 日，在《天津民国日报》发表《荒冢避警——黔桂日记之一》（日记，作于 1939 年，文末署"二十八年七月二十八日于宜山"）。

---

① 初收《缘缘堂集外遗文》，（香港）问学社 1979 年 10 月版。

11 月 21 日，致堵申父信，送还弘一法师纪念物。[1]

在《京沪周刊》第 1 卷第 15 期发表《丰子恺书画润例》。

11 月 25 日，在《天津民国日报》发表《绘事后素——黔桂流亡日记之一》（日记，作于 1939 年，文末署"廿七年六月三十日于宜山"。按：疑为"二十八年"之误）、《公道世间惟白发，贵人头上不曾饶》（漫画）。

11 月，在《儿童知识》第 17 期上发表《拿面包》（漫画）。

装帧画被用于（上海）儿童书局出版的黄河清、徐晋编著《儿童模范书信》封面。

12 月 1 日，在《天津民国日报》发表《逃难板——黔桂流亡日记之一》（日记，作于 1939 年，文末署"二十七年七月十六日于宜山"。"二十七年"疑为"二十八年"之误——引者按）。

在《觉有情》第 8 卷第 12 号发表《关于弘一大师造像（与朱镜宙通信）》（书信）。

在《儿童故事》第 2 卷第 1 期发表《姚晏大医师》（故事，附图《吐出一朵口涎，好似吐出一

---

[1] 此信见《丰子恺文集》（文学卷三），浙江文艺出版社、浙江教育出版社 1992 年 6 月版，第 449 页。信中曰："弘师纪念物，今送还，乞点收。生近拔牙，有一二个月不便出门，故今派专差送上。即颂崇安。"堵申父（1884—1961），又作申甫，名福诜，号屹山，别号冷庵，浙江绍兴人，丰子恺在浙江省立第一师范学校求学时的教师。曾就读绍兴大通学堂，毕业于浙江高等学堂。曾任浙江模范小学堂长、浙江两级师范学堂（1913 年改名浙江省立第一师范学校）书法教师和学舍监及浙江公立农业专门学校、浙江省立女子师范学校、上海仓圣大学、浙江大学教职。1924 年受当时浙江省教育厅厅长张宗祥委托赴北京董理补钞文澜阁残缺《四库全书》工作。1927 年 5 月至 10 月及 1931 年 5 月至 1933 年 2 月两度任浙江省余姚县县长，1936 年 5 月担任浙江图书馆设计委员会委员。著有《补钞文澜阁四库全书阙简记事》《绍兴学校教育志》《社会教育志》《东南纪胜》《秋瑾小传》《民国春秋》等。

口血，吓了一跳》），漫画《日历撕到底》被用于
该期扉页画。

漫画《钓得金鳌又脱钩》用于《论语》第
142 期封面。

12 月 7 日，在《京沪周刊》第 1 卷第 48 号上
发表《耕妇怨》（漫画）。

12 月 8 日，在《立报》发表《泄柳闭门不纳
鲁缪公图》（漫画）。

12 月 10 日，作《口中"剿匪"记》（散文）。

12 月 11 日，在《大公报》发表《我的第一本
书是什么》（自述）。①

12 月 12 日，在《立报》发表《脚踏两船，风
来浪里攒》

抗战胜利后的丰子恺

12 月 15 日，致广洽法师信，感谢其汇款接
济，赠画以报，并述及续作护生画事。②

12 月 16 日，在《立报》发表《明枪暗箭》

---

① 此为作者对本人"第一本书"的自述。文字如下："（一）《子恺漫画》。（二）最初，这些
画粘在我家的墙壁上。那时我家住在上虞白马湖。有一天，商务印书馆的编辑人郑振铎先生来我
家，把这些画那去，在文学周刊上发表，他们称之为《子恺漫画》。后来章雪村先生办开明书店，
我这些画就结集起来，交他出版，就名为《子恺漫画》。26 年冬，此书纸版在虹口被炮火所毁。我
在大后方重画一遍，仍交开明出版，现在名为《子恺漫画全集》分为六册，包括 26 年以前所作。
（三）现在我没有著画，故此项不能填写。"见《我的第一本书是什么（续完）》，载 1988 年 5 月 5
日上海《社会科学报》。丰子恺所述，原则上没有问题，但细节有误，如郑振铎取画的途径和地点
及《子恺漫画》的初版本等。特说明。
② 此信见《丰子恺文集》（文学卷三），浙江文艺出版社、浙江教育出版社 1992 年 6 月版，第
193—194 页。信中曰："前承汇款五十万元……屡次蒙汇款，（在重庆时赠赐，亦收到。）实甚感谢。
无以奉报，今写近作一图，随函奉上，留为纪念云耳。……近正作'护生画'三集，惟为生活工作所
碍，未能速成，大约明年必可刊印也。""画到南洋后，恐见者欲求，故附润例数纸，以广宣传。"

（漫画）。

漫画《鱼游沸水中》用于《论语》第 143 期封面。

12 月 20 日，作《新年忆旧年》（散文）。

12 月 21 日，在《京沪周刊》第 1 卷第 50 期发表《口中"剿匪"记》①（散文，作于 1947 年 12 月 10 日，初收《缘缘堂随笔》，人民文学出版社 1957 年 11 月版）、《蜀道》（漫画）。

12 月 22 日，作《拔牙记》（散文）。

12 月 24 日，叶圣陶作《题子恺所作画》诗。叶圣陶日记曰："余到店后作一绝，题子恺之画，将以为《中学生》杂志之赠品者。其画作元旦日合家穿新衣，大姊正为稚弟穿上之状。余诗曰：'深知天下犹饥溺，试着新衣色赧然。安得家家俱饱暖，眉梢喜溢过新年。'"

12 月 25 日，作《新年小感》（散文，作于 1947 年，文末署"卅六年十二月廿五日于杭州"）。②

12 月 26 日，作《贪污的猫》（散文）。

12 月，作《我的漫画》（散文，初收《缘缘堂随笔》，人民文学出版社 1957 年 11 月版）。请易昭雪医师看牙病。③

---

① 此文收录在浙江文艺出版社、浙江教育出版社 1992 年 6 月版《丰子恺文集》（文学卷二）时，文末文末署"一九四七年冬于杭州"。又，编者题注曰："本篇曾载 1947 年《东南日报》。"

② 此文今收浙江文艺出版社、浙江教育出版社 1992 年 6 月版《丰子恺文集》（文学卷二）。编者题注曰："本篇曾载《大美晚报》。"

③ 经许钦文介绍，丰子恺请易昭雪拔除坏牙。拔除坏牙且装上假牙后，丰子恺感觉甚好，并受拔牙启发写《拔牙记》《口中剿匪记》等，成了中国现代散文的名篇。

在杭州与子女立下"约法"。①

在《儿童知识》第 18 期上发表《买柿子》
（漫画）。

是年，作《四两送年酒》《一件春衫半月薪》
《雨雪三日而天不寒!?》《热山芋》《逐鹿图》《饥
寒教盗窃》《欲祭疑君在，天涯哭此时》《七旬谁
把小名呼，阿妹还能认故吾》《万姓厌干戈》《今
夜一岁，明朝两岁》《除夜生的小弟弟，第二天便
是两岁》《种瓜得瓜》《十年不归，路改家迷》
《号外》《乱世做人羡狗猫》《久住即为家》《童
匪》《小舟荡往芦深处》《江南秋》《留客题诗夜
煮茶》《儿童公园所见》《入狱大喜，不愁柴米》
《迷路的幼儿——"你家在哪里? 在妈妈那里"》
《官酱糟坊》《积雪没胫》《风扇》《呼尔而与之，
行道之人弗受》《蹴尔而与之，乞人不屑也》《"请
问寿字有几种写法?"》《染于苍则苍，染于黄则
黄》《同是抽丝，性状各别。蚕丝利人，蛛丝害
物》《村庄妇女体魄强，产后三朝上市场》《严霜
烈日皆经过，次第春风到草庐》②《柳下清座，似
约游人去》《孤帆一片日边来》《水阁珠帘斜卷起，
闲来停艇听琵琶》《人生长恨水长东》《新松恨不
长千尺》《饮酒看书四十年》《月似当年，人似当
年否?》《一陌纸钱三滴酒，几家坟上子孙来》《江
山不改人心在，宇宙方来事会长》《苑中衰草伴黄
昏》《笑问牵牛与织女，是谁先过鹊桥来》《落日

---

① 内容如下："年逾五十，齿落发白，家无恒产，人无恒寿，自今日起，与诸儿约法如下：
（一）父母供给子女，至大学毕业为止。放弃者作为受得论。大学毕业后，子女各自独立生活，并
无供养父母之义务，父母亦更无供给子女之义务。（二）大学毕业后倘能考取官费留学或近于官费
之自费留学，父母仍供给其不足之费用，至返国为止。（三）子女婚嫁，一切自主自理，父母无代
谋之义务。（四）子女独立之后，生活有余而供养父母，或父母生活有余而供给子女，皆属友谊性
质，绝非义务。（五）子女独立之后，以与父母分居为原则。双方同意而同居者，皆属邻谊性质，
绝非义务。（六）父母双亡后，倘有遗产，除父母遗嘱指定者外，由子女平分受得。"

② 丰子恺同题，所画形象不一的漫画甚多，后同。

残僧立水边》《一笑开帘留客坐，小楼西角听调筝》《凭君传语报平安》《掩鼻人间臭腐场，古来惟有酒偏香》《不是急来抱佛脚，为乘农隙去烧香》《自胡马窥江去后，废池乔木，犹厌演兵》《孟夏草木长》《草色长承垂地叶》《倦客求浆马求草》《多情月，偷云出照无情别》《大地沉沉落日眠》《二十四番花信后，晓窗犹带几分寒》《干戈丛里且垂纶》《南北路何长》《曲岸持殇，垂杨系马，此地曾轻别》《玉骢惯识西湖路，骄嘶过沽酒楼前》《记得那人同做，纤手剥莲蓬》《感时花溅泪》《何日平胡虏，良人罢远征》《闲临晋帖读唐诗》《卖花担上》《东风吹上终须落》《嘉兴写景》《为坐船而坐船》《他的收入比你爸爸多》《鹤与群鸡争食图》《置酒庆岁丰》《主人此中坐》《三旬九遇餐》《赏雪》《交通工具的古今中外》等（漫画）。

抗战胜利后的丰子恺

在杭应邀参加两次画展，每次展出两幅。一次是浙江美术会举办，一次是省民众教育馆举办，专为招待外宾。两次画展，唯丰氏的画每次被偷去一幅。为此，丰氏在报上发表《告窃画人》，公开召请窃画人来，愿为补题上款云。①

收胡治均为弟子。②

春，在上海与开明书店友人共同拟定弘一大师、夏丏尊纪念会计划。纪念会于是年秋在上海玉佛寺举办，叶圣陶主持，展出弘一大师和夏丏尊的遗墨、遗作和遗物等（未亲自参加）。

居杭州期间与《浙赣路讯》的副主编舒国华交游密切。丰子恺与舒国华有一合影，丰子恺记

丰子恺在杭州西湖

---

①　参见丰子恺《告窃画人》一文，收《丰子恺文集》（文学卷二），浙江文艺出版社、浙江教育出版社1992年6月第1版，第243页。

②　胡治均（1921—2004），浙江镇海人。早年在上海学生意，出师后为店员。因爱好书画，拜丰子恺为师。

曰:"胜利复员返傲,居西湖之滨与舒国华先生为邻。重九五日,天朗气清,相约摄影湖畔,聊代登高。子恺识　十月廿七日。"陈季侃有《丰舒合作诗画集序》:"诗三百篇,皆当时风土歌谣之作,降而为骚选,进而讲音律,藻饰弥工,天真斯漓;惟画亦然。古画先致力于造像铸鼎画壁,意在鉴戒,其后趋重布景写意,渲染为能,观感斯薄;是知文化造端,不作无益,虽艺能余事,亦求于人有益,而不求为人所玩,此诗画之所以可贵也。丰君子恺之画,夙负盛名,晚年专写现实,独辟蹊径,以当前景物,画现代衣冠,着笔无多,栩栩欲活;舒君国华,以文会友,以友辅仁,感哀乐于中年,借文艺以怡情;间喜咏诗,不假雕琢,自然清新;与子恺同居西子湖畔,羊何过从,既声音而气求,亦志同道合。每当酒酣耳熟,子恺辄写国华诗句,相视而笑,莫逆于心,积久寰然成帙;国华将付装池,问序于余。余惟潘画主题,至今以为美谈,彼徒以交谊使然,今兹两人所作,不求精工,自然天真,多写农村风趣与民生状态,白屋衡茅,三致意焉;诗既悱恻动人,画更发人深省,不独诗中有画,亦复画外有味,诚返真归朴,有益社会之作,而非潘王所可拟也。贤者当有颔于余言。"舒国华又有"东阳舒国华藏书画册"(即《省吾庐书画集》),叶恭绰题。丰子恺为该画集作了跋语,其中写道:"国华先生酷爱文艺,胜利复员后居西湖之滨,与余为邻,公余之暇于山色湖光中欣赏书画,引为世上乐事,其所搜集与日俱增,今选五十页付装。胜利冠春首,因再为作以代跋。"画册有叶恭绰、丰子恺、马叙伦、沈钧儒、张宗祥、陆维钊等名家书画,其中丰子恺画共7幅。其后又有《省吾庐书画二集》,越国题。内有丰子恺画14幅;《省吾庐书画三集》,王荣年题。内有丰子恺画1幅;《省吾庐书画四集》,宾鸿题。内有宾鸿山水画数幅，有丰子恺题为《莫言千顷白云好，下有人间万斛愁》等画6幅。丰子恺还与舒国华合作了《蓬莱诗画集》，叶恭绰题。内有丰舒诗画40幅。目前留存下来的丰子恺台湾题材的漫画作品，大部分就是由舒国华之子舒士安保存下来（其中胡治均也有两幅保存）。当时丰子恺分两次从台北将"台湾漫画"寄至杭州舒国华处。

在《觉有情》第8卷第19、20号发表《对太虚法师抱歉》（散文）。

在《东南日报》发表《口中剿匪记》（散文，文末署"一九四七年冬于杭州"）。

在《中苏日报》发表《妙龄缝穷》《邻家的米》《大道直为矢》《慈母手中线，游子身上衣》等（漫画）。

为《出塞曲》题书名，王凤仪封面设计。

为王维贤编著的《中学英语教科书》（共3册）作插图。①

漫画《填就香词无处赠，玉栏杆外教鹦哥》用于严中英著《观海楼诗稿》（线装本）扉页。

作《母亲说："两个都不好！"》《左桨右桨协力同向》《娇儿真命薄》《抗战儿子十年归》《观棋不语》《好染髭须事后生》《洋房四面是茅棚》《天涯静处无征战》等（漫画）。

看望居住在杭州里西湖的许钦文，见许家徒立四壁，遂赠与一张饭桌和四张凳子。

按：许钦文曾有《多才多艺的画家》（手稿），署名"钦文"录存于下，供研究参考：

我和丰子恺先生第一次见面，由于陶元庆的介绍。早在二十年代的一个假日，我从杭州到上海去看元庆，他正准备到丰先生的家里去，问我是否愿

---

① 此书后因故未出版。

意一道去谈谈。丰先生是他在上海专科师范读书时
的老师，每次谈到这位老师，他总是显得不胜钦佩
和羡慕的样子。元庆从小爱绘画，不过限于人物、
花卉的国画，正式学习西洋画是在丰先生的教导下
开始的；进步很快，不久就接连画出出色的西洋画
来。我原想找个机会去亲听这位不平凡的老师的教
言，就欣然同行。

丰先生的住室并不宽大，也没有什么华丽的装
饰品。可是一进去，我就得到了个舒适感，首先是
把写字桌放在采光最适宜的窗口。其余桌椅和笨重
的器具都有一定的位置。整齐而不呆板，多变化而
不失平衡，全室的气氛是统一的。这使我联想到了
元庆新有的习惯，即使是在旅途中，只暂时住几天
的，他总要把室内的器物移动一下，重行布置一
回，决不让狼藉的情况残留在他的眼前。他平常不
多讲话，往往别人对他说了三四句，他才回对一二
句。这时他对丰先生接连地提出问题，听了丰先生
的解答，他还要求补充。丰先生给他解释清楚了，
他又另提问题，有意无意地撇开了我。我也爱听他
们的谈论，有的闻所未闻，听得津津有味。我忽然
听到碗筷声，知道已经到了吃中饭的时候，连忙暗
暗关照元庆，站了起来告辞。丰先生竭力阻住，说
是在外面吃饭不便当，一定要在他家里吃了中饭
去。他家里吃素的人多，鸡蛋是吃的。他用一把铁
柄的裁纸刀一个一个地剖开鸡蛋，放在我和元庆的
面前，物薄而情厚，热情的招待，我如今记忆犹
新。丰先生比我小一岁，比元庆要小五岁。但他照
顾我们，既仔细，又周到，使我觉得他是亲密的大
哥，我和元庆都是他的小兄弟。这样认识以后，我
并没有和他常常见面。但我随时注意他的报刊上发
表的作品，他的随笔我很爱读。更使我注意的是他
的漫画。他认为依样画葫芦的只能算作画匠，不能
称为画家。照他的意思，画家要画出对象的精神面

貌来，而且要富有思想性和创造性。我国以前并没有像他的漫画。虽然国画中有叫做点缀人物的，但只用作山水画中的附属品。丰先生的人物，都是画中的主题体。古书上有画犬马难，画鬼魅易的说法。丰先生却说画犬马易，画鬼魅难。因为犬马有着现实的形象可以用作模型，加以变化就行。鬼魅没有现实的形象，要先暗中摸索，就麻烦了。鲁迅先生说：漫画可以夸张某一点或几点，但有一定的限度；否则变为虚伪、捏造，没有意思了。这两个说法，措词不同，站在现实主义立场上说话，却是一样的。丰先生于随笔、漫画以外，也擅长音乐，也擅长书法和诗歌等，各种艺术他差不多都拿手得起，可以称为艺术家。鲁迅先生是伟大的文学家，毛主席却在纪念他的会上这样说：他用一枝尖锐的笔把各种人的嘴脸都画了出来，简直是个高等画家。我觉得丰先生把随笔和漫画并用，抒情说理，也把民间疾苦和世态的不平等等都生动地反映了出来。不过漫画更有一种用意，就是文盲也能够看。他所画鲁迅先生小说的漫画，只《阿Q正传》一篇就有五十三幅，于一九三九年出版，十二年内就再版了十五次，其受大众的欢迎可想而知，扩大了鲁迅先生作品的影响也是可想而知的了。我总觉得丰先生的艺术当以漫画为主，所以称他为多才多艺的画家，丰先生曾经决意抱不教书，不讲演和不赴宴的三不主义。因为艺术要注重形象思维，教书讲演都要偏重逻辑思维，赴宴也是不免空耗时间的。抗日战争一开始，丰先生就忙于抗日宣传画，编抗日歌曲集，也就重行教起书来。解放以后，他首先发表了《百年难逢开口笑》，也就担任了上海美术家协会主席和上海中国画院院长等重要职务，简直成了社会活动家。元庆于一九二九年逝世，丰先生逝世也将十周年。我每次想念到元庆，总要联想起丰先生来。丰先生一生忠于艺术事业，在漫画和随

笔上大放光彩，造福社会不浅，实在是令人衷心钦
佩而羡慕不已的。1984 年夏于浙江医院

参与创办杭州私立明远中学。①

《妙龄》（漫画，作于 1946 年）在《读书通
讯》第 147 期刊出。

与于右任、吴稚晖、李石曾、许世英、吴铁
城、梁寒操、张道藩、谷正伦、谢冠生、邹鲁、叶
恭绰、丁福保、张太楼、袁希廉、柳亚子、姜丹
书、蒋维乔、居正、俞鸿钧一起在 1947 年《佛教
公论》复刊第 17 期上发表《弘一大师遗影集募印
源起》：

弘一大师俗姓李，名叔同，字息霜，为我国东
渡扶桑习美术之第一人，天才奇伟，凡诗词、歌
赋、书画、金石、音乐、剧艺、外语、数理，无所
不精，名重士林，举世钦仰，年三十九，悟人生无
常，毅然披缁为僧；复感佛教之不振，端在僧人之
无行，遂矢志弘律，以身作则，弘法护教，功德难
伦。大师自三十一年入灭以还，各方悲恸之余，先
后辑有永怀录、年谱、文钞、书简等等纪念之辑，
于是宇内私淑大师之人，以曩日既不获其亲教，得
此亦可稍解仰慕之忱，窃念：高僧事迹最能发人深
省者，莫过于摄影，兹者大师之弟子谢胜法居士，
竭四年心力，征得各方，搜集大师遗影，四十余
帧，自童年以迄圆寂，莫不具备，或半身，或全
身，或独摄，或共摄，或便装，或僧服，或室内，
或室外，或潇洒，或隽逸，或雍容，或肃穆，要□
令人一见低徊仰慕，倍生敬仰之心，同人等深佩谢
居士征集之苦心，复虑有散失之虞，岂可私置箱

---

① 参见毛微昭《名医叶熙春和杭州明远中学》，载 2012 年 6 月 9 日《联谊报》及 2007 年浙江大学附属中学 60 周年校庆纪念册《悠悠岁月》。

箧，而不公诸于世耶？爰发起募印弘一大师遗影集，俾鸿爪永留，遗容常在；惟制版印刷，需费殊巨，非少数人力所能举。久仰先生钦崇大师，为特述其因缘，发起募印缘起，请署台衔，牙作将伯之呼，则佛教幸甚，文化行甚，众生幸甚，是为启。

发起人

于右任、吴稚晖、李石曾、许世英、吴铁城、梁寒操、张道藩、谷正伦、谢冠生、邹鲁、叶恭绰、丁福保、张太楼、袁希廉、柳亚子、姜丹书、丰子恺、蒋维乔、居正、俞鸿钧　同启

按：《丰子恺文集》（文学卷三），浙江文艺出版社、浙江教育出版社 1992 年 6 月版，第 450 页录致舒国华函，注"约 1947 年底"。此信谈读舒氏《省吾庐吟稿》及润例等事。①

又：近年有致阮毅成信。参见 2014 年 8 月 27 日《人民政协报》载《一批史料信札亮相匡时夏拍》一文。

社会评价

《丰子恺苏州患肝气》，载《东南风》（第 38 期），1947 年 1 月 17 日。

王礼锡：《我们的读书生活》编者序，收《我们的读书生活》，神州国光社 1947 年 2 月版。

陈志超：《丰子恺访梅兰芳》，载 1947 年 3 月 2 日《申报》。

无　病：《徐悲鸿》，收《文人画像》，金星出版社 1947 年 3 月版。

---

① 此信见《丰子恺文集》（文学卷三），浙江文艺出版社、浙江教育出版社 1992 年 6 月版，第 450 页。信中曰："……嘱件当一一如命。近炉边读大作（《省吾庐吟稿》），每逢佳句，击节叹赏。二月份路讯画（一月照今函嘱），拟以大句作题……""贵友索润例，今先奉盖蓝章者数页。"舒国华，浙江东阳人，擅诗文书画，时任浙赣铁路局《浙赣路讯报》副主编。

文　友：《记丰子恺》，载 1947 年 4 月 11 日《中苏日报》。

瘦　舟：《略评丰子恺的漫画》，载 1947 年 4 月 17 日《华侨日报》。

吹　剑：《好花时节不闲身——由丰子恺先生赠画谈起》，载 1947 年 4 月 17 日《天津民国日报·民园》。

巴　雷：《小传》，收《丰子恺杰作选》，新象书店 1947 年 4 月版。

吴同宾：《和子恺先生文》，载 1947 年 5 月 27 日《天津民国日报·民园》。

黄忏华：《读丰子恺先生的〈怀太虚法师〉》，载 1947 年 5 月 28 日《申报·自由谈》。

善秉仁：《丰子恺》，收《文艺月旦》，普爱堂 1947 年 6 月版。

《台湾文化》1947 年 7 月第 2 卷第 4 期"文化动态"。

韦　其：《被冲淡了的仇恨——评子恺漫画〈又生画集〉》，载 1947 年 9 月 11 日《华侨日报》。

张究天：《"赤心国"归后的"一位军官"访问记》，载 1947 年 9 月 16 日《论语》第 137 期。

《游戏·本期发表聪明的答案》，1947 年《新儿童》第 15 卷第 5 期。[①]

天神：《丰子恺破戒吃荤》，载 1947 年《星期五画报》第 4 期。

《丰子恺先生的过去和现在》，载《读书通讯》1947 年第 147 期。其中有斯太妃：《一、春晖时代的丰子恺》（转载于该年 8 月 11 日《东南日报》）、山青：《二、访丰子恺及其新居》（转载于该年 10 月 21 日《益世报》）。

《丰子恺的特殊作风》，载 1947 年《南北》新

---

① 此为该刊的游戏答案页，公布猜谜谜底，其中"四、这是谁的姓名？谜底：丰子恺。"

12 期。

蔡惠明：《读〈为青年说弘一法师〉后》，载 1947 年《群觉》11 月号。

评论选录

无病：《徐悲鸿》

徐悲鸿的作风不同于丰子恺先生，丰子恺是用浓厚的线条，写柔美的情绪；徐悲鸿是以幽静的笔调，写刚健的题材。因此，丰子恺所写的是垂柳、飞燕、娥眉月，软软、瞻瞻和阿宝……徐悲弘则是奔马、啸虎、雄鸡。

如果丰子恺是词家风度的话，我想：徐悲鸿该说是诗人情绪了……

巴雷：《小传》

丰子恺先生……他是一位多方面有着卓著成就的作家——画家，音乐家，散文家。因为他底漫画饮誉文坛，颇多人只知他是一个漫画家，殊不知他的散文较之他漫画的造就更为精湛，除了风格的朴实，章法简明有力，跟他漫画具有同样的精神之外，在他的文章里更充满悲世抗世的慈爱精神，含有相当的教育意味，写来又出深入浅。尤其是描写孩子的生活与心理，堪称入木三分，与冰心先生的描写孩子有着同样的成功。

《台湾文化》1947 年 7 月第 2 卷第 4 期"文化动态"

丰子恺最近又有新的漫画出版，名"又生画集"，取"野火烧不尽，春风吹又生"之意，由开明书店出版。

天神：《丰子恺破戒吃荤》

漫画家丰子恺，是佛门居士，带发修心的和尚，他是圆净法师的弟子，并且是"胎里素"，从小不吃肉，猪肉，牛肉，羊肉，一概不吃，这是在抗战以前大家都晓得的事。

可是，在抗战时期的大后方，自幼吃素的恺居士，却破了戒，不但牛奶鸡蛋，大吃特吃，并且肥大的鱼，也吃了起来，虾仁更成为他的爱好品，当他在桂林长住时，日以肥鱼虾仁为餐，他不但不吃素，简直是吃得"没数"。①

《丰子恺先生的过去和现在》之斯太妃：《一、春晖时代的丰子恺》

丰子恺先生在春晖中学里担任音乐和图画，大家是不会感到惊异的，因为这两种课目，本是他的特长，但他也曾教过我们的英文，而且他的讲授英文，并不用教科书，却是他自己选，自己写的油印讲义，这样，所选的材料可以丰富些，范围也广泛些，很能适合我们的程度及兴趣，尤其那种细小的字体，会使我们爱之不忍释手。子恺先生的英文，完全是从自修中得来的，我们且看他翻译屠格涅夫的《初恋》，译笔是何等纯洁和流利，所以当时夏丏尊先生常对我们说："丰子恺先生真是全材，他能教音乐和图画，但他也能教英文和国文呵，只不过他已经担任全校的音乐和图画，我们不好意思再请他教别的了。"真的，他教英文，还是临时代课的，因为当时朱孟实先生还没有到校，他就不得不过渡一下了。

子恺先生在春晖时，爱穿一件灰布褂儿，但是这件褂儿穿在他的身上，又显得何等的清洁和洒脱！听说子恺先生在杭州一师时，还欢喜穿一套笔挺的西装，打上一个红色的领结呢，不过现在这位

---

① 　原文每段结尾无句号。录入时引者添补。

年轻的艺术家，已经骎骎的老了，不但衣服质朴，而且还在茹素，这真所谓"老归平淡"了。

他教书总是十分的认真，譬喻教木炭画吧，他会一个一个的跑到画架旁边来给你指示，修正。有一次他拿了一个骷髅来给我们作写生的对象，听说这个骷髅，还是他亲自到荒冢蔓草间去捡来的呢。子恺先生教音乐的方法也很特殊，当然，学一只歌，起初是由他领导着我们唱，后来他弹琴，我们唱，最后他会突然的离开了琴畔，跑到教室外面去，很远很远的听着我们唱，等我们唱完了，又急遽的跑回来，或者对我们说"很好！很好！"或者对我们说"某某应该改正"，总之，在他这样严肃和认真的态度下，假使我们再唱不好，子恺先生不会谴责我们，（他是从不责骂一个学生的，即使是一丝的怒容，也不可能在他的脸上找出来，）良心是会谴责我们的！

白马湖的湖水波动着，这是风在吹拂它，我们这帮学生的平静生活激动起来了，这是子恺先生在鼓荡着。他在校刊《春晖》上刊出的漫画，时常会润色我们平凡的生活，有一次，校长经亨颐先生特地请了吴稚晖先生来演讲，我们除了饱聆吴先生的诙谐的言论外，还在校刊上一读子恺先生速写的吴先生的人面像，寥寥数笔，惟妙惟肖，他还发起了一个"月光晚会"，每逢月儿团圆之夜，一群青年都坐在湖边的草野上，在柔和的月光抚摸之下，静听着同学们演奏音乐。记得有一个节目是子恺先生弹钢琴，另一位同学拉提琴，合奏贝多芬的《月光曲》，我们真有些迷糊了，不知是陶醉在天上撒下来的银色的月光呢？还是陶醉在他俩指头间撩拨出来的音乐中的月光呢？"月光会"还有其他的插曲，像朗诵一首诗，说一只幽默的故事，谁都舍不得踏着月色回到宿舍去。

子恺先生也有一座屋子，离开夏丏尊先生的

"平屋"不远，他取名为"小杨柳屋"。有时候，我们去访问他，他还煮些咖啡来款待我们，艺术家的屋子里，到处充满着艺术的意味，不论是一个书架，一块台布，一只烟缸，都留着子恺先生别出匠心的痕迹。后来子恺先生离开了白马湖，我们送他上车后，归途中，我还带着些惜别情绪的重跨进了子恺先生的故居，当然是"人去室空"了，地板上还遗留着些字纸，果壳，烟盒，书的残页之类。其中我特别神往于一只纸剪的燕子，因为我想起了这只燕子本来是贴在壁钟上的一枝短针上的，子恺先生曾经嫌那座自鸣钟太丑陋了，所以在钟面上贴些倒挂的柳条儿，剪一只大燕子贴在长针上，一只小燕子贴在短针上，发条开紧，两只燕子就追逐似的在柳条间穿来穿去，既美观，又不碍于实用，当时我对那只钟出神的欣赏过的，现在子恺先生走了，那只纸剪的小燕子，也许在整理行装的匆遽中，偶然把它遗落下来了，其实子恺先生遗留在白马湖的东西才多呢，他的高尚美的性格，他的对于艺术的热情，还遗留在几百颗年青人的心上，永远不会消逝，永远不会磨灭，我捡起了那只纸燕子，踏出了他的故居时，对着湖边的几颗临风弱柳，不禁怅然若失了。

《丰子恺先生的过去和现在》之山青：《二、访丰子恺及其新居》

居近葛岭招贤寺

门对孤山放鹤亭

"痛定犹思痛，家还是我家"，抗战胜利之初，多少怀着这样的悲喜莫名的心情往故乡跑的？但是回到故乡不久，又有多少人（自然，发胜利财衣锦荣归的不在此例），徘徊在庐舍荡然的废墟上，迷惘于历史的大转变中，而又感到"幻灭"的呢！

然而，洒脱如丰子恺先生，毕竟以"无处不

可寄一梦"的艺术家的人世观，化除一切有我执了。去年八月间，丰先生带着家属八九口人，从株守五六年的山城出发，绕道陕豫，抵达上海……

他的故居大约是毁于炮火中了。当无法觅得新居之时，他只能暂时寄住在里西湖畔的招贤禅寺里。因为他和住持弘伞法师有师叔侄之谊，他又吃长素，所以伙食也由寺里承包。后来在一次偶然山外散步的途中，发现在招贤寺右邻有一座稍嫌破旧的三合院出租，依山傍水，形势颇佳。他站在门前的石阶上望过去，不假思索地就吟出了"门对孤山放鹤亭"这样的诗句。他觉得很满意，依这房主人所提的条件：房屋自行修理，每月租费白米六斗，租了下来。

经过水木作的葺残补缺，粉刷一新，也花了两三百万元……今年四月搬了进去，闭门作画，晏居简出，连前湖都很难得去走走……

双十节那天，记者搭廿七次沪杭车赴杭，到杭州才清晨三点廿五分。在湖边坐等到天亮，当寻到靖（"静"字之误——引者注）江路九十八号，踏进半掩着的黑漆门，在堂屋里和丰先生欢然寒暄的时候，从湖面上反射进来的潋滟晴光，已经非常耀目了。丰先生萧闲慈蔼的容貌依旧，也许因为心境排拓得开的缘故，气色又显得比以前为丰润。

丰先生之所谓"雅致"，是士大夫修养和平民风格两者的糅合。以新居为例吧，庭除整洁，杂草不生，可是没有什么盆景之类的东西，点缀在那里。堂屋里，也不过桌、椅、茶具、收音机、纸做的收发信插和蠋叟写的一副对联，丰先生自己写的崔连玉座右铭挂幅数事而已。它们都很自然地占着一己的位置，而与周遭的气氛协调，使人一点不起沾滞的感觉。围墙外有几枝瘦树，叶子早已干枯脱落了，日光冉冉地通过那间隙，照射在方砖地上，空气像池水一样的澄澈。

谈了许久，他说起他拟好"门对孤山放鹤亭"那句下联后，想不出适当的上联来对他。有一天，章锡琛先生来看望他，就替他拟了一句上联，叫做"居近岳庙招贤寺"。"招贤寺"对"放鹤亭"，天然浑成，原是不错，可是，"岳庙"与"招贤寺"，却犯了叠床架屋的嫌疑。过了几天，章先生回到上海，把这付联语拿给叶绍钧先生看，叶先生把"岳庙"改做"葛岭"，只动了两个字，便成功了。

和丰先生在门前合摄一影留念后，我回转身来，看见黑漆门在阳光下烨烨生光，我就对丰先生说："那一副拟就的对联为什么不写出来贴在门上呢？"

丰先生微笑着回答说："我是怕游客误认为风景区，要跑进来张望呀！"

蔡惠明：《读〈为青年说弘一法师〉后》

弘一大师是丰子恺先生的老师。在学校里，他与子恺先生因画的关系，往还很多；即出家后，他们的"因缘"亦仍密切，所以丰君之与大师，可说知之最深，解之最切了。以这样人事上的条件写《为青年说弘一法师》的文章，似乎较一般与大师仅有"南社同文"或"曾经亲近"的因缘者详细得多，何况，作者对佛教的认识，亦是受于大师的熏陶，写佛法处，直截了当，绝无"隔靴搔痒"之虑。所以他对于大师认真至极的持戒精神肯定地下了一个寓意良深的结论说："模仿这种认真精神去做社会事业，何事不成？何事不就？我对于宗教上的事情，不可拘泥其'事'，应该观察其'理'"……

……

今年春间曾见到某先生在上海《文汇报》上发表过一篇文字，认为"李叔同先生是顶聪明的才子，但以后却显得糊涂起来，放弃了现成的教育家与艺术家不做，竟去干这遁世的和尚"。的确，许多人都为他惜，以为这样的人才，埋没于消极的，迷信的，暴弃的空门里，是不大值得的，当时"南社巨子"柳亚子氏父子的大捧曼殊上人就可为例。但这谬错的见解本文作者却有相当理性的辨正，他说："……一般所谓佛教，千百年来早已歪曲化而失却其真正佛教本意。一般佛寺里的和尚，其实是另一种奇怪的人，与真正佛教毫无关系。因此世人对佛教的误解越来越深。和尚大都以念经念佛做道场为营业。居士大都想拿佞佛来换得世间的恭敬，甚或来生福报。还有一班恋爱失败，经济破产，作恶犯罪的人走投无路，遁入空门，以佛门为避难所。于是乎，未曾认明佛教真相的人，就排斥佛教，指为消极，迷信，而非打倒不可，歪曲的佛教，应该打倒；真正的佛教，崇高伟大，高于一切！"……

　　……

　　总之，全文意简义赅……确是值得向各方推荐的。……

1948 年　戊子　51 岁

社会文化事略

1 月 30 日，印度圣雄甘地遇刺身亡。9 月 20日，中国雕塑艺术展在上海举办。12 月，中国图书杂志公司发行《中华民国三十六年·中国美术年鉴》。

生平事迹

1 月 1 日，订润例。①

在《天津民国日报》发表《新年忆旧年》（散文，作于 1947 年，文末署"三十六年十二月二十日于杭州西湖边"，初收《缘缘堂随笔》，有删改，改名《最可怜的孩子》，人民文学出版社 1957 年11 月版）。

在《儿童故事》第 2 卷第 2 期发表《斗火车龙头》（故事，附图《再过半秒钟!》），漫画《幼年失学》被用于该期扉页画。

在《立报》发表《胡调唱罢换新腔》《新希望》（漫画）。

---

① 润例曰："漫画（一方尺以内）每幅三十二万元。册页（一方尺）每幅三十二万元。立幅或横幅，以纸面大小计，每方尺三十二万元。（例如普通小立幅两方尺，即六十四万元。余类推。）扇面与册页同。指定题材者加倍，其余另议。书润照画减半。对联四尺三十二万元。五尺四十万元，六尺四十八万元。指定题材者加倍。其余另议。嘱件先润后墨，半个月取件，或寄件。漫画不须送纸，其余纸请自备，或附款代买亦可，外埠请附回件邮资。广告、祝寿、贺婚等字画，除特例外，恕不应嘱。中华民国三十七年元旦 丰子恺谨订　通讯址：杭州静江路八十五号。"见 2003 年 3月 15 日《美术报》第 4 版。

在《论语》第 144 期发表《拔牙记》（散文，作于 1947 年，文末署"卅六年十二月廿二日于西湖"，初收《缘缘堂集外遗文》，香港问学社 1979 年 10 月版），漫画《三十六年病里过》用于该期封面。

在《旅行杂志》第 22 卷第 1 期发表《愿君到处自题名》（散文，该期杂志为"正月热大号征文特辑"，此文为"第一题：车中人语"），附图《愿君到处自题名，他日知君从此去》（漫画）。

1 月 2 日，作《新年话旧》（散文）。

1 月 5 日，在《天津民国日报》发表《贪污的猫》（散文，附图《贪污的猫》，作于 1947 年，文末署"三十六年十二月二十六日于杭州"，初收《缘缘堂随笔》，人民文学出版社 1957 年 11 月版）。①

1 月 7 日，在《立报》发表《弟弟的新衣，爸爸的薪水》（漫画）。

1 月 11 日，在《京沪周刊》第 2 卷第 1 期上发表《闲》（散文）。

在《立报》发表《途有饿殍》（漫画）。

1 月 12 日，作《画存自序》（序跋）。

1 月 15 日，致广洽法师函，再次感谢汇款接济，表示以佛像奉报。并述及续作护生画事。书奉

---

① 此文又载 1948 年 1 月 16 日《论语》第 145 期。

蒼蔔院额并撰小联附奉。①

1 月 16 日，漫画《万姓厌干戈，三边尚未和。将军夸宝剑，功在杀人多》用于《论语》第 145 期封面。

1 月 28 日，致广洽法师函，述及为其作佛像、漫画，以及他人嘱画之事，并言及近况和续作护生画事。②

1 月 30 日，印度圣雄甘地遇刺。5 月，丰子恺敬绘一幅《圣雄甘地造像》，并题曰："捐己利群，舍身成仁。释迦以后，唯此一人。香花供养，为万世祈和平！"

1 月，在《儿童知识》第 19 期上发表《雪人自来》（漫画）。

漫画《新衣》彩印后折叠夹入《中学生》杂志内，赠《中学生》杂志订户（零售者无）。画上有叶圣陶题诗："深知天下犹饥溺，试着新衣色赧然。安得家家俱温饱，眉梢喜溢过新年。"

---

① 此信见《丰子恺文集》（文学卷三），浙江文艺出版社、浙江教育出版社 1992 年 6 月版，第 194—195 页。信中曰："十二月卅示前日收到。承汇一百万元，亦于昨日（一月十四日）收到。……唯有以佛像奉报。如有道友欲得供养，随时乞示，当即沐手写寄。'护生'三集尚未脱稿，大约须阴历明年春间完成。因弟为生活之故，每日少有时间作此净业，故成功较迟。但明春必须完成。李荣祥（圆净）居士曾久为筹款刊印。尊处如能捐募，更佳，多得款项，可以多印，广布流传，功德更胜也。""蒼蔔院额今书奉。并撰小联附奉，即乞哂收。"信中"蒼蔔院"，应写作"蒼蔔院"。为广洽法师在新加坡的念佛堂。

② 此信见《丰子恺文集》（文学卷三），浙江文艺出版社、浙江教育出版社 1992 年 6 月版，第 195—196 页。信中曰："前寄五十万，又一百万，及信，皆收到。……嘱释迦圣像及漫画，以及炯轩、竹轩、少炎、梦弼、曼士，树彦诸居士所嘱，皆当遵命，于下月中航邮寄奉。先此奉覆。国币壹仟万元，尚未到。到后再覆。屡蒙惠赐，受之甚愧。惟为生活所迫，亦只得领谢。""最抱歉者，复员后即思续绘'护生画'第三集。（弘师遗言，须画至六集止。弟誓必实行。）只因日日为生活而作画，至今竟尚未完成。但望今后半年内，必须完成。（近收件甚多，收入有余，开春生活当可安闲，即专心作'护生画'。）"

舒国华《东阳舒氏国华藏书画册》自印本发行，7 幅漫画被收入。

2 月 1 日，在《京沪周刊》第 2 卷第 4 期上发表插图一幅。

在《儿童故事》第 2 卷第 3 期发表《新年话旧》（故事，作于 1948 年，附图《"火炉头娘子踢一脚！"》《你是贼！》，文末署"三十七年一月二日作"）、《谁人不爱吃糕茶》（漫画），漫画《寒假同来外婆家》被用于该期扉页画。

在《立报》发表《混水好摸鱼》（漫画）。

漫画《百无是处老形骸，也曾头上戴花来》用于《论语》第 146 期封面。

2 月 2 日，在《星岛日报》发表《篱角梅初发》（漫画）。

2 月 3 日，在《立报》发表《"血腥气！"》（漫画）。

2 月 6 日，致宋慕法信，知女儿林先次子出生，甚喜，表示正在起名。后起名为雪君。①

2 月 10 日，作《新生》（漫画）。

2 月 13 日，在《立报》发表《三日不食的老妪》（漫画）。

2 月 16 日，漫画《摇钱树，到门来……》用

① 此信见《丰子恺文集》（文学卷三），浙江文艺出版社、浙江教育出版社 1992 年 6 月版，第 375—376 页。信中曰："阿先二日长信（女工事）及你四日信，同时（六日上午）收到。本定今午汇叁佰万元，作为'催生'。款未汇而孩已出世，真是喜出望外。""孩子我正在取名，不久寄你们。……"

于《论语》第 147 期封面。

2 月 16 日、17 日、18 日，在《星岛日报》连载《王老板的遗产》（散文）。又载同年 5 月《儿童故事》第 2 卷第 5 期，题名《银窖》。

2 月 21 日，作《读〈西湖古今谈〉原稿》（序跋）。①

2 月，《博士见鬼》由（上海）儿童书局出版。有《吃糕的话——儿童故事〈博士见鬼〉代序》（文末署"三十六年九月二十日子恺于西湖记"）。该集收：《博士见鬼》（有附图两幅）、《伍元的话》（有附图《粽子里有钞票》《麻子伯伯的窗》，文末署"三十五年十二月十三日于南京"）、《一篑之功》（附图《为山九仞，功亏一篑》《自流井》，文末署"三十五年十月十八日在杭州作"）、《油钵》（附图两幅）、《明心国》（附图两幅）、《生死关头》（附图《一个失手，索子圈飞也似的荡了开去》，文末署"三十五年十一月五日于上海作"）、《夏天的一个下午》（附图《公子章台走马》《屠沽市井挥拳》《老僧方丈参禅》《妓女花街卖俏》《少妇闺阁刺绣》《乞儿古墓酣眠》，文末署"卅六年七月二日于杭州作"）、《种兰不种艾》[附图五幅，文末署"三十六月（应系年字之误——引者注）五月二日于杭州作"]、《有情世界》（附图两幅，文末署"卅六年清明于西湖作"）、《赌的故事》（附图两幅，文末署"卅六年二月九日于西湖招贤寺"）、《大人国》（附图两幅，文末署"三十六年三月六日于杭州作"）和《续大人国》（附图两幅，文末署"三十六年五月三十日

丰子恺著《博士见鬼》书影

① 收风人（沈达夫）著《西湖古今谈》，大东书局 1948 年 4 月初版。

于杭州作"）。有插图 30 幅和封面画。①

在《儿童知识》第 20 期上发表《弟弟的新装》（漫画）。

作《胀，胀，胀！再胀要破了！》《哥哥拉，姊姊推，一双蝴蝶随车飞》《频年暗泪知多少，才得全家笑语温》（漫画）。

《永恒的追思——弘一法师逝世五年祭》由（上海）大雄书局出版。封面署"丰子恺、叶圣陶、施蛰存、杨同芳、傅彬然、钟吉宇撰"，扉页署"丰子恺等著"。收丰氏《弘一法师造像》（绘画）、《为青年说弘一法师》（散文）、《弘一大师全集序》（序跋）。

3 月 1 日，在《儿童故事》第 2 卷第 4 期发表《骗子》（故事，附图《大画家不说话，只是哈哈大笑》《大画家把奸计告诉了掮客》）、《楼上赏雪景》（漫画），漫画《门外小难民》被用于该期扉页画。

漫画《"爸爸不要去！"》用于《论语》第 148 期封面。

3 月 2 日，致舒国华信，为其诗句作二画赠之。②

3 月 4 日，作《猎熊》（童话）。

3 月 11 日，致广洽法师函，谓曾在信中将"蔔"字误写"葡"字，甚是抱歉。寄画十八件。表示润例自 4 月 1 日起调整。另述"护生画"第三集正在绘制中，希望出版以后设法寄新加坡广为

---

①　丰华瞻、殷琦编《丰子恺研究资料》（宁夏人民出版社 1988 年报 1 月版）第 489 页误注《博士见鬼》的出版时间为"1 月"。

②　此信见《丰子恺文集》（文学卷三），浙江文艺出版社、浙江教育出版社 1992 年 6 月版，第 451 页。信中曰："今日春晴，写大作佳句两图，（另一图，共三幅，聊以作三月份稿）其中'未圆'一幅，清丽辽廓，弟自鸣得意。今奉先生珍藏，可谓得其所哉！"

流通。①

3 月 16 日，漫画《入狱大喜，不愁柴米》用于《论语》第 149 期封面。

3 月 27 日，在《天津民国日报》发表《梳头》（漫画）。

3 月 28 日，作《义齿》（散文）、《湖畔夜饮》（散文）。

3 月 31 日，致舒国华信，以其诗句，再作二画赠之。②

3 月，《丰子恺画存》第一、二集由（天津）民国日报社出版。有自序《画存自序》（作于 1948 年，文末署"三十七年一月十二日于杭州"）。

在《儿童知识》第 21 期上发表《小弟弟种痘》（漫画）。

丰子恺《丰子恺画存》书影

作《折得一枝杨柳，归来插向谁家》（漫画）、《干戈丛里且垂纶》（彩色漫画）。

4 月 1 日，在《黄河》复刊第 2 期上发表《慈母与爱儿》（漫画）。

漫画《刑满不肯去，此去衣食虑》用于《论语》第 150 期封面。

---

① 此信见《丰子恺文集》（文学卷三），浙江文艺出版社、浙江教育出版社 1992 年 6 月版，第 196 页。信中曰："二月十九示收到。'蔔'字误写'葡'字，甚是抱歉。今另写大张寄上，乞收。前诸友嘱画，今日始全部完成。兹一并寄上，共十八件（另开细目单），乞一一收转为荷。润笔壹仟万元，已于二月廿七日收到。谢谢。又蒙赐汇壹佰万元，亦于今日（三月十一日）收到。屡蒙惠赐，收之实甚惭愧。""国内生活飞涨，民不聊生，来日甚可忧虑。弟笔耕生涯，草草尚能过去。润例自四月一日起，亦加调整（比前加一倍）。兹附奉数张，如南洋侨胞有爱拙画者，可请宣传介绍，惟不敢强求耳。近来为生活而作画，时间太忙，无有宏法事业，心甚惆怅。'护生画'第三集正在绘制中，但常常间断，故至今未能完成。出版以后，当设法寄新加坡广为流通也。"

② 此信见《丰子恺文集》（文学卷三），浙江文艺出版社、浙江教育出版社 1992 年 6 月版，第 451 页。编者注曰："约 1948 年"。信中曰："大作佳句，弟最喜此二者。今作画送上，此诚湖上胜缘，永传不朽矣……"

因物价飞涨，是日起调整润例，比旧例增加一倍。

作《毛厕救命》（童话）。在《儿童故事》第2卷第5期发表《银窖》（故事，附图《茴香豆》《羊肉》《西北风里》《掘银窖》），漫画《新同学》被用于该期扉页画。

4月2日，在《申报》发表《义齿》（散文，作于1948年，文末署"卅七年三月二十八日于西湖"，初收《缘缘堂随笔》，人民文学出版社1957年11月版）。

4月4日，在《京沪周刊》第2卷第13期发表《乘火车》（散文，作于1948年）。

4月5日，在《人生报》第2卷第17期发表《胀，胀，胀！再胀要破了！》（漫画）。

4月8日、9日，在《天津民国日报》发表《湖畔夜饮》（散文，作于1948年，文末署"三十七年三月廿八日夜于湖畔小屋"）。① 叙述该年春与郑振铎在西湖边丰宅内夜饮事。②

4月13日，致广洽法师信，述及法师元宵车中遇鸡刽子手而救鸡事可入护生画。又表示遵嘱作

丰子恺与幼子新枚在杭州城隍山上（摄于1948年）

---

① 此文另发表在1948年4月16日《论语》第151期。此文初收《缘缘堂集外遗文》，（香港）问学社1979年10月版。

② 此文又介绍二十余年前的一件旧事：曾在上海日升楼前遇见郑振铎。郑氏切切地希望丰子恺能与他一起去喝酒。于是他俩就走到了新世界对面的晋隆西菜馆的楼上，点了两客公司菜，外加一瓶白兰地。吃完后算账的时候，郑振铎对丰子恺说："你身上有钱吗？"丰子恺说有，并掏出五元钱付了账。第三天，郑振铎到江湾来看丰子恺，并摸出十元钱要还给丰子恺。他的理由是："前天要你付账，今天我还你。"丰子恺坚持不收，以为"帐回过算了，何必还我？更何必加倍还我呢？"但郑振铎坚持要还。正在二人推挪之际，坐在一旁的刘薰宇一把就抢过了这张钞票，说："不要客气，拿到新江湾小店里去吃酒吧！"于是大家赞成，号召了夏丏尊、匡互生、方光焘等七八个人，在小酒店里大吃一顿，待这张十元钱钞票吃完的时候，全体皆已烂醉。

佛像。①

4 月 14 日、15 日，在《天津民国日报》发表《毛厕救命》（童话，作于 1948 年万愚节，文末署"一九四八年万愚节于杭州作"）。又于 7 月在《儿童故事》第 2 卷第 7 期发表。

4 月 16 日，在《论语》第 151 期发表《湖畔夜饮》（散文，文末署"卅七年三月廿八日夜于湖畔小屋"）。记述农历三月廿八日 CT（郑振铎）来访事。漫画《春景》用于该期封面。

4 月 27 日，在《福建公教周刊》451 号"时事特辑"发表《一针见血》（散文）。

在《申报》发表《鸡抚群雏争护母，猫生一子宛如娘》（漫画）。

4 月，在《儿童知识》第 22 期上发表《春笋》（漫画）。

《读〈西湖古今谈〉原稿》（序跋，作于 1948 年，文末署"卅七年二月廿一日丰子恺读后记"）收大东书局出版《西湖古今谈》（风人著）。装帧画用于该书封面。

作《花不知名分外娇》《西湖之春》（漫画）。

漫画《新同学哭着"要妈妈"》被用于《儿童故事》第 2 卷第 5 期封面画。

作《南无地藏王菩萨》（佛像）。

在《妇女月刊》第 7 卷第 2 期发表《妈妈写

————————

① 此信见《丰子恺文集》（文学卷三），浙江文艺出版社、浙江教育出版社 1992 年 6 月版，第 197 页。信中曰："法师元宵车中遇鸡刽子手事，乃'护生'三集好题材，当取入画集。'护生画'第一集中有《老鸭造像》一图，乃弘一法师在轮船中所遇故事，大致与法师所遇相似也。""诸信善嘱造佛菩萨像，当一一遵嘱，稍缓寄奉。""关于'护生'第三集刊印事，已有李圆净、邬崇音（上海道德书局主人）相助。倘以后有困难，当再函请助。目下则不须动劳也。"

好了稿子去看电影》（漫画）。

春，作《游人争羡鱼能乐，惟有清泉为皱眉》《踏花人醉满山红》《未圆转比圆时好》（彩色漫画）。

5月1日，在《黄河》复刊第3期上发表《爸爸不要去》（漫画）。

在《儿童故事》第2卷第6期发表《猎熊》（故事，附图《原来是一只大白熊，坐在溪边饮水！》《父子俩每人抱了一只小熊，带回家去，好好抚养》，文末署"三十七年三月四日于杭州作"）、《五月旅行好》（漫画），漫画《东风紧》被用于该期扉页画。

漫画《生成势力狗，单咬破衣裳》用于《论语》第152期封面。

5月4日，致广洽法师函，感谢吴昭仁居士为"护生画"第三集发心出资，并言为防钱币贬值，拟先买纸张保存。①

率女儿陈宝、一吟、婿宋慕法为观梅兰芳演出专程抵沪，宿振华旅馆。

5月5日，在《幸福》第2卷第5期发表《夜深满载明月归》（漫画）。

《幸福世界》第2卷第5期刊出《丰子恺书画

丰子恺携长女、次婿在上海梅寓与梅兰芳（左二）合影（摄于1948年）

丰子恺携幼女一吟在上海梅寓与梅兰芳（左一）合影（摄于1948年）

---

① 此信见《丰子恺文集》（文学卷三），浙江文艺出版社、浙江教育出版社1992年6月版，第197—198页。信中曰："吴昭仁居士为'护生画'第三集发心出资圙三仟万元，功德无边！惟该书尚未脱稿（实因弟画件太忙，不能专心作'护生画'之故）。大约须夏秋间可付印。倘款汇来保存，到出版时必大打折扣。弟意收到后先买纸张保存，如此方不损失。如以为然，请其汇万叶书店（上海天潼路宝庆路三十九号）钱君匋转弟，由弟先出收据可也。承又赐五百万润笔，实不敢当。当多写佛像寄上广结善缘可也。鸡剑子手画已编入目次，尚未构图，稍缓当另绘放大一幅寄上补壁，令见者心生慈悲也。"圙乃当时"国币"二字的简写。

润例》。①

访梅兰芳。

5 月 6 日，作《为了要光明》（童话）。

致班侯函，谈及弘一大师绝笔"悲欣交集"
之含义。言拟写《再访梅兰芳》等。②

访夏声平剧学校。梅兰芳赴振华旅馆回访。

5 月 11 日，装帧图被用于该日香港《星岛
日报》。

---

①　全文如下："△漫画（一方尺以内）每幅八十万元。册页（一方尺）每幅八十万元，立轴或
横幅，以纸面大小计，每方尺八十万元。（例如普通小立幅两方尺，即一百六十万元。余例推。）扇面
与册页同。指定题材者加倍。其余另议论。△书例照画减半。对联四尺八十万元五尺一百万元，六尺
一百二十万元。指定题材者加倍其余另议。△嘱件先润后墨，半个月取件，或寄件。漫画不须送纸。
其余纸请自备，或附款代买亦可。外埠请附回件邮资。广告祝寿贺婚等字画，除特例外恕不应嘱。"
②　此信见《丰子恺文集》（文学卷三），浙江文艺出版社、浙江教育出版社 1992 年 6 月版，
第 455—457 页。信中曰："来信收到。所询诸端，意义深广，弟实未能正式答覆，姑就所感，从旁
略说。弘一法师偈句'殉道应流血'，记得其上一句为'云何色殷红'。此乃一首五言四句偈，其上
两句弟亦不能记忆，似是咏菊花者。作此偈时，弟已窜大后方，但传闻法师于炮火中过沪，对轰炸
及兵火，如同不闻不见，泰然处之。此偈似系彼时所作。但弟未敢确定。《弘一法师永怀录》中当
可查明。（此书上海佛学书局必有发售。弟所有一本，被友借去，故未能查。）但无论其为何时何地
所作，总之，此乃以菊花晚节傲霜之特性，象征殉教者之大无畏精神。来信言'弘一大师何以突然
会现金刚相呢？'弟以为此不足怪。弘一大师既皈依佛法，誓成正觉，则对生死早已置之度外，殉
教流血，其甘如饴也。弟略解此种心境，故深信不疑……""大师绝笔'悲欣交集'，足下以为悲是
'慈悲'之悲，欣是'载欣载奔'之欣，自是一种看法。弟之所见，则略有不同：弟以为此四字义
甚简明。与婆婆世界离别是悲，往生西方是欣。山川草木，宫室楼台，尊荣富贵，乃至亲朋骨肉，
在佛教徒视之，如昙花一现，皆幻象也，皆梦境也。梦中离别，亦有悲情。然若明知是梦（即拙著
《缘缘堂随笔》中之《晨梦》），则虽有悲情，乃是假悲，非真悲也。'假悲'二字，易被浅见者误
解为不道德，则宜改称'幻悲'，'虚空的悲'。盖与极短暂之幻象别离，本不足悲也。欣则是真欣。
涅槃入寂，往生西方，成就正觉，岂非最可欣之事？故弟以为悲欣交集四字，最简且明。佛子往生
时说此四字，实最为适当，最为得体。自古以来，高僧大德，未有能在往生时道出此四字者。于此
足证弘一大师之无上智慧。法师本是艺术家，做和尚亦仍是艺术家，故其一切生活，不但至真，至
善，又且至美。法师曾演话剧，亦曾唱平剧，均是好手。故其在人生舞台上，亦是好角色。其最后
一幕以此四字结束，何等适当，何等得体，何等圆满美妙！""至于四句偈中'花枝春满，天心月
圆'二语，来示所论，以宇宙间最美的境界来象征其圆寂，弟甚赞善。此乃借幻象中之花与月来比
喻真实。此又足证弘一大师始终至真至善而又至美，始终是一大艺术家。""《再访梅兰芳》一文，
尚在'怀胎'中，未曾'成形''堕地'。大约须再过若干日方可动笔。弟去春访梅氏，曾作文登
'自由谈'，今春又访，且又将作文发表。不知我者，以我为戏迷。其实并不如此简单。我看梅兰芳
戏，是戴了'宗教''艺术'的眼镜而看的……"班侯，居士。

5月12日，作《钱君匋徐菊庵金石书画展序》（序跋）。

5月13日，致广洽法师信，告已画成佛像12幅，并寄奉等。

5月14日，在《天津民国日报》发表《为了要光明》（童话，作于1948年，文末署"一九四八年五月六日于杭州"）。又于8月在《儿童故事》第2卷第8期发表。

5月16日，漫画《电车中》用于《论语》第153期封面。

丰子恺（右一）参观上海夏声戏剧学校（摄于1948年）

5月19日，在《立报》发表《流尽年光是此声》（漫画）。该年4月19日，香港《星岛日报》设"儿童乐园"副刊。是日（第4期）起定为周刊，被署为主编，并以"丰子恺题"或"子恺题"的书画作为报头。至1949年12月2日后，"儿童乐园"不再署主编名，但沿用丰子恺的报头至1952年4月24日，其间更换了四次报头设计。是日，在"儿童乐园"发表《为了要光明》（童话）。据统计，1948—1951年间，在"儿童乐园"共发表漫画132幅。1949年10月下旬后刊出的作品，多取《护生画集》第一、二、三集里的画作。而1948年、1949年间所发表的漫画，多以四幅一组的连环漫画为主。①

5月20日，在《立报》发表《淡化春山不喜添》（漫画）。

① 参见霍玉英《丰子恺"在"香港》一文，载《人间情味》一书，（香港）康乐及文化事务署编，2012年5月，第28—31页。

5 月 22 日，作《再访梅兰芳》（散文）。

5 月 25 日，在《春秋》杂志第 5 年第 2 期（5 月号、6 月号合刊）上发表《文艺的不朽性》（艺术评论）。

丰子恺在上海夏声戏剧学校演讲（摄于 1948 年）

5 月 25 日、26 日，在《申报·自由谈》发表《再访梅兰芳》（散文，作于 1948 年，文末署"卅七年五月二十二日，梅兰芳停演之日，作于杭州"）。

5 月 27 日，作《参观夏声平剧学校》（散文）。

5 月 31 日，在《申报》上发表《参观夏声平剧学校》（散文，作于 1948 年，文末署"卅七年五月廿七日于杭州"）。

作《介绍吴甲元的代辞字》（说明文）。

丰子恺（左四）参观上海夏声戏剧学校（摄于 1948 年）

5 月，在《儿童知识》第 23 期上发表《人少好吃食　人多好做事》（漫画）。

作《雪君初次画像》《雪君满三月》《雪君初到西湖》《圣雄甘地造像》《记得绿罗裙，处处怜芳草》（漫画）。

6 月 1 日，在《黄河》复刊第 4 期上发表《不费的恩惠》（漫画）。

在《儿童故事》第 2 卷第 7 期发表《毛厕救命》（故事，附图《大家吃蹄膀》《毛厕救命》《他的手表要在柱子上碰破了》，文末署"一九四八年万愚节于杭州作"）。

漫画《黄包车妻》用于《论语》第 154 期封面。

因物价暴涨，是日起再次调高润例（由每方尺六十四万元改为二百万元）。8 月又在 6 月的基础上增加四倍。

丰子恺与友人在西湖边留影

6月3日，在《申报》发表《介绍吴甲元的代辞字》（说明文，作于1948年，署"卅七年五月卅一日于杭州"）。

6月4日，在《申报》发表《钱君匋徐菊庵金石书画展序》（作于1948年，文末署"三十七年五月十二日于杭州作"）。

6月16日，漫画《我醉欲眠君且去》用于《论语》第155期封面。

6月23日，在（香港）《星岛日报》发表《讲我自己儿时的故事》（散文，原名《学画回忆》，曾载1935年3月15日《良友》第103期）。

6月26日，在《立报》发表《"我是妈妈生的，哥哥是爸爸生的，小椅子是大椅子生的。"》（漫画）。

6月，在《儿童知识》第24期上发表《养小鸡》（漫画）。

在《中学生》第200期纪念特辑发表《参天百丈树 原是手中枝》（漫画）。

作《"教山茶马上开花!"》《贫与萧郎眉语，不知舞错〈伊州〉》《忙中双鬓白，笑里一生贫》（漫画）。

在《妇女月刊》第7卷第3期发表《两个人吃一碗》（漫画）。

7月1日，在《儿童故事》第2卷第8期发表《为了要光明》（故事，附图《柴刀掉在井里了》《吸铁石掉在地板洞里了》《王木匠发羊癫疯了》《早上对你说过了，没有篙子》，文末署"卅七年五月六日于杭州"），漫画《人人爱明月》被用于该期扉页画。①

漫画《买得晨鸡共鸡语，常时不用等闲啼，山深月黑风雨夜，欲近晓天啼一声》用于《论语》第 156 期封面。

7 月 10 日，在《浙赣路讯》第 316 号发表《赠易昭雪牙医师》。致舒国华信，言未能题咏之意，并赠画一幅。②

7 月 16 日，漫画《瓜车翻覆，助我者少，啖瓜者多》用于《论语》第 157 期封面。

7 月 28 日，在《申报》发表《装牙经验谈》（散文，作于 1948 年 7 月，文末署"卅七年七月于杭州"）。

7 月，在《黄河》复刊第 5 期上发表《一枕新凉一扇风》（漫画）。

在《儿童知识》第 25 期上发表《题目模糊》（漫画）。

作《好风频借力，送我上青云》（漫画）。

8 月 1 日，在《儿童故事》第 2 卷第 9 期发表《讲我自己儿时的故事》（故事）。

漫画《兵气销为日月光》用于《论语》第 158 期封面。

8 月 14 日，致广洽法师信，表示将所收善款

<hr/>

① 此文又载 1948 年 9 月 12 日《京沪周刊》第 2 卷第 36 期。

② 此信见《子恺书信》（下），海豚出版社 2013 年 9 月版，第 201—202 页。信中曰："示及画早收到。近日事冗，迟报为歉。诸君合作作画甚佳。惟弟不善题咏，未能报命为歉。今另封璧还，乞婉谢之。大作诗篇颇有美意。弟近来杂事繁冗，诗画均甚荒疏矣……小画一幅，去年曾在报发表。近日原稿退还，特加款奉赠，以答雅意……"

换成黄金。又言瑞珪师及白居士画一并附上乞转。另述及国内物价暴涨之情形，不得已书画润例再次调整（比两月前加四倍）。①

8月16日，漫画《可爱的小耄手》用于《论语》第159期封面。

8月20日，在《申报》发表《弘一法师遗像》。

8月，开明书店出版《开明新编高级国文读本》，第二册收入《绘画与文学》（艺术论述）。

秋，作《西洋音乐知识》复刊序言（序跋，文末署"三十七年秋，子恺记于上海开明"）。

9月1日，《我的母亲》（散文，文末署"民国廿六年二月廿八日"）收入中国文化馆香港分馆出版的《我的母亲》。

漫画《家家扶得醉人归》用于《论语》第160期封面。

9月5日，在《京沪周刊》第2卷第35期发表《丰子恺书画润例》《沙坪的美酒》（散文）。

9月8日，应开明书店章锡琛之邀，率幼女一吟离杭赴沪，准备去台湾旅行。离杭州时，

---

①　此信见《丰子恺文集》（文学卷三），浙江文艺出版社、浙江教育出版社1992年6月版，第199—200页。信中曰："款三千二百万元，于八月二日收。除一千二百万为瑞珪师与白锡宏居士画润外，余二千万元即于是日兑换金子。（八月二日金价，每两四亿元，二千万元只兑得黄金五分。另附收条。）连前吴昭仁居士七千万，蔡西行居士一千万，法币数共为一亿。但黄金数，前二人之八千万兑得六钱二分（已有收条寄上），今二千万只得五分。共得黄金六钱七分也。""瑞珪师及白居士画，今附上乞转。近两月来，此间物价暴涨，达十倍以上。弟之书画润例，今后亦只得大加调整（比两月前加四倍），今附上三纸，请惠存。如有欲得者，请为分送介绍也可。"

《浙赣路讯报》编辑部副主任舒国华派车送至杭州火车站。

9月11日，与其他20余人在章锡琛家聚餐。

9月12日，在《京沪周刊》第2卷第36期发表《丰子恺书画润例》和《为了要光明》（漫画）。

9月13日，在郑振铎家接受宴请。

9月15日，《新法学》第1卷第3期发表《逍遥法外的小窃》（漫画）。

9月19日，在《京沪周刊》第2卷第37期发表《八年乱离草》（散文）。

9月26日，在《京沪周刊》第2卷第38期发表《八年乱离草》（续，散文）。

9月27日，与章锡琛一家搭"太平轮"抵台湾，在基隆上岸。

9月28日，抵台北，住台北中山北路一段大正町五条通7号文化招待所。在台北期间，游阿里山、日月潭。

9月，画作《努力惜春华》用于台北《创作》第5、6期合刊封面，并在刊中发表于1948年8月1日为漫画、书例所订的"书画润例"。①

在《妇女月刊》第7卷第4期发表《可爱的

丰子恺（右一）在赴台湾的太平轮上（摄于1948年9月）

丰子恺与幼女一吟在台湾阿里山观日出（摄于1948年11月）

---

① 该"书画润例"曰："画例：册页（一方尺）或漫画（不满一方尺）或扇面，每幅一千万元。（例如普通小立轴，二方尺，即二千万元，余例推。）指定题材者加倍。其余另议。书例：书例照画减半。对联四尺一千万元。五尺一千二百万元。六尺一千四百万元。指定题材者加倍。其余另议。先润后墨：半个月（若收件过多，则延至一个月）取件或寄件。漫画不须送纸。其余纸请自备，或附款代办亦可。外埠请附回件邮资。广告，祝寿，贺婚等字画，除特例外恕不应嘱。本例得随时调整另订。丰子恺谨言　通讯处：杭州静江路八十五号"。

小弄手》（漫画）。

10月1日，漫画《跌一跤，且坐坐》用于《论语》第162期封面。

10月3日，在《京沪周刊》第2卷第39期发表《八年乱离草》（续，散文）。

丰子恺与幼女一吟（左二）
及刘甫琴夫妇抱孩子在台湾阿里山
观日出（摄于1948年11月）

10月10日，作《海上奇遇记》（散文）。
为《中国人报》题写报名。①

丰子恺在台湾草山与章锡琛
（左）对饮（摄于1948年10月）

10月13日，晚8时至8时15分在台北广播电台作题为《中国艺术》的讲演。（有讲演稿，全文是："台湾同胞在过去五十余年中，一定看惯了日本艺术。日本一切文化源出于中国，其艺术亦只是中国艺术的一小支流。今天我就把中国艺术的伟大性为台湾同胞略说一番：世界艺术，分为西洋与东洋两大类。西洋艺术重'写实'：例如西洋画，大都画得形象逼真，与照相近似。东洋艺术重'象征'：例如中国画，但用线条表出人物的神气，与实际完全不同。西洋画是重形似的，东洋画是重神气的。前者好比话剧，注重背景，凡事逼真。后者好比平剧，开门骑马，只做手势；服饰脸谱，奇形怪状，而神情活现。所以西洋画的肖像容易使人误认为真人，而中国画则全不逼真：例如仕女则削肩细腰，寿星则头大身矮，山水则重重叠叠，像飞机中所见。然而美女与老翁的姿态的特点，山外青山楼外楼的诗

---

① 《台湾人报》于1948年10月正式创刊。创刊号的头一篇文章是吕正之所写的《说六百多万人要说要听的良心话》，谴责国民党当局不替台湾人民说话，更不为台湾人民办好事。刊物一发行，立即销售一空。此举激怒了当局，下令派武装警察查禁此刊。由于当局的禁令，《台湾人报》只出刊了这一期便被迫停刊。

境，神情活现在纸上。故西洋艺术有'冒充实物'的嫌疑，而中国艺术则坦白大胆，分明表出这是画。这正是中国艺术独得的特色。故中国艺术在世界艺坛，占有特殊的地位。二十世纪西洋画坛最主要的画风，叫做'后期印象派'。这画派的创导人自己说，是模仿中国艺术而创成这画风的。故中国艺术非常伟大。台湾天时地利都优胜，是理想的文艺领域。台湾的艺术同志倘能认明中国艺术的伟大性，而努力研究，一定能使中国艺术发扬光大。"）

丰子恺题报名的《台湾人报》创刊号

在台期间曾作《杵影哥声》《凤梨》《马路牛车》《拥被吃西瓜》《高车》《南国女郎》《阿里山云海》《台北双十节》《四时不谢之花》《流动饮食店》《莫言千顷白云好，下有人间万斛愁》《最高犹有几枝青》等漫画。

10月16日，致广洽法师信，表示因赴台湾，迟覆为歉。善款已收，并妥为为处理。刘英先居士以助币二十元索漫画，写"护生"大册页二帧，随此函附上，乞转。台北天雨，客窗清静，晨起写古佛颂一篇，寄赠上人。①

漫画《一眼开，一眼闭》用于《论语》第163期封面。

丰子恺（右二）在台湾草山与章锡琛（右一）及其家属合影（摄于1948年10月）

---

① 此信见《丰子恺文集》（文学卷三），浙江文艺出版社、浙江教育出版社1992年6月版，第200—201页。信中曰："弟九月十日离杭，来游台湾。故大示从杭州转台。到此后，应酬，游览，几无宁日。讲演，广播，亦甚忙碌。至今始得安息，迟迟报覆，至为抱歉。来示言十月十七赴厦门，今此信托叶慧观居士转，想可妥收。所寄汇之款助币一百十元，内三十元乃上人赐赠患病之小儿者，已受领谢谢。内陈锦云女居士四十元，王金珠女居士二十元捐印'护生'三集，已代收，（共助币六十元合金圆八十一元八角，换得黄金三钱正。饰金每钱廿七金圆。今另附收据。）刘英先居士助币二十元，索漫画，今写'护生'大册页二帧，随此函附上，乞为转寄。上人鸡剑子手之画稿，留存杭州，他日返杭，当即放大作一画寄赠。今日台北天雨，客窗清静，晨起写古佛颂一篇，寄赠上人，作为厦门寓室补壁之用。即请哂纳。……此次来台湾……又因台湾人士邀我来此开一画展。今正在预备，大约须十一月初开幕。弟在此尚有月余勾留。通信址为：台北中山北路开明书店。但杭州寓中，亦有收件人负责，迅速转寄信件。故寄两处均可收到也。"

丰子恺在台湾日月潭与幼女一
吟及高山族二公主合影（摄于
1948 年 11 月）

丰子恺（前排左一）在台湾
日月潭与高山族二公主等合影
（摄于 1948 年 11 月，前排左二为
章锡琛）

丰子恺在厦门南普陀后山与广
洽法师（右）合影（摄于 1948 年
11 月）

10 月 23 日，"台湾人报"题字用于是日出版
的《台湾人报》创刊号。

10 月 24 日，在《京沪周刊》第 2 卷第 42 期
发表《海上奇遇记》（散文，作于 1948 年 10 月 10
日，初收《缘缘堂随笔》，人民文学出版社 1957
年 11 月版）。此文又发表于 1948 年 11 月《论语》
第 164 期。

致郑子瑜信，赞同其为自己办画展，言润笔可
减收四分之一，以表微忱等。①

10 月，在《青年界》新第 6 卷第 2 期发表
《女人专家》（散文）。

装帧画被用于（上海）东方书社济东印书社
出版的张默生著《默僧自述》封面。

封面画和插图 28 幅被用于（上海）济东印书
社出版的［法］柏乐尔著，罗玉君译《青鸟》。

装帧画被用于（上海）春明书店再版的郑新
华编著《国民学校教师手册》封面。

在台北中山堂举行个人画展，遇女作家谢冰
莹。11 月 1 日，在《论语》第 164 期发表《海上
奇遇记》（散文，作于 1948 年，文末署"卅七年
双十节"）；漫画《慈悲的限价，延长猪猡的寿命》
用于该期封面。

在《儿童故事》第 2 卷第 12 期发表《台北双
十节》（散文，附图《台北双十节》，作于 1948

---

① 此信见《丰子恺文集》（文学卷三），浙江文艺出版社、浙江教育出版社 1992 年 6 月版，
第 458—459 页。信中曰："……弟近游台湾，此信从台北发。……《宇宙风》复刊，先生为在星洲
举行拙作画展，甚善。弟曾函告林翊重兄，（佛教会介绍片也寄林先生收。）谓润笔减收四分之一
（即七五折）略表微忱。……今尊嘱共百件，包括大小各种字画，今弟另开一单奉上，即请察阅。
如以为可，乞见示，当即动笔……"郑子瑜，南洋作家、学者。

年，文末署"三十七年十月十日于台北"）。

11 月 11 日，下午 3 时出席在中山堂贵宾室为其举行的欢迎茶会（在台北期间，曾与钱歌川、萧而化、刘甫琴、谢冰莹等交往）。①

丰子恺（右五）在厦门普陀山与广洽法师（右四）等合影（摄于 1948 年 11 月）

11 月 14 日，在《京沪周刊》第 2 卷第 45 期发表《蜀道奇遇记》（散文）。

11 月 20 日，致广洽法师信，介绍近况，拟赴厦门。此信托黎丁代付邮。②

11 月 23 日，率一吟乘"鹭江"号轮船离台赴厦门，住内武庙街 17 号友人黎丁家。③

11 月 24 日，与来自新加坡的广洽法师相会于南普陀寺，此乃通信 17 年后初次见面。凭吊弘一法师讲律遗址，作漫画《今日我来师已去，摩娑杨柳立多时》。④

丰子恺（前排左二）在厦门普陀山与广洽法师（前排左三）等合影（摄于 1948 年 11 月）

---

① 刘甫琴，（台北）开明书店经理。

② 此信见《丰子恺文集》（文学卷三），浙江文艺出版社、浙江教育出版社 1992 年 6 月版，第 201 页。信中曰："漫游台南山川，昨日返台北，获得大示，至为欣慰。弟现已开始物色舟机，日内即可动身。惟飞机登记不知何日成行，尚未确定。月底以前，想必可在厦门相见也。南普陀寺已开始传戒，法师有两月滞留，甚善。弟到厦后，住处未定。旧弟子黎丁君（内武庙街十七号），邀住其家，弟或住彼处，或住南普陀寺共数晨夕，均佳。""此信托黎丁君代付邮。"

③ 参见《丰子恺漫游台厦，再吊弘一法师墓——在佛教会演讲以未出家为憾》，载 1948 年 12 月 19 日《益世报》。文曰："名画家丰子恺赴台月余，饱览岛上名胜，上月假台北中山堂光复走廊公开举行画展后，稍事休息，料理行装，于十一月二十三日偕女公子一吟，乘'鹭江'轮船离台抵厦。"

④ 对于此次在厦门南普陀寺首次见面，丰子恺在写赠广洽法师的《弘一大师遗像》上的题词有记："先师弘一大师住世之日，与闽僧广洽法师缘谊最深，曾约余来闽相见，以缘悭未果。戊子之冬，余从台湾来厦门，适广洽法师由新加坡返闽南，相见甚欢，而大师已于五年前往生西方，余见广洽如见大师。临歧写大师遗像赠广洽师，即请于星洲苍葡院供养，以志永恒之追思。丰子恺客厦门。"

11 月 26 日，致广洽法师信，谈及善款处理事等。①

11 月 28 日，应厦门佛教协会请发表讲演，题为《我与弘一法师》（有讲演稿，初收《弘一大师逝世十五周年纪念册》，新加坡薝蔔院 1957 年 10 月版）。旋又应厦门大学请，发表讲演，题为《艺术的精神》。不久，丰氏赴安海，住水心亭。后去泉州，下榻玉屏巷"同乐会"宾馆。由黎丁、虞愚陪同，偕一吟凭吊弘一法师圆寂之地，坐在弘一大师生西的床上留影。参谒开元寺。在花巷民众教育馆举办个人画展，展出作品两百余幅。又在明伦堂文化界欢迎会上发表以《人生的三个境界》为题的演说，在泉州大光明戏院演讲《广义的艺术》。自泉州返厦门时曾在石狮逗留。

丰子恺在福建泉州弘一大师生
西床上留影（摄于 1948 年 12 月）

12 月 1 日，作《书画润例》。

在《儿童故事》第 3 卷第 1 期发表《南国女郎》（散文，作于 1948 年，文末署"三十七年写于台北"），同题漫画被用于该期扉页。

12 月 3 日、4 日、5 日，在厦门商会花巷民众举行画展。②

12 月 7 日，致郑子瑜信，言将在厦门过阴历年，谈书画百件等事。

① 此信见《丰子恺文集》（文学卷三），浙江文艺出版社、浙江教育出版社 1992 年 6 月版，第 201—202 页。信中曰："昨下午询此间开明书店，知上海开明托买之福建纸，为数不多，约值三四千金圆。弟已函告上海，请其以港币伍佰之数折合黄金，或在上海购港币伍佰元，交李圆净居士代存。尊处捐助'护生'三集印费之款，便中交弟收可也。（星期日蔡居士约会。）蔡居士请柬附上……"
② 1948 年 12 月 5 日《申报》报道："［本报厦门三日电］名画家丰子恺画展，今日开始在商会举行，会期三日，前往参观者约三千余人，三分之二为中学生及教职员，定购颇多，均为社会名流。丰氏定八日赴泉，泉州文化界昨日派到代表二人，前来欢迎。"

12 月 12 日，在《京沪周刊》第 2 卷第 49 期发表《书画润例》（作于 1948 年 12 月 1 日）、《我与弘一法师——卅七年十一月廿八日在厦门佛学会讲》（散文）。①

丰子恺与黎丁（左）及幼女一吟（右）在泉州弘一大师最后讲经处留影（摄于 1948 年 12 月）

12 月 16 日，漫画《釜底抽薪》用于《论语》第 167 期封面。

12 月 21 日，致郑子瑜信，谈更改画幅尺寸和数量事等。②

12 月 23 日，应王凤池邀请，偕虞愚、一吟等赴石码。在石码中学参加"石码各界欢迎丰子恺先生大会"，并发表讲话。③

12 月 25 日，返厦门。在泉州时，有人出示弘一法师转赠之丰子恺当年写给弘一法师"世寿所许，定当遵嘱"之信，回厦门后闭门作护生画 70 幅。

丰子恺（中）与幼女一吟（左）在泉州弘一大师最后讲经处（摄于 1948 年 12 月）

12 月 29 日，致王凤池信，为感谢其厚遇，写纪念品十余条寄奉。④

---

① 此演讲稿后收入《弘一大师逝世十五周年纪念册》，新加坡薝蔔院 1957 年 10 月版。

② 此信见《丰子恺文集》（文学卷三），浙江文艺出版社、浙江教育出版社 1992 年 6 月版，第 459—460 页。信中曰："十一月一日限价开放后，杭州即停止收件。故《宇宙风》之嘱，乃属特例，本不须斤斤计润。惟因弟近来笔债太多……故不得不严加限制耳。今尊示所云，书画改为二尺画四十，二尺字十，四尺对十，共六十件，补润一九〇港元。弟自当酌量遵行。惟弟拟将二尺画改为三十件（少十件），而二尺字改为二十件（加十件），如此画三十，字三十，亦成对比……"

③ 王凤池，石码电信局职工。虞愚（1909—1989），浙江绍兴人，从学于太虚法师，因明学家。

④ 此信见《丰子恺文集》（文学卷三），浙江文艺出版社、浙江教育出版社 1992 年 6 月版，第 463 页。信中曰："此次造访石码，多承诸公厚遇，至深感荷。今写纪念品十余条寄奉，请为分送，藉留后念。惟记忆不周，恐有遗漏。请吾兄来示提示芳名，以便补寄。至订画诸君，请缓十余日后一并寄奉……"

是年，作《题一九四八年除夕画》（诗）。①

作《"教太阳不要下去!"》《小家庭》《小父母》《"飞机"》《杵影歌声》《凤梨》《四时不谢之花》《高车》《南国女郎》《马路牛车》《拥被吃西瓜》《雪夜拉夫》《父老争言米价升，眉头更比去年颦》《孝与爱》《最高犹有几枝青——台湾阿里山巅三千年神木》《和平——孝卿女史拂暑》《树倒猢狲散》《门前溪一发，我作五湖看》《不宠不惊过一生》《九曲回廊自在香》《夜深满载月明归，划破琉璃千万丈》《家家扶得醉人归》《杨柳梢头，能有春多少?》《行乐直须年少，樽前看取衰翁》《轻舟小楫唱歌去，水远山长愁杀人》《落日解鞍芳草岸》《江南田地平如掌，何处登高望九州》《老夫有所爱，思与子为邻》《台北双十节》《大家动手，大家吃豆》《忍受暂时的痛痒，保你永久的健康》等（漫画）。

在《申报》发表《义牙》（散文）。

作《莫言千顷白云好，下有人间万斛愁》《小桌呼朋三面坐，留将一面与梅花》《好鸟枝头亦朋友》（彩色漫画）。

为泉州的晦鸣中学设计校徽。

社会评价

少　若：《关于〈贪污的猫〉》，载 1948 年 1 月 26 日《天津民国日报》。

风　人：《访丰子恺先生》，载 1948 年 2 月 26 日《申报》。

1948 年 2 月《台湾文化》第 3 卷第 2 期"文化动态"。

许钦文：《丰子恺先生的赤心国》，载 1948 年

丰子恺《今日我来师已去，摩挲杨柳立多时》一画

---

① 此诗见《丰子恺文集》（文学卷三），浙江文艺出版社、浙江教育出版社 1992 年 6 月版，第 759 页。

3 月 16 日《论语》第 149 期。

程　浩：《丰子恺及其"近作"》，载 1948 年 3 月 16 日《综艺》半月刊第 1 卷第 6 期。

少　若：《关于子恺画存》，载 1948 年 3 月 27 日《天津民国日报》。

许钦文：《小钞票的历险》，载 1948 年 4 月 1 日《论语》第 150 期。

《记丰子恺》，载 1948 年 4 月 15 日（香港）《星岛日报》。

石　陪：《音乐入门》，载 1948 年 5 月《开明》新第 5 号。

乐汉英：《记丰子恺》，载 1948 年 5 月《幸福世界》第 2 卷第 5 期。

张一渠：《题丰子恺漫画》，载 1948 年 7 月 29 日《申报》。

许钦文：《从镶牙齿看丰子恺先生》，载 1948 年 7 月 30 日《申报》。

许钦文：《丰子恺先生的猫叫一声》，载 1948 年 9 月 16 日《论语》第 161 期。

张一渠：《饯送丰子恺先生赴台》，载 1948 年 9 月 26 日《申报》。

维　山：《评〈漫画阿 Q 正传〉》，载 1948 年 10 月 28 日《华侨日报》。

莫　歌：《丰子恺给我的感受》，载 1948 年 10 月 24 日（台北）《公论报·副刊》。

东方既白：《丰子恺与曾卧石》，载 1948 年 11 月 12 日《申报》。

《丰子恺抵厦》，载 1948 年 11 月 27 日《益世报》。

《丰子恺在厦门举行画展》，载 1948 年 12 月 5 日《申报》。

《丰子恺在厦吊弘一法师——拟赴闽南搜求遗墨》，载 1948 年 12 月 7 日《申报》。

《丰子恺漫游台厦，再吊弘一法师墓——在佛教会演讲以未出家为憾》，载 1948 年 12 月 19 日《益世报》。

《丰子恺先生在泉州讲演特辑》，泉州学生出版社"学生丛刊"（油印），1948 年 12 月 20 日。

《浙江邮工》1948 年第 16 期"编后"。①

评论选录

程　浩：《丰子恺及其"近作"》

丰子恺其人，在中国文化界的名气不能不说小有一些，他早年去过日本，把许多日本人从西洋搬过去的一些艺术理论再贩卖于中国，其中多是中小学教材性的东西，又作了很多描写孩子们生活的趣味漫画，这些就是他后来出名的资本。丰先生是以广见称的，绘画是行家，音乐也是专材，散文也写得一笔。堪称为多才多艺的"艺术家"。

丰先生现在已经很老了，他早已留起了一把长须，据说他是信佛的，在动乱的时局下，也不能让这位老活菩萨过些恬静的生活，因此，如此晚年，还要耍起一枝秃笔，偶然的来感伤感伤。年来，在国内的几家报纸上，常见到丰先生的"近作"。暮年的丰先生，仍不失为一个多产者，听说这些"近作"又将印成专集。我们不知道丰先生对自己发表的"作品"也曾反问过"有什么意义"否？我们以为：一个作家，如果连创作意义都不曾考虑过，那是够悲哀的。从百多幅丰先生的"近作"中，我们看除一部分出世者，雅士们的感伤外，大多是"无病呻吟"，我不知道丰先生经济情形怎样，有些作品显然是按期塞责骗稿费的，毫无意义，如果有，那是冲淡仇恨，粉饰人生。

---

① 此"编后"仅一句话："本刊承丰子恺先生惠赐漫画增光不少，特此志谕。"

我们首先来看看他那些无病呻吟的东西：如一幅后面坐着一人，前面两人拱手而立，题为"告辞"。又两人扛了一块木板似的一幅题为"拉牵复唱歌"（没有一点劳苦表情）。一个女孩子般的面孔，全幅军装，两手高举者题为"抬望眼仰天长啸"。破屋前一个男子背了一个女人（不！应该是背拖了一个女人）题为"从医院出来"。一个大胖子右手提个包袱，左手提个箱子，后面两个人拉车（看不出什么车）以画中人的口气题为叫"黄包车！"诸如此类的很多很多，毫无意义，不知说明什么，这种素材性的东西，岂能成为作品，论技巧也太不够水准。编辑先生们也居然给刊出，真令人费解。

其次便是些粉饰太平，（吟）风弄月，卖弄"风雅"，如一瓶梅花，瓶右一枝燃着烟卷以"篱下梅初发，一枝轻折来，可怜心未死，犹向瞻瓶开"诗为题。又如一个和尚拿了一本大概是经书站在小山和水边，左边一个太阳，题为"落日残僧立水边"。一个庭院，一勾新月，题为"苑中衰草伴黄昏"。一丛远山和落日，近处一个人立于船头，题为"大地沉沉落日眠"。一个人拿着手（杖）走向半山小亭，题为"幸有我来山未孤"。这种题材也极多，这个时代，人民需要是什么，国家民族需要的是什么？作为名"漫画家"的丰先生，却关门去吟风弄月，自己"风雅"一番也就够了，还要发表，去麻醉，去消沉别人的思想，岂不是罪过？

再则便是那些悲哀，感伤，和现实的尾巴主义的东西，动乱的年月，偶然的触动了艺术家的"人性"，天良驱使他正视现实，可是由于丰先生的出身地位和处境决定了他，他看不到社会的深处，摸不到现实的本质，纷乱的，残酷的人生使他头晕，他皮毛的捉住了一二现象去悲鸣，去感伤，有时也标些俨乎其然的题目，可是一个血的场面，经过他轻描淡写出来，变成漠不关心，无所谓而为之的，从画面上引不起一点对敌人的憎恶与对弱者的同情，还是那出世者的一些小趣味的自我表现，不过一些笔墨的游戏而已，绝少能骚到人生的痛痒，相反的，却把莫大的仇恨给冲淡了，把无限的罪恶，轻轻的粉饰过去，让读者玩味着他的"艺术"。而那现实的问题淡忘。即如几个小孩在山头放风筝，题为"动风吹上终须落，不似人间物价高"以此来感叹生活艰苦，让当局见了，并看不到艰苦程度，让老百姓看了，也理解不到一个出路，大家只不过赞叹"丰先生幽默，比较得有趣"，大家同为一叹"艺术家"的本事而已。又如大概是兄妹和父亲三人立于一楼角，将玩具的飞机，坦克，大炮，兵舰……等全抛下池子，题为"这些玩具都不要"，作者大概是不要战争的意思。战争原则上固不需要，但求生的，民族的，自卫的战争不需要吗？我们能不要国防吗？所以战争是要分性质的，不能一概的反战，这画将给人以怎样的影响呢？

很多造成生活艰苦的罪恶源泉，丰先生却看不到，战争罪恶的因素他却弄不清，作为一个漫画家的这种无知，只有加深人间的罪恶。

再看看他的技巧吧！技术是为了托出主题的思想，只有把握了一个人物的典型，从他的身份，性格，知识程度，生活习惯等去加强主题的氛围，才能把主题的中心烘出，可是丰先生以他的风格，让人从国画境地去看他，则标榜新国画，不讲笔，墨。从西画去看则中国画不讲透视，解剖……因而便洋洋自得了，他的人物的面形，统统是一个圆圈，眉目口鼻，随意几点，如果不是女人的长发和老人的胡须则几无分男女老幼了，自然，粗壮，朴实的乡人，奸狡，油滑的商人，清苦忠真的文人，吹牛拍马逢迎的小人……在丰先生的笔下更是不去考虑的，身体统统是一个臃肿的大肚皮，身份不过是借服装来区别罢了。喜，乐，笑……等统统机械的把嘴角朝上一拉；愁，悲，哭也只单调的眉头一皱，眼角下拉，不管故事的差异，不管情绪的深浅，严格的说，从他的这些近作里我们怀疑他对于艺术理解的程度，恐怕他根本就不□一个典型的类型和个性的摄取，只不过鬼画桃符骗骗更外行的职业编辑而已。如在他一个圆胖的小伙子坐在一棵大树下的青草地的一幅，前面放着一个包袱，一把雨伞，题为"却羡蜗牛自有家"看标题知道是一个流浪者，他双眼望着树上爬行的蜗牛，可想见是叹自己无家可归，可是我们从画中人看去，他那悠闲而笑逐颜开的表情，活像一个春郊小游泰然的欣赏风光的模样，看不出一点主题的氛围，不怕作者把标题标得更动人，它给人的印象，还是无法勉强的，这种笑话在作者的作品里多得不胜枚举，我想这类东西作为一个中学生的成绩也该打不及格，出于丰先生，却能见于报屁股，又将印之专集，诚不知作者深夜思之也觉惭愧乎？（以上丰子恺诸近作见天津民国日报"民园"）

一九四八·三·五·北平

乐汉英：《记丰子恺》

早期漫画家，以"TK"署名的丰子恺先生，现在卜居于西子湖畔，过着颇清闲的生活。

岁晚游杭，曾访子恺先生，他住在水明山秀的西泠桥畔，位于静江路的中段。住屋虽不华丽，景色宜人，清静尤胜。推门外望，整个湖山之秀全收眼底，胜景可览无遗，屋后苍松翠柏围绕，门前湖水碧清，小舟荡漾，更为人恋。……朴实无华的生活，使他的精神更充实更饱满了，他显露着很愉快的心情，围着炭盆和我闲谈。

……抗战军兴，西迁巴蜀，于乱弹中不弃绘

事，以沿途见闻，逐日绘记于纸页上，以图画激动人心，从事抗战工作。

他是弘一法师李叔同的学徒，终年从师茹素，现再执教鞭于杭坛×校，暇时以书画自娱……

……

幼时曾读他绘制的一本的护生画集，图文并茂，书里的护生诗感人殊深……

最近向他求画的人日多，他拟在执教之余，恢复卖画，定有画例。此正是爱好"TK"作品的好消息，附为录闻。

许钦文：《丰子恺先生的猫叫一声》

至于《猫叫一声》，开头就说"不知为什么"，"无数的原因造成无数的结果"，人世间的事似乎非常奇妙。作者对于"大功告成"的期望是失败的了。记得鲁迅先生曾对人说："对于事情，从好的方面期望总是失败，从坏的方面推想却往往成功。""胜利"以后竟然这个样子，决非大功告成。作者丰子恺先生所期望是这样的失败了，只好以为凡事无非由于偶然。事出偶然本为作品所不取；但这对于现社会却是一个有力的讽刺。

莫歌：《丰子恺先生给我的感受》

丰师曾经画了那么多的儿童漫画、学生漫画，和社会漫画，这些作品曾感动了不少人，和给予了我同辈的青年不少诱导，使年青的心走向"真""善""美"的路。

1948年2月《台湾文化》第3卷第2期"文化动态"

省立师范学院于一月三日举行书画展览会，内容极为丰富，有章炳麟、蔡元培、陈治、沈尹默、沈兼士、弘一法师等名流之旧联，有丰子恺、徐悲鸿、陈树人等之名画。

《丰子恺抵厦》

[中央社厦门二十六日电] 名画家丰子恺偕女公子由台乘轮抵厦。据语记者称：渠此来系应挚友新加坡广洽法师之邀，并赴泉州寻觅其先师弘一法师遗迹，在厦将举行画展。

《丰子恺漫游台厦，再吊弘一法师墓——在佛教会演讲以未出家为憾》

[厦门航讯] ……

名画家丰子恺赴台月余，饱览岛上名胜，上月假台北中山堂光复走廊公开举行画展后，稍事休息，料理行装，于十一月二十三日偕女公子一吟，乘"鹭江"轮船离台抵厦。

……

一到厦门，即赴南普陀访广洽法师，并吊弘一法师坟墓与遗物。旋应佛教会之邀请，于上月二十八日在厦门市寿山岩演讲。是日前往者甚为拥挤。未讲前，寿山岩前后，早堆满人影，熙熙攘攘，密密层层，哄哄之声，宛若山寺宏钟，洋溢四周。迨佛教会同仁偕丰氏至，即告鸦雀无声……争睹丰氏风采。演讲会开始，首由佛教会负责人作简短介绍，继则丰氏登台，不作任何客套话，立即提出演讲题目："我与弘一法师"之后，就滔滔不绝的说出来：

……

"……人类生活可分为三种：第一种为物质生活，第二种为精神生活，第三种为灵魂生活……"

……

"……我今日仍逗留在第二层楼，不能随先生出家，而登最高峰，至为遗憾！"

略停顿一下，咽口茶，强调"道德人格重于

文章，艺术"之旨，并勖勉听众对此重视。

　　丰氏在厦，有一个月之逗留，为先答谢各方友人，决定在十二月三日，四日，五日连续三天举行画展。以后拟赴闽南一行，游览胜地，并搜集弘一法师之遗墨。

1949 年　己丑　52 岁

社会文化事略

1 月 21 日，蒋介石在南京发表"引退"声明，由副总统李宗仁代行总统职权。1 月 31 日，北平和平解放。4 月 23 日，解放军占领南京。7 月 19 日，中华全国文学艺术工作者联合会成立。9 月 21 日至 30 日，中国人民政治协商会议第一届全体会议在北平举行，通过《中国人民政治协商会议共同纲领》。10 月 1 日，中华人民共和国成立。12 月 10 日，蒋介石由成都飞赴台北。

生平事迹

1 月 1 日，在《儿童故事》第 3 卷第 2 期发表《杵舞和台湾的番人》（散文）。

漫画《悬崖勒马》用于《论语》第 168 期面。

赠广洽法师照片一张。

1 月 5 日，妻力民率次子、幼子从杭州迁厦门，长女已先在该地任教。

1 月 8 日，装帧图《梅花岭》被用于该日《苏北日报》。

1 月 10 日，致郑子瑜信，言决定书画尺寸、

1949 年元旦丰子恺赠送给广洽法师的照片

内容等，提供自著艺术书籍目录。①

1 月 14 日，与黎丁家同赁古城西路 43 号居住。

1 月 15 日，致广洽法师信，托法师带物品给郑子瑜，并述及已于 1 月 14 日迁居古城西路 43 号，准备作"护生画"，将来所作原稿，复绘一份，寄蒼蔔院保存。②

1 月 16 日，漫画《舜之弃天下，如弃敝履也》用于《论语》第 169 期封画。

丰子恺在厦门古城西路丰寓与
广洽法师（左）及幼子新枚合影
（摄于 1949 年初）

1 月 18 日，致郑子瑜信，谈所嘱 64 件书画已交广洽法师带至新加坡等。

1 月 21 日，致常君实信，言正在绘"护生画"第三集，作"护生画"期间，不发表润例，亦不收件等。③

　　① 此信见《丰子恺文集》（文学卷三），浙江文艺出版社、浙江教育出版社 1992 年 6 月版，第 460—462 页。信中曰："……书画定为二尺画三十，一尺画十，二尺字十，四尺对十，当遵命。""……计关于佛及罗汉等者十幅，海景、湖景、山景，约二十幅，诗趣者约十幅……""……林从周张文奎二先生册页画，亦当一并奉寄。弟元旦起谢绝收件……""……弟关于艺术方面著作，有数十种，手头无书，难于全部记忆。如需现行普通者，则有下列数种……"
　　② 此信见《丰子恺文集》（文学卷三），浙江文艺出版社、浙江教育出版社 1992 年 6 月版，第 202 页。信中曰："今又有一小包，敬烦带星洲，去信请郑子瑜君来领取。费神谢谢。""弟已于昨日迁居古城西路四十三号。稍事整理，即将开始作'护生画'。将来所作原稿，当复绘一份，寄蒼蔔院保存。"
　　③ 此信见《丰子恺文集》（文学卷三），浙江文艺出版社、浙江教育出版社 1992 年 6 月版，第 439—440 页。信中曰："十二月十二示早奉到。仆游泉州、漳州，故迟迟未报，现因遵弘一法师遗嘱，绘制'护生画'第三集，故已在厦门暂租一屋，租期四个月……""在作'护生画'期间，暂不收件，润例亦不发表。故来示欲为登载，即请暂为作罢。好意谢谢。"

致叶公绰信，恳请为"护生画"题字。①

1 月 24 日，致觉星法师信，表示不擅绘人像，但绘佛菩萨像可以应嘱。②

1 月 26 日，致王凤池信，言润笔已收到，有关书画亦已寄出，并表示因专心作"护生画"，四月一日前无润例。③

1 月，插图收（上海）开明书店出版叶圣陶编著《幼童国语读本》（1—4 册）。

2 月 1 日，致广洽法师信，告知"护生画"三集稿已成一半，大约一二月后可以完成。寄上新作诗稿，拟将法师去岁买鸡放生之事一画放在最后，与弘一法师老鸭造像相同。又述及国内时局恶化，

---

① 此信曰："……先师弘一上人住世之日，曾嘱在彼七十岁之年，画护生画第三集（共七十幅），今年适为上人七十冥寿之年，弟子厦门暂借一屋，正在绘制，预计三四月间可以绘毕，该画集已出之第一、二两集，其文字均由弘一上人亲手书写，今法师已生西方，弟前在沪上与诸友计议，今后惟先生能继其事，故为启请，不知能蒙俯允否？此第三集共画七十幅，书亦七十幅，每幅或诗一首，或文数十字（与第一、二两集相似），原稿如此纸大小即可，如蒙允可，画成后弟当携稿亲诣广州奉谒，先将画稿请加斧正，再求书写也。法师原意，欲刊出六集，五十岁时刊第一集（五十幅），六十岁时刊第二集（六十幅，以上两集已出），七十时第三集（七十幅），八十时第四集（八十幅），九十时第五集（九十幅），百岁时第六集。此愿甚宏，弟拟竭尽绵力，达成其志也。四、五、六集拟提早绘制，恐十年一集为弟之世寿所不许也……"叶公绰（1881—1968），广东番禺人，词学家、书画家，曾任北洋政府交通总长。

② 此信见《丰子恺文集》（文学卷三），浙江文艺出版社、浙江教育出版社 1992 年 6 月版，第 466 页。信中曰："惠示敬悉。岷埠刘校长嘱绘玉照，此道弟不胜任，故向不画像。尚乞代为婉谢。佛菩萨像可以应嘱……"觉星法师，厦门南普陀和尚。

③ 此信见《丰子恺文集》（文学卷三），浙江文艺出版社、浙江教育出版社 1992 年 6 月版，第 463—464 页。信中曰："昨沈君送来大札并润笔四百元已收到。宝华嘱书，今晨草就寄上乞收转。前函及五百金早收到。其画已于前日连同其他诸件（共约二十件一厚包）挂号寄上，想蒙收转。……前承询最近润例。弟因二三两月作'护生画'第三集，故对国内暂不公开发表润例……拟于四月一日再订新例……"

并言郑子瑜将在星洲举行之画展与己无直接关系。①

漫画《万里征人罢战归》用于《论语》第170 期封面。

2 月 14 日，1 月 21 日致叶恭绰信发表在 1949 年 2 月 14 日《浙赣路讯》第 499 号，题名为《厦岛归鸿——关于护生画集的一封信》。

丰子恺在厦门古城西路丰寓与幼女一吟在一起（摄于 1949 年初）

2 月 16 日，漫画《削足适履》用于《论语》第 171 期封面。

致郑子瑜信，询问书画是否取得，谈《宇宙风》复刊、画展书画等事。

3 月 1 日，丰氏自订"以画易米"润例。
致李圆净信。

在《觉讯》第 3 卷第 3 期刊出编者按语，介绍丰子恺的艺术论著。② 同期《觉讯》刊出致李圆净函，谈及《护生画三集》编绘等事。同时刊发

---

① 此信见《丰子恺文集》（文学卷三），浙江文艺出版社、浙江教育出版社 1992 年 6 月版，第 202—203 页。信中曰："'护生'三集稿已成一半。大约一二月后，可以完成。今将新作诗稿附上，乃关于法师去岁买鸡放生之事者。（此幅放在最后，与弘一法师老鸭造像相同。）其画则尚未成。日后再将画稿寄上。'护生'三集完成之后，弟返沪或赴港，今日尚未能定。国内时局恶化，和谈甚无把握。各地物价飞涨。阴历年关一过，此间物价上涨达五倍左右。（敝寓至南普陀人力车，单次已需一百元。米价已达八百元。）来日生计，不堪预料也。""再：前托带郑子瑜居士书画三包。彼将在星洲举行画展。但此画乃彼出钱购去，增加价格，在星洲展览求售，将以所赢得之钱办杂志者。故此展览，非弟所自开，与弟并无直接关系。"

② 按曰："按丰氏为我国第一漫画家，兼精音乐，书法，文学，具全能之艺术天才。曾任开明书店编译，浙江大学教授等职。译有《现代艺术十二讲》《艺术概论》《孩子们的音乐》《生活与音乐》《音乐的听法》等。其创作有《子恺漫画》《护生画集》《再生画集》暨《音乐入门》《名画巡礼》《近世十大音乐家》《西洋美术史》《缘缘堂随笔》《缘缘堂自笔》等，不及备裁。早岁负笈于杭州第一师范，曾从李叔同教授习艺术，复赴日深造。后李叔同氏出家为僧（即今万人崇仰之律宗大德弘一法师是也）。丰氏亦复从之受三皈为佛门弟子。师生情谊素笃，迄今同传为艺林佳话。丰氏持长斋，时绘佛像送人结缘。且作《护生画集》以勉人戒杀放生蔬食。观者触目惊心，收效殊宏。所作小品散文，清新隽永，恒寓佛理于其中而无说教色彩，令阅者潜移默化……"此按语中所谓的《再生画集》当为《又生画集》；《名画巡礼》当为《西洋名画巡礼》；《缘缘堂自笔》当为《缘缘堂再笔》。

李圆净 11 首护生诗。诗后又附丰子恺的附记。①

漫画《打驴子给马看》用于《论语》第 172
期封面。

封面画《朱颜今日虽欺我，白发他年不让君》
用于《觉有情》第 10 卷第 3 期封面。

3 月 4 日，致舒国华信，言今接叶遐老来覆，
允写护生画第三集诗文，转赠叶氏手迹，欲下月赴
香港，与遐翁面谈。②

3 月 6 日，致苏慧纯信，谈及《护生画三集》
的编绘及拟赴香港等事。③

---

① 此信《丰子恺文集》（文学卷三）未收。全文如下："圆净吾兄：久未通问。弟去秋旅台
湾，一住两月，而大局剧变。遂转道闽南，访弘一法师故居及其生西处。闽南人士受法师感化极
大，佛法空气十分浓厚，对弟之来，亦竭尽欢迎。因念今年，法师七十冥寿，法师住世时，曾与弟
约，彼七十岁时作护生画三集七十幅（第一集五十幅，二集六十幅），八十时作四集八十幅，九十
时作五集九十幅，百岁时作六集百幅。其信犹存。弟今来闽南，适逢其时，遂在厦门暂租一屋，
（址为古城西路 43 号，租期六个月，大约五月归去），专为绘制护生三集，今已完成三分之一矣。
在厦开一画展，卖画所入，足供半年薪水之资，幸得放心作此'净业'，亦乱世之美事也。其诗大
半选古人作，小半只得由弟自作（托人每不合意），今抄录自作数章奉上，如有佛教刊物要稿，可
先发表之。画则尚在起稿中，大约四月中必可完成。即颂时安！弟子恺叩　四月中旬完成护生画
后，即离厦返沪，或赴香港一行，未定。弟杭州寓中仍有家人留居。"丰子恺在李圆净护生诗后的
附记曰："弘一法师住世之日曾与余约，法师七十龄时绘写护生画第三集，共七十幅。今年正为法
师七十'冥寿'。余于元旦开始绘制。预计三个月完成。以上乃对照用诗之一部分。己丑元宵子恺
记于闽南。"

② 此信见《丰子恺文集》（文学卷三），浙江文艺出版社、浙江教育出版社 1992 年 6 月版，
第 452 页。信中曰："今接叶遐老来覆。其原信附上。倘爱其手笔，即请保藏，弟不喜收藏，看过
即废也。遐翁年已六十九，弟以'护生'书写工作相烦，实甚不该。今彼慷慨允写，足见好善之
深。下月弟当赴香港，与遐翁面谈……"

③ 此信见 1949 年 4 月 1 日《觉有情》第 10 卷第 4 期，题为《与苏慧纯居士》。全文如下：
"慧纯道兄：三日示奉到。弟作护生画三集，今已将半，大约四月底可完成。五月初即携赴香港，
请叶恭绰老居士书写。（诗文皆选古人作或由弟自作，叶居士专事书写，因彼来信言，衰老不耐构
思作诗故也）五月底约可携全部书画稿返上海。尊处发心刊印，功德甚深。届时弟当将稿面奉，并
面商刊印之事。第一二集流通甚少，各地均购请不到，（开明书店亦无力再印）能得吾兄宏愿，使
三集一同行世，诚未劫之异彩也。觉刊寄杭州者，皆由家姊（亦皈弘一师）收阅保存。弟离杭游
台湾闽南，出门已四月余，尚须两月方可返杭。在途中亦时得阅读。今寄上醒世画二，可聊作书面
之用。觉刊以后仍寄杭。因弟旋迹不定。反而易损失也。即颂道安　弟丰子恺叩　三月六日。"苏慧
纯，福建晋江人，曾经商于南洋，后任大法轮书局编辑，出版《觉有情》杂志。丰子恺《护生画三
集》于 1950 年由该书局刊印。

丰子恺像

3月8日，致广洽法师函，述及善款收悉和处理办法，吕依莲女居士嘱画，不日寄上。"护生画"三集已绘好一半，大约四月底完工。拟于5月初到香港，面请叶恭绰老居士书写，然后在香港或上海付印，大约夏天可以出版。①

3月15日，致郑子瑜信，谈书画及护生画三集之进展、"宇宙风结缘画"等事。

3月16日，漫画《城门失火》用于《论语》第173期封面。

题刊名"春风"被用于《春风》杂志第3卷第9期。②

3月26日，致广洽法师信，寄上吕依莲女居士所嘱画一幅，乞收转。定于3月31日赴港，请叶恭绰先生书写"护生画"诗文。四月下旬返上海。③

3月28日，致郑子瑜信，言书画已寄出等。

4月1日，在《觉有情》第10卷第4号发表

---

①　此信见《丰子恺文集》（文学卷三），浙江文艺出版社、浙江教育出版社1992年6月版，第203—204页。信中曰："三月一日示及汇票港币壹百五十元，外金圆四百元，收到谢谢。法师患恙，想早已痊愈。至深企念。郑子瑜居士之画，彼来信言三包均已收到，费神谢谢。吕依莲女居士嘱画，不日当寄上。所赠润笔，已领受谢谢。""朱西阳等九居士捐助'护生画'印费港币壹佰元正，已代收。将来出版时，将芳名刊入册中。'护生画'三集，弟已绘好一半。大约四月底可以完工。五月初即到香港，面请叶恭绰老居士书写。然后在香港或上海付印。大约夏天可以出版矣。将来画毕，当将余多之画稿寄上，留作纪念。""弟定于五月底离厦门返杭州。六月一日以后通信址，仍为'杭州静江路八十五号'。""厦门南迁客甚多，生活因此高涨，比杭州高近一倍。故弟不能久居，五月初游香港，五月底即返杭州也。"

②　仅见该期，其他各期是否刊用不详。有资料表明，该刊自1948年10月起，即第3卷第1期起由丰子恺题签。参见张伟著《尘封的珍书异刊》，百花文艺出版社2004年1月版，第216页。

③　此信见《丰子恺文集》（文学卷三），浙江文艺出版社、浙江教育出版社1992年6月版，第204—205页。信中曰："今寄上吕依莲女居士所嘱画一幅，乞收转为荷。弟定于三月卅一日上船赴港，请叶恭绰先生书写'护生画'诗文。四月下旬即返上海。'护生画'即在上海印刷，夏日必可出版。出版后，当寄多册到尊处。"

《与苏慧纯居士》（书信）。

漫画《百足之虫》用于《论语》第 174 期
封面。

4 月 2 日，乘"丰祥轮"赴香港。

4 月 4 日，在"丰祥轮"上致广洽法师函，告
知于四月二日上船赴香港。赠食品已拜领。眷属已
返上海。自香港返上海后，通信请寄"上海四马
路开明书店"。"护生画"三集托叶恭绰先生书写
后即携赴上海付印，夏间可以出书。① 作《嫁给小
提琴的少女》（散文）。

4 月 5 日，抵香港。
在《儿童故事》第 3 卷第 5 期发表《白鼻豚》
（诗词）。

4 月 8 日，作《我与〈新儿童〉》（散文）。

4 月 9 日，在香港《星岛日报》发表《嫁给小提
琴的少女》（散文，作于 1949 年，文末署"一九四九
年儿童节之夜记于丰祥轮一等十七号房舱中"）。

4 月 12 日，作《香港画展自序》（序跋）。
是日之前已拜访过叶公绰，请其书《护生画
三集》诗文。②

---

① 此信见《丰子恺文集》（文学卷三），浙江文艺出版社、浙江教育出版社 1992 年 6 月版，
第 204—205 页。信中曰："弟于四月二日上船（丰祥）赴香港。前日有人送来法师所赐食物一大包
（饼干，好立克，牛乳等），已拜领谢谢。敝眷已返上海。弟在香港住十余日，亦返上海。今后通信
请寄'上海四马路开明书店'。丰祥船上叶天泉君言，法师贵体尚未复健，至深挂念。此信即托叶
居士带上。收到时想早已复健也。""'护生画'集已完成，明日到香港托叶恭绰先生书写，即携赴
上海付印，夏间可以出书。以前南洋诸善士捐款，当刊印在书末，永留芳名。此信于船上书……"
② 1949 年 4 月 12 日（香港）《星岛日报》已刊出李君毅《丰子恺访叶遐庵》一文。

4月15日，在（香港）《星岛日报》上发表《香港画展自序》（序跋，作于1949年，文末署"一九四九年四月十二日于香港"）。

4月15日、16日，在花园道圣约翰礼拜堂举行画展。

4月16日，漫画《见风转舵》用于《论语》第175期封面。

装帧图《妇女与家庭》被用于该日（香港）《星岛日报》。

4月19日、20日在思豪酒店举行画展。

4月21、22日，在九龙培正中学举行画展（同时发表演讲《青年对于艺术修养》），有《香港画展序》。①

4月23日，从广州搭飞机抵上海。同时家属自厦门北上。丰氏本人则于是日返上海。到上海后，先住闸北西宝兴路汉兴里432弄46号学生张逸心家，后在同一里弄内觅得一屋暂居。

暮春，赠丁淼、何葆兰一件书法和一扇面。书法写的是："孤山寺北贾亭西，水面初平云脚低。几处早莺争暖树，谁家新燕啄春泥？乱花渐欲迷人眼，浅草才能没马蹄。最爱湖东行不足，绿杨阴里白沙堤。"落款为："己丑暮春游香港倦旅里归，临行书此以赠嘉树贤兄葆兰仁弟，藉留遗念　丰子恺"。②

---

① 参见邱士珍《丰子恺绘画艺术之研究》，硕士学位论文，台湾屏东师范学院，2003年，第75页。
② 何葆兰，丰子恺在松江女子中学时的学生（丰氏曾于1929年秋在该校兼课）。丁淼（嘉树），何葆兰之夫。

5 月 1 日，在《新儿童》半月刊第 138 期发表
《我与〈新儿童〉》（散文，作于 1949 年，文末署
"一九四九年四月八日于香港"）。

封面画《公道世间唯白发，贵人头上不曾饶》
用于《觉有情》第 10 卷第 5 期封面。

丰子恺（右）与叶恭绰在香
港合影（摄于 1949 年初）

5 月 11 日，致丁淼、何葆兰信，谈及由港返
沪等事。[①]

5 月 16 日，致常君实信，对在沪上再晤表达
快慰之情，盼及时告知国内形势。[②]

漫画《弃婴》用于《论语》第 177 期封面。

5 月，在《儿童故事》第 3 卷第 6 期发表《蚂
蚁救护》（诗词）。

题夏莘夫勉弟子书，署"己丑清和客上海艺
文书屋丰子恺题"。

6 月 20 日，作《前尘影事集》序（序跋）。

6 月，《西洋音乐知识》由（上海）开明书店
出版。有复刊序言（作于 1948 年秋，文末署"三
十七年秋，子恺记于上海开明"）。原书名为《西
洋音乐的楔子》。

在《觉有情》第 10 卷第 6 期发表《护生画三

丰子恺著《西洋音乐知识》
书影

---

① 此信全文如下："嘉树兄、葆兰弟共鉴：在港多蒙厚遇，心甚感谢。别后在穗三宿，时局
突变，即飞返上海。且喜沪上平安无事。居民对战事已感麻木，但竞储粮食，以备困守之需耳。仆
已预购一屋，昨日迁入，地址：'上海西宝兴路汉兴里 46 号'。此后通信直寄可耳也。到沪近二周，
尚未见过林达祖居，望有信写告贤伉俪消息。杭州及嘉兴已成'外国'，音信不通。火车只达松江。
秀沪车只达陆家滨（昆山南）。上海惟海空两路尚可通外埠。物价飞涨，银元吃香，地摊到处皆是。
离沪半年，不料一变至此也。顺颂双安 弟子恺叩 五月十一日"

② 此信见《丰子恺文集》（文学卷三），浙江文艺出版社、浙江教育出版社 1992 年 6 月版，
第 440 页。信中曰："得在沪再晤，至慰至快……""战事似无剧变。吾弟消息灵通，如有所闻，尚
乞随时见示，藉开茅塞……"

集序一》（序跋）。漫画《后凋图》被用于该期封面画，该期还刊有护生画《吃的是草，挤的是乳》《耕烟犁雨几经年》。在该期上还刊有丰子恺与叶恭绰于 1949 年 4 月在香港的合影。

7 月 4 日，应学生钱君匋之邀，为避轰炸而暂时迁南昌路邻园村 43 弄 76 号万叶书店楼上。居邻园村期间，为万叶书店绘《绘画鲁迅小说》，选取《祝福》《孔乙己》《故乡》《明天》《药》《风波》《社戏》《白光》等 8 篇，以一文一画对照。

7 月 5 日，立达学园校长陶载良来访。

7 月 6 日，致应人信，表达能重新通信会晤之欣喜之情。①

7 月 20 日，《前尘影事集》（原著者李叔同，编写者丰子恺）由（上海）康乐书店出版。有扉页图《弘一法师造像》《序一》（序跋，作于 1949 年，文末署"一九四九年六月二十日石门丰子恺记于上海"）。另有张心逸《序二》；收图版《弘一法师二十一岁造像》《弘一法师在俗时所作油绘》《春游》（三部合唱）、《弘一法师在俗时节临天发神忏碑》《弘一法师在俗时自书小词》《弘一法师生西时之绝笔》《弘一法师与夏居士诀别书》；收丰子恺所书李叔同诗 11 首、词 7 首、歌 13 首，附《弘一律师略史及宏法记》。

丰子恺编写的《前尘影事集》书影

7 月，被选为"南方代表第二团"代表，列名

---

① 此信见《丰子恺文集》（文学卷三），浙江文艺出版社、浙江教育出版社 1992 年 6 月版，第 467 页。信中曰："……相别倏忽二十年，于人民解放后通信晤会，诚为喜幸……"应人，即潘应人，烈士、作家潘莫华之弟，丰氏在立达学园时之学生。

"中华全国文学艺术工作者代表大会"，后因健康原因未到会。

章锡琛为《护生画三集》作序。

叶圣陶校订的《新编初中精读文选》由文化供应社开始出版。第二册收入《养蚕》《华瞻的日记》（散文），第三册收入《美与同情》（艺术论述）。

8 月 25 日，致夏宗禹信，通报已迁居上海南昌路 43 弄 76 号；曰近来正在替书店编音乐及唯物史艺术论；述上海开明书店境况不佳等。①

8 月 27 日，作《前进的生气蓬勃的乐曲——钱君匋编选〈进行曲集〉序言》（序跋）。

8 月 28 日，中华全国美术工作者协会上海分会成立大会在绍兴路 7 号中华学艺社 3 楼举行。为17 人组成的主席团成员之一。

夏，受聘上海震旦大学教职，授艺术欣赏课。课外曾领学生至复兴公园写生。

9 月 1 日，致应人信，答应为曹漫之代求钱君匋金石等。②

9 月 6 日，致应人信，替曹漫之代求之金石已由钱君匋刻成，请其转赠；嘱幼女一吟所画毛主席

---

① 此信见《丰子恺文集》（文学卷三），浙江文艺出版社、浙江教育出版社 1992 年 6 月版，第 421—422 页。信中曰："我已迁居'上海（十二）南昌路四十三弄七十六号'……""……我近来正在替书店编音乐及唯物史艺术论。卖画已洗手了。收入当然比前少，但担负亦轻……""章锡琛（雪村，即雪山之兄，开明创办人）已到北平，此间开明由范洗人及雪山主操。生意寥寥，大有不能维持之势……"

② 此信见《丰子恺文集》（文学卷三），浙江文艺出版社、浙江教育出版社 1992 年 6 月版，第 467—468 页。信中曰："示奉到。曹漫之副主任欲得钱君匋君金石，当即代求……"

像已画成，亦送上。①

9 月 12 日，作《音乐知识十八讲》序言（序跋）。

秋，被聘为上海金科中学校长。参加该校全体教师座谈会。

10 月 19 日，在《文汇报》发表《鲁迅先生与美术》（艺术论述）。

10 月 25 日，致应人信，介绍次子元草为投考第九兵团知识青年训练班事前去拜访等。②

11 月 17 日，致应人信，赠画二幅，其中一幅与黄局长；言近读《资本论》兴浓。③

11 月 20 日，作《三层楼》（童话）。

12 月 1 日，在《觉有情》第 10 卷第 6 期发表《〈护生画三集〉自序》（序跋，作于 1949 年，文末署"民国三十八年六月于上海"）。《后凋图》用于该封面。

12 月 3 日，致应人信，言初解放时曾为张心逸写弘一法师诗词，现已由佛学书局印行，寄赠一

---

① 此信见《丰子恺文集》（文学卷三），浙江文艺出版社、浙江教育出版社 1992 年 6 月版，第 468 页。信中曰："曹先生图章，已代请钱君匋君刻成。今送上，请转赠。前嘱一吟画毛主席像。彼昨日已画成，连同《时代》一册送上，亦请赏收……"

② 此信见《丰子恺文集》（文学卷三），浙江文艺出版社、浙江教育出版社 1992 年 6 月版，第 468—469 页。信中曰："近来忙于研习，久未通问。今小儿丰元草欲投考第九兵团知识青年训练班，特介绍其拜访，请赐指示，以利进行……"

③ 此信见《丰子恺文集》（文学卷三），浙江文艺出版社、浙江教育出版社 1992 年 6 月版，第 469 页。信中曰："画二张奉赠黄局长及吾弟留念。近读《资本论》兴浓……元草曾在北站动身时与足下再晤。彼从济南来信云，队中生活甚为安适。谢谢介绍保证之助……"

册，藉以留念。①

12 月 14 日，作《绘画鲁迅小说》序言（序跋）。

冬，为鲁迅赠郁达夫条幅题跋。鲁迅赠郁达夫条幅的内容是：

无情未必真豪杰　怜子如何不丈夫
知否兴风狂啸者　回眸时看小於菟
　　　　　　　达夫先生哂正　鲁迅

丰子恺在条幅上的题跋写在条幅之外左侧纸边上，内容是：

单靠一只燕子，春天是不来的。
　　　　　　日本社会主义者上伸先生句
　　　　　　　敬题鲁迅先生遗墨
　　　　　　　一九四九年冬丰子恺

是年，钱君匋编选《进行曲集》由（上海）万叶书店出版，有丰序《前进的生气蓬勃的乐曲——钱君匋编选〈进行曲集〉序言》（作于 1949 年，文末署"一九四九年教师节丰子恺于上海"）。

作《剪冬青的联想》《逐出山门》《戒刀禅杖齐着力》《怕听呜呜笛》《一人推勿动，四人太轻松》《"重庆解放了，买皮球。广州解放了，买洋团团。台湾解放时，爸爸允许我买一架小飞机"》

《一日千里》（漫画）收于《前进日记》（笔

_____

① 此信见《丰子恺文集》（文学卷三），浙江文艺出版社、浙江教育出版社 1992 年 6 月版，第 469—470 页。信中曰："初解放时，曾为张生写弘一法师诗词。今始出版，寄赠一册，藉留遗念耳。（此为佛学书局半赠品，非营业品也。）……"

记本，上海合群簿记印制厂出版）。

按：另有未署年份致潘应人信 2 通。①

社会评价

叶又枚：《丰子恺画展》（诗），载 1949 年 1 月 1 日《台湾诗报》第 1 卷第 1 期。

《丰子恺居士到厦门——想举行一次"个人画展"，还要找寻弘一法师遗迹》，载 1949 年《佛教人间》第 2 卷第 1 期"佛教消息"专栏。

《台湾文化》1949 年 3 月第 4 卷第 1 期"本会日志"。

《丰子恺由厦抵港》，载 1949 年 4 月 9 日《申报》。

李君毅：《丰子恺访叶遐庵》，载 1949 年 4 月 12 日（香港）《星岛日报》，又载 1949 年《觉有情》第 10 卷第 5 期。

---

① 此二信见《子恺书信》（下），海豚出版社 2013 年 9 月版，第 236—239 页。其一信中曰："今晨吴朗西来谈。他很盼望我们调解，他愿意让出文生（即文化生活出版社）一部分资产来遣散他的一部分同人。据他说，此班同人共十人，其中四人是主要的（弟、弟媳、干女儿，及另一人），三人是附和的，又三人是两面倒的，无所谓的，只要利于自己，两面都可合作。现在他除此十人之外，还有五人（一是他自己，另四人是同情于他的）。你想，小小一书店，弄了十五个人，这生意怎么做？据说，十人之中，薪水大的有三百单位的，小的也有一百多单位，平均每人要二百单位。但是开销也能过去。于此足见生意还是好的。据说，所以用这许多人，本来是因为有门市部的原故。但如今门市部不需要，而这班人不能遣散，终日闲散，不劳而食。——这状态分明是不合理的，不能继续长久的。为了文化界计，我们也应该帮他们整理。他听见我说，新闻处表示无法调解（你说的），他甚盼我们出来讲话。并且要我代为恳托你。因为你对巴金比我交深。我想，对巴金说话，很难启口。因为表面上，他是局外人呢！你同他讲价钱，他一定不肯说。但我又想，交情深的也许可以说，（我对他是不能说的，真可谓"交浅言深"了。）你说只托他'帮忙'调解，因为他对内部熟悉的原故。这样，他许肯答允。吴朗西是一个对商业富有经验的人，他肯出钱收买该社，他的目的和他的能力（经济），我们可想而知。巴金的平明，恐资本不及他雄厚，那么，这在巴金料也是欢迎的。如果如此，我们中间人就有玉成之望了。你试一试吧。探取巴金的初步意见，然后再讲斥头。你很忙，不必跑来复我，通信也可以了。这封信不可给他人看。子恺叩　七月十六日"其二写曰："今日吴朗西君来访。我将足下及刘北汜先生之意转告，彼甚盼第三者出而调解，对于'诉分股份'彼亦同意，但言'请调解人详细了解情况，秉公处分'，则彼无不接受云。请将此意电告刘先生，请其探询对方意见，予以拆衡可也。我个人很赞成他的'诉股'，因为这样可以根除种种纠纷。吴能接受我劝告，料此事容易解决了。顺问暑祺　小兄丰子恺叩　七月卅午"

楼　岛：《记丰子恺》，1949 年 4 月 15 日（香港）《星岛日报》。

秋　水：《丰子恺先生印象记》，载 1949 年 4 月 15 日《华侨日报》。

李君毅：《画展先读记》，载 1949 年 4 月 15 日《华侨日报·丰子恺画展特刊》。

丁鸿图：《丰子恺以艺术宣传宗教》，载 1949 年 4 月 15 日（香港）《星岛日报》。

周梅开：《听丰子恺教授演讲笔记》，载《广州培正中学六十周年暨港校十六周年特刊》。

骆文宏：《丰子恺的画》，载 1949 年 4 月 24 日（香港）《大公报》。

廖　鹤：《从空中，回到人间》，载 1949 年 5 月 15 日（香港）《大公报》。

《丰子恺举行画展》，载 1949 年 7 月 3 日（新加坡）《南洋商报》。

评论选录

《丰子恺居士到厦门——想举行一次"个人画展"，还要找寻弘一法师遗迹》

（本刊厦门通讯）说到丰子恺居士，本刊读者是不会生疏的，本刊封面及插图，就是出于丰居士的手笔，由于他的精心设计，将本刊社长"慈航"二字寓意在封面上，"慈航普渡"的画代表了本社社长之名字，使本刊生色不少，我们谨以至诚，在这里向丰居士表示谢意。

祖国有名的艺术家，他的画，在各报的儿童读物上是常见的，在中国现代画家中就很少同他那样的风格的，他是一个虔诚吃素信佛的居士，此次携了他的女公子一琴（引者按：因系"吟"）于卅七年十一月廿三日从台湾到厦门，他今年已五十一岁，看上去似觉还要老些，这也许是他饱经风霜的缘故，到厦门是住在南普陀寺，他对记者说，厦门的印象甚好，佛教的气急（引者按：似为"氛"字之误）很浓厚，他是弘一法师的高徒，是谁也知道的，他此次到厦门，一则因台湾的风俗习惯不合他的个性，再者想在这较为安定的地方，开一个个人画展，三则要顺便到泉州去，想独得一些关于弘一法师在承天寺的遗迹。

丰居士一到南普陀后的第二天，就替该寺的养正院画了一张弘一法师的画像，并在两旁写了一副对联云："须知有相皆非相，能使无情画有情"，从这副对联字里，可以看出弘一法师对他是如何的深刻了。

丰居士喜欢接近文化人和佛陀的四众弟子，他在厦门可能住一个时期，据他说：护生集一至三集的画稿，已从杭州寓所寄厦，希望能在厦门完成这部工作，以便付印，他在厦门何时开画展，地点在何处，尚未确定。

《台湾文化》1949 年 3 月第 4 卷第 1 期"本会日志"

十月十一日：下午三时，假中山堂贵宾室，举行茶会欢迎丰子恺先生。

按：此记录的是丰子恺于 1948 年台湾之行的行程。

《丰子恺由厦抵港》

（本报香港五日航讯）名画家丰子恺本月五日由厦门抵港，携有作品八十件，俱属台北静居时之作。又携有画扇数十面，日将在港公开展览。

楼　岛：《记丰子恺》

他战前前往上海，战时在重庆、桂林，胜利后回杭州，最近先后旅行台湾，福建举行画展，集了战前、战时和胜利后的三个时期的作品。在这作品中，可以很明显地看出丰先生这三个时期的心理，和三个时期对普通人动态的观察。到处都受地方各界热烈的欢迎。人们包围着他，好像老友般亲热，看过他的画展的人们都同样感受到仿佛在干燥的心田里，得到一点甘露的恩惠。可见他的作品已深入人心。

李君毅：《丰子恺访叶遐庵》

"十余年前在上海拜见后，暌违至今。这次小弟从厦门来港，携有护生画第三集，求老居士书写题词，以备印行，纪念弘一法师七十冥寿，谅老居士乐愿做这件功德的。

"佛教功德事业，我十分乐意去做，但是，不知道有否时间限制。假如有时间限制，则恐衰老之躯，不能胜任。

"没有时间限制的。只有七十篇题词待写，尽可在半年内或一年内写就，然后付印，不必着急。

"那决不需半年一年，现世的事，不宜延宕。我每天写它两三篇，是可以的。近来因为年老多病，大字不能书写，小字还可勉强，只是雕虫小技，未免贻笑高人。"

老居士操着很清晰的北方官话，安详发言。言词间十分谦虚。

他自己因为病弱的关系，说话很吃力，故讲话甚少。到香港来，虽已经月，但绝少见客，这还是第一次。

关于弘一法师的遗著，叶居士十分关切。弘一法师原是律宗，今世修律宗者甚少，老居士问法师圆寂后，有没有弟子可承衣钵。

子恺先生说："堪承法师衣钵的，唯有二弟子，一为妙莲，上海人，一为传贯，福建人。这两位今均在泉州石狮福林寺闭关。我此次客游闽南，闻二人正在闭关，不便去访。而妙莲来函相邀。就到石狮相访。从楼下仰望楼窗内二僧，谈话约一小时余。法师遗著原稿，由他们两人保留。出来后，所用印章，有百余枚，亦由二僧保存，并曾将印章放在篮内，用绳挂下给我看。"

老居士说，法师遗著，应及早整理付印，以广留传。又说，法师出家前印章，藏在杭州西泠印社的岩壁内。出家后的印章，不妨也送西泠印社保藏。丰先生表示赞善。

大家谈起祖国目前的境况，遐翁对这往下坡路走的局面无限感慨，他老人家说：

"农村生活，真是苦得很，这是以前所想象不到的，总希望今后会走向安定繁荣，足衣足食的一天。"

大家谈到艺坛冷落，工作者无以为生，难言创作的苦况，他老先生又说：

"我们固然希望文人和艺术工作者能由国家来赡养，渐渐走上复兴的道路。"

遐翁书室中藏满图书，右墙边堆满着正待启用的丛书集成，其余便是遐翁所作的书画。他老先生画竹，早已名重艺林。刚好昨天报上登载叶老先生举行书画展览的消息，丰先生说：

"闻老居士将举行书画展览会，后生欣得机会观摩，无限高兴。"

"这不过是玩玩罢了，日子过得平凡，实在无聊得很，而且自己并没有根底，说不上什么。"歇会又说：

"在这个时候，事情十分难做，倘使有人还肯叫我做一个艺术家，也是一件不算坏的事情，所以自己也就无所谓了。"他就把近作的扇面拿出来给客人看。扇面上画的都是竹石，有几张是朱竹，笔法遒逸，题字苍劲，可谓"人画俱老"，这想是最近书画展的作品之一种。

笔者随身带着一个闪光相机，就在书房内为这难得的盛会拍了两幅照片。他日附刊在护生画第三集中，作为永久的纪念。

临走的时候，丰先生对老居士说：

"弘一法师遗志，护生画集要出六册，每十年一册，四五六集尚待完成，自恐形寿所不许，还打算在十年内抽空闲，提前制作，以实践法师的遗志。现在第三集已画成，还是未定稿。集子里所选的题词，都是我个人在闽南时选定的，一部分选古人诗，一部分还是我自己杜撰的，因为我不会作诗，第二集中我所作的皆由弘一法师修改，现在请叶先生也替我斧正，为了佛法请勿客气。若有不合用的，敢请函示，以便另选另撰，力求完善。"

老居士对于丰先生的请求，仍旧谦虚。答应在抄写的时候，附带校阅。使第三集成为一本完善的护生画！恭献与弘一法师，作为七十冥寿的寿礼。

护生画第三集现在已由丰先生以其慈祥恺悌之笔画好了，等待叶老居士书写题词和订正后，不久便要刊行济世了。集中画七十幅，先从大的动物画起，渐而及小的动物和植物，而皆归趋于戒除残暴，长养慈悲。其中"白鹅坟"、"放大镜下的蚂蚁"、"蜻蜓装义翅"和"雨后春草"、"剪冬青"等诸幅，词画并至，表现深刻，最能引起读者的恻怛之心的共鸣。第一、二集中的护生，只指动物；这第三集则广及于植物。天地好生之德，在这集子里具体的表现了。

1950 年　庚寅　53 岁

社会文化事略

　　1 月 5 日，杜鲁门发表声明，承认台湾是中国领土。6 月 25 日，朝鲜战争爆发。10 月 19 日，中国人民志愿军渡过鸭绿江赴朝作战。是年，中央美术学院、中央戏剧学院、中央音乐学院在北京成立。

生平事迹

　　1 月 15 日，为缪天瑞著作《律学》作序。装帧图《新儿童》被用于该日《新民报》。

　　1 月 22 日，致应人信，鼓励其校点工作，并作一画以为纪念，推荐鲍慧和作为助手；言次日迁居。①

　　1 月 23 日迁至福州路 671 弄 7 号开明书店章锡琛旧宅。开始学俄文，选高尔基短篇小说中俄文对照本习之。

丰子恺居上海福州路时像
（摄于 1950 年）

---

　　① 此信见《丰子恺文集》（文学卷三），浙江文艺出版社、浙江教育出版社 1992 年 6 月版，第 470—471 页。信中曰："昨夜决策，甚为妥善。足下以老练沉着之态度整理此校，初步虽吃力，后来必成功。……今晨鼓兴作一画，附上乞收，作为纪念。助手找到否？如无人，鲍慧和可用……""明日迁居，今日写好此信后，即整理行物……""明日迁居"指从南昌路 43 弄钱君匋寓迁往福州路 671 弄 7 号章锡琛旧寓。

1 月 29 日、2 月 5 日，在（北京）《新民报》日刊发表《三层楼》（童话，附《灰尘像细雨一般落下》等二图，作于 1949 年，文末署"一九四九年十一月二十日于上海"）。

1 月，《〈律学〉序》（序跋）收于（上海）万叶书店出版的缪天瑞著《律学》。

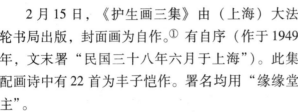

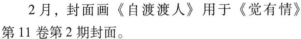

《护生画三集》书影

2 月 15 日，《护生画三集》由（上海）大法轮书局出版，封面画为自作。① 有自序（作于 1949 年，文末署"民国三十八年六月于上海"）。此集配画诗中有 22 首为丰子恺作。署名均用"缘缘堂主"。

2 月，封面画《自渡渡人》用于《觉有情》第 11 卷第 2 期封面。

3 月 22 日，致郑子瑜信，谈画展等事。

3 月 30 日，在《觉有情》第 11 卷第 3 期发表《拜观〈弘一法师摄影集〉后记》（序跋）。封面画《勇猛精进》用于该期封面。

3 月至 5 月，在（上海）《亦报》为周作人《儿童杂事诗》配图 69 幅。②

① 1950 年第 11 卷第 8 期《觉有情》上有大法轮书局的预告《重印护生画初续三集预告》，写道："丰子恺先生绘画弘一大师题字之护生画第一、二两集，早经绝版。第三集去年由本局出版以来，迄今亦将售罄。各界未得而欲得此艺林杰构者甚多。本局苦无以餍大众之望，爰特发起将一、二、三三集版式改成一律，以新姿态重新出版，用为弘一大师圆寂八年之纪念……"以往文献均记载《护生画三集》出版于 1950 年 2 月，而该预告的文中却有"第三集去年由本局出版以来"之言。在没有发现 1949 年《护生画三集》的版本前，只能认为此处的"去年"为农历。

② 周作人（1885—1967），浙江绍兴人，作家、诗人、文艺理论家、翻译家。

丰子恺《绘画鲁迅小说》书影

新中国成立初期的丰子恺

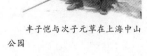

丰子恺与次子元草在上海中山公园

4月3日，作《〈口琴新曲集〉序》（序跋）。

4月，《绘画鲁迅小说》（一至四册）由（上海）万叶书店出版。有序言（作于1949年，文末署"一九四九年十二月十四日，丰子恺记于上海"）。

4月30日，封面画《山鸡救林火》用于《觉有情》第11卷第4期封面。护生画《有困难，有办法，有希望，荆棘可使变稻粱》亦发表在该期。

5月3日，装帧图《儿童乐园》被用于该日（香港）《星岛日报》。

5月14日，在《新民报》发表《"重庆解放了，买皮球。广州解放了，买洋团团。台湾解放时，爸爸允许我买一架小飞机。"》（漫画）。

5月27日，在《新民报》发表《大家动手，大家吃豆》《一人推勿动，四人太轻松》（漫画）。

5月30日，封面画《任重道远》用于《觉有情》第11卷第5期封面。

6月1日，《漫画》月刊在上海创刊，任编委。

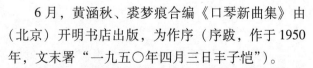

6月，黄涵秋、裘梦痕合编《口琴新曲集》由（北京）开明书店出版，为作序（序跋，作于1950年，文末署"一九五〇年四月三日丰子恺"）。

插图一幅用于（南京）新中国少年儿童出版社出版的陈鹤琴主编的《我们的大喜事》。

7月1日，是日起在《亦报》连载《赤心国》

（文配图）。

7 月 15 日，《音乐知识十八讲》由（上海）万叶书店出版。有序言（作于 1949 年，文末署"一九四九年九月十二日，丰子恺记于上海"）。内容为："第一讲：音乐艺术的性状"、"第二讲：音乐的起源与成长"、"第三讲：乐谱的完成"、"第四讲：音阶的构造"、"第五讲：音程的研究"、"第六讲：和声学概要"、"第七讲：作曲法初步"、"第八讲：声乐与唱歌"、"第九讲：乐器与器乐"、"第十讲：管弦乐合奏"、"第十一讲：乐曲的形式"、"第十二讲：乐曲的内容"、"第十三讲：古代及中世的音乐"、"第十四讲：近世的音乐"、"第十五讲：现代的音乐"、"第十六讲：歌剧乐剧与神剧"、"第十七讲：音乐演奏会"、"第十八讲：音乐学习法"。

丰子恺著《音乐知识十八讲》书影

7 月 17 日，致常君实函，言"五爱"画已完成，共四十幅，附文四十段，每一爱，图八幅，另挂号寄上，可先由《新民报》发表，后出单行本；曰近列席华东军政委员会第二次会议。①

7 月 20 日，致应人信，介绍原立达学园友人罗良能前往拜访。②

----

①　此信见《丰子恺文集》（文学卷三），浙江文艺出版社、浙江教育出版社 1992 年 6 月版，第 441 页。信中曰："'五爱'画至今始完成。共四十幅，附文四十段，每一爱，图八幅，另挂号寄上，请吾弟审阅，是否合用。倘合用，鄙意即照吾弟所示办法，先由《新民报》发表，后出单行本……""吾弟对北京新华书店，是否相熟？如能代为在京交付出版，最好。决定后，另绘封面寄上。否则，《新民报》用过后，请将图四十幅寄还，由仆在沪设法出版亦可。""近列席华东军政委员会第二次会议……""五爱"画曾在（北京）《新民报》副刊"新儿童"连载。

②　此信见《丰子恺文集》（文学卷三），浙江文艺出版社、浙江教育出版社 1992 年 6 月版，第 471 页。信中曰："……罗良能乃立达校友，现任京沪两路局专员，为人勇猛精进，刻苦耐劳，近复努力学习革命理论，常来此与仆讨论。因闻足下从事革命年久，学历精深，故嘱介绍请教耳，别无他事也。来访时请接见为感……"

7月24日，上海市第一届文学艺术工作者代表大会开幕。为美术界代表之一。

7月29日，上海市第一届文学艺术工作者联合会成立，当选为理事。

7月30日，封面画《如河驶流往而不返，人命如是逝者不还》用于《觉有情》第11卷第7期封面。护生画《是日已过，命亦随减。如少水鱼，斯有何乐?》亦发表在该期。

在《觉有情》第11卷第7、8期刊有护生画《夫人之生，斧在口中。所以斩身，由其恶言》。

7月，列席华东军政委员会第二次会议。

8月10日，致应人信，转周予同来函。

8月31日，封面画《倘使牛识字》用于《觉有情》第11卷第8期封面。

9月7日，作《〈海潮音歌曲〉序》（序跋）。

9月10日至10月15日，在《新民报》发表《儿童五爱》（文画，五文为《爱祖国》《爱劳动》《爱护公共财物》《爱人民》《爱学习》，其中《爱祖国》配画8幅，《爱劳动》配画9幅，《爱护公共财物》配画7幅。前三文配画，后二文未配，《爱人民》有画8幅存世）。

9月，《幼童唱游》（编著），幼稚园小学低年级适用，三册，与杨民望合编，由（上海）启明书局出版，封面画和插图为自作。①

　　10 月 20 日，致赵景深信，述及女儿之译稿出版事。②

　　10 月 27 日，致赵景深信，再述女儿之译稿出版事。③

　　10 月，《〈海潮音歌曲〉序》（序跋），收上海市佛教青年会少年部编《海潮音歌集》，文末署"一九五〇年九月七日于上海"。

　　11 月 18 日，参加上海市抗美援朝分会成立会议。

　　11 月 26 日，致广洽法师函，期盼法师健康。述及在香港请叶恭绰老居士写"护生诗"和"护生画"三集出版情况、上海解放后基本状况。在新加坡所获润笔请便时代为汇寄"香港干诺道中七十一号四楼永益利金山庄李君毅先生转丰子恺收"。蓬老法师嘱画舍利塔八面图，拟作"护生"图。先作四图寄奉。另述及造塔经费、现住上海福

---

　　① 杨民望，丰子恺女婿，丰陈宝之夫，音乐理论家、翻译家。
　　② 此信见《丰子恺文集》（文学卷三），浙江文艺出版社、浙江教育出版社 1992 年 6 月版，第 176—177 页，所录文字与书信原件有出入，现按原件存录："景深兄：示由上海转到。弟在杭养病，约须再过月余返沪。小女之译稿，弟离沪时（一个月前）闻说尚未脱稿，正在寄北京《新民报》及上海《亦报》发表。不知近日有否完成。当即去信询问，并劝其交贵处出版。料彼尚未有约定也。至于条件，弟意当由贵处开示，征彼同意，是为妥便。（据弟所知，此原书乃美国 1949 年版，译文共约八万余言云。）便请承示，以便转达。'儿童丛书'此名词包含广大，料必风行。大安，弟丰子恺叩　十月二十日"
　　③ 此信见《丰子恺文集》（文学卷三），浙江文艺出版社、浙江教育出版社 1992 年 6 月版，第 177 页，信中曰："正欲作书，忽接二示。缘上海小女来信，言《团体游戏》一稿，早已与钱君匋（是她的结婚介绍人）万叶书店约定，以故未能遵命，甚为抱歉。君匋条件与来函相同。只得以后有机缘时，再效微劳矣。小儿丰华瞻在旧金山，前月已函嘱其在美物色关于儿童之读物，如有寄到，或可再译若干也……"

州路 671 弄 7 号等事。①

丰子恺与妻及俄文老师（中）
在上海江湾镇

丰子恺与俄文老师（左）在
上海家中用餐

11 月，在《觉有情》第 11 卷第 11 期发表护生画《稊稗害禾，多欲妨学。耘除众恶，收成必多》《禁斩耕牛，生产日增。横笛一曲，赞扬仁政》。

12 月 7 日，作《世界大作曲家画像》译者序（序跋）。

12 月 31 日，致常君实信，言因忙无暇修改旧作寄奉出版，将幼女一吟近译俄文童话一篇寄上。②

12 月，在《觉有情》第 11 卷第 12 期发表护生画《奴雀在瓶中，罗縠覆其口。縠穿雀飞去，神自随行走》。

漫画《一人太低采勿着，三人合作有办法》

---

① 此信见《丰子恺文集》（文学卷三），浙江文艺出版社、浙江教育出版社 1992 年 6 月版，第 205—207 页。信中曰："法师于仰光归途患病，想佛力加被，此刻定已复健，得信后甚是企念。还望以后善为珍摄。弟子离厦门后，即赴香港请叶恭绰老居士写'护生诗'，返沪时正待解放。幸'护生画'已出版，可慰法师好生之美德。上海初解放时，物力艰苦，施主甚少，以故'护生画'到今年春夏间才始付印。""因此间近来市面好转，佛教界施主又渐渐踊跃出资，故'护生画'刊印甚多，第一二两集亦已重印也。弟子上海解放后，任人民代表，出席开会，比前略感烦忙。求画者减少（乃经济力关系），而出版事业发达，编著翻译工作甚忙，版税收入，亦勉可糊口耳。屡承锦念，故特写告。李复承居士惠赠润笔港币贰佰元，实太客气。今谨领受，并请便时代为汇寄'香港干诺道中七十一号四楼永益利金山庄李君毅先生转丰子恺收'可也。李君毅乃弟好友，彼能妥为转上海也。蓬老法师嘱画舍利塔八面图，弟思量久之，梅兰菊莲等花卉，非弟所长，而舍利塔用梅兰菊莲，亦不甚适当。弟意宜画'护生'图，使永远昭彰于石刻，其功德实为无量。今作四图，随画寄奉，此四图乃'蠕动飞沉'（即虫鱼禽兽）四幅'护生画'，用简笔以便石刻。即请转达，并将此意告知蓬老法师。""造塔经费，不知何来。倘不充足，则弟不该受润笔。如其裕如，则随送润笔若干，当均乐受。其款即请代为汇交美国加州小儿丰华瞻收。""现住'上海福州路六七一弄七号'，当不再迁。此屋乃老友章锡琛兄（"护生"第三集作序者）之租寓，章已迁往北京，故由弟接住也。"

② 此信见《丰子恺文集》（文学卷三），浙江文艺出版社、浙江教育出版社 1992 年 6 月版，第 441—442 页。信中曰："时序匆匆，今日已届年底。近我甚忙，以致无暇修改旧作寄上出版。一吟近译俄文童话一篇，我代为拉来，随函寄上，请看可否登用……"

收入陈鹤琴主编《米邱林的奇迹》一书（新中国
少年儿童出版社）。

是年为周作人《儿童杂事诗》作插图 69 幅，
以一文一图之形式发表于上海《亦报》。①

上海市第一届文学艺术工作者联合会成立，任
理事。

作《庆祝六一儿童节》《增进中苏儿童友谊》
（漫画）。

在《新民报》发表《忍受暂时的痛痒，保你
永久的健康》（漫画）。

开始学俄语。

按：是年，丰子恺曾遭到一次批评。关于此事
的详细情形，毕克官在《〈子恺漫画〉研究》一文
中转述了钱君匋的一番介绍：

那是 1950 年天已热但还不太热的季节，上海
美术界开大会。叫乖人。（上海话，人多之意——
引者按）地点在绍兴路 7 号中华学谊社三层楼大
会场。我与丰先生一同出席。我坐他左边。会议先
由解放区来的人介绍解放区的美术情况。之后，主
席米谷请丰先生讲话。丰先生说："刚才各位同志
对绘画的方向道路，为工农兵服务都谈到了，赞颂
工农兵，这是必须的。但我以为，过去中国的梅兰

---

① 《亦报》连载的周作人《儿童杂事诗》共 72 首诗连载，署名"东郭生"，丰子恺为这些诗
逐幅配插图。丰子恺的配图受到文化界的赞赏。然周作人对丰子恺在他困难情况下给予的帮助并不
以为然。他在一封信中说："……来信所说东郭生的诗即是'儿童杂事诗'，记得报上的'切拨'
订成一册，曾以奉赠，上边丰子恺的插画，乃系报馆的好意请其作画者，丰君的画我向来不甚赞
成，形似学竹久梦二者，但是浮滑肤浅，不懂'滑稽'趣味，殆所谓海派者，插画中可取者觉得不
过十分之一，但我这里没有插画本，故只能笼统的说罢了。近来该诗原稿又已为友人借去，里边的
诗较好者亦不甚多，但是比起插画来，大概百分比要较好一点罢了。"此信写于 1963 年 4 月 4 日，
见《知堂书信》，华夏出版社 1994 年版第 1 版。2008 年 11 月 14 日《文汇读书周报》发表《周作人
手抄定本〈儿童杂事诗〉现场拍卖》一文，可知已被拍卖。

竹菊，还是要搞的。因为一天工作很累，晚上回家要休息，梅兰竹菊也不可以抛弃，还有必要。为工农兵是大拳头，'四君子'利于恢复疲劳。"

丰先生讲完，许多人拍手。也有一些人不拍手。接着，有五六个人上台发言。对丰先生的发言进行激烈的批评，发言者有黎冰鸿、张文元等，说梅兰竹菊是老一套，已过时了，新时代要表现工农兵，等等。丰先生对这突如其来的批评，身上汗都湿透了衣衫。散会后走在路上，先生说："我以后不谈美术了，让他们去吧！以后美术的会我也不参加了。"所以，以后他专心致志地搞翻译。丰一吟毕业后，有人动员她参加美协，丰先生不让她参加，说美协有美协的一套。后来上海美协成立，请丰先生当主席。丰先生说："叫我当主席是叫我当菩萨，我不多讲话。开会时，我就说我不会讲话，请沈柔坚同志（党员副主席）代我讲话。"

钱君匋此番介绍中提到了一位当事人张文元。毕克官写道："发生在上海的这件事，事后美术界多有传闻。由于不符合中央的统战精神，听说华君武先生还特意代表官方向丰先生致歉，作了解释。所以，丰先生以后也就坦然得多了。这件事，张文元先生也以当事人身份作了介绍，有助于对事情始末的了解。"①

社会评价

章锡琛：《〈护生画三集〉序》，收《护生画三集》，大法轮书局 1950 年 2 月版。

叶公绰：《〈护生画三集〉书后》，大法轮书局 1950 年 2 月版。

---

① 毕克官：《〈子恺漫画〉研究》，收《漫画的话与画：百年漫画见闻录》，中国文史出版社 2002 年 1 月版，第 170 页。

《重印护生画初续三集预告》，载 1950 年第 11
卷第 8 期《觉有情》。

评论选录

《重印护生画初续三集预告》

丰子恺先生绘画弘一大师题字之护生画第一、
二两集，早经绝版。第三集去年由本局出版以来，
迄今亦将售罄。各界未得而欲得此艺林杰构者甚
多。本局苦无以餍大众之望，爰特发起将一、二、
三三集版式改成一律，以新姿态重新出版，用为弘
一大师圆寂八年之纪念……

1951 年　辛卯　54 岁

社会文化事略

7月10日，朝鲜停战谈判在开城举行首次会议。12月1日，中共中央开展反贪污、反浪费和反官僚主义的"三反"运动。

生平事迹

丰子恺与妻在上海外滩公园
（摄于 1951 年）

1月，无题漫画用于《觉有情》第 12 卷第 1 期封面。

2月10日，作《苏联的音乐》（艺术论述）。

2月，封面画《若乘船渡水，至当舍船去。形非神常宅，安得久长居?》用于《觉有情》第 12 卷第 2 期封面。

丰子恺、杨民望编著，丰子恺绘图《小朋友唱歌》由（上海）启明书局出版。

3月1日，在《弘化月刊》发表《盲者与跛者互助游戏图》（漫画）

在《进步青年》第 233 期发表《苏联的音乐》（艺术论述）。

3月3日，在《新闻日报》发表《控诉日本罪行》（散文）。

3 月 4 日，作《子恺漫画选》（彩色版）序言（序跋）。

丰子恺（左三）与家人在上海外滩公园（摄于 1951 年）

3 月 20 日，作《朝婴堕地八小时后画像》（速写）。

4 月 1 日，《子恺漫画选》（彩色版平装本）由（上海）万叶书店出版，有序言（作于 1951 年，文末署"一九五一年三月四日上海人民反美武装日本示威大游行声中记"）。

4 月 9 日，作《苏联的音乐家——阿雷桑得罗夫》（艺术论述）。

4 月 17 日，在《解放日报》发表《上海市第二届第二次各界人民代表会议代表发言》（发言摘要）。

4 月 24 日，全国美展华东作品观摩会评选委员会成立，被聘为评选委员会委员。

4 月 25 日，《世界大作曲家画像》（附小传，译著，原著罕斯尔、考夫曼）由（上海）万叶书店出版。有译者序（作于 1950 年，文末署"一九五零年十二月七日丰子恺"）。

丰子恺译《世界大作曲家画像》书影

4 月，作为文艺界代表，参加上海市第二届第二次各界人民代表会议，并发言。

开始阅读屠格涅夫《猎人笔记》和托尔斯泰《战争与和平》等俄文原著。

在《觉有情》第 12 卷第 4 期发表护生画《欲使世上不流血，须自席上不流血始》《良田千顷不如薄技在身》。

5月1日，作《〈父与子〉序》（序跋，吴朗西编）。

在《进步青年》第235期发表《苏联的音乐家——阿雷桑得罗夫》（艺术论述）。

5月3日，致夏宗禹函，表扬其写作有进步；述身体近况和学俄文、翻译音乐稿情况，以为中国最需要的是苏联文化和音乐；言3月25日《人民日报》有人采用漫画稿写批评文章，并汇漫画稿费16万元，曰已将此款送给志愿军。[①]

5月5日，在《人民音乐》第2卷第3期发表《社会主义哲学对音乐的影响》（译文，原著［苏］摩伊孙可，译于1951年5月）。

初夏，作《海水摇空绿》（彩色漫画）。

6月3日，作《〈童年与故乡〉写者后记》（序跋）。

6月24日，始译《猎人笔记》。

6月，《童年与故乡》（吴朗西译，丰子恺书写），由（上海）文化生活出版社出版。此书由吴朗西翻译（挪威籍漫画家古尔布兰生作，收40篇散文，200幅漫画），由丰子恺书写文字，并有"写者后记"（序跋，作于1951年，文末署"一九

《童年与故乡》（丰子恺书写，吴朗西译）书影

_____

① 此信见《丰子恺文集》（文学卷三），浙江文艺出版社、浙江教育出版社1992年6月版，第422—425页。信中曰："……我读了你的稿件，觉得你不但思想工作都进步，文字也进步了。……我现在身体比前稍差，每日工作超过八小时，便觉吃力。但是在八小时内是不吃力的。我一半时间学俄文（开会太多，每星期至少有三四次），一半时间翻译音乐稿（最近正在译苏联写实主义音乐）。我对画失却了兴味，对文学也少有兴味，对音乐最爱好。——这不是从前的'任情而动'，却是有计划的……解放后，我来一次检点，结果，我认为中国最需要的是苏联文化和音乐。……三月廿五《人民日报》有人批评我的漫画，你看见否？他们曾二次来信要我经常投画稿，但我都谢绝。他们登出这篇批评文，并且送我画稿费（是作者借用我的旧稿的）十六万元，也许是想引诱我投画稿的兴味，但我坚决不画，把十六万送给志愿军了……"

五一年六月三日丰子恺记"）。文化生活出版社同时出版［德］卜劳恩作，吴朗西编《父与子》，为作序（序跋，作于 1950 年，文末署"一九五一年五一节丰子恺记"），题封面字。①

7 月 1 日，在《进步青年》第 237 期发表《阿萨非也夫（〈苏联的音乐家〉之二)》（艺术论述）。

8 月 1 日，在《进步青年》第 238 期发表《布洛西罗夫斯基（〈苏联的音乐家〉之三)》（艺术论述）。

8 月 5 日，致孔另境函，表示无法应命修改《新名词词典》美术音乐部分，以为历乱无章，建议重编。②

8 月 15 日，致孔另境信，介绍编译人才邱祖铭。

8 月 18 日，作《漫画阿 Q 正传》第 15 版序言（序跋）。

8 月 27 日，致孔另境信，谈为其改写招牌字事。③

①　吴朗西曾有《与丰子恺的一次合作》一文，载于《吴朗西画传》（中国福利会出版社 2004 年 10 月）。文中亦记录了有关往事。同年，吴朗西曾将自己珍藏的原版《父与子》送交丰子恺欣赏，丰氏爱不释手，以为这样有趣的漫画最能完整地介绍给中国读者欣赏，并认为这种无字漫画体裁可供我国漫画界参考。在丰子恺的鼓励下，吴朗西就将这本画集推荐给文化生活出版社。1951 年 6 月，漫画《父与子》正式出版。
②　此信见《丰子恺文集》（文学卷三），浙江文艺出版社、浙江教育出版社 1992 年 6 月版，第 477—478 页。编者注"约 1951 年"。信中曰："嘱修改《新名词词典》'美术音乐部'，经弟细看原文，非但毫无'新'名词，即'旧'名词亦历乱无章……经弟考虑，此部分如欲改良，只有重新编著：取美术、音乐上'新名字'及'常识的旧名词'（专门的不要）另行新编，方有意义。不识吾兄以为如何？……"孔另境（1904—1972），浙江桐乡人，出版家，时任上海春明出版社总编辑兼经理。
③　此信见《丰子恺文集》（文学卷三），浙江文艺出版社、浙江教育出版社 1992 年 6 月版，第 478 页。编者注"约 1951 年"。信中曰："招牌字遵命改写奉上，乞正……"

8月31日，致孔另境信，言俞乃大稿校改已完成；曰经考虑，《新名词词典》"美术音乐部"拟请暂时从缓。①

8月，插图70幅用于（上海）童联书店出版的金近著《小毛的生活》。

9月24日，致姜丹书信，谈《三友传》等。②

9月，《漫画阿Q正传》第15版由（上海）开明书店出版。有第15版序言（作于1951年，文末署"一九五一年八月十八日丰子恺记于上海"）。

在《觉有情》第12卷第8、9合期发表护生画《鹿生深山中，饮水而食草》。

10月1日，在《进步青年》第240期发表《杜纳耶夫斯基（〈苏联的音乐家〉之四)》（艺术论述）。

10月，封面画和插图被用于（上海）文化生活出版社出版丰华瞻译、丰子恺画《青蛙王子》（《格林姆童话全集》之一）。③

11月19日，致孔另境信，答应为其校音乐书

---

① 此信见《丰子恺文集》（文学卷三），浙江文艺出版社、浙江教育出版社1992年6月版，第478—479页。编者注"约1951年"。信中曰："俞乃大稿遵命校改，今已完成……""再者：《新名词词典》'美术音乐部'，经弟计划，此工作甚为麻烦。……而弟近来学习及工作甚忙，竟无此暇。因拟请暂时从缓……"

② 此信《丰子恺文集》（文学卷三）中未收，见《子恺书信》（下），海豚出版社2013年9月版，第75页，信曰："敬庐老师：承示大作《三友传》，已拜读，甚是钦佩。此稿凡明远旧友，必多爱读。惟目下国家急务尚多，无人顾及；他日承平，必被欢迎出版也。今由邮挂号寄璧，即请查收珍藏为荷……"

③ 《格林姆童话》10集于1953年出版完毕，丰子恺共作插图352幅。

稿并作序；征询其是否有意出版《笔顺习字帖》。①

11 月 22 日，致孔另境信，谈编《笔顺习字帖》等事。

11 月 26 日，致孔另境信，述《笔顺习字帖》进展情况，询问出版办法等事。②

12 月 26 日，致常君实信，因欲将近编《笔顺习字帖》早日出版，托其代为设法落实出版单位等。③

12 月，在《觉有情》第 12 卷第 10、11、12 合期发表护生画《世人重其身》。

是年，漫画《菊花会不会结馒头》《种瓜得瓜》《都城买花者，一枝值万钱。道旁有饥人，一钱不肯捐》《除夜生的小弟弟，过了一夜长一岁》印制于《爱国日记》（笔记本）。

漫画《希望在前，努力加鞭》印制于《公学》（笔记本）。

---

① 此信见《丰子恺文集》（文学卷三），浙江文艺出版社、浙江教育出版社 1992 年 6 月版，第 479 页。信中曰："送下音乐校样收到。近患恶性感冒，头晕发热，每日工作时间不多，故尚须数日校毕。遵命作序。工毕即送上。""弟上月……写一习字帖……就名为《笔顺习字帖》。已托许多朋友看过，大家认为可用。尊处未知有否此类稿件？……"

② 此信见《丰子恺文集》（文学卷三），浙江文艺出版社、浙江教育出版社 1992 年 6 月版，第 480 页。信中曰："《笔顺习字帖》初集工作已及一半……""前所提出版办法，不知能否同意，尚祈见示，以便决定为荷……"

③ 此信见《丰子恺文集》（文学卷三），浙江文艺出版社、浙江教育出版社 1992 年 6 月版，第 442 页。信中曰："今有事相烦：我近编一《笔顺习字帖》……我念此书乃工农学校及小学中学用，最好争取春销时间，不便延搁……拟请吾弟代为设法，文供社，或其他相宜之出版机关均可（但求条件稍优者）……"

1952 年　壬辰　55 岁

社会文化事略

6 月，教育部公布汉字常用字表，共 1500 个汉字。9 月，毛泽东题词："百花齐放，推陈出新。"12 月，全国文协召开"胡风文艺思想讨论会"，12 底，中共中央按照毛泽东的建议提出过渡时期的总路线。

生平事迹

1 月 11 日，致夏宗禹信，知其母逝世，全家为之悼惜；言自上海解放后，已经三迁，现住章锡琛旧居；述近况。①

1 月 16 日，致常君实信，感谢将《笔顺习字帖》介绍与宝文堂，因生活需要关心稿费数；询问幼女一吟《新朋友》童话册稿费支付时间等。②

───────────

① 此信见《丰子恺文集》（文学卷三），浙江文艺出版社、浙江教育出版社 1992 年 6 月版，第 425—427 页。信中曰："你的信，昨日由中图公司转来。惊悉你的慈母逝世，全家为之悼惜！……""我在上海解放后，已经三迁。……现在住的，便是雪山的哥哥（雪村，即开明创办人）的房子，地在四马路，振华旅馆对面……""我还是不担任工作，因为学习俄文甚忙。而且开会也甚忙，（特邀代表，文教委员，抗美援朝委员——这三个单位，每周或数周有一次会。）我的生活照旧。……近日正在读托尔斯泰《战争与和平》。我还不敢翻译，明年大约可以译点书，以助中苏文化交流了。"

② 此信见《丰子恺文集》（文学卷三），浙江文艺出版社、浙江教育出版社 1992 年 6 月版，第 443—444 页。信中曰："字帖蒙介绍与宝文堂，甚好！谢谢你。稿酬如何，还望拨冗早为说成……""年来由于埋头学习俄文，新收入毫无。同时旧书许多停刊，版税收入大减。因此生活颇有青黄不接之状……""一吟托你介绍的《新朋友》童话册，能有千字十六单位，她甚满意。前示排好后付款，今已四个月，不知排好否？便中还请向文供社一询，俾早得收入。年来，她是我家维持者。故我代她相托也……"

1 月 29 日，致孔另境信，谈关于出版人才及俄文方面人才事，推荐张梓生为出版人才。①

3 月 11 日，致开明书店总办事处信，谈《音乐入门》校本事，询问出版范围等。②

3 月 17 日，致陆亚雄信，谈嘱替小咪取名事；述近来身体状况等。③

3 月，作《王玉珊同志遗容》（画像，并题记）。

丰子恺书《笔顺习字帖》书影

4 月 30 日，《笔顺习字帖》上、下册（丰子恺书）由（北京）宝文堂书店出版。有例言。

5 月 1 日，作《芬奇的生平及艺术》（艺术论述）。

5 月 14 日，致外孙宋菲君信，谈读《古诗十

---

① 此信见《丰子恺文集》（文学卷三），浙江文艺出版社、浙江教育出版社 1992 年 6 月版，第 480—481 页。信中曰："昨日闻需要出版方面人才及俄文方面人才。关于后者，明后日小女去俄国教师处，可遇见娄穆，当面询意见，后再奉告。关于前者，弟今日忽然想起一人：张梓生，前《申报·自由谈》编者，《申报年鉴》编者，开明南京分店经理……"

② 此信见《子恺书信》（下），海豚出版社 2013 年 9 月版，第 261—262 页。信中曰："来示及《音乐入门》校本一册收到。我校时疏忽遗漏，承蒙指示查点，均甚正确，甚为感谢。现在照示修改，另封平寄，请照该本再版可也。（惟来示所云，'第十一页"曲和歌""歌和声乐"的分别不够明白'一节，我意《曲和歌》的分别本文已说明，而《歌和声乐》的分别无须另行说明，因为声乐犹圣歌。'声乐'是对'器乐'而言，'歌'是普通说法。不须详为分别说明也。）再者：今有三事奉询，请赐复示为幸：（一）开明今后收不收由最近莫斯科俄文译出的美术、音乐译稿？（二）译稿版税办法如何？（与著作相同或不同？）（三）除抽版税外，有否收买版权之办法？……"

③ 此信见《丰子恺文集》（文学卷三），浙江文艺出版社、浙江教育出版社 1992 年 6 月版，第 472 页。信中曰："……新年里嘱我替小咪取名……我正在想，想出了适当的名字，我就告诉你。……我风痛在背，据说是每天伏案读俄文太久之故，现在，卧了几天早已好了……"陆亚雄，潘应人之妻。

九首》要求等。①

5 月 23 日，印度艺术展览会第一次筹备会议在上海外滩二号抗美援朝分会举行，参加会议，会议决定由丰子恺、张骏祥各撰一文，在展览期间见诸报端。印度艺术展览会于 1952 年 5 月 29 日在上海人民广场举行，由宋庆龄副主席剪彩并发表讲话。至 6 月 6 日止，参观者达 65248 人。

6 月 8 日，作《阿伊勃里特医生》译者序言（序跋）。

6 月 15 日，在《弘化月刊》总第 133 期（第 8 卷）发表《印度艺术展览介绍》（艺术论述）。

丰子恺译《管乐器及打击乐器演奏法》书影

7 月 10 日，《管乐器及打击乐器演奏法》（译著，原著［日］春日嘉藤治）由（上海）万叶书店出版。内容为："第一部：木管乐器（长笛、双簧管、单簧管）"、"第二部：铜管乐器（概说、短号、小号、活塞的指法、法国号、长号）"、"第三部：打击乐器（打击乐器概说、无音程的打击乐器、有一定音程的打击乐器）"。

7 月 27 日，在香港《大公报》发表《检查我的思想》（散文），收入华东人民出版社 1952 年 8 月初版《教师们的思想改造》。

----

① 此信见《丰子恺文集》（文学卷三），浙江文艺出版社、浙江教育出版社 1992 年 6 月版，第 376—377 页。信中曰："……告诉你：后天（星期五）我和小娘姨两人要到崇德去，要下星期一二回上海。你们这星期日倘来此，我不在，《古诗十九首》不能读。最好再下星期日来，把'十九首'背给我听，我再替你上新诗。'十九首'中有许多字难读，难解说。现在我写一张给你，可参考。'十九首'要多读几遍，要背得熟。""这星期倘你来，有一册书你可看看：这书是俄文版的《小学图画》。放在我书桌右手的绿书架的顶上，很大，你可看图。有许多写生画图，对学画是有益的……"小娘姨指丰子恺幼女丰一吟。

8 月 4 日，致刘其宽、刘其信信，言暂不作画，不能满足其求画事。①

是年，在日月楼会见沈本千。

社会评价

王朝闻:《我们需要儿童画》，载 1952 年 3 月 25 日《人民日报》。

---

① 此信见《丰子恺文集》（文学卷三），浙江文艺出版社、浙江教育出版社 1992 年 6 月版，第 482 页。信中曰:"你们的信，上月早收到。我因为上海文艺整风开会甚忙，一切私人信件都迟覆了，甚为抱歉。我自上海解放以来，即谢绝绘画，专研俄文，因此你们嘱画，暂时不能遵命，只得将来我空时重新作画，再行应嘱。今将附来钞票二万元原物璧还……"刘其宽、刘其信为两兄弟。

1953 年　癸巳　56 岁

丰子恺、丰一吟合译《中小学图画教学法》书影

丰子恺译《猎人笔记》书影

社会文化事略

1 月 1 日，第一个五年计划正式执行。3 月，全国文协常委会在北京召开第六次扩大会议，通过《关于改组全国文协和加强领导文学创作的工作方案》。7 月 27 日，《朝鲜停战协定》在板门店签字。9 月 23 日—10 月 6 日，中国文学艺术工作者第二次代表大会在北京举行。11 月，中国文联主席团扩大会议通过组织推动文艺界认真学习、努力宣传过渡时期总路线的决议。

生平事迹

1 月 4 日，致夏宗禹信，言患风痛月余，近得日本医生按摩，略见愈；述翻译《猎人笔记》进度。①

1 月，《阿伊勃里特医生》（译著，原著［苏］波略柯娃）由（上海）万叶书店出版。有译者序言（作于 1952 年，文末署“一九五二年六月八日丰子恺记”）。

作《中小学图画教学法》译者附言（序跋）。

---

① 此信见《丰子恺文集》（文学卷三），浙江文艺出版社、浙江教育出版社 1992 年 6 月版，第 427—428 页。信中曰：“我患风痛月余了，坐立不能，躺卧在床，竟成废人！近得日本医生按摩，略略见愈，能起坐写此信，甚喜。”“我译《猎人日记》，病前未了，今后每日可工作若干小时，不久一定完成它……”

2月10日,《中小学图画教学法》(译著,与丰一吟合译,原著〔苏〕孔达赫强)由〔上海〕万叶书店出版。有译者附言(作于1953年,文末署"译者　一九五三年一月")。内容为:"第一章:图画教学简史"、"第二章:学校图画教学法"、"第三章:苏维埃学校教学法的发展"、"第四章:儿童画"、"第五章:图画的第一课"、"第六章:学校图画课的内容"、"第七章:写生画"、"第八章:写生画课示例"、"第九章:立体物写生"、"第十章:高年级的写生画"、"第十一章:水彩画"、"第十二章:图画课业"、"第十三章:记忆画和想象画"、"第十四章:装饰画"、"第十五章:错误改正法"、"第十六章:图画教材的计划"、"第十七章:学校造型艺术的课外工作"。①

上海市人民政府聘请丰子恺担任上海市人民政府文史研究馆委员证书

2月13日,作《猎人笔记》译者的话(序跋)。

4月1日,上海市市长陈毅签发聘任丰子恺为上海市人民政府文史研究馆委员的聘书。

4月5日,作《戏和马公愚梅花诗》(诗)。②

4月7日,被聘为上海文史馆馆务委员。

4月9日,致常君实信,赠照片一张,介绍其读自学俄文经验文章,言最近请到了一位俄国女子,做翻译顾问等。③

丰子恺译《苏联音乐青年》书影

---

① 此书后有1954年人民教育出版社版。有修订。有译者附言(署"一九五三年十二月译者记")。

② 此诗见《丰子恺文集》(文学卷三),浙江文艺出版社、浙江教育出版社1992年6月版,第770页。

③ 此信见《丰子恺文集》(文学卷三),浙江文艺出版社、浙江教育出版社1992年6月版,第444—445页。信中曰:"你送我两张照片,都很好。还是同两三年前一样,可见你身体和精神都很健康。我只有小照片,也送你一张……""……最近中华《俄语教学》月刊二卷四期上,有两篇自学俄文者的经验谈,你有便可看一看……""我们最近请到了一位俄国女子,作翻译顾问,其人富有文艺常识,能说英语,所以很便当。我们(我与一吟)送她每月三十单位学费,每星期去谈二个半天。我想长期请她,这样,翻译可以妥当无误……"

4月，《猎人笔记》（译著，原著［俄］屠格涅夫）由（上海）文化生活出版社出版。有《译者的话》（文末署"一九五二年除夕丰子恺记于上海"）。

5月15日，《苏联音乐青年》（译著，原著［苏］高罗金斯基）由（上海）万叶书店出版。

春，与钱君匋等同赴杭州游虎跑，虎跑寺方丈宽愿法师言："弘一大师灵骨由泉州送来的部分，已经五六年了，到今尚无碑志。这灵骨原来放在钵中，供在佛前。解放初，寺僧星散，深恐纷失，入城求堵申甫老先生设法埋葬。堵先生在戎马仓皇中去蒋庄求马一浮先生写'弘一法师灵骨瘞处'八字，勒一尺见方的石板，即将灵骨埋葬于寺后半山中，以石板复其上，至今已四年矣。""先师在日谆嘱，不得为身后事募化。因此宽愿无法立碑。"为此，决心自筹资金"自动"独立立碑，不进行募化。同游者钱君匋亦表示愿意赞助，并表示立碑还不足以纪念弘一大师，应该建塔，遂决定自筹资金建弘一大师舍利塔。①

丰子恺（中坐者）与家人、亲友在杭州参加虎跑弘一法师石塔石路奠基纪念仪式时合影（摄于1953年）

7月14日，致应人信，言示毛泽东贺寿书收到；述《永恒的追思》一书已托大法轮书局寄奉一册。②

---

① 丰氏回沪后，章锡琛表示愿意出资，后叶圣陶获知讯息，亦表示愿意出资，筹得1500余万元（当时之货币），足以建塔。按马一浮之意见，此塔应依照永明延寿禅师塔式建造，杭州黄鸣祥自愿担任工程监理。参见1954年2月《弘化月刊》第153期《弘一大师杭州虎跑寺灵骨石塔落成》一文。宽愿法师，曾侍奉弘一法师。

② 此信见《丰子恺文集》（文学卷三），浙江文艺出版社、浙江教育出版社1992年6月版，第472—473页。编者注"约1953年"。信中曰："示及毛主席贺寿书收到，谢谢。令兄所需书名，恐是《永恒的追思》，本市大法轮书局（佛学书局，非营利的）有售。仆已去信，托其寄奉一册。想日内可收到……"

9 月 17 日，致夏宗禹信，言未参加文代会之原因；曰因成为文史馆委员，常与文史馆的老人们交谈；述不欲再从事美术的原因。①

丰子恺（后排左二）与家人、亲友等在杭州虎跑原弘一法师纪念堂前合影（摄于 1953 年）

9 月，杭州虎路后山弘一大师筑舍利塔动工，宋云彬为指导，黄鸣祥为工程监理。② 冬暮建成，共费资 1400 余万元，余资数十万元，丰氏拟再作添补，用于铺地面水泥、造石凳两个。

11 月，《朝鲜民间故事》（译著，［朝］霍芝编，与丰一吟一起由俄文本转译）由（上海）文化生活出版社出版。

12 月 30 日，华东美术家协会筹备委员会成立，为十五位发起人之一。

丰子恺等译《朝鲜民间故事》书影

是年马一浮赴沪访丰子恺。

《蒙古短篇小说集》（译著，［蒙］达姆丁苏隆原著，与青西、丰一吟一起由俄文本转译）由文化生活出版社出版。其中由丰子恺翻译的有《在荒僻的游牧地上》《没耳朵》《幸福山的马》《失去的牡马》。

《音乐的基本知识》（译著，与丰一吟合译，原著［苏］华西那—格罗斯曼）由（上海）万叶书店出版。

丰子恺在上海文史馆题画

① 此信见《丰子恺文集》（文学卷三），浙江文艺出版社、浙江教育出版社 1992 年 6 月版，第 428—429 页。信中曰："……文代大会，此间推举我去北京，但我的身体还不能胜任长途旅行及长期开会，所以辞谢了。脑贫血症近来略好些，然而一多用脑便眼黑头晕……医生说我学俄文用脑过度之故。但我不能放弃俄文，疗养期中每天早上也必温习若干时，怕忘记了。幸而没有忘记。……最近我家闹热些，因为我当了文史馆委员。（我是不受薪俸的，因为我生活无问题，不需政府帮助，替馆中省些。）文史馆的老人们常常来谈话。或者我到馆中去同他们谈话。……美协，我等于脱离了。……华君武同志常常希望我再弄美术工作，看来不可能了！因为我手足眼都不及昔年，手因风痛动作不灵，脚不耐多走或多站，眼老花三百五十度了，如何弄画呢？……"

② 黄鸣祥，丰子恺在杭州的友人。

社会评价

王　瑶：《丰子恺》，收《中国新文学史稿》，（上海）上海文艺出版社 1953 年 7 月版。

方　青：《丰子恺的"解放"》，收《现代文坛百象》，（香港）新世纪出版社 1953 年 7 月版。

1954 年　甲午　57 岁

社会文化事略

　　3 月，政务院文教委员会在北京召开全国文教工作会议。9 月 15 日至 28 日，一届全国人大一次会议在北京召开。12 月 21 日至 25 日，全国政协二届一次会议在北京举行。

丰子恺与妻及六子女在上海某照相馆合影（摄于 1954 年）

生平事迹

　　1 月 8 日，丰子恺偕钱君匋赴杭州，准备参加弘一大师舍利塔落成典礼。

　　1 月 10 日，参加弘一大师舍利塔落成典礼。该塔"弘一大师之塔"六个篆字为马一浮所题。参加典礼者另有：马一浮、钱君匋、堵申甫、黄鸣祥、宋云彬、蒋苏庵、郑晓沧、张同光、周天初等 20 余人。典礼程序：绕塔、行礼、照相。礼毕，在虎跑寺设素斋二席，并有择机建弘一大师纪念馆之愿。①

丰子恺（前排左四）与众同仁在杭州虎跑参加弘一大师之塔落成典礼时合影（摄于 1954 年 1 月 10 日）

　　1 月 15 日，致蒋苏庵函，感谢其参与杭州弘一大师纪念塔落成典礼并作诗。②

---

　　① 蒋苏庵，杭州蒋庄旧主人。

　　② 此信见《丰子恺文集》（文学卷三），浙江文艺出版社、浙江教育出版社 1992 年 6 月版，第 483 页，信中曰："弟等为弘一律主造塔，落成之日，蒙先生冒'弥天白雨'上山参与典礼，实甚荣幸！又蒙赋诗见寄，意真语切，当与塔同垂不朽也。专此鸣谢⋯⋯"

丰子恺与著《凤还巢》戏装之幼女一吟在上海合影（摄于1954年）

丰子恺在上海日月楼读书

丰子恺与家人在杭州玉泉游玩（摄于1954年）

2月4日，作《戏题一吟〈凤还巢〉"偷觑"摄影》（诗）。①

2月12日，华东美术家协会筹委会召开第一次会议，选出刘开渠、赖少其、丰子恺为正副主任。

3月12日，作《美术与图画教学》（艺术论述）。

4月5日，作《〈钱君匋刻长跋巨印选〉序》（序跋，作于1954年，文末署"一九五四年清明丰子恺书"）。②

4月27日，华东美术家协会成立大会在上海召开，被选为理事。

4月，在《美术》4月号发表《美术与图画教学》（艺术论述，作于1954年3月12日）。

《小学图画教学》（译著，与丰一吟合译，原著［苏］加尔基娜）由（北京）人民教育出版社出版。内容为：著者的话、绪论、学龄儿童图画的特点、写生画和意想画、小学图画教学的教育要求的发展、命题画课中的形象构成、论儿童画的发展、图画观赏、初等教学体系中的图画。

5月，《学校图画教学》（译著，原著［苏］科茹霍夫）由（上海）春明出版社出版。内容有："著者序言"、"图画在学校里的意义和地位"、"图

① 此诗见《丰子恺文集》（文学卷三），浙江文艺出版社、浙江教育出版社1992年6月版，第770—771页。
② 《钱君匋刻长跋巨印选》于1985年2月由上海人民美术出版社出版。

画教学的形式及其相互联系"、"图画教学法"、"图画课的设计"、"图画课的教学方法"、"优秀的革命前俄罗斯大艺术家和苏维埃大艺术家的简单介绍"、"苏联最大的造型艺术陈列馆"。

丰子恺与钱君匋（左一）等合影（摄于 1954 年）

6 月，《幼儿园音乐教育法》（译著，原著〔苏〕维特鲁金娜）由（上海）新音乐出版社出版。有"译者附言"。内容为："序言"、"第一章：作为共产主义教育手段的音乐的意义"、"第二章：音乐教育的任务、原则和内容"、"第三章：唱歌"、"第四章：音乐听赏"、"第五章：音乐游戏和舞蹈"、"第六章：音乐课的形式"、"第七章：幼儿园日常生活中的音乐"、"第八章：节日朝会和音乐"、"第九章：教养员的任务"、"附录一"、"附录二"等。

丰子恺译《学校图画教学》书影

7 月 12 日，致赵景深信，就苏联百科全书"中国音乐"翻译问题与其商量。①

7 月 13 日，致赵景深信，再述苏联百科全书"中国音乐"翻译问题。②

7 月，《唱歌课的教育工作》（译著，与丰一

---

① 此信见《丰子恺文集》（文学卷三），浙江文艺出版社、浙江教育出版社 1992 年 6 月版，第 177—178 页，信中曰："前由小儿交来赐赠大作，拜领未曾道谢为歉！今有关于戏曲史事请教：最近北京中央宣传部要弟翻译苏联百科全书中'中国音乐'一章。其中古代音乐家之姓名，都用俄文拼音的，翻译很伤脑筋。弟幸已大部查出，只除一位元代剧艺者的姓名查不出。猜想王国维的《宋元戏曲史》中或许可以查得。今日走遍图书馆及旧书店，访不到此书。因念吾兄精通此道，或家藏此类书，故来请教。今将原文之译语摘录于下……"

② 此信见《丰子恺文集》（文学卷三），浙江文艺出版社、浙江教育出版社 1992 年 6 月版，第 178—179 页，信中曰："示奉到。承示'芝庵'，已填写，明日可寄北京中宣部缴卷矣，谢谢！您送我的大作，我也查过，想不到是'芝庵'……苏联百科全书'中国音乐'一条，约万字，我个人看来有许多地方不中肯，也许外国查考失实，也许我观点不对。即如论元曲一节，只举关汉卿与芝庵二人。其他贯、马等皆不提。不知是否适当耳。"

丰子恺在苏州木渎

丰子恺在苏州某园林亭边

吟合译，原著［苏］格罗静斯卡雅）由（北京）人民教育出版社出版。内容为："绪论"、"第一章：唱歌的思想教育"、"第二章：集体主义教育"、"第三章：学生在唱歌教学过程中的感情和想象"、"第四章：艺术趣味的培养"。

夏，曾游南京、无锡、苏州。

8月，患肺结核和肋膜炎入医院。

9月1日，家属由福州路迁居顶租之陕西南路39弄93号。二楼有一个室内小阳台，阳台中部有一个梯形的突口，东南、正南、西南都有窗，上方还有天窗。选择此室内阳台作为自己的书房。坐在室内，可以从天窗上看到日月运转。根据这个特点，给新居取名为"日月楼"，顺口诵出一句下联："日月楼中日月长。"下联征上联，为此浙江大学教授郑晓沧先生拟了一句"琴诗影里琴诗转"，而马一浮先生则拟了"星河界里星河转"，并书写后相赠。此联即："星河界里星河转，日月楼中日月长"。病愈出院后入住，在此定居，直至终老。

10月31日，致应人信，言于9月间迁居；述近来身体状况；委托帮助介绍长子华瞻之妻戚志蓉自北京调至上海工作等。①

---

① 此信见《丰子恺文集》（文学卷三），浙江文艺出版社、浙江教育出版社1992年6月版，第473—474页，信中曰："……我九月间已迁居此间（址见信面），同时不幸患肋膜炎及肺结核，住院一个月，最近才出院，须绝对休息三个月……""有一事相烦：我的大儿子华瞻（复旦俄文教师）最近在北京结婚，其爱人戚志蓉，在北京商业部服务，请求组织上调上海，以便同居。组织上劝她自己在上海接洽工作（照理应该由他们代治），然后由公家分配。她性近文教，便托我在上海物色中学教师工作。我对教育界也很生疏，只想起覃英同志正担任第三女中校长（江苏路），该校规模宏大。我想问问她，下期需添聘教师否？能否用了我那媳妇？……因念你与覃校长相熟，对我也相熟，便想烦劳你代为洽谈……""迁居此间"指从福州路691弄7号迁往陕西南路39弄93号；覃英，系作家王鲁彦之妻。

12 月 4 日，致应人信，认为所示长子华瞻之妻调职办法合理。①

12 月 13 日，致应人信，因长子华瞻电话催促其妻调沪事，表示抱歉之情，同时言其原委。②

丰子恺在无锡鼋头渚太湖边绞手巾（摄于 1954 年）

是年，作《一件小事》（为中国新闻社作，发表在古巴哈瓦那《光华报》）。

本年起，任中国美术家协会常务理事，上海美术家协会（原华东美协）副主席。

社会评价

陈　恕：《丰子恺的漫画集在编选中——当选为市人民代表的文艺工作者访问记之一》，载 1954 年 8 月 2 日《新民晚报》。

二埋：《弘一大师杭州虎跑寺灵骨石塔落成》，载 1954 年 2 月《弘化月刊》第 153 期。

丰子恺与家人在南京秦淮河畔（摄于 1954 年）

丰子恺在上海日月楼

---

①　此信见《丰子恺文集》（文学卷三），浙江文艺出版社、浙江教育出版社 1992 年 6 月版，第 474 页，信中曰："华瞻爱人调职事，前蒙指示办法，甚为合理……"

②　此信见《丰子恺文集》（文学卷三），浙江文艺出版社、浙江教育出版社 1992 年 6 月版，第 474—475 页，信中曰："华瞻电话催促你，使你为难，我很抱歉！但这件事有两个原因要向你说明：一者，他们结婚时，考虑调职问题，我在旁说了大话……二者，这件事性质同别的公事有些不同：他们夏天在北京结婚，同居十余天即拆散，各自服务去。新婚久别，其渴望可想而知……"

1955 年　乙未　58 岁

丰子恺在莫干山芦花荡公园石级（摄于 1955 年）

丰子恺译《唱歌和音乐》书影

社会文化事略

1 月，中共中央批转中宣部《关于开展批判胡风思想的报告》。2 月，教育界开展全面发展教育的讨论。5 至 6 月，国务院第二办公室在北京召开全国文化教育工作会议。5 月 18 日，胡风被捕入狱。

生平事迹

居日月楼，专事著译。

2 月 7 日，作《子恺漫画选》（王朝闻编）自序（序跋）。

3 月，《唱歌和音乐》（译著，与杨民望合译，原主编［苏］沙赤卡雅）由（北京）人民教育出版社出版。

6 月 6 日，致广洽法师信，告知来信及承汇款人民币叁拾元已收到，并告近迁居陕西南路。为弘一法师在杭州虎跑寺建造之石塔已于去春落成。①

---

① 此信见《丰子恺文集》（文学卷三），浙江文艺出版社、浙江教育出版社 1992 年 6 月版，第 207—208 页。信中曰："来信收到，并承汇款人民币叁拾元代茶果，亦已收到。我等未能供养三宝，反蒙赐赠，实不敢当！兹敬领受，专函道谢。新枚童子亦附函道谢，信中所附六年前厦门租寓中照相，印制甚佳，令人恍忆当年良会。兹附上最近小照一帧，藉留纪念。阅来信，知法师近年多病，刻下想必恢复健康。仆住上海已六年，最初居福州路，最近迁居陕西南路，以后通信，请写信封上地址。祖国气象全新，与昔年大异，我等在新中国生活均甚幸福，真可谓安居乐业。仆前年曾发起为弘一法师在杭州虎跑寺建造石塔，已于去春落成，虎跑寺近亦由政府大加修葺，焕然一新。杭州最大寺院，如灵隐寺，亦已由政府重加修葺，上海静安寺等亦已全新。"

6 月 18 日，作《严惩怙恶不悛的胡风反革命分子》（短论）。

6 月 22 日，在《人民日报》发表《彻底消灭胡风集团》。

7 月，率眷游莫干山。

在《美术》7 月号发表《严惩怙恶不悛的胡风反革命分子》（短论，作于 1955 年，文末署"一九五五年六月十八日于上海"，有华君武插图《"革命十来年，政治上差不多了，现在就缺技术"》）。

丰子恺与家人在莫干山芦花荡公园（摄于 1955 年）

8 月 7 日，致广洽法师信，述及汇下港币壹佰拾元已收领，询问此款作何用度。①

8 月 29 日，致宋菲君信，鼓励其上进。②

9 月 11 日致广洽法师函，表示期望筹款建立弘一大师纪念馆。③

丰子恺与家人等在莫干山旅馆阳台上合影（摄于 1955 年）

———————————

① 此信见《丰子恺文集》（文学卷三），浙江文艺出版社、浙江教育出版社 1992 年 6 月版，第 208 页。信中曰："前接汇下港币壹佰拾元，已收领，不知此款作何用度？未蒙来信说明，暂为保存。上次承赠款，并赐童子新枚款，均已收领，并函道谢。""法师近年身体想必健康。恺去秋患肺病，现亦渐愈，此间医药一切皆由政府供给，个人不须负担，故病容易复健也。"

② 此信见《丰子恺文集》（文学卷三），浙江文艺出版社、浙江教育出版社 1992 年 6 月版，第 377—378 页。信中曰："前几天你母亲说，你上学期在校里，学业成绩好的，品行评语不好，是四分。我希望你本学期会改进。小娘舅去年冬天的评语也不好，说'用功是否为自己个人？'后来我教导他一番，这学期（今年夏天）就全都很好。说他'用心功课，遵守规则，热心群众事业，帮助同学，思想前进……'现在我也教导你一番，你下学期也会好起来的……"小娘舅指丰子恺幼子丰新枚。

③ 此信见《丰子恺文集》（文学卷三），浙江文艺出版社、浙江教育出版社 1992 年 6 月版，第 208—209 页。信中曰："八月廿四信前日收到。款港币壹佰廿元，比信早收到，曾有信奉覆，想亦收到。屡蒙汇款，甚不敢当。以后望勿再赐，请法师自己保养玉体为要。弘一法师石塔已于前年完成，但纪念馆迄今未能建设，因为国内人士大家很忙，没有余暇及余力对付此工作。又虎跑现已成为西湖风景区，僧人极少（有数人留住，皆卖茶为生），所以不宜立纪念馆。此事恐须将来再说。

丰子恺之妻六十大寿时全家在
上海日月楼门口合影（摄于1955
年，三排右二为丰子恺，三排右三
为丰妻徐力民）

9月17日，致内山完造信，询问苏俄古典文学日译本等事。①

秋，作《浣溪沙·慰郑晓沧先生悼亡》（词）。②

11月，《子恺漫画选》（王朝闻编）由（北京）人民美术出版社出版。有自序（作于1955年，文末署"一九五五年元宵丰子恺记于上海"）。封面画为自作。

《猎人笔记》（译著，原著〔俄〕屠格涅夫）改由（北京）人民文学出版社出版。

是年，作《国庆感想》（散文，为中国新闻社作）。

社会评价

真　如：《谈丰子恺》，载1955年1月6日（香港）《热风》第42期。

王　徹：《访丰子恺》，载（香港）《大公报》1955年2月23日。

前年造塔，亦不得已而为之。因灵骨自福建请来，埋在寺后半山中，毫无碑记，我恐日久湮没，故约旧友三四人，出资修建。（共费人民币一千八百万元，合港币七八百元耳。）今附奉落成纪念照片一张，请保存留念可也。国内僧人，无论年老年青，均从事工作，参加政治学习及会议，隐居山林之僧人已绝少。此情况与昔年大不同也。所需之书，已问过大法轮书局苏慧纯居士，彼云近因修屋，书物都已包藏。（购者亦极少。）待修屋完毕后，检出另行奉上。放生鸡子五只及泉州所讲《广义的艺术》，我均无存稿，且都已忘记，未能重作为憾。我患肺病已整整一年，尚未痊愈，然每日尚能工作数小时。所工作都是介绍苏联文化（翻译），画事亦久已荒疏矣。惟国内社会安宁，生活幸福，可告慰也。"

①　此信见《子恺书信》（下），海豚出版社2013年9月版，第267页。信中曰："手纸拜收。先生巡回讲演'新中国与日本'，敝国正为德田先生开追悼会，此中日友好之象，至堪欣慰！敬启者，兹有一事奉恳：仆近翻译苏俄古典文学，根据露语原本，希望能得日译本作参考。拜烦先生代为向贵国大书店查讯，有否日译本（书名另记）发卖？……"

②　此词见《丰子恺文集》（文学卷三），浙江文艺出版社、浙江教育出版社1992年6月版，第771页。该词后载1982年1月香港《中报月刊》第24期。

　　同　衡：《丰子恺的旧画〈茶店一角〉》，载（香港）《大公报》1955 年 4 月 12 日。

　　王朝闻：《子恺漫画选》后记，收《子恺漫画选》，人民美术出版社 1955 年 11 月版。

1956 年　丙申　59 岁

丰子恺在上海日月楼内从事翻译工作

社会文化事略

1月，各级各类学校教科书开始使用简化汉字。4月28日，中共中央政治局扩大会议提出"百花齐放，百家争鸣"方针。

生平事迹

1月21日，在《文汇报》发表《一夜风吹一尺长》（漫画）。

1月29日，在《文汇报》发表《参观群众业余美术展览》。

2月8日，在《文汇报》发表《我的心愿》（散文）。

2月15日，在《文汇报》发表《扶摇直上》（漫画）。

丰子恺在出发去庐山旅游时与同舱人在船上（摄于1956年夏）

2月，《幼儿园音乐教育》（译著，与丰一吟合译，原著［苏］梅特洛夫、车舍娃合著）由（北京）人民教育出版社出版。①

---

① 据此书版权页，为1956年2月第1版，7月第1次印刷。

3 月 15 日，致王凤池信，言今年春节曾为（上海）《新闻报》作图，题曰《灯花报曲福成双》，此为庆祝社会主义改造胜利及 1956 年春节而作。[①]

丰子恺与幼女一吟在上海日月楼合译柯罗连科小说（摄于 1956年 7 月）

6 月 10 日，致广洽法师信，述杭州弘一法师纪念馆进展情况。透露《李叔同先生传》已寄稿给浙江人民出版社，但尚未付印，预料年内或可出版。告知马一浮生活状况，便时代求墨宝寄奉。另谈及酬款收集弘一法师生前作品等事。[②]

丰子恺编著《雪舟的生涯与艺术》书影

6 月，《美术》6 月号发表《中国美术家应该知道中国美术史》（艺术论述）。

7 月 17 日，在《新闻时报》发表《同工异曲》（漫画）。

---

① 此信见《丰子恺文集》（文学卷三），浙江文艺出版社、浙江教育出版社 1992 年 6 月版，第 464—465 页。信中曰："……今年春节，弟曾为上海《新闻报》作图，题曰'灯花报曲福成双'，乃为庆祝社会主义改造胜利与一九五六年春节而作……"

② 此信见《丰子恺文集》（文学卷三），浙江文艺出版社、浙江教育出版社 1992 年 6 月版，第 209—211 页。信中曰："（一）弘一法师纪念馆，政府指定用虎跑钟楼为馆址，此钟楼建立在大殿旁边，分三层，下层大如普通厅堂，中层稍小，上层又稍小。建筑颇新。下层及中层可陈列书画纪念品，上层可供管理人住宿。地点并不嫌小。但其中空空如也，毫无一物。故办馆时须新买家具（陈列橱、桌椅等）约略须费二三千元。（二）政府只表示准许办纪念馆，经费须由其生前老友募集，并无指定组织办法。现弟拟先纠合弘法学生等数人组织'筹备会'，在上海有吴梦非居士（六十余岁，音乐教授，弘师学生）、朱幼兰（壮年人，佛教徒，景仰弘师者）、罗良能（壮年人，亦景仰弘师者），杭州有黄鸣祥（六十岁，弘一师学生，即造塔、修塔之监工人，前寄上之拓碑中有彼姓名）。其余尚在考虑中，不久弟拟召集诸居士，开会商讨具体办法，后再奉达。至于经常管理之人，弟拟推黄鸣祥居士，因彼过去热心监工，又家住杭州（任学校职务）。但学校退休后，学校所送养老金不够维持生活，故纪念馆必须按月赠送三四十元之薪给……（三）《李叔同唱歌集》记得前已寄赠一册，现正往外埠购求，因本埠早已售完，倘购得，当再寄上数十册……《李叔同传》，弟已寄稿去（浙江人民出版社），但尚未付印，预料年内或可出版。但此系公家出版社刊印，非佛教书店刊印，故不能附印，只能于出版后购买……（四）马一浮先生居杭州西湖苏堤蒋庄楼上，政府甚优待长老，生活安乐，惟近来患眼疾，一眼失明，故写字久已停止。闻正在求医。他日弟到杭当探候之。倘便于书写，当代求墨宝寄奉……再者：尊处既已与三数友人发动集款，且看成绩如何，一切随缘可也。国内亦拟征求书画纪念品。将弘一法师生前所有作品，散布在诸友人学生处者，尽行收回，加以装裱，保存在纪念馆内。此事亦须经费，但弟私人自当尽可能贡献，不成问题。至于国内集款，拟不登报，但由筹备员分头宣传，因预料能出资者甚少，登报徒然招摇而无益也……"

7月19日，在《解放日报》发表《谈"百家争鸣"》（散文）。

7月，《雪舟的生涯与艺术——纪念日本画家雪舟逝世450周年》由上海人民美术出版社出版。编著，收有自作《雪舟的生涯与艺术》一文和雪舟绘画作品。

丰子恺与幼女一吟在上海日月楼合译柯罗连科小说（摄于1956年7月）

7月至8月，偕眷游庐山。在庐山住建于1904年的别墅，四周林木葱茏，十分安静。当年弘一大师曾在庐山大林寺住过，而弘一大师的老友陈师曾的家族在庐山也有松门别墅。丰子恺分别到此二地参访。

7月，与幼女一吟在日月楼合译柯罗连科小说。

9月10日，上海中国画院筹备委员会发布院长、副院长、院务委员会以及行政工作人员名单。为院务委员会委员。当时的院长人选为吴湖帆，副院长人选为赖少其、傅抱石、贺天健、潘天寿。是日又召开上海中国画院筹备委员会第五次会议，通过上述名单。

丰子恺与妻在庐山涧水边（摄于1956年）

9月19日，致广洽法师信，感谢法师汇赐港币百元。另封邮寄扇面五张，其一敬赠法师，其余四张乞代分送贵友。欢迎法师来祖国暂住。①

---

① 此信见《丰子恺文集》（文学卷三），浙江文艺出版社、浙江教育出版社1992年6月版，第211—212页。信中曰："七月七日所发之信，早已收到。承汇赐港币百元亦收领，分赠一吟新枚，彼等均道谢，万里海外特蒙眷念，盛意深为感荷。本当早覆，因欲待谢松山先生来访后作书。但谢先生至今未见惠临，想系旅期延迟？今另封由邮寄上扇面五张，其一敬赠法师，其余四张乞代分送贵友，年来多写字，少作画，故画笔生疏，扇面上所绘皆草草也。法师欲来祖国暂住，甚为欢迎。……弟夏间上庐山避暑，住半月余即返沪。下月将有庐山游记在《文汇报》发表，不知南洋能看到该报否耳。谢松山先生倘来访，自当招待并赠书画……"

9 月，作《庐山游记之一·江行观感》（散文）、《庐山游记之二·九江印象》（散文）、《庐山游记之三·庐山面目》（散文）。

10 月 1 日，在《文汇报》发表《庐山游记之一·江行观感》（散文，附图《安庆所见》作于1956 年 9 月）。

10 月 3 日，在《文汇报》发表《庐山游记之二·九江印象》（散文，附图《九江浣衣女郎》，作于 1956 年 9 月）。

10 月 4 日，在《文汇报》发表《庐山游记之三·庐山面目》（散文，附图《庐山天桥印象》，作于 1956 年，文末署"一九五六年九月作于上海"）。

10 月 6 日，在《天津日报》发表《回忆李叔同先生》（散文）。

10 月 10 日，在《解放日报》发表《方不园君的"伤脑筋的十二块"》（说明文）。

10 月 16 日，作《中国话剧首创者李叔同先生》（散文）。

10 月，《小学音乐教学法》（译著，与杨民望合译，原著〔苏〕鲁美尔等）由（北京）人民教育出版社出版。内容为："著者的话"、"小学唱歌课"、"合唱"、"乐理"、"音乐欣赏"、"课外音乐活动"、"关于儿童发声器官构造的若干知识"、"歌曲附录"等。

丰子恺译《小学音乐教学法》书影

11 月 3 日，在《文汇报》发表《中国话剧首创者李叔同先生》（散文，附自作弘一大师像，作于1956年，文末署"一九五六年十月十六日于上海"）。

11月5日，《城中好高髻，四方高一尺；城中好广眉，四方且半额；城中好大袖，四方全匹帛》（漫画）发表于1956年11月25日的《新闻日报》。

丰子恺（左三）与内山完造（右四）等友人在上海万国公墓（摄于1956年）

11月18日，接待内山完造。与巴金等文化界人士赴龙华机场迎接。内山完造时任日中友好协会理事长，赴沪参加鲁迅逝世20周年纪念会。①

11月27日，作《欢迎内山完造先生》（散文）。

11月29日，在《新闻日报》发表《欢迎内山完造先生》（散文，作于1956年，文末署"一九五六年十一月廿七日下午"）。

1956年11月，丰子恺之妻徐力民当选卢湾区1956年"五好"积极分子（上海市卢湾区民主妇女联合会授予）

11月，妻徐力民被上海市卢湾区民主妇女联合会授予卢湾区1956年"五好"积极分子称号。"五好"为：家庭邻里团结互助好，家庭生活安排好，教育子女好，鼓励亲人生产、工作、学习好，自己学习好。

12月3日，在《文汇报》发表《六日辛勤一日闲》（漫画）。

12月5日，作《代画》（散文）。

---

①　内山完造在《花甲录·丰子恺先生》中曰："十一月十八日，我离开飞雪的北京……搭乘飞机一路南下……来到一别九年的上海进行访问……飞机平稳地降落，有几个人在向我挥手，其中有一位似乎是白胡须的老翁。舷梯一接上，我第一个走下飞机。'啊，啊，内山先生！'那位白胡须老翁说着向我伸出手来。这是十几年没有见面的丰子恺先生。我激动得一句话也说不出来，只得以紧紧的握手来表达内心的兴奋。"转引自丰一吟等著《丰子恺传》，浙江人民出版社1983年2月第1版，第158页。

12 月 10 日，在《文汇报》发表《代画》（散文，作于 1956 年，文末署"一九五六年十二月五日在上海作"）。

12 月 12 日，在《解放日报》发表《雪舟和他的艺术》（作于 1956 年）。

12 月 13 日，作《敬礼》（散文）。
致函姜丹书，言弘一法师石刻像等。①

12 月 20 日，在《解放日报》发表《介绍日本颜料古丽巴斯》（说明文）。

12 月 26 日，在《文汇报》发表《敬礼》（散文，作于 1956 年，文末署"一九五六年十二月十三日于上海作"）。

12 月 27 日，致函姜丹书，言李瑞清画像事。②

12 月，当选为上海市人民代表，并出席大会。

冬，苏步青荣获中国科学院颁发的科学奖，为之赠《种瓜得瓜，种豆得豆》图，以示祝贺。

是年，《丰子恺儿童漫画》由（北京）外文出版社以英文、德文、波兰文三种文本出版。这是丰氏画册第一次由我国出外文版。

作《太阳出起光线好，邻家姊姊来拍照》《灯花报喜福成双——庆祝社会主义改造胜利及一九五

---

① 此信见《子恺书信》（下），海豚出版社 2013 年 9 月版，第 75—76 页，信曰："敬庐老师：来示奉到。弘一法师石刻像，曾经有人将石刻拓本或印刷品寄来，但都已纷失。现在只得将留稿寄上。阅后请便中寄还，以便保存。尊著将出版，美术工作者幸甚。谨此奉贺……"

② 此信见《子恺书信》（下），海豚出版社 2013 年 9 月版，第 76 页，信曰："姜老师：画像线条改细，很好很好，而且很像。不过直书'丰子恺敬绘'，恐不符实。因为我不会画细线，读者要怀疑的。鄙见请加'姜△△改作'字样，较为符实。不知尊意如何？况且，您画的比我画的更像，所以我不敢掠美也……"李瑞清（1867—1920），江西抚州人，中国近代美术教育先驱，1902 年创办两江师范学堂，1906 年在该学堂设图画手工专修科，开中国近代艺术教育之先河。

六年春节》（漫画）。

社会评价

《上海教授科学家艺术家参加春节联欢会》，载《文汇报》1956 年 2 月 15 日。

谷　苇：《访丰子恺》，载 1956 年 7 月 22 日《解放日报》。

徐　翊：《子恺老人的生活》，载 1956 年 12 月 3 日《文汇报》。

丰一吟：《我们是怎样合译的》，载 1956 年 12 月 29 日《文汇报》。

颖　子：《中国新学术人物志》，（香港）智明书局 1956 年版。

评论选录

丰一吟：《我们是怎样合译的》

我和父亲正在翻译俄罗斯古典作家柯罗连科的《我的同时代人的故事》……

我们合译这部书，不是各译一半，互相校勘，而是很密切的合译：每人备一册原本，相对而坐，每句都由两人商讨，然后由我执笔写上去。写的时候"基本上"不打草稿，也许有人认为这是懒惰，其实并非完全为此。因为打草稿必须重抄，而重抄时往往有疏漏，造成冤枉的错误。

翻译中遇到困难，就把它摘出来，去请教苏联老师，有时甚至天南地北去找人问。这是最麻烦的工作，然而最有益。把不懂的地方弄懂了，这才是不折不扣的进步。

1957 年　丁酉　60 岁

社会文化事略

2 月 27 日，毛泽东作《关于正确处理人民内部矛盾的问题》的重要讲话。6 月 8 日，中共中央发出《关于组织力量准备反击右派分子进攻的指示》。10 月 4 日，苏联发射人类第一颗人造地球卫星。

生平事迹

1 月 1 日，在《文汇报》发表《元旦小感》（散文，附图《城中好高髻》）。

1 月 3 日，致广洽法师信，感谢承赐港币五十元。寄《庐山游记》剪报。表示乐意作弥陀学校校歌，由女婿杨民望作曲，自己作歌。①

1 月 17 日，致罗承勋信，言收到竹久梦二画册《出帆》。②

丰子恺在上海日月楼门口
（蔡介如摄于 1957 年）

---

① 此信见《丰子恺文集》（文学卷三），浙江文艺出版社、浙江教育出版社 1992 年 6 月版，第 212 页。信中曰："惠书收到。承赐港币伍拾元亦已收领，道谢。庐山游记今剪报寄上，请为哂正。弥陀学校校歌，当遵命制作，由小婿杨民望（即陈宝之夫，厦门人，音专校毕业，现在上海乐队服务）作曲，由弟作歌。但尚未完成，且须修改，请稍迟寄奉。"

② 罗承勋，笔名罗孚、柳苏等。曾在桂林、重庆、香港三地的《大公报》供职，又曾任香港《新晚报》总编辑、香港《文汇报》"文艺"周刊编辑。所寄《出帆》为卢玮銮所赠。

1月18日，作《呓语》（散文）。

1月20日，作《爆炒米花》（散文）。①

2月4日，在《工人日报》发表《欢乐的恐怖》（漫画）。

2月6日，作《〈缘缘堂随笔〉选后记》（序跋，文末署"1957年人日子恺记于日月楼"）。

丰子恺（前排坐者右一）与三姐丰满（前排坐者中）及全家共10人在上海某照相馆合影（摄于1957年）

2月12日，在《文汇报》发表《呓语》（散文，作于1957年，文末署"一九五七年一月十八日于上海作"）。②

2月13日，在《文汇报》发表《炮弹做花瓶，世界永和平》（漫画）。

3月5日，致吴宣南信，表示愿意考虑参加5月间的访问北欧五国活动，征询是否可带幼女一吟作陪同，费用自理。③

丰子恺与幼女一吟在上海日月楼（摄于1957年）

3月12日，作《李叔同先生的爱国精神》（散文）。

3月29日，在《人民日报》发表《李叔同先生的爱国精神》（散文，作于1957年，文末署"一九五七年三月十二日于上海作"）。

---

① 该文初载1980年9月10日《文教资料简报》第105、106期，南京师范学院编。
② 该文初收《缘缘堂随笔集》（浙江文艺出版社1983年5月版）时被改名为《随笔漫画》。
③ 此信见《丰子恺文集》（文学卷三），浙江文艺出版社、浙江教育出版社1992年6月版，第484页。信中曰："交下北京美协函，已加考虑。五月间北欧五国友好访问，我极愿参加。……不过我有一种希望：可否带一自费之随员？因为我年来健康不良，远道出门需人帮助照顾，倘可带人，我拟带我的女儿丰一吟同行……"吴宣南为美协上海分会工作人员。后未成事实。

4 月 19 日，在《杭州日报》发表《先器识而后文艺——李叔同先生的文艺观》（散文，作于 1957 年，文末署"一九五七年清明过后于上海作"）。①

4 月 20 日，致石景麟信，赞赏其《音乐家故事》一书。②

4 月 24 日下午，接待上海交通大学电力系的三年级学生潘文彦来访，并赠画作《满山红叶女郎樵》，题"文彦仁弟惠存"。后收潘氏为学生。

5 月 7 日，在上海市政协全体会议预备会议上发言，再次呼吁将书法列入美协。

5 月 10 日，作《石川啄木的生涯与艺术》（序跋，文末署"一九五七年五月十日记于上海"）。③

5 月 14 日，在《杭州日报》发表《李叔同先生的教育精神》（散文）。

5 月 29 日，平生第一次戏作之小说《六千元》完成（作于 1957 年，文末署"一九五七年五月廿九日写毕。此乃平生第一次试作小说，游戏而已"）。④

5 月，《我的同时代人的故事》第一卷（译著，与丰一吟合译，原著〔俄〕柯罗连科）由人民文学出版社出版。有《译者前记》。

丰子恺（中）与幼女一吟、幼子新枚在扬州白塔寺前合影（摄于 1957 年）

丰子恺与幼女一吟在扬州五亭桥前（摄于 1957 年）

丰子恺与幼子新枚在扬州瘦西湖船内（摄于 1957 年）

---

① 此文于 1957 年 10 月在新加坡编印的《弘一大师纪念册》刊载时，题名为《李叔同先生的文艺观——先器识而后文艺》。

② 石景麟，生于 1932 年，上海人，毕业于复旦大学法律系。

③ 该文见浙江文艺出版社、浙江教育出版社 1992 年 6 月版《丰子恺文集》（文学卷二）。

④ 《六千元》初载 1984 年《西湖》文学月刊第 12 期。

作《费新我〈草原图〉读后感》（艺术论述）。

歌曲《新加坡弥陀学校校歌》收《弥陀学校建校十周年暨图书馆落成纪念刊》，新加坡弥陀学校编印。

6 月 7 日，率一吟、新枚游镇江、扬州。

6 月 17 日，致广洽法师信，对已所作弥陀学校校歌被用，至为欣慰。对法师寄款表示感谢和不安。写奉格言四字，乃佛家训辞，供弥陀学校选用。对法师拟刊弘一法师书翰等单行本表示感佩。述杭州虎跑弘一法师纪念室进展情况和关于增修虎跑弘一法师石塔设施表达意见。①

6 月 18 日，在《人民日报》上发表《费新我〈草原图〉读后感》（艺术论述，作于 1957 年，文末署"1957 年 5 月于上海"）。②

致范尧峰信，对其兄尧生逝世表示悼惜之情，应其嘱画，附寄一幅。③

丰子恺站在扬州二十四桥上
（摄于 1957 年）

---

① 此信见《丰子恺文集》（文学卷三），浙江文艺出版社、浙江教育出版社 1992 年 6 月版，第 212—213 页。信中曰："五月廿一日示前日奉到……校歌蒙采用，至为欣慰！深恐词曲未能尽善耳。承赐资港币二百元（想不日可收到），实太客气，今谨领收道谢，以后请勿再赐，免增惭愧。今写奉格言四字，乃佛家训辞，是否可作校训，未敢确定。只作贵校客堂装饰可耳……法师拟刊弘师书翰等单行本，至善。夏丏尊先生信已看过，今附还，可刊入。弟所收弘师信件，抗战时均被炮火所毁，一无留存，甚可惜。法师刊印纪念册，弟未能供给材料，至深遗憾！""杭州虎跑弘一法师纪念室，杭州政治协商会已提出，杭州政府听说已表示同意，但如何办理，何时成立，均不可知。因国内现正'增产节约'，恐政府未能多出经费。至多拨一房屋陈列遗物而已……四年前弟等三四同人私人出资所造之石塔，今幸无恙……惟塔在半山，后面山石泥沙常常被雨水冲下，最近已迫近石塔。需要开山，最好再造一亭子，设石桌石凳。现在只有一塔，别无点缀也。但国内私人经济均不太富裕，少有人能出资开山护塔。海外倘有信善宏法，诚善。但弘师生前不愿为自己募捐，故此事未可勉强，但俟胜缘耳……"

② 费新我（1903—1992），浙江湖州人，画家。

③ 此信见《丰子恺文集》（文学卷三），浙江文艺出版社、浙江教育出版社 1992 年 6 月版，第 485 页。信中曰："惠示奉到。令兄尧生已作古，弟今始知之，至深悼惜！嘱画，今勉写一小帧附上，即乞教正……"范尧峰，丰子恺在浙江省立第一师范学校时的校友范尧生（1921 年毕业）的胞弟。

6月25日，《上海美术通讯》创刊号出版，刊名题字用于该刊封面。

6月，修订《近世西洋十大音乐家故事》。

7月11日，在（香港）《乡土》上发表《一吟之病》（散文）。

丰子恺与幼女一吟在扬州二十四桥境（摄于1957年）

7月22日，在《人民日报》发表《蚍蜉撼大树，可笑不自量》（漫画）。

7月23日，作《弘一大师逝世十五周年纪念册》序（序跋）。

7月，《听我唱歌难上难》由（北京）中国少年儿童出版社出版。

7月，在《文艺月报》第7期发表《月暗小西湖畔路，夜花深处一灯归》（漫画）。款为："日本某画家有此画，题此诗句，三十年前读之，至今不忘，回忆仿佛如此。一九五六年冬，子恺"。

丰子恺与幼女一吟在镇江

8月2日，作《一吟饰洛神》（诗）。①

8月7日，致徐鸣皋信，寄款资助其养病。②

8月14日，作《〈李叔同歌曲集〉序言》（序跋）。

丰子恺在镇江

---

①　此诗见《丰子恺文集》（文学卷三），浙江文艺出版社、浙江教育出版社1992年6月版，第771页。

②　此信见《子恺书信》（下），海豚出版社2013年9月版，第268页。信中曰："你施手术后想必健好。目下情况如何，尚望写告。今由邮汇出叁拾元，作为病后调养之用，望收领为荷……"徐鸣皋，丰子恺之妻侄。

8月15日,致音乐出版社编辑部函,《李叔同歌曲集》提前交稿,谈编辑意见,并言稿酬全部用以修建杭州弘一法师纪念塔,希望提高稿酬标准。①

8月17日,致函广洽法师,对其资助修建杭州弘一大师纪念塔附近设施表示感佩。随函附上为法师编辑之弘一法师纪念册而作的封面画。②

8月,《音乐的基本知识》(译著,修订版,与丰一吟合译,原著〔苏〕华西那—格罗斯曼)由(北京)音乐出版社出版。

在《音乐生活》8月号发表《伯牙鼓琴》(散文,作于1957年)。

9月3日,在《文汇报》发表《可恶又可笑——上海市第二届人民代表大会第二次会议上发言摘要》(标题为编者加)。

9月8日,致函广洽法师,述善款收到,当善为应用。告知杭州弘一法师石塔修葺现状,并绘图供参考。另述国内正展开"反右派"斗争,连续

丰子恺与幼女一吟、幼子新枚在镇江第五泉碑前(摄于1957年)

----

① 此信见《丰子恺文集》(文学卷三),浙江文艺出版社、浙江教育出版社1992年6月版,第486页。信中曰:"《李叔同歌曲集》原约八月底缴稿,今已提前完成,随函挂号寄上……另封挂号一包,内《中文名歌五十曲》一册,补白画廿一幅,封面画一幅,样本一小册……""歌词的字,是否要我手写,还是排铅字?如果要我手写,我也乐愿……""此书出版时,其稿酬全部用以修李先生西湖上石塔(请看序文末了),我完全尽义务。希望稿酬尽可能提高……"

② 此信见《丰子恺文集》(文学卷三),浙江文艺出版社、浙江教育出版社1992年6月版,第213—214页。信中曰:"来示及港币贰千元,先后收到。法师磬钵资为弘一大师修筑塔墓,广大宏愿,至为感佩。先后共收港币叁千元,合人民币一千二百二十七元。暂存银行,待月底弟赴杭察看,进行修筑。此款及弟所捐六百元,拟全部用以开山及筑亭。因纪念馆事暂时搁浅,且待日后政府有明令后开办。据友人等言,纪念馆不能私办,政府倘决定开办,必有房屋供给,不须私人出资买屋。所以我们所捐之款,可全部用以修筑塔墓也……""法师编辑弘师纪念册,弟为作封面画,随函附上,可印橡皮版或三色版。书面绘画,可使读者乐于阅读,故在题字外又作画,不知尊意妥否?"

开会，因未能早到杭州察看石塔等事。①

9 月 17 日，致函广洽法师，述杭州虎跑弘一法师石塔修葺进展及经费使用情况。②

9 月 21 日，作《小感》（散文）。

9 月 27 日，在《文汇报》发表《小感》（散文，作于 1957 年，文末署"五七年国庆前十日于上海"）。

丰子恺与幼女一吟、幼子新枚在镇江江天一色屋前（摄于 1957 年）

9 月，《音乐入门》（修订版）由（上海）上海音乐出版社出版。

装帧图《晚会》被用于《羊城晚报》。

10 月 1 日，在《文汇报》发表《万年青——庆祝一九五七年国庆》（漫画）。

10 月 7 日，作《〈京剧胡琴奏法例解〉序》（序跋）。

丰子恺作封面设计的《弘一大师纪念册》书影

---

①　此信见《丰子恺文集》（文学卷三），浙江文艺出版社、浙江教育出版社 1992 年 6 月版，第 214—216 页。信中曰："来信及汇款港币一仟元（又四十元），均已收到。法师宏愿，功德莫大！弟自当将此款（共港币五仟元，合人民币式仟壹百三十五元）善为应用。上月廿四日弟到杭州察看石塔，见塔本身无恙，惟环境的确狭窄，后山有开凿之必要。同时祭桌前面地基太窄，深恐崩落，又有筑石槛之必要。今将其地势绘图如左。现正托杭州友人黄鸣祥（亦弘师学生，现任省立女中总务主任。石塔系彼监造）请石工估价，尚未有覆。后再详告……""寄下照片四张，收谢。将来纪念册出版，还望及时赐寄……国内正展开反右派斗争，上月人民代表大会连续开会二十天，弟天天出席。因此未能早到杭州察看石塔也……"

②　此信见《丰子恺文集》（文学卷三），浙江文艺出版社、浙江教育出版社 1992 年 6 月版，第 216—217 页。信中曰："杭州虎跑工事，刻已由黄鸣祥居士（亦弘师弟子，现任省立女中总务主任）包工。即日开工。工作项目如下：（一）塔后开山三公尺，筑石壁，以阻止山岩崩溃。（二）塔前峭壁上加石帮岸及石栏杆，防止崩溃并使游客安全。（三）石壁周围设磨光水泥石凳，以便游客息足。——上三项工料约计人民币三千元。再加一项：（四）石壁上嵌入小形石碑一块，上刻弘师生平事略，并标明'广洽法师增筑'字样，此石碑所费不多，可留永久纪念。近日秋晴，石工泥工正好进行。大约冬至前必可完成。"

10 月 13 日，新加坡薝蔔院出版《弘一大师纪念册》，收《李叔同先生的教育精神》（散文）并为该纪念册作序（作于 1957 年，文末署"一九五七年大暑丰子恺记于日月楼"）、《李叔同先生的文艺观——先器识而后文艺》；装帧画被用于该纪念册封面。

10 月 23 日，致广洽法师信，告知杭州虎跑弘一大师纪念塔增筑项目完成，述经费使用情况，并告知话剧界正在北京展览弘一法师照片，纪念中国话剧诞生五十周年。上海佛教信众会亦开弘一法师圆寂十五周年纪念会。其他各埠亦有纪念会。①

11 月 1 日，在（香港）《乡土》杂志发表《"根深枝干强"》（散文）。

11 月 4 日，致舒国华信，代其向《解放日报·朝花》编辑部投稿，言近数年来工作主要是俄文书籍翻译。

11 月 17 日，六十寿辰（农历九月廿六日）摄影纪念。

丰子恺六十大寿时在上海
（摄于 1957 年）

---

① 此信见《丰子恺文集》（文学卷三），浙江文艺出版社、浙江教育出版社 1992 年 6 月版，第 217—218 页。信中曰："示及港币一千元，先后收到。石塔增筑，今已完成。共用约二千余（尚未结清），我们所捐之款共二千七百三十五元（尊处汇来二千一百三十五元，即港币五千，弟自捐六百元），不会超过，尚略有剩余。但弟知以后必另有人自愿出资，可供建亭。故决计不向外募捐，以符弘师遗志。请法师放心可也。国立纪念馆尚无消息，但民间开纪念会颇热。据弟所知，话剧界正在北京展览弘师照片，纪念话剧五十年。上海佛教信众会亦开逝世十五周年纪念会。其他各埠亦有纪念会。石塔增筑后，石壁上刻铭文一篇，叙述端绪。他日拓印出来，当寄奉请阅。"丰子恺书信的时间辨认较为复杂。如此函标"十月廿三日"。本年谱长编对于写信时间的确认，根据具体情形而定。如明确标注农历，如"除夕"、"农历正月"某日等皆视为农历，凡其他汉字月、日则视为阳历。如 1946 年"五月六日"致广洽法师函中曰："丏尊先生又于四月廿三日在沪作古"，查夏丏尊生平，其逝世时间为 1946 年阳历 4 月 23 日，故丰氏函中所谓"四月廿三日"应指阳历。

11 月，《近世西洋十大音乐家故事》由（杭州）东海文艺出版社出版。有序（文末署"一九二九年四月二十日子恺记于沪杭车中"）。书末署"一九五七年六月修订"。

《缘缘堂随笔》（新版）由（北京）人民文学出版社出版。有"选后记"（作于 1957 年，文末署"1957 年人日子恺记于日月楼"。"人日"指农历正月初七）。该集收：《渐》《东京某晚的事》《自然》《从孩子得到的启示》《华瞻的日记》《阿难》《闲居》《大账簿》《忆儿时》《儿女》《颜面》《立达五周年纪念感想》《儿戏》《作父亲》《两个"？"》《新年的快乐》《蜜蜂》《蝌蚪》《放生》《杨柳》《鼓乐》《三娘娘》《野外理发处》《肉腿》《送考》《学画回忆》《谈自己的画》《春》《山中避雨》《旧地重游》《作客者言》《吃瓜子》《半篇莫干山游记》《记音乐研究会中所见之一》《记音乐研究会中所见之二》《手指》《蟹》《辞缘缘堂》《怀李叔同先生》《悼夏丏尊先生》《读〈读缘缘堂随笔〉》（附录《读〈缘缘堂随笔〉》）、《宜山遇炸记》《艺术的"逃难"》《沙坪的美酒》《白鹅》《谢谢重庆》《防空洞中所闻》《蜀道奇遇记》《重庆觅屋记》《胜利还乡记》《最可怜的孩子》《桂林的山》《宴会》《我的漫画》《白象》《贪污的猫》《口中剿匪记》《义齿》和《海上奇遇记》。

《丰子恺文集》由人民文学出版社出版（香港未名书店总经销，内容同上）。

12 月 23 日，在（香港）《大公报》发表《斗牛图》（散文，作于 1957 年）。

12 月 29 日，作《勇猛精进》（漫画）。

丰子恺六十大寿时与妻徐力民合影（摄于 1957 年）

丰子恺六十大寿时与众亲人在上海日月楼门口合影（摄于 1957 年）

丰子恺著《缘缘堂随笔》书影（1957年人民文学出版社版）

是年，为中国新闻社作《国庆感言》（散文）。

装帧图被用于《山西日报》。

漫画《喂马》用于《小朋友》杂志第 15 期封面。

作《"妈妈快来打！他拿刀杀爸爸了！"》《利锁名缰——个人主义的桎梏》《根深枝干强，八年高百丈》《如松之盛，如日之升》《二十四桥仍在》（漫画）。

装帧画用于龙华佛教社印行的李圆净著《到光明之路》封面。

本年起，任上海市政协委员、上海外文学会理事。

结识朱晨光。①

社会评价

张家令：《在丰子恺老先生家作客》，载 1957 年 5 月 21 日《青年报》。

小　楼：《蚁的友情》，载 1957 年 9 月 5 日《新民晚报》。

温梓川：《作家的学生时代》，[新加坡] 世界书局 1957 年版。

---

① 朱晨光，生于 1935 年，美术评论家和文艺活动家。曾任《美洲华侨日报》文艺副刊主编和纽约伦理文化进修学院中国画教授，著有《浅谈剪纸艺术》《朱晨光画集》《王少陵》和《折叠法剪纸》等，现旅居美国，并从 1986 年起多次应聘为中国有关高校的客座教授及从事讲学活动。

1958 年　戊戌　61 岁

社会文化事略

4 月，北京大学开始批评马寅初的《新人口论》。5 月，中国共产党第八届全国代表大会第二次会议在北京召开。大会通过"鼓足干劲，力争上游，多快好省地建设社会主义"的总路线。9 月 27 日，全国文联主席团举行扩大会议，号召全国文艺工作者大力推动群众的创作运动和批判运动等。

生平事迹

1 月 10 日，作《曲高和众》（散文）。

1 月，《李叔同歌曲集》（编选）由（北京）音乐出版社出版。得稿酬 1150 元全部用于增修杭州弘一大师之塔。有序言（作于 1957 年，文末署"一九五七年八月十四日丰子恺记于上海"）。收李叔同歌曲 32 首。序言中曰："音乐出版社要我照《中文名歌五十曲》一样作补白画并手写歌词。我都乐愿。"书中诸歌歌词为丰子恺手书，并作插图 20 幅。

丰子恺编《李叔同歌曲集》书影

1 月 13 日，在《文汇报》发表《鲁迅小说人物印象——鲁四老爷与四太太》（漫画）。

丰子恺在上海日月楼内翻译石川啄木小说集（摄于 1958 年）

丰子恺（三排左四）与家人在上海日月楼门口合影（摄于1958 年春节）

丰子恺像（摄于 1958 年）

1 月 16 日，在《文汇报》发表《鲁迅小说人物印象——卫老婆子带着祥林嫂》（漫画）。

1 月 23 日，在《文汇报》发表《鲁迅小说人物印象——孔乙己》（漫画）。

1 月 30 日，在《文汇报》发表《鲁迅小说人物印象——闰土和水生》（漫画）。

2 月 7 日，致曾刚信，介绍石景麟投稿，言百期纪念文或画将于是月 20 日前寄上。①

2 月 14 日，致曾刚信，寄一画，祝贺《群众音乐》百期纪念。②

2 月，在《群众音乐》2 月号发表《曲高和众》（散文，作于 1958 年，文末署"一九五八年一月十日"）。

在《漫画》杂志第 4 期（总 107 期）发表《勤俭治家》（漫画）。

3 月 17 日，致詹广安信，③

3 月 26 日，作《决心书》（散文）。

3 月，《〈京剧胡琴奏法例解〉序》（序跋，作

---

① 此信见《丰子恺文集》（文学卷三），浙江文艺出版社、浙江教育出版社 1992 年 6 月版，第 487 页。信中曰："今介绍石景麟同志投稿……百期纪念文或画，二月二十日前定当寄奉……"曾刚，《群众音乐》编辑部工作人员。

② 此信见《丰子恺文集》（文学卷三），浙江文艺出版社、浙江教育出版社 1992 年 6 月版，第 487 页。信中曰："弟近患病入院，前日始出院。今勉作一画，祝贺《群众音乐》百期纪念……"

③ 此信见《丰子恺文集》（文学卷三），浙江文艺出版社、浙江教育出版社 1992 年 6 月版，第 488 页。信中曰："来信由《文汇报》转到。足下对于《缘缘堂随笔》之高见，已读过，至为钦佩……"詹广安，当时为上海某厂职工，丰子恺作品爱好者。

于 1957 年，文末署"丰子恺，1957 年国庆后七天"）收（上海）上海音乐出版社版《京剧胡琴奏法例解》。

装帧画《音乐教人团结，团结就是力量》用于《群众音乐》第 3 期封底。

春，作《扬州梦》（散文）、《西湖春游》（散文）。

丰子恺（右二）与郑晓沧（右三）、黄鸣祥（左一）、幼女一吟（右一）在杭州西山公园

4 月 2 日，作《看了齐白石先生遗作展览会》（散文）。

4 月 3 日，在《解放日报》发表《看了齐白石先生遗作展览会》（艺术论述，作于 1958 年，文末署"一九五八年四月二日"）。

4 月 5 日，在《文汇报》发表《一剪梅·清明》（词，作于 1958 年）。

4 月 16 日，在（香港）《乡土》发表《决心书》（作于 1958 年 3 月 26 日）。

4 月 22 日，在《旅行家》第 4 期发表《西湖春游》（散文，附图《人民的西湖》《旧时代的西湖》之一、《旧时代的西湖》之二，作于 1958 年，文末署"一九五八年春日"）。

丰子恺（左一）与家人及黄鸣祥（左二）等在杭州紫来洞

4 月 24 日，致舒国华、舒士安信。①

4 月 28 日，致舒国华信，告其上海旧书收购

---

① 舒士安，舒国华之子。

处地址。①

5月1日，在《新观察》第9期发表《扬州梦》（散文，附图《二十四桥仍在》，作于1958年，文末署"一九五八年春日作"）。

5月14日，在《文汇报》发表《鲁迅小说人物印象——七斤嫂》（漫画）。

丰子恺（前者）与家人在杭州西湖候船

5月17日，在《解放日报》发表《介绍"汉文拼字游戏牌"》（说明文）。

5月22日，致广洽法师函，对法师又汇钱款表示感谢。谓弘一法师纪念馆近由政府批准，但经费由弘一法师生前友人筹集，探询法师是否方便募款。附寄《李叔同歌曲集》一册，表示其稿酬共1150余元已全部充作增修弘一法师石塔之用，言近作《李叔同先生小传》一册，计划出版。②

5月24日，装帧图《朝花》被用于该日《解放日报》。

① 此信见《子恺书信》（下），海豚出版社2013年9月版，第204—205页。信中曰："来信收到。上海旧书收购处地址在'上海福州路中市'。可去信接洽，但不知外埠办法如何耳……"

② 此信见《丰子恺文集》（文学卷三），浙江文艺出版社、浙江教育出版社1992年6月版，第218—219页。信中曰："五月十二日示奉到。……又承赐寄隆款（港币六十元，内二十元交新枚童子，想不日可收到），甚不敢当。已领受盛惠，专此道谢。……弟近亦患病入院疗养，现已复健……""杭州'弘一法师纪念馆'，最近政府已批准。地点即在虎跑寺内，用钟楼（三层楼屋）为馆址。政治协商会对提议人（马一浮先生亦在内）的批示中说：其经费可由弘一法师生前友人筹集。（杭州已有吴昌硕先生纪念馆，其经费亦由吴生前友人及学生筹集。）现弘师弟子吴梦非兄及虎跑寺宝云法师等均希望早日筹办。但经费尚无着落，故未进行。据弟估计，约需人民币八千元（开办费约三千元，管理人酬劳及日常开支以十年为度，约五千元）。弘师生前曾叮嘱知友，勿为彼身后募化。因此往年造塔及此次修塔，均由少数私人（法师、叶圣陶先生、钱君匋君及弟）自愿出资，非向外募集者。但此次系政府意旨，非我等发起，故弟意不妨募集……""南洋方面近况如何？有否弘师生前知友及信徒？法师对此事意见如何？尚请加以考虑为幸……""附寄（非航空）《李叔同歌曲集》一册，乃新近由弟编写而出版者。其稿酬共一千一百五十余元，全部充作增修石塔之用（见该书序文）。弟近又作《李叔同先生小传》一册，大约年内可以出版。出版后当寄奉请正……"

5 月 27 日，在《人民音乐》第 5 期发表《回忆儿时的唱歌》（散文）。

5 月 29 日，致张梓生函，言已从杭州回沪，在火车上作两首回文诗。[①]

丰子恺（右二）与三姐丰满（右一）等在杭州

在《文汇报》发表《参观群众业余美术展览》（艺术论述）、《鲁迅小说人物印象——赵七爷》（漫画）。

5 月 31 日，在《人民日报》发表《为儿童作画》（艺术论述）。

6 月 1 日，在《解放日报》发表《谈儿童画》（艺术论述，作于 1958 年）。

作《小爸爸和小妈妈》（漫画）。

装帧画《海陆空军保卫和平》用于《新观察》第 11 期封底。

6 月 5 日，在《文汇报》发表《众人拾柴火焰高》（漫画）。

6 月 19 日，在《文汇报》发表《鲁迅小说人物印象——九斤老太》（漫画）。

6 月 21 日，在《北京晚报》发表《三早抵一工》（漫画）。

6 月 30 日，致《漫画》编辑部函，表达对漫

---

① 此信见《丰子恺文集》（文学卷三），浙江文艺出版社、浙江教育出版社 1992 年 6 月版，第 489 页。信中曰："我杭州回来已数天。在杭途遇雪山，谈了片刻，他候你到杭。我在火车里做了两首回文诗。△浙江潮水似天高暮雨飘时闻客话浙江潮△送春又梦春回蝴蝶飞回肠欲断送春归……"回文诗为七绝，首七字为第一句，第二句从"水"字读起，第三句从"暮"字读起，第四句从"时"字读起。

画《亲爱的叔叔……》在《漫画》杂志、《新民晚报》先后刊登的意见。①

6月，作《行路易》（散文）。

作《〈陈之佛画集〉编者序言》（序跋）。

《夏目漱石选集》（第二卷，译著，[日]夏目漱石著，共收二篇，其中《旅宿》为丰子恺译）由（北京）人民文学出版社出版。

7月3日，在《解放日报》发表《无人售货——上海第一百货商店所见》（漫画）。

7月4日，致广洽法师信，商讨杭州弘一法师纪念馆事。②

丰子恺等译《夏目漱石选集》
（第二卷）书影

---

① 此信见《丰子恺文集》（文学卷三），浙江文艺出版社、浙江教育出版社1992年6月版，第490页。信中曰："敬启者，拙作《亲爱的叔叔……》已在贵志发表，承寄清样及稿费，已于昨日收到，道谢。今日（六月卅日）见上海《新民晚报》，亦登此画，想是从贵报转载。但该报未注明'转载'字样。想是遗忘所致。深恐见者误以为鄙人'一稿两投'，故特函告。有机会遇见《新民晚报》同人时，亦当请其以后遇同样情形时勿忘注明也……"

② 此信见《丰子恺文集》（文学卷三），浙江文艺出版社、浙江教育出版社1992年6月版，第219—221页。信中曰："（一）尊处既有信善喜舍，则纪念馆即着手筹办。今日与吴梦非兄商谈进行步骤，决定先向政府正式呈报，次邀集正式筹备委员会。（二）筹委会名单，上次信中所举乃基本人员（实际办事者），今与梦非兄商定如下：广洽法师、吴梦非、丰子恺、朱幼兰、黄鸣祥、罗良能、丰一吟、马一浮、黄炎培、叶绍钧、堵申甫、李鸿梁、刘质平、许钦文、宝云法师（共十五人）。此十五人中许钦文是杭州文教局长，宝云法师是虎跑住持。又，住杭州者共六人（马一浮、堵申甫、李鸿梁、许钦文、宝云、黄鸣祥），余均住外埠（新加坡，北京、上海、济南——刘质平），再南洋方面，除法师外，有否其他可以加入，请法师加以考虑。此会乃精神联络，不拘地点远近，皆可通讯联系也。倘有相当人员，请示知，以便加入。（蔡丐因、黄寄慈消息不明，暂不聘。）（三）香港带下书四册，想不日即可收到（收到时再覆告）。《李叔同歌曲集》（一周前另寄十二册，想可收到。此十二册奉赠，请结缘）稿酬除上次修塔外，尚余六百余元（人民币），即日下共有二千三百余元，已可开始购置家具（但尚不足些）。以后续得，作为开支（管理人——公推黄鸣祥——月酬、书画装裱费、日用等）。倘续得不多，则不取存本金而用利息之办法，而直接用本金，以十年为度。盖利息低（年约六厘），用利息非有大量本金不可。用本金则以十年为度，例如预算每年开支五百元，则有五千元即可维持十年。而在十年内可以陆续另筹第二个十年经费也。万一集款太少，不够十年，则五年计划亦未尝不可。如此，轻而易举也。尊见如何，尚请赐示。（四）国内政府照顾画家，展览会代订润例者有之，惟弟近七八年忙于译著，不复卖画，亦无润例。但好友介绍，则无条件写赠。来示询及，弟决定为纪念馆破例：倘集款时有施主欲得抽画者，请示知，

7 月 19 日，致广洽法师信，告知弘一法师纪念馆因故暂未能筹建，请暂缓筹款，并提出已筹之款的保管办法。言及近来访得弘一大师早年致杨白民居士书札多件，已裱成手卷（长三丈），计划将来陈列于纪念馆中；又访得法师当年（当教师时）所用金表一具等事。①

7 月 31 日，致广洽法师信，续为弘一法师纪念馆缓建事与法师商量。又言法师诸友人嘱画，定当写奉，不取润笔，法师嘱写父女子读书著述图，亦当遵嘱，稍缓一并寄奉等。函附"李叔同纪念馆经费乐助者芳名"。②

当作画奉酬其美意可也。倘尊处认为须订润例，则请代订，其数目全由尊处酌定，所得润笔，全部归纪念馆收入。弟完全尽义务，藉以对弘一法师聊表敬意耳。（五）华侨汇款有否优待办法，弟不知，托罗良能去打听，据说中国银行中有人说，华侨向祖国投资之汇款，可以优待，普通汇款则无优待云。（六）馆正式成立后，当将一切详情汇报，并寄赠各筹备委员及施主。以上关于筹办纪念事，请台洽为荷……"李鸿梁（1894—1958），浙江绍兴人，毕业于浙江省立第一师范学校，李叔同之弟子，画家、美术教育家。宝云法师，杭州僧人。朱幼兰，丰子恺友人，居士，曾为《护生画四集》《护生画集》第六集书写诗文。

　① 此信见《丰子恺文集》（文学卷三），浙江文艺出版社、浙江教育出版社 1992 年 6 月版，第222—223 页。信中曰："七月八日寄奉航函，报道'李叔同纪念馆'事，想蒙收到。兹启者：昨吴梦非来言，彼向杭州当局接洽，据覆此事目下尚未能实行，须暂缓进行，因上次系政治协商会批准，而市政府未能即刻实行云云。但既有此议，迟早必可实现，不过目下须暂缓耳。为此函达：请尊处暂停集资。倘有已集者，或暂退还，或代保存。至于已收之部分，未能汇还，只得由弟与吴梦非、朱幼兰、罗良能及小女丰一吟共同负责保管，存行生息。（计一七〇八元，连前歌曲集稿酬六百余——修石塔余款，共约二三〇〇元。）弟预料不久当可应用此资……""近仿得弘一大师早年致杨白民居士书札多件，已裱成手卷（长三丈）将来陈列馆中。又仿得法师当年（当教师时）所用金表一具，为可贵之纪念物，现此表由弟宝用，见物如见其人（弟少年时向弘师学音乐时，师每将此表放钢琴头），深觉珍贵……"信中"仿"字疑为"访"字之误。后因弘一法师纪念馆建馆之事未成，弘一法师致杨白民书札于 20 世纪 80 年代由丰一吟代杨白民之女杨雪玖捐赠给浙江省博物馆。详见陈星《弘一大师致杨白民信函补遗、校点与考证》一文，文化艺术出版社 2008 年 1 月第 1 版，第 23—36 页。

　② 此信见《丰子恺文集》（文学卷三），浙江文艺出版社、浙江教育出版社 1992 年 6 月版，第223—225 页。信中曰："弘一大师纪念馆延缓筹办，实非弟等意料所及，来信热烈盼望其早日实现，弟等亦同有此心。今将事实覆告如下：（一）前吴梦非居士向杭州政府接洽，覆示云从缓实行……（二）因此，法师不必宣布停止集资，但将上条情形告知施者，并将款保存在尊处，勿汇上海。他日实行办馆时再请汇来。——但此法是否可行，弟等未敢确定，还请尊裁决定。（三）已收之港币四千元（合人民币壹千柒百零捌元），暂由弟与小女丰一吟负责保存……（四）尊处大师手写《金刚经》及遗物，暂保存，日后征集。法师将来能回国一行，尤为欢迎……（五）弘一大师老

　　拟定纪念馆筹备委员会 15 人名单如下：广洽法师、吴梦非、丰子恺、朱幼兰、黄鸣祥、罗良能、丰一吟、马一浮、黄炎培、叶绍钧、堵申甫、李鸿梁、刘质平、许欣文、宝云法师。后因故未能建立，决定将此款移作出版《弘一大师遗墨》之用。

　　8 月 14 日，在《体育报》发表《清景公园一角》《旧时代的老人》（漫画）。

　　8 月，在《新港》8、9 月号发表《行路易》（散文，作于 1958 年，文末署"一九五八年六月于上海作"）。

　　9 月 10 日，在《文汇报》发表《参加示威游行口占》（诗）。

　　9 月 26 日，致广洽法师信，表示为其友人作画，乃出心愿，望勿再汇款。续谈弘一法师纪念馆事。①

友堵申甫先生，亦热烈盼望纪念馆早日成立……（六）蔡锦标、贤青、陈光别、潘慧安诸居士嘱画，定当写奉。（奉赠留念，不取润笔，请转告。）法师嘱写父女子读书著述图，亦当遵嘱，稍缓一并寄奉。（七）黄葆戉居士处，已去信问讯，想彼不日有覆信向上。（八）承赐小女小儿茶果资叻币四十元，昨已收到……（九）随函寄上（平寄，比此信迟到）拙作《缘缘堂随笔》一册，又小女丰一吟与弟合译苏联小说《我的同时代人的故事》一册，请哂收……"

①　此信见《丰子恺文集》（文学卷三），浙江文艺出版社、浙江教育出版社 1992 年 6 月版，第 225—226 页。信中曰："九月十日示早收到。又承惠赐小儿女等（叻币肆拾元已照收），实深惭感。彼等多次受赐，无可报谢；以后请勿再汇，免增罪过耳。拙作绘画，与海外侨胞结翰墨缘，乃出心愿，今后倘有贵友愿得者，请随时示知，定当无条件奉赠结缘，请勿远虑为荷。弘一大师纪念馆事，弟日夜在心，尤其因为已经保管一笔款项，心中增添负担，希望早日实现，以符海外侨胞施舍之美意。但办纪念馆事与政府行事步骤有关，实不可强求速成，故只得静待时机。法师所已收之款，请分别保存，暂勿汇下。弟确信将来必有一日请汇也。附告者：前月杭州有人欲将厅堂用木器一堂出售，弟已购得（一百十元人民币，系上次修石塔时《李叔同歌曲集》稿酬余款中拨付）。送虎跑钟楼大厅中，作为将来办纪念馆用具之一部分。但愿此为馆之基础耳……"

9 月，在《市政工作》发表《参加反侵略示威大游行志感》（随感）。

秋，作《振衣千仞岗》（漫画）。

10 月，作《玩火者必死于火——警告美帝侵略者》（漫画）。

当选为上海市第三届人民代表大会代表。

1958 年丰子恺当选上海市第三届人民代表大会代表证书

11 月 10 日，致广洽法师信，因又收到汇款，深感有愧。告知寄下之《弘一大师纪念册》三册亦收到。黄曼士先生嘱画，妙灯、广净法师嘱画佛像，弥陀学校嘱画，及广洽法师嘱观音像，均已画就，共五幅，与此信同时作航空挂号付邮。表示以后倘有贵友索画，尽请示知，当随时结缘。因弘一法师纪念馆事搁浅，心甚不安，表示捐款由己保留甚为不合，颇思汇还尊处一并保存或暂时归还施主。但国内不能汇出，徒唤奈何也。对于法师又集得之款，请勿再汇。暂且分别保存。①

11 月 20 日，作《胜读十年书——欢迎四川省革命残废军人演出队志感》（散文）。

11 月 21 日，在《文汇报》发表《胜读十年

① 此信见《丰子恺文集》（文学卷三），浙江文艺出版社、浙江教育出版社 1992 年 6 月版，第 226—227 页。信中曰："承赐汇叻币四十五元（蔡锦标居士赠）已收到……受之有愧……尊编《弘一大师纪念册》三册亦收到。印刷编制均甚优良……""黄曼士先生嘱画，及妙灯、广净法师嘱画佛像，弥陀学校嘱画，及尊嘱观音像，均已画就，共五幅，与此信同时作航空挂号付邮，想可同时收到。乞分赠诸君为感。以后倘有贵友索画，尽请示知，当随时结缘。请勿客气……""弘一大师纪念馆事搁浅，弟心甚不安。捐款十数百元代为保留，尤为不安于心。因观目前状况，此纪念馆一时未能实现。倘遥遥无期，弟保留此款甚为不合。深恐世事无常，致生舛误也。颇思汇还尊处一并保存或暂时归还施主。但国内不能汇出，徒唤奈何也。尊处又集一六一〇元，请勿再汇。暂且分别保存可也。转解老和尚、刘崖珠、林瑞鼎、林印法、周木辉、梁妙喜诸居士之美意，甚为赞佩，请代道感荷之意……"

丰子恺译《石川啄木小说集》
书影

书——欢迎四川省革命残废军人演出队志感》（散文，附图《最耐寒的黄花献给最坚强的英雄》，作于 1958 年，文末署"一九五八年十一月二十日晨写于上海"）。

11 月，《石川啄木小说集》（译著，原著〔日〕石川啄木）由（北京）人民文学出版社出版。

作《四川省革命残废军人演出队印象之一》《四川省革命残废军人演出队印象之二》《最耐寒的黄花献给最坚强的英雄》（漫画）、《阿宝两只脚，凳子四只脚》（彩色漫画，题"给阿宝藏"）。

12 月 27 日，作《参加群众业余美术展览会》（散文）。

12 月 29 日，在《文汇报》发表《参加群众业余美术展览会》（随感，作于 1958 年，作于 1958 年，文末署"一九五八年十二月廿七日作"）。

12 月 31 日，致广洽法师信，曰："12 月 1 日奉到汇款人民币 36 元余，未蒙附信，不知此款何用？"①

是年，为中国新闻社作《国庆大有》（作于

---

① 此信见《丰子恺文集》（文学卷三），浙江文艺出版社、浙江教育出版社 1992 年 6 月版，第 227—228 页。信中曰："十一月五日航空挂号寄上画共五幅（内有佛像、观音像），想早收到。十二月一日奉到汇款人民币三十六元余（约系港币八十元?），未蒙附信，不知此款何用？以后函便，请示及为荷。高文显居士由尊处来信，并嘱覆函由尊处转，今附奉覆函，即烦转寄为感。弟一切如常。入冬患气管炎，今早已痊愈，为此今秋未曾赴杭州谒弘公墓，须待明春瞻仰矣，纪念馆事消息沉沉，看来最近无暇及此，亦只得随缘耳……"此信丰子恺文末署"一九五八年除夕"。因丰氏致广洽法师下两封信分别是 1959 年 1 月 11 日、1 月 27 日和 2 月 4 日，而 1959 年农历除夕系 2 月 7 日，故推断此信写于 1958 年 12 月 31 日。

1958 年）。①

　　在《漫画杂志》发表《"大妈，我替你买菜来了。"》《冤家变成亲家》（漫画）。

　　装帧图被用于《劳动报》《文汇报》。

　　年暮，作《新年大喜》（散文）。

　　被聘为《音乐译文》双月刊顾问。

　　是年起，任第三届全国政协委员。

　　专栏题图用于《文汇报》。

　　作《人民的西湖》《市街小景》《郊外小景》《东风浩荡春光好，直上青云凌碧霄——旅顺博物馆补壁》《"婆婆好！阿姨好"》《双工》《花满瓶，酒满樽，预祝明年再跃进》《下笔千言，一目十行》《谈论总路线——茶店速写》《战鼓敲得响，利箭在弦上。跃进再跃进，前途无限量！》《国庆九周年纪念　钢铁满厂，粮食满仓。敬祝国庆，万寿无疆》《"大妈放心去开会！我替你管小妹妹。"》《技术革命的故事》《春晨小景》《日月楼中日月长》等（漫画）。

社会评价

　　温梓川：《作家的创作经验》，（新加坡）世界书局 1958 年版。

---

①　此据丰华瞻、殷琦编《丰子恺研究资料》，宁夏人民出版社 1988 年 11 月版，第 506 页。

1959 年　己亥　62 岁

丰子恺 60 岁时像

社会文化事略

4月18日至28日，第二届全国人大会议在北京召开。7月2日至8月16日，中共中央在庐山连续举行会议。

生平事迹

1月1日，在（香港）《大公报》发表《新年大喜》（散文，作于1958年，文末署"一九五八年岁暮写于上海"）。

1月11日，致广洽法师信，因法师已将所募1510元暂时退还施主，表示甚为允当。另告知已存之款1700余元人民币处理办法，建议可考虑移用以印刷弘一大师之作品。另附小画二幅，乞转赠高文显居士。①

---

① 此信见《丰子恺文集》（文学卷三），浙江文艺出版社、浙江教育出版社1992年6月版，第228—229页。信中曰："元旦示收到。最近收到两次汇款，皆人民币三十余元（大约叻币四十余元？）。阅来信知第二款中一半是高文显居士所惠，另一半是法师所惠。均领受。但第一款不知何用？受惠太多，深感不安！（前航空挂号画五幅，内有赠弥陀学校大幅及诸法师佛像观音像，想均收到。）陈正书居士索画，今草一图，随函附上，乞为转赠……""尊处所募一千五百一十元暂时退还施主，弟意此事甚为允当。'人世无常'，如此可以安心。我等当日募集，并非贸然，实因事实变化，以致未能早日实现，乃出乎意外。弟处所收一千七百余元（人民币），最近曾与吴梦非、朱幼兰诸君商议，决定办法如下：（国内款项不能汇出）暂时保管一时期（预定明年此日。早已存银行生息），若竟无希望，届时再函请向施主商量，可否移用以印刷弘一大师之作品（佛经、四分律、比丘戒等）？若施主同意，弟即交戎传耀居士（前藏经会干事，现该会已停，戎在照相机械店服务，但仍受理刊印佛经事）。以此款印佛书，同是用在弘一大师事业上，不过办纪念馆与刊印佛书不同耳。——但此是后话，现在预先奉告，征求法师意见……""另附小画二幅，乞转赠高文显居士……"

1月27日，致广洽法师信，因收乐捐者有联合署名亲笔函，同意善款由丰氏主裁，表示即决定照前信所言办理。又言凡法师莲友嘱画之佛像，写四幅寄奉，即请随缘分送，藉种善因等。[①]

1月，在《外语教学与翻译》1月号发表《漫谈翻译》（散文，作于1958年，文末署"一九五八年十二月廿七日于上海作"）。

丰子恺在上海由傅宗元指导练习太极拳（1959年摄于照相馆）

2月4日，致广洽法师信，述朱幼兰居士之为人。因承妙灯法师及法师惠寄厚贶，代子女道谢。言及绘佛像事。[②]

2月7日，作《除夜美景》（彩色漫画）。

2月20日，上海中国画院（筹）拟改组为上海画院，拟聘徐平羽为院长，丰子恺、汤增桐为副院长。

丰子恺在上海日月楼院内打太极拳（摄于1959年）

---

①　此信见《丰子恺文集》（文学卷三），浙江文艺出版社、浙江教育出版社1992年6月版，第229—230页。信中曰："乐捐者有联合署名亲笔函一件，将弟所收港币四千元将来用途交由弟主裁。甚好。现а
决定照前信所言：待明年此日，再作决定。倘明年此时纪念馆仍无希望，当另行考虑办法，将此款用在其他纪念弘公之事业上……""尊处尚有净信之士嘱画佛像，今写四幅寄奉，即请随缘分送，藉种善因。（以后如有人索画或佛像，请随时示知，弟近来较空，乐于结缘也。）一月十日航空寄上一信，内附画三，其一赠陈正书居士（又附朱幼兰居士信），其二小幅赠高文显居士……"

②　此信见《丰子恺文集》（文学卷三），浙江文艺出版社、浙江教育出版社1992年6月版，第230—231页。信中曰："朱居士乃弟最亲近之道友之一，今年五十一，廿岁时即茹素，现任上海第十五中学总务主任。但患血压高，时时在家休养，因得常来晤谈。法师来信，彼均得读，时深倾慕也。来信言，尊处已收捐款当暂发还施主，甚好。弟处存款当于一年后照施主旨意置之可也。（前函言，倘一年后无希望，即用此款印刊弘师著作。前日有友言此法欠佳。因国内目下读佛书者极少。据彼等提议，不如在虎跑寺内另筑纪念物。此事日后再谈。）承妙灯法师及法师惠寄厚贶，甚不敢当。人民币六十四元（合叻币八十元），已于昨日收到。小女一吟及小儿新枚均概笔道谢。新枚患肺病，未考大学，近病状渐佳，想今年（一九五九）暑中必可升大学也。小女一吟病亦已渐愈。近月来每日能照常工作也。二人蒙赐，当可增加营养与健康，甚感厚谊。一月廿六日寄上（航空挂号）佛像四帧，想可收到。弟多年不作佛像，然近来承嘱，并不技术荒疏。盖昔年为纪念弘师涅槃，曾在重庆画佛像千尊，分送信善，每尊一百〇八笔，每笔念佛号一声。十余年不作，此技法并不生疏，今日犹能在千尊以外与万里外侨胞结胜缘，诚美事也。以后如有莲友欲得，请随时函知，广结胜缘可也……"

丰子恺（左二）与叶浅予（左一）、王朝闻（左三）、王个簃（左四）、傅抱石（左五）、蒋兆和（右一）在北京十三陵水库合影（摄于1959年）

丰子恺（右一）在北京政协会议上受到周恩来总理接见（摄于1959年）

3月3日，致广洽法师信，因法师介绍，为《科学佛心与和平》题签附寄。印尼杜其廉通过法师索画，写《长堤树老阅人多》附寄。谈及《弘一法师传》未能出版，已索回。①

4月5日，在《文汇报》发表《一剪梅·己亥清明》（词，作于1959年）。

4月21日，作《望江南·全国人代、政协大会书感》四首（诗词）。

4月23日，在《光明日报》发表《望江南·全国人代、政协大会书感》四首（词，作于1959年4月21日）。②

4月25日，在（香港）《大公报》发表《大团结，巩固胜长城——丰子恺填词表欢情》。③

4月，去北京出席全国政协第三届第一次会议。会议期间受到周恩来总理的接见。会议期间住

---

① 此信见《丰子恺文集》（文学卷三），浙江文艺出版社、浙江教育出版社1992年6月版，第231—232页。信中曰："《科学佛心与和平》既是纯粹学术性，弟乐为题签。今附奉乞转。并问候史流音居士，前日弟函问，乃因过分小心之故。今日思之，若非纯粹佛学性，法师必不会介绍也。与朱幼兰居士信及佛像，已转去勿念……印尼杜其廉君索画，今写奉一帧，《长堤树老阅人多》，弟昔年最爱此图，多年不作，今重写之，与海外友结胜缘，亦颖事也。来信谈及《弘一法师传》，此稿去年春夏间早已写成，但其运命与纪念馆同。（详情法师当可想，恕不陈述。）弟寄与出版社后，不久即去信索回，幸未付印，不然，恐反而得罪于弘师。但他日纪念馆如果能实现，则此书或亦可问世。今日但保存箧中，似古人之'藏之名山，传之后世'耳。弘师生前，对世间名利恭敬，视同浮云。我等宜体谅其精神，不在世间作强求之事，庶不负您。此意想法师亦必有同感焉。"

② 此四首词又发表在4月26日《大公报》。今见《丰子恺文集》（文学卷三），浙江文艺出版社、浙江教育出版社1992年6月版，第772—773页。此四首词后被收入《"东风"旧体诗词选》（光明日报出版社1985年9月版）。

③ 此文以《大团结，巩固胜长城——丰子恺填词表欢情》为题刊。全文约1000余字，文前标注："［本报北京22日专电］题：大团结，作者：政协全国委员会委员丰子恺"。

东方饭店，毕克官在会议期间某日下午 3 时来访。①

5 月 1 日，致丰新枚日文信，谈在北京所见。②

5 月 4 日，致丰新枚日文信，述游天坛、东安市场之感。③

在《文汇报》发表《题一九五九年画》（诗与画）。④

丰子恺（前排右一）在 1959 年的全国政协会议上

5 月 6 日，游长城。

5 月 7 日，游颐和园。致丰新枚日文信，述游长城等景点的情况。⑤

5 月 8 日，游北京动物园。

5 月 9 日，游景山公园。

5 月 14 日，致刘巽玉信，言人代会后译画题及说明等。请送还日文《西洋美术辞典》《世界美术全集》等书。⑥

丰子恺在北京颐和园排云殿前（摄于 1959 年）

5 月 20 日，致常君实信，表达在京期间之感

①　毕克官（1931—2013），山东威海人，漫画家、漫画理论家，曾任中国艺术研究院美术研究所所长。关于此次拜访，参见毕克官《忆子恺老师——纪念丰子恺先生逝世四周年》，载 1979 年 4 月《新文学史料》。

②　此信见《丰子恺文集》（文学卷三），浙江文艺出版社、浙江教育出版社 1992 年 6 月版，第 491—492 页。

③　同上书，第 494—495 页。

④　同上书，第 774 页。

⑤　同上书，第 496—497 页。

⑥　同上书，第 693 页。信中曰："我人民代表大会下星期二可以结束，结束后，就替你们译画题及说明等。现有一事相托：我前有日文《西洋美术辞典》一册，及日文《世界美术全集》若干册，放在你社，是'美术辞典'取插图用的……但现在该'美术辞典'已决定重编，此等插图用书已不需要。……所以请你代为向马仰峰同志处取还上述之日文书，（取插图用各书）派人送来，以便应用。……"刘巽玉，当时在上海人民美术出版社工作。马仰峰，马寅初之女，亦在上海人民美术出版社工作。

受，赠在天坛所摄之照片。①

丰子恺在1959年全国政协会议期间与友人一起野餐（贺绿汀摄）

5月28日，在《文汇报》发表《上海解放十周年歌》（手书快板）。

5月，在《美术》5月号与王个簃、王朝闻、叶浅予、张景祜、傅抱石、蒋兆和一起发表《响应周恩来总理的号召　为提高文艺质量而努力》（决心书）。丰子恺的名字排在王朝闻与叶浅予之间。

《我的同时代人的故事》第二卷（译著，与丰一吟合译，原著〔俄〕柯罗连科）由人民文学出版社出版。

是年夏，任中华书局新编本《辞海》编辑委员、艺术分册主编。

丰子恺在北京天坛石栏内（摄于1959年）

6月1日，作《观儿童画》（诗）。② 是日，漫画家毕克官女儿出生。赠是日所作漫画《豌豆樱桃分儿女，草草春风又一年》，画上题字曰："此画为我六月一日儿童节所作。克官来信言是（日）初生女婴，特命名为宛婴。"

6月7日，作《故宫一瞥》（散文）。

6月9日，在《解放日报》发表《柳絮》（诗，1959年春）。诗有小序："五九年暮春列席怀仁堂全国人代大会，散会时与王个簃画师共拾堂前

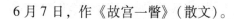

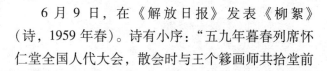

① 此信见《丰子恺文集》（文学卷三），浙江文艺出版社、浙江教育出版社1992年6月版，第445页。信中曰："此次在京，多蒙厚谊……回思在京近一个月，宛如一热闹之梦，事迹多不胜收。其中与新朋旧友之会晤，尤为印象深刻。……附天坛所摄近影，用达怀念之意……"
② 同上书，第774页。

柳絮盈掬，归家珍藏，并为吟咏。"

作《杭州写生》（散文）。①

6 月 24 日至 7 月 8 日，在《文汇报》连载为茅盾小说《林家铺子》所作的插图 10 幅。实际刊出的日期是：6 月 24、25、27、28、29 日，7 月 1、2、5、6、8 日。

按：编者按曰：

茅盾同志的短篇小说《林家铺子》，是五四以来名著之一，前由夏衍同志改编成电影文学剧本，并已由北京电影制片厂摄成影片。《林家铺子》是写一九三二年前后中国社会的混乱情形，作者通过林姓店铺的遭遇，揭露了旧社会大鱼吃小鱼的丑恶面貌。主人公林先生是一个小工商业者，他是一个剥削者，但又是一个被剥削者，他在封建、官僚买办资产阶级的压迫下，同样掌握不了自己的命运，最后仍难免以悲剧结束。

丰子恺在北京北海公园船内
（摄于 1959 年）

从这个故事的发展过程中，可以激发我们对已经逝去的年月的回忆。昔日的苦难，将促使我们更其热爱今天的社会。因此，配合这部电影的即将放映，我们请丰子恺同志作画，从今天起陆续刊出。

7 月 22 日，在《光明日报》发表《山色空蒙雨亦奇》（漫画）。

7 月 23 日，在《北京日报》发表《故宫一瞥》（散文，作于 1959 年，文末署"一九五九年六月七日记于上海"）。

丰子恺与妻在北京长陵楠木殿前

---

①　该文初收《缘缘堂随笔集》，浙江文艺出版社 1983 年 5 月版。作者在自拟《新缘缘堂随笔》目次时说，除《金华游记》外均发表过。

丰子恺在北京景山（摄于
1959 年）

丰子恺在北京颐和园湖边
（摄于 1959 年）

7 月，《蒙古短篇小说集》（译著，原著〔蒙〕达姆丁苏隆，与青西、丰一吟一起由俄文本转译，出版时署名"丰子恺等"）由（上海）上海文艺出版社出版（此书在 1953 年，系由文化生活出版社出版）。

在《新观察》第 13 期发表《杭州写生》（散文，附图《郊外小景》《市街小景》，作于 1959 年 6 月 9 日，文末署"一九五九年六月九日于上海记"）。

8 月 4 日，致广洽法师信，对法师赐小儿女学资表示感谢。寄奉扇面一幅。言及不便将弘一大师传文字寄新加坡刊载。法师之友黄大经嘱画，表示稍缓写奉。①

8 月 8 日，致广洽法师信，寄画一帧，请转赠黄大经留念。复述弘一法师纪念馆基金之使用办法。②

8 月 27 日，致丰新枚日文信，敦促背诵《伊吕波歌》。此时新枚已入天津大学精密仪器系

---

①　此信见《丰子恺文集》（文学卷三），浙江文艺出版社、浙江教育出版社 1992 年 6 月版，第 232—233 页。信中曰："承又赐小儿女学资人民币二十元，当代收转交，实甚不敢当，特代为道谢。上海正在盛暑，昨日雨后稍凉，乘机画扇面一幅，随函奉上，即祈哂纳留念……弘一大师传，曾起稿，后因纪念馆从缓，此传亦未完成。承示交尊处刊行，一则尚未完成，二则深恐未便，故暂不问世……""此信将发，又收到七月廿九示，贵友黄大经先生嘱画，稍缓定当写奉。承惠隆酬，实太客气，谨领道谢。又及。"关于弘一大师传事，此信之言与前信不符，当系因客观形势，丰氏以为不便出版。

②　此信见《丰子恺文集》（文学卷三），浙江文艺出版社、浙江教育出版社 1992 年 6 月版，第 233 页。信中曰："今寄上画一帧，请转赠黄大经先生留念……""纪念馆基金，弟拟于今年年底决定办法：倘决定暂时不办，则或者印弘师之著述，或者在虎跑增建。尚未决定，正想与诸友商量。法师倘有高见，亦望随时赐示。此事弟办理不妥，以致尊处募集汇出后遭逢搁浅，心中常感不安。故今年年底务须作一解决也……"

求学。①

8 月 29 日，致丰新枚日文信，关心其在外生活。②

8 月，《陈之佛画集》（编选）由（北京）人民美术出版社出版，并作有《〈陈之佛画集〉编者序言》（序跋，作于 1958 年，文末署"一九五八年六月丰子恺记于上海"）。③

在《北大荒》发表《口唱山歌手把锄，一锄更比一锄深》（漫画）。

丰子恺在北京颐和园石级栏杆前（摄于 1959 年）

秋，作《东风齐着力》（诗词）。④

作《美景正堪夸——国庆十周年我个人的回忆》（散文）。

9 月 1 日，致丰新枚日文信，表达惦念之情。⑤

9 月 3 日，致丰新枚日文信，谈其在天津的开支意见等。⑥

9 月 5 日，致丰新枚日文信，谈家事，言尽量

丰子恺在北京长城（摄于1959 年）

---

① 此信见《丰子恺文集》（文学卷三），浙江文艺出版社、浙江教育出版社 1992 年 6 月版，第 499 页。

② 同上书，第 499—500 页。

③ 陈之佛在南京从事美术教学工作时也向学生介绍丰子恺的艺术和艺术思想。据张道一先生对笔者言：陈之佛认为，中国近现代的艺术教育，有一个十分重要的脉络：弘一大师李叔同——丰子恺——钱君匋。如果从这一脉络研究中国近现代艺术教育史，即把握了主线。此言当引起人们的高度重视。

④ 此词见《丰子恺文集》（文学卷三），浙江文艺出版社、浙江教育出版社 1992 年 6 月版，第 776 页。

⑤ 此信见《丰子恺文集》（文学卷三），浙江文艺出版社、浙江教育出版社 1992 年 6 月版，第 500—501 页。

⑥ 同上书，第 501—503 页。

少与资本主义国家的人通信，表示有意游天津等。①

9 月 8 日，在《文汇报》发表《庆千秋·国庆十周年盛典》（词，作于 1959 年）。

致丰新枚日文信，为其汇款 50 元，表示家中每两个月汇款一次等。②

9 月 11 日，致丰新枚日文信，寄表现国庆节画作。③

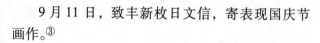

丰子恺与幼女一吟在北京长城
（摄于 1959 年）

9 月 12 日，在《新民晚报》发表《多读好书》（漫画）。

9 月 14 日，致丰新枚日文信，盼寒假回沪团聚。④

9 月 22 日，致广洽法师信，为贺法师六旬清庆，画桃六枚，集唐僧句书联一副寄奉。⑤

9 月 23 日，致丰新枚日文信，鼓励其日文水平有提高等。⑥

丰子恺与次子元草在北京颐和园长廊（摄于 1959 年）

9 月 25 日，致丰新枚日文信，告知上海正在

---

① 此信见《丰子恺文集》（文学卷三），浙江文艺出版社、浙江教育出版社 1992 年 6 月版，第 504—507 页。

② 同上书，第 509—510 页。

③ 同上书，第 510—511 页。

④ 同上书，第 512 页。

⑤ 此信见《丰子恺文集》（文学卷三），浙江文艺出版社、浙江教育出版社 1992 年 6 月版，第 234 页。信中曰："九月九日示奉到。欣逢六旬清庆，弟画桃六枚，集唐僧句书联一副，随函奉上，用申祝贺之忱，愿法师长住娑婆，为众生接引。闻将返国一行，至为欣盼，届时可图良晤。行期定后，务请早示为幸……"

⑥ 此信见《丰子恺文集》（文学卷三），浙江文艺出版社、浙江教育出版社 1992 年 6 月版，第 513—515 页。

迎接国庆节，关于其身体等。①

9 月 29 日，致丰新枚日文信，告知自己去检查了肺病，尚需服药等。②

在《文汇报》发表《小感》（散文，作于 1957 年，文末署"五七年国庆前十日于上海"）。

9 月 30 日，致丰新枚日文信，告知上海的国庆节气氛，述其未婚妻在沪情况和内山完造逝世后情况等。③

9 月，《子恺儿童漫画》由（天津）天津少年儿童美术出版社出版。收入《咏松江民主中心小学儿童积肥》《咏上海虹口区第一中心小学红领巾乐器厂》（诗配画）。④

丰子恺（后排站立者左二）与家人及黄鸣祥（后排站立者右二）在弘一法师之塔前

10 月 6 日，致丰新枚日文信，指出其日文信中的几处错误，述是日上海市文化局长谈起就任上海中国画院院长事，言已报国务院等。⑤

10 月 13 日，致丰新枚日文信，言将参加内山完造安葬并曰以后若需买日文书可以写信给内山完造之弟内山嘉吉等。⑥

丰子恺（右一）与王朝闻（左一）、王个簃（中）在北京十三陵水库（摄于 1959 年）

10 月 16 日，致丰新枚信，关心其近况。

---

① 此信见《丰子恺文集》（文学卷三），浙江文艺出版社、浙江教育出版社 1992 年 6 月版，第 516—518 页。

② 同上书，第 519—521 页。

③ 同上书，第 522—526 页。

④ 此诗见《丰子恺文集》（文学卷三），浙江文艺出版社、浙江教育出版社 1992 年 6 月版，第 774—775 页。

⑤ 此诗见《丰子恺文集》（文学卷三），浙江文艺出版社、浙江教育出版社 1992 年 6 月版，第 528—529 页。

⑥ 此信见《丰子恺文集》（文学卷三），浙江文艺出版社、浙江教育出版社 1992 年 6 月版，第 531—532 页。

丰子恺与音乐家吕骥（左）在
上海日月楼院内（摄于 1959 年）

丰子恺与幼女一吟在杭州虎跑
泉（摄于 1959 年）

10 月 20 日，致应人信，知其犯错误，鼓励其
"改过自新，重返革命队伍"①。

10 月 28 日，致丰新枚日文信，述昨日生日，
来客有朱幼兰等；言前日参加内山完造在万国公墓
的葬礼，需买之书已告知内山嘉吉；已同意就任上
海中国画院院长，表示不受薪水，但文化局不
同意。②

11 月 4 日，致丰新枚日文信，言已向日本寄
出所需之书目录等。③

11 月 7 日，致广洽法师信，对法师再汇叻币
五十元表示感谢。建议法师返国时期定为春秋季。
再述前为弘一法师纪念馆所集资金的使用办法。告
知当下杭州弘一法师石塔之状况。④

11 月 17 日，致丰新枚日文信，寄上《日汉辞

① 此信见《丰子恺文集》（文学卷三），浙江文艺出版社、浙江教育出版社 1992 年 6 月版，
第 475—476 页。信中曰："多时不见，今得信始知你两年来情况。你偶犯错误，政府努力挽救，不
久定可改过自新，重返革命队伍。……当嘱去访亚雄……叫她常来此玩玩……"
② 同上书，第 533—536 页。
③ 同上书，第 537—540 页。
④ 此信见《丰子恺文集》（文学卷三），浙江文艺出版社、浙江教育出版社 1992 年 6 月版，
第 234—235 页。信中曰："承示并惠叻币伍拾元，已收到。屡蒙惠赠，甚不敢当，专此道谢。法师
返国时期未定，弟意最好宜在春秋……""兹启者：前年为纪念馆所集资，弟拟于今年底以前处置，
以了一愿。弟与诸道友商量，皆云最好刊印弘公著书，以广流传。有人提出四种：《晚晴老人讲演
录》《弘一大师文钞》《晚晴山房书简》《弘一大师永怀录》（印其中一种）。弟尚未决定。特先征求
尊见，乞赐指示为感。查弟处所存款，共为人民币一七一〇元，加上利息约一三〇元，共为一八四
〇元余（利息数目未定，届时取出时决定）。当时乐助者芳名，弟账单上并未注明，只在来示中找
到一账单，共有八人（共港币四千元。见另纸抄奉）。但不知其中有否遗漏？特请过目。因此名单
必须附刊在印刷物后页，不宜有遗漏也。（第二批集款，来示中有转解老和尚、刘崑珠、林瑞鼎、
林印法、周木辉、梁妙喜居士等，其款未汇入国内，已由法师退回。）倘无误，请来示告知。""附
告者：最近有人游杭（弟有一年余不到杭州矣）。拜谒石塔，云建筑完好，打扫清洁，寺中僧人颇
能保护，又闻赴谒者甚多。我等心迹，能不辜负，至可欣慰也。惟纪念馆事迄无进展。大约国内政
治繁忙，尚未能及此。据可靠友人等言，将来如果举办，不致再需私人出资。故弟决心将上款处置
也。余后陈……"

典》一册。①

11 月 25 日，致丰新枚日文信，关心其身体健康。②

11 月 30 日，致林惠贤信，言旧著《音乐入门》只能在旧书店中偶然发现一册。感谢鱿鱼一包，已复函叶公绰，邮件定无误等。③

12 月 9 日，致程啸天信，感谢其寄画作并栗子一匣，赞扬其画作日见进步，鼓励其体验生活。④

是年，在《音乐译文》第 6 辑上发表《日本的音乐》（译文）。

在《东风》画刊第 9 期发表《东风齐着力》（词，作于 1959 年清秋佳日）。

漫画《早晨起得早，功课做得好》用于《儿童时代》第 7 期封底。

丰子恺与画家王个簃（右）

装帧画《柳荫温课》用于《小朋友》杂志第 13 期封面。

作回文绝句 5 句。

作《建设》《表演前》《春节吃块肉，干劲鼓

①　此信见《丰子恺文集》（文学卷三），浙江文艺出版社、浙江教育出版社 1992 年 6 月版，第 541—543 页。

②　同上书，第 544 页。

③　此信见《丰子恺文集》（文学卷三），浙江文艺出版社、浙江教育出版社 1992 年 6 月版，第 694 页。信中曰："……我的旧著《音乐入门》……现在只能在旧书店中偶然发现一册。承赐寄鱿鱼一包，已于今日收到。千里寄赠，深为感谢。叶老先生上月曾有信来，担心我收不到。我覆彼云，邮件一定无误……"林惠贤，广东人，丰子恺作品爱好者。"叶老先生"指书画家叶恭绰（遐翁）。

④　此信见《丰子恺文集》（文学卷三），浙江文艺出版社、浙江教育出版社 1992 年 6 月版，第 708 页。信中曰："承赐寄大作并栗子一匣，至深铭感！……大作日见进步。贵乡多山水名胜，山水画家必多体验机会。表现祖国大自然美景，实富有政治意义，且为人民大众所喜爱也。……"程啸天，皖南新安派画家，黄宾虹的学生。

得足。春节喝杯酒，努力争上游》《十年建设，云蒸霞蔚》《光明都市——庆祝上海解放十周年》《一剪梅》《依稀烛影暗摇红，曾识英姿襁褓中》（漫画）。

作《建国十周年》（诗）。①

参加中国美协上海分会在上海博物馆举办中外美术交流活动。

丰子恺在上海日月楼院内抱邻居萍萍（摄于 1959 年）

社会评价

聚　仁：《丰子恺的画》，载 1959 年 1 月 1 日（香港）《文汇报》《大公报》。

高　嘉：《丰子恺的真迹》，载 1959 年 1 月 15 日（香港）《新晚报》。

吴梦非：《我国五十年来艺术教育史料》，载《美术研究》，1959 年第 1 期。

吴梦非：《"五四"运动前后的美术教育回忆片断》，载《美术研究》，1959 年第 3 期。

《大团结　巩固胜长城　丰子恺　填词表欢情》，载 1959 年 4 月 25 日（香港）《大公报》。

李　健：《愿图文多结合》，载 1959 年 7 月 15 日（香港）《文汇报》。

［德］李特克：《画家丰子恺——上海的亨利齐勒》，载 1959 年 9 月德国《青年美术》。

评论选录

聚仁：《丰子恺的画》

最近这一期的新观察，有丰子恺先生的杭州写生画（文），我联想出他在庐山招待所膳厅上那幅画，这都是他近年来的新题材新风格作品。丰君，在我们一师同学中，也是杰出的人才之一，他承继

① 该诗初载 1981 年《东海》12 月号。

着李叔同先生（弘一法师）的艺术传统，同时，
也受着弘一法师的佛家思想。他有一时期，绘护生
画集，可以说是佛说的扯道画。佛说对于我们也是
牛角尖，而今他也从那牛角尖钻出来了。

　　丰君的漫画，本来是取材于街头社会生活的，
连我这个对艺术完全门外的人都看懂了，这便是他
的成功……他的散文，也和他的漫画一样，平实近
情，可耐寻味……

1960 年　庚子　63 岁

社会文化事略

3 月，中共中央文教小组在北京召开各省、市文教书记会议。5 月，中共中央宣传部在北京召开省市文教书记会议。7 月，中国文学艺术工作者第三次代表大会在北京召开。

生平事迹

1 月 1 日，在《文汇报》发表《除夜美景》（漫画）。

丰子恺与幼子新枚在上海襄阳公园

1 月 4 日，致广洽法师信，言因友人建议，前奉告欲将信善施资刊印弘一大师年谱事延后一年，并陈述理由，请法师理解。①

---

① 此信见《丰子恺文集》（文学卷三），浙江文艺出版社、浙江教育出版社 1992 年 6 月版，第 235—236 页。信中曰："前奉告欲将前年信善施资刊印弘一大师年谱，已托印刷所估价，但最近据友人等劝告，决定暂时作罢，再存一年，待明年（阴历）年底再作处置。其理由如下：有款一千七百余元，加利息约一千八九百元，可印年谱数千册。然印成之后，此数千册书除寄尊处一小部分之外，其余无有出路。卖是不能卖的（即使卖，亦极少有人要买），若送人，实在极少数人可送。（与弘公无关者皆不需此书，昔日信佛而今已改信者亦不需此书。若勉强送人，等于废弃。）结果，大多数书堆置在弟家中，毫无意义，毫无作用与效果。友人言：若如此办理：只是弟一人要卸责，硬把南洋信善之施款用完，以免负责保管。弟闻此言，良心有愧，因此停止刊印。法师闻此消息，当可想见运用此款之不易。必不以反覆见责也。该友人等之意，一年之内，或许会发生更好机缘，可使此款用得其所。庶几不负南洋信善之美意。弟当在此一年内随时考虑，务求觅得妥善处置办法。作此劝告之友人，乃吴梦非（李叔同先生教美术时之学生）及朱幼兰居士等。所言甚有理也……"

1 月 10 日，致于石泉信，祝其八十寿辰，为题小景额，并画仙桃八枚。①

1 月 15 日，致内山嘉吉信，谈《不如归》等。②

丰子恺（左四）与上海中国画院首批学员（摄于 1960 年）

1 月 21 日，以中国美协上海分会副主席身份出席朝鲜民主主义人民共和国造型艺术展开幕式。

1 月 28 日，致广洽法师信，请法师日后婉谢侨胞嘱题签或画封面者，惟写对联，作画幅，不指定题材，不题上款者则随时可应命。③

1 月，作《春节美景——红灯照得满堂红》（漫画）。

丰子恺饮酒照（摄于 1960 年）

2 月 1 日，致常君实信，祝贺其新婚，写小画一帧寄奉。④

2 月 2 日，致广洽法师信，言唐人写经事，已

① 此信见《丰子恺文集》（文学卷三），浙江文艺出版社、浙江教育出版社 1992 年 6 月版，第 171—172 页。于石泉为丰子恺幼时塾师于云芝之侄。

② 此信见《子恺书信》（下），海豚出版社 2013 年 9 月版，第 280—282 页。信中曰："承解答《不如归》中疑问，非常详尽，非常正确，已经译成中国文，加入于译稿中，十分感谢！""……弟乃'日本好'……因此译《不如归》时感到非常的兴昧！伊香保、江岛，皆弟曾游之地也……加之少年时在东京，曾向一女先生学日本文，此女先生教我读《不如归》，每次必须背诵。因此记忆犹在，译时特别有兴昧也……""昔年吉川幸次郎曾译弟之《缘缘堂随笔》。近在古书摊购得二册，今以一册寄赠先生，留作纪念……"

③ 此信见《丰子恺文集》（文学卷三），浙江文艺出版社、浙江教育出版社 1992 年 6 月版，第 236—237 页。信中曰："近常有侨胞函嘱题签或画封面者，弟每苦未能遵命。盖因不悉内容详情，未能贸然执笔也，因此只得婉谢。弟与法师交深，料想以后必有人以此烦渎法师，增弟罪愆。故特奉达，倘有此种要求，务请代为婉谢为感。惟写对联，作画幅，不指定题材，不题上款者，则随时可以应命也……"

④ 此信见《丰子恺文集》（文学卷三），浙江文艺出版社、浙江教育出版社 1992 年 6 月版，第 445—446 页。信中曰："来示奉悉，足下已与魏女士合卺，至深欣贺，今写小画一帧寄奉，以为洞房补壁，即请检收……"

转告叶恭绰。咨询为弥陀学校创办六周年兼图书馆成立纪念特刊作封面事。又述有关王一亭画佛事等。①

2月17日，致广洽法师信，述惠赐子女等叻币四十元，均已妥收。谈李叔同木炭画事等。②

丰子恺在上海襄阳公园

2月23日，与上海美术界画家一起签名发表声明，反对美国阴谋劫夺中国在台湾的大批珍贵文物。

3月20日，致广洽法师信，述自己近来每日工作五六小时。近检旧藏，有1944年在四川时所书弘公旧作词一首，自觉笔力苍劲，特附函奉赠。言及两天后须赴北京参加全国政治协商会议，大约

① 此信见《丰子恺文集》（文学卷三），浙江文艺出版社、浙江教育出版社1992年6月版，第237—238页。信中曰："示奉悉。关于唐人写经事，已转告北京叶恭绰老居士。承详示至感。弥陀学校创办六周年兼图书馆成立纪念，发行特刊，弟自当为作封面，并写文章志贺。容稍缓寄奉。特刊上题名如何？未蒙示及。绘封面时，须弟将题字写入，或留空地另请人写？故特叩询。应写'弥陀学校成立六周年纪念特刊'，或'弥陀学校图书馆成立纪念特刊'，请学校当局予以斟酌决定……""苏慧纯居士收到前赠叻币贰拾元，嘱笔道谢。并请转呈王一亭居士画佛一尊。此画有人疑是假造，但苏居士乃向王求得者，而王画大都简平，且弟未闻有假造者，故特寄奉。还请法眼鉴定之。来示询及需要药物事，弟近正服惠赐之 Becadex。燕窝洋参尚未动用。故不需要。且过去惠赐太多，今后不可再寄……""吴昌硕画多假造者，王一亭画似未闻有此。"

② 此信见《丰子恺文集》（文学卷三），浙江文艺出版社、浙江教育出版社1992年6月版，第238—239页。信中曰："来示并惠赐子女等叻币四十元，均已妥收。小女一吟肺病已渐见愈。小儿新枚早已痊愈，已入天津大学肆业……""附来剪报，已看过，想见国外对弘公景仰之深。木炭画照相非常清楚，与原作相去不远（原作大约一方尺半）。昔年弘公自己宝藏此画，于出家前数日授弟宝藏。弟加以装潢，悬之缘缘堂（此乃弟在石门湾新造之屋）东壁……缘缘堂被毁，此画亦成灰烬矣！今见惠寄之照相版，非常清楚，与原作相去无几。深为欣慨。今作一题跋附上，请与此照相版并存，以明此画之来历也。""宝云法师（弘伞法师之弟子）今日来信，言彼已调赴中天竺工作，故虎跑方面无法照管……"

半个月返沪。委托寄打火机之电石。①

3 月 22 日，赴北京参加全国政协第三届第二次会议。再一次受到周恩来总理的接见。

4 月 5 日，在（天津）《少年儿童画报》发表《题一九六〇年画》三首（诗配画，文末署"一九六〇年子恺画"）。

4 月 7 日，在《人民日报》发表《创作反映时代精神的美术作品》（与王个簃联合发言）。

4 月 16 日，在《光明日报》发表《东风齐着力——六〇年春重到北京参与大会》（词，作于 1960 年）。

4 月 20 日，参加完全国政协第三届第二次会议从北京回到上海。

丰子恺与胞姐丰满（左一）、妻徐力民（中）在北京

4 月 22 日，致广洽法师信，对法师赠鱼肝油等表示感谢。②

---

① 此信见《丰子恺文集》（文学卷三），浙江文艺出版社、浙江教育出版社 1992 年 6 月版，第 239—240 页。信中曰："近每日工作五六小时（翻译、作文、作画），不觉疲劳。但此亦'无常'耳。承蒙关怀，至深感荷……""近检旧藏，有十余年前（甲申年）在四川时所书弘公旧作词一首，笔力比目下苍劲，尚堪观赏。特附此信中奉赠……""后天即须动身赴北京，参加全国政治协商会，大约半个月返沪……""忽想起一小事：吸香烟用之打火机所用之'电石'，国内时时缺货，有时买不到。此物想新加坡有之。如有，以后来信时，乞附五六粒见赐（每粒可用二十天）……""弟素吸烟，近依旧爱吸，每日约吸二十余支。故常用打火机……"

② 此信见《丰子恺文集》（文学卷三），浙江文艺出版社、浙江教育出版社 1992 年 6 月版，第 240—241 页。信中曰："前日从北京回上海，接读手示，次日即向邮局领得维他命鱼肝油等四瓶（不出税），包装妥善，全无损坏，药品质料均优良，诚为老年人最适宜之补品。弟已于即日开始服用多种维他命及鱼肝油丸，并以一部分转送家姐，彼亦系归依弘一大师者，今岁七十一，得补药当增加健康也。惠寄数量如此之多，可供弟多年服用……""又承赐打火机及电石、香烟，此包裹尚未寄到，想不日可收到。前恳买电石，希望十数粒或数十粒耳。乃蒙赐以千粒，受惠太多矣……"

丰子恺在北京景山（摄于1960年）

时任上海市市长柯庆施于1960年5月8日签发的任命书，任命丰子恺为上海中国画院院长

4月28日，致内山真野信，谈内山完造遗稿出版等事。①

春，作《百泉竞流异途同归，百花齐放共仰春晖》（彩色漫画）。

5月4日，致广洽法师函，对法师寄赠打火机、电石、三五牌香烟等表示感谢。又言拟将刘质平所藏弘一法师书法刊印成册，征求法师意见。寄近影一帧，请其留念。②

5月8日，上海市市长柯庆施签发任命丰子恺为上海中国画院院长的任命书。

5月，作《〈君匋书籍装帧艺术选〉前言》（序跋）。③

作《生产全面大跃进，到处传来报喜讯》（漫画）。

6月1日，在《新民晚报》发表《自制望远镜，天空望星火。仔细看清楚，他年去旅行》（漫画）。

---

① 此信见《子恺书信》（下），海豚出版社2013年9月版，第287—288页。信中曰："惠示奉到，因赴北京出席全国大会，迟报为歉！完造先生遗稿由岩波书店出版，闻之至极欣喜。出版之后，尚望赐赠一册，以便拜读，当如见故人也。夫人继完造先生遗志，努力日中友好运动，此乃对故人莫大之慰藉。亦爱好和平之日中人民之所景仰也……"内山真野，内山完造之妻。

② 此信见《丰子恺文集》（文学卷三），浙江文艺出版社、浙江教育出版社1992年6月版，第241—243页。信中曰："承赐打火机、电石、三五牌香烟，其免税包裹已于昨日领到……""有一事奉告：刘质平居士藏弘公书法甚多，皆未经刊印，刘君现在山东济南师范学校任课，弟已去信请其将所有书法（皆在泉州时所书，皆佛经语）拍照片寄上海，倘能成册，弟拟以昔年南洋信善捐赠纪念馆之净财刊印此书法，以广流传，并宣扬诸信善之美意。同人吴梦非、朱幼兰居士等皆赞善，认为此事具有两重意义：一佛法，二书法（宗教、艺术）。法师定当同意。但现尚未得刘君覆信，是否成功尚未可卜。闻抗战中及胜利后刘君曾在温州、上海等地开书法展览，售去一部分，不知现剩多少耳……""附近影一小帧，请留念。"

③ 收《君匋书籍装帧艺术选》，人民美术出版社1963年8月版。

6 月 16 日，致广洽法师信，对法师再寄赠手表、钢笔及毛织物等物表示感谢。述及自藏弘一法师遗物打簧表之经过。①

上海中国画院成立大会集体照（摄于 1960 年，前排坐者左九为丰子恺）

6 月 20 日，上海中国画院正式成立，就任院长。副院长为王个簃、贺天健、汤增桐。时有画师 69 人。与成立大会的全体人员合影留念。

6 月 21 日，在《解放日报》发表《画赞》（诗，文末署"上海中国画院成立纪念日　丰子恺"）。

在《文汇报》发表《上海中国画院成立纪念书感》（诗）。

上海中国画院成立大会（摄于 1960 年，站立者左三为丰子恺）

7 月 10 日，致戴易山信，述近况。②

7 月 25 日，致广洽法师信，对法师再寄赠手表给幼子新枚表示感谢。告其近任上海中国画院院长、对外文化协会副会长等职。③

7 月，任中国对外文化协会上海分会副会长。

---

①　此信见《丰子恺文集》（文学卷三），浙江文艺出版社、浙江教育出版社 1992 年 6 月版，第 243—244 页。信中曰："又承惠赐手表、钢笔及毛织物，受赠太多，感激不安……""弟原有一门表，乃弘一大师遗物。大师在泉州圆寂前（其时弟在重庆避难），将此表赠与某僧人，后此僧人返杭州，为需费用，将表卖与杭州某比丘尼。弟闻此讯，托人向此比丘尼情商，出重价将表赎回。此后，此纪念物即归弟保管使用，此表乃打簧表，能发叮叮声报时刻，然而太大太重，夏日衣单，不便放衣袋中。但弟因纪念之故，一向爱用之。于实用实有不便也……""写到此处，忽然邮政局送包裹单来，此亦一胜缘。但包裹单上写明'面洽'，须派人去取……""包裹已于昨日取来……表已戴在手上，钢笔已用过，都极精美且适用。表有日历，且系自动，更为新奇。此后弟左手有表，右手有笔，衣袋中有打火机，仿佛时时与法师见面矣……"
②　此信曾刊于 1994 年 1 月 5 日《长江日报》，收《子恺书信》（下），海豚出版社 2013 年 9 月版，第 289 页。
③　此信见《丰子恺文集》（文学卷三），浙江文艺出版社、浙江教育出版社 1992 年 6 月版，第 244 页。信中曰："昨日奉到手示，同时接邮局包裹通知单，当即领到手表一具，已代收，待下月小儿新枚从天津回来时转交，代为道谢……""近政府委任弟为上海中国画院院长。已于前月正式就任……同时又受任为对外文化协会副会长（任务是招待外宾）……"

8月4日，致吴甲原信，感谢其告知治喘医生信息；言本当赴北京参与文代大会，因病不能去。①

8月11日，致宋菲君信，谈学旧体诗的方法和注意事项等。②

8月13日，在中国文学艺术工作者第三次代表大会上被选为第三届全国文联委员会委员。

8月19日，致广洽法师信，感谢法师再寄赠链霉素针五十支，Rimgon Roche 一千粒。知法师欲将信函编成手卷，表示庆幸。告其已寄上屏一堂（四条），并将寄新刊《上海》。表示以后倘有法师友人嘱作画，可时示知，乐为写赠。告小儿新枚已自天津返沪，所赐手表，立刻使用。彼未归前，由小女一吟代为使用。述近来常感两事遗憾：其一：弘公八十冥寿，原拟作"护生画"八十幅（第四集）续刊。今材料已有，而出版困难，只得从缓实行。其二，向济南刘质平兄索借弘公在泉州时所书墨宝（有数百件）照相刊印，亦未能顺利进行。表达一愿：拟在国内组织一"弘一法师遗物保管

丰子恺在上海襄阳公园

　　① 此信见《丰子恺文集》（文学卷三），浙江文艺出版社、浙江教育出版社 1992 年 6 月版，第 695 页。信中曰："……承告治喘医生消息，至感。……本当赴北京参与文代大会，以病未能也。……"吴甲原，丰子恺在立达学园时的学生。
　　② 此信见《丰子恺文集》（文学卷三），浙江文艺出版社、浙江教育出版社 1992 年 6 月版，第 378—379 页。信中曰："你的诗已经有些像样，然而有两处毛病。我替你改了。说明如下：第一二句'数柳花'和'学种瓜'是对，上面最好也对。故改作'茅舍檐前'。（那时里西湖八十五号屋很坏，可说是茅舍。）第三四两句形式上很好，但意义上不对：既说'是儿家'，不应说'客里'。故改为'春到'。""做旧诗是好的，但我们只能学古人的文体'格式'，不可学古人的'思想'。（例如隐居、纵酒、颓废、多愁、悲观等，都不可学。）毛主席也做旧诗词，但思想是全新的。你以后倘有空做旧诗，也要如此……"

会”，共同收集并保管遗物。①

8月31日，致广洽法师信，言日后委托题签、作封面等事，若无政治问题，皆应命。另附一信，请保存作为对有问题者挡驾之用。②

9月6日，致王凤池信，对其父母先后逝世表示悼惜；言今春赴京参与全国政协会议时曾晤郑静安。③

9月20日，致广洽法师信，言“护生诗文”

丰子恺在上海日月楼

----

①　此信见《丰子恺文集》（文学卷三），浙江文艺出版社、浙江教育出版社1992年6月版，第245—246页。信中曰：“来示欣悉。又承赐寄链霉素针五十支，Rimgon Roche 一千粒，日内当可收到。弟肺患至今尚未痊愈，秋冬每每发作。今获此良药，当可促其复健……过去奉函，大都率笔乱书，无保存价值，乃蒙编成手卷，实为大幸。前日由邮（非航空）寄上屏一堂（四条），写清朝爱国诗人黄遵宪诗，想在此信到后可以寄达。黄曾为新加坡领事，此屏可装裱悬挂弥陀学校，藉以鼓励学生爱国。再过数日，当续寄上我国新刊《上海》一大册，内皆新上海照片，弟之照片及作品亦列入其中。此书亦可供弥陀学校师生观览……以后倘有贵友爱好拙作书画，请随时示知，当乐为写赠，不受报酬，亦藉此聊答盛情耳……小儿新枚已于上周自天津返沪（暑假）。所赐手表，立刻使用。见者无不艳羡……彼未归前，由小女一吟代为使用，因恐不用时表不肯走。后来发现，不用时如开发条，依旧能走……”“近来常感两事遗憾：其一：弘公八十冥寿，原拟作‘护生画’八十幅（第四集）续刊。今材料已有，而出版困难，只得从缓实行。其二，向济南刘质平兄索借弘公在泉州时所书墨宝（有数百件）照相付印，亦未能顺利进行。（以上二事，原因甚复杂，恕不详述。）后者现正在设法争取，或可成功，亦未可知。弟尚有一愿：拟在国内组织一‘弘一法师遗物保管会’，邀请数十乃至十余人参加（多请可靠之青年人壮年人，以防老年无常），共同收集并保管遗物。如此，则纪念馆虽不成立，遗物不致散失，亦等于纪念馆也。现在努力筹措，散在各私人处之遗物，亦正在调查中……”

②　此信见《丰子恺文集》（文学卷三），浙江文艺出版社、浙江教育出版社1992年6月版，第246—247页。信中曰：“示奉悉，题签、作封面等事，在国内亦不胜其烦。海外烦及法师，实甚抱歉，弟自受政府委任画院院长之后，此等事尤多。然生平好结缘，故苟无政治思想问题，皆应命。有的技术不甚高明，但政治思想正确，拥护政府，不反革命，则弟亦应命，以资鼓励。（国内文艺，思想第一，技术第二。此理甚正确。忆昔弘一大师教人‘先器识而后文艺’，器识即思想，即道德也。）今另附一信，请保存作为对有问题者挡驾之用。倘系纯粹佛教，纯粹文艺，不涉及政治，不反对祖国者，则弟可以应命，请勿拘泥为幸。又，该信中言‘写对联、作画，不指定题材，不题上款者，则可应命。’此语亦系对有问题者言。倘无问题，则弟愿为题上款（例如法师所熟悉之人，老友，则弟乐为题上款，不在此例也）。”

③　此信见《丰子恺文集》（文学卷三），浙江文艺出版社、浙江教育出版社1992年6月版，第465页。信中曰：“……令尊堂先后作古，深为悼惜。至祈节哀顺变，善自珍摄为要。……今春赴京参与大会，曾晤郑静安兄。”郑静安，闽南民主人士。

八十篇已决定请朱幼兰居士书写。述及李荣坤居士前日来访，彼嘱造观音圣像，已请去。①

9月23日，致广洽法师信，告所赐雷米丰片及链霉素针已妥收。又赐小女一吟手表，今亦收到。赐朱幼兰居士之子显因手表，其信已收到，一并致谢。谈及《护生画四集》刊行事，请对外言法师主动，作为过去寄画，今满八十，故由法师主动付刊，如此较佳。以为己在国内负责文教工作，理应先著与社会主义革命及建设有关之书物，不宜先刊护生画，并在海外出版。②

9月，与葛祖兰、吴朗西、王宝良等赴万国公墓凭吊内山完造。③

秋，作《燕子来时新社》（彩色漫画）。

10月11日，为黄正伦编著《幼儿手工指南》作序言（序跋）。④

丰子恺与友人傅彬然（左）在北京民族饭店（摄于1960年）

丰子恺与印尼友人李荣坤在上海日月楼（摄于1960年）

---

① 此信见《丰子恺文集》（文学卷三），浙江文艺出版社、浙江教育出版社1992年6月版，第247页。信中曰："'护生诗文'八十篇，已决定请朱幼兰居士书写……弘师冥寿之日左右，预计可以寄奉。李荣坤居士前日来访，今日又来访，晤谈甚快……彼嘱造观音圣像，今日已请去……彼曾到新加坡参谒法师，言法体最近康健，至为欣慰。弟近日心身异常快适，因'护生'第四集藉法师之力而即将实现。预料第五集亦复如是。"李荣坤，印度尼西亚佛教徒。

② 此信见《丰子恺文集》（文学卷三），浙江文艺出版社、浙江教育出版社1992年6月版，第248—249页。信中曰："九月十四日示今日（廿二日）奉到。承赐雷米丰片及链霉素针，上周早已妥收。承赐小女一吟手表，今日已领到。承赐朱幼兰居士之子显因手表，其信已收到，表下月中定可收到。朱嘱笔先行道谢……药品中雷米丰弟与一吟均需用，据医言，此药制造甚精，效力当较大。弟肺病已愈十分之八九，一吟亦渐见愈。今得此药，皆可速痊……附来林校长函，知黄遵宪诗屏已收到，至慰。另邮《上海》新景一大册，是八月卅日付邮，想收到甚迟……'护生诗文'决请朱幼兰居士书写，前已函达。此书刊行，请对外言法师主动。（实际上确系如此。弟虽有稿，本定缓刊，法师主张早刊也，故非妄语。）作为弟过去寄画，今满八十，故由法师主动付刊，如此较佳。盖弟在国内负责文教工作，理应先著与社会主义革命及建设有关之书物，不宜先刊'护生'集，并在海外出版也。此意请洽为荷……"

③ 葛祖兰（1887—1987），浙江慈溪人，教育家、出版家。

④ 黄正伦编著《幼儿手工指南》后于1984年7月由山东少年儿童出版社出版。

10 月 12 日，致丰新枚信，谈家事。①

10 月 17 日，致广洽法师信，言《护生画四集》字画均已完成，计划于二三日内航空付邮。再次希望表述为此八十幅画乃陆续寄与法师代为保存，故由法师主动刊印。② 致内山嘉吉函，回忆与内山完造之交往、谈竹久梦二儿童剧及请代购书籍等。③

丰子恺在上海冠生园农场

10 月 18 日，致广洽法师信，告知"护生画"一大包已付邮。④

10 月 30 日，在《文汇报》发表《题一六〇年

①　此信见《丰子恺文集》（文学卷三），浙江文艺出版社、浙江教育出版社 1992 年 6 月版，第 545 页。

②　此信见《丰子恺文集》（文学卷三），浙江文艺出版社、浙江教育出版社 1992 年 6 月版，第 249 页。信中曰："'护生画'四集，字画均已完成，当于二三日内航空付邮（一大包），先函奉告。包内计开：字八十幅、画八十幅、封面、扉页、序文草稿各一。序文由弟起草，请法师修改。文中弟叙述此八十幅画乃弟陆续寄与法师代为保存者，用意是要表示画稿原存尊处，故由法师主动刊印，并非弟主动刊印。此意想蒙谅解。此虽方便说谎，但事实上此八十幅确系陆续画成，曾思寄法师保存，而终于未果耳。尚祈指正为幸。"

③　此信见《子恺书信》（下），海豚出版社 2013 年 9 月版，第 282—284 页。信中曰："手纸二通皆收到。墓参写生乃小女丰一吟所摄。（此女曾［一九五七年?］在功德林素食处拜见完造先生，两次蒙完造先生赠送物品，当日同去参墓也。）""承悉东京九月二十日有内山完造逝世一周年纪念会，有中日友好关系者一百二十余人参加，又有上海基督教关系者追悼会，足见完造先生生前事业辉煌，友朋众多，故有今日之哀荣也，至为欣慰。《花甲录》尚未送到……此《花甲录》出版后，评判大佳，购者踊跃，其中必有动人之文章，弟等渴望拜读也。完造先生十余年前仓皇离沪时，身上仅有前一日弟购《夏目漱石全集》之十万元（即今日十元）。此事完造先生前年客上海时曾对弟亲口谈及，谈时老泪满眶，弟与葛先生亦为之流泪。回忆宛如一梦！""先生正编纂明治大正昭和三代儿童剧作品，此事弟甚感兴趣。将来出版，务恳赐我一册，以便拜读。竹久梦二，弟只知其是毛笔漫画家（弟作画受梦二影响），不知彼与儿童剧亦有关系，可谓多才多艺也。""忽忆一事：二十余年前弟爱读《乐天全集》（漫画集，共有十二大册。）……一九三七年中日事变时，此书毁于炮火……现今在中国无法再买此书，不知东京旧书店（古书屋）尚可物色否？……"

④　此信见《丰子恺文集》（文学卷三），浙江文艺出版社、浙江教育出版社 1992 年 6 月版，第 249—250 页。信中曰："昨奉一航函，想先收到。'护生画'一大包，已于今日付邮……""弟极盼此书早日出版，故决心不惜邮费，必须航空。但寄信人不解此意，擅自改变办法。此亦天意，无可奈何。但相差恐至多二三十天……"

丰子恺抱孙女南颖在上海日月
楼院内（摄于 1960 年 9 月 18 日）

丰子恺在上海高桥海滨

画》（诗配画，文末署"庚子中秋过后子恺画并题"）①

秋，赠盛澄世漫画《桂子飘香割稻忙》。题款为："庚子中秋过后子恺画并题""澄世仁弟由内蒙古来信索画，捡寄此帧藉留遥念"②。

11 月 8 日，致广洽法师信，对广懿法师西归表示悼惜。对法师再寄叻币四十元表示感谢。告知已寄上（非航空挂号）书一包，内精印乐善集一函、王一亭画册一本，及自绘古代故事外文本等共四种，赠弥陀学校新建之图书馆。述《护生画四集》排印、印制意见及"李叔同遗物保管会"筹办情况。③ 当天又致函广洽法师，谓上午刚发一信，午刻忽接来示，知"护生画"已收到，至慰。曰上午信中言寄书四种，已减为一种书（《乐善集》），其余三种第二天再寄。又曰"护生画"及朱幼兰书法，制版后可裱成大册页，保存在弥陀学

---

① 此诗见《丰子恺文集》（文学卷三），浙江文艺出版社、浙江教育出版社 1992 年 6 月版，第 779—780 页。

② 盛澄世（1913—1994），浙江萧山人，毕业于复旦大学新闻系，曾为《中国儿童时报》发行人。抗战时期在福建永安与同道丘汉平合办《公余生活》月刊，曾邀丰子恺作刊物插图。

③ 此信见《丰子恺文集》（文学卷三），浙江文艺出版社、浙江教育出版社 1992 年 6 月版，第 250—251 页。信中曰："闻道友广懿法师西归，深为悼惜……承惠叻币四十元今日收到，深感盛情。同时又蒙政府随同侨汇款赠送油票六两、糖票六两、鱼票六两、肉票三两，全家十分感谢……""今日又寄上（非航空挂号）书一包，内精印乐善集一函、王一亭画册一本及弟所绘古代故事外文本等共四种，敬赠弥陀学校新建之图书馆……""'护生画第四集'如何排印，弟在邮包中已有一纸详述，可按照该纸上所说明付印。用何种纸，则未说明，弟意可印平装、精装两种。平装用普通白报纸印，求其价廉，可以普及。精装用道林纸印，备读者珍藏……""再报告一事：'李叔同遗物保管会'尚在筹办中，因刘质平居士所藏书法数百件尚未获得，故延期成立，今正与吴梦非、朱幼兰居士等筹划中……"

校图书馆。使学生得欣赏原稿等。①

11 月 15 日，参加上海市文化局邀请部分书法篆刻家举行的座谈会，成立上海中国书法篆刻学会筹委会，被推荐为十八位委员之一。

11 月 17 日，致内山嘉吉信，感谢寄赠照片、乞寄《花甲录》等。②

11 月 21 日，致丰新枚日文信，鼓励其学习书法。③

丰子恺与孙女南颖在一起
（摄于 1960 年冬）

11 月 29 日，作《新年随笔》（散文，文末署"一九六〇年十一月二十九日为中国新闻社作"）。④

12 月 5 日，致广洽法师信，曰愿为法师物色王一亭作品和弥陀学校图书馆所需藏书。遵法师之嘱写《护生画四集》后记，稍缓与宏船法师、广余法师、黄奕欢居士所嘱画一并寄奉。述郑振铎飞机失事丧生事。又述叶恭绰现健在北京，倘需求书

丰子恺在上海陕西南路寓所弄口（弄名由丰子恺书写）

---

① 此信见《丰子恺文集》（文学卷三），浙江文艺出版社、浙江教育出版社 1992 年 6 月版，第 251—252 页。信中曰："上午发一信，午刻忽接来示，知'护生画'已收到，至慰至慰。""今与此信同时寄出一邮包（挂号，非航空），想亦可于二星期后收到。上午信中，言此包内共四种书，乃赠与弥陀学校新办图书馆者。但现已减为一种书（《乐善集》），其余三种明日再寄。因邮包二千公分最便宜，超过二千者较贵，故四种书分打两包，作两次寄也。明日寄出后，将另有其他书籍陆续寄赠……""尚有一点奉告：'护生画'及朱居士书法，制版后可裱成大册页，保存在弥陀学校图书馆。使学生得欣赏原稿。此点想蒙同意。朱居士信已转去……"按："护生画"原稿字画各 450 幅，已由广洽法师于 1985 年丰子恺逝世 10 周年、故居缘缘堂重建落成之时携归祖国，捐赠给浙江省博物馆。

② 此信见《子恺书信》（下），海豚出版社 2013 年 9 月版，第 284—285 页。信中曰："赐示并照片多张，皆收到，并已分赠葛祖兰先生、吴朗西先生。此乃珍贵纪念品，令人回思完造先生一生事业……""代表团已离沪，但《花甲录》迄今未见送来。恐是失误矣，弟等颇思拜读。故特奉告，乞再邮寄下三册（葛、吴各一册）……"

③ 此信见《丰子恺文集》（文学卷三），浙江文艺出版社、浙江教育出版社 1992 年 6 月版，第 546 页。

④ 此文后收入中国新闻社 1987 年 5 月初版《中国新闻社稿选》。

画，可代办，另有王莅臣老居士，乃王一亭先生之友，亦善书画，现居上海，倘需书画，亦可代求。再者：马一浮年近八十，健在杭州，惜两眼患白内障，不复能写字，当物色彼过去所写者于日后寄奉并已托人到杭请得其著作共廿六册分作四包寄奉。①

丰子恺与邻居萍萍小朋友在上海日月楼窗口（摄于1960年）

12月6日，致丰新枚信，励志；言上海中国画院今日送来工资，每月220元，从7月份送起。②

12月8日，致广洽法师信，述前寄自绘古代故事被没收之感想。附寄《护生画四集》后记。③

12月14日，上海中国书法篆刻学会筹委会改组为上海书法篆刻研究会筹委会。

---

① 此信见《丰子恺文集》（文学卷三），浙江文艺出版社、浙江教育出版社1992年6月版，第252—254页。信中曰："法师爱好王一亭先生作品，弟当代为物色，如有所得，当即邮奉。弥陀学校图书馆乃新筑，须明秋完成，弟等自当在其间预先代为物色藏书……'护生画稿'有此种奇迹，诚为不可思议！嘱写后记，弟自当遵命。稍缓当与宏船法师、广余法师、黄奕欢居士所嘱画一并寄奉……承询郑振铎君，此人已于前年赴莫斯科时由于飞机失事而丧生。尸骨不返，殊可哀悼……叶恭绰先生健在北京。倘需求书画，弟可代办。尚有黄莅臣老居士，乃王一亭先生之友，亦善书画，现居上海，与弟及朱幼兰居士时相过从。倘需书画，亦可代求。再者：杭州马一浮老居士，想法师亦知其名。彼乃弘公之老友，弘公出家，曾受马居士接引。此老深通内典及儒道。年近八十，健在杭州，惜两眼患白内障，不复能写字。（弟当物色彼过去所写者，日后寄奉。）但有著述甚多。弟已托人到杭，请得共十六册。计开：《避寇集》一册、《蠲戏斋诗》五册、《朱子读书法》一册、《复性书院讲录》六册（此书院乃马公主办，今已停）、《选刊古人语录》十三册。分作四包由邮寄奉。此种书与佛道儒教有关，又与弘公有关，由弥陀学校图书馆珍藏，至为适当……"信中"黄莅臣"系"王莅臣"之误。
② 此信见《丰子恺文集》（文学卷三），浙江文艺出版社、浙江教育出版社1992年6月版，第547—548页。
③ 此信见《丰子恺文集》（文学卷三），浙江文艺出版社、浙江教育出版社1992年6月版，第254页。信中曰："十二月一日示今日奉到。艺术作品一册被没收，不知除没收以外，另有麻烦否？殊深悬念。若仅乎没收，则不足惜。弟推想此书非《古代故事》，乃《全国美术展览会作品选集》。因此书乃近年作品，或有与政治相关，以后自当注意可也。最近寄出四包，乃马一浮先生著作，与佛道儒有关者，想无问题也……今先寄'护生画'第四集后记一篇，附此信内，尚请指正为祷……"

12 月 17 日，参加上海中国书法篆刻研究会筹备委员会举行第一次会议。会议通过简章（草案）。

12 月 30 日，在（香港）《大公报》发表《丰子恺函台湾旧友》（书信），附照片《丰子恺正在书斋中写作》。

12 月，在《东海》12 月号发表《满庭芳——上海中国画院成立》（词）。

丰子恺在上海日月楼（摄于1960 年）

仲冬，作《南颖访问记》（散文）。①

是年，完成《护生画四集》，朱幼兰居士题字。冬，作后记（文末署"庚子冬子恺校后记"）。

朱南田来信求见。后时常来往，称朱氏为仁弟。朱南田曾有诗曰："吾爱丰夫子，仁风道骨清。旷怀存浩气，微物最关情。蔼蔼如冬日，晶晶比月明。驽才承不弃，立雪幸三生。"② 朱南田谈起他购得的《续护生画集》原稿事。《护生画集》一、三集的原稿转入大法轮书局苏慧纯居士之手，但第一集只留弘一大师文字，虽不完整，但可以补画，唯独第二集原稿则遍访无着。朱南田遂将原稿携奉呈览，丰子恺喜形于色，以为沧海还珠，实为奇缘。此后，丰子恺续作护生画，又写信给告诉新加坡的广洽法师"护生画"一、二、三集已全部查到的消息。广

丰子恺在上海日月楼前院内

① 此文初收《丰子恺散文选集》，上海文艺出版社 1981 年 5 月版。

② 丰子恺曾为朱南田的诗稿题过诗，诗曰："酱园工友爱吟诗，偶得新题句入时。莫道小花人不察，东风雨露本无私。"丰子恺还对朱南田说："我给你题几句，扉页我去请马一浮先生写。"丰子恺逝世后，朱南田也常有诗作怀念他的这位知音先师。1986 年有诗曰："楼中日月千秋仰，道德文章四海闻。回首旧游三尺雪，每怀高谊一天云。寄情翰墨存风骨，寓意丹青发土芬。研究艺坛丰子恺，栽将杨柳析遗文。"（见 1986 年 1 月《杨柳》第 10 期）此后他还写有多首怀念丰子恺诗。朱南田（1918—1988），浙江海盐人，15 岁即为上海某酱园员工，直至退休。善诗书，与丰子恺交游甚笃，曾收藏《续护生画集》原稿，后遵丰氏之意捐出供新加坡广洽法师付印。广洽法师在新加坡版《护生画集》第 5 集序言有记。

洽法师发愿将"护生画"一至五集一并印制发行。丰子恺乃以商量的口吻请朱南田割爱。朱南田虽然对原稿视若珍宝，但师意不可违，乃慨然允诺，遂寄星洲。后来丰子恺对朱南田厚爱有加，赠画达三十余幅，广洽法师也汇寄港币给予补偿。

作回文绝句 12 句。

作《大搞农业，五谷丰稔》《桂子飘香割稻忙》《除夜点红灯》《中华儿女好精神》《"亲爱的叔叔、阿姨、大哥哥、大姊姊：请你们不要随地吐痰！不要乱丢果壳和纸屑！"》《恭贺新喜》《识字——三个字一天》《第一个炮仗放得响——预祝一九六〇年开门红》《船里看春景》等（漫画）。

丰子恺与幼女一吟、孙女南颖在一起（摄于 1960 年冬）

在 1960 年复旦大学校刊发表《放下包袱，进步快速！》（漫画）。

译毕日本德富芦花《不如归》、中野重治《肺腑之言》。

丰子恺（左一）与葛祖兰（右三）、吴朗西（左二）等在上海万国公墓内山完造墓前（摄于 1960 年）

社会评价

温梓川：《文人的另一面》，（新加坡）世界书局 1960 年版。

［日］内山完造：《花甲录》，（日本）岩波书店 1960 年 9 月版。

《丰子恺函告台湾旧友》，载 1960 年 12 月 30 日（香港）《大公报》。

评论选录

内山完造：《花甲录》

像丰子恺先生这样体贴人心，在日本人中是很难得看到的，在中国人中也是少见的，因此内心非常感激。

1961 年　辛丑　64 岁

社会文化事略

4月，中共中央宣传部会同教育部、文化部召
开会议，部署全国高等学校文科和艺术院校教材编
写修订工作。6月1—28日，中共中央宣传部主持
召开全国文艺工作者座谈会，讨论《关于当前文
学艺术工作的意见》（草案），后经修改为《文艺
八条》。

生平事迹

1月1日，致丰新枚日文信，提醒其注意仪
容，在天津骑自行车须小心等。①

丰子恺与家人合影（摄于
1961 年春节）

在（香港）《文汇报》发表《新上海光明幸
福》（散文，副标题是"昔为地狱，今变天堂"）。

1月5日，致广洽法师信，对法师赐邮资叻币
四十元表示感谢。言叶恭绰书，已去信代求，收到
后当即寄奉。王莐孙书画，朱幼兰居士已先代求，
并已寄出。言马一浮患白内障，暂停写字，待医疗
后再当请其墨宝。对法师惠赐补药千粒，及赐小女
一吟毛织衫及洋参燕窝等表示感谢。又言小儿华瞻
昨日寄出书一包，乃彼所译《格林童话》，共10

---

① 此信见《丰子恺文集》（文学卷三），浙江文艺出版社、浙江教育出版社 1992 年 6 月版，第 548—549 页。

册，奉赠弥陀学校图书馆惠存。又彼于古书店访得《法苑珠林》一部，共三十六册，亦奉赠弥陀学校收藏。①

1月14日，以上海市美协副主席身份出席在上海中苏友好大厦东厅举行的德意志民主共和国青年及儿童书籍展开幕式。

丰子恺（前排中）在上海编《弘一大师遗墨》完成后与吴梦非（前排左一）、刘质平（前排右一）、钱君匋（后排右一）、丰一吟（后排左一）合影（摄于1961年）

1月20日，致广洽法师信，曰寄上佛典共六十三册。另曰：意欲对刘质平所藏弘一大师书法数百件进行照相刊印，迄未成功。现得上海文化局协助，已由济南政府当局将刘质平说服，不久其将携墨宝到沪拍照（文化局派专人陪同来沪）。故此事想必可以实现。②

1月24日，作《为眉春命名》（诗词）。③

1月30日，致广洽法师信，言数日前航空寄上叶恭绰居士书法，并谓马一浮眼疾闻已好转，待春暖季节当代求书法寄奉。对法师拟用百磅双面粉

---

① 此信见《丰子恺文集》（文学卷三），浙江文艺出版社、浙江教育出版社1992年6月版，第254—255页。信中曰："承赐邮资叻币肆拾元，今日收到。实可不须。既蒙汇出，敬领道谢。叶玉甫（恭绰）居士书，已去信代求，收到后当即寄奉。王蕴孙（前信写黄蕴臣，黄字乃误笔，蕴臣是其名，蕴孙是号）居士书画，朱幼兰居士已先代求，并已寄出。惟马一浮老居士近两眼患白内障，正在医疗，暂停写字。待医疗后再当请其墨宝可也。先此奉达。又承惠赐补药千粒，及赐小女一吟毛织衫，并惠洋参燕窝，甚不敢当……代为道谢……再者：小儿华瞻昨日寄出书一包，乃彼所泽《格林童话》，共十册，奉赠弥陀学校图书馆惠存。又彼今日于古书店访得《法苑珠林》一部，共三十六册，乃商务所印涵芬楼版，亦奉赠弥陀学校收藏……"

② 此信见《丰子恺文集》（文学卷三），浙江文艺出版社、浙江教育出版社1992年6月版，第256页。信中曰："今寄上佛典共六十三册，分打五包，陆续付邮（因一次寄太触目），奉赠法师浏览及保藏，即乞查收……""山东济南刘质平居士所藏弘一大师书法数百件，弟意欲照相刊印（即应用前年星洲诸信善为纪念馆捐赠之款），迄未成功。现得上海文化局协助，已由济南政府当局将刘居士说服，不久彼将携墨宝到沪拍照（文化局派专人前去陪同来沪）。故此事想必可以实现。而弟所保管之捐款，亦可用得其所矣。先行奉告……"

③ 此诗见《丰子恺文集》（文学卷三），浙江文艺出版社、浙江教育出版社1992年6月版，第780页。

纸印刷《护生画四集》甚表赞喜。①

2 月 6 日，收到广洽法师 1 月 30 日来信，致广洽法师信，曰来信收到，述来款处理办法。谈及佛教书籍等事。②

2 月 14 日，在《光明日报》发表《水仙花洁腊梅香》（漫画，文末署"辛丑春节子恺并题"）。

2 月 15 日，在《人民日报》发表《题一九六一年春节画》（漫画，文末署"辛丑春节子恺并题"）。

丰子恺与安徽画家程啸天在上海日月楼院内

在《文汇报》发表《迎春乐》（漫画，作于 1961 年春节，文末署"辛丑春节子恺画并题"）。

在《青年报》发表《欢度春节，喜气洋洋》（漫画）。

在《解放日报》发表《迎春爆竹响千家》（漫画）。

在《羊城晚报》发表《红花两朵插牛头》（漫画）。

作《瑞雪映晴空，儿童塑雪翁。雪翁开口笑，预祝大年丰》（彩色漫画）。

2 月 22 日，在上海市文史馆馆员专业活动周中为祝老馆员长寿，当场绘"寿桃图"一幅。

---

① 此信见《丰子恺文集》（文学卷三），浙江文艺出版社、浙江教育出版社 1992 年 6 月版，第 257—258 页。信中曰："数日前航空寄上叶恭绰居士书法，想先收到，马一浮居士眼疾，闻已好转，开春天暖，即可写字，届时弟当代求书法寄奉……""'护生画四集'用百磅双面粉纸印刷，堂皇美观，胜于第一、二、三集。其收效亦必大于前三集。印刷费近四千叻币，法师独立募集，定多辛劳。弟无能协助，心甚惶愧……"

② 此信见《丰子恺文集》（文学卷三），浙江文艺出版社、浙江教育出版社 1992 年 6 月版，第 258—259 页。信中曰："一月卅日示今日收到……来示言有港币陆拾元见惠，实为锦上添花，只得领受道谢。余陆拾元当遵嘱以肆拾转交王茞孙居士，以贰拾转交苏慧纯居士不误。前所发出之书籍包裹，皆非航空，故须迟迟寄到。佛教书籍战后散发香港、星、马，反比国内为多。此点弟未曾料及……"

丰子恺与新加坡友人马骏在上海日月楼院内

丰子恺与妻徐力民在登黄山
（摄于1961年春）

2月25日，致周加骏函，寄赠一画。①

2月，作《春节贺新生》（彩色漫画）。

3月8日，致广洽法师信，为弥陀学校六周年纪念及图书馆落成纪念特刊所绘封面随函附上，述图案设计之意旨等。另作一诗奉贺，亦随函奉上。曰刘质平已携带弘一法师墨宝四百余件来沪，正在上海博物馆陈列，拟选择其中代表作，用昔年星洲信善八人施舍之净财印成册子。所述之诗为《弥陀学校建校六周年暨新图书馆落成纪念志庆》（诗，文末署"辛丑清和于海上日月楼"）。②

3月23日，致广洽法师信，转寄马一浮所赠书法等。③

3月24日，致内山嘉吉信，感谢代购《乐天全集》，惠赠《漱石集》等。④

---

①　此信见《子恺书信》（下），海豚出版社2013年9月版，第291页。周加骏，丰子恺同乡及远房亲戚。

②　此信见《丰子恺文集》（文学卷三），浙江文艺出版社、浙江教育出版社1992年6月版，第259页。信中曰："六周纪念及图书馆落成纪念特刊封面，已绘制一图，随函附上，不知合用否？莲花代表佛教，六朵代表六周年，木铎代表教育，帆船代表普度众生，北斗星代表教育方针……""又，特刊题名，弟姑照来信题写，不知是否正确？（制版时，将题字粘贴在帆上。）如果有改变，而时间局促，即请法师自己题写，两人合作封面，更有意义。弟另作一诗奉贺，亦随函奉上……""刘质平居士已携带弘公墨宝四百余件来沪，现正在上海博物馆陈列，弟拟选择其中代表作，用昔年星洲信善八人为纪念馆施舍之净财（存银行至今日，已有本利共人民币约二千元）印成册子，正在筹划中……"诗见第781页。

③　此信见《丰子恺文集》（文学卷三），浙江文艺出版社、浙江教育出版社1992年6月版，第260页。信中曰："昨日发一信，今日忽接马一浮先生杭州来信，内附书法一件，嘱为转交。今寄上，乞收。马先生给弟之信，一并附上，请与书法一并保存，以证明此乃患白内障后所书，甚为难得也。据马先生门人言：马先生患眼疾后，谢绝一切嘱书。法师所嘱，乃破例允命。因马先生景仰法师道行高洁，与弘一大师一例看待，故乐为结缘也。此诚难得之胜缘，弟甚欣慰！"

④　此信见《子恺书信》（下），海豚出版社2013年9月版，第285—286页。信中曰："承代买《乐天全集》七册，甚喜！想日内可收到。又承惠赠《漱石集》五卷一册，已收到，谢谢！《荆楚岁时记》（三月二十五日付邮）已购得，今另包寄上奉赠，请收……另附弟所译漱石小说及石川啄木小说各一册，奉赠，请教斡之……"

4 月 7 日，致广洽法师信，对广洽法师欲供养马一浮先生深表钦佩，告知近来访得弘一大师出家前所书诸法帖，并表达欲印行之愿等。①

4 月 8 日，上海中国书法篆刻研究会成立大会在上海博物馆举行，丰子恺被推选为十五位委员之一。参加会后举行的第一次委员会会议。

丰子恺在黄山画速写（摄于1961 年春）

4 月中旬，偕妻徐力民、女儿一吟游黄山。

4 月 17 日，作《游黄山欣逢双喜》（诗词）。

4 月 30 日，在《解放日报》发表《游黄山欣逢双喜》（诗，文末署"辛丑上巳于文殊院"）。又见于作者 1961 年 5 月 11 日所写《上天都》一文。

4 月，插图用于（北京）外文出版社出版的《中国古代寓言选》（英文版）。

丰子恺在黄山栏杆旁（摄于1961 年春）

春，作《长亭树老阅人多》《登峰造极》《良朋咸集》（漫画）。

5 月 6 日，致广洽法师信，转告马一浮所需之物，并请增寄《护生画四集》等。②

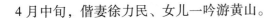

　　① 此信见《丰子恺文集》（文学卷三），浙江文艺出版社、浙江教育出版社 1992 年 6 月版，第 260—261 页。信中曰："……承发心按月以钵资供养马一浮老居士，此好贤敬老之心，至可感佩，已转达马老，想彼不日当有信寄上。又，托马老写小联，即法名'普润'二字，来信写得不甚清楚，不知下一字是否"润"字？以后函便，请再提示……""近访得弘一大师出家前所书诸法帖，题曰《李息翁临古法书》。此间爱书画人士，均希望能重印，可作书法范本，又可作为《遗墨》之第二集。惟此书与佛法无关，不宜募款，宜请出版社承印发售，弟正在设法争取。倘能重印，他日当可寄赠，惟近国内纸张紧张，除政治书外，重版者极少，故一时恐难于实现耳。"
　　② 此信见《丰子恺文集》（文学卷三），浙江文艺出版社、浙江教育出版社 1992 年 6 月版，第 261—262 页。信中曰："今得杭州马一浮老居士来信（乃其弟子刘公纯代笔），言法师既欲客气赠物，彼需购西药'阿卜斗'，即多种维生素，云'服之于白内障有效'，又云'如当地价不过昂，请惠寄一两瓶来。'并附该药西名来……""再：'护生画四集'，索者甚多，前信言请再寄一二十册，今恐不够，请增至三四十册，想必够结缘矣……"

丰子恺与幼女一吟在黄山天都峰鲫鱼背（摄于1961年春）

丰子恺与妻徐力民（坐者）、幼女一吟在黄山温泉（摄于1961年春）

5月10日，作《黄山松》（散文）。

5月11日，作《上天都》（散文）。①

5月18日，以上海市美协副主席身份到车站迎接日本书法代表团团长。

5月20日，作《黄山印象》（散文，附图《会当凌绝顶，一览众山小》，作于1961年，文末署"一九六一年五月二十日于上海记"）。②

5月22日，致广洽法师信，写告法师所寄《护生画四集》三十六册已收到，为连士升居士所绘扇面已寄出等事。谈及厦门李某事。转告马一浮先生关于刘公纯谋印马氏书法事之态度。③

5月25日，在（香港）《文汇报》发表《黄山松》（散文，附图《黄山蒲团松》，作于1961

① 此文在1962年9月北京出版社出版的《江山多娇》杂志上发表。

② 此文初收《缘缘堂随笔集》，浙江文艺出版社1983年5月版。作者在自拟《新缘缘堂随笔》目次时说，除《金华游记》外均发表过。但此文尚未查得首发处。待考。

③ 此信见《丰子恺文集》（文学卷三），浙江文艺出版社、浙江教育出版社1992年6月版，第262—263页。信中曰："前奉告水客将物放置广州，昨日忽得火车站来通知，物一包已寄到上海，弟当即派人去领。不费分文，当即领到。""承续寄'护生画'三十六册，收到后当即覆出。承汇款，四十元，前日亦收到。邮资区区，不需此巨款，受之甚愧。今后请勿再惠为要。连士升居士扇面，早于五月十六日寄出，非航空，恐此信迟到。来信附言厦门李某事，闻此人近在北京，受劳动改造云。弘公以君子之心度人，每被利用。弟与夏丏尊先生昔年常谈及此点，然小人自亡，不妨弘公之为高人也。""马一浮先生昨来信，略云：'昨公纯（刘公纯，乃马之学生）持示手书并广洽师来讯，始知公纯谋印拙书，致劳仁者与广洽师往复商略，深感不安。衰年唯希省事，不欲扰人。矧拙书无艺术价值，故本无流布之意。公纯初未见告，辄欲为我宣传，未免好事之过。非特今时印刷困难，且欲烦广洽师酾资海外，尤非所宜。春蚓秋蛇，岂足比数？何可使人出资为此无益之事？已嘱公纯将此意彻底取消，勿再饶舌。君子爱人以德，即请置而不论可矣。双目近瞀，强自作书奉达不宣。浮白。五月十九日。'盖前弟函告者，乃其学生刘公纯之私意，马老自己反对此举。如此，刊印之事只得暂时作罢。初，弟对刘君之意亦颇赞同，盖马老书法，在国内首屈一指，而目下纸张紧张，印工烦忙，无刊印之机会，能在海外出版，实万世之功业。法师慨然担当，足见对宗教与艺术之热忱，深为钦佩。惜机缘未合，只得俟诸异日矣。弟以为倘海外侨胞有热烈要求，则弟未尝不能强马老允可，唯法师大裁。"

年，文末署"一九六一年五月十日记"）。

参加在上海举行的儿童读物美术作品展。本次展览由中国美协上海分会和少年儿童出版社联合主办。

丰子恺与外孙宋菲君在上海日月楼院内

5 月，作《幸福儿童》（散文，文末署"一九六一年儿童节前于上海"）。①

6 月 1 日，致广洽法师信，谈及所赠《护生画四集》和所赐食物的分送情况。详告弘一大师遗墨的拍照进展情况等。②

在《光明日报》发表《清平乐》（词，文末署"辛丑儿童节"）。③

在《中国青年报》发表《今日儿童节，天气清和好》（漫画）。

在《体育报》发表《天气清和人快活，赛船欢度儿童节》（漫画）。

丰子恺在上海日月楼作画
（摄于 1961 年）

在《西安晚报》发表《庆祝儿童节，礼物一大盘》（漫画）。

6 月 13 日，致广洽法师信，再次索请《护生

---

① 此文初收《缘缘堂随笔集》，浙江文艺出版社 1983 年 5 月版。

② 此信见《丰子恺文集》（文学卷三），浙江文艺出版社、浙江教育出版社 1992 年 6 月版，第 264—265 页。信中曰："奉告者：弘一大师遗墨，已拍照者，有刘质平藏者共二百五十九张，夏丏尊、杨白民所藏者共一百〇六张。昨又访得《药师经》原稿（傅耕莘居士藏），共六十六张，正在拍照。底片皆取回，他日印刷时即以底片制版。唯印刷成大问题，国内宣纸缺（因用者太多），印工忙。现正在物色宣纸，能否买到，尚无把握。将来如果真无办法，只得请海外代印。但昔年纪念馆捐款，原本一千七百〇八元，现本利已达二千元（本利共二千〇六元），照相所需，不过一千元，余款又无法汇出，颇成问题。弟正努力觅纸，争取在国内印刷。后再报告。"

③ 此词见《丰子恺文集》（文学卷三），浙江文艺出版社、浙江教育出版社 1992 年 6 月版，第 782 页。该词后收入《"东风"旧体诗词选》（光明日报出版社 1985 年 9 月版）。

画四集》，并告弘一大师遗墨拍照情况等。①

6月23日，致广洽法师信，告知马一浮先生不欲刊印其书法等，将马一浮书信寄法师保存。告知弘一大师墨宝刊印事。感谢承赐小女一吟肺病药，并对法师在新加坡救灾表示钦佩等。②

6月24日，作为评委，与沈尹默、贺天健、周怀民、唐云等一起在豫园点春堂参加书画作品评选会。③

6月，在《人民文学》6月号发表《上天都》（散文，附图《黄山天都峰鲫鱼背印象》，文末署"一九六一年五月十一日于上海记"）。
作《风波历尽太阳升》（彩色漫画）。

夏，作《弘一大师遗墨》序言（序跋）。
作《英雄故事》（漫画）。

---

① 此信见《丰子恺文集》（文学卷三），浙江文艺出版社、浙江教育出版社1992年6月版，第265—266页。信中曰："'护生画'三十六册收到后，外间渐闻消息，索者众多，今又已告罄，而尚有数人向隅。今再函奉商，倘尚有余，乞再寄四包……""再：弘一大师墨宝，除刘质平居士所藏已摄影二百余件外（底片皆取得，印刷时可用底片制版），近又得夏丏尊、杨白民居士所藏，亦有一百二十九张，又傅耕莘居士藏《药师经》共六十六张，亦均已拍照。近正物色宣纸。倘能买到当即印刷。"

② 此信见《丰子恺文集》（文学卷三），浙江文艺出版社、浙江教育出版社1992年6月版，第266—267页。信中曰："前函收到后，即转告马一浮老居士，今得其惠覆，随函附上。彼坚不欲刊印墨宝，足见其对世间名利恭敬，视若浮云。其高洁诚可叹佩……又上次托买维他命，恐亦系刘私人之意，非马本人所欲，此亦足见弟子对老师敬爱之心，至可赞善也。马老年已八十，且病目，今次亲笔作书，其墨迹至可宝贵，故弟将原函寄奉（上次之函亦寄奉），即请法师保藏留念。至于刊印之事，看来目前只得暂缓。俟他日有缘，再遂夙愿也。""弘一大师墨宝刊印事，纸张已有头绪（托政府帮办），大约可以在国内刊印。不过册数不能多（限于纸张），实现后当再奉达。照片一大包，已于上周寄出，想此信迟到。""承赐小女一吟肺病药，复惠赐燕窝，甚是感谢（尚未收到，日内必可到，后再奉告）……""星洲火灾，法师奔走拯救，此乃最大之护生，必获福报……"

③ 贺天健（1891—1977），江苏无锡人，画家、书法家。周怀民（1906—1996），江苏无锡人，画家。唐云（1910—1993），浙江杭州人，画家。

7 月 3 日，致广洽法师信，感谢其再次汇款。
所寄马一浮先生之燕窝等补品，已去信告彼。陈述
弘一大师墨宝刊印事进展。①

7 月 18 日，致广洽法师信，言承广余法师惠
赠港币百元已收到，请代谢。寄黄山鲫鱼背图一大
幅，赠广洽法师，另一幅黄山文殊院风景乞代赠广
余法师。述《弘一大师遗墨》刊印进展情况。②

（香港）上海书局版丰子恺
散文集《杨柳》书影

7 月 25 日，致广洽法师信，告知函请马一浮
老居士题"弘一大师遗墨"书签已成，并转告马
一浮之意，请勿再寄补药。收到《护生画四集》
四包。③

7 月，《杨柳》由（香港）上海书局出版。该
集收：《东京某晚的事》《颜面》《华瞻的日记》《忆
儿时》《儿女》《作父亲》《辞缘缘堂》《怀李叔同
先生》《悼夏丏尊先生》《杨柳》和《学画回忆》。

---

① 此信见《丰子恺文集》（文学卷三），浙江文艺出版社、浙江教育出版社 1992 年 6 月版，
第 267—269 页。信中曰："惠示并汇款叻币肆拾元，均先收到。但受之异常歉愧。弟前信将水客送
物之详情写告，其目的欲使尊处知悉运送情况而已。不料又蒙将付款寄还。此不啻有意函索，贪婪
太甚也！今既蒙汇下，只得暂受，容图报答耳……所寄马老居士之药，彼前信言早已收到。又承续
寄燕窝等补品，弟已去信告彼……""弘一大师墨宝刊印事，纸张至今始办到二三千张，只能印二
三百本，现正编纂付印。此乃私人刊印者，即运用前年侨胞八人为纪念馆所捐之款刊印者。出版后
定当从速寄上……盖国内各种事业皆条理井然，先后缓急，皆有分别，依照计划进行故也。刊印墨
宝之事，迁延太久，有劳盼待，弟甚抱歉。但事实如此，弟实无可为力。'护生画'在尊处迅速出
版，而此墨宝在弟处迟迟不刊，相形之下，安得不自笑耶？"
② 此信见《丰子恺文集》（文学卷三），浙江文艺出版社、浙江教育出版社 1992 年 6 月版，
第 269—270 页。信中曰："示奉到。承广余法师惠赠港币百元，亦已收到……多赠嘉惠，感谢无已，
并乞代为向广余法师道谢。""今春游黄山，曾攀登其最高峰鲫鱼背，今写成一大幅，另邮寄赠法
师，以代同游。另一幅黄山文殊院风景，乞代赠广余法师欣赏……""《弘一大师遗墨》已由弟与吴
梦非居士编成，共二百页，现正在制版。出版后当多寄南洋，赠法师及诸施主……"
③ 此信见《丰子恺文集》（文学卷三），浙江文艺出版社、浙江教育出版社 1992 年 6 月版，
第 270—271 页。信中曰："前函请马一浮老居士题'弘一大师遗墨'书签，今得彼从莫干山寄来覆
示，签已题就，另附一纸，嘱转告法师，勿再寄补药。今附呈。只因字写得极好，所以寄呈作为书
法保留……""'护生画'弟已收到四包。苏居士之二包，想系直接寄彼者……"

丰子恺随政协参观团赴江西途
中留影（摄于 1961 年 9 月）

8月1日，开始为译日本古典文学巨著《源氏物语》作阅读准备。

8月8日，梅兰芳逝世，丰氏曾前往兰心大戏院吊唁。作《梅兰芳不朽》（散文）。

8月14日，在《解放日报》发表《梅兰芳不朽》（散文，作于 1961 年，文末署"一九六一年立秋之夜记于上海日月楼"）。

8月21日，致夏宗禹信，言收到莫合烟两包，并已服用；曰重阳拟赴杭州参加西泠印社成立六十年纪念会等。①

8月22日，在上海中国画院纪念梅兰芳座谈会上发言。发言稿《怀梅兰芳先生》在 9 月的《上海戏剧》发表。

8月26日，致广洽法师信，告知《重治毗尼集》六册已由苏居士向南京代为购得，已于八月六日付邮寄上。将整理书簏时所发现的昔年作佛像千尊完成时所书立轴一帧寄赠弥陀学校保存。②

---

① 此信见《丰子恺文集》（文学卷三），浙江文艺出版社、浙江教育出版社 1992 年 6 月版，第 429—430 页。信中曰："莫合烟两包，今日收到，并已服用。我近来每日吸香烟五六支，决不超出。但吸此烟，只消二三烟斗，便已够瘾……""上海秋色已甚浓，室内八十三四度。工作适宜。开会不甚多。学习放暑假未开学，重阳拟赴杭，参加西泠印社成立六十年纪念会……"

② 此信见《丰子恺文集》（文学卷三），浙江文艺出版社、浙江教育出版社 1992 年 6 月版，第 271—272 页。信中曰："……'重治毗尼集'要共六册，已由苏居士向南京代为购得，弟已于八月六日付邮寄上，即请哂纳。""前函索马一浮老居士照片，马老近在莫干山避暑，须待秋凉下山后方可检寄，先此奉达。弟近整理书簏，发见昔年为弘一大师住生纪念作佛像千尊完成时所书立轴一帧，所书为'古佛颂'，文章与意义并皆深美，此物存弟处无用，将来恐遭损失，亦觉可惜。（此乃画佛千尊完成时所书，乃一大纪念。）故今将上下木轴切去，作印刷品封裹付邮，谨赠弥陀学校保存。亦或物得其所，至祈转赠为荷……"

9 月 2 日，在《中国青年报》发表《避暑山林好，登高眼界宽》（漫画）。

9 月 7 日，致广洽法师信，述是晚将赴江西参观访问等事。①

是日晚随上海政协参观团去江西，游南昌、赣州、瑞金、井冈山、抚州、景德镇等地。

丰子恺所在的政协参观团在瑞金叶坪烈士纪念塔前合影（摄于 1961 年秋，前排左四为丰子恺）

9 月 12 日，在《光明日报》发表《告初学日本文者》（散文）。

9 月 13 日，在《南昌晚报》发表《千寻大树从根生》（漫画）。

9 月 17 日，在《赣南日报》发表《双江合处三山艳》（漫画）、《辛丑新秋参观江西革命根据地游赣州登八镜台》（诗）。亦见于作者 1961 年 10 月 9 日所写《有头有尾》一文。后载 1981 年 7 月号《西湖》杂志，题目改《赣州登八境台步陈锐韵》。

丰子恺（题字者）在瑞金沙洲坝中央临时政府旧址题字（摄于 1961 年秋）

《文汇报》刊发"画家笔下的阿 Q 形象（上）"，共 4 幅，其一为丰氏《用力的在自己脸上连打两个嘴巴》。

9 月 27 日，作《日月楼秋兴诗》（诗词，文末

丰子恺（前排左六）所在的政协参观团在抚州汤显祖墓旁（摄于 1961 年秋）

① 此信见《丰子恺文集》（文学卷三），浙江文艺出版社、浙江教育出版社 1992 年 6 月版，第 272 页。信中曰："……弟定于今日晚上火车赴江西省游览，所到南昌、井冈山、赣州、瑞金、南丰、上饶等地，须于中秋前一日返沪……""弟此次远游，乃政府招待，故一路有地方政府迎送，旅途一定安适。井冈山乃革命纪念地，有许多胜迹，风景亦甚佳。上山有汽车，高一千八百五十公尺。与弟春间所游之黄山高度相等。弟近身体甚好，健步如飞，故游兴甚浓，今年春秋两次出游。回想数年前，精神萎靡，好静不好动，万事兴味索然，与现今相比，竟像两人。推究其故，定是服法师所赐 Becadex 之故。足见此药确有效验。法师来信云，服此三年，百体无病。今弟亦证验矣……"

署"辛丑中秋后三日子恺")。①

9月,作《浣溪沙》(诗词,二首)。②

在《上海戏剧》第9期发表《怀梅兰芳先生》。

《上天都》(散文,附图《黄山天都峰鲫鱼背印象》,作于1961年,文末署"一九六一年五月十一日于上海记"),收入北京出版社1962年9月版《江山多娇游记选集》。

丰子恺(后排左十)所在的政协参观团在中华苏维埃共和国临时中央政府旧址前合影(摄于1961年秋)

秋,作《江西采茶戏》(4幅)及《江西采茶戏一》《江西采茶戏二》《有头有尾》(彩色漫画)。

10月1日,在《澳门日报》发表《隔海传书——国庆致侨胞李君的公开信》(书信,作于1961年,文末署"一九六一年十月一日")。

10月3日,致广洽法师信,谈及法师补寄税款事,函求所需之药品。言及《弘一大师遗墨》已在印刷局登记,即日可付印等。③

致陈梦熊信,答复其询问有关"阿Q漫画"

① 收《丰子恺文集》(文学卷三),浙江文艺出版社、浙江教育出版社1992年6月版,第788页。

② 此诗初载1981年《东海》12月号。收《丰子恺文集》(文学卷三),浙江文艺出版社、浙江教育出版社1992年6月版,第787页。

③ 此信见《丰子恺文集》(文学卷三),浙江文艺出版社、浙江教育出版社1992年6月版,第273页。信中曰:"弟赴江西参观革命根据地,三星期……知法师为陈嘉庚老居士作法事,甚为感佩。""前转奉马老居士信后,知法师必汇赠税款,但弟实不应受得,弟只付税十余元,而收得港币百元,殊不成话。但亦只得领受道谢。马老之百元,已转汇杭州……""来示许续赐药物,弟确有无餍之求:前蒙赐Becadex,服之极有效验……前闻法师连服三年,百体康泰,弟亦思续服,特函求乞,便时仍乞赐寄一瓶。税款弟颇能胜任,况今汇港币百元尚有余款,可作税金之用也。""《弘一大师遗墨》已在印刷局登记,即日可付印……"

诸问题。①

10 月 4 日，致丰新枚信，述身体情况和国庆节期间家中来客情况等。②

10 月 6 日，作《饮水思源——参观江西革命根据地随笔》（散文）。

10 月 8 日，在《解放日报》发表《江西道中作》（诗词五首）。③

10 月 9 日，作《有头有尾——参观江西革命根据地随笔》（散文）。

10 月 10 日，作《赤栏杆外柳千条——参观景德镇随笔》（散文）。

10 月 12 日，致程啸天信，赠画 2 幅。④

丰子恺与南昌青年读者刘孔菽合影（摄于 1961 年秋）

10 月 13 日，在《文汇报》发表《化作春泥更

---

① 此信见《丰子恺文集》（文学卷三），浙江文艺出版社、浙江教育出版社 1992 年 6 月版，第 696 页。信中曰："前日从江西回来，始拆读来示。'阿 Q 漫画'，乃抗战之年（一九三七）所作，交学生张心逸刊印，即避寇走广西。后得张生来信，原稿及已制之锌版皆毁于战火。（记得。张生曾印若干册，皆付火云。）因记忆犹新，即在宜山补作一册。寄上海开明书店出版。其中各图，曾托绍兴本地人审阅，记得关于'乌篷船'曾由一绍兴友人绘画相示。但关于酒店招牌，无人提意见。我乡（崇德石门湾）离绍兴三百多里，风习略有不同。此'太白遗风'、'群贤毕至'乃吾乡所常见，绍兴是否如此，我亦不敢确定。当时绍兴人不提意见，大约视为无关紧要也。至于何者先画，今记不清矣……"陈梦熊，上海社会科学院文学研究所现代文学研究者。此信曾载《西湖》文学月刊 1984 年 9 月号。

② 此信见《丰子恺文集》（文学卷三），浙江文艺出版社、浙江教育出版社 1992 年 6 月版，第 550—551 页。

③ 五首诗词分别是：《南昌》《赣州》《瑞金》《井冈山》《中秋宿抚州吊汤显祖墓》，其中《南昌》亦见于作者 1961 年 10 月写的《化作春泥更护花》一文；《赣州》亦见于作者 1961 年 10 月 9 日写的《有头有尾》一文；《瑞金》亦见于作者 1961 年 6 月所写的《饮水思源》一文；《井冈山》亦见于作者配画发表于 1961 年 10 月 24 日的《光明日报》。

④ 此信见《子恺书信》（下），海豚出版社 2013 年 9 月版，第 320 页。

护花——参观江西革命根据地随笔》（散文，附图《千寻大树从根生》，作于 1961 年 10 月）。

10 月 14 日，在《解放日报》发表《饮水思源——参观江西革命根据地随笔》（散文，附图《饮水思源》，作于 1961 年，文末署"一九六一年十月六日记于上海"）。

10 月 15 日，致广洽法师信，转寄马一浮照片一帧，并转达马一浮来信内容等。①

10 月 24 日，在《光明日报》发表《井冈山瞻观图》（漫画）。

丰子恺译《日本的音乐》书影

10 月 26 日，在《北京晚报》发表《赤栏杆外柳千条——参观景德镇随笔》（散文，作于 1961 年，文末署"一九六一年十月十日记于上海"）、《赤栏杆外柳千条》（漫画）。文中有题为《景德镇》诗二首，后载 1981 年 7 月号《西湖》杂志。

10 月 28 日，致广洽法师信，对法师寄物品表示感谢。表达僧璨大师法语和《李息翁临古法书》影印流通之愿。言《弘一大师遗墨》不久当可出书。②

---

① 此信见《丰子恺文集》（文学卷三），浙江文艺出版社、浙江教育出版社 1992 年 6 月版，第 274 页。信中曰："今得马老居士寄来照片一帧，附此信中奉上，乞收。信中云：'广洽法师汇还税款，不知所以为答，此款既未便寄还，因赠以拙书《信心铭》一本，于日前径寄新加坡，聊以为不言之表。'云云。"

② 此信见《丰子恺文集》（文学卷三），浙江文艺出版社、浙江教育出版社 1992 年 6 月版，第 274—275 页。信中曰："廿日示昨奉到，承赐 Becadex 丸，至感，收到后当再函告。又承托东宝轮船主康先生带交用物十二件，尤感。收到后当照尊示分送马老居士及丽英女士。赠弟各物，皆目下十分需用之品……""马老居士所寄僧璨大师法语，将来能影印流通，实为至善。《弘一大师遗墨》已购得纸张，交付印刷局，不久当可出书……""再者，近访得《李息翁临古法书》一册，书法极佳，诚为精品。此间人士皆希望重印流通。将来海外倘有信善乐愿舍财刊印，诚为至善。"

10月,《日本的音乐》(译著,原著〔日〕山根银二)由(北京)音乐出版社出版。

作《君匋长征印谱》(诗)。①

11月6日,致广洽法师信,写告《弘一大师遗墨》刊印费。②

11月14日,致丰新枚信,言计划11月下旬前赴北京;述近来天天阅《源氏物语》等。③

11月20日,致程啸天信,感谢赠新栗,写赠诗作一纸。④

11月26日,致广洽法师信,写告善款及信先后收到。周瑞芳女士嘱画,不日当寄上。寄《解放日报》刊登访问记及照片。⑤

丰子恺与猫

12月6日,致广洽法师信,言托东宝轮带来之包,已领到。写告数日前寄上一函,又另寄画二幅。其一幅乞转周瑞芳女居士,另一幅(《老树》)

① 收《丰子恺文集》(文学卷三),浙江文艺出版社、浙江教育出版社1992年6月版,第788页。钱君匋《长征印谱》于1962年7月由上海人民美术出版社出版。

② 此信见《丰子恺文集》(文学卷三),浙江文艺出版社、浙江教育出版社1992年6月版,第275—277页。信中曰:"……《弘一大师遗墨》刊印费,今已有较确实之预算报制,见另纸。"

③ 此信见《丰子恺文集》(文学卷三),浙江文艺出版社、浙江教育出版社1992年6月版,第551—552页。

④ 此信见《子恺书信》(下),海豚出版社2013年9月版,第320—321页。

⑤ 此信见《丰子恺文集》(文学卷三),浙江文艺出版社、浙江教育出版社1992年6月版,第277页。信中曰:"款人民币一千四百〇九元一角,及信先后收到。法师对《弘一大师遗墨》重视,弟甚钦感……而余缺数,定当由弟自己担任,法师切勿续汇,将款留作回国观光行旅之用,至要。""周瑞芳女士嘱画,不日当寄上,承赐助币三十元,并法师惠二十元,实不敢当,还请代为道谢。其他施资者倘索画,请示知,当广结胜缘。东宝轮尚未有消息,收到惠物后,当即函告,最近《解放日报》刊登访问记及照片,剪附一纸……"

供法师清赏留念。又言《弘一大师遗墨》已付印。①

12月9日，致广洽法师信。请便时补告捐款人芳名。代小女一吟对法师屡赐佳品之感激之情。②

12月13日，致广洽法师信，表示在《弘一大师遗墨》之末页刊登乐捐者名单。承嘱写庐山风景，表示绘就寄奉。③

12月19日，以中国美协上海分会副主席身份参加在上海市中苏友好大厦举行的波兰革命运动艺术作品展开幕式。

12月，在《人民文学》12月号发表《有头有尾——参观江西革命根据地随笔》（散文，作于1961年，文末署"一九六一年十月九日记于上海"）。文中有《鱼头鱼尾羹》《和王守仁忘归岩诗》（诗）。④

---

① 此信见《丰子恺文集》（文学卷三），浙江文艺出版社、浙江教育出版社1992年6月版，第278页。信中曰："东宝轮带来之包，已于昨日领到，分文不费……""数日前寄上一函，又另寄（亦航空）画二幅，想已收到。其一幅乞转周瑞芳女居士，另一幅（《老树》）供法师清赏留念。《弘一大师遗墨》已付印。"

② 此信见《丰子恺文集》（文学卷三），浙江文艺出版社、浙江教育出版社1992年6月版，第278—279页。信中曰："……今特补告：汇下叻币一七五〇元，捐款人芳名尚未蒙见示，请即便中写寄为荷。（书当在春节前印成，书末附芳名录也。）至于不足之数，当由弟自力玉成，南方请勿再募为佳。再者：小女一吟屡蒙赐与佳品，实甚感谢，今代为致意，铭感在心。丽英之物已取去，附告。"

③ 此信见《丰子恺文集》（文学卷三），浙江文艺出版社、浙江教育出版社1992年6月版，第279页。信中曰："……乐捐者名单，自当与三年前诸施主一并刊出在'遗墨'末页……弟现正筹备寄递书册（二百册）所用包纸，拟用油纸兼水门汀袋，以免路上损污……承嘱写庐山风景，自当回忆昔年所见，绘就寄奉……"

④ 诗亦见《丰子恺文集》（文学卷三），浙江文艺出版社、浙江教育出版社1992年6月版，第785、787页。《和王守仁忘归岩诗》后载于1981年7月号《西湖》杂志。

是年，年初，《护生画四集》由（香港）商务印书馆印刷，弥陀学校赠送。①

在北京参加全国政协会议，其间毕克官来访。

为中国新闻社作《新年新兴》（散文，作于1961 年岁暮）。

作《为春晖中学四十周年校庆作》（诗）。②

作《观上海戏剧学校实验剧团演〈杨门女将〉赠演员诸君》（诗）。③

作《儿童的今昔》《枣如瓜兮瓜如车》《今朝儿童节，散会归来早》《一杯柏叶酒，未饮泪千行》（漫画）。

年末，作《古稀之贺》（散文）。

作《李氏》《李香莲卖画》《武大》《小王》（彩色漫画）。

社会评价

释广洽：《护生画集四集》序言，载《护生画集四集》，（新加坡）薝蔔院1961 年版。

霜　崖：《试谈子恺漫画》，载 1961 年 8 月 8日（香港）《新晚报》。

陆国伟：《精神振奋人不老——老画家丰子恺先生的近况》，载 1961 年 11 月 12 日《解放日报》。

陆国伟：《访老画家丰子恺》，载 1961 年 12月 30 日（香港）《文汇报》。

《老画家行程万里》，载 1961 年 12 月 21 日

---

① 有关《护生画四集》的出版时间，编者曾在台湾业强出版社 1994 年 4 月版《功德圆满——护生画集创作史话》一书中有所考证，证明《护生画四集》初版版权页上所标 1960 年 9 月有误。实际出版时间应该是 1961 年初。

② 收《丰子恺文集》（文学卷三），浙江文艺出版社、浙江教育出版社 1992 年 6 月版，第 788页。此为 1961 年 12 月浙江上虞春晖中学 40 周年校庆时，作者以二立轴赠之，一为画，一为此诗。

③ 收《丰子恺文集》（文学卷三），浙江文艺出版社、浙江教育出版社 1992 年 6 月版，第 789页。编者注"约 1961 年"。

《新民晚报》。

章正续、施怀曾：《小中见大，个中见全——丰子恺谈漫画》，载 1961 年 9 月 2 日《光明日报》。

1962 年　壬寅　65 岁

社会文化事略

3 月，周恩来、陈毅在广州召开的全国科技工作会议上重申中国共产党的知识分子政策。4 月 30 日，中共中央批转《关于当前文学艺治工作若干问题的意见》（草案），简称《文艺八条》。

丰子恺在日月楼作画（摄于 1962 年）

生平事迹

1 月 7 日，致广洽法师信，寄庐山天桥图一帧，并言《弘一大师遗墨》春节前后可以出版等。①

1 月 11 日，致广洽法师信，对法师又承托东伟轮带赐诸物品表示感谢，轮船公司经理杨基兴先生嘱画，写就寄上。述近来身体颇好，每日上午译日本长篇小说《源氏物语》五六小时，不觉疲倦。②

丰家众孩子在上海襄阳公园看丰子恺画速写（摄于 1962 年）

---

① 此信见《丰子恺文集》（文学卷三），浙江文艺出版社、浙江教育出版社 1992 年 6 月版，第 280 页。信中曰："今寄上庐山天桥图一帧……""《弘一大师遗墨》春节前后，可以出版，届时当即寄出。弟定于三月一日动身赴北京参与全国政治协商会议，大约三月底返上海……"

② 此信见《丰子恺文集》（文学卷三），浙江文艺出版社、浙江教育出版社 1992 年 6 月版，第 280—281 页。信中曰："……又承托东伟轮带赐诸物品，实不敢当……（赠马老居士及苏慧纯居士者，收到后当照办。）……""轮船公司经理杨基兴先生嘱画，今写就寄上。（想此君并非乘东伟轮来上海者，故寄尊处就近转交。）""弟近来身体颇好，每日上午写稿五六小时（译日本长篇小说《源氏物语》），不觉疲倦……弟译此书，须三年完成。共一百多万字。世界各国皆有译本，独中国尚无，故乃一大事业也……"

1月18日，凭照顾高级知识分子电视机票以450元首次购得黑白电子管电视机。

1月28日，致广洽法师信，言托东伟轮带赐各物，已于昨日领到等。①

丰子恺与浙江省立第一师范学校同学田惜庵（左一）及郑晓沧（右二）、吴梦非（右一）在弘一大师之塔前合影（摄于1962年）

1月，作《作画好比写文章》（书信）。

2月4日，在《解放日报》发表，《除夕立春》（诗）。

2月11日，在《文汇报》发表《作画好比写文章》（书信，作于1962年，文末署"一九六二年一月"）。

2月15日，致黄可信，谈改稿等事。②

2月20日，致广洽法师函，曰在上海画家朱文侯遗作展览会中购得花卉二幅，奉赠法师及广余法师清赏等。③

丰子恺（右二坐者）与田惜庵（右一）夫妇及僧人祭弘一法师石塔后小憩（摄于1962年）

3月17日，致广洽法师信，写告次日动身赴北京参与全国政协第三届第三次会议。寄《弘一

　　① 此信见《丰子恺文集》（文学卷三），浙江文艺出版社、浙江教育出版社1992年6月版，第281—282页。信中曰："……又承托东伟轮带赐各物，已于昨日领到……面条五匣转送马老居士，将葡萄糖一听、面条五匣转送苏慧纯居士，勿念。"
　　② 此信见《子恺书信》（下），海豚出版社2013年9月版，第297—298页。信中曰："稿子已看过，并加修改，年代等事实已正确。特别是我的生年，过去某年报上发表为1895年，我将错就错，一直不改。今已改正为1898年……"黄可，上海人，美术评论家。
　　③ 此信见《丰子恺文集》（文学卷三），浙江文艺出版社、浙江教育出版社1992年6月版，第282—283页。信中曰："……上海有画家朱文侯，长于花鸟走兽，名擅海上，最近身故，弟于其遗作展览会中购得花卉二幅，奉赠法师及广余法师清赏，今日航空另封寄上……《弘一大师遗墨》不日可以出版……"

大师遗墨》样张之一，请先睹为快。①

3 月 19 日抵京出席全国政协第三届第三次会议。住民族饭店，与王个簃同屋，毕克官曾在会议期间来访。会议期间，与同组的政协委员叶浅予、王朝闻、王个簃、傅抱石、蒋兆和等参观十三陵。4 月 20 日由京返沪。②

丰子恺在北京民族宫前留影
（摄于 1962 年）

3 月 20 日，作《〈上海花鸟画选集〉序》（序跋）。

3 月 29 日，在《文汇报》"笔会"副刊"十二年来上海美术作品展览会"专辑发表《题〈百泉竞流〉画》（诗配画，文末署"庚子小春"）。③

3 月，作《〈在延安文艺座谈会上的讲话〉发表二十周年纪念书感》（诗词）。
作《打稻天如二月天》（彩色扇面）。

4 月 16 日，作《十杯春酒贺新春》（诗）。

4 月 18 日，绘画作品作为全国美术作品展览会上海作品开始运京。

丰子恺在北京参加全国政协小组会时发言（石少华摄于 1962 年）

---

① 此信见《丰子恺文集》（文学卷三），浙江文艺出版社、浙江教育出版社 1992 年 6 月版，第 283 页。信中曰："弟于明专车赴北京参与全国大会，在京约住一个月，于清明后十日返上海。《弘一大师遗墨》原定春节出版，岂知一再拖延，至今尚未见书，但现在样本已出，专等装订。故清明前后必可完成。此乃样张之一，弟特附寄，请先睹为快……北京旅行期间，关于此事，有小女一吟及钱君匋居士代办也……"

② 叶浅予（1907—1995），浙江桐庐人，画家。王朝闻（1909—2004），美学家、文艺理论家、雕塑家。王个簃（1897—1988），江苏海门人，画家。傅抱石（1904—1965），江西新余人，画家。蒋兆和（1904—1986），湖北麻城人，画家。

③ 此诗见《丰子恺文集》（文学卷三），浙江文艺出版社、浙江教育出版社 1992 年 6 月版，第 777 页。

丰子恺在北京参加全国政协小
组会时发言（石少华摄于1962
年）

丰子恺在金华大桥上留影
（摄于1962年）

4月20日自京返沪。

4月21日，致广洽法师信，言已回沪，所赐寄物品已如数收到。述北京见闻等。《弘一大师遗墨》出版事，已催促。①

4月，作《大会竹枝词》八首（诗，文末署"一九六二年四月出席全国政协作于北京"）。②

春，作《蒲松龄画像》（彩色漫画）。

5月3日，致广洽法师信，求得上海画家朱北海佛像一尊寄奉。言印刷厂表示，《弘一大师遗墨》五月十五日一定印毕。③

5月8日，上海市文学艺术工作者第二次代表大会召开。被选为上海市文联副主席。

5月9日，在上海市第二次文代会上作题为《我作了四首诗——在上海市第二次文代大会上的发言》的发言，提倡"百花齐放、百家争鸣"方针。

---

① 此信见《丰子恺文集》（文学卷三），浙江文艺出版社、浙江教育出版社1992年6月版，第283—284页。信中曰："弟于三月十九赴京，至四月二十始返上海，承赐寄物品……已如数收到。其中饼一、牛奶二当转送马先生……睡衣当转交丽英。又邮寄Becadex一大瓶亦已收到，多承厚惠，铭感无已……此次京中大会，全国各地代表委员共到三千余人，非常盛大。策划国事，费时甚久，对祖国今后建设事业，当有良好之影响也（出席大会比丘及比丘尼共有五六人，西藏亦有佛徒出席。）""……《弘一大师遗墨》，因弟离沪，印刷厂又将工作拖延，尚未出书。今已催促，不日当可寄奉……"
② 收《丰子恺文集》（文学卷三），浙江文艺出版社、浙江教育出版社1992年6月版，第790—792页。
③ 此信见《丰子恺文集》（文学卷三），浙江文艺出版社、浙江教育出版社1992年6月版，第285页。信中曰："上海有朱北海（名朱应鹏）画家，于佛像颇有研究，所绘诸佛菩萨像，皆考据印度原本，一笔不苟。近生活潦倒，鬻画勉强自给。弟近求得佛像一尊，庄严美丽，令人生敬。兹附此信内奉赠供养。""《弘一大师遗墨》，印刷厂已确言五月十五一定印毕。"

5 月 12 日，中国美术家协会上海分会举行第二次会员大会，被选为主席。副主席为王个簃、沈柔坚、吴湖帆、张乐平、林风眠、贺天健、颜文樑。

在《解放日报》发表《我作了四首诗——在上海第二次文代大会上的发言》（发言稿，作于 1962 年，文末署"一九六二年五月九日"）。按：四首诗以《〈在延安文艺座谈会上的讲话〉发表二十周年纪念书感寄〈美术〉杂志》为题收《丰子恺文集》（文学卷三）。①

5 月 16 日，上海市第二次文代会闭幕，当选为上海市文学艺术界联合会副主席。主席为巴金。

5 月 18 日，致广洽法师信，得悉法师近患咯血之症，深为悬念，表示慰问，并写告《弘一大师遗墨》已付装订，不久即可打包付邮。②

5 月 27 日，在《文汇报》发表《小语春风弄剪刀》（漫画）。

5 月下旬至 6 月，偕妻徐力民、女儿一吟游金华。

5 月，《弘一大师遗墨》（编选，非卖品，由新加坡广洽法师等捐款）由（上海）三一印刷厂印制，有序言（作于 1961 年，文末署"辛丑仲夏丰子恺谨序于上海"）。

《缘缘堂随笔》由（香港）建文书局出版。收有《渐》《东京某晚的事》《自然》《从孩子得到

丰子恺与妻徐力民（右一）及幼女一吟（中）在金华北山双龙招待所留影（摄于 1962 年）

---

① 见《丰子恺文集》（文学卷三），浙江文艺出版社、浙江教育出版社 1992 年 6 月版，第 792—793 页。

② 此信见《丰子恺文集》（文学卷三），浙江文艺出版社、浙江教育出版社 1992 年 6 月版，第 285—286 页。信中曰："得示惊悉近患咯血之症，深为悬念……至祈多多保养为要。为此今秋不能返国观光，怅何如之！但明年定可启行……《弘一大师遗墨》已付装订，不久即可打包付邮。"

丰子恺在金华北山九龙洞口留影（摄于 1962 年）

丰子恺在金华双龙洞内留影（摄于 1962 年）

丰子恺（右二）与妻徐力民（右三）及幼女一吟（左二）由金华当地人士陪同游金华双龙洞（摄于 1962 年）

的启示》《华瞻的日记》《阿难》《闲居》《大账簿》《忆儿时》《儿女》《颜面》《立达五周年纪念感想》《儿戏》《作父亲》《两个"？"》《新年的快乐》《蜜蜂》《蝌蚪》《放生》《杨柳》《鼓乐》《三娘娘》《野外理发处》《肉腿》《送考》《学画回忆》《谈自己的画》《春》《山中避雨》《旧地重游》《作客者言》《吃瓜子》《半篇莫干山游记》《记音乐研究会中所见之一》《记音乐研究会中所见之二》《手指》《蟹》《辞缘缘堂》《怀李叔同先生》《悼夏丏尊先生》《读〈读缘缘堂随笔〉》（附录《读〈缘缘堂随笔〉》）、《宜山遇炸记》《"艺术的逃难"》《沙坪的美酒》《白鹅》《谢谢重庆》《防空洞中所见》《蜀道奇遇记》《重庆觅屋记》《胜利还乡记》《最可怜的孩子》《桂林的山》《宴会》《我的漫画》《白象》《贪污的猫》《口中剿匪记》《义齿》和《海上奇遇记》。

6 月 3 日，致广洽法师信，感谢汇款，并寄法师友人侯君所嘱之画。①

6 月 6 日，在《美术》第 3 期发表《〈在延安文艺座谈会上的讲话〉发表二十周年纪念书感》（诗，作于 1962 年花朝）。

6 月 12 日，在《文汇报》发表《昨日豆花棚下过，忽然迎面好风吹，独自立多时》（漫画）。

6 月 17 日，致广洽法师信，言法师介绍之泉州胡造坤居士来访，受赠桂圆等食物，知法师前患

---

① 此信见《丰子恺文集》（文学卷三），浙江文艺出版社、浙江教育出版社 1992 年 6 月版，第 286 页。信中曰："示及汇款叻币四十五元，均先后收到。屡承嘉惠，实甚感谢。弟于四月中去北京开会……闭会后又游览多日也。侯君嘱画，今草奉，请转赠。"

咯血之症已痊愈，深为欣慰。述近游浙江南部金华
等地，及《弘一大师遗墨》即将出版。①

6 月 22 日，致姜书梅信，惊悉老师姜丹书逝
世，深为悼惜。②

6 月 28 日，致广洽法师信，言《弘一大师遗
墨》至前日始印毕，现正在装订。先将已装订完
成者一册，于昨日付邮寄上。因近事烦，常感疲
劳，向法师求药品。③

丰子恺从金华双龙洞回双龙招
待所途中（摄于 1962 年）

仲夏，作《阿咪》（散文）。

7 月 22 日，在《湖北日报》发表《身轻不许
健儿扶，捉鞭自上桃花马》（漫画）。

7 月 23 日，致广洽法师信，谓又寄出《弘一
大师遗墨》一百五十册，分三十包。承赐寄邮费
港币一百元，已收到，合上次已蒙寄下（合人民
币五十余元），连此港币百元（合人民币四十余

丰子恺在金华北山双龙招待所
留影（摄于 1962 年）

---

① 此信见《丰子恺文集》（文学卷三），浙江文艺出版社、浙江教育出版社 1992 年 6 月版，
第 286—287 页。信中曰："前日泉州胡造坤居士来访，出法师介绍片，言吕依莲居士因事留泉州，
不能来沪，故嘱其代访，并赠我桂圆等食物……又闻胡居士言，法师前患咯血之症，今已痊愈，深
为欣慰。尚请善为珍摄，多多休养为要。弟最近游浙江南部金华等地，饱览风景。贱躯不怕跋涉，
比往年健康，料是常服法师所赠维他命丸之故，深为感谢。《弘一大师遗墨》久已付印，前曾将校
样一部分寄呈，想蒙收察。今即将出版，但寄到星洲时，恐在二三月之后也……"
② 此信见《子恺书信》（下），海豚出版社 2013 年 9 月版，第 294 页。信中曰："弟旅游浙
南，前日始返上海。拜读来片，惊悉敬庐老师已于六月八日仙逝，深为悼惜，但念老师服务美术界
数十年之久，著述宏富，桃李盈门，此功绩自当永垂不朽。我客他方，未能亲奠，至深歉憾，尚祈
节哀珍摄为要……"姜书梅，姜丹书之长子。
③ 此信见《丰子恺文集》（文学卷三），浙江文艺出版社、浙江教育出版社 1992 年 6 月版，
第 287—288 页。信中曰："《弘一大师遗墨》至前日始印毕，现正在装订。先将已装订完成者一册，
于昨日付邮寄上……请法师先睹为快。其余多册，须待六七日后装订完毕，打包付邮。""尚有一事
奉恳，弟近事烦，常感疲劳，医生劝打'奥利通'针，而国内买不到，拟向法师乞赐若干，由邮寄
惠，不知便否？受赐太多，犹欲絮索，实甚不情……"

元）正好支付邮费。①

丰子恺在上海日月楼门口抚猫
照（摄于 1962 年）

7月26日，在（香港）《新晚报》发表《柳边人歇待船归》（漫画）。

7月28日，致广洽法师信，感谢法师代购药品。表示从是日起绘观音圣像一百帧，广赠信善，以纪念弘一大师圆寂 20 周年。②

7月31日，在（香港）《新晚报》发表《高潮——英雄的故事》（漫画）。

丰子恺在杭州玉泉留影

8月4日，与其他 15 位文学家、艺术家一起发表联名信《我国文艺界人士联名致电墨西哥总统，抗议非法迫害墨西哥画家西克罗斯》。另 15 位文艺界人士是：蔡若虹、刘白羽、萧三、吴作人、刘开渠、叶浅予、潘天寿、傅抱石、陈半丁、袁水拍、华君武、邵宇、王朝闻、古元、黄新波。丰子恺的名字排在王朝闻与古元之间。③

8月6日，作《威武不能屈——梅兰芳先生逝

---

①　此信见《丰子恺文集》（文学卷三），浙江文艺出版社、浙江教育出版社 1992 年 6 月版，第 288—289 页。信中曰："《弘一大师遗墨》，月前先寄出一册，想已收到。今日又一次寄出一百五十册，分三十包，恐须在八月底到达。即请代为分赠舍财诸信善。迟至今日报命，弟甚抱歉，尚请善为说明。""承赐寄邮费港币一百元，已收到。上次已蒙寄下（合人民币五十余元），连此港币百元（合人民币四十余元）邮费及包装费不多不少。此款亦由法师捐赠，弟甚惭愧！承赐红色补丸二种，先此道谢。'奥利通'难买，即请作罢。红色补丸效用相同也。弟别无病症，不过脑力薄弱（近来），容易头昏，故思吃补药耳。"

②　此信见《丰子恺文集》（文学卷三），浙江文艺出版社、浙江教育出版社 1992 年 6 月版，第 289—290 页。信中曰："二十日示奉到，托购针药，承设法办到，至感厚谊……""再者：今秋九月乃弘一大师生西二十周年纪念，国内有人提议开纪念会。但诸居士皆工作繁忙，集会困难，恐未能实现耳。且虎跑寺僧人甚少，皆不知弘公为何人者，故地点亦不易选定。弟个人拟画观音圣像一百帧，广赠信善，以纪念弘师生西廿周年，聊尽寸心。此工作今已开始，每日清晨沐手画二帧，至九月初四日，已满一百帧。届时当以大部分寄尊处，托代赠信善也。先此奉达。"

③　《我国文艺界人士联名致电墨西哥总统，抗议非法迫害墨西哥画家西克罗斯》见 1962 年《美术》第 5 期。

世周年纪念》（散文）。

8 月 8 日，在《文汇报》发表《威武不能屈——梅兰芳先生逝世周年纪念》（散文，作于 1962 年，文末署"壬寅年乞巧作于上海"）。

在（香港）《新晚报》发表《远足之晨》（漫画）。

丰子恺看书照（摄于 1962 年）

8 月 14 日，在《光明日报》发表《旧时王谢堂前燕，飞入寻常百姓家》（漫画）。

8 月 16 日，致广洽法师信，谈及法师赐寄药品事，言每晨绘大士像一二幅，满百尊后当以大部分寄法师处结缘，藉以纪念弘一大师。①

8 月 19 日，在《西安晚报》发表《欺侮弱小》《好母亲讲好故事》（漫画）。

8 月 22 日，致黄可信，谈稿件等事。②

在（香港）《新晚报》发表《莫作江上舟，莫作江上月。舟载人别离，月照人离别》（漫画）。

丰子恺在上海日月楼作画
（摄于 1962 年）

8 月 27 日，致广洽法师信，感谢汇款，表示拟于是日约在沪较空闲之旧友数人，专赴虎跑扫

---

① 此信见《丰子恺文集》（文学卷三），浙江文艺出版社、浙江教育出版社 1992 年 6 月版，第 290 页。信中曰："前周收到赐寄维他命丸一包，弟派人到邮局领取时，据言其中红色补丸，包装不合规格（无价单招牌等），必须退回。因此即由邮局退回尊处。其余 Becadex 三瓶，则已由弟收得，且已服用。此药上次所赐尚未服完，故红色丸退到时即请自用，勿再寄下，以免烦琐。受赐太多，深感盛意。""……每晨绘大士像一二幅，至九月初四弘师忌辰，可满百尊，届时当以大部分寄尊处结缘，藉以纪念弘师。"

② 此信见《子恺书信》（下），海豚出版社 2013 年 9 月版，第 298—299 页。信中曰："……唯《庐山游记》（原稿）三篇，每篇内有画一张，此三张画请折好放信壳内寄我或送我。（因有人美刊印此三篇，文已有，画尚无。）其原稿三篇，已另有留稿，请作为废纸，不须还我了……附告：人美社选定我新旧画共 100 幅，正在制版，听说要年底左右可出书。"

墓，以代集会，其用费即由来款中支付。受赠药物充足，写告法师不须再买，日后如有需要，自当求乞。①

在（香港）《新晚报》发表《我欲渡河河无梁，愿化黄鹄归故乡》（漫画）。

8月，《上海花鸟画选集》由上海人民美术出版社出版，为作《〈上海花鸟画选集〉序》（序跋，作于1962年，文末署"壬寅百花生日丰子恺序于缘缘堂之日月楼"）。

在《上海文学》第35期发表《阿咪》（散文，附图《故阿咪毛甚长，有似兔子》，作于1962年，文末署"壬寅年仲夏于上海作"）。

在《人民中国》（日文版）发表日文稿《与日本人民谈〈源氏物语〉翻译工作》（散文）。

作《耳目一新》（散文）。

9月6日，在（香港）《新晚报》发表《慈母手中线，游子身上衣》（漫画）。

9月8日，致广洽法师信，言续承汇寄港币千元亦已收到，以为绘大士像微愿，所受供养太丰，反觉惭赧。表示拟另作大幅画赠法师，已在构图。

丰子恺在上海日月楼作画

---

① 此信见《丰子恺文集》（文学卷三），浙江文艺出版社、浙江教育出版社1992年6月版，第291—292页。信中曰："……承汇港币仟元，已先收到，此事甚出弟意外，盖弟发心为纪念大师生西二十年而画大士像百帧，其用意与二十年前生西时画佛像千帧相同，聊尽绵力而已。岂敢望诸信善供养？今海外诸莲友如此顾念，以巨财相劳，使弟不胜愧汗。同时又觉末劫时代宏法者如此踊跃，深可庆喜也。今已领受，并将设法多多表示纪念……现弟拟于是日约在沪较空闲之旧友数人，专赴虎跑扫墓，以代集会，其用费即由来款中支付，此亦不啻代海外莲友向墓塔致敬也。（大士像欲题款者，乞续示芳名。）……弟药物今已充足，不须再买，日后如有需要，自当求乞……"

写告拟于初九在杭小集，同去塔前祭扫。①

9 月 11 日，在（香港）《新晚报》发表《浊酒一杯家万里》（漫画）。

9 月 13 日，在（香港）《新晚报》发表《举头望明月，低头思故乡》（漫画）。

9 月 16 日，在《解放日报》发表《人民威力》（诗）。

丰子恺在杭州西湖船中（摄于 1962 年）

9 月 20 日，在《新民晚报》发表《耳目一新》（散文，作于 1962 年，文末署"壬寅新秋于上海记"）。

9 月 26 日，在（香港）《大公报》发表《古稀之贺》（散文，作于 1961 年，文末署"一九六一年岁暮记于上海"）。②

9 月 27 日，致广洽法师信，言赠法师大画一幅已寄出，现寄梅兰芳邮票及杜甫邮票等。承又汇港币千元，不日当可收到，表示惭愧之情。故决定将最后一笔（港币千元）储作帮助老病之用，或

丰子恺与朱幼兰（右）在杭州弘一大师之塔前留影（摄于 1962 年）

① 此信见《丰子恺文集》（文学卷三），浙江文艺出版社、浙江教育出版社 1992 年 6 月版，第 292—293 页。信中曰："八月廿七示奉到。续承汇寄港币千元，亦已收到。弟发此微愿，所受供养太丰，反觉惭报。今后如再有信善欲得大士像，请劝其勿致供养，或略赠数元表示供养之意即可，使弟可减少惭报也。诸信善芳名单已收到，画齐后当一并题款付邮。后有需题款者，请续示。（另作一大幅专呈法师，非大士像，乃表示我二人敬仰弘一大师之意，已在构图，尚未完成也。）纪念日（九月初四）前后数日，当一并寄画……弟等拟于初九在杭小集，同去塔前祭扫。届时当将照片寄奉留念。经弟等商议，不用'纪念会'名义，而称为'扫墓'。因人数不多，称为'纪念会'太简慢。称为扫墓，倒反诚恳。因参与者皆大师昔年老友（如马一浮先生等）及学生也。（所有费用，概由供养金中支付，勿使老友等自己破费，则参加者较众。）详情后告。"
② 此文日语译文发表于 1962 年《人民中国》（日文版）2 月号。《大公报》发表时，同版面上有"弘一大师遗墨"《勇猛精进》。

以帮助弘一大师生前老友之贫困者。寄法师《前尘影事》一册。①

9月，在《儿童时代》第17期发表《私塾生活》（散文）。

丰子恺与朱幼兰（左）坐在西湖船中（摄于1962年）

中秋前，小恙。病中读《聊斋志异》。病后以该书为题材，取阿英句作画，题云："闲院桃花次第开，昨日踏青小约未应乖，嘱咐东邻女伴莫相催，著得凤头鞋子即当来。"赠前来探望的朱南田。朱南田即兴口诵一绝："病起临池试墨新，桃花闲院见芳春。采得蒲老仙狐句，赠与城东卖酱人。"丰氏为此有附语："壬寅中秋前，病中读聊斋志，病起取阿英句作画赠酱园工人朱南田，承报此诗，适有画笺，率尔书之，子恺。"

丰子恺与外孙宋菲君在杭州九溪

秋，由中央新闻纪录电影制片厂拍成纪录片《画家丰子恺》。

10月1日，在（香港）《新晚报》发表《对酒当歌》（漫画）。
在《文化报》发表《渐入佳境》（漫画）。

10月2日，参加上海佛教信众举办的"弘一大师生西二十周年纪念会"，并在是日上午作为主祭人。

---

① 此信见《丰子恺文集》（文学卷三），浙江文艺出版社、浙江教育出版社1992年6月版，第293—294页。信中曰："十九日示昨奉到，廿四日（阳九月）封寄大士像廿七尊，赠法师大画一幅，因寄信人不知，误投非航空挂号，实甚遗憾！……""梅兰芳邮票及杜甫邮票等，附此函内寄上，乞收……""广余法师请大士像，已附在廿四日发之廿七尊中……""承又汇港币千元，不日当可收到。受供养太多，弟甚惭愧。今决定将最后一笔（港千元）储作帮助老病之用，或以帮助弘一大师生前老友之贫困者。如此，则弟个人受赐之外，又有许多老病贫者获得周济。星洲诸供养人之功德当更大也。""弘一大师文史资料，至今尚无记载。但有弟十余年前所写大师所作诗词一册，名《前尘影事》，今附奉一册（附在航空包内），乞收。"

10 月 3 日，致广洽法师信，表示今后倘续有欲请圣像者，可以随时示知，但勿再汇供养金。港币千元已收到。写告昨日参加（九月初四）上海佛教信众会举办"弘一大师生西二十周年纪念会"，述其盛况，并言定于后日（九月初七）同上海居士四五人赴杭，于重阳日约马一浮老居士等去虎跑扫墓。另拜托法师二事。①

丰子恺在弘一法师生西 20 周年时与友人一起祭杭州弘一大师之塔后留影（摄于 1962 年）

10 月 5 日，重阳，为弘一法师"生西"20 周年，前往杭州虎跑寺祭塔。参加祭塔仪式的还有：郑晓沧偕夫人、田锡安偕夫人、朱幼兰、宝云法师、吴梦非偕夫人、吴中望、黄鸣祥、丰一吟等。并摄影留念。

10 月 6 日，在（香港）《新晚报》发表《遥知兄弟登高处，遍插茱萸少一人》（漫画）。

10 月 9 日，在（香港）《新晚报》发表 *SO-PRANO AN EXILE FROM HOME, SPLENDID DAZZLED IN VAIN……*（漫画）。

丰子恺与孙女南颖在杭州岳坟

10 月 10 日，在（香港）《文汇报》发表《我译〈源氏物语〉》（散文，作于 1962 年 10 月）。

---

① 此信见《丰子恺文集》（文学卷三），浙江文艺出版社、浙江教育出版社 1992 年 6 月版，第 294—295 页。信中曰："……今后倘续有欲请圣像者，乞随时示知，但勿再汇供养金为要。第三次汇出港币仟元已于今日收到，乞代道谢。昨日（九月初四）上海佛教信众会举办'弘一大师生西二十周年纪念会'，弟与同学七八人去参加。另有男女居士及僧侣共约七八十人。上午上供，下午普佛。上供由弟主祭，中午由功德林午餐，仪式十分庄严。弟定于后日（九月初七）同上海居士四五人赴杭，于重阳日约马一浮老居士等去虎跑扫墓，情况后再奉达，兹奉恳二事：（一）"护生"四集，尚有余否？此间信众会有人托请。如有余，乞再寄四五册。（二）前托买之补药针，请择便或付邮交香港永乐街一五〇号泉昌公司林国端居士代收转弟。但不知由新加坡寄香港，是否畅通？倘亦需检查退还，则请暂勿寄。由弟另行设法。据海关言，特效药须有证明方可入国内，而申请手续烦难，故暂不申请，由香港转较便也。惟弟现已有代用补药（治脑贫血），故此针药不急需，不妨缓缓择机会取得也……"

在（香港）《新晚报》发表《人有身兮身有家，我独何为在天涯》（漫画）。

丰子恺与画家程十发（左）在上海日月楼

10月13日，致广洽法师信，表示若有来请大士圣像，随时寄奉。法师来示所提谢松山、黄秉修居士及福缘念佛会，稍缓当与《前尘影事》序文条幅并作一包付航空邮。另拜托法师二事。写告赴杭扫墓情况。①

10月15日，在《体育报》发表《课余佳兴》（漫画）。

10月17日，在（香港）《新晚报》发表《人世难逢开口笑，菊花须插满头归》（漫画）。

10月24日，在（香港）《新晚报》发表《依人篱下》（漫画）。

丰子恺在上海日月楼与孩子们一起看画册（摄于1962年）

10月26日，在《广西日报》发表《桂林日记二篇》（日记，作于1938年11月23日、12月2日）。

10月29日，在（香港）《新晚报》发表《树高千丈，叶落归根》（漫画）。

---

① 此信见《丰子恺文集》（文学卷三），浙江文艺出版社、浙江教育出版社1992年6月版，第295—296页。信中曰："……大士圣像，尚有约半数（四十余尊）留存，俟虔诚莲友随时来请……若能圆满，普天之下供养圣像，真胜缘也！""来示所提谢松山、黄秉修居士及福缘念佛会，稍缓当与《前尘影事》序文条幅并作一包付航空邮……""兹有烦二事：（一）谢黄两居士及福缘会又赠供养金，甚是感谢，但今后所代收供养金，请法师代为保存……因弟或别有用处。（二）马一浮居士患白内障，视觉不便，闻日本新出白内障特效药（卡塔灵）甚灵，拟购用之，而香港缺货。因嘱弟托法师派人向新加坡市上探问：有否此药？价格如何？但切勿买寄。因倘有售，尚须在国内海关预先交涉妥当，否则又将被不通知即退回也，此二事费神。""此次赴杭扫墓，马老居士（今年正好八十）因眼病不便上山，故未参加。但弟去访，共摄影留念（稍缓寄奉）。在墓地上全体摄影，稍缓亦当寄上。"

10 月 31 日，在（香港）《新晚报》发表《劝君白发早还乡》（漫画）。

10 月，作《蒲松龄像赞》（诗，作于 1962 年 10 月，文末署"一九六二年十月为山东淄博蒲松龄故居保管委员会作画像并赞"）。①

丰子恺（左二）与巴金（左一）、熊佛西（左三）、周信芳（左四）等上街声援古巴示威游行时的剪报（1962 年 11 月 7 日《文汇报》）

11 月 2 日，在（香港）《新晚报》发表《抽刀断水水更流》（漫画）。

11 月 7 日，致广洽法师信，写告法师代购白内障眼药水已托人带交杭州马一浮先生。②

《文汇报》刊出丰子恺与巴金、熊佛西、周信芳等参加"要古巴，不要美国佬！"活动照片。

11 月 9 日，受邀参加恢复西泠印社筹备会议，因故未能赴会。

11 月 12 日，致广洽法师信，感谢赠龙泉青玉瓷观音像照相一帧。附寄妙寿法师请圣像一尊。表示前请将供养金暂代保存，乃为欲代马一浮居士买眼药。③

丰子恺外孙女杨朝婴（中）、外孙杨子耘（右一）在上海日月楼看外公作画（摄于 1962 年）

---

① 此诗初载 1979 年 7 月 25 日《文汇报》。收《丰子恺文集》（文学卷三），浙江文艺出版社、浙江教育出版社 1992 年 6 月版，第 793 页。

② 此信见《丰子恺文集》（文学卷三），浙江文艺出版社、浙江教育出版社 1992 年 6 月版，第 297 页。信中曰："承代购白内障眼药水，今日已向邮局领到（无税）。正好有人赴杭州，已托其带交马一浮老居士……"

③ 此信见《丰子恺文集》（文学卷三），浙江文艺出版社、浙江教育出版社 1992 年 6 月版，第 297—298 页。信中曰："……承惠龙泉青玉瓷观音像照相一帧……""妙寿法师请圣像，今附寄一尊，乞转。承其惠赐供养金，甚是感谢，蔡南炎居士亦赠供养金，并乞代为致谢……前请将供养金暂代保存，乃为欲代马一浮居士买眼药耳，今已承寄点眼药水一瓶，前函又托再买十一瓶直寄杭州，此十二瓶药水之代价，务请扣除。又，寄香港林国端居士之针药，其代价亦请在供养金内扣除，千万勿却，余款则汇来亦可……""后有请观音圣像者，务请勿送供养金，因受惠过多也。"

丰子恺与家人在苏州下榻处前
留影（摄于1962年）

11月14日，在（香港）《新晚报》发表《夕阳萧鼓几船归》（漫画）。

11月20日，在（香港）《新晚报》发表《深秋佳兴——打桐子》（漫画）。

11月28日，在（香港）《新晚报》发表《灵岩在望——苏州印象之一——灵岩山》（漫画）。

出席在上海美术展览馆举行的阿尔巴尼亚画家万珠什·米奥画展开幕式。

11月30日，致广洽法师信，对再次收到汇款表示惭愧。龙山寺祖堂重建需写对联，建议所嘱两联均请马一浮书写，若法师认为宜多样，则定当奉命。①

丰子恺（右一）与妻徐力民
（右二）等在上海日月楼楼下庆寿
（摄于1962年）

11月，《子恺漫画全集》由（香港）岭南出版社出版。

作《琉璃塔》（诗，作于1962年11月，文末署"一九六二年十一月妙真和尚嘱画并题"）。②

12月3日，在（香港）《新晚报》发表《有亭翼然——苏州印象之一——拙政园》（漫画）。

---

① 此信见《丰子恺文集》（文学卷三），浙江文艺出版社、浙江教育出版社1992年6月版，第298—299页。信中曰："示奉到。承汇款叻币四百二十元，前已如数收到。红色补药亦于前日妥收。寄香港林居士之针药，亦已托便人带到。药费款不扣，又蒙赐赠，实甚不该。今已领收道谢。马老居士点眼药分二次寄，甚好。此药本定由弟赠送，今又破费尊处矣。""马老居士学生刘公纯君所请托之事，弟亦认为欠妥。来信所云，甚是考虑周到，务请绝不勉强为要……""龙山寺祖堂重建，需写对联，此事请马老捉笔，最为妥善……""弟写大字，远不及马老，故两联最好皆请马撰写，但倘法师认为宜多样，必欲弟撰写，则定当奉命，且言定奉赠龙山寺作为贺礼，决不受酬……"

② 收《丰子恺文集》（文学卷三），浙江文艺出版社、浙江教育出版社1992年6月版，第793—794页。

12 月 5 日，致广洽法师信，转杭州马一浮弟子刘公纯信。转达马一浮为撰写对联要求提供龙山寺简史之意。①

在（香港）《新晚报》发表《大鼋出水——苏州印象之一——西园》（漫画）。

12 月 12 日开始正式开始翻译《源氏物语》。

12 月 14 日，在（香港）《新晚报》发表《登临怀古——苏州印象之一——虎丘》（漫画）。

丰子恺（左三）与家人在苏州虎丘留影（摄于 1962 年）

12 月 31 日，在（香港）《新晚报》发表《今夜恕眠非守岁，防它有梦到家乡》（漫画）。

12 月，为中国新闻社作《新的欢喜》（散文）。

丰子恺与三姐丰满（右）在杭州城隍山顶留影

是年，作《日月楼秋兴》（诗）。②
毕克官至日月楼拜访。
赴杭州时曾访马一浮。
偕家人游苏州。
作《高柜台的今昔》《阿咪》《春带江南放纸鸢，扶摇直上白云间》《文字改革》《落花不是无情物，化作春泥更护花》《小语春风弄剪刀》《绿酒一卮红上面》《夹路桃花新雨后，马蹄无计避残红》《花见白头人莫笑，白头人见好花多》《借问过墙双蛱蝶，春光今在阿谁家?》《梁上燕，轻罗扇，好风又落桃花片》《杨柳鸣蜩绿暗，荷花落日

丰子恺与马一浮（右）、朱幼兰（左）在杭州蒋庄留影（摄于 1962 年）

---

① 此信见《丰子恺文集》（文学卷三），浙江文艺出版社、浙江教育出版社 1992 年 6 月版，第 299—300 页。信中曰："今得杭州马老弟子刘公纯君来信，附呈请阅。马老撰写对联，要求龙山寺简要历史。此言甚是。否则无从着笔也。请法师略写简史寄弟看后转马老。因弟若撰联，亦需知道简历也。"

② 此诗初载 1982 年 3 月（香港）《中报月刊》第 26 期。

红酣》《客船自载钟声去，落日残僧立寺桥》（漫画）及《"妈妈，乞丐是什么?"》（组画）。

装帧图《小茶馆》被用于《小茶馆》。

应人民文学出版社上海分社之约编成《新缘缘堂随笔》。后因其中《阿咪》一篇在《上海文学》发表后受到批判，该文集未能出版。1963年，新增两篇，共34篇。① 自书目录如下：

新缘缘堂随笔

丰子恺著

目次

（除最后一篇外，都是发表过的）

1. 敬礼

2. 代画

3. 扬州梦

4. 西湖春游

5. 杭州写生

6. 中国话剧首创者李叔同先生

7. 先器识而后文艺②

8. 李叔同先生的爱国精神

9. 李叔同先生的教育精神

10. 怀梅兰芳先生

11. 威武不能屈③

12. 新年随笔

13. 胜读十年书④

---

① 该34篇随笔中的32篇，后收入丰一吟编《缘缘堂随笔集》（浙江文艺出版社1983年5月版）。《怀梅兰芳先生》一文因内容与其他文章有重复，《金华游记》（1962年7月18日作者寄《人民文学》时改名为《花不知名分外娇——金华游草》，未发表）因原稿遗失未收入。

② 丰一吟编《缘缘堂随笔集》（浙江文艺出版社1983年5月版）在收入此文时，题目为《李叔同先生的文艺观——先器识而后文艺》。

③ 丰一吟编《缘缘堂随笔集》（浙江文艺出版社1983年5月版）在收入此文时，题目为《威武不能屈——梅兰芳先生逝世周年纪念》。

④ 丰一吟编《缘缘堂随笔集》（浙江文艺出版社1983年5月版）在收入此文时，题目为《胜读十年书——欢迎四川省革命残废军人演出队志感》。

14. 幸福儿童

15. 谈儿童画

16. 斗牛图

17. 随笔漫画

18. 伯牙鼓琴

19. 曲高和众

20. 雪舟和他的艺术

21. 江行观感

22. 九江印象

23. 庐山面目①

24. 黄山松

25. 黄山印象

26. 上天都

27. 饮水思源②

28. 化作春泥更护花③

29. 有头有尾④

30. 与日本人民谈《源氏物语》翻译工作⑤

31. 阿咪

32. 金华游记

增选：

33. 天童寺忆雪舟

34. 不肯去观音院（63 年 9 月加）

---

　　① 丰一吟编《缘缘堂随笔集》（浙江文艺出版社 1983 年 5 月版）在收入《江行观感》《九江印象》《庐山面目》三文时统一用《庐山游记》题，并将原三题改为二级标题。

　　② 丰一吟编《缘缘堂随笔集》（浙江文艺出版社 1983 年 5 月版）在收入此文时，题目为《饮水思源——参观江西革命根据地随笔》。

　　③ 丰一吟编《缘缘堂随笔集》（浙江文艺出版社 1983 年 5 月版）在收入此文时，题目为《化作春泥更护花——参观江西革命根据地随笔》。

　　④ 丰一吟编《缘缘堂随笔集》（浙江文艺出版社 1983 年 5 月版）在收入此文时，题目为《有头有尾——参观江西革命根据地随笔》。

　　⑤ 浙江文艺出版社、浙江教育出版社 1992 年 6 月版《丰子恺文集》（文学卷二）在编入此文时，注曰："此文曾载 1962 年 10 月 10 日香港《文汇报》。作者原来编在这里的是发表于 1962 年 8 月号日文版《人民中国》上的日文稿《与日本人民谈〈源氏物语〉翻译工作》，不曾见过中文原稿。两文除开头几句略异外，其他完全相同。故此次编文集时，我们以此文代之。——编者注。"

附插画 11 幅

（连画在内）字数共约七万余

社会评价

胖僧：《关于丰子恺》，载 1962 年 6 月 1 日（台北）《畅流》25 卷 8 期。

《新闻简报》1962 号第 7 号，中国新闻纪录电影制片厂 1962 年录制。

《人民中国》1962 年第 2 号，中国新闻纪录电影制片厂 1962 年录制。

陈根宝文，钟志仁摄影：《上海画家近况》，载 1962 年 5 月 12 日《文汇报》。

《上海市文学艺术界联合会第二届委员会名单》，载 1962 年 5 月 17 日《文汇报》。

评论选录

陈根宝文，钟志仁摄影：《上海画家近况》照片文字说明：

老画家丰子恺知道华侨很喜爱古诗新画，最近已画了一部分寄给华侨报纸，目前还在继续创作。

1963 年　癸卯　66 岁

社会文化事略

3 月 1 日，中共中央发出"五反"的指示。3 月 5 日，《人民日报》发表毛泽东"向雷锋同志学习"的题词，全国开展学雷锋活动。11 月 22 日，美国总统约翰·肯尼迪遇刺身亡。

生平事迹

1 月 1 日，在（香港）《新晚报》发表《故乡来的贺年片》（漫画）。

在《光明日报》发表《百花齐放梅为魁，百般建设农为基》《作客他乡又一年》（漫画）。

丰子恺在上海日月楼倚南窗眺望照（摄于 1963 年）

1 月 7 日，作《万众喜天晴，此人独垂泪》（漫画）。

1 月 9 日，在（香港）《新晚报》发表《君自故乡来》（漫画）。

1 月 11 日，在《大公报》"三百六十行赞"栏目发表《邮递员》（诗配画）。

丰子恺在上海日月楼沙发上看书（摄于 1963 年）

1 月 17 日，在（香港）《新晚报》发表《客中闻乡音，不识亦乡亲》（漫画）。

1 月 21 日，在《体育报》发表《冬暖如春》（漫画）。

丰子恺在上海日月楼翻译
《源氏物语》（摄于1963年）

丰子恺上海参加江寒汀追悼会
（摄于1963年2月13日）

丰子恺与妻徐力民及幼女一吟
在天童寺天王殿留影（摄于1963
年）

1月23日，在（香港）《新晚报》发表《故乡来的酒》（漫画）。

1月25日，在《羊城晚报》发表《春节人人乐》（漫画）。

1月31日，在（香港）《新晚报》发表《我们的故乡》（漫画）。

2月7日，在香港发表《新春试笔》（散文）。①

2月13日，在万国殡仪馆主持江寒汀追悼会。

2月15日，在《大公报》"三百六十行赞"栏目发表《理发师》（漫画）。

3月10日，在（香港）《新晚报》发表《既耕亦已种，时还读我书》（漫画）。

3月17日，在（香港）《新晚报》发表《翩翩新来燕，双双入我庐》（漫画）。

3月23日，在（香港）《新晚报》发表《春秋多佳日，登高赋新诗》（漫画）。

3月26日，致广洽法师、曼士先生信，表示愿与马骏君结师弟缘，视为海外画友。昙华苑长联撰写完成，与此信同时付邮。谈及香港岭南出版社

---

① 浙江文艺出版社、浙江教育出版社1992年6月版《丰子恺文集》（文学卷二）第642页注曰："本篇曾载1963年2月7日香港某报。——编者注。"

盗版之事及对此事之态度。①

3 月 29 日，在香港《大公报》"三百六十行赞"栏目发表《修鞋工》（漫画）。

丰子恺与妻徐力民在普陀山海边沙滩上留影（摄于 1963 年）

3 月，（农历二月十九日，观音诞辰），偕妻力民、次子元草、幼女一吟游宁波、舟山、普陀。作《癸卯春游杂咏》五首（诗）。②

在《文史资料选辑》第 34 辑发表《弘一法师》（传记）。

作《天童寺忆雪舟》（散文）。

作《佛顶山》（诗）、《天童寺》（诗）。

4 月 1 日，在（香港）《新晚报》发表《得欢且作乐，斗酒聚比邻》（漫画）。

丰子恺在天童寺前放生池边留影（摄于 1963 年）

4 月 3 日，在（香港）《新晚报》发表《泪湿春风眼尾长》（漫画）。

4 月 5 日，作《不肯去观音院》（散文）。③

4 月 17 日，在（香港）《新晚报》发表《丫头婢子忙匀粉，不管先生砚水浑》（漫画）。

丰子恺与妻徐力民在宁波华侨饭店前留影（摄于 1963 年）

---

① 此信见《丰子恺文集》（文学卷三），浙江文艺出版社、浙江教育出版社 1992 年 6 月版，第 300 页。信中曰："赐示奉到。马骏君雅好绘事，欲与弟结师弟缘，实属美意，自当遵命视为海外画友可也。今后请其随时来信笔晤，定当尽赞助之力。昙华苑长联已撰写完成，与此信同时航空付邮，即乞收转。香港岭南出版社擅自刊印拙作全集，弟事前全未闻知，前日有港友购赠一册（故不需托购），始知。此乃从旧书翻版，故有许多不甚清楚。此'岭南'不知何人所办，弟已函港友查询，若果盗版，弟亦无可如何也……"

② 收《丰子恺文集》（文学卷三），浙江文艺出版社、浙江教育出版社 1992 年 6 月版，第 796—797 页。五首诗为《宁波》《天童寺》《普陀》《佛顶山》和《定海》。其中《普陀》《佛顶山》写入作者《不肯去观音院》一文（1963 年清明节作），后载 1982 年《东海》第 5 期。

③ 此文初收《缘缘堂随笔集》，浙江文艺出版社 1983 年 5 月版。

丰子恺在宁波雪窦山妙高台松下留影（摄于 1963 年）

丰子恺在宁波妙高台蒋宅阳台上（摄于 1963 年）

丰子恺在宁波雪窦山画千丈岩（摄于 1963 年）

4 月 18 日，在（香港）《新晚报》发表《不肯去观音院》（散文，作于 1963 年，文末署"一九六三年清明节于上海"）。

4 月 21 日，在（香港）《新晚报》发表《可惜日长闲暇小帘栊》（漫画）。

4 月 24 日，在（香港）《新晚报》发表《天童寺忆雪舟》（散文，附图《雪舟偷偷地学画》《雪舟用脚指头蘸眼泪水画老鼠》，作于 1963 年，文末署"一九六三年三月于上海"）。

4 月 25 日，致常君实信，同意在国外重刊《古诗新画》，因旧刊本共 84 幅，欲再加新作及未发表者 16 幅，凑成 100 幅。①

在（香港）《新晚报》发表《江村独归去，寂寞养残生》（漫画）。

4 月 28 日，在（香港）《新晚报》发表《未须愁日暮，天际是轻阴》（漫画）。

春，作《丰子恺画集》代自序诗五首（序跋）。

5 月 1 日，在《大公报》发表《大哥种树二哥帮》（漫画，文末署"一九六三年劳动节子恺并题"）。

在（香港）《新晚报》发表《邻叟闲来无个

① 此信见《丰子恺文集》（文学卷三），浙江文艺出版社、浙江教育出版社 1992 年 6 月版，第 446 页。信中曰："你们要在国外重刊《古诗新画》，我完全同意。查旧刊本共八十四幅，我想再加新作及未发表者十六幅，凑成一百幅……""今先寄新作及未发表者十幅（先在各报逐一发表，日后结集出书，亦可），请收。重刊百幅本时，我准备将旧刊八十四幅重新画过，以求完善……"

事，一支烟管一杯茶》（漫画）。

由中国美术协会上海分会主办的上海漫画展在上海美术展览馆举办，有作品参加展出。

5 月 7 日，在（香港）《新晚报》发表《逢郎欲语低头笑，碧玉搔头落水中》（漫画）。

丰子恺与妻徐力民在宁波雪窦山小屋前（摄于 1963 年）

5 月 8 日，在（香港）《新晚报》发表《樱桃豌豆分儿女，草草春风又一年》（漫画）。

5 月 12 日，致丰元草信，指导作对联的方法。[①]

5 月 14 日，在（香港）《新晚报》发表《肯与邻翁相对饮，隔篱呼取尽余杯》（漫画）。

丰子恺坐在普陀山潮音洞旁水岩上（摄于 1963 年）

5 月 21 日，在（香港）《新晚报》发表《满眼儿孙身外事，闲梳白发对斜阳》（漫画）。

春，作《仰之弥高》（彩色漫画）。

6 月 2 日，致张星逸信，谈日文翻译文句。[②]

6 月 12 日，致广洽法师信，汇赐港币五十元收到。述近赴杭州游览十余日。法师之友光辉、维

丰子恺与妻徐力民在赴天童寺途中（摄于 1963 年）

---

　　① 此信见《丰子恺文集》（文学卷三），浙江文艺出版社、浙江教育出版社 1992 年 6 月版，第 697—699 页。信中曰："你的信早收到。我开人代大会，前日方闭幕。所以久不覆你。你的对联，其实是诗，不能称为对联。因为对联既名为'对'，要求平仄及词性及意义很严。例如平必须对仄，动词必须对动词，草木必须对草木……你有兴味作对，可练习一下。我举几个好例……"

　　② 信中曰："逸心：因忙，至今复你。半为你字太小，太草，看起来很吃力。我近来眼力弱，喜看大字、正字。以后问问题，务望写得大，写得楷，那么立刻复你。子恺　六月二日……"此信未署年份，放入张星逸 1963 年的另一信封内，推测为 1963 年。逸心即张星逸。

良、浩生三君索画，明日或后日当可寄出。①

6月18日，在（香港）《新晚报》发表《此造物者之无尽藏也》（漫画）。

6月21日，致广洽法师信，写告得邮局通知，言本年二月廿八日上海寄出之《上海花鸟画册》，查讯无着，按定规赔偿人民币两元，或再寄时免收邮费（不过一元余）。已另购一册双挂号寄上。②

6月22日，在香港《周末报》第25期发表《水流海外，源在山中。饮水思源，共仰东风——〈周末报〉创刊十四周年纪念》（漫画，文末署"丰子恺画贺"）。

丰子恺在上海日月楼与猫在一起（摄于1963年）

6月24日，致广洽法师信，言光辉、维良二先生惠寄叻币二百元如数收到，表示所惠太厚，受之有愧。得知马一浮书《弥陀经》已出版，盼寄十册。③

6月29日，在（香港）《新晚报》发表《三杯不记主人谁》（漫画）。

---

① 此信见《丰子恺文集》（文学卷三），浙江文艺出版社、浙江教育出版社1992年6月版，第300—301页。信中曰："前蒙赐寄港币伍拾元，已早收到。弟赴杭州游览十余日，前日始返也……贵友光辉、维良、浩生三君索画，昨今已写成墨稿，明日或后日当可寄出。"

② 此信见《丰子恺文集》（文学卷三），浙江文艺出版社、浙江教育出版社1992年6月版，第301页。信中曰："今得邮局通知，言本年二月廿八日上海寄出之《上海花鸟画册》，查讯无着，按定规赔偿人民币贰元，或再寄时免收邮费（不过一元余）。今采取后者，另购一册，于六月廿一日双挂号寄上。且看能否收到。据马来信言，嘱我勿寄书册，只能寄单张画附在信中给他，因书册往往收不到。但过去弟寄上书册数次，均未损失，不知是否现在变相。"

③ 此信见《丰子恺文集》（文学卷三），浙江文艺出版社、浙江教育出版社1992年6月版，第302页。信中曰："赐示奉到，光辉、维良二先生惠寄叻币贰百元，亦如数收到。所惠太厚，使弟受之有愧。便中乞为道谢……湛翁书《弥陀经》已出版，甚善，承寄十册，收到后当即奉达，并以九册转赠爱书法之信善可也。"

7月5日，在（香港）《新晚报》发表《草草杯盘供语笑，昏昏灯火话平生》（漫画）。

丰子恺在上海日月楼与猫在一起（摄于 1963 年春节）

7月6日转赠广洽法师《弘一大师肖像》一幅（苏州画家费新我作，曾在南京展出，后由画家赠丰氏）。

7月7日，在（香港）《新晚报》发表《只是青云浮水上，教人错认作山看》（漫画）。

丰子恺在镇江焦山华严阁外看江景（摄于 1963 年）

7月8日，致广洽法师信，言黄友义居士汇赐叻币百元已收到，表示谢意。言马一浮于端午节过后赴金华北山避暑，启程前来信云广洽法师来信欲每月致馈，屡辞未止，甚望转达婉辞之意。6月21日寄出《上海花鸟画册》一大册，7月6日寄出费新我画"弘一大师肖像"一幅。①

7月21日，在（香港）《新晚报》发表《枯藤老树昏鸦》（漫画）。

7月30日，致广洽法师信，附寄费新我画像题记。②

丰子恺在扬州平山堂前紫藤树杆上即兴写诗（摄于 1963 年）

---

① 此信见《丰子恺文集》（文学卷三），浙江文艺出版社、浙江教育出版社 1992 年 6 月版，第 302—303 页。信中曰："示奉到，黄友义居士汇赐叻币百元，亦已收到。区区之劳，何可受此隆酬？请代达谢忱为荷。马一浮老先生已于端午节过后赴金华北山避暑，启程前来信云：'广洽师来信欲每月致馈，实非衰朽所敢当，屡辞未止，甚望仁者因便再为婉辞。药物亦更不需。'可知尊处汇款，必按月收到，其家人（一学生刘公纯，亦已六十余岁，另一内侄女汤）疏忽，未曾奉覆耳。请释念可也。厦门王逸杰居士曾通信数次，并有文稿寄来嘱弟校阅，文甚好，已为介绍向出版社投稿。""六月廿一日寄出《上海花鸟画册》一大册，七月六日寄出费新我（苏州名画家）画'弘一大师肖像'一幅（此画曾在南京展出，后由弟请得，画法甚佳，敬以转赠）。"

② 此信见《丰子恺文集》（文学卷三），浙江文艺出版社、浙江教育出版社 1992 年 6 月版，第 303—304 页。信中曰："七月十九日示于十六收到。'花鸟集'二册同日收到，甚慰……费新我画像题记，今写奉乞收……承汇港币伍拾元收到，谢谢。"

8月，《君匋书籍装帧艺术选》由人民美术出版社出版，收丰氏《〈君匋书籍装帧艺术选〉前言》（作于1960年，文末署"丰子恺1960年5月"）。

9月14日，致彭长卿信，答应为弘一大师墨迹题字，言其家族人彭逊之西湖出家事可询问马一浮先生。①

丰子恺与妻徐力民在镇江甘露寺相婿楼（摄于1963年）

9月20日，致广洽法师信，言陈君惠赠笔资，并蒙法师惠款，连隐名氏共助币二百二十元已收到。对于屡承惠款，表示谢不胜谢，今后不再言谢矣。述费新我所绘弘一大师像照片的分赠办法。②

9月，在（香港）《文汇报》发表《红杏出墙花似锦，可知树大又根深》（漫画）。

秋，作《〈弥陀经〉序言》（马一浮书，序跋）。

丰子恺与妻女等在镇江金山寺塔下（摄于1963年）

10月3日，在（香港）《新晚报》发表《秋千慵困解罗衣》（漫画）。

10月22日，致广洽法师信，述近游镇江、扬

① 此信见《丰子恺文集》（文学卷三），浙江文艺出版社、浙江教育出版社1992年6月版，第700页。信中曰："来示奉到，弘一大师墨迹嘱题，自当允命。有便送来可也。令族祖彭逊之先生在西湖出家事，余曾在马一浮老先生处闻之，但未见其人。马先生健在杭州，当详知其事也。……"彭长卿，当时为上海五十六中学教师。
② 此信见《丰子恺文集》（文学卷三），浙江文艺出版社、浙江教育出版社1992年6月版，第304页。信中曰："陈君惠赠笔资，并蒙法师惠款，连隐名氏共助币贰佰贰拾元，已收到。屡承惠款，谢不胜谢，今后不再言谢矣。苏州画家费新我所绘弘一大师像，照片很清楚，可供养案头。今已将一叶寄苏州费君，一叶转赠朱幼兰居士，余一叶保藏。"

州诸胜景，昨日始返上海。寄邮局新出黄山风景
邮票。①

　　10 月，作《扬州》（诗）。②
　　偕妻徐力民、幼女一吟再游镇江、扬州。10
月 21 日返沪。作《癸卯秋游杂咏》诗二首（诗，
文末署"一九六三年十月游镇扬作"）。③

　　11 月 1 日，致张青萍信，感谢游扬州时的招
待，赠书画一包，有上款者，请其按上款分送诸
处，无上款者四幅，请随意分送各处，张建平及胡
宏之件将另寄；言返沪后因天气剧变，忽患气管痉
挛，入院治疗，今始复健等。④

丰子恺在扬州五亭桥前留影
（摄于 1963 年）

　　11 月 3 日，致广洽法师信，谓前示并港币五
十元均收到。遵嘱为影印马先生书《弥陀经》写
序，并附上请正。言近游镇江扬州归沪后忽患气管
炎，入医院疗养数日，已痊愈出院数日。写告发现

　　① 此信见《丰子恺文集》（文学卷三），浙江文艺出版社、浙江教育出版社 1992 年 6 月版，
第 304—305 页。信中曰："……弟游镇江、扬州，遍览金、焦、北固诸胜景，昨日始返上海。今见
邮局新出黄山风景邮票，精小可喜，每张下方有细字注明风景地名，可用显微镜观之，附上共十九
张（黄山一套十六张，余三张），请哂收……"
　　② 此诗初载 1982 年《东海》第 5 期。
　　③ 收《丰子恺文集》（文学卷三），浙江文艺出版社、浙江教育出版社 1992 年 6 月版，第
798—799 页。一题为《镇江》，一题为《扬州》。
　　④ 此信见《丰子恺文集》（文学卷三），浙江文艺出版社、浙江教育出版社 1992 年 6 月版，
第 702 页。信中曰："此次游扬州，多蒙厚谊，竭诚招待，不胜铭感。弟返沪后因天气剧变，忽患
气管痉挛，入院治疗，今始复健。……今另封挂号寄奉书画一包，乞按上款分送诸处。内有旧作四
幅，无上款，请随意分送各处补壁可也。建平同志及胡宏同志之件另寄。……病中阅《二十年目睹
之怪现状》，见作者云当年曾游扬州'容园'，此园为诸园之冠，此次弟未见容园，想已毁于兵燹
乎……"张青萍，时任扬州市文联副主席，文化处处长。张建平，时任扬州地委宣传部部长，统战
部部长。胡宏，时任扬州地委书记。

丰子恺扬州萃园招待所大鱼池
馆宿处门外留影（摄于 1963 年）

丰子恺在扬州个园（摄于
1963 年）

李叔同"断食日志"，正在考虑是否收藏或刊印之。①

11 月 10 日赴京出席全国政协第三届第四次会议。

12 月 5 日，由京返沪。

12 月 8 日，致广洽法师信，写告前日由北京返沪。得知黄曼士先生病逝，不胜悼惜，并完成其遗命为四居士作画寄法师代收转。述李叔同"断食日志"由朱某所购得，已托人向其商请转让，尚无覆音。谓此次北京大会，马一浮亦前往参与，其知刊印《弥陀经》事，甚赞善。②

12 月 20 日，致广洽法师信，述李叔同"断食日志"收藏者朱孔阳对收购事无回音。法师所汇

① 此信见《丰子恺文集》（文学卷三），浙江文艺出版社、浙江教育出版社 1992 年 6 月版，第 305—306 页。信中曰："前示并港币伍拾元，均收到……影印马先生书《弥陀经》，诚为善举。弟已遵命写序，附上请正……""弟近游镇江扬州，归沪后忽患气管炎，入医院疗养数日，今已痊愈出院数日矣。有友来言：弘一大师断食十七日（在虎跑寺内），每日有笔记。此笔记流落人间，近为沪上一居士发见，出人民币四十元购得。弟曾记昔年在堵申甫先生家见过一次，不知后来为何流落人间。此稿有否保存或刊印之必要，弟正在考虑。倘有必要，可向该居士商购或商借也……"

② 此信见《丰子恺文集》（文学卷三），浙江文艺出版社、浙江教育出版社 1992 年 6 月版，第 306—307 页。信中曰："弟前日由北京返沪，在京参与大会共二十四日，其间曾有小女一吟代为致书（内附黄山邮票一套），想蒙收到。弟返沪后得马骏来信，惊悉黄曼士先生病逝，不胜悼惜，弟与黄先生虽是神交，但由法师介绍，深悉其为正信善士，其逝世实乃佛教界与教育界之一大损失也……又，马骏言，黄先生遗命嘱弟为四居士作画（符树仁、黄龙英、郑育庭、韩奇光）并嘱画成寄法师代收转。今弟已遵嘱写成，另邮（航空挂号，内附黄山邮票一套）寄上，乞收转。内又附佛像、观音像各一，乃朱北海居士所绘，此朱居士生活清寒。前无名氏所托赠之劬币百元，弟取二十元（人民币）赠之，并请作佛像观音像，即今所寄呈者，请转赠信善供养可也。无名氏之款，合人民币七十七元余，由弟补二元余，成八十元正，已送出六十元：朱北海二十元、黄学箕（弘一大师学生）三十元、黄涵秋（弘一大师识者）十元。尚余二十元，且待适当机会续送。最近汇来劬币七十元收到，'断食日记'乃朱某所购得，今已托人向其商请转让，尚无覆音，容后续告。此次北京大会，马一浮老居士（今年八十一）亦前往参与……尊处刊印《弥陀经》事，弟已告知马老，彼甚赞善……"

之叻币七十元暂保存。① 致彭长卿函，言弘一法师
"断食日志"未能办到，不可勉强；有关文物可自
行收藏；赠画、赠马一浮手迹等。②

12 月，《丰子恺画集》由（上海）上海人民
美术出版社出版，有代自序诗五首（作于 1962 年
春，文末署"壬寅小春于上海日月楼"）。

漫画《今昔对比》被用于《文字改革》12 月
号封面画。

丰子恺在扬州文峰塔塔顶眺望
（摄于 1963 年）

是年，为中国新闻社作《新年试笔》（散文）。
作《题张景安刻砚》（诗）。③
作《六万万人共一家》（彩色漫画）。
在《人民中国》第 6 期发表《同文共赏》
（漫画）。
在（香港）《新晚报》发表《松间明月长如
此》《双鬟坐吹笙》（漫画）。
作《熊黄角黍过端阳》（漫画）。
在（香港）《周末报》发表《水流海外，源在
山中。饮水思源，共仰东风》。（漫画）。
加入西泠印社为社员。④

丰子恺在扬州何园内（摄于
1963 年）

　　① 此信见《丰子恺文集》（文学卷三），浙江文艺出版社、浙江教育出版社 1992 年 6 月版，
第 307—308 页。信中曰："……今得友人覆，言收藏'断食日记'之朱孔阳居士（按朱孔阳同姓名
者有二人，此人乃文教界人，非政界人）久无回音，不知是不肯让价，抑另有原因，只得暂待。汇
来之叻币七十元暂保存在此，后再处置。近又出新邮票，今购得若干，附此信内，即请查收欣
赏……"
　　② 此信见《丰子恺文集》（文学卷三），浙江文艺出版社、浙江教育出版社 1992 年 6 月版，
第 700—701 页。信中曰："信收到。'断食日记'未能办到，不可勉强，且待后缘可也。广洽师乃
弘一大师弟子，收藏墨宝甚多，故来件不须送彼，仍由足下保藏可也。前索画，今率写一帧附赠。
马一浮先生书牍多散失，尚存一纸，附奉收藏可也。……"
　　③ 收《丰子恺文集》（文学卷三），浙江文艺出版社、浙江教育出版社 1992 年 6 月版，第 799
页。
　　④ 参见林乾良《天下第一名社西泠印社》，西泠印社出版社 2004 年 4 月版，第 44 页。

丰子恺与扬州文化处张青萍处长在扬州史公祠前留影（摄于1963 年）

丰子恺与妻徐力民在扬州瘦西湖（摄于1963 年）

社会评价

马　骏：《读丰子恺漫画〈护生画集〉四集》，载 1963 年 1 月 2 日（新加坡）《民报》新年特刊。

维　芳：《丰子恺为蒲松龄画像》，载 1963 年 11 月 14 日（香港）《大公报》。

施方瑚：《记丰子恺》，载 1963 年 11 月 15 日（香港）《明报》。

《丰子恺画集》前言，收《丰子恺画集》，上海人民美术出版社 1963 年 12 月版。

周作人致鲍耀明信，载（香港）《明报月刊》1968 年 12 月第 36 期，写信时间为 1963 年 4 月 4 日。

评论选录

周作人致鲍耀明信

来信所说东郭生的诗即是"儿童杂事诗"，记得报上的"切拨"订成一册，曾以奉赠，上边丰子恺的插画，乃系报馆的好意请其作者，丰君的画我向来不甚赞成，形似学竹久梦二者，但是浮滑肤浅，不懂"滑稽"趣味，殆所谓海派者，插画中可取者觉得不过十分之一，但我这里没有插画本，故只能笼统的说罢了。近来该诗原稿又已为友人借去，里边的诗较好者亦不甚多，但是比起插画来，大概百分比要较好一点罢了。

1964 年 甲辰 67 岁

社会文化事略

10 月 16 日，中国第一颗原子弹爆炸成功。12 月 15 日至 28 日，中共中央政治局召开全国工作会议，谈论"四清运动"中的问题。12 月 20 日至次年 1 月 4 日，三届全国人大一次会议在北京举行。

生平事迹

1 月 13 日，致广洽法师信，曰朱居士不愿出让"断食日志"，欲摄得照片，并言赠曼士居士之画四幅不必付润笔等。①

1 月 14 日，在《文汇报》发表《致巴拿马人民》（诗）。

1 月 23 日，周作人接受人民文学出版社文洁若关于为丰子恺译《源氏物语》校记进行鉴定的邀请。是日，周氏日记写曰："人民文学出版社文洁若来访，请为鉴定《源氏物语》校记，辞未获免。"

丰子恺像（摄于 1964 年）

① 此信见《丰子恺文集》（文学卷三），浙江文艺出版社、浙江教育出版社 1992 年 6 月版，第 308—309 页。信中曰："'断食日记'，朱居士不愿出让，弟亦不强请，但思一借，摄得照片，保存底片，则将来即使原本不知去向，尚有照片可考也。容徐图之。""马骏君今日亦有信来，言曼士居士所转嘱之画四幅，当由彼向尊处取去分送云云。彼来信中询及润笔若干，弟已付覆，言过去法师所介绍者，均请随送……"

1月24日，致广洽法师信，曰承赐羊毛围巾**两件**，今日收到。言前寄下之款叻币百元，以一部**分购参外**，保存一部分，将为"断食日志"拍**照等**。①

1月，《我的同时代人的故事》第三、四卷（**译著**，与丰一吟合译，原著〔俄〕柯罗连科）由人民文学出版社出版。

2月9日，致广洽法师信，曰法师汇款已收**到**，并告知处理办法。②

2月13日，在《大公报》发表《题〈东风浩荡〉画》（诗，文末署"甲辰春节子恺"）。

2月22日，在《体育报》发表《力争上游》（漫画）。

2月27日，周作人开始对丰译《源氏物语》校记进行鉴定。

3月8日，致常君实信，感谢为次子元草介绍女友；言因病不能参与北京全国政协大会；同意其选作品入文学选集；曰香港《子恺漫画全集》系

---

① 此信见《丰子恺文集》（文学卷三），浙江文艺出版社、浙江教育出版社1992年6月版，第309—310页。信中曰："承赐羊毛围巾二件，今日收到。小女一吟同声道谢……前承赐款，已以一部购买人参，早已服用。明年健康必然佳胜……""前寄下之款叻币百元，弟以一部分购参外，保存一部分，将为'断食日记'拍照……"

② 此信见《丰子恺文集》（文学卷三），浙江文艺出版社、浙江教育出版社1992年6月版，第310页。信中曰："承汇港币百元，早经收到。承赐五十元已领受，特此志谢。三十元（人民币十二元八角一分）已转交朱北海居士，收据附奉，乞转洪居士为荷。余二十元已代为赠送黄涵秋居士……"

翻版刊行等。①

3 月 10 日，作《南颖像》（速写）。

3 月 19 日，在《新民晚报》发表《明月照积雪》（漫画）。

4 月 8 日，致张纪恩信，告知已为写就书法 4 件。②

4 月 18 日，在香港《大公报》发表《题〈前人种树后人凉〉画》（漫画，文末署"子恺甲辰作"并附该画）。

4 月，在香港《大公报》发表《题〈历史人物〉画》（诗）。③

5 月 7 日，在香港《大公报》发表《结婚登记》（漫画，文末署"甲辰子恺"）。

5 月，作《题〈周末报〉创刊十五周年画》（诗配画）。④

装帧画被用于新加坡弥陀学校编印的《弥陀

---

① 此信见《丰子恺文集》（文学卷三），浙江文艺出版社、浙江教育出版社 1992 年 6 月版，第 447 页。信中曰："长信奉到。承贤伉俪为元草介绍友人，甚感美意。此事成否须看本人，与介绍人无涉。我前年相托，你们如此用心，真乃信义之友，不胜赞佩。……我去冬患病，气管痉挛与脑贫血并发，卧病月余，至今始渐复健。因此不能参与北京全国政协大会，甚为憾事……""承告文学选集事，甚慰。所选拙作，我均同意。将来又有整套送我，更佳。前香港有人送我《子恺漫画全集》一厚册，系香港某书店翻版刊行。此店并不与我打招呼，我亦听之……"

② 见《子恺书信》（下），海豚出版社 2013 年 9 月版，第 304 页。张纪恩，原华东煤矿设计院院长。

③ 见《丰子恺文集》（文学卷三），浙江文艺出版社、浙江教育出版社 1992 年 6 月版，第 800 页。发表具体日期待考。

④ 收《丰子恺文集》（文学卷三），浙江文艺出版社、浙江教育出版社 1992 年 6 月版，第 801—802 页。

学校建校十周年暨图书馆落成纪念刊》封面。刊中收《弥陀学校校歌》（丰子恺词，杨民望曲）。

6月，在《文字改革》6月号上发表《简化字一样可以艺术化》（散文）。

7月3日，致广洽法师信，曰收到法师赐寄马一浮书《弥陀经》十册，并建议缩印《护生画四集》。①

8月5日，致邵仁信，忆旧，赠画一幅。②

8月12日，致广洽法师信，曰法师来信收到，知承寄《护生画四集》。寄法师《弘一大师遗墨》十册。言前日得泉州弘一法师纪念馆来信，嘱写"弘一法师故居"匾额，已写就并加跋寄去等。③

8月15日，在《澳门时报》发表《根深叶茂》（漫画）。

9月1日，致广洽法师信，谈刊印"护生画"事，并言及"护生画"第一、第二、第三原稿收藏者，尤详言朱南田收藏第二册原稿的经过。表示

---

① 此信见《丰子恺文集》（文学卷三），浙江文艺出版社、浙江教育出版社1992年6月版，第310—311页。信中曰："承赐寄马湛翁书《弥陀经》十册，已于今日收到，且喜邮递之迅速也。此书印刷装潢，均极雅观，真乃宗教、文艺界之珍品，弟已将三册分赠信善，余者待机流通。""近常有人来索'护生画'第四集，而弟早已送完，想尊处亦存书不多矣。弟不请续惠，但有一建议：另制缩小锌版一套，用道林纸或白报纸刊印小本，即如昔年所印'护生画'一、二、三集一样大小，作为普及本。如此，印刷成本较省，流通数量可以较多，且可与前三集大小一致，形成一套。"

② 邵仁，丰氏在浙江省立第一师范学校时的同学。

③ 此信见《丰子恺文集》（文学卷三），浙江文艺出版社、浙江教育出版社1992年6月版，第311—312页。信中曰："示奉到。承寄'护生'四集，想日后可收到。'遗墨'此间尚存三十册。今将十册分四包寄上……""前日得泉州'弘一法师纪念馆'来信，嘱写'弘一法师故居'匾额，弟已写就并加跋寄去……"

已有作第五册的计划。①

9 月 5 日，致广洽法师信。再次表示续作"护
生画"第五册之决心，并发起刊印《弘一大师遗
墨续集》。②

9 月 14 日，出席在上海博物馆举办的日本丰
道春海书法展开幕式。

9 月 20 日，致函广洽法师，言及失散之"护
生画"原稿皆已由收藏者送还，并建议答谢原收

---

① 此信见《丰子恺文集》（文学卷三），浙江文艺出版社、浙江教育出版社 1992 年 6 月版，
第 312—314 页。信中曰："'护生'四集十册，奶粉二罐，亦已收到。""有檀樾愿出净财刊印'护
生'画，甚善甚善！来信所商若干问题，弟考虑后，并与朱幼兰商量后，奉覆如下：（一）此次弟
要求重印，原是专为第四。因第四只有大本，无普及本，流通范围狭小，且世间常有人向弟提及：
希望出普及本。因此上次函请。今倘经费过多，则同时印第一、第二，第三、第四，形式相同之普
及本（十六开或三十二开均可）尤佳……（二）第一、第三之原稿，现在苏慧纯居士处。第二之原
稿在朱南田居士处。朱是此间酱园业之工人，善吟诗，爱字画。前年在旧货摊上偶然发见'护生'
二集原稿（字画皆全），已裱成册，索价甚高。朱家贫，卖去长沙发椅一只，始能购得。足见其
热心。去年曾胞曾携原稿来与弟看，苏居士亦来看，共庆四册'护生'原稿全部在世，皆大欢喜。
弟曾私下打算：最好将一、二、三都买得，送尊处，与第四一同保存在弥陀学校，但不曾出口。因
一则朱甚宝爱，不知肯让否，二则苏居士是否肯让，亦不可知。来信有欲得之意，则不妨开口征求
意见……（三）第五集，照理须在弘一大师九十冥寿时出版。但人世无常，弟倘辜负此愿而离去娑
婆，则成一大憾事。因此催我提早画第五、第六（圆满功德）者，不乏其人。弟私心亦极想如此。
只因人事烦杂，难告奋勇。今大示提及，弟为之警醒，情愿拨冗提早作第五集……（四）印刷宜在
香港，上海多有不便……""补告：朱南田言，第二原稿原由嘉兴范古农居士之亲戚某保藏，后其
人死，子孙作废纸卖与旧书摊，幸为彼所得。可见私人保藏之不可靠。弟回思画第二后，即逃难
（抗战），其原稿在上海，不知缘何流入嘉兴。"

② 此信见《丰子恺文集》（文学卷三），浙江文艺出版社、浙江教育出版社 1992 年 6 月版，
第 314—315 页。信中曰："……'护生画'第五集提早制作，弟已下决心，预定一年半载之内完
成，今已准备辞谢数种工作，以便速成此集……""今弟欲发起一事：弘一大师出家后，距今三十
四年前（民国十九年——一九三○年），夏丏尊先生曾为其在开明书店出版《李息翁临古法书》。其中
皆临摹古碑之书法，精深优美，为中国书法界独步。书只四十九页，加马一浮先生题签及夏先生
跋。此书早已绝版，近有友在旧书摊访得一册，以赠弟，希望再版。弟极赞善，已将书整理（原稿
抗战中毁于炮火，但印稿甚清楚，亦可重新制版），共计（连幅页）五十页，比'遗墨'（共百○
三页）小一半。弟拟名之曰《弘一大师遗墨续集》，设法出版。因分量不多，故所费不大，若在上
海，印三百册，一千余元即可。但上海印刷界甚忙，限制甚严。故弟意只得在国外出版。今闻新加
坡有檀樾合资刊'护生画'，可否请其拨一部分经费刊印此集？请法师计虑之……"

藏者朱南田、苏慧纯之办法。①

9月，作《高唱东方旭日升》（漫画）。

在（香港）《文汇报》发表《高唱东方旭日升》（漫画）。

秋，作《〈弘一大师遗墨续集〉跋》（序跋）。

10月6日，致广洽法师信，言收到法师赠朱南田、苏慧纯之款，并表示"护生画"初集画稿正准备重绘。②

10月14日，致广洽法师信，言赠朱苏二居士之款，经考虑，送各人港币三百元，并表示第一集"护生画"已开始重绘。③

---

① 此信见《丰子恺文集》（文学卷三），浙江文艺出版社、浙江教育出版社1992年6月版，第315—317页。信中曰："示奉到。玉照比十五年前在厦门相见时丰盛，想见佛力加庇，老而益健，至慰。定当以此'慈航'为背景，作画奉呈。请稍缓报命。马翁诗亦欣赏，甚佳，又承汇叻币二十元，受之不当，谨道谢。""'护生'原稿事，进行顺利，朱南田居士及苏慧纯居士皆一口同意。苏居士并已交来，朱居士日内即交来。弟日内当付邮寄上。但苏居士处缺少第一集画。交来者只有第一集字（弘师）、第三集画及字（叶恭绰）。因第一集画当年曾重绘，其稿由开明书店保存，抗战时与开明房屋同归于尽。此乃一缺陷。但弟能弥补此缺陷：决定于最近一个月左右，将第一集画重画一遍。如此，一、二、三、四集字画俱全，可永久保存在可靠之处矣……""又，朱居士曾卖沙发买'护生画'第二集原稿，其人在酱园当职员，生活平平……请尊酌可也。苏居士言'本欲移交妥善人保管，岂可受费？'但知此君近来生活不甚充裕……若能汇赠若干，谢他多年来保管之劳，亦佳……"

② 此信见《丰子恺文集》（文学卷三），浙江文艺出版社、浙江教育出版社1992年6月版，第317—318页。信中曰："示及港币仟元同时收到。此数目太多，恐受者于心不安（港币六百，合人民币二百四十余元，分赠二人，数亦太多）……弟当遵命代为分送，数目待考虑后决定。（后当续奉二居士收条。）至于赐弟之款，则更不能安心收受……""'护生'初集画稿，正准备重绘，十月间当可寄呈。前两包收到后，乞示覆以免下念。此初集画稿抗战中曾损失，弟在广西重绘，今又重绘，乃第三次矣。凡事'三变为定'。今后当决不再损失矣……"

③ 此信见《丰子恺文集》（文学卷三），浙江文艺出版社、浙江教育出版社1992年6月版，第318—319页。信中曰："前函想达丈室。惠赠朱苏二居士之款，经弟考虑，结果平分秋色，送各人港币叁佰元。二居士皆坚不肯受，经弟力劝，方始收领……""第一集'护生画'，已开始重写，完成后当即寄奉……"

10 月 21 日，致广洽法师信，告其"护生画"初集画五十幅已重绘完毕，并另封寄上。①

10 月 23 日，致广洽法师信，言初集画五十幅及封面扉页已于 22 日付邮，表示对陈慧剑所作弘一大师传记事不知情。以为中国第一颗原子弹试爆成功是对世界和平的一大保障，此亦一大"护生"功德。②

11 月，《弘一大师遗墨续集》（编选，非卖品）由新加坡广洽法师募印，收有《〈弘一大师遗墨续集〉跋》（序跋，作于 1964 年，文末署"一九六四年新秋丰子恺记于上海"）。③

12 月 8 日，致广洽法师信，言前所寄三圣像及观音像为朱北海作品且苏居士尚有普门品观音像五十尊，即将完成，完成后亦将寄法师保存。述法师所寄祭扫弘一大师墓费用的安排。告其马骏于前日来沪，以为其为青壮年中不可多得之人，仅见二

　　① 此信见《丰子恺文集》（文学卷三），浙江文艺出版社、浙江教育出版社 1992 年 6 月版，第 319 页。信中曰："'护生画'初集画五十幅，已重绘完毕，今另封（航空印刷品挂号）寄上，大约可与此信同时到达。包内尚有封面一、扉页五及初集马一浮先生序，请点收，即可付印矣。"

　　② 此信见《丰子恺文集》（文学卷三），浙江文艺出版社、浙江教育出版社 1992 年 6 月版，第 319—320 页。信中曰："……初集画五十幅及封面扉页，已于昨日航空付邮……""'遗墨'续集已付印，甚善。其款助币一千三百余元，想是信善所施，抑或法师自捐，皆胜缘也……""陈慧剑居士作弘师传记，弟未闻此人此事。弟只知漳州刘绵松居士曾编弘师全集，但亦尚未出版。此陈居士倘欲在国内付印，恐甚困难。因现正大力宣传社会主义教育，印刷厂忙于新出版物，未便接受。'护生画'及'遗墨'托尊处印刷，盖亦为此也。""我国第一原子弹爆发成功，此后世界和平大有保障，此亦一大'护生'功德，至可欣慰也……"

　　③ 原文刊于书末，系作者手写制版。原无标题，此标题系浙江文艺出版社、浙江教育出版社《丰子恺文集》（文学卷二）编者所加。

三次，已同老友一般亲切。①

12 月 15 日，致广洽法师信，商请法师考虑对朱北海所绘之佛像给予经济支持。②

是年，继续翻译《源氏物语》。

作《题一九六四年画》（诗配画）。③

作《题红雨润心庐诗词稿》（诗）。④

作《山上复有山》（漫画）。

《〈弥陀经〉序言》收新加坡广洽法师印行马一浮手书《弥陀经》（序跋，作于 1963 年，文末署"癸卯菊秋丰子恺记于上海"）。

在《大公报》发表《东风浩荡》（漫画）。

社会评价

唐忠朴：《丰子恺》，载（日本）《人民中国》1964 年第 2 期。

---

① 此信见《丰子恺文集》（文学卷三），浙江文艺出版社、浙江教育出版社 1992 年 6 月版，第 320—322 页。信中曰："弟下乡视察，昨日归来，始展读来示。三圣像及观音像是朱北海居士所绘，乃苏居士嘱弟代寄赠者，请收受供养可也。苏居士言，朱居士尚有普门品观音像五十尊，即将完成。完成后亦将寄尊处保存云……""扫墓费用港币百元，亦已收到。合人民币四十余元。此间风习，冬至扫墓较少，清明甚多。故弟已将十元寄杭州，托旧同学（弘一大师学生）黄鸣祥代为邀集旧侣，备蔬果香烛前往扫冬至墓。余三十余元弟暂保存，待明春清明邀沪友再往扫墓，作为车费可也……""马骏于前日来沪，常到舍下谈话，藉悉南国及尊处近况，甚慰。此漫画家能力甚富，为人亦温厚恭谨，乃青壮年中不可多得之人。与弟相见仅二三次，已同老友一般亲切，至可喜也……"

② 此信见《丰子恺文集》（文学卷三），浙江文艺出版社、浙江教育出版社 1992 年 6 月版，第 322—323 页。信中曰："……朱居士乃佛像画专家，年六十九，而生活困顿。因此前年此间有二十余人各出十余元供养，请他画'普门品三十二应、十四无畏、四不思议'共五十幅，又写经文说明五十幅。经七年完成。现在他想把这五十幅观音像及五十幅经文赠送与人，并希望因此获得少量之报酬，以维持生活。但国内无人收受。因此托弟向法师叩询。如果要看，当将画字百幅寄上，看后再作决定……"

③ 收《丰子恺文集》（文学卷三），浙江文艺出版社、浙江教育出版社 1992 年 6 月版，第 801 页。

④ 收《丰子恺文集》（文学卷三），浙江文艺出版社、浙江教育出版社 1992 年 6 月版，第 802 页。红雨润心庐诗词稿作者为朱南田。

豫　园：《丰子恺漫画》，载 1964 年 3 月 12 日（香港）《新晚报》。

豫　园：《记丰子恺》，载 1964 年 4 月 5 日（香港）《大公报》。

及时雨：《丰子恺隐居西湖从事一整套文学名著翻译》，载 1964 年 7 月 24 日（新加坡）《南洋商报》。

周作人致鲍耀明信，载《周作人晚年手札一百封》，（香港）太平洋图书公司 1972 年 5 月。此信写于 1964 年 7 月 13 日。

评论选录

周作人致鲍耀明信

港地有涉及鄙人的文章，如刊在中立报纸上，而其人尚有理解如十三妹者，则愿意一读，若是太胡说一起，则还是不看见为佳耳。"十三妹"最近论丰子恺，却并不高明，因近见丰氏源氏译稿乃是茶店说书，似尚不明白源氏是什么书也。

豫园：《谈子恺漫画》

虽然说丰子恺先生是画家同时是文学家、翻译家和美术教育家，但是对一般人来说，最熟悉和最拥有广大读者的还是他的子恺漫画……虽然过去和现在的子恺漫画并不一样——这主要是指内容上而言，由于丰老对社会的认识提高了，因而表现在子恺漫画上的对人生社会的看法也有了若干改变。

漫画在今天的解释是讽刺画。如果用讽刺画的尺度来要求子恺漫画，显然是不适宜的，因为子恺漫画的"漫画"定义并不等于今天的漫画——即讽刺画……它类似文学上的漫笔、小品那样进行白描人生百态。

1965 年　乙巳　68 岁

社会文化事略

1 月 24 日，英国前首相、保守党领袖丘吉尔逝世。11 月 10 日，上海《文汇报》发表姚文元的《评新编历史剧〈海瑞罢官〉》。

生平事迹

丰子恺（右三）与张乐平（左一）、颜文樑（左二）、贺天健（左三）、林风眠（右二）、张充仁（右一）在上海美术展览馆看画（摄于 1965 年 3 月 10 日）

1 月 7 日，致广洽法师信，转告朱北海寄佛像系觅得刊印之机会，并述法师来款之安排。表达杭州西湖拆除妓女苏小小等坟墓的意见，及曼殊大师墓、弘一大师墓、了悟老和尚墓的保存情况。①

1 月 13 日，致韩登安信，询问西泠印社李叔同藏印事。②

---

① 此信见《丰子恺文集》（文学卷三），浙江文艺出版社、浙江教育出版社 1992 年 6 月版，第 323—324 页。信中曰："示奉到。前信发出后，苏居士又来言，朱北海居士所作'普门品三十二应、十四无畏、四不思议'五十幅，并非意欲求售得资，而是希望刊行流通，叩询尊处有无机会耳。如此，则此事法师不必代觅受主，但看日后有否胜缘可也……""汇来港币六十元，遵嘱以二十元赠苏，其余四十元（合人民币十六七元）当请苏转赠朱，作为前次寄赠二像之润笔，弟决不分得。故上次所汇扫墓费，除冬至用十元（人民币）外，依旧保存（约人民币三十余元），作为明春清明祭扫费，届时请勿再汇为荷。""画学生马骏已于旬前离沪返新加坡，弟托其带奉吉林人参二枝，聊供冬补……""杭州西湖拆除妓女苏小小等坟墓，湖山更增清净，实为善举。曼殊大师墓则迁至山中，依旧保存。弘一大师墓及其师父了悟老和尚墓，依旧保存在虎跑，并无损害……"

② 信曰："登安同志：泉州李叔同纪念馆来信索回西泠印社石壁中藏印拓本。不知近年开出的九十九方现存何处，可否拓一份寄我？以便加以识别（我尚未见过），转寄泉州。此事请代向印社请求之。此致敬礼！丰子恺一月十三日"韩登安（1905—1976），浙江萧山人，书画篆刻家。

1 月 28 日，致广洽法师信，对法师所寄奶粉两罐、港币三十元表示感谢，言朱北海居士港币四十元已领去，并给予其绘佛很高评价。①

2 月 15 日，致广洽法师信，言香港商务印书馆寄来的《弘一大师遗墨续集》100 册已于 2 月 27 日如数收到。②

丰子恺（右四）与家人及亲友在杭州虎跑泉旁（摄于 1965 年）

3 月 10 日，与张乐平、颜文樑、贺天健、林风眠、张充仁在上海美术展览馆看画。

3 月 27 日，致广洽法师信，言已寄竺摩法师嘱书对联、立幅及圆明寺额及日本人《扇面画集》四册。探询马骏之消息。述扫墓费港币五十元的安排及"护生画"第五集诗词已得六十余首，尚缺二十余首，年内必可完成。③

3 月 31 日，致广洽法师函，表示待"护生画"第五集完成后即续觅第六集百幅材料，述日本扇面画集四册已于 3 月 26 日挂号寄奉。谈翻译《源氏物语》情况。法师之友稚农先生嘱画，附函内寄

丰子恺（右）与广洽法师在苏州虎丘塔下留影（摄于 1965 年）

　　① 此信见《丰子恺文集》（文学卷三），浙江文艺出版社、浙江教育出版社 1992 年 6 月版，第 324—325 页。信中曰："奉到奶粉二罐，又港币叁拾元，敬领道谢……""朱北海居士港币四十元已领去。（附上收据。）……""朱居士对佛像积数十年之经验，确系我国现代独一无二之佛像专家，垂老之年，能有此作品留传于世，亦佛教界好音。至于何年可以刊印流通，则不可知也。"
　　② 此信见《丰子恺文集》（文学卷三），浙江文艺出版社、浙江教育出版社 1992 年 6 月版，第 325—326 页。
　　③ 此信见《丰子恺文集》（文学卷三），浙江文艺出版社、浙江教育出版社 1992 年 6 月版，第 326—327 页。信中曰："三月十六日航空挂号寄上竺摩法师嘱书对联、立幅及圆明寺额，想可收到。三月廿六日又非航空挂号寄上日本人《扇面画集》四册，乃在旧书店觅得（现已绝版），印刷颇精，可供闲时欣赏。""马骏离沪三个多月，迄无消息。弟嘱其带上吉林参少许奉赠，前已奉告，岂知只是空言，实出意外。昨日去信探问，想必然有着落也。且看。""扫墓费港币五十元（合人民币二十二元余）早收到。今年去杭扫墓者，为苏慧纯居士、戎传耀居士、黄鸣祥居士等，已将此款及上次余款人民币二十二元分送诸人。弟自己拟于清明过后去杭，补行拜扫。再有告者：'护生画'第五集（九十图），已得诗词六十余首，尚缺二十余首。年内必可完成字画……"

奉等。①

　　4 月 12 日，致广洽法师信，对法师再汇叻币百元表示感谢。言就刘杰民先生嘱画，奉黄山百丈泉图一幅请法师转交。表示"护生画"第五集作完画后，即寄北京托虞愚居士书写。附寄朱北海为法师绘肖像一帧，并加题字。②

　　4 月 24 日，致丰新枚日文信，述即将游杭州之事。③

丰子恺与广洽法师合影（摄于 1965 年）

　　4 月 28 日，致广洽法师函，感谢法师汇款，其中赠朱北海港币四十元已交苏慧纯居士转去，并言定于次日赴杭州扫弘一大师墓。④

　　4 月 29 日，赴杭州祭扫弘一大师墓。

---

　　①　此信见《丰子恺文集》（文学卷三），浙江文艺出版社、浙江教育出版社 1992 年 6 月版，第 327—328 页。信中曰："'护生画'第五集九十幅. 已得题词六十余首，尚缺二十余首，若无意外忙碌，上半年或可完成，盖觅题词难，作画易也。查今年弘一大师八十七岁，则此集之作，不算太早。完成之后，弟拟续觅第六集百幅材料，务求此愿圆满偿足，将功德回向众生也。""前日小儿女等于旧书店觅得日本扇面画集四册，已绝版者，已于三月廿六日挂号（非航空）寄奉……""承询港报所载弟译文学巨著，非民间故事，乃日本古典小说，名曰《源氏物语》，共有一百万余字数，已从事四年，尚须一二年完成。（近为"护生画"，久已停笔）此乃日本经典著作……略似中国之《红楼梦》也。""贵友稚农先生嘱画，今即写奉，附此函内。乞转致为荷。""马骏于三月十九始送高丽参，难怪受霉……"

　　②　此信见《丰子恺文集》（文学卷三），浙江文艺出版社、浙江教育出版社 1992 年 6 月版，第 328—329 页。信中曰："示奉到。（承惠叻币百元，太隆重了，只得领谢，想不日可收到。）刘杰民先生嘱画，今草奉黄山百丈泉图一幅（弟前年曾游其地，乃写实也），即乞转致可也。前旬日寄上德宽先生嘱二画，想已收到。""'护生画'第五集……作满九十首后，即动手作画，作完画后，即寄北京托虞愚居士（厦门书法家兼教授，现在北京中国佛学院任职，前年曾与弟约，愿写第五集字）书写……""朱北海居士因屡受法师资助，无以为报，今为法师绘肖像一帧（根据弥陀学校纪念册中照片），嘱弟寄奉，弟已加题字，附此信内寄奉，乞哂纳之……"

　　③　此信见《丰子恺文集》（文学卷三），浙江文艺出版社、浙江教育出版社 1992 年 6 月版，第 552 页。

　　④　此信见《丰子恺文集》（文学卷三），浙江文艺出版社、浙江教育出版社 1992 年 6 月版，第 329—330 页。信中曰："来示并汇款二支（杰民居士叻币百元，稚农德宽居士人民币百元）均已收到。区区拙作，乃蒙诸居士惠赠巨款，实深惭愧。今已收领，望代为道谢。朱北海居士蒙赠港币四十元，今日已交苏慧纯居士转去，彼当另有谢书……""弟定于明晨赴杭州扫弘一大师墓（全家三人同行）……"

5月11日，致广洽法师信，言于前日从杭州转绍兴，由绍兴返沪，并表示达明老和尚嘱书"圆明"冠首长联，及立幅画，当遵嘱写奉。表示承赐汇叻币二百元受之有愧。①

春，收徐广中二信，其一寄上李叔同印谱一册，请予甄别后妥处；其二寄上五件散杂的相关墨迹（其中三件为李叔同真迹），请其收藏。② 按：《丰子恺文集·文学卷三》第703页录有致徐广中函，编者注曰："此信由天津徐广中居士提供。信末署名处在'文革'中被裁去，故缺结尾。按内容考核，约写于1965至1966年间，从上海寄发。"此信言有关纪念物皆收到，欣赏后寄还，其中《书画公会报》已代为补好；谈西泠印社石壁中藏印事等。此信当系丰子恺就徐氏来信的回函。期间为弘一大师遗墨作题记。③

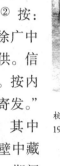

丰子恺（左）与广洽法师在杭州浙江省博物馆留影（摄于1965年）

题《乐石》第五集。④

---

① 此信见《丰子恺文集·文学卷三》，浙江文艺出版社、浙江教育出版社1992年6月版，第330—331页。信中曰："……弟于前日从杭州转绍兴，由绍兴返沪。出门共十三四日，春光明媚，游兴甚佳，到杭次日即偕旧同学共六人，去虎跑拜扫弘一大师墓塔……""达明老和尚嘱书'圆明'冠首长联，及立幅画，自当遵嘱，稍缓写奉。承赐汇叻币贰百元，笔润太隆重，受之有愧也……"

② 参见王勇则《徐广中与丰子恺的一次特殊交往》一文，载《钟山风雨》2003年第5期。文中所介绍的三件李叔同的真迹是：一、"八破图"，李叔同1895年在其故居意园中所画，上有一枚信封及一幅六折残扇面。信封上写有："内有要件，祈带至天津河东山西会馆南桐兴茂，面交徐五老爷耀庭篆开启"，下署"李叔同自津石山房寄"等字并加盖名印；二、李叔同所写之名帖和便函；三、李叔同于1896年所作祝寿帖，为魏楷"金石大寿，欢乐康强"。丰子恺收到后曾回信曰："我私人不欲收藏，自己所有文物皆捐赠博物馆。况此物乃令祖遗念，应由你家保存或由你送公家保存最妥。"又云："书画公会报，乃六十年前物，今日难得。我已替你补好，请收藏。"据王勇则文中言："这特指1900年由上海书画公会所办的报纸刊登的《天涯五友图》照片剪报。"此外，丰子恺还在横幅上题记："弘一大师早岁遗墨，天津徐广中君所藏，虽残篇断简亦弥足珍贵也。乙巳暮春丰子恺拜观后题。"对于李叔同印谱，丰子恺也在回信中曰："你集的一册，虽是少作，却是亲笔。"丰子恺后将这些真迹"全部另封挂号寄回"。徐广中，天津居士，李叔同家原账房先生徐耀庭之孙。

③ 题记曰："弘一大师早年遗墨，天津徐广忠（疑为'中'字之误——引者按）所藏，虽残篇断简亦弥足珍贵也。乙巳暮春丰子恺拜观后题。"

④ 丰子恺为《乐石》第五集的题字为"乐石第五集 子恺题"。题记曰："五十年前李叔同先生于杭州浙江两级师范组织乐石社，定期刊印《乐石集》，此其一也，作者皆余窗友，今凋零殆尽矣。长卿仁棣于旧书店访得此集，嘱余题记，时乙巳仲春，子恺。"

丰子恺（前排右二）与广洽
法师（前排右三）、朱幼兰（后排
右三）等合影（摄于1965年）

仲夏，作《护生画集》第五集序（序跋，文末署"乙巳仲夏缘缘堂主人记于上海日月楼"）。

6月7日，李麟玉来函，曰："子恺世谊同志：世交徐广中交来其令祖耀庭先生所藏弘一师印存一册，拟献给中央美协，日后如有机缘付印，尤师心愿云云。弟于此道是门外汉，且与中央美协毫无联系……一切统由吾兄酌定办理，广中与弟均感谢不尽也。"可知，春间徐广中来函，系李麟玉居中介绍。①

丰子恺（右）与广洽法师在
上海日月楼共读（摄于1965年）

6月8日，致广洽法师信，言"护生画"第五集诗文已于上周完成90篇，寄北京虞愚居士书写，估计夏秋间定可完成，并曰序文已写好，敦促法师另写一篇。②

6月16日，致广洽法师信，对法师再次汇款表示感谢，为法师拟"护生画"第五集后记。③

7月2日，致广洽法师信，言来示及汇款港币百元收到。表示准备于日后赴动身赴杭转莫干山作

---

① 李麟玉（1898—1975），天津人，学者、教授，李叔同之侄。

② 此信见《丰子恺文集》（文学卷三），浙江文艺出版社、浙江教育出版社1992年6月版，第331页。信中曰："第五集诗文已于上周完成九十篇，寄北京虞愚居士书写，待其写毕，弟当逐篇作画，估计夏秋间定可完成……""序文已写好，甚简单，不识当否？法师倘另写一篇尤佳，是否请考虑之。"

③ 此信见《丰子恺文集》（文学卷三），浙江文艺出版社、浙江教育出版社1992年6月版，第332页。信中曰："六月八日示奉到。又蒙赐款（港币百元），亦已收到。如此惠爱，令人歉愧，领谢领谢。""第五集序言前已寄上，今蒙提及原稿集中之事，此事实属奇迹，大可宣扬。弟意由法师写一'后记'详述此事，较为妥当。今拟一草稿附上，请法师修改补充……忆第四集乃由法师写序，由弟写后记者，今次互易，亦甚妥当。来示云朱居士文，弟意不必附载，尊见如何？"

"护生画"五集之画。①

7月，致广洽法师信，言得上海家中来信，知法师又承汇款叻币百元，受之甚愧，曰入山已旬日余，作画工作顺利。②

丰子恺（右）与广洽法师在
上海日月楼内（摄于 1965 年）

8月25日，自莫干山返沪。

8月26日，致广洽法师信，得知法师拟秋间返国观光，甚慰。言昨日下山返沪。"护生"第五集画90幅已提早竣工，并付邮寄出，特别说明此次之90幅，字画皆描长方框，并注定页码次序。③

8月27日，作速写1幅。

8月29日，作《三十九度二》（速写）。

9月5日，作《东明半岁》（速写）。

丰子恺（左）与广洽法师在
上海日月楼内（摄于 1965 年）

9月7日，致广洽法师信，言法师若收到"护生画"第五集画稿，盼即来信示之。④

---

① 此信见《丰子恺文集》（文学卷三），浙江文艺出版社、浙江教育出版社1992年6月版，第332—333页。信中曰："示及汇款港币佰元，今已收到。弟正欲于明后日动身赴杭转莫干山……""虞愚居士尚未写完，但不日想可完工。弟有副稿，故作画可以单独进行。""序言嘱手写，甚好，可与第四集相同。代法师写之后记，弟当初也想：最好五集中每集都刊登……"

② 此信见《丰子恺文集》（文学卷三），浙江文艺出版社、浙江教育出版社1992年6月版，第333—334页。信中曰："得上海家中来信，知又承汇款叻币佰元，已收领。屡次惠赠，受之甚愧，奈何！弟入山已旬日余，作画工作顺利……"

③ 此信见《丰子恺文集》（文学卷三），浙江文艺出版社、浙江教育出版社1992年6月版，第334—335页。信中曰："正欲致书，忽接来函。秋间飞锡返国观光，不胜欢迎。弟于昨日下山返沪。'护生'五集画九十幅，原来预料白露完成，今已提早竣工，并于昨日（八月廿五日）付邮寄奉……""此次之九十幅，字画皆描长方框，并注定页码次序，故付印较易，就此制版即可。只须在首尾加排序文目次及后记。收到之后，功德可云圆满。"

④ 此信见《丰子恺文集》（文学卷三），浙江文艺出版社、浙江教育出版社1992年6月版，第335页。

丰子恺（右）与广洽法师在
上海日月楼内（摄于 1965 年）

丰子恺在杭州蒋庄与马一浮
（左一）、广洽法师合影（摄于
1965 年）

9 月 14 日，致广洽法师信，知"护生画"第五集稿已妥收，至为欣慰。述拟为法师回国观光所安排的行程。①

9 月 29 日，致广洽法师信，就广洽法师拟将徐悲鸿作弘一大师像、国画马图，印光大师雕像送回国内发表意见。黄大樑居士索画，表示当遵嘱寄弥陀学校吕依莲居士转交。②

是日译毕《源氏物语》。

9 月，《护生画集》第五集出版，由（香港）商务印书馆承印。有序言（作于 1965 年，文末署"乙巳仲夏缘缘堂主人记于海上日月楼"）。画集中的配画诗有 44 首为丰氏所作。所用笔名，除"缘缘堂主人"外，大多系作者 20 世纪 60 年代初翻译、1982—1983 年出版的日本长篇小说《源氏物语》中的人物名。

---

① 此信见《丰子恺文集》（文学卷三），浙江文艺出版社、浙江教育出版社 1992 年 6 月版，第 336 页。信中曰："八日信，今（十四日）收到。知'护生画'已妥收，至为欣慰，晚上多喝了一杯绍兴酒……""返国观光，已申请出境手续，不知此信到时已动身否？弟全无需要，请勿买物……弟在附近医院休息，此信即在院中写。不日即将返家。法师来沪后，弟当首先奉陪赴杭州谒墓，游览，再赴苏州参观林园，此外待驾到后再定游地……"

② 此信见《丰子恺文集》（文学卷三），浙江文艺出版社、浙江教育出版社 1992 年 6 月版，第 336—337 页。信中曰："所携艺术品三件，皆甚珍贵，弟意：弘一大师油画像宜赠泉州大师纪念馆。（法师到厦后，想必赴泉州？弟曾将所藏大师照片放大者二十余幅寄该馆，油画亦归该馆为宜。）印光大师雕像供养在苏州灵岩山最妥。悲鸿画马宜赠北京（闻有悲鸿纪念室）。待会面后再定办法。苏州灵岩山妙莲法师（今年七十左右），与弟相稔，其人酷爱艺术，在山办有文物馆，内藏书画雕刻千百件之多，弟当奉陪上山参观也。""黄大樑居士索画，当遵嘱寄弥陀学校吕依莲居士转交，承彼赠润笔，实太郑重也……"据王震编著《徐悲鸿年谱长编》，上海画报出版社 2006 年 12 月第 1 版第 201 页，徐悲鸿曾多次赠予广洽法师作品，该书记曰：1939 年 2 月 19 日"广洽法师来访，当知法师为弘一法师（李叔同）的弟子时，当即挥毫画一幅观音大士的素描赠予广洽法师，并题一段录自《波罗蜜多心经》的文字，下款是：'己卯二月十九日，敬设香花写大士像一区，为广洽法师供养，悲鸿。'"该书第 214 页记曰：1939 年 10 月"绘竹一帧赠予广洽法师，题款曰'广洽法师惠存纪念'，下署'方外弟悲鸿'"。该书第 221 页记曰：1939 年"为弘一法师六十大寿，应广洽法师之邀请，并按广洽所供弘一法师的一张照片为弘一法师造像。将法师的神韵和气质都恰到好处。后藏于福建泉州开元寺"。另，1947 年初秋，徐悲鸿还为弘一大师画像作了补记。

10 月 6 日，作《南颖》（速写）。

10 月 7 日，作速写 1 幅。

10 月 10 日，作《东明》（速写）。

10 月 19 日，作《东明》（速写）。

丰子恺与三姐丰满（中）和妻徐力民（左）在上海日月楼门口合影（摄于 1965 年）

10 月，《源氏物语》译毕。原稿寄（北京）人民文学出版社。

11 月 2 日，作《〈源氏物语〉译后记》（序跋，文末署"一九六五年十一月二日译者记"）。①

11 月 5 日，致夏宗禹信，述身体状况；言将参加全国政协会议。②

11 月至 12 月，新加坡广洽法师回国观光。丰氏陪同前往苏州、杭州，并为法师绘有肖像。临别作《送广洽上人》（诗，小序："乙巳深秋上人自星洲返国共扫弘一大师塔墓临别赋赠"）③ 陪同广洽法师游杭州时，赴蒋庄拜访马一浮。马一浮亦书赠广洽法师对联一副："心香普熏众生安乐，时雨润物百卉滋荣"。对联中嵌入的"普"、"润"二字正是弘一大师当年给广洽法师取的号。作《苏台怀古图》等（漫画）。

丰子恺在苏州留园与书画家费新我（左）合影

12 月 12 日，致广洽法师信，回味法师回国观光之胜缘。表示"儿童节"之画不日当写一大幅

丰子恺与外孙宋菲君站在苏州灵岩山岩石上

---

① 初收《源氏物语》（下册），人民文学出版社 1983 年 10 月版。

② 此信见《丰子恺文集》（文学卷三），浙江文艺出版社、浙江教育出版社 1992 年 6 月版，第 430—431 页。信中曰："最近又患神经痛，背屈不伸。近已痊愈，照常起居了。听说北京全国大会，不久即将召开。我自当前往参与……"

③ 收《丰子恺文集》（文学卷三），浙江文艺出版社、浙江教育出版社 1992 年 6 月版，第 818 页。

丰子恺与厦门觉星法师在杭州
三潭印月合影（摄于1965年）

寄星洲供弥陀学校补壁。①

　　12月21日，致广洽法师信，言"邀请公公列席，祝他返老还童"（《返老还童图》）之大画已起稿，不日邮寄星洲。另，北京庄希泉先生所嘱之画，日内亦当寄去。②

　　①　此信见《丰子恺文集》（文学卷三），浙江文艺出版社、浙江教育出版社1992年6月版，第337—338页。信中曰："握别后想安抵故里。此次得在江南追随一十九日，实难得之胜缘，回味至乐。但愿人寿河清，三年后再在塔影山光下相叙，则幸甚矣。此次承惠赐珍品甚多，无可报谢，心甚感愧。""'儿童节'之画，不日当写一大幅寄星洲供弥陀学校补壁。"
　　②　此信见《丰子恺文集》（文学卷三），浙江文艺出版社、浙江教育出版社1992年6月版，第338—339页。信中曰："'邀请公公列席，祝他返老还童'之大画，现已起稿，不日邮寄星洲。当归分三包付邮，隔数日寄出一包，故收到时亦有先后。书二包亦已寄出。北京庄希泉先生所嘱之画，日内亦当寄去……"

1966 年　丙午　69 岁

社会文化事略

4月，中共高等教育部委员会作出部署，在批判《海瑞罢官》基础上深入开展学术批判。6月，《人民日报》发表北京大学的"第一张大字报"。中共中央派出工作组，领导北京大学的"文化大革命"。8月1日至12日，中共中央八届十一中全会召开，通过《中共中央关于无产阶级文化大革命的决定》。

生平事迹

1月8日，致广洽法师信，表示稍缓绘作与法师在苏州虎丘合摄之画。①

1月28日，致广洽法师信，附寄照片二张，言为用法师所赠之照相机摄影。表示虎丘合影之画，不久当可完成。②

---

① 此信见《丰子恺文集》（文学卷三），浙江文艺出版社、浙江教育出版社 1992 年 6 月版，第 339 页。信中曰："……遥想飞锡早已安抵蒼蔔院……虎丘石上合摄之影甚佳，弟近正据此作画，藉留永念。但尚未成就。因弟拙于画像，除弘一大师外，迄未为他人作肖像画，故动笔较迟也……"

② 此信见《丰子恺文集》（文学卷三），浙江文艺出版社、浙江教育出版社 1992 年 6 月版，第 340 页。信中曰："……知飞锡安抵星洲，至为欣慰。大画一幅乃阳历除日付邮，非航空，当可缓到……""附上照片二张，乃用法师所赠之照相机摄影，十分清楚。足见机器甚佳……""春节已过，此间来客众多，弟日日应酬，不免劳倦。但今已恢复健康矣。年前曾试将虎丘合摄之影改作肖像画，但未成就，不久当可完成。此照相甚佳，背景亦佳，作肖像画甚适宜，唯弟画技薄弱，难得成功耳。后再奉达……"

1月10日，致秦岚信，言不擅山水画等，书赠毛泽东诗一幅。①

2月4日，作《彩伞说明》（散文，文末署"一九六六年立春丰子恺记于上海"）。②

2月14日，致广洽法师信，言一星期前挂号寄奉大幅画像一帧。述有关时局与"护生画"流传等事。③"大画像"指丰氏为广洽法师所画之像，有配诗《广洽法师之像》。④

2月16日，参加中共上海市委陈丕显、魏文伯邀请的上海市书法、绘画、篆刻界人士座谈会，探讨书画篆刻界如何更好地反映时代精神，为工农兵服务，为社会主义建设服务的问题。

3月13日，致广洽法师信，言挂号寄上"苏台怀古图"二帧，表示屡作画奉赠，乃聊以报答

---

① 此信见浙江文艺出版社、浙江教育出版社1992年6月版《丰子恺文集》（文学卷三）。信中曰："来信奉到，我向不喜山水画。且近来病目，久不作画矣。今书主席诗一幅奉赠，此复……"秦岚，1930年生，沈阳第165中学美术教师，1962年起与丰子恺通信。

② 此手稿现存浙江省桐乡市文化馆。收浙江文艺出版社、浙江教育出版社1992年6月版《丰子恺文集》（文学卷二）。文章标题为编者所加。

③ 此信见《丰子恺文集》（文学卷三），浙江文艺出版社、浙江教育出版社1992年6月版，第340—341页。信中曰："一星期前（二月七日）挂号（非航空）寄奉大幅画像一帧，此信到时，想即将递达。此像乃弟平生第二次画像（第一次是弘一大师像）。因是线画，不施阴影及色彩，故甚难肖似，只求传神而已。吾师'佛顶童颜'（见像上题赞句），特相甚著。弟背摹五六次，方能略略传神，但亦只几分肖似耳。先作此大像，近正再作小像，以苏州虎丘为背影，正在起稿，尚未完成，完成后当再寄奉。大像穿袈裟，似太严肃；今此小像作旅行装，以塔为背影，较有趣致。""'护生画'前三册因与'除四害'（蚊、蝇、鼠、蟑）有冲突，故有人劝弟勿多送人。因此此间只收香港第五集九十册，余均寄新加坡，请多多在海外侨胞中宣传。此意想觉星师已与法师谈及。今有至友二人欲得一至五各一册，请尊处寄下一至四各二册（第五此间已有）。勿多寄。以后续需时当再函索。少数保藏在家，当无问题也……"

④ 收《丰子恺文集》（文学卷三），浙江文艺出版社、浙江教育出版社1992年6月版，第802页。"大画像"见第803页。该画像后收广洽法师编《子恺漫画及其师友墨妙》，新加坡胜利书店1983年版。

年来受赐之重情。①

3 月 31 日，致广洽法师信，表示将法师为祭扫弘一大师舍利塔的来款以"广洽"之户名存入银行，以用作每年扫塔之经费。②

3 月，偕妻徐力民、孙女南颖游绍兴、嘉兴、南浔、湖州、菱湖。作《游湖州途经嘉兴》四首（诗）。③

4 月 15 日，致张心逸信，谈其"诗经"，鼓励进步。④

5 月 6 日，致广洽法师信，言接待陈光别先生之事，所托为普陀寺新殿写楹联，已写成一副并于 4 月 28 日已挂号付邮，其他一联，拟请马一浮先

---

①　此信见《丰子恺文集》（文学卷三），浙江文艺出版社、浙江教育出版社 1992 年 6 月版，第 342 页。信中曰："两示均奉到。今挂号寄上'苏台怀古图'二帧……前寄袈裟装大像（弟曾与诸老居士商酌，决定取此衣装也），法师谦抑，谓不敢承当，其实今世宏大乘者寥若晨星，舍法师谁能当之？今兹不用，暂请保存，他日必受供养。""弟作画奉赠，乃聊以报答年来受赐之重情。乃蒙汇款相赠，反使弟子心不安。今所汇港币百元谨收领，以后请勿再赐，免增羞愧。"

②　此信见《丰子恺文集》（文学卷三），浙江文艺出版社、浙江教育出版社 1992 年 6 月版，第 342—343 页。信中曰："来示并汇款人民币壹仟元零贰分，先后收到。法师节缩财资，为此千秋供养之计，实甚感佩！今已遵命将款壹仟元存入银行，户名写'广洽'，由小女一吟经管，将每年所得利息陆拾贰元分三次（清明、冬至、大师忌辰）寄与黄鸣祥居士，由彼约齐在杭旧友及其子辈，前往祭扫，以此款（每次二十元）供香烛、蔬果、车费之用。再过五日便是清明，弟已将去年所余拾壹元余（亦是尊处汇来）汇与黄居士。今秋九月初四起，即可按每次贰拾元汇付……"

③　收《丰子恺文集》（文学卷三），浙江文艺出版社、浙江教育出版社 1992 年 6 月版，第 818—819 页。后载 1982 年《东海》第 5 期。

④　此信见《丰子恺文集》（文学卷三），浙江文艺出版社、浙江教育出版社 1992 年 6 月版，第 704 页。信中曰："来信收悉，你的事情只有尽力而为之。谋事在人，成事在天。你的'诗经'被誉为'面目一新'，可见有人重视，未始非成功之望。今日之事，常有出人意外者，故不可失望，当努力争取……"

生写，但其眼将动手术，从缓，或物色他人
写奉。①

5月24日，在功德林备素筵招待陈光别先生，
主客共十人（陈氏兄弟、陈夫人、岳老太太、丰
子恺、朱幼兰、苏慧纯、吴梦非、邱祖铭、周元
祥）。

5月25日，致广洽法师信，言4月28日寄上
普陀寺联一副后，另一副已托林梦生老居士写就，
于5月19日付邮。述接待陈光别先生之经过。②

6月6日，上海中国画院二人来访，告知画院
出现第一张批判丰氏的大字报。

6月，"文化大革命"开始。丰子恺被定为

---

① 此信见《丰子恺文集》（文学卷三），浙江文艺出版社、浙江教育出版社1992年6月版，
第343—344页。信中曰："四月七日示，早收到。汇款叻币二五〇元亦早收到……陈先生前日到沪，
来电话后，弟即先去拜访。给丽英之手表、听筒及赠弟与朱幼兰之洋参，皆已取得。唯陈先生明日
欲赴苏州，转北京等地，须五月下旬返沪。因此弟来不及招待，约定北京回上海后再图叙晤。弟已
预邀七八老友（大都是弘一大师弟子）奉陪，在功德林小叙。后再奉告……""普陀寺新殿楹联，
弟已写成一副，于四月廿八日挂号付邮（非航空）。此信到时，想不久即可收到。其他一联，弟百
思不得其人……拟请马一浮老先生写。但其眼正将用手术，目前未便请托。（大字不宜"瞑目书"。）
此事请暂从缓，容物色相当人物写奉可也……"
② 此信见《丰子恺文集》（文学卷三），浙江文艺出版社、浙江教育出版社1992年6月版，
第344—346页。信中曰："十一日示奉到。又承惠赠港币五十元（日内必可收到），收到后当以购
补血剂，谢谢。弟因血压过低而手指发抖，今已渐愈。此信能用毛笔，即其证明。遥念之情深感。
前寄下'护生集'共八册，早经收到，勿念。此集能在国外畅行，甚善……四月廿八日挂号（非航
空）寄上普陀寺联一副（乃弟所书），想可收到。另一副弟已托此间林梦生老居士写就，于五月十
九日付邮，此信到后，不久想可收到。林梦生乃弘一大师弟子，幼时与弟同学，共向大师学美术书
法，工魏碑，信佛茹素，今年七十，尚健。弟认为最适于为名山写楹联。（马一浮老先生眼病正在
医治。）除马老外，此人最宜，故已托其撰并书，并将前赠叻币百元代为致送，林老嘱笔道谢。"
"陈光别先生于前日从北京返上海，即偕其老兄来访，次日弟在功德林备素筵招待，主客十人，饮
谈十分欢畅。[陈氏兄弟及陈夫人、岳老太太，陪客除弟外，有朱幼兰、苏慧纯、吴梦非、邱祖铭、
周元祥。（林老因病，未能奉陪。）后三人皆弘一大师弟子，曾出国贸易者。]至七时半散，因陈先
生欲看夜戏，故早散也。（弟预写对联一副，临别奉赠留念。）次日清晨六时火车，陈先生即赴福
州……"

"反动学术权威",① 被迫到画院 "交代问题",每日来往奔波。

夏,中暑住华东医院。出院当夜家中即被画院 "造反派" 冲击,幼女一吟为隐藏丰氏而受批斗。家中电话被拆除。房管部门勒令让出一楼房屋。

10 月 12 日,致广洽法师信,谈 "护生画" 第五集编误之事等。②

10 月 29 日,卖大菜台等家具。

社会评价

潮　音:《丰子恺春游嘉湖》,载 1966 年 4 月 2 日 (香港)《大公报》。

吕斯百: 《读丰子恺先生所作 "绘画改良论"》,载 (香港)《文史杂志》第 2 卷第 5、6 期。

---

① 巴金在《怀念丰先生》(载 1981 年 6 月 11 日至 13 日香港《大公报》) 中曰:"于是文化大革命开始了……我向人打听,他早在六月就被定为 '反动学术权威' 受到批判和折磨了。"

② 此信见《丰子恺文集》(文学卷三),浙江文艺出版社、浙江教育出版社 1992 年 6 月版,第 346 页。信中曰:"前寄来港币五十元,及七月三十日来信,早已收到……不胜感谢。五集之事,虽系尊处编刊人之误,但决非有意。法师能及时处理,使此画确实不在国外流传,弟十分感激。盖此书虽只流通于佛徒之间,但内有误刊,终究不妥。尤其是香港一地,四方杂处,人口复杂,因此,不使此画流传,尤为重要。故能如法师前信所述,全部切去,弟即放心。又,此画既系廿年前所赠,现已过时,故其原稿亦请勿保存。""贵友所嘱 '圆觉庐' 三字,弟因公忙,尚未写就,请婉言说明,稍缓写寄。"

1967 年　丁未　70 岁

社会文化事略

1月5日，上海市"革命造反团体"发起所谓"一月革命"风暴。7月，《人民日报》发表《打倒修正主义教育路线总后台》。

生平事迹

2月25日，致广洽法师信，感谢法师汇款，述近每日全天办公，自以为"文化大革命"运动大约夏季以前结束。表示决心辞职，或受撤职处分，安居养老。谓寓所楼下客堂已退租，现促居二楼，薪水已折半。①

"文革"时期的批判丰子恺刊物

4月8日，致广洽法师信，感谢法师慰问，再次表示希望退休，以"办公"之名述近期受批判之情形，及朱幼兰亦因写《护生画集》文字获罪

----

① 此信见《丰子恺文集》（文学卷三），浙江文艺出版社、浙江教育出版社1992年6月版，第346—347页。信中曰："承赐港币伍拾元，已收领，专此道谢。……""弟近每日全天办公，比过去忙碌。而人事纷烦，尤为劳心。革命运动大约夏季以前总可结束。结束以后，弟决心辞职，或受撤职处分。生活简化，可由子女供给，但得安居养老，足矣。前承光别先生汇赐，今又蒙法师惠款，皆雪中送炭也。""敝寓楼下客堂已退租，现促居二楼，因弟薪水已折半，故生活须紧缩也。"

之情况等。①

上海美术界大批判資料編輯部

"文革"时期的批判丰子恺刊物

5月，作《送新枚赴石家庄》（诗）。②

8月16日，在黄浦剧场接受专场批斗会。据《打丰战报》收录的《工农兵狠斗狠批美术界反动学术权威丰子恺》记载："披着'中国现代漫画鼻祖'外衣的丰子恺，被红卫兵小将押了上来，上海市旧文艺界、旧美协党内一小撮'走资派'徐平羽、陈其五、孟波、方行、沈柔坚也被押了上来。上海美术界的反动学术权威张乐平、王个簃、唐云、贺天健、蔡振华、程十发、张充仁、吴大羽、谢稚柳等，以及大右派刘海粟，都被揪出来示众。"

初秋，被关在上海美术学校数十天。

10月10日，卖去钢琴。

11月，作五律诗赠幼子丰新枚。③

"文革"时期的批判丰子恺刊物

---

① 此信见《丰子恺文集》（文学卷三），浙江文艺出版社、浙江教育出版社1992年6月版，第347—348页。信中曰："……来书拳拳之意，弟甚感激。弟早思退休，奈革命运动中不能申请，故不得不天天到画院办公。将来运动结束，弟自当申请退职，或许受撤职处分（现尚未定案），亦不可知。总之，尽可能退出，以便养老……""承关念弟之生活，许以惠助，使弟精神上大为宽慰。但目下尚有半薪可支，开支紧缩，尚可维持，不烦遥寄。将来如有需要，自当求助。盛情铭感五中。弟每日六时半出门办公，十二时回家午饭，下午一时半再去办公，五时半散出。路上大都步行（十七八分钟可到）。每日定时运动，身体倒比前健康。可以告慰故人……朱幼兰亦因写《护生画集》文字之故，犯有罪过，至今尚未雪清，但身体亦尚健康……承惠港币四十元，已收到，谢谢。"

② 收《丰子恺文集》（文学卷三），浙江文艺出版社、浙江教育出版社1992年6月版，第820页。

③ 《丰子恺文集》（文学卷三），浙江文艺出版社、浙江教育出版社1992年6月版，第819页收《贺新枚结婚》诗，注释曰："此诗附在作者致新枚信中，但未署写作年月。另有一首五律，诗末署1967年11月。本诗疑为在此五律基础上改写后补寄给新枚的。"该条注释另附此五律诗。

社会评价

《丰子恺在国外以"护生画"进行反动宣传罪行》，载 1967 年 4 月《文艺战报》第 6 期。

《打倒反动画家丰子恺》，载 1967 年 4 月《彻底挖掉反革命修正主义文艺黑线》（第 1 集，上海市城市建设局水泥成品厂工人革命造反队汇编）。

《伟大的三面红旗不容污蔑——解剖丰子恺的两幅毒画》，载 1967 年 6 月《美术战线》第 1 期（上海市美术界批黑线联络站和上艺司美术战线指挥部联合印刷）。

"文革"时期的批判丰子恺的漫画

8 月，上海中国画院红旗革命造反队等联合编印《砸烂黑画院》第 5 集有批判专文。同月，北京大学《文化革命通讯》编辑部编印《文化革命通讯》第 16 期，有"黑画剖析"栏目，内有批判丰子恺画作 5 幅。上海市无产阶级革命派打倒美术界反动学术权威丰子恺专案小组：《打丰战报》第 1 期 9 月编辑出刊（收有《工农兵狠斗狠批美术界反动学术权威丰子恺》《丰子恺究竟是什么货色》《丰子恺恶毒攻击大跃进罪该万死》《把丰子恺的反党毒画拿出来示众》《谁反对人民公社，我们贫下中农就跟谁拼》和《不准丰子恺攻击党的文艺方针》等文章。"战报"上注有该刊的联系地址：上海市美术学校革委会《红联》和上海中国画院《红旗》［办公地址］）。

《打倒反共老手毒画家丰子恺》，载 1967 年 12 月《撕开臭权威画皮》专辑第 1 集。

"文革"时期的批判丰子恺的漫画

评论选录

《打丰战报》第 1 期"编者按"

美术界反动学术权威丰子恺是长期披着"漫

画鼻祖"外衣的反共老手漏网大右派，必须把他揪出来。斗臭，斗倒，斗垮，肃清他在一切领域中的流毒。我们《上海市无产阶级革命派打倒美术界反动学术权威丰子恺专案小组》在大批判的战鼓声中成立了，我们的工作在毛泽东思想指引下，上海市革命委员会的直接领导下进行。我们的工作，得到了广大工农兵群众，红卫兵小将和革命造反派战友的大力支持和热情帮助。

在毛泽东思想的光辉照耀下，我们排除了种种阻力，第一期《打丰战报》与大家见面了。毛主席教导我们说："革命战争是群众的战争，只有动员群众，才能进行战争，只有依靠群众才能进行战争。"我们《打丰战报》的出版，正是毛主席这人民战争光辉思想在我们斗、批丰子恺过程中的典范。我们的大批判必须始终依照毛主席的这个精神前进，直到最后的胜利。

"文革"时期的批判丰子恺的宣传画

热烈欢迎，革命造反派战友，共同来参加对丰子恺的批判斗争，共同打一场轰轰烈烈的人民战争，把革命的大批判搞得更深更透。

"文革"时期的批判丰子恺的文章

按："文革"时期批判丰子恺漫画的专刊还有《打倒美术界反共老手丰子恺》（上海财经学院东方红兵团大批判组、上海中国画院《斩阎王》、工总司高桥化工厂造反纵队、工总司冶金系统联络站上海铁合金厂大队合编）等（未标注出刊时间）。丰子恺受到批判的不仅是漫画，还有他的随笔，他的言论。现仅以漫画为例，录存当时他的"罪证"。据批判专刊择其要者归纳如下：

《炮弹作花瓶，人世无战争》："却不要我们拿起武器，要我们销毁武器，这就完全迎合了日本帝国主义和国民党反动派的需要。如果照丰子恺的反动主张去做，国民党反动派就会扩大其防共、限共、反共的范围，我们所取得的一切胜利，就会毁于一旦，我们就要亡党、亡国、亡头，做亡国奴。"

《众擎易举》："这幅大毒草作于抗战胜利后……但是，丰子恺的《众擎易举》，却极力宣扬'抗战胜利，天下太平'的思想。麻痹革命人民，消蚀他们的斗志，从思想上解除他们的武装，居心极其险恶！"

那幅曾经在"文革"前就遭到过非议的《城中好高髻，四方高一尺；城中好广眉，四方且半额；城中好大袖，四方全匹帛》，这时再次受到了重点批判：

《城中好高髻，四方高一尺；城中好广眉，四方且半额；城中好大袖，四方全匹帛》："画了三个奇形怪状的古装女子……以此来影射党中央决定的政策，下面地方上的各级党政领导就变本加厉的盲目执行，不切实际的加以浮夸，弄得'其形怪状'……这是丰子恺在 1956 年向党向社会主义射出的一枝毒箭……"

丰子恺于 1956 年 12 月 3 日曾在《文汇报》上发表过《六日辛勤一日闲》。该刊在对这幅漫画进行批判时说：

这幅毒画，发表在 1956 年 12 月 3 日的文汇报上。在我们国家里，六天工作，一天休息，本来是制度规定，无可非议，问题是丰子恺在这幅画里，把一个星期天休息的人，画得睡到日高三丈犹未起床，还不算数，还在形象动态上极力夸张，表现出欢乐到发狂的程度，这就不能不使人联想起题目所说的"六日辛勤"的痛苦。在我们社会主义国家里，劳动人民有高度的觉悟，把劳动看作是人生的第一需要。国家还有优良的设备和照顾，劳动是极其愉快的。丰子恺不歌颂劳动而歌颂休息，并以歌颂休息的快乐来反衬劳动的痛苦，完全暴露出他站在反动立场上的险恶用心。这也就是丰子恺所谓"弦外有余音"的真实目的。打倒丰子恺！

曾经赞赏过丰子恺漫画的人也一并遭到了批判：

自称为中国漫画"鼻祖"的丰子恺，长期来受到阎王殿胡乔木，旧全国美协黑头目蔡若虹、王朝闻之流的吹捧重用。下面仅举数例：

1. 1951 年身为中央宣传部副部长的胡乔木写信指使王朝闻写文章吹捧丰，说什么以王朝闻的身份出面谈谈这个问题是"有裨益的"。请看他的黑信：

"漫画……可有种种流派，不但蔡若虹、赵望云，司徒乔等的墨画可归入此类，丰子恺的儿童画和风俗画也向来称为漫画……如果你愿意在这一方面发表一些意见并且进而实际促进其发展，我觉得对美术事业是大有裨益的……"

2. 作为刘邓黑司令部理论"权威"的王朝闻，1955 年再次为丰子恺黑画作序。肉麻地吹捧"子恺漫画显得毫不吃力地表现了儿童生活中精彩的东西"。"认真的读者会从这些会说话的作品本身吸取知识"。

3. 由于蔡若虹平时吹捧丰子恺，1956 年前，《漫画》编辑部一位编辑同志写信"请教"蔡若虹对丰子恺漫画的看法，蔡若虹回信说："今天仍然有不少人提到过去子恺漫画就眉飞色舞，这说明他的作品的效果，所以我主张像子恺漫画这种作品的形式完全有存在的必要。"下黑指示："这种漫画也应该在《漫画》月刊上发表"，恶恨地咒骂批评丰子恺漫画的人是"偏见"。他的黑指示造成许多漫画工作者思想上的混乱。顿时刮起一股吹捧丰子恺的阴风。

……

《打倒美术界反共老手丰子恺》在批判《阿咪》时称：

丰子恺在《阿咪》清样上，于"鬼伯伯、贼伯伯"句下又补加"称皇帝为皇帝伯伯"一句，此句在文中更是起了"画龙点睛"的影射作用，经与《上海文学》编辑部核实，此句当时因版子已排还无法插入，故未在刊物上印出。

在"文革"期间，丰子恺有一则日记颇可说明他的生活状态：

六时起身
七时早餐
八时学习毛主席著作——反对自由主义、老三篇
十时休息，整理衣物，洗脚
十二时午餐
十四时学习毛主席语录
十六时休息，抄写思想交代
（二十时半就寝）
全日无客来
全日不出门

丰子恺的这则日记原件目前收藏于浙江桐乡丰子恺故居纪念馆。

1968 年　戊申　71 岁

社会文化事略

10 月 13 日至 31 日，中共八届十二中全会在北京召开。12 月 22 日，知识青年"上山下乡"运动开始。

生平事迹

3 月 13 日，卖去厨房碗橱。

3 月 14 日，"造反派"冲击上海画院。丰子恺备受侮辱。家中一楼已陆续住进新房客。存款冻结。与新加坡广洽法师近两年不敢通信。

4 月，致丰新枚信，简述近来受批斗之生活情况。[1]

5—6 月，致丰新枚信，与之接写连环诗句；谈马一浮诗及家事等。[2]

8 月 16 日，上海市无产阶级革命派打倒美术界反动学术权威丰子恺专案小组在北京东路贵州路

---

[1]　此信见《丰子恺文集》（文学卷三），浙江文艺出版社、浙江教育出版社 1992 年 6 月版，第 553 页。

[2]　此信见《丰子恺文集》（文学卷三），浙江文艺出版社、浙江教育出版社 1992 年 6 月版，第 553—555 页。编者注"5—6 月"，此函没有具体日期。

黄浦剧场举行批斗专场，陪斗者为徐平羽、陈其五、孟波、方行、沈柔坚、张乐平、王个簃、唐云、贺天健、蔡振华、程十发、张充仁、吴大羽、谢稚柳、刘海粟等。

9月11日，致戴易山信。

10月18日，卖衣服。

10月，《缘缘堂随笔》，附"再笔"由（台北）开明书店出版。

社会评价

陈敬之：《丰子恺》（上、下），载1968年11月10日、16日（台北）《畅流》第38卷。

《砸烂美术界反共老手丰子恺》，收1968年《上海美术批判资料（7）》。（此文系《打倒美术界反共老手丰子恺》的代序）

《剥开"中国近代漫画鼻祖"，反共老手丰子恺的画皮》，收1968年1月《三十年代文艺黑线人物批判资料之九》，江苏文总南京新华书店红色造反队翻印。

评论选录

《砸烂美术界反共老手丰子恺》

……

长期隐藏在文艺界，披着"知名进步人士"外衣的反共老手丰子恺，是上海美术界最大的反动"权威"。他一向打着"自命清高"、"吃素信佛"的假面具，恬不知耻的自诩为"劳动人民的知识分子"。然而戳穿他道貌岸然的伪装，原来是一个有四十余年反共反人民历史的老手。

解放前，丰子恺利用诗、画、文，干尽了罪恶勾当。

早在第二次国内革命战争时期，丰子恺就配合了蒋介石匪帮对革命根据地发动的大规模"围剿"，出版了《护生画初集》，宣扬反动的佛教思想，如在《生的扶持》《乞命》《语赦》几幅黑画中大叫什么"物知慈悲，人何不如"，"普劝诸仁者，同发慈悲意"，"他若死时你救他，汝若死时人救你"，……打着"护生"的幌子，宣扬不要杀生（不要武装斗争），麻痹和扼杀日益兴起的人民革命斗争。

……

丰子恺此时也大力散布亡国奴论调，大画黑画《青天白日下，到处可为乡》《年丰便觉春居好》《年丰牛亦乐》《炮弹作花瓶，人世无战争》《春到人间》……歌颂在国民党统治下到处"阳光普照"，可以"安居乐业"，把国民党统治下的农村描写成"自由"、"民主"，"清静和平"的世外桃园，宣扬阶级投降、民族投降，散布资产阶级和平主义思想，要人民逃避现实，甘愿做日本帝国主义的亡国奴。

……

丰子恺也完全和刘少奇合唱一个调子，抛出大量黑画、黑文，如《仁能克暴》《不光荣的光荣》……鼓吹对敌人施"仁政"，要"不念旧恶"，打着反对一切战争的幌子，诬蔑我们正义的人民解放战争是"自相残杀"，"勾心斗角"。一面丧心病狂的画黑画《将军夺宝剑，功在杀人多》《何日平胡虏，良人罢远征》，夸耀国民党反动派反共、屠杀人民的所谓"功绩"，同时出卖祖国和民族利益，要美帝国主义来侵略中国。

……

丰子恺这个反动家伙，在解放后仍然坚持反动立场，与党和人民为敌，是一个十足的资产阶级右派。每当暗藏在我们党内的刘记资产阶级黑司令部刮出一股黑风，国内外一有什么风吹草动，他就大打出手。

……一九五六年底，丰子恺充当了资产阶级右派向党猖狂进攻的急先锋，写了黑文《代画》影射社会主义国家没有"光明"、"幸福"，攻击无产阶级专政像张着狰狞血盆大口的"铁锁"，说它是"人间羞耻的象征"，并要它"速朽"。与此同时，他又画了毒画《城中好高髻》写了毒文《元旦小感》，恶毒攻击党中央和党中央制定的各项政策。一九五七年他紧紧配合了中国的赫鲁晓夫刘少奇鼓吹的阶级斗争熄灭论，一而再的画《炮弹当花瓶，世界永和平》宣扬和平主义，要革命人民在帝国主义的侵略面前放下武器。

丰子恺百倍的诬蔑三面红旗。一九六一年他画了一条只有头的和尾，并无鱼身放在碗内的鱼，题上"革命须到底"的诗句，含沙射影地污蔑社会主义大跃进和革命到底到头来只是剩下一堆骨头。一九六〇年他借着"歌颂"人民公社，画了《船里看风景》这幅黑画，把人民公社的光辉景象说成是像"临水种桃花，一株当二株"那样"虚假"、"浮夸"、"徒有其表"。一九六二年和一九六四年他又借着描绘《辛稼轩词意》，歌颂单干"农家乐"，大肆鼓吹"三自一包"。

丰子恺疯狂的抵制毛主席的革命文艺路线，歪曲污蔑"双百方针"，提倡资产阶级自由化。一九六二年他在上海市第二次文代会这个黑会上发言，攻击党的文艺方针像一把"大剪刀"，是"绳子"，借花草之名公开向党和毛主席的文艺路线提抗议。

更令人不能容忍的，丰子恺在一九六二年配合了帝、修、反的反华大合唱，写了一篇题为《阿咪》的反动杂文，恶毒影射、攻击我们心中最红

最红的红太阳毛主席和伟大的毛泽东思想，丰子恺
罪该万死！

……

在一九六〇年和一九六五年他又分别在海外出
版了《护生画》第四、第五集，极其恶毒的攻击
无产阶级专政，同时表白他身在大陆心在台湾的反
革命心迹。

……

按：另有一册批判专刊《砸烂美术界反共老
手丰子恺》（上海美术界大批判资料编辑部编，编
辑部联系地址为上海中国画院，未注明出刊时
间），刊中言辞与《打倒美术界反共老手丰子恺》
相同。如《轰炸》一画系揭露、控诉日本侵略军
暴行，但却受到了这样的"评语"："抗日战争时
期，中国共产党领导广大人民群众积极抗日，给日
寇以沉重的打击，而国民党反动派却假抗日真卖
国，积极准备打内战，丰子恺在这一时期，不是激
发革命人民的革命斗志，而画了大量的毒画，尽力
宣扬战争的残酷恐怖，妄图削弱人民群众的抗敌意
志，为国民党反动派的投降叛国行为制造舆论。
《轰炸》就是其中的两幅。"

1969 年　己酉　72 岁

社会文化事略

1 月，中共中央、中央文革小组批转清华大学工人、解放军宣传队《关于坚决贯彻执行对知识分子"再教育"、"给出路"政策的报告》。4 月 1 日至 24 日，中国共产党第九次全国代表大会在北京举行，28 日，中共九届一中全会在北京举行。中共九大报告号召：把上层建筑包括教育、文艺、新闻、卫生等各个文化领域的革命进行到底。

生平事迹

1 月 29 日，致广洽法师信，感谢法师汇款，关心法师身体状况。因法师有返国计划，劝其延期为宜。①

4 月 28 日，致丰新枚信，述近期受批判和生活情况。②

5 月 17 日，致丰新枚信，述近期受批判和生

---

① 此信见《丰子恺文集》（文学卷三），浙江文艺出版社、浙江教育出版社 1992 年 6 月版，第 348—349 页。信中曰："赐汇港币陆拾元，收到道谢。法师近患咯血，深为悬念……弟托庇粗健，惟开会学习，早出晚归，生涯忙迫而已。法驾返国，甚深盼企。但时间以延迟为宜，最好届时弟已退休，则可以从容奉陪观光也……"

② 此信见《丰子恺文集》（文学卷三），浙江文艺出版社、浙江教育出版社 1992 年 6 月版，第 555—556 页。

活情况，言"我们请罪已改为请示，鞠躬取消，身戴像章，劳动废止，与群众混处一起。只欠缺'解放'二字"。谈马一浮之死等。①

5 月，《回忆儿时的唱歌》（散文）在香港《明报月刊》第 4 卷第 5 期刊出。

6 月 22 日，致丰新枚信，言被"解放"已不成问题，只是拖着未实现；述身体和生活情况等。②

7 月 17 日，致丰新枚信，言已习惯"文革"中的生活；谈家事等。③

8 月 23 日，致丰新枚信，言耐心等候被"解放"等。④

9 月 7 日，致丰新枚信，谈家事，谈诗等。⑤

10 月 19—23 日，致丰新枚信，自述"想到就写……聊代晤谈"。谈诗词，集句嵌字表达真意等。⑥

10 月，致丰新枚信，集句嵌字表达"看来到春节，可得长安乐"之愿望，谈家事及身体状况

---

① 此信见《丰子恺文集》（文学卷三），浙江文艺出版社、浙江教育出版社 1992 年 6 月版，第 556—557 页。
② 同上书，第 557—559 页。
③ 同上书，第 559—560 页。
④ 同上书，第 560—562 页。
⑤ 同上书，第 562—563 页。
⑥ 同上书，第 564—569 页。

等。① 至曹行公社民建大队从事三秋劳动。睡地铺，逢下雪时枕边有雪。自言："地当床，天当被，还有一河浜的洗脸水，取之无尽，用之不竭，是造物者之无尽藏也。"因备战通令下达，续留乡下。

11 月 11 日，致丰新枚信，述即将进行"斗批改"，言身体很好等。②

11 月 15 日，致丰新枚信，谈家事等。③

11 月 27 日，致丰新枚信，述"斗批改"情况，谈家事等。④

11 月，致丰新枚信。

12 月 7 日，致丰新枚信，言即将"定案"，谈家事等。⑤

12 月 21 日，致丰新枚信，述近况，谈家事，曰唐云对诗词颇有理解等。⑥

12 月 31 日，致丰新枚信，述近况，谈家事等。⑦

12 月底，回上海。

---

① 此信见《丰子恺文集》（文学卷三），浙江文艺出版社、浙江教育出版社 1992 年 6 月版，第 563—564 页。编者注"约 10 月上半月"。
② 同上书，第 569—570 页。
③ 同上书，第 570—572 页。
④ 同上书，第 572—573 页。
⑤ 同上书，第 574 页。
⑥ 同上书，第 574—575 页。
⑦ 同上书，第 575—576 页。

是年，改为在上海博物馆坐"牛棚"。秋冬，因从事三秋劳动，受风寒侵袭，渐渐得病。先是病足，行动不便，继而病肺，有热度。

秋冬，在川沙大会堂接受批判。①

———————

①　关于丰子恺在"文革"中受批斗的情形，可参见的文章较多，其中张乐平发表于 1981 年 5 月 20 日《解放日报》上的《画图又识春风面》中写道："'文革'时期，我们当然在劫难逃。因为他是美协分会主席，沈柔坚和我是副主席，他挨斗，我俩总要轮流陪斗，坐'喷气式'，挂牌，一样待遇。有一次在闸北一个工厂被揪斗。我们一到，匆匆被挂上牌子，慌忙推出示众。一出场，使我好生奇怪：往常批斗，总是子恺先生主角，我当配角；而这一次，我竟成了千夫所指，身价倍增。低头一看，原来张冠李戴，把丰子恺的牌子挂到我的脖子上了。我向造反派的头头指指胸前，全场哄笑，闹剧变成了喜剧。"

1970 年　庚戌　73 岁

社会文化事略

3 月 27 日，中共中央发出《关于清查"五一
六"反革命阴谋集团的通知》。4 月 24 日，中国成
功发射第一颗人造地球卫星。

生平事迹

1 月，留沪治病。

2 月 2 日，病转为中毒性肺炎，住淮海医院治
疗。时值批判高潮，医院大门附近有批丰专栏。初
时高烧不退，继之血压遽降，经抢救脱险。一个多
月后出院，但肺病并未根治，得肺结核长病假证
明。从此不再坐"牛棚"，一直居家养病。

2 月，作《病中口占》（诗）。①

3 月 25 日，致广洽法师信，托幼女丰一吟写
曰："……弟近患肺结核病，住医院已将近两月。
何日出院，尚无定期。此间各种药物齐备，请勿惠
寄。想不久可望复健，勿劳远念。"亲笔写曰：
"此信地址写错，退回原处。今再封寄上，必可收

---

① 收《丰子恺文集》（文学卷三），浙江文艺出版社、浙江教育出版社 1992 年 6 月版，第 821
页。曾载 1982 年《东海》第 5 期。

到。弟在医院住两个月，今已出院，但仍卧床，不能行动。法师以前屡次劝我辞职，今后真可实行，在家赋闲养老矣。"①

3 月 28 日，出院。

3 月 30 日，致丰新枚信，曰 3 月 28 日已出院，谈家事等。②

4 月 2 日，致丰新枚信，言身体略有好转，曰昨日有二青年持上海中国画院介绍信来调查被抄家之情况等。③

4 月 6 日，致丰新枚信，述身体和生活情况等。④

4 月 10 日，致丰新枚信，述身体情况和目前情势；表示"嵌字之诗句，宜少作。我们是游戏，被别人误解为'隐语'，何苦"⑤。

4 月 19 日，致丰新枚信，述生活情况。⑥

4 月 24 日，致丰新枚信，以为爱伦·坡短篇小说中有一个英文字谜，仿造一个，请其推算一段文章；述家中生活情况等。⑦

---

① 此信见《丰子恺文集》（文学卷三），浙江文艺出版社、浙江教育出版社 1992 年 6 月版，第 349 页。
② 同上书，第 577—578 页。
③ 同上书，第 578—579 页。
④ 同上书，第 579 页。
⑤ 同上书，第 580—581 页。
⑥ 同上书，第 581 页。
⑦ 同上书，第 582—583 页。

4 月 26 日，致丰新枚信，答复其来信。①

4 月，作《小羽画像——五个半月》（速写）②

5 月 7 日，致丰新枚信，谈诗及家事。③

5 月 16 日，致丰新枚信，绘其子丰羽画像附寄；言是日去结核病防治所看病等。④

5 月 23 日，致丰新枚信，述身体状况，谈家事等。⑤

5 月 25 日，致丰新枚信，盼与其相见；述身体状况等。⑥

5 月 31 日，致丰新枚信，述身体状况，谈家事等。⑦

6 月 6 日，致丰新枚信，谈家事；曰《世界文艺辞典·东洋篇》中有自己的传记，表述正确等。⑧

6 月 10 日，致丰新枚信，评论某事故；谈排

---

① 此信见《丰子恺文集》（文学卷三），浙江文艺出版社、浙江教育出版社 1992 年 6 月版，第 583 页。
② 小羽即丰羽，丰新枚之子，出生于 1969 年 11 月。
③ 此信见《丰子恺文集》（文学卷三），浙江文艺出版社、浙江教育出版社 1992 年 6 月版，第 583—584 页。
④ 同上书，第 585 页。
⑤ 同上书，第 586—587 页。
⑥ 同上书，第 587 页。编者注此信"约 5 月"25 日写。
⑦ 同上书，第 587—588 页。
⑧ 同上书，第 588—590 页。

律联句，以为很有趣味等。①

6 月 16 日，致丰新枚信，言验痰结果为开放性肺病，家人须打预防针；谈家事，回忆往事等。内附一诗。②

6 月 18 日，致丰新枚信，谈诗词；再谈某事故；谈家事；曰是日上海画院来人要求填写履历表，谓不知何意等。③

6 月 28 日，致丰新枚信，谈诗词；谈典故；谈古人；谈小说人物；述身体状况及家事等。附《浣溪沙》一首（词）。④

7 月 3 日，致丰新枚信，谈诗；述近来读书情况；谈家事等。⑤

7 月 4 日，致丰新枚信，谈诗；谈家事等。⑥

7 月 7—9 日，致丰新枚信，谈诗；谈家事；述及作《〈红楼梦〉百咏》等。⑦

7 月 16 日，致丰新枚信，言是日由长女陈宝陪同看病；表达希望赴石家庄之意；抄寄新作数首

---

① 此信见《丰子恺文集》（文学卷三），浙江文艺出版社、浙江教育出版社 1992 年 6 月版，第 590 页。

② 同上书，第 591—593 页。编者为此信标注的时间是"1970 年 6 月约 16 日"。内附之诗在该《丰子恺文集》（文学卷三）第 822 页上，为其作的标题是《病中作》。

③ 同上书，第 594—595 页。

④ 同上书，第 595—598 页。词又见第 822 页。

⑤ 同上书，第 598—599 页。

⑥ 同上书，第 599—601 页。

⑦ 同上书，第 599—601 页。

《〈红楼梦〉百咏》诗。①

7月21日，致丰新枚信，言病渐愈，能独自步行；谈家事；曰前日上海中国画院杨正新、王其元来家等。②

7月22日，致丰新枚信，言健康已增进；谈家事，谈与子之对联"游戏"等。③

7月27日，致丰新枚信，谈读书写诗；谈身体状况；谈家事等。④

8月31日，致丰新枚信，告其岳母患胆石症，嘱去函慰问等。

9月25日，致丰新枚信，谈家事。

10月4日，致丰新枚信，言"此间盛传备战、疏散"。

10月9日，致丰新枚信，谈家事；曰如有《二十年目睹之怪现状》可寄来一看。⑤

10月16日，致丰新枚信，言是日由女陈宝陪同看病。

11月4日，致丰新枚信，谈家事。

---

① 此信见《丰子恺文集》（文学卷三），浙江文艺出版社、浙江教育出版社1992年6月版，第602—604页。
② 同上书，第604—605页。
③ 同上书，第605—606页。
④ 同上书，第606—607页。
⑤ 同上书，第608—609页。

11 月 7 日，致丰新枚信，谈家事；谈《文汇报》关于周信芳翻案报道；曰近来两次有人来调查被抄家取走的财物和某二人的贪污行为等。①

11 月 29 日，致丰新枚信，谈潘文彦来访事；谈家事；抄寄近作"双声"句等。②

12 月 16 日，致丰新枚信。

12 月 21 日，致丰新枚信，知其春节不能返家，非常失望；谈家事；曰其系《教师日记》封面作者，且日记第一篇即记其诞生之事，故特寄上，望阅后保存等。③

12 月 26 日，致丰新枚信，谈家事。④

是年，作《红楼杂咏》（诗三十四首）。⑤
译出日本古典文学《落洼物语》《竹取物语》。后交幼子珍藏。
作《小羽》（诗）。⑥

---

①　此信见《丰子恺文集》（文学卷三），浙江文艺出版社、浙江教育出版社 1992 年 6 月版，第 609 页。
②　同上书，第 610—611 页。
③　同上书，第 611 页。
④　同上书，第 611—612 页。
⑤　此 34 首诗初载 1982 年 3 月（香港）《中报月刊》第 26 期。收《丰子恺文集》（文学卷三），浙江文艺出版社、浙江教育出版社 1992 年 6 月版，第 822—828 页。
⑥　收《丰子恺文集》（文学卷三），浙江文艺出版社、浙江教育出版社 1992 年 6 月版，第 821 页。

1971 年　辛亥　74 岁

社会文化事略

7 月 9 日至 12 日，美国总统国家安全事务助理基辛格秘密访问中国。9 月 13 日，林彪乘飞机外逃，死于蒙古国温都尔汗。10 月 20 日至 26 日，基辛格再次访问中国。10 月 25 日，联合国大会恢复了中华人民共和国在联合国的合法席位。

生平事迹

1 月 11 日，致广洽法师信，感谢法师汇款。述近期身体状况。期望"护生画"六集能够圆满。①

2 月 23 日，致丰新枚信，谈家事；言是日下午上海中国画院王其元等二人来访；曰下次寄信时有画寄赠等。②

---

① 此信见《丰子恺文集》（文学卷三），浙江文艺出版社、浙江教育出版社 1992 年 6 月版，第 350 页。信中曰："上次汇下人民币伍拾元，此次叁拾元，均收到。蒙故人于万里外时时关怀，深为感荷。祇申谢忱，敬祝年釐。弟去冬患肺病，曾住院数月，后返家静养，现已好转，唯步行困难，终日卧床，颇感岑寂耳。昔年法师常劝弟辞职，今已实行，唯生涯不免困窘，赖有子女扶助耳……病中回忆往事，时多感慨。弘一法师曾约画'护生'集六册，已成其五，尚缺其一，弟近来梦中常念此事，不知将来能否完成也。弟今年七十有二，除肺病外并无他疾。法师年少于弟，愿久久住世，多多宏法，为众生造福。陈光别先生想必康泰，见时乞为道候……"
② 此信见《丰子恺文集》（文学卷三），浙江文艺出版社、浙江教育出版社 1992 年 6 月版，第 612—613 页。

2 月 26 日，致丰新枚信，谈家事；曰据长子华瞻言，有最高指示，要把《二十五史》加标点，以为此指示甚及时，若再迟，老人死光，无人能为，且清史也应修了；新寄 4 幅画。①

3 月 2 日，致丰新枚信，谈家事；因潘文彦用热水瓶盛酒，作画《劝君更尽一杯酒》寄赠，同时亦赠潘文彦 1 幅，共存有 10 幅准备送给他；告其上次上海中国画院来人，系为开一批斗会作准备，然后宣布"解放"；又言据传中央有指示，上海斗批改应早结束，但"头面人物"勿太早解放，以为自己系"头面人物"，所以迟迟未得解放。②

3 月 20 日，致丰新枚信，谈身体状况；谈家事。③

3 月 27 日，致丰新枚信，表示今后拟写《往事琐记》（后改名为《缘缘堂续笔》）谈所闻之事；曰近读《词苑丛谈》。④

3 月 29 日，致舒士安信，为其解诗。⑤

3 月，致丰新枚信，谈家事和最近社会形势。⑥

4 月 3 日，致丰新枚信，言乡人周加骎（时为解放军）来访索画；曰上月有新的工宣队员来访，

---

① 此信见《丰子恺文集》（文学卷三），浙江文艺出版社、浙江教育出版社 1992 年 6 月版，第 613 页。

② 同上书，第 613—614 页。

③ 同上书，第 615—616 页。

④ 同上书，第 616—617 页。

⑤ 同上书，第 616—617 页。

⑥ 同上书，第 615 页。编者注此信"约 3 月 10 日左右"。

前天又有一新的工宣队员来访，了解房产事；曰正在写《旧闻选译》（古书上所见有意义的故事，用白话译出）。①

4月9日，致丰新枚信，告知新近家中诸事。②

4月12日，致丰新枚信，言前天下午有工宣队二人来访，了解房产事，并表示如住房不够，可提出申请；预料将快被解放等。③

4月14日，致丰新枚信，述看病情况；告近闻中央文教会议决定，即老知识分子恢复工资，并补发被扣除者；谈家事等。④

4月17日，致丰新枚信。

4月22日，致丰新枚信，言已有大学教授补发了工资；述身体情况；曰近日晨间写《往事琐记》，颇有兴味等。⑤

4月30日，致丰新枚信，谈近来所闻补发情况；谈家事等。⑥

---

① 此信见《子恺书信》（下），海豚出版社2013年9月版，第205页。信中曰：" '浩荡离愁……' 这首诗，是清朝的法家龚定庵作的。'禹' 即 '离'，是帖体，字典上查不出的。诗的大意是说：春暮，花纷纷落下，所以说 '浩荡离愁'。他手里的行杖（吟鞭）所指的地方，尽是落花。但是落花并非无情，它化作了春泥，还是培养春花的。可知天地好生，生意永不熄灭也。我近来手指麻木，不能执毛笔，大约天暖和后会好起来……"
② 此信见《丰子恺文集》（文学卷三），浙江文艺出版社、浙江教育出版社1992年6月版，第618—619页。
③ 同上书，第619—620页。
④ 同上书，第620—621页。
⑤ 同上书，第621—622页。
⑥ 同上书，第623—624页。

5 月 12 日，致周加骙信，托购黑木耳等。①

5 月 15 日，致丰新枚信，谈家事等。②

5 月 21 日，致丰新枚信，言近来生活一切照旧等。③

6 月 3 日，致丰新枚信，谈家事和身体情况；再述近闻补发工资情形；继续写《往事琐记》。④

6 月 10 日，致丰新枚信，谈近况等。⑤

6 月 12 日，章雪山来访。章其时住上海南昌路儿子家。

6 月 13 日，致丰新枚信，言昨日章雪山来访等。

6 月 15 日，致丰新枚信，谈《幼学句解》，并言《旧闻选译》已寄出等。⑥

6 月 22 日，致丰新枚信，谈歌曲《深秋》；言最近寄出《旧闻选译》《幼学句解》和旧曲等；谈家事和近日所闻之事等。⑦

6 月 27 日，致丰新枚信，寄新作二画；言昨

---

① 此信见《子恺书信》（下），海豚出版社 2013 年 9 月版，第 292 页。
② 此信见《丰子恺文集》（文学卷三），浙江文艺出版社、浙江教育出版社 1992 年 6 月版，第 624—625 页。
③ 同上书，第 625 页。
④ 同上书，第 625—626 页。
⑤ 同上书，第 627 页。
⑥ 同上书，第 628 页。
⑦ 同上书，第 628—629 页。

日忽然想起要做一件有意义的工作，即翻译〔日〕汤次了荣解释的《大乘起信论新释》；谈家事等。①

6月28日，致丰新枚信，告其来信时勿提翻译《大乘起信论新释》事；谈家事等。②

7月3日，致丰新枚信，言上海中国画院派人送来一信，内有十几个问题要回答，多为以前大字报中所揭发的种种"放毒罪行"，信上注明，只要简单回答即可。据来人曰：这样就结束了，并言将补发钱款等。③

7月8日，致丰新枚信，言7月5日已将总检讨送出，预计不久可以解决问题，并获得退款等。④

7月13日，致丰新枚信，言是日看病情况；谈家事等。⑤

7月22日，致丰新枚信，谈作诗；曰前日上海中国画院书法家胡问遂（沈尹默之学生）来访所述诸事；曰尼克松访华后，中美关系势必加密，上海英译人才必有诸多需求，言其或可调往上海。⑥

7月23日，致广洽法师信，感谢法师等汇款。

---

① 此信见《丰子恺文集》（文学卷三），浙江文艺出版社、浙江教育出版社1992年6月版，第630—631页。
② 同上书，第631—632页。
③ 同上书，第632—633页。
④ 同上书，第633—634页。
⑤ 同上书，第634页。
⑥ 同上书，第635—636页。

谈马骏欠款之事。转达朱幼兰居士之问候。①

7 月 24 日，致广洽法师信，感谢法师汇款。
述近期身体状况。②

7 月 28 日，致郑晓沧信，赞其诗词，谈近
况等。③

7 月 30 日，致丰新枚信，寄新画 1 幅；谈家
中诸事等。④

8 月 6 日，致丰新枚信，赞美中国的绝句；谈
家事等。⑤

---

① 此信见《丰子恺文集》（文学卷三），浙江文艺出版社、浙江教育出版社 1992 年 6 月版，
第 350—351 页。信中曰："示并人民币叁拾元，均收，深感厚惠。前信询及马骏欠款之事，实甚唐
突。此等琐屑之事，不宜烦渎清神，务请置之……朱幼兰居士难得来访，均嘱笔请安……""陈光
别先生惠赐伍拾元，已去信道谢，受之有愧耳。"

② 此信见《丰子恺文集》（文学卷三），浙江文艺出版社、浙江教育出版社 1992 年 6 月版，
第 351 页。信中曰："前日承汇下人民币肆拾元，已如数收到。来示昨日奉到。承万里外嘉惠锦注，
实深感荷。弟去春患肺疾，至今一年半，已入吸收好转期，可望痊愈。年来病假在家，不须出门，
故便于静养也……"

③ 此信曰："久违得示甚喜，附赐月历二枚，且有诗词，观兄笔致，猷健如昔，当得期颐之
年。弟今年七四，亦幸茶甘饭软，酒美烟香，可堪告慰。常思到杭，苦时机未到，盖弟属中央级，
虽已定性（内部矛盾）（市革委传出消息）但未定案，人在罗网，身无羽翼，日唯引领南望耳。三
年前患肺病，自此即在家休养（长病假）。今已入吸收好转期，可保全性命，国家为我耗费医药无
算，深可感谢。敬祝毛主席万寿无疆！来信言受严重磋跌，是否失足跌交？弟亦患半边疯，右腿行
步不便，出门须人扶持，一吟在奉贤五七干校，每月回家四五天，大儿华瞻同居，晨出晚归，亦无
闲暇，弟无人扶持，故经常幽居小楼，足不出户。学习之余，唯读古籍，聊供消遣。自制玩具一
种，左翻右翻，形象不同。附赠一枚，聊供清赏。来信言薪水八折，自是优遇。弟原为二百二十，
获罪后减为六十。但据云所扣他日一概补还，不知确否。（单位人言，已算清数目，专等定案后付
还，则是代为积蓄，实太宽大。）劳动人民尽日辛勤，亦只得五六十元，故弟已十分满足也。弟子
女众多，供养丰足，故生活全无影响也。弟近日饮啤酒二瓶，吸高级烟十余支。医嘱戒烟，苦难从
命。吾兄吸烟否，不吸最好。'人生七十古来稀'，已是陈言。目今七十乃小弟弟耳。但昔年宾朋，
确已寥若晨星，深可扼腕。书不尽意……"

④ 此信见《丰子恺文集》（文学卷三），浙江文艺出版社、浙江教育出版社 1992 年 6 月版，
第 636—637 页。

⑤ 同上书，第 637—638 页。

8月8日，致丰新枚信，批评其固执己见；谈家事；言昨天福建周瑞光来访，入门即合掌下跪，送其字画等。①

8月11日，致丰新枚二信，其一言又成一画赠之；其二谈诗等。②

8月17日，致丰新枚信，谈梦，谈诗，谈家事等。③

8月19日，致丰新枚信，言家事；谈中学生写白字之笑话等。④

8月21日，致丰新枚信，近又作一画赠之；谈近闻，再谈中学生写白字之笑话等。⑤

8月24日，致魏风江信，言己在"文化大革命"中虽受冲击，幸无大过，现在家受一批二养待遇等。⑥

8月26日，致常君实信，谈其眼疾问题；言上海市革委传出可靠消息，自己属于"意识形态问题，无政历问题"，但须待中央宣布，才能正式

---

① 此信见《丰子恺文集》（文学卷三），浙江文艺出版社、浙江教育出版社1992年6月版，第638—639页。
② 此二信见《丰子恺文集》（文学卷三），浙江文艺出版社、浙江教育出版社1992年6月版，第639—640页。
③ 此信见《丰子恺文集》（文学卷三），浙江文艺出版社、浙江教育出版社1992年6月版，第640—641页。
④ 同上书，第641—642页。
⑤ 同上书，第642—643页。
⑥ 此信见《丰子恺文集》（文学卷三），浙江文艺出版社、浙江教育出版社1992年6月版，第705页。信中曰："久不相见，得示甚喜。吾弟儿女均已成业，至可庆幸。仆在文化大革命中虽受冲击，幸无大过，现在家受一批二养待遇……"

获得"解放"等。①

致丰新枚信，谈家事等。②

8 月 30 日，致丰新枚信，言"又得二幅，共
67 幅了。前寄《西风梨枣山园》一幅，下次有信
便中寄回，我要加几笔，再寄与你"。

8 月 31 日，致舒士安信，言近况及回忆往
事等。③

秋，作《敝帚自珍》序言（序跋，文末署
"辛亥新秋子恺识"是年选平生漫画中自爱之题
材，重作成四套彩色画，名曰《敝帚自珍》），全
文是"予少壮时喜为讽刺漫画，写目睹之现状，
揭人间之丑相，然亦作古诗新画，以今日之形相，
写古诗之情景。今老矣！回思少作，深悔讽刺之徒
增口业而窃喜古诗之美妙天真，可以陶情适性，排
遣世虑也。然旧作都已散失。因追忆画题，从新绘
制，得七十余帧。虽甚草率，而笔力反胜于昔。因
名之曰《敝帚自珍》，交爱我者藏之。今生画缘尽
于此矣！辛亥新秋子恺识"。

9 月 3 日，致丰新枚信，谈《荡寇志》等书；

---

① 此信见《丰子恺文集》（文学卷三），浙江文艺出版社、浙江教育出版社 1992 年 6 月版，
第 447—448 页。信中曰："……你左眼只见光，恐是'青光眼'……承示某人等已解放，我大约不
久亦可解放。上海市革委传出可靠消息，谓是'意识形态问题，无政历问题'。但属于中央级，须
待中央宣布，才后正式解放，如此，可谓已定性而未定案。近来凡事拖延，不知何日可以实行耳。
幸我精神生活丰富，故静候不觉厌烦……"
② 此信见《丰子恺文集》（文学卷三），浙江文艺出版社、浙江教育出版社 1992 年 6 月版，
第 643—644 页。
③ 此信见《子恺书信》（下）海豚出版社 2013 年 9 月版，第 206 页。信中曰："久缺音讯，
闻悉在新市纸品社服务，实为快慰。仆年登七十又四，幸得身体康健，家人也无恙。回忆当年在杭
与尊大人诗画合作，每当酒酣耳热间喜吟诗作画相视而笑就在眼前也……"

谈家事等。①

9 月 11 日，致丰新枚信，又寄新画《一叶落知天下秋》；述近来发生的诸事等。②

9 月 25 日，致丰新枚信，谈家事。

9 月 30 日，致丰新枚信，言家中近况。

10 月 4 日，致广洽法师信，感谢法师汇款。述近期身体状况。言朱幼兰每星期日必来交谈，并祝法师法体健康。代问候陈光别先生。③

10 月 14 日，致丰新枚信，言昨日看病；曰"以后来信，用'语录'二字代'画'字。因此间别人不知我寄你这许多画。我勿愿他们知道"。曰过往已寄"语录"超过七十余幅，因还将寄"语录"，序文将来要改。④

10 月 19 日，致丰新枚信，言新加坡"中华总商会"代表陈光别将来访；谈音乐；曰"重大"事件（指"林彪事件"）。⑤

———————

① 此信见《丰子恺文集》（文学卷三），浙江文艺出版社、浙江教育出版社 1992 年 6 月版，第 644—645 页。

② 同上书，第 646—647 页。

③ 此信见《丰子恺文集》（文学卷三），浙江文艺出版社、浙江教育出版社 1992 年 6 月版，第 351—352 页。信中曰："昨收到人民币贰拾元，已拜领，特函道谢。久未通音，遥想法体康泰，定符私颂。弟患肺病已一年半，已入吸收好转期，全赖国内医药周全之力也。今在家休养，不须出门办公，故可充分疗养。小女一吟在此从事翻译工作，母女（女已六岁）二人托庇安好……朱幼兰君已六十有三，正在申请退休，大约不久可以批准。彼每星期日必来此闲谈，谈时每注念法师。多望保重法休，久住婆婆，利乐众生。陈光别先生想必安好，见时乞为道候……"

④ 此信见《丰子恺文集》（文学卷三），浙江文艺出版社、浙江教育出版社 1992 年 6 月版，第 647—648 页。

⑤ 此信见《丰子恺文集》（文学卷三），浙江文艺出版社、浙江教育出版社 1992 年 6 月版，第 648 页。

10 月 31 日, 致丰新枚信, 言前信所提"重大"事件已是公开的秘密等。①

11 月 3 日, 致周加驺信, 感谢承赐黑木耳大包, 赠画 4 幅。②

11 月 5 日, 致广洽法师信, 感谢法师汇款。言朱幼兰居士常来晤谈, 怀念法师, 嘱笔问候等。③

11 月 7 日, 致广洽法师信, 因得陈光别先生由广州寄下包裹, 内有法师所惠西洋参一包, 又承光别先生惠赐燕窝一匣, 专此道谢。④

12 月 1 日, 致胡治均信, 关心其生活及妻身体状况。⑤

12 月 23 日, 致丰新枚、沈纶信, 言"吃酒每日一斤, 烟十五支。吃得好, 上海牌, 新出的……"

---

① 此信见《丰子恺文集》(文学卷三), 浙江文艺出版社、浙江教育出版社 1992 年 6 月版, 第 649 页。

② 此信见《子恺书信》(下), 海豚出版社 2013 年 9 月版, 第 293 页。

③ 此信见《丰子恺文集》(文学卷三), 浙江文艺出版社、浙江教育出版社 1992 年 6 月版, 第 352 页。信中曰: "承赐人民币叁拾元, 已收到, 道谢。收到之日, 正是弟七十四岁生辰, 故倍感庆喜也。朱幼兰居士常来晤谈, 怀念法师, 嘱笔问候。但愿大家健康, 久住娑婆, 宏法利生也……"

④ 此信见《丰子恺文集》(文学卷三), 浙江文艺出版社、浙江教育出版社 1992 年 6 月版, 第 352—353 页。信中曰: "昨得陈光别先生由广州寄下包裹一个, 内有法师所惠西洋参一包, 又承光别先生惠赐燕窝一匣。均已领受, 专此道谢。光别先生处弟亦已去信道谢。光别先生此次返国, 大约不到上海, 故将包裹寄来。弟未曾谋面, 至深遗憾也……"

⑤ 此信见《丰子恺文集》(文学卷三), 浙江文艺出版社、浙江教育出版社 1992 年 6 月版, 第 707 页。信中曰: "星期天你不来, 大家挂念。不知石英出院后身体可好……"石英, 胡治均之妻。

是年，始写《往事琐记》，后改名《缘缘堂续笔》，共 33 篇。①

译成〔日〕汤次了荣解释的《大乘起信论新释》。有《〈大乘起信论新释〉译者小序》（序跋，文末署"译者搁笔后附记，时一九六六年初夏"）。②

---

① 1973 年定稿，逝世前交幼子新枚珍藏。

② 《大乘起信论新释》为日本汤次了荣著，丰子恺译，1973 年 10 月由新加坡广洽法师以手迹影印出版，署名"无名氏"。小序日期"一九六六年"实为一九七一年，译者错署系为避免"文革"祸害。

1972年 壬子 75岁

社会文化事略

2月21日至28日，美国总统尼克松访问中国。9月25日至30日，日本首相田中角荣访问中国。

生平事迹

1月2日，致丰新枚信，谈其工作事；言潘文彦夫妻昨日送蟹10只，另有油豆腐、豆腐干、鸡蛋等，回赠新画4幅；谈家事及画院来人等事。①

丰子恺与新加坡友人周颖南在上海日月楼（摄于1972年）

2月19日，致广洽法师信，感谢法师汇款；言朱幼兰居士已退休，常来交谈等。②

2月20日，致黎丁、琇年信，述近年来生活和身体状况。③

---

① 此信见《丰子恺文集》（文学卷三），浙江文艺出版社、浙江教育出版社1992年6月版，第649—650页。

② 此信见《丰子恺文集》（文学卷三），浙江文艺出版社、浙江教育出版社1992年6月版，第353页。信中曰："承汇人民币叁拾元，已于昨日收到，多承嘉惠，不胜感谢。弟托庇粗健，朱幼兰居士已退休，在家纳福，常来闲谈。遥祝法师玉体长康，久住娑婆，宏法利生……"

③ 此信见《丰子恺文集》（文学卷三），浙江文艺出版社、浙江教育出版社1992年6月版，第386—387页。信中曰："我数年来一向安好，只是上了三年八个月班，早出晚归。幸酒量颇好，回家一饮，万虑俱消。两年前忽患肺病。于是遵医嘱在家静养，直至今日，已入吸收好转期矣……我长期病假已两年余，天天在家，吃两顿酒（仍是基本吃素，惟秋天必吃蟹），只是患半边疯，右腿动作不便，行动困难。幸右手尚能写作，家居不患寂寞也……""再启：我今年七十四岁，除半边疯外，百体康健。丰师母七十六，眼病不断服药。耳稍聋。天天吃蹄髈，肚子吃得很大。其实不好。"琇年，即谢琇年，黎丁之妻。

丰子恺在上海日月楼（摄于1972年）

2月21日，致丰新枚、沈纶信。

4月1日，致秦岚信，言及近况，并赠画一幅。①

4月16日，致丰新枚、沈纶信，谈近日看病事；言近日各方面因自己将被解放而来报喜。②

4月25日，致丰新枚信，言"我爱吃蟹，故作一画"。

5月5日，致程啸天信，知其身体康复，至慰；述己身体状况等。③

5月6日，致丰新枚信，言是日朱幼兰来访，又告昨日据女儿陈宝言，巴金已得每月三百元等。

5月19日，致丰新枚、沈纶信，言自己的问题终将解决，心情、身体状况颇好；盼初秋能赴杭州和石家庄等。④

6月2日，致丰新枚、沈纶信，言有香港读者汇来港币一百元；曰潘文彦昨日来访；谈家事；谈

---

① 信中曰："久不通音，得信甚喜，藉悉近况，至深欣慰。仆一向安善，唯近两年来忽患肺病，幸有特效药，已渐见愈。近来眠食均佳，诗酒兴浓，请看笔迹，即可察知我之近况矣。辽宁此时想正在严冬，江南则已届春半。今借龚定庵诗句作画一帧奉赠，藉留遗念云尔……"

② 此信见《丰子恺文集》（文学卷三），浙江文艺出版社、浙江教育出版社1992年6月版，第650—651页。

③ 此信见《丰子恺文集》（文学卷三），浙江文艺出版社、浙江教育出版社1992年6月版，第708—709页。信中曰："久不通问，得示甚喜。藉悉贵体患病已愈，至慰。仆数年来一向安善，唯近两年来忽患肺病，幸有特效药，已入吸收好转期……"

④ 此信见《丰子恺文集》（文学卷三），浙江文艺出版社、浙江教育出版社1992年6月版，第651—652页。

集诗句等。①

6 月 3 日，致潘文彦信，因其肝病嘱咐休养，赠画 4 幅。②

6 月 16 日，致丰新枚信，言已用字画酬汇款之香港读者；谈家事；曰近来每天读日本千年前的古典文学。③

6 月 21 日，致魏风江信，言今七十五岁，两年来患肺病，幸有良医良药，现已入吸收好转期，近正在家休养也；为其诗改句；赠画 1 幅。④

7 月 2 日，致丰新枚信，谈诗句等。⑤

7 月 23 日，致广洽法师信，感谢法师汇款。写一小联赠与陈光别先生，请法师转交。⑥

8 月 4 日，致丰新枚信，提醒要注意业务；嘱写信字迹要工整；表示另纸写李叔同诗词寄上；曰至今没有被解放，表示不再等候，听便可也；谈家

① 此信见《丰子恺文集》（文学卷三），浙江文艺出版社、浙江教育出版社 1992 年 6 月版，第 652—653 页。

② 此信见《子恺书信》（下），海豚出版社 2013 年 9 月版，第 338 页。

③ 此信见《丰子恺文集》（文学卷三），浙江文艺出版社、浙江教育出版社 1992 年 6 月版，第 653—654 页。

④ 此信见《丰子恺文集》（文学卷三），浙江文艺出版社、浙江教育出版社 1992 年 6 月版，第 706 页。信中曰："吾弟亦已近于退休年龄，无怪我等之垂垂向老也。仆今七十五岁，两年来患肺病，幸有良医良药，现已入吸收好转期，近正在家休养也……所示诗，第二句应改为'诗学泰翁大道高'，因道字仄声，不能与毛字押韵也。附赠画一幅……"

⑤ 此信见《丰子恺文集》（文学卷三），浙江文艺出版社、浙江教育出版社 1992 年 6 月版，第 654—655 页。

⑥ 此信见《丰子恺文集》（文学卷三），浙江文艺出版社、浙江教育出版社 1992 年 6 月版，第 353—354 页。信中曰："承汇下人民币叁拾元，已于前日收到。嘉惠至深感谢，弟写一小联，欲赠与陈光别先生，请转交为感，此联本当于陈先生来时面赠，后陈先生到广州即回，不来上海，故至今未送也……"

事；曰近来翻译日本古典物语，颇有兴味等。①

8 月 24 日，致丰新枚信，谈诗；提及日本田中首相将来华访问。②

9 月 9 日，致丰新枚、沈纶信，言上海市革委会有两人来访，说问题快要解决；写古文寄赠。③

9 月 13 日，致丰新枚、沈纶信，言昨日上海市革委会来两人，送来补助款 60 元，问题正式解决后，恢复原薪 220 元；谈家事等。④

9 月 17 日，致丰新枚、沈纶信，再谈上海市革委会来人事；谈家事等。⑤

9 月 20 日，致丰新枚、沈纶信，言昨日上海市革委会又来两人，问以前是否政协委员等事；曰是日又为之作二画等。⑥

9 月 26 日，致丰新枚、沈纶信，谈家事；曰近来各地来信求画者甚多等。⑦

10 月 20 日，致丰新枚、沈纶信，谈家事；言翻译日本王朝物语已有三篇，今正译第四篇；曰前日葛祖兰来访。⑧

---

① 此信见《丰子恺文集》（文学卷三），浙江文艺出版社、浙江教育出版社 1992 年 6 月版，第 655—656 页。
② 同上书，第 656—657 页。
③ 同上书，第 657—658 页。
④ 同上书，第 658 页。
⑤ 同上书，第 658—659 页。
⑥ 同上书，第 659—660 页。
⑦ 同上书，第 660—661 页。
⑧ 同上书，第 661—662 页。

11 月 2 日，致丰新枚、沈纶信，谈家事；再提近来各地来信求画者甚多等。①

11 月 7 日，致丰新枚、沈纶信，告知近来家中诸事；言王星贤长女王忠（均蓉）前日来访，说在石家庄某部队工作，建议有便去看望她等。②

11 月 8 日，致丰新枚、沈纶信，言自己翻译的《猎人笔记》已重版；谈家事等。③

12 月 3 日，致周颖南信，感谢来访；赠画 10 幅；托带《大乘起信论新译》译稿交广洽法师等。④

12 月 4 日，致周颖南信，言昨日专差送画 10 幅。⑤

12 月 11 日，致王星贤信，言前日诗画酬酢，太过风雅，恐犯修正主义之罪；曰数日前其女均蓉来访，赠罐头鱼，谈话多时；述幼子新枚亦在石家庄，已去函嘱其拜访；谓自己幸无政历问题，唯三

---

① 此信见《丰子恺文集》（文学卷三），浙江文艺出版社、浙江教育出版社 1992 年 6 月版，第 663—664 页。

② 同上书，第 664—665 页。

③ 同上书，第 665—666 页。

④ 此信见《丰子恺文集》（文学卷三），浙江文艺出版社、浙江教育出版社 1992 年 6 月版，第 710 页。信中曰："辱承枉驾，并赐珍品，至深感谢。弟因病足，未能奉访，不胜歉憾。今检得小画十幅，奉呈左右，聊供雅赏。此中有数幅乃昨今新作。余则旧藏，不足观也。难得归国，还望多留数日。……""托带交广洽法师译稿，增加行李负担，至深抱歉。然此乃宣扬大乘佛法，贤劳功德无量！"周颖南，新加坡企业家、作家。译稿指丰子恺所译日本汤次了荣《大乘起信论新释》。

⑤ 此信见《子恺书信》（下），海豚出版社 2013 年 9 月版，第 325 页。周颖南，时任京华有限公司董事，住华登岭路 58 号，虔信佛法，作家。

年来患肺结核等。①

12 月 13 日，致黎丁信，述生活状况。关心众老友情况，谈及部分漫画作品和著作已经重新刊行。②

12 月 19 日，致秦岚信，言近况，并赠作品二幅。③

12 月 26 日，致周颖南信，感谢赠物品。④

12 月 30 日，得上海画院通知："审查"结束，结论为：不戴资产阶级反动学术"权威"的帽子，酌情发给生活费。当日给杭州的义女丰宁馨（软软）写信："告诉满娘，我今日（十二月卅日）被解放。工资照长病假例打八折。抄家物资、电视等，开年叫一吟去领回。他们派我自由职业者，属于内部矛盾。总算太平无事。"⑤

①　此信见《丰子恺文集》（文学卷三），浙江文艺出版社、浙江教育出版社 1992 年 6 月版，第 714 页。信中曰："前日诗画酬酢，太过风雅，恐犯修正主义之罪，故今特奉函。数日前令嫒均蓉来访，赠我罐头鱼，坐谈多时……弟之幼子新枚，亦在石家庄……弟已去函嘱其去访，以便请教也……文革以来，弟幸无政历问题，只就思想意识作书面检讨，侥幸无事。（未被殴打，未被隔离，亦未自杀。）唯三年来患肺结核，全赖医药周至，今已入吸收好转期，在家养疴，亦颇得闲居之乐……"

②　此信见《丰子恺文集》（文学卷三），浙江文艺出版社、浙江教育出版社 1992 年 6 月版，第 387—388 页。信中曰："我年登七四，而茶甘饭软，酒美烟香，不知老之将至也。在家养病已有三年，工资照领，受之有愧。""宋步云是陈之佛当艺专校长时的教授，我认识他，但久不通问。他的儿子我不认识。傅彬然年纪与我相仿佛，或许小一二岁，身体如此不好，真想不到。开明书店的创办人章雪村，三年多前已死了。两个儿子也死了。我的老朋友，现存者寥寥，虞愚久不通信。宋云彬，叶圣陶，不知如何，也久无消息。你倘知道，他日函便告我……""附告：我的画集，已在上海发卖。《猎人笔记》已在北京再版。'毒草'似乎已消毒了。"

③　此信见未收浙江文艺出版社、浙江教育出版社 1992 年 6 月版《丰子恺文集》（文学卷三）。信中曰："承惠花生两包并信，已妥收。仆年登七四，而百体康泰，茶甘饭软，酒美烟香，今后得花生下酒，更增美趣矣……""近作二幅，附赠，聊备欣赏……"

④　此信见《子恺书信》（下），海豚出版社 2013 年 9 月版，第 325—326 页。

⑤　此信见《丰子恺文集》（文学卷三），浙江文艺出版社、浙江教育出版社 1992 年 6 月版，第 716 页。信中还写道："过春节后，我即将到杭州，在你家住多日，六七年来不曾离上海，也觉气闷。今后当走动。新枚在石家庄，近迁居，房屋较大，我也想去。"《丰子恺文集》编者注曰："实际上仍是发给生活费（比先前多些），并非打八折。"

致丰新枚、沈纶信，言："今日（十二月卅日）画院工宣队人来，告诉我，我已于上周五解放，作为自由职业者，内部矛盾。"①

是年，译成日本平安时代歌物语《伊势物语》。

作《塘栖》②《阿庆》③《歪鲈婆阿三》④《四轩柱》⑤《清明》⑥《眉》《牛女》《暂时脱离人世》《酒令》《食肉》《酆都》《癞六伯》《王囡囡》《算命》《吃酒》《旧上海》《元帅菩萨》⑦《看残菊有感》⑧《菊林》⑨（散文）。

社会评价

李辉英：《丰子恺和丰子恺的漫画》，载 1972 年 4 月 2 日（香港）《亚洲周刊》。

翁灵文：《"笃佛乐道"丰子恺》，载 1972 年（香港）《明报月刊》11 月号。

---

① 此信见《丰子恺文集》（文学卷三），浙江文艺出版社、浙江教育出版社 1992 年 6 月版，第 666—667 页。丰子恺"文革"前薪水为 220 元，"文革"时曾降至 60 元，此时加至 120 元。

② 此文初载 1983 年 1 月 26 日《文汇报》，初收《缘缘堂随笔集》，浙江文艺出版社 1983 年 5 月版。

③ 此文初载 1983 年 2 月 9 日《文汇报》，初收《缘缘堂随笔集》，浙江文艺出版社 1983 年 5 月版。

④ 此文初载 1983 年 2 月 27 日《文汇报》，初收《缘缘堂随笔集》，浙江文艺出版社 1983 年 5 月版。

⑤ 此文初载 1983 年 3 月《文汇报月刊》3 月号，初收《缘缘堂随笔集》，浙江文艺出版社 1983 年 5 月版。

⑥ 此文初载 1983 年 4 月 3 日《解放日报》，初收《缘缘堂随笔集》，浙江文艺出版社 1983 年 5 月版。

⑦ 此 12 文初收《缘缘堂随笔集》，浙江文艺出版社 1983 年 5 月版。

⑧ 此文初收《丰子恺文选Ⅱ》，（台北）洪范书店 1982 年 5 月版。

⑨ 此文参见《桐乡文艺》2008 年第 3 期，又，丰子恺另有《行路易》，参见丰一吟等《丰子恺传》，浙江人民出版社 1983 年 2 月第 1 版，第 144 页。

1973 年 癸丑 76 岁

社会文化事略

3 月 10 日，中共中央同意正式恢复邓小平的工作。8 月 11 日，上海中国画院、油画雕塑室和美术展览馆合并建成上海画院。8 月 24 日至 28 日，中国共产党第十次全国代表大会在北京召开。

生平事迹

1 月 4 日，致罗芬芬信，嘱其转告学生潘文彦，自己于元旦前几天被宣布解放等。[1]

1 月 8 日，致丰新枚、沈纶信，言电视昨夜开始在三楼放映，弄内人都要来看，不拒绝，很热闹等。[2]

丰子恺在上海日月楼（摄于 1973 年）

1 月 11 日，致宋慕法、丰林先信，谈家庭聚

---

[1] 此信见《丰子恺文集》（文学卷三），浙江文艺出版社、浙江教育出版社 1992 年 6 月版，第 720 页。信中曰："元旦，文彦大约没有回来吧？今有一事告诉你们，你去信时转告文彦：我已于元旦前几天被宣布解放，是自由职业者，内部矛盾云云。政府对我是宽大的……""文彦"指潘文彦，专长物理学，爱好文艺，曾师事丰子恺。罗芬芬为其妻。

[2] 此信见《丰子恺文集》（文学卷三），浙江文艺出版社、浙江教育出版社 1992 年 6 月版，第 667 页。

会建议，述及被抄电视机归还后之情况等。①

　　1 月 13 日，致丰新枚、沈纶信，关心沈纶身体；谈近来生活等。②

　　1 月 23 日，致丰新枚、沈纶信，言今日已从画院取回被抄的四大箱书画；谈家事；曰前寄出画卷等。③ 应嘱在上海市书法篆刻展览会展出书法一件。不久被当时上海市当权人物下令取去。

丰子恺与潘文彦之子宜冰在上海日月楼（摄于 1973 年）

　　1 月 26 日，致周颖南信，言来示及照片妥收；感谢将《大乘起信论新释》译稿送与广洽法师；曰自其从福建寄来包裹后，即写春夏秋冬四季小屏一堂（四条）寄上等。④

　　2 月 5 日，致丰新枚信，谈近来家事和自己的生活等。⑤

　　2 月 11 日，致丰新枚信，言分赠其 500 元，其余待他日来取；曰"归还的画，除胡治均数小幅外，余凡五六十幅，皆裱好者，尽归新枚。暑中

---

　　① 此信见《丰子恺文集》（文学卷三），浙江文艺出版社、浙江教育出版社 1992 年 6 月版，第 379 页。信中曰："来信收到。你们为我祝贺，一片好心。林先提议会餐，太过夸张，不甚相宜，或者，稍迟再说可也。房屋归还或他迁，现尚未定，正在从长计议。电视已归来，每夜在三楼开放，邻里都来借看，非常热闹，盖弄内唯有此一电视也。林先说永不喝酒，何必！少饮清欢可也。余后述。"

　　② 此信见《丰子恺文集》（文学卷三），浙江文艺出版社、浙江教育出版社 1992 年 6 月版，第 667—668 页。

　　③ 此信见《丰子恺文集》（文学卷三），浙江文艺出版社、浙江教育出版社 1992 年 6 月版，第 668—669 页。

　　④ 此信见《丰子恺文集》（文学卷三），浙江文艺出版社、浙江教育出版社 1992 年 6 月版，第 710—711 页。信中曰："寄下大示及照片，今日（一月廿六）妥收。《大乘起信论新释》译稿，蒙亲送蕾蔔院交与广洽法师，有劳甚多，功德无量……""大驾从福建寄来包裹（内毛裤等）后，弟即写春夏秋冬四季小屏一堂（四条），寄至尊府……"

　　⑤ 此信见《丰子恺文集》（文学卷三），浙江文艺出版社、浙江教育出版社 1992 年 6 月版，第 669—670 页。

来取。字给华瞻及阿姐了"①。

2 月 16 日，致黎丁信，言抄家物资已发还，寄赠其中一扇面，谓近来求画者甚多。②

春节前，致胡治均信，言上周相约同赴杭州，现变更计划，等春暖时去。③

2 月 21 日，致丰新枚、沈纶信，谈家事。

2 月 27 日，致周颖南信，言已读其《棋城纪行》等，赞佩其身任商务，而又崇信佛法，擅长文学；谓未收藏名人手迹，特向刘质平乞得弘一大师手迹照相底片三枚寄；托其代购"日历自动手表"。④

3 月 7 日，致广洽法师信，感谢法师汇款。言托周颖南先生带上《大乘起信论新释》译稿。⑤

---

① 此信见《丰子恺文集》（文学卷三），浙江文艺出版社、浙江教育出版社 1992 年 6 月版，第 670 页。

② 此信见《丰子恺文集》（文学卷三），浙江文艺出版社、浙江教育出版社 1992 年 6 月版，第 388 页。信中曰："他们把抄家物资发还我，非但没有缺少，反而多了些想不到的东西。其中有一扇面，是五九年写给你的，不知为什么也在内。现在寄给你，夏天可用。""近日求画者甚多，大约毒草已变香花了？我很奇怪。"

③ 此信见《丰子恺文集》（文学卷三），浙江文艺出版社、浙江教育出版社 1992 年 6 月版，第 707 页。信中曰："上周相约同赴杭州，现我变更计划，要等春暖时去。所以你春节中另作打算可也。"

④ 此信见《丰子恺文集》（文学卷三），浙江文艺出版社、浙江教育出版社 1992 年 6 月版，第 711—712 页。信中曰："大作《棋城纪行》等，皆已拜读。足下身任商务，而又崇信佛法，擅长文学，真乃难得之人才，不胜钦佩。""名人手迹，弟实无收藏。盖昔年所藏，皆毁于兵火（日本侵略战中），以后即不再收藏。今向友人（刘质平）乞得弘一大师手迹照相底片三枚，随函附上……""承询药物，此间供应丰富，不须惠寄。昔年广洽师赠弟一'日历自动手表'，弟转送他人，至今只有一小表，颇感不便。足下下次归国观光时，希望代购一表……"

⑤ 此信见《丰子恺文集》（文学卷三），浙江文艺出版社、浙江教育出版社 1992 年 6 月版，第 354 页。信中曰："二月廿八日示昨日奉到。去年腊月初汇下人民币肆拾元，早经收到，并有信道谢。弟托周颖南先生带上《大乘起信论》译稿，想早收到，未见赐示，念念……"

3 月 12 日，致丰新枚、沈纶信，言近来享清福；曰中日邦交日趋亲热，北京有人提议刊印《源氏物语》，言"此书我曾收过六千元稿费，以后有无，全不计较，只要出版问世，心满意足了"；谓春分后由胡治均陪同去杭州；谈近来家中及上海琐事等。①

3 月 24 日，由胡治均陪同赴杭州，探望三姐丰满（梦忍）。

3 月 25 日，雇船游西湖。过蒋庄马一浮先生故居（马一浮 1967 年去世）。

3 月 27 日，游灵隐，在大雄宝殿前摄影留念。

3 月 28 日，游城隍山。

3 月 29 日，访郑晓沧先生。

丰子恺（右）与胡治均在杭州灵隐寺留影（摄于 1973 年）

3 月 31 日，回上海。在杭州期间，《缘缘堂续笔》在杭州定稿。曾访汤淑芳及桑修珠等。②

4 月 2 日，致丰宁馨信，以为此次游杭，非常愉快，希望秋天再赴杭州；写《一剪梅》相送，另写父丰镄所作扫墓竹枝词送丰满欣赏。③ 致丰新

---

① 此信见《丰子恺文集》（文学卷三），浙江文艺出版社、浙江教育出版社 1992 年 6 月版，第 670—672 页。

② 汤淑芳为马一浮内侄女，桑修珠为汤漱芳干女。

③ 此信见《丰子恺文集》（文学卷三），浙江文艺出版社、浙江教育出版社 1992 年 6 月版，第 716—717 页。信中曰："此次我游杭，非常快活……""我经此锻炼，脚力也大进步。秋天再来时，可以不要胡治均了。""《一剪梅》我在杭写几张，因无图章（又因羊毛笔不惯用，故写不好，我爱用狼毫也），不好看。现另写一纸送你。扫墓竹枝亦另写一张，交满娘欣赏。"《一剪梅》指丰子恺自己旧作《一剪梅》词。"扫墓竹枝"指丰子恺之父丰镄所作扫墓竹枝词。

枚、沈纶函，言在杭州一星期；目前身体健好等。①

4月4日，致沈纶信，因其身体不佳，劝其辞去教职，改到药厂当工人。

4月6日，致广洽法师信，嘱写"蒼蔔院印行"字样奉上。感谢法师汇款。关心法师身体健康。言最近曾游杭州，昨日方归来。盼法师再度归国观光。②

4月8日，致丰新枚信，曰："我有一点希望：在你出国期间，佩红体弱多病，不能独管孩子，可否申请让她暂回上海？"

4月13日致费在山信。③

4月21日，俞平伯致费在山信，谈丰子恺重绘《忆》插图。④

---

① 此信见《丰子恺文集》（文学卷三），浙江文艺出版社、浙江教育出版社1992年6月版，第672—673页。

② 此信见《丰子恺文集》（文学卷三），浙江文艺出版社、浙江教育出版社1992年6月版，第354—355页。

③ 费在山曾于1997年3月15日在《文汇读书周报》上发表过一篇文章，题目是《〈丰俞诗画〉之缘》。文章透露作者曾于1972年从俞平伯先生处得到过一册编号为714的朴社本《忆》。获得此书后，他顿生一念头，即请丰子恺先生再为之作画。丰子恺信曰："在山仁弟：画四幅附上，可请平伯先生题诗。你选的四幅很好，我完全照你选的作画。原书一册，暂存此间，日后有便请来取。4月13日子恺启。"

④ 丰子恺重绘四图后，费在山又请俞平伯在图上补诗，俞平伯又函曰："在山先生惠鉴：久疏修敬，顷承手教，藉知近到申江晤子恺先生并得其重绘拙作之插图，诚为珍品，属我迻录旧句并惠赐佳毫，只迟暮之年，深恐涂损，钤印亦有差失，殊觉鉴原耳。原件附呈，匆复，即候起居 弟俞平伯上 四月廿一日。"至此，费在山将此"丰俞诗画"请叶圣陶题篆书扉页，请郭绍虞题书签。丰子恺逝世后，俞平伯于1975年秋又撰跋一篇："昔曾以朱佩弦兄之介承子恺先生为小诗集《忆》者绘图，佩弦写跋，堪称双璧，流布艺林，历五十年……而传本亦稀，前岁在山又请于丰公重绘四幅，洵为稀有，顷惊闻子恺翁遽谢宾客，翰墨因缘，还留鸿雪，不胜人琴之思矣……"

4月25日，致郑棣信，知所藏旧画损失，新作一图附赠。①

4月，致丰新枚、沈纶信，谈家事；言曹辛汉于前日逝世，明日火葬，送花圈等。②

5月4日，致沈纶信，商议暑假带孩子回沪事。

5月8日，致舒士安信，知其收藏之画已损，另作二幅附赠；回忆当年在杭州与其父的诗画合作。③

5月15日，致周颖南信，感谢其从广州寄来手表等物。④

5月17日，致吴颖信，为其写册子完毕，托买白乳腐。⑤

5月24日，致吴颖信，言为画册子等事。⑥

5月29日，致吴颖信，言手册已全部画

---

① 此信见《丰子恺文集》（文学卷三），浙江文艺出版社、浙江教育出版社1992年6月版，第724页。信中曰："久不通音，得信甚喜。上周瑛瑛来，已曾述及近况，旧画损失，今新作一图附奉，可供欣赏……"郑棣，丰子恺在立达学园时的学生。瑛瑛，为郑棣之长女。

② 此信见《丰子恺文集》（文学卷三），浙江文艺出版社、浙江教育出版社1992年6月版，第673—674页。编者注此信时间"约23日"。

③ 此信见《丰子恺文集》（文学卷三），浙江文艺出版社、浙江教育出版社1992年6月版，第453页。信中曰："画损失不可惜，今另作二幅附赠，聊资欣赏。""我年登七五，幸身体健康，回想当年在杭州与你父亲诗画合作，就如一梦。"

④ 此信见《丰子恺文集》（文学卷三），浙江文艺出版社、浙江教育出版社1992年6月版，第712页。信中曰："从广州寄来包裹，内手表一具，今已妥收。特此告覆，道谢……"

⑤ 此信见《子恺书信》（下），海豚出版社2013年9月版，第346页。

⑥ 同上书，第347页。

好等。①

6月1日，致秦岚信，书赠小联一幅。②

6月4日，致宽愿法师信，知其担任灵隐住持，以为系品德高尚之故；言我曾到杭州灵隐寺，因不知其在寺中，没有见面，表示下次再游杭州时可晤面。③

6月15日，致黎丁信，述近期生活状况，关心并询问宋云彬、傅彬然、夏景凡等近况和京中情况、国家大事等，谓上海即将开书法展览会，写鲁迅联："横眉冷对千夫指，俯首甘为孺子牛。"已在6月14日预展中挂出。④

6月24日，致丰新枚、沈纶信，谈家事等。⑤

6月29日，致广洽法师信，言周颖南寄来"欢迎谭云山教授"照片，见法师道貌如昔，至深欣慰。言最近印尼李荣坤居士来访。述近期身体状

---

① 此信见《子恺书信》（下），海豚出版社2013年9月版，第347—348页。

② 此信未收浙江文艺出版社、浙江教育出版社1992年6月版《丰子恺文集》（文学卷三）。信中曰："承寄花生米一包，昨已收到，此物此间不易买得，千里分惠，至感美意。仆退休在家，一切安好，日唯弄笔看书，浅醉闲眠而已，今写小联一幅奉赠，可请悬壁……"

③ 此信见《丰子恺文集》（文学卷三），浙江文艺出版社、浙江教育出版社1992年6月版，第725页。信中曰："来信由画院转来……你担任灵隐住持，可见品德高尚之故。……我上月到杭州，曾到灵隐寺。不知道你在灵隐，没有见面，下次当再游杭州，定可晤面……"宽愿，曾侍奉弘一法师，时在杭州灵隐寺为僧。"上月到杭州"有误，实际是3月份到杭州。

④ 此信见《丰子恺文集》（文学卷三），浙江文艺出版社、浙江教育出版社1992年6月版，第389页。信中曰："……我足不出户，每日只是浅醉闲眠。全靠来客告诉我些时事消息。今天写信，希望你能在公余告诉我些新事：宋云彬、傅彬然等不知怎样。新疆的夏景凡久无消息，你也许知道。此外京中情况、国家大事，我也盼望知道些。""上海即将开书法展览会，我也出品，写了一副联：'横眉冷对千夫指，俯首甘为孺子牛。'已在昨天的预展中挂出……"

⑤ 此信见《丰子恺文集》（文学卷三），浙江文艺出版社、浙江教育出版社1992年6月版，第674页。

况。询问《大乘起信论新释》出版进展。①

6月，应嘱在上海市书法篆刻展览会上展出书法一件。不久被当时上海市当权人物下令取去。

7月4日，致舒士安信，感谢送食用油，并寄赠扇面一页。②

8月5日，致舒士安信，言送士宁《花好月圆》图。③

丰子恺译《大乘起信论新释》书影（署"中国无名氏译"）

8月17日，致广洽法师信，感佩法师印行《大乘起信论新释》。述署名"无名氏"之原因。表示书出版后，只须寄下两册，一册自存，一册送朱幼兰居士。言周颖南对佛法甚热心等。感谢法师汇款。④

8月24日，致丰新枚信，谈家事。

---

① 此信见《丰子恺文集》（文学卷三），浙江文艺出版社、浙江教育出版社1992年6月版，第355页。信中曰："周颖南居士寄来'欢迎谭云山教授'照片，见法师道貌如昔，想见玉体康健，至深欣慰。最近印尼李荣坤居士来访，弟曾托彼致书问候，想可见及。弟作庇粗健，闲居养老，事事如意。政府待我，实甚优厚，不胜感激也。《大乘起信论新释》不知何日出版，函便请示……"

② 此信见《子恺书信》（下），海豚出版社2013年9月版，第207—208页。信中曰："送来立轴及油一斤，已收到，美意至深感谢。""上海副食品不甚紧张，唯我爱素食，油甚需要。你送我甚合用。""今寄上扇面一页，请收留念。"

③ 此信见《子恺书信》（下），海豚出版社2013年9月版，第208页。

④ 此信见《丰子恺文集》（文学卷三），浙江文艺出版社、浙江教育出版社1992年6月版，第355—356页。信中曰："八月十日大示，于今日（八月十七）收。《大乘起信论新释》已蒙刊行，费坡币壹万有余，足见尊处信善勇于宏法，深可感佩。我国规例，对宗教信仰可以自由，但不宜宣传。弟子乃私下在海外宣传，故不敢具名，而用'无名氏'也。因此弟不便自写序文。若由别人作序，说出此'无名氏'为谁，则无不可。因毕竟无大罪过也。弟自幼受弘一大师指示，对佛法信仰极深，至老不能变心。今日与法师二人合得一百五十岁，而刊行此书，亦一大胜缘也。书出版后，只须寄弟两册，一册自存，一册送朱幼兰居士。因在此不宜宣传也。小儿新枚以手表琐事奉烦，深感不安，请便为之，不可强求也。李荣坤居士上月来访，嘱弟写经。此君似是一善知识，甚可敬佩。周颖南居士于数月前来访，以后屡次通信，其人爱好书画，乃一风雅商人，但对佛法亦甚热心……""承汇贰拾元，想不日可收到，先此道谢。"

9月1日，致胡士方信，言前承代购扑克，晚辈们分而得之，皆大欢喜，曰两次有画寄赠，聊作报答；表示嘱作一幅中堂因身体不好暂从缓等。①

9月2日，致丰新枚信，言家中一切如常；曰自从书展后，求字者络绎不绝；谓"十大胜利闭幕，此间通夜游行，敲锣打鼓，到今天还有游行的。新贵登台，必有善政，且看"②。

9月5日，作《青青》（速写）。

9月29日，致胡士方信，因身体状况不便作大画，决定将旧作《山明水秀》赠之；嘱题《蠡庐随笔》寄奉。③

10月2日，致丰元草信，言寄来《红楼梦》一部已收到；述家中情况；述自己曾赴杭州，其母曾赴石湾等。④

致胡士方函，言大画《山明水秀》邮寄时因"名画"不能出国，被退回。⑤

---

① 此信见《丰子恺文集》（文学卷三），浙江文艺出版社、浙江教育出版社1992年6月版，第726页。信中曰："前承代购扑克八副，四副损失了，四副早收到，质量极好，我的孙女、儿们分而得之，皆大欢喜。要你花了许多钱，甚是抱歉。我两次有画寄你，聊作报答，想都收到。""你说藏有沈寐叟对联，要我画一幅中堂，此事暂且从缓。因我入夏体不好……再者，我擅长小画，不宜大幅……"胡士方，居香港，丰子恺作品爱好者。

② 此信见《丰子恺文集》（文学卷三），浙江文艺出版社、浙江教育出版社1992年6月版，第674—675页。

③ 此信见《丰子恺文集》（文学卷三），浙江文艺出版社、浙江教育出版社1992年6月版，第727页。信中曰："你有沈寐叟联欲配大幅画。我近日力衰不能作大幅，忽忆自家藏有旧作《山明水秀》，可以移赠，今另封挂号寄上……""《蠡庐随笔》题奉请收……"

④ 此信见《丰子恺文集》（文学卷三），浙江文艺出版社、浙江教育出版社1992年6月版，第355—356页。信中曰："寄来《红楼梦》一部，已收到。此书印刷甚精……时光过得快！此一年间，此间诸人皆健好无恙。满娘、雪姑母亦健康。我曾赴杭州，母曾赴石湾，均得快晤……"

⑤ 此信见《丰子恺文集》（文学卷三），浙江文艺出版社、浙江教育出版社1992年6月版，第727页。信中曰："大画《山明水秀》，今日去邮局寄递，据说名画不能出国，被退回……"

10 月 4 日，致李道熙信，谈及近来之状况。①

致潘文彦函，言托吴志厚送来蟹二十余只已收下，逐日下酒；曰自己老而弥健，正翻译日本文学作品等。②

10 月 8 日，致丰新枚、沈纶信，言："我空闲无事，做一个照相架，给小羽。"

10 月 14 日，致广洽法师信，言郑月娇女士带下珍品昨已收到，表示感谢。③

10 月 19 日，致胡士方信，言承汇人民币四十元为中秋节礼早已收到；知《蠖庐随笔》题签未收到，另写附上；曰中堂画是已裱托的，作印刷品则不能出口，询问是否有便人赴广州，如有可寄广

① 此信《丰子恺文集》（文学卷三）未收，全文如下："道熙仁兄：陶利鼹君携来大札，读后欣慨交心，欣者，仆虽年登七五，老而弥健；慨者，往事依稀仿佛，浑如梦境也。忆当年在五通桥相见时，足下乃一青年，今则已为壮年之人民教师，至可喜也。问陶君言，足下年来情况一切顺利安乐，至慰，仆亦托庇平安，'文革'中在中国画院（仆身任院长）检讨过去作品，颇得群众原恕，七零年即回家休养，直至今日，政府对我待遇优厚，生活毫无缺憾，春秋佳日，犹能出门游山玩水也。马一浮先生已于六七年在杭州病逝，此君无后，身后定有遗作，不知保存何处，然毫釐之物，过眼烟云，亦不足深惜。足下何时访沪，可图快乐，书不尽意。顺颂秋安。弟　丰子恺叩　七三年十月四日"参见龚静染《小城之远——五通桥的历史记忆》，天津教育出版社 2008 年 7 月第 1 版，第 146 页。该文提及丰子恺于 1943 年春在四川五通桥写作《怀李叔同先生》时，李道熙曾去旅馆访问。

② 此信见《丰子恺文集》（文学卷三），浙江文艺出版社、浙江教育出版社 1992 年 6 月版，第 720—721 页。信中曰："吴志厚君送来蟹二十余只，照收，已逐日下酒……我老而弥健，近日早上还替文学社翻译日本文学……"吴志厚，潘文彦之友，时任向明中学语文教师。信中所述"替文学社翻译日本文学"，并非应约，乃是自译日本三篇"物语"。后由人民文学出版社出版。

③ 此信见《丰子恺文集》（文学卷三），浙江文艺出版社、浙江教育出版社 1992 年 6 月版，第 356—357 页。信中曰："郑月娇女士带下珍品，昨已收到，至深感谢。小儿新枚近在沧州，为外宾当翻译员。待其归来，当具函道谢。弟近病足，步行困难，故未曾亲去招待郑女士，嘱女儿代为往国际饭店邀请，以时间局促，未曾招待为憾……"

州等。①

10 月 23 日，致于梦全信，忆与其父于石泉之交往。②

10 月 30 日，致吴颖信，为新作一画。③

10 月，《大乘起信论新释》印行，译于 1971 年，非卖品（译著，原著［日］汤次了荣，出版时署名"无名氏"）由（新加坡）蕡卜院以手迹形式印行，有译者小序。

卢永高因喜爱丰子恺作品初次来访。④

11 月 2 日，致沈纶信，言托北京友人刘桐良买巧克力给小羽。

致广洽法师信，言槟城广余法师所嘱大雄宝殿长联，及黄西京居士嘱联已写就，附信请收转。感谢法师汇款。⑤

11 月 3 日，致丰新枚信，谈家事。

　① 此信见《丰子恺文集》（文学卷三），浙江文艺出版社、浙江教育出版社 1992 年 6 月版，第 728 页。信中曰："十月八日来信收到。上月承寄人民币四十元为中秋节礼，早经收到。且已奉覆，信内附有《蠡庐随笔》题签。竟未收到，恐已失去。今另写附上。中堂画是已裱托的，所以体积大，不能放在信内。作印刷品则不能出口。你处是否常有便人赴广州。如有，我可寄广州友人家，你托人到广州去取……"

　② 此信见《丰子恺文集》（文学卷三），浙江文艺出版社、浙江教育出版社 1992 年 6 月版，第 172 页。信中曰："犹忆抗战前居石门湾时，曾与令尊石泉先生交往，屈指已三十余年矣。仆年登七六，幸得健在。回忆往昔，恍如一梦也。尊处藏有先父书扇，此甚难得。来示云愿以相让，但不知邮寄便否，又不知何以为酬，请酌示可也。"于梦全系石泉之子。

　③ 此信见《子恺书信》（下），海豚出版社 2013 年 9 月版，第 348—349 页。

　④ 卢永高，丰子恺作品爱好者，2006 年 12 月 27 日逝世。

　⑤ 此信见《丰子恺文集》（文学卷三），浙江文艺出版社、浙江教育出版社 1992 年 6 月版，第 357 页。信中曰："十月廿三示奉到，槟城广余法师所嘱大雄宝殿长联，及黄西京居士嘱联，今已写就，附此信内。请收转。承汇人民币柒拾元，已收到，谢谢。但来示言郑月娇女士来时亦汇出贰拾元，则并未收到。其实已蒙赐表，何劳再汇款项？惠赐太多，令人受之有愧也。妙香林落成，定有壮观，请广余法师将来寄照片来供我瞻仰……"

11 月 5 日，为《陶元庆的出品》题词："立达学园为陶元庆开画展，约半个世纪前之事也。我虽参与其事而早已遗忘。沈鹏年君出示此册，展读之下，往事憬然在目。此亦美术文献之一端，弥足珍贵。癸丑立冬前二日　丰子恺题"。

11 月 19 日，致丰新枚信，谈家事。

11 月 26 日，致黎丁信，言近来各处求字，其中有新疆国际机场的大幅中堂，关心并询问宋云彬、傅彬然、华君武、王朝闻、叶浅予、朱光潜、沈雁冰等情况。① 致卢永高函，托修手表。②

孟冬，应沈鹏年之情，为俞平伯早年诗集《忆》题词："鹏年君以此书属题，余读之如逢阔别四十余年之旧友，回思当年作画时之光景，心情返老还童。酒兴顿发，自斟花雕，遥祝平伯诗翁长寿。癸丑孟冬子恺记"。

12 月 3 日，致于梦全信，感谢其赠食品，并回赠画作一幅。③

12 月 9 日，致王凤池信，祝贺乔迁新居，述近来生活和身体状况。④

---

① 此信见《丰子恺文集》（文学卷三），浙江文艺出版社、浙江教育出版社 1992 年 6 月版，第 389—390 页。信中曰："各处要我写字，新疆国际飞机场的大幅中堂，前日才写成。我颇想知道北京诸人的情况。宋云彬、傅彬然、华君武、王朝闻、叶浅予、朱光潜、沈雁冰等等，你能告诉我些，甚好……"华君武（1915—2010），江苏无锡人，出生杭州，漫画家，1979 年任中国美术家协会副主席，曾任全国人大代表、政协委员。

② 此信见《子恺书信》（下），海豚出版社 2013 年 9 月版，第 350 页。

③ 此信见《丰子恺文集》（文学卷三），浙江文艺出版社、浙江教育出版社 1992 年 6 月版，第 172 页。

④ 此信见《丰子恺文集》（文学卷三），浙江文艺出版社、浙江教育出版社 1992 年 6 月版，第 465 页。信中曰："来示欣悉。尊居已乔迁南靖，甚善。仆数年来常住上海，诸事安善。唯两年来身患肺病，入院多时，幸医药充足，渐见痊愈，近正居家休养也……"

12 月 11 日，致唐云信，介绍友人卢永高，代其求画。①

12 月 20 日，致周颖南信，言即将出版的《大乘起信论新释》系旧稿，为应广洽法师之要求，非自己本意，故具名"无名氏译"，请其勿在报上宣传。②

12 月 21 日，致广洽法师信，述近期状况。知《大乘起信论》已付印，即将出版。述此稿翻译及署名等事。③

12 月 27 日，致广洽法师信，感谢法师汇款，并言其中二十元送朱幼兰居士。弥陀学校建校二十周年特刊封面，及陈光别公于远才君嘱画，亦已写成，另附一画，请转赠郑月娇女士。④

12 月，为新加坡妙香林撰对联两联。⑤

---

① 唐云（1910—1993），曾任上海中国画院副院长、代院长、名誉院长等职。

② 此信见《丰子恺文集》（文学卷三），浙江文艺出版社、浙江教育出版社 1992 年 6 月版，第 712 页。信中曰："旧译《大乘起信论》即将出版，此乃广洽法师之要求，非本意。故具名'无名氏译'。今特奉告，请勿在报上宣传为荷……"《大乘起信论新释》并非旧译，系丰子恺在"文革"中译成，因恐受批判，故署无名氏译，亦请其不作宣传。

③ 此信见《丰子恺文集》（文学卷三），浙江文艺出版社、浙江教育出版社 1992 年 6 月版，第 357—358 页。信中曰："弟退休以来，蒙政府优待，在家纳福，与儿女同居，生活有人照顾，且很热闹，自觉晚年幸福。""昨得周颖南先生信，知《大乘起信论》已付印，即将出版。此稿系弟廿余年前旧译，今法师在海外出版，原望不署我姓名，而写'无名氏'。发行范围亦请局限于宗教界，并勿在报刊上宣传。再者：国内不需要此种宣传唯心之书，故出版后请勿寄来……"

④ 此信见《丰子恺文集》（文学卷三），浙江文艺出版社、浙江教育出版社 1992 年 6 月版，第 358 页。信中曰："惠寄人民币柒拾元，已如数收到，并抽出二十元送朱幼兰居士……""弥陀学校建校二十周年特刊封面，及陈光别公于远才君嘱画，亦已写成，另附一画，请转赠郑月娇女士。"

⑤ 其一题《妙香林大雄宝殿落成盛典》，联曰："妙莲花开弥勒坛高瑶草千春光佛刹，香云缭绕瑞烟笼罩庄严七宝壮槟城。"其二题《华严经句》，曰："真观广大智慧观，梵音胜彼世间音。"

是年，完成《护生画集》第六集的创作。①

为弥陀学校建校二十周年特刊作《双莲》图以庆。

在家中会见朱晨光，谈及旧友陈烟桥、涂克、周其勋等。②

沈本千寄《西湖长春图》，请题词，题毕寄回。题词念及少年游钓之地，继书李叔同老师当年教唱的西湖歌。后注"癸丑新秋题于上海日月楼，时七十有六，长本千五岁也"。此图系沈本千作于1972 年春之自寿图。

曾题读后感，即"张星逸氏诗经新话，说理精当，观点正确，可为新时代中国人民学习古典文学之指针。丰子恺读后识"。

修改编定《缘缘堂续笔》，共 33 篇：《眉》《男子》《牛女》《暂时脱离尘世》《酒令》《食肉》《酆都》《癞六伯》《塘栖》《中举人》《五爹爹》《菊林》《戎孝子和李居士》《王囡囡》《算命》《老汁锅》《过年》《清明》《吃酒》《砒素惨案》《三大学

①《护生画六集》由朱幼兰题字。朱幼兰《丰子恺和他的护生画集》（新加坡《联合早报》1987 年 12 月 6 日）一文曰："十年动乱，一场浩劫，丰先生受到冲击，《护生画集》成为批判材料。然而，先生毕竟学佛有得，临危不惧，仍然以护生画第六集凤愿为念。遂于 1973 年毅然决定筹画第六集，以圆满其功德。但在'文革'动乱中，有关书籍损失殆尽，缺乏画材，先生于此颇费踌躇。一天，他与我谈及筹画护生六集事，命我搜寻可供参考的书籍。我回家在尘封的旧书中找到《动物鉴》一册送去，先生翻阅后笑曰：此书材料丰富，有此参考，画材不愁矣。先生篝火中宵，认真选材构思，鸡未鸣即起床，孜孜不倦地画，不久百幅护生画圆满告成了。他将画稿给我看时，低声对我说：'绘《护生画集》是担着很大风险的，为报师恩，为践前约，也就在所不计了！'并说'此集题词，本想烦你，因为风险太大了，还是等来日再说吧'。我听后，深感先生的为人，时时想到别人的安全，唯独不考虑自己的安全。我在先生为法轻身精神的感动下，就毛遂自荐说，我是佛门弟子，为宏法利生，也愿担此风险，乐于题词。先生见我至诚，也不固拒，于是护生第六集的书画，在艰难中提前于 1973 年完成了定稿。"

② 参见朱晨光《回忆丰子恺先生》，收《晨光读画随笔》，四川美术出版社 1998 年 8 月第 1版，此书由丰子恺题写书名。文中曰："1973 年，我带一批学工艺美术的学生去江苏、上海等地参观实习时，我特地抽空去看望了这位久别的良师益友。一见面大家都异常高兴，他虽已年迈，但在谈话和记忆方面却十分清楚。我们畅叙了离别之情，我的来到引起了丰老抗战时在桂林的回忆。"丰子恺在谈话中提到在广西的陈烟桥、涂克、周其勋诸位好友，得知除陈烟桥外，其他二位均安好，还评价道："陈烟桥和涂克都是很耿直的人。"文中附有丰子恺赠朱晨光的书法作品一幅，写的是白居易《钱塘湖春行》，落款："晨光贤台雅嘱"。

生惨案》《陶刘惨案》《旧上海》《放焰口》《歪鲈婆阿三》《四轩柱》《阿庆》《小学同级生》《S 姑娘》《乐生》《宽盖》《元帅菩萨》《琐记》。①

年底，应沈鹏年之请，在 1946 年万叶书店版《子恺漫画选》卷首自己的照片旁题"三十年前故我　鹏年兄属题　癸丑岁暮　子恺"。

社会评价

蓬　草：《丰子恺的随笔》，载 1973 年 1 月 12 日（香港）《中国学生周报》第 1069 期。

丝　韦：《听人说起丰子恺》，载 1973 年 3 月 21 日（香港）《新晚报》。

明　川：《丰子恺二三事》，载 1973 年（香港）《明报月刊》3 月号。

草　堂：《上海画家近况》，载 1973 年 4 月 28 日（香港）《新晚报》。

刘以鬯：《记丰子恺》，载 1973 年 4 月 28 日（香港）《新晚报》。

寅　彗：《丰子恺旧作的新发现》，载 1973 年 月 10 月 19 日（香港）《中国学生周报》第 1109 期。

康培初：《丰子恺的散文》，收《文学作家时代》，（香港）文学研究社 1973 年版。

---

①　浙江文艺出版社、浙江教育出版社 1992 年 6 月版《丰子恺文集》（文学卷二）对《缘缘堂续笔》的注释是："本集中诸文皆作者在'十年浩劫'期间利用凌晨时分悄悄写成。1973 年修改。集名原作《往事琐记》，后改为《续缘缘堂随笔》，后又改名《缘缘堂续笔》。共 33 篇，作者生前未发表过。其中有 17 篇在作者去世后曾收入丰一吟编《缘缘堂随笔集》（浙江文艺出版社 1983 年 5 月初版）。某些随笔中的某些人名，因不便公开，姑且代号。某些内容因不便公开，予以删节。"

1974年　甲寅　77岁

社会文化事略

7月17日，毛泽东在中央政治局会议上批评江青，并提出"四人帮"的问题。

生平事迹

1月3日，致周颖南信，感谢汇款。①

1月14日，致沈纶信，谈家事。

1月19日，致王观泉信，谈陶元庆。②

1月20日，作《俞友清（迁叟）惠诗四绝步原韵奉和》（诗词）。③

1月，夏目漱石短篇小说《旅宿》重译译毕，原稿赠胡治均作纪念。记云："夏目漱石之《旅宿》，十余年前译成，交人民文学出版社刊行。今

---

① 此信见《子恺书信》（下），海豚出版社2013年9月版，第329—330页。
② 此信见《子恺书信》（下），海豚出版社2013年9月版，第359页。信曰："王观泉同志：关于陶元庆，我所知也不详。他是所任教的艺术师范的学生，成绩优秀。后来我主持立达学园美术科，就请他任教。后来立达经费困难，美术科停办。我把未毕业的学生及教师陶元庆、黄涵秋，移交杭州西湖艺术学院。院长林风眠接受了，要我也去，我不去。不久陶患伤寒病，死在杭州。黄涵秋为他殡殓。许钦文为他筑墓在玉泉道上，其墓今已毁了。"王观泉，上海人，美术史论家。
③ 收《丰子恺文集》（文学卷三），浙江文艺出版社、浙江教育出版社1992年6月版，第828页。

重译一遍，各有长短，此稿交治均保存留念。"

2月2日，致王星贤信，述去年赴杭州时见友人时之情景。①

2月3日，致秦岚信，写一联相赠。②

2月4日，致王星贤信，言去年春天曾赴杭州，见郑晓沧兄年高八二而步履弥健，亦晤汤淑芳、桑修珠二女士，知湛翁圆寂安详等。③

2月24日，致丰新枚、沈纶信，言："我建议：日内佩红请事假，送小羽来上海。"

3月6日，致丰新枚信，建议让其子丰羽来上海住一二年；言身体甚好；曰上海正在"批孔"，自己也写了一张大字报，去画院张贴；看《三国演义》，求画者甚多；谈家事等。④

3月20日，致潘文彦信，言兴到写小诗，并附寄欣赏，谓"批林批孔"高潮上，此种小诗不可公开。⑤

---

① 此信见《子恺书信》（下），海豚出版社2013年9月版，第336—337页。

② 此信未收浙江文艺出版社、浙江教育出版社1992年6月版《丰子恺文集》（文学卷三）。信中曰："'春风杨柳万千条，六亿……'不是对句，不能写对联。""今我另写一联送你，是歌颂自力更生与勤劳的。"

③ 此信见《丰子恺文集》（文学卷三），浙江文艺出版社、浙江教育出版社1992年6月版，第715页。信中曰："去春桃花开时，赴杭州游玩，见郑晓沧兄年高八二而步履弥健……汤淑芳、桑修珠二女士亦晤及，知湛翁圆寂安详，必生西方……"

④ 此信见《丰子恺文集》（文学卷三），浙江文艺出版社、浙江教育出版社1992年6月版，第675—677页。

⑤ 此信见《丰子恺文集》（文学卷三），浙江文艺出版社、浙江教育出版社1992年6月版，第721页。信中曰："春到江南，景色明媚，我枯坐小室，想象乡间美景而已……""兴到写小诗（皆古人诗），附寄欣赏。在'批林批孔'高潮上，此种小诗不可公开，灯前私下吟哦可也。"

3 月 29 日，致舒士安信，为其讲解诗句诗意。①

3 月，时任中共上海市委书记处书记徐景贤布置指挥举办"批'黑画'展览"，与林风眠、程十发、刘海粟等一并在劳动剧场接受批判。

4 月 5 日，致广洽法师信，述作双莲图纪念弥陀学校二十周年之原因。感谢法师汇款。②

4 月 24 日，致沈纶信，述上海等地文艺界情况和社会状况；言日常生活情况等。③

5 月 9 日，致周颖南信，书春景词 2 幅寄赠。④

6 月 3 日，致秦岚信，言身体近况等。⑤

6 月 12 日，致丰新枚信，盼望暑期来沪探亲。

6 月 20 日，致周颖南信，言近来手指神经麻

---

①　此信见《丰子恺文集》（文学卷三），浙江文艺出版社、浙江教育出版社 1992 年 6 月版，第 453—454 页。编者注此信"约 1974 年"。信中曰："'浩荡离愁……'这首诗，是清朝的法家龚定庵作的。'禹佳'即'離'，是帖体，字典上查不出的……"

②　此信见《丰子恺文集》（文学卷三），浙江文艺出版社、浙江教育出版社 1992 年 6 月版，第 358—359 页。信中曰："来示奉悉。弥陀学校二十周年，值寅年。但虎性残暴，不宜庆祝。故弟另画双莲图一幅，附上以答雅瞩。承汇人民币陆拾元，已于昨日收到，盛情至深感谢。时入三月，此间春光明媚。遥想南国亦多美景。"

③　此信见《丰子恺文集》（文学卷三），浙江文艺出版社、浙江教育出版社 1992 年 6 月版，第 677—678 页。

④　此信见《子恺书信》（下），海豚出版社 2013 年 9 月版，第 330 页。

⑤　此信未收浙江文艺出版社、浙江教育出版社 1992 年 6 月版《丰子恺文集》（文学卷三）。信中曰："来信欣悉。我身体健康，唯手指尖麻木，只能执钢笔不能握毛笔，所以画事久疏。你爱好我的画，待我手健时，定当画寄给你。""我今每日饮绍兴酒，可以养筋活血，指尖麻木或可痊愈……"

痹，不能执毛笔，但愿日后复健后可重作书画。①

6月21日，致秦岚信，感谢寄花生米等。②

6月29日，致程啸天信，感谢其赠茶叶；赠其友画作2幅，并告胡光远曾来访，亦赠画。③

7月11日，致丰新枚信，言近来上海为巩固"文革"成果开批判会，受批四人，自己亦在其中。原因是画了1幅画送人，其人交出，被画院领导看到，因此要接受批判；曰近来翻译夏目漱石小说；谈友人来家访问等情况；谓杭州有人放谣言说自己已死等。④

7月22日，致周瑞光信，述往事。⑤

8月7日，致丰新枚信，谈家事；述上海近来社会状况等。⑥

---

① 此信见《丰子恺文集》（文学卷三），浙江文艺出版社、浙江教育出版社1992年6月版，第713页。信中曰："弟近手指神经麻痹，只能执钢笔，不能执毛笔。因此书画久疏。来示殷勤劝勉，甚是好意。但愿日后复健，则可重作书画也……"

② 此信未收浙江文艺出版社、浙江教育出版社1992年6月版《丰子恺文集》（文学卷三）。信中曰："寄来花生米，品种极良。谢谢。我手指麻木，今已痊愈。写扇面一个，赠你留念。"

③ 此信见《丰子恺文集》（文学卷三），浙江文艺出版社、浙江教育出版社1992年6月版，第709页。信中曰："承赐茶叶，收到谢谢。贵友索画，今选旧作二幅附上……""胡光远君曾来访，弟亦赠画。"

④ 此信见《丰子恺文集》（文学卷二），浙江文艺出版社、浙江教育出版社1992年6月版，第678—680页。

⑤ 此信见《子恺书信》（下），海豚出版社2013年9月版，第332—333页。信中曰："以前你陪我去访曹辛汉先生，三轮车难得，全靠你去找来。情景还在目前，但曹先生已于去年逝世。我幸而健康，今年七十七岁，茶甘饭软，酒美烟香……"周瑞光，福建福鼎人，时任福鼎白琳第三中学教师。

⑥ 此信见《丰子恺文集》（文学卷二），浙江文艺出版社、浙江教育出版社1992年6月版，第680—681页。

8 月 13 日，致于梦全信，述身体状况。①

8 月 19 日，致丰新枚信，谈目前身体状况；谈家事等。②

8 月 20 日，致于梦全信，感谢寄灵芝及郑彬刻章。③

8 月 21 日，致朱幼兰信，知其母逝世，表示未能亲奠为憾；述近来身体和生活状况。④

8 月 24 日，致丰新枚信，谈家事；言日常生活："我近日早上翻译夏目漱石文，作为消遣，十时即饮酒。每日饮黄酒一斤半。香烟少吸。一日一包。喷气而已，不吸入肺，亦是一种消遣。"⑤

9 月 4 日，致丰新枚信，谈家事；谈作画，以为世间自有一种人视"毒草"为香花，对此种人，

---

① 此信见《丰子恺文集》（文学卷二），浙江文艺出版社、浙江教育出版社 1992 年 6 月版，第 173—174 页。信中曰："前所惠灵芝草，据识者言，此野生之物，比人工培植者高贵。此物寄到时，我气喘已愈，故珍藏在抽斗，尚未服食，我时时取出嗅其香气，觉呼吸畅快。足证其为灵草。回忆三十余年前，日寇侵华之时，我将率眷避难之时，令尊石泉先生送我一包仙草，言服一撮，可以一天不饿。我珍藏行囊中，匆匆握别。幸而一路可得饮食，未曾服用仙草，但令尊一番美意，深可感谢，至今不忘也。近日秋高气爽，晨间写辛稼轩词一曲，附呈清赏。""又，石印甚佳，乞代道谢。后有所需，当请代求。"此石印系崇福金石家郑彬所刻。

② 此信见《丰子恺文集》（文学卷二），浙江文艺出版社、浙江教育出版社 1992 年 6 月版，第 681—683 页。

③ 此信《丰子恺文集》（文学卷三）中未收，见《子恺书信（下）》，海豚出版社 2013 年 9 月版，第 10 页。

④ 此信见《丰子恺文集》（文学卷二），浙江文艺出版社、浙江教育出版社 1992 年 6 月版，第 729 页。信中曰："令堂作古，我未亲奠为憾……""此间室内三十三度连续十天，使我患气管炎。服各种药，今已痊愈。十多天不吃酒，昨天开始吃酒了……"

⑤ 此信见《丰子恺文集》（文学卷二），浙江文艺出版社、浙江教育出版社 1992 年 6 月版，第 683—684 页。

愿意为其作画珍藏等。①

9月11日，致于梦全信，感谢赠食油等。②

9月14日，致沈定庵信，言托友人卢永高送来绍兴乳腐昨已收到，表示感谢；曰近日秋凉，晴窗写诗，附赠一纸。③

9月16日，致卢鸿钢信，谈学习书法。④

9月19日，致广洽法师信，言广州华侨大厦寄来包裹昨已收到，专此道谢。言朱幼兰上月丧母。⑤

9月20日，致丰新枚、沈纶信，表达想念之情，希望全家都回沪探亲；谈家事。⑥

---

① 此信见《丰子恺文集》（文学卷二），浙江文艺出版社、浙江教育出版社1992年6月版，第684—685页。

② 此信见《丰子恺文集》（文学卷二），浙江文艺出版社、浙江教育出版社1992年6月版，第173页。信中曰："芝琳带来食油、豆腐皮等物，皆我素食者爱用，美意实深感谢。我近中暑（上海室内三十三度连续七八天），患气喘症。服各种药，现已大体好全。承示灵芝草，我亦闻此药方，但未曾服用。吾弟代为访求，不须急急，因现已平静。渐渐想吃酒（七八天不饮）了。"芝琳为于梦全之长女。

③ 此信见《丰子恺文集》（文学卷二），浙江文艺出版社、浙江教育出版社1992年6月版，第730页。沈定庵，浙江绍兴人，书法家。

④ 此信见《丰子恺文集》（文学卷二），浙江文艺出版社、浙江教育出版社1992年6月版，第731页。信中曰："你的大楷已有基础，今后可试写较小之字，像五分角币大小，再后，像二分角币大小。如此，方可供实用，即使用钢笔写，亦可看出张猛龙体也。我们学书法，一方面为艺术，一方面为实用。此亦文艺为工农兵服务之道……"卢鸿钢为卢永高之子。

⑤ 此信见《丰子恺文集》（文学卷三），浙江文艺出版社、浙江教育出版社1992年6月版，第359页。信中曰："广州华侨大厦寄来包裹，昨已收到。内衣料二码，可可粉二罐，云是法师所赠，弟已收领，专此道谢。近来久不通信，遥想法体康泰，至深欣慰。上海已入秋季，天气凉爽，弟亦托庇粗健，每日素食饮酒，不知老之将至也。朱幼兰上月丧母，其母享年八十六岁，患脑炎而寿终。其人素强健，若非患此病，可活百岁也……"

⑥ 此信见《丰子恺文集》（文学卷三），浙江文艺出版社、浙江教育出版社1992年6月版，第685—686页。

9 月 27 日，致常君实信，感谢赠胡桃一大包，关心其眼疾；言近日食蟹饮酒。①

作《红秋两周岁》（速写）。②

10 月，应沈鹏年之请，题"鲁迅著作集名印谱"。

11 月 10 日，致舒士安信，表示《缘缘堂随笔》暂无法寄阅。赠画 1 幅。③

11 月 12 日，致周瑞光信，赠画 1 幅。④

11 月，装帧画被用于新加坡弥陀学校编印的《弥陀学校建校二十周年特刊》封面。

12 月 2 日，致潘文彦信，言前晚罗芬芬带宜冰来送蟹，且宜冰还生病，关心其情况，曰此蟹极好等。⑤

12 月 10 日，致沈定庵信，言前寄《家住夕阳江上村》小画 1 幅；询问是否有《官场现形记》

---

①　此信见《丰子恺文集》（文学卷三），浙江文艺出版社、浙江教育出版社 1992 年 6 月版，第 448 页。信中曰："惠赠胡桃一大包，今日收到，此物不易多得，下酒最宜，盛情深可感谢。足下眼疾如何？只眼出门出行，必须当心。仆托庇粗健，近日食蟹饮酒。"

②　红秋即胡红秋，胡治均之女，出生于 1972 年 9 月。

③　此信曰："最近回忆儿时放爆竹，作一幅小画，送给你保存。"

④　此信见《子恺书信》（下），海豚出版社 2013 年 9 月版，第 333 页。另有二函致周瑞光，未署年份，其一写于"四月十日"，另一写于"八月卅一日"。均言近况。

⑤　此信见《丰子恺文集》（文学卷三），浙江文艺出版社、浙江教育出版社 1992 年 6 月版，第 721—722 页。信中曰："前晚芬芬带宜冰来送蟹（一吟接见），我已睡了。听说宜冰还带着病，想必无恙；此蟹极好，今年未曾吃过如此好蟹。难为你记着我，心甚感谢。"宜冰为潘文彦之子，名字为丰子恺所取。

可借阅等。① 致舒士安函，感谢寄烘豆等。②

12月12日，致陆维钊信，对其手术顺利表示欣慰。③

12月19日，致卢永高信，表示可让其子鸿钢来取《缘缘堂随笔》。④

12月22日，致陆维钊信，因李姓医生带信，知其手术经过顺利，至为快慰；所嘱字画定当寄与李医生。⑤

按：曾有致舒士安信，未署年份，约写于此年10月14日。⑥

是年，作《花好月圆》等（漫画）。

社会评价

明　川：《丰子恺早期绘画所受影响》，载1974年8月（香港）《波文》第1卷第1期。

竹　坡：《周作人的〈儿童杂事诗〉》，载

---

① 此信见《丰子恺文集》（文学卷二），浙江文艺出版社、浙江教育出版社1992年6月版，第730页。

② 此信见《子恺书信》（下），海豚出版社2013年9月版，第210页。信中曰："寄来烘豆一包，昨已收到。此物上海无有，下酒最宜。多承美意，深为感谢。仆身体初安。冬日怕冷，不能出门。明春天暖，拟到故乡一带游玩，或能到新市望你……"

③ 此信见《子恺书信》（下），海豚出版社2013年9月版，第363页。陆维钊，画家，美术教育家，浙江美术学院教授。

④ 此信见《丰子恺文集》（文学卷二），浙江文艺出版社、浙江教育出版社1992年6月版，第731页。

⑤ 此信见《丰子恺文集》（文学卷二），浙江文艺出版社、浙江教育出版社1992年6月版，第732页。信中曰："李医生带来大札，藉悉手术经过顺利，至为快慰……嘱字画定当寄与……"

⑥ 此信见《子恺书信》（下），海豚出版社2013年9月，第208—209页。信中曰："承寄黄豆一包，今已收到。此物此间不易买得，乃下酒佳品。美意甚感。今作扇一张附赠，明年夏天可用。"

1974年12月（香港）《大成》第1卷第5期。

明　川：《从随笔看丰子恺的儿童相》，载
1974年12月（香港）《波文》第1卷第5期。

评论选录

明　川:《从随笔看丰子恺的儿童相》

在中国，如果提起丰子恺，人们往往称他是个
著名的漫画家，而把他的随笔作品放在第二位。其
实，如果严格说起来，真正能反映他性格的，他的
随笔比漫画，来得更具体更真实。

他更一再通过儿童的眼去看世界：既看出了广
大、真相的一面，也可以反映了成人世界的"顺
从、屈服、消沉、悲哀，和诈伪、险恶、卑怯"
扭曲一面。他常通过小儿子瞻瞻的眼，看到许多大
人们无理的行为，但也看到许多物象真相。也许他
是个画家，所以特别对物象造型有强烈反应……

由于他有一颗童心，对成人的世界，就很自然
地有一分恐惧；或者应该说是讨厌。他不止一次嘲
讽和指摘成人世界的虚伪，种种人为的揖让进退行
动，都变成一种令人难以忍受的场面，也可以说是
"戕贼健全身手的刑具"。尽管他这样厌恶成人世
界，但时光并不客气，他毕竟也渐渐老去；而受他
歌颂的儿童，也在眼前渐渐成长了。这一点，实在
带给他无限的悲哀。由他的悲哀，我们也可以看出
他是如何留恋那分童心了。

许多人对丰子恺的文章，存了一种很深的误
解，认为很幼稚。他自己早就说："我企慕这种孩
子们的生活的天真，艳羡这种孩子们的世界的广
大，或者有人笑我故意向未练的孩子们的空想界中

找求荒唐的乌托邦，以为逃避现实之所。但我也可笑他们的屈服于现实，忘却人类的本性。"的确，在一个扰扰攘攘的世界中，我们如果能够保持一种孩子的天真，即时刻有点儿童相是一件幸事。故丰子恺的儿童相是一种返回本性的积极方法，而不是消极的逃避。也许，在目前时代说天真，就等如说梦话。甚至可能有人会认为"天真"只不过是"无知幼稚"的代名词。也罢，让我借丰先生一首诗中的四句，作为本文的结束。

　　　　泥龙竹马眼前情，琐屑平凡总不论，

　　　　最喜小中能见大，还求弦外有余音。

明川：《丰子恺早期绘画所受的影响》

　　提到丰子恺的艺术、为人、思想，就必要提及李叔同。这位我们最早留学日本研究美术，又把西洋艺术有系统介绍到中国的一代大师，在绘画技术上，究竟对丰子恺有多大影响，可以寻到的痕迹并不多，因为李叔同在艺术方面的影响与成就，音乐比绘画大得多。三十九岁出家之前的油画作品，现存可见的恐怕极少，从见到的两幅："裸女"和"花卉"，也看不出师生的关系来。可是，李叔同给予丰子恺一些比绘画技术更重要的东西：一个艺术家的心灵。

1975 年　乙卯　78 岁

社会文化事略

1月13日至17日，第四届全国人民代表大会第一次会议在北京召开。4月5日，蒋介石在台北病逝。12月2日，毛泽东会见来访的美国总统福特。

生平事迹

1月17日，致卢玮銮信，对其赠送竹久梦二《出帆》表示感谢。①

致罗承勋信。

1月20日，致周颖南信，感谢汇款百元，作画道谢。②

1月21日，致丰新枚信，谈家事，并言："清代法家龚定庵诗一纸，可送友。"

1月23日，致于梦全信，述己近况，并赠书

---

① 此信见《子恺书信》（下），海豚出版社2013年9月版，第364页。卢玮銮，香港中文大学教授，丰子恺研究者。

② 此信见《丰子恺文集》（文学卷三），浙江文艺出版社、浙江教育出版社1992年6月版，第713页。信中曰："来示并汇款人民币百元，均于今日收到。多承厚意，实深感激，特画道谢……"

法一幅。① 致潘文彦函，写龚定庵诗赠之。②

2月4日，作《落红不是无情物，化作春泥更护花》（漫画）。

2月6日，致丰新枚信，谈家事；言故乡石门建造大会堂，来公函邀写"石门镇人民大会堂"八个大字，昨日已寄去。山东聊城光岳楼嘱写对联，亦于是日寄去。③

2月11日，致丰宁馨信，得知丰满患病，甚为挂念。④ 作《题胡氏合家欢照片》（诗词）。⑤

2月16日，致程啸天信，言承赠笋干，曾有信道谢；述近来健康，茶甘饭软，酒美烟香。⑥ 致丰新枚信，谈家事；盼有机会回上海吃酒等。⑦

2月19日，致李荣坤信，感谢汇款等。⑧

---

① 此信见《丰子恺文集》（文学卷三），浙江文艺出版社、浙江教育出版社1992年6月版，第174页。信中曰："我茹素，近且断酒（非戒酒，乃自然不想吃），所需简单，故无所缺乏。他日如有所需，当请相助。今日清明，写清代法家龚定庵诗一首，附赠留念。"

② 此信见《子恺书信》（下），海豚出版社2013年9月版，第342页。

③ 此信见《丰子恺文集》（文学卷三），浙江文艺出版社、浙江教育出版社1992年6月版，第687页。

④ 此信见《丰子恺文集》（文学卷三），浙江文艺出版社、浙江教育出版社1992年6月版，第717—718页。

⑤ 收《丰子恺文集》（文学卷三），浙江文艺出版社、浙江教育出版社1992年6月版，第829页。胡氏指胡治均。

⑥ 此信见《丰子恺文集》（文学卷三），浙江文艺出版社、浙江教育出版社1992年6月版，第709页。信中曰："前承惠笋干，早经收到，并曾有信道谢……""仆近来健康，茶甘饭软，酒美烟香……"

⑦ 此信见《丰子恺文集》（文学卷三），浙江文艺出版社、浙江教育出版社1992年6月版，第688—689页。

⑧ 此信见《子恺书信》（下），海豚出版社2013年9月版，第365页。

3 月 6 日，致秦岚信，询问辽宁地震情况。①

3 月 10 日，致于梦全信，言收到年糕等。应嘱赠画。②

4 月 2 日，致丰新枚信，言半月后由胡治均陪同赴故乡等。③

4 月 11 日，至丰新枚信，希望儿媳沈纶（佩红）辞教职，申请为药厂工人；曰明日由胡治均陪同赴故乡。④

丰子恺（二排坐者右）在故乡与众乡亲合影（摄于 1975 年）

4 月 12 日，致广洽法师信，言法师 4 日来信今收到。感谢法师汇款。言近期患风湿，右手右足动作不灵。右手不能握毛笔，只能执钢笔。右足行步不便，须人扶。谓正在治疗。盼望法师返国观光。⑤

由弟子胡治均、女儿林先等陪同，前往故乡石门湾，住胞妹雪雪家。

丰子恺（二排左二）与胡治均（三排中）及众乡亲在故乡留影（摄于 1975 年）

4 月 14 日，休息。

---

①　此信未收浙江文艺出版社、浙江教育出版社 1992 年 6 月版《丰子恺文集》（文学卷三）。信中曰："多时不通……""传闻辽宁一带有地震，不知实情如何。暇时请告知一二。"

②　此信《丰子恺文集》（文学卷三）中未收，见《子恺书信（下）》，海豚出版社 2013 年 9 月版，第 12 页。

③　此信见《丰子恺文集》（文学卷三），浙江文艺出版社、浙江教育出版社 1992 年 6 月版，第 689 页。

④　此信见《丰子恺文集》（文学卷三），浙江文艺出版社、浙江教育出版社 1992 年 6 月版，第 690 页。

⑤　此信见《丰子恺文集》（文学卷三），浙江文艺出版社、浙江教育出版社 1992 年 6 月版，第 359—360 页。信中曰："四日示，今收到。承惠伍拾元，亦妥收，至深感谢。弟所患是风湿，右手右足动作不灵。右手不能握毛笔，只能执钢笔。右足行步不便，须要人扶。近正在治疗，料想天气暖和之后，必能复健。法师前信言欲返国观光，不知定于何日。初夏天气暖和，旅行方便。届时弟亦必复健，可以奉迎。至深盼切……"

4月15日，上午至石门镇。

4月22日，返上海。回沪后寄赠照片与张骏成。①

4月24日，致蒋正东信，告知其已安抵上海；表示此次在其家住十余日，因其招待周到，十分快乐；言所有要字画者，请稍待数日，当即写好寄其分送等。②
致丰新枚信，述回故乡情况等。③

丰子恺（中）与二外孙女在故乡留影（摄于1975年）

5月4日，致蒋正东信，言是日挂号寄画一包，共十三张，由其分送诸人；另汇出二十元，送其母亲装牙齿。④ 致洪丕谟函，赞美其书法和诗篇，代他人请自制蛇药片。⑤

5月5日，至丰新枚信，望暑假全家回沪探亲；再述回故乡之情况等。⑥ 致函于梦全，寄书画件"少小离家"和"种瓜得瓜"，并言已写好砚铭等。⑦

① 参见张骏成《丰家的染缸》，载2012年5月31日《嘉兴日报》。文中曰："那次，他自故乡回沪后，寄来一帧照片：'送给骏成。子恺，时年七十七。'丰爷爷蔼然仁者，音容宛在。"

② 此信见《丰子恺文集》（文学卷三），浙江文艺出版社、浙江教育出版社1992年6月版，第733页。信中曰："我们安抵上海。此次在你家住十来天，你们招待周到，我与胡先生都很快乐……""所有要字画的人，稍待数日，当即写好，寄给你分送……"蒋正东，丰子恺之妹丰雪珍（雪雪）的儿子。"胡先生"指胡治均。

③ 此信见《丰子恺文集》（文学卷三），浙江文艺出版社、浙江教育出版社1992年6月版，第690—691页。

④ 此信见《丰子恺文集》（文学卷三），浙江文艺出版社、浙江教育出版社1992年6月版，第733—734页。信中曰："今天挂号寄你画一包，共十三张，想可与此信先后收到。你分送各人可也。今汇出贰拾元，是送你母亲装牙齿的……"

⑤ 此信见《子恺书信》（下），海豚出版社2013年9月版，第368页。洪丕谟，浙江宁波人，时为医师，兼工书法艺术等。

⑥ 此信见《丰子恺文集》（文学卷三），浙江文艺出版社、浙江教育出版社1992年6月版，第691—692页。

⑦ 此信见《子恺书信》（下），海豚出版社2013年9月版，第13页。

5 月 11 日，致于梦全信，言赠"种瓜"一画。①

5 月 28 日，致洪丕谟信，告知身体近况，赞其书法、诗篇等。②

6 月 1 日，致程啸天信，对其爱女病故表示悼惜。③

6 月 5 日，致潘文彦信，询问附有《白香词谱笺》的一书是否在其处，如有，可将"白香"一部分裁下寄来；曰最近去故乡一次，写贺知章诗送人，余多一张，附寄。④

丰子恺（坐者）在故乡与妹雪雪之女阿七一家合影（摄于1975 年）

6 月 9 日，致于梦全信，言："沙先生写得很好。我看过了，今寄还你。"⑤

6 月 11 日，致丰宁馨信，因丰满患病，再述挂念之情，并期望早日得到好消息。⑥

6 月，（香港）沃土书店根据 1935 年良友版《车厢社会》出版香港新版《车厢社会》。

丰子恺（右）在故乡与妹雪雪合影（摄于1975 年）

①　此信见《子恺书信》（下），海豚出版社 2013 年 9 月版，第 13 页。

②　此信见《子恺书信》（下），海豚出版社 2013 年 9 月版，第 369 页。

③　此信《子恺书信》（下），海豚出版社 2013 年 9 月版，第 323 页。

④　此信见《丰子恺文集》（文学卷三），浙江文艺出版社、浙江教育出版社 1992 年 6 月版，第 722 页。信中曰："多时不见……想看看《白香词谱笺》，而遍觅不得。忽忆有一册大本子咖啡色面子的《词综》（？），后面附有《白香词谱笺》。此书是否在你处……如果有，请将'白香'一部分裁下，寄给我……""我最近到故乡石门湾去了一次……写了贺知章诗送人，余多一张，附送给你留念。"

⑤　此信见《子恺书信》（下），海豚出版社 2013 年 9 月版，第 14 页。

⑥　此信见《丰子恺文集》（文学卷三），浙江文艺出版社、浙江教育出版社 1992 年 6 月版，第 718 页。信中曰："知道满娘患病，甚为挂念。我又不能亲来探问，心甚焦急。我想，满娘年纪不算很大。生育少的人，元气充足，小病定能复健。今世寿长的人很多。但望不日收到好消息。"

7月5日，致潘文彦信，谈古诗词；写《小梅花》一纸附送。①

7月6日，致丰宁馨信，因子女返沪汇报赴杭探望姑母（即丰满）情况，以为只要饮食不断，定可带病延年；建议迁居；向女婿王维贤借阅《苕溪渔隐丛话》和《词苑丛谈》等。②

7月11日，致丰宁馨信，言来信及书一册皆妥收。知胞妹丰满病渐好，甚慰。③

7月17日，致卢玮銮信（托罗承勋转），感谢寄赠竹久梦二画集。④

7月29日，致丰新枚信，作书二纸附寄；言当前日饮黄酒一斤，吸烟一包等。⑤

8月初，右手手指麻木，渐及右臂，初疑为中

丰子恺（前排坐者左）在故乡与妹雪雪及其子女合影（摄于1975年）

---

①　此信见《丰子恺文集》（文学卷三），浙江文艺出版社、浙江教育出版社1992年6月版，第722—723页。信中曰："你热爱词，可见是性之所近，而深于情者。词这种文艺格式，世间只有中国人擅长。日本人模仿汉诗，但不解词。诗盛于唐，词兴于宋。可知词是一种进步的文艺格式。古人称词为'诗余'，实则乃诗之变格，言情更为细致而亲切也。我近读《白香词谱》，爱其'笺'。笺中有许多可爱的作品。今日读贺方回《小梅花》，读之不足，又抄出一纸，今附送给你。《小梅花》少有人填，《词综》中或另有所载，你可查看。此词不易填，因其篇幅长，难于贯彻一气。贺方回确是能手……"

②　此信见《丰子恺文集》（文学卷三），浙江文艺出版社、浙江教育出版社1992年6月版，第718—719页。信中曰："诸人回来，告我满娘病状。我认为只要饮食不断，定可带病延年……""听说可迁居。我希望你们迁地为良。病人可坐藤椅，由两人抬着迁居。""问问维贤：他有否《苕溪渔隐丛话》，及《词苑丛谈》这两册书？倘有，借我一看……"

③　此信见《丰子恺文集》（文学卷三），浙江文艺出版社、浙江教育出版社1992年6月版，第719页。

④　信曰："惠鉴昨承香港大公报罗承勋君寄下，竹久梦二《出帆》一大册已妥收。此书内容丰富，装帧精美，实为文林珍品，且鄙人一向景仰竹久梦二。昔年曾在东京收集其画集，至今宝藏在家，而拙作'子恺漫画'实师法于梦二。故得此大册，尤感欣幸。特函申谢。即请文安。"

⑤　此信见《丰子恺文集》（文学卷三），浙江文艺出版社、浙江教育出版社1992年6月版，第692页。

风，但每日热度不退。15 日，得胞姐丰满逝世噩耗，悲不自胜，病势转剧。

8 月 29 日，在家接受丁训杰问诊。当晚送至大华医院。

8 月 30 日，转至华山医院。被安置于内科观察室 9 床。

8 月 31 日，接受超声波检查。

9 月 1 日，接受脑电图检查。

9 月 2 日，经上海华山医院作胸部摄片检查，诊断为右叶尖肺癌，已转移到脑部。转至神内科观察室 27 床。

9 月 15 日，12 时 08 分在上海华山医院急诊观察室逝世。

9 月 19 日，由上海画院发讣告，在龙华火葬场大厅举行追悼会。上海市文化局有关方面负责人沈柔坚到会表示悼念，并向丰氏家属徐力民女士作了慰问。中国人民政治协商会议全国委员会、中国人民政治协商会议上海市委员会、上海画院等单位送了花圈。送花圈的还有：陈望道、苏步青、郭绍虞、刘海粟、吴梦非、刘质平、唐云等。追悼会由画院负责人主持，画院革委会负责人致悼词，三十多年老朋友蔡介如代表生前友好致词，丰氏长女丰陈宝代表家属致答谢词。[①] 参加追悼会的有画院画

丰子恺（坐者）在故乡与妹雪雪之长女一家合影（摄于 1975 年）

丰子恺（左）与胡治均在西竺庵故乡母校前合影（摄于 1975 年）

丰子恺追悼会上，妻徐力民率七子女瞻仰丰子恺遗容（摄于 1975 年）

---

① 郭绍虞（1893—1984），原名希汾，字绍虞，江苏苏州人，语言学家、作家、学者。蔡介如（1913—2007），江苏常熟人，曾任上海文史馆馆员、上海书画院顾问。

师，有丰氏生前友好、私淑弟子及丰氏家属子女共约百余人。追悼仪式结束后，哀乐声中，到会者怀着沉痛的心情，缓步绕过灵床，向丰氏遗体告别。在花圈当中，有一只用鲜花扎成的花圈格外夺目。送花圈的人因自己尚未摘掉"黑帽子"而不能前来，可他则用刚领到的一个月的生活费托人买来了鲜花，扎成一个花圈，让学生送到追悼会现场——这是追悼会上唯一的一只用真花扎成的花圈。送这花圈的人是刘海粟。

1975 年 9 月 19 日，丰子恺追悼会上的花圈

是年，作《题于梦全藏鲍月景先生〈百子图〉》（诗，文末署"乙卯清和月缘缘堂主人题"）。

陆维钊有赠诗："茶甘饭软已心宽，酒美烟香更自欢。一室生春天地阔，百年为客去来安。移山未觉愚公老，改造应看蜀道难。回首淞滨灯火夜，黄垆凄绝赋江南。"诗写就，未及作书，丰氏未能亲见。

为山东聊城光岳楼撰楹联。[①]

1979 年 6 月 28 日，丰子恺骨灰安放仪式现场

按一：曾有致舒士安信三通，未署年份，约写于该年，分别为 2 月 1 日、3 月 1 日和 3 月 24 日。2 月 1 日信感谢承寄糯米、赤豆等物等；3 月 1 日信感谢托施仁宝送麻油等；3 月 24 日信感谢寄糯米锅巴等。

按二：1978 年 6 月 5 日，上海市文化局党委作出复查结论，撤销原审查结论，为丰子恺先生平反昭雪。1979 年 6 月 28 日，由上海市文化局、文联、画院主持，为丰子恺举行骨灰安放仪式，并将骨灰安放在上海烈士陵园革命干部骨灰室。1983 年 4 月 10 日妻徐力民在上海逝世。1985 年 9 月 15 日，由广洽法师资助和桐乡政府拨款的故居缘缘堂重建落成，并举行落成典礼。1986 年 4 月，丰子

---

① 联曰："光前垂后劳动人民智慧无极；岳峻楼高强大祖国文物永昌。"

恺衣冠与妻徐力民、胞姐丰满、胞妹雪雪及其夫蒋
茂春同葬于浙江省桐乡市石门镇雪雪之子家自留地
上。2006 年 3 月 11 日，丰子恺的第三代一行护送
骨灰回到桐乡故居缘缘堂。护送者有：外孙雪君、
乐岚夫妇，外孙女杨朝婴、培良夫妇，外孙杨子
耘、雅芳夫妇，外孙女崔东明。2006 年 4 月 22 日
上午，丰子恺的骨灰安放到原丰氏衣冠冢内，与夫
人徐力民及二位胞姐妹合葬。参加仪式的除丰子恺
的亲人外，上海、杭州、香港等地的一些崇敬者也
一并参加，共计 60 人。

　　按三：2005 年 9 月 15 日上午，丰子恺逝世 30
周纪念大会在桐乡国际大酒店 16 楼大会议厅举行。
出席纪念大会的有 200 余人。在纪念大会上，丰一
吟在代表丰子恺家属的发言中回忆了丰子恺当年病
重和逝世的情形。此可看作较有价值的史料，现引
录相关文字：

　　今天是我父亲丰子恺逝世 30 周年的日子。30
年前的此刻，父亲躺在上海华山医院神内科观察室
的 27 号病床上。8 月 30 日他刚进华山医院时，是
在内科观察室。在解决了内科问题后，他的右手臂
仍不听使唤。医生便诊断他为神经性的，就在 9 月
2 日这一天把他转移到神内科来。那时，我们家属
稍稍放了心，以为神内科的病总好办些，不会是什
么致命大病。为了排除其他疾病的可能性，医生叫
他去拍肺片。谁知肺片拍出来，医生诊断他是肺
癌！在当时，肺癌是属于不治之症，更何况医生说
已经是晚期！据说，肺癌转移在左脑后，会压迫右
手臂，使右手臂不能动弹。我们这才知道父亲的病
因所在。全家悲痛万分。自从父亲进医院之后，我
们子女日夜轮流值班。亲友纷纷前来探望。父亲虔
诚的读者卢永高先生和父亲的好友蔡介如先生还帮
忙抬过担架。卢永高先生在杂志上看到湖州有一个

医生开的中药"东风汤"可以治癌，我们想让父亲试试。但家属要服侍病人，走不开，父亲的门生胡治均先生便自告奋勇去湖州买药。现在回想起来，那是病急乱投医。中药是需要长期服用的，当时病人连吃东西都已困难，几口汤药能挽救得了肺癌吗？可是我们子女和亲友的心情都是一样的，只要哪怕有一线希望，我们都要救活父亲！可是，天不假年，9月15日中午，父亲终于与世长辞！当时守在父亲身边的，是我弟弟丰新枚和我们小姑妈雪雪的儿子蒋镇东。镇东比较有经验，9月15日中午，他忽然告诉我弟弟说："娘舅恐怕不行了！你赶快去打电话把他们叫来吧！"弟弟连忙奔出去，打公用电话通知了大家。当他急急忙忙回到父亲身边时，医生抢救无效，父亲已于中午12点零8分永远离开了我们！离开了他的亲朋好友！离开了他的无数虔诚的读者！……

按四：1984年（台北）新文丰出版公司出版高文显编著《韩偓》，内收丰氏韩偓诗漫画12幅。

社会评价

司马长风：《中国新文学史》（上）（中）（下），（香港）昭明出版社1975年至1978年版。

金刚斋主：《略谈漫画家丰子恺先生》，载1975年10月24日［新加坡］《星洲日报》。

《广洽法师获上海通知，中国著名文学家丰子恺居士逝世》，载1975年10月10日［新加坡］《南洋商报》。

赵　聪：《中国现代作家列传》，（香港）中国笔会1975年版。

莫一点：《漫画家丰子恺先生逝世》，载1975年（香港）《明报月刊》12月号。

谱　后

丰子恺著译书目

1925 年

3 月，《苦闷的象征》，翻译，原著［日］厨川白村，（上海）商务印书馆；

12 月，《子恺漫画》，画集，（上海）文学周报社；

12 月，《音乐的常识》，音乐理论，（上海）亚东图书馆。

1926 年

1 月，《子恺漫画》，画集，（上海）文学周报社（"文学周报社丛书"，开明书店印行）；

10 月，《音乐入门》，音乐理论，（上海）开明书店。

1927 年

2 月，《子恺画集》，画集，（上海）文学周报社出版，开明书店印行；

8 月，《中等教科适用歌曲集·中文名歌五十曲》，编选，与裘梦痕合编，（上海）开明书店；

11 月，《孩子们的音乐》，翻译，原著［日］田边尚雄，（上海）开明书店。

1928 年

4 月，《西洋美术史》，编译，（上海）开明书店；

5 月，《艺术概论》，翻译，原著［日］黑田鹏信，（上海）开明书店；

7 月，《艺术教育 ABC》，艺术理论，（上海）世界书局；

7 月，《构图法 ABC》，美术理论，（上海）世界书局。

1929 年

2 月，《护生画集》，画集，弘一法师书写诗文，（上海）开明书店；

3 月，《洋琴弹奏法》，编著，与裘梦痕合编，（上海）开明书店；

5 月，《现代艺术十二讲》，翻译，原著〔日〕上田敏，（上海）开明书店；

10 月，《生活与音乐》，翻译，原著〔日〕田边尚雄，（上海）开明书店；

11 月，《谷诃生活》，编著，（上海）世界书局。

1930 年

3 月，《西洋画派十二讲》，美术理论，（上海）开明书店；

5 月，《音乐的听法》，翻译，原著〔日〕门马直卫，（上海）大江书铺；

5 月，《近代二大乐圣的生涯与艺术》，编述，（上海）亚东图书馆；

5 月，《近世十大音乐家》，音乐理论，（上海）开明书店；

5 月，《音乐初步》，音乐理论，（上海）北新书局；

《美术概论》，翻译，原著〔日〕森口多里，（上海）大江书铺。

1931 年

1 月，《缘缘堂随笔》，散文，（上海）开明书店；

4 月，《初恋》，翻译，原著〔俄〕屠格涅夫，（上海）开明书店；

5 月，《世界大音乐家与名曲》，音乐理论，（上海）亚东图书馆；

5 月，《光明画集》，画集，（上海）国光印书局；

6 月，《西洋名画巡礼》，美术理论，（上海）开明书店；

9 月，《怀娥铃演奏法》，编著，与裘梦痕合编，（上海）开明书店；

9 月，《学生漫画》，画集，（上海）开明书店。

1932 年

1 月，《儿童漫画》，画集，（上海）开明书店；

3 月，《儿童生活漫画》，画集，（上海）儿童书局；

4 月，《自杀俱乐部》，翻译，原著〔英〕史蒂文生，（上海）开明书店；

5月，《风琴名曲选》，编选，（上海）开明书店；

5月，《怀娥铃名曲选》，编选，（上海）开明书店；

9月，《艺术教育》，翻译，原著［日］阿部重孝等，（上海）大东书局；

9月，《洋琴名曲选》，编选，（上海）开明书店；

10月，《英文名歌百曲》，编选，（上海）开明书店；

10月，《中学生小品》，散文，（上海）中学生书局；

12月，《西洋音乐楔子》，音乐理论，（上海）开明书店；

《音乐概论》，翻译，原著［日］门马直卫，（上海）开明书店。

1933 年

8月，《护生画集》，画集，英译本，黄茂林译，（上海）中国动物保护会；

9月，《子恺小品集》，散文，（上海）开华书局；

《西洋名歌百曲》，编选，（上海）开明书店。

1934 年

5月，《绘画与文学》，艺术理论，（上海）开明书店；

8月，《随笔二十篇》，散文，（上海）天马书店；

9月，《近代艺术纲要》，艺术理论，（上海）中华书局；

11月，《艺术趣味》，艺术论述，（上海）开明书店；

11月，《开明图画讲义》，美术论述，（上海）开明书店；

11月，《开明音乐讲义》，音乐论述，（上海）开明书店。

1935 年

4月，《艺术丛话》，艺术论述，（上海）良友图书印刷公司；

4月，《云霓》，画集，（上海）天马书店；

7月，《车厢社会》，散文，（上海）良友复兴图书印刷公司；

7月，《开明音乐教本》，教材，与裘梦痕合编，共7册，（上海）开明书店；

8月，《绘画概说》，美术史论，（上海）中国文化服务社；

8月，《人间相》，画集，（上海）开明书店；

9月，《都会之音》，画集，（上海）天马书店；

12 月，《西洋建筑讲话》，艺术理论，（上海）开明书店。

1936 年

10 月，《艺术漫谈》，艺术论述，（上海）人间书屋；

10 月，《丰子恺创作选》，散文，陈筱梅编，（上海）仿古书店。

1937 年

1 月，《缘缘堂再笔》，散文，（上海）开明书店；

3 月，《少年美术故事》，美术故事，（上海）开明书店。

1938 年

7 月，《漫文漫画》，编著，（汉口）大路书店；

7 月，《口琴吹奏法初步》，编著，与萧而化合编，署名"编著者"，（汉口）大路书店；

《兴华大力士（儿童战事画）》，画集，（桂林）特种教育社；

《大同大姊姊（儿童战事画）》，画集，（桂林）特种教育社；

《抗战歌选》第一集，与萧而化合编，（成都）越新书局；

《抗战歌选》第二集，与萧而化合编，（汉口）大路书店。

1939 年

7 月，《漫画阿 Q 正传》，插图，（上海）开明书店；

8 月，《中文名歌五十曲》（署"丰子恺编"），（上海）开明书店。

1940 年

2 月，《大树画册》，画集，（上海）文艺新潮社；

4 月，《缘缘堂随笔》，散文，日译本，［日］吉川幸次郎译，［日］创元社；

11 月，《子恺随笔》，散文，（上海）三通书局；

11 月，《续护生画集》，画集，弘一法师书写诗文，（上海）开明书店；

12 月，《甘美的回味》，散文，（上海）开华书局。

1941 年

2 月，《图画常识》，美术论述，（桂林）文化供应社；

7 月,《艺术修养基础》,艺术理论,(桂林)文化供应社;

10 月,《子恺近作散文集》,散文,(成都)普益图书馆;

10 月,《子恺近作漫画集》,画集,(成都)普益图书馆。

1942 年

5 月,《子午山纪游册》,画集,与赵酒康合著,遵义孤儿所;

8 月,《客窗漫画》,画集,(桂林)今日文艺社;

9 月,《口琴歌曲集》,编选,与萧而化合编,(成都)越新书局。

1943 年

3 月,《音乐初阶》,音乐理论,(桂林)文光书店;

4 月,《画中有诗》,画集,(桂林)文光书店;

8 月,《漫画的描法》,美术理论,(上海)开明书店;

10 月,《我教你描画》,艺术随笔,丰子恺著,汪子美绘,(重庆)文风书局。

1944 年

1 月,《艺术与人生》,艺术论述,(桂林)民友书店;

2 月,《世态画集》,画集,与吴甲原合作,(桂林)文光书店;

3 月,《音乐合阶》,音乐理论,(桂林)文光书店;

3 月,《文明国》,连环图文,(上海)作家书屋;

4 月,《艺术学习法及其他》,艺术论述,(桂林)民友书店;

4 月 10 日,《艺术学习法及其他》,艺术论述,(桂林)民友书店;

6 月,《教师日记》,日记,崇德书店出版、(重庆)万光书局发行;

9 月,《人生漫画》,画集,崇德书店出版、(重庆)万光书局发行。

1945 年

4 月,《学生新画宝》,画集,(重庆)新中国出版社(再版时改书名为《学生新画册》,目前可见 1947 年 11 月(重庆)陪都书店出版的第 3 版);

12 月,《子恺漫画全集之一:古诗新画》,画集,(上海)开明书店;

12 月,《子恺漫画全集之二:儿童相》,画集,(上海)开明书店;

12 月,《子恺漫画全集之三:学生相》,画集,(上海)开明书店;

12 月,《子恺漫画全集之四:民间相》,画集,(上海)开明书店;

12 月，《子恺漫画全集之五：战时相》，画集，（上海）开明书店；

12 月，《子恺漫画全集之六：都市相》，画集，（上海）开明书店。

1946 年

4 月，《毛笔画册》一至四册，画集，（上海）万叶书店；

10 月，《率真集》，散文，（上海）万叶书店；

12 月，《子恺漫画选》彩色版，画集，（上海）万叶书店。

1947 年

4 月，《丰子恺杰作选》，散文，巴雷编选，（上海）新象书店；

4 月，《又生画集》，画集，（上海）开明书店；

5 月，《劫余漫画》，画集，（上海）万叶书店；

6 月，《中日对照缘缘堂随笔》（共 4 册，《作父亲》《山中避雨》《西湖船》《谈自己的画》），［日］吉川幸次郎日译，（台北）开明书店；

7 月，《幼幼画集》，画集，（上海）儿童书局；

9 月，《音乐十课》，音乐理论，（上海）万叶书店；

9 月，《猫叫一声》，故事，（上海）万叶书店；

10 月，《小钞票历险记》，童话，（上海）万叶书店。

1948 年

2 月，《博士见鬼》，童话，（上海）儿童书局；

3 月，《丰子恺画存》第一、第二集，画集，（天津）民国日报社。

1949 年

6 月，《西洋音乐知识》，音乐理论，原书名为《西洋音乐的楔子》，（上海）开明书店；

7 月，《前尘影事集》，编写，原著李叔同，（上海）康乐书店。

1950 年

2 月，《护生画三集》，画集，叶恭绰书写诗文，（上海）大法轮书局；

4 月，《绘画鲁迅小说》一至四册，小说插图，（上海）万叶书店；

7 月，《音乐知识十八讲》，音乐理论，（上海）万叶书店；

9 月，《幼童唱游》，编著，幼稚园小学低年级适用，三册，与杨民望合编，（上海）启明书局。

1951 年

2 月，《小朋友唱歌》，编选，与杨民望合编，（上海）启明书局；

4 月，《子恺漫画选》（彩色版平装本），画集，（上海）万叶书店；

4 月，《世界大作曲家画像》，翻译，原著［苏］罕斯尔、考夫曼，（上海）万叶书店；

6 月，《童年与故乡》，吴朗西译，丰子恺书写，（上海）文化生活出版社。

1952 年

4 月，《笔顺习字帖》上、下册（丰子恺书），（北京）宝文堂书店；

7 月，《管乐器及打击乐器演奏法》，翻译，原著［日］春日嘉藤治，（上海）万叶书店。

1953 年

1 月，《阿伊勃里特医生》，翻译，原著［苏］波略柯娃，（上海）万叶书店；

2 月，《中小学图画教学法》，翻译，与丰一吟合译，原著［苏］孔达赫强，万叶书店；

4 月，《猎人笔记》，翻译，原著［俄］屠格涅夫，（上海）文化生活出版社；

5 月，《苏联音乐青年》，翻译，原著［苏］高罗金斯基，（上海）万叶书店；

11 月，《朝鲜民间故事》，翻译，与丰一吟合译，编者［朝］霍兹编，（上海）文化生活出版社；

11 月，《蒙古短篇小说集》，翻译，与青西、丰一吟合译，原著［蒙］达姆丁苏隆，（上海）文化生活出版社；

《音乐的基本知识》，翻译，与丰一吟合译，原著［苏］华西那—格罗斯曼，（上海）万叶书店。

1954 年

4 月，《小学图画教学》，翻译，与丰一吟合译，原著［苏］加尔基娜，（北京）人民教育出版社；

5月，《学校图画教学》，翻译，原著［苏］科茹霍夫，（上海）春明出版社；

6月，《幼儿园音乐教育法》，翻译，原著［苏］维特鲁金娜，（上海）新音乐出版社；

7月，《唱歌课的教育工作》，翻译，与丰一吟合译，原著［苏］格罗静斯卡雅，（北京）人民教育出版社。

1955 年

3月，《唱歌和音乐》，翻译，与杨民望合译，原主编［苏］沙赤卡雅，（北京）人民教育出版社；

11月，《子恺漫画选》，画集，王朝闻编，（北京）人民美术出版社。

1956 年

2月，《幼儿园音乐教育》，翻译，与丰一吟合译，原著［苏］梅特洛夫、车舍娃合著，（北京）人民教育出版社；

7月，《雪舟的生涯与艺术》，艺术论述，（上海）上海人民美术出版社；

10月，《小学音乐教学法》，翻译，与杨民望合译，原著［苏］鲁美尔等，（北京）人民教育出版社；

《丰子恺儿童漫画》，画集，英文、德文、波兰文三种文本，（北京）外文出版社。

1957 年

5月，《我的同时代人的故事》第一卷，翻译，与丰一吟合译，原著［俄］柯罗连科，（北京）人民文学出版社；

7月，《听我唱歌难上难》，画集，（北京）中国少年儿童出版社；

11月，《近世西洋十大音乐家故事》（即《近世十大音乐家》的新版），音乐论述，（杭州）东海文艺出版社；

11月，《缘缘堂随笔》，散文，新版，（北京）人民文学出版社；

11月，《丰子恺文集》，散文，（北京）人民文学出版社（香港未名书店总经销）。

1958 年

1 月,《李叔同歌曲集》, 编选,(北京) 音乐出版社;

6 月,《夏目漱石选集》第二卷, 翻译, 原著 [日] 夏目漱石 (共收二篇, 其中《旅宿》为丰子恺译),(北京) 人民文学出版社;

11 月,《石川啄木小说集》, 翻译, 原著 [日] 石川啄木,(北京) 人民文学出版社。

1959 年

5 月,《我的同时代人的故事》第二卷, 翻译, 与丰一吟合译, 原著 [俄] 柯罗连科,(北京) 人民文学出版社;

8 月,《陈之佛画集》(编选),(北京) 人民美术出版社;

9 月,《子恺儿童漫画》, 画集,(天津) 天津少年儿童美术出版社。

1961 年

7 月,《杨柳》(多人合集), 散文,(香港) 上海书局;

10 月,《日本的音乐》, 翻译, 原著 [日] 山根银二,(北京) 音乐出版社;

《护生画四集》, 画集, 朱幼兰书写诗文,(香港) 商务印书馆印刷, [新加坡] 弥陀学校赠送。

1962 年

5 月,《弘一大师遗墨》(编选, 非卖品, 由新加坡广洽法师等捐款),(上海) 三一印刷厂;

5 月,《缘缘堂随笔》, 散文,(香港) 建文书局;

11 月,《子恺漫画全集》, 画集,(香港) 岭南出版社。

1963 年

12 月,《丰子恺画集》, 画集,(上海) 上海人民美术出版社。

1964 年

1 月,《我的同时代人的故事》第三、四卷, 翻译, 与丰一吟合译, 原著 [俄] 柯罗连科,(北京) 人民文学出版社;

11 月，《弘一大师遗墨续集》，编选，（香港）商务印书馆。

1965 年

9 月，《护生画集》第五集，画集，虞愚书写诗文，（香港）商务印书馆。

1968 年

10 月，《缘缘堂随笔》附"再笔"，散文，（台北）开明书店。

1973 年

10 月，《大乘起信论新释》，翻译（出版时署名"无名氏"），原著［日］汤次了荣，［新加坡］大新印刷厂私人有限公司。

1975 年

6 月，《车厢社会》，散文，（香港）沃土书店。

按一：本著译书目仅录丰子恺生前出版的初版本。未见初版本者例外。

按二：丰子恺生前编定、身后出版的有：《护生画集》第六集，画集，（香港）时代图书有限公司 1979 年 10 月版；《缘缘堂随笔集》，散文，丰一吟编入部分"缘缘堂续笔"中的作品，（杭州）浙江文艺出版社 1983 年 5 月版；《源氏物语》上、中、下三册，翻译，原著［日］紫式部，（北京）人民文学出版社 1980 年 12 月出版上册，1982 年 6 月出版中册，1983 年 10 月出版下册；《落洼物语》，翻译，（北京）人民文学出版社 1984 年 2 月版；《不如归·黑潮》，翻译，原著［日］德富芦花，其中《不如归》为丰子恺翻译，（北京）人民文学出版社 1989 年 8 月版，等。

按三：丰子恺为他人出版物的插图本不收入。

按四：丰子恺身后由他人编辑出版的书目均不录入。

主要参考文献

1. 丰华瞻、殷琦编:《丰子恺研究资料》［中国现代文学史资料汇编（乙种）］,宁夏人民出版社 1988 年 11 月第 1 版。

2. 丰子恺著,丰陈宝、丰一吟、丰元草编:《丰子恺文集》,艺术卷一至四卷,浙江文艺出版社、浙江教育出版社 1990 年 9 月版。

3. 王知伊著:《开明书店纪事》,山西人民出版社 1991 年 9 月版。

4. 殷琦编:《丰子恺集外文选》,上海三联书店 1992 年 5 月版。

5. 丰子恺著,丰陈宝、丰一吟、丰元草编:《丰子恺文集》,文学卷一至三卷,浙江文艺出版社、浙江教育出版社 1992 年 6 月版。

6. 丰一吟著:《潇洒风神:我的父亲丰子恺》,华东师范大学出版社 1998 年 10 月版。

7. 钟桂松、叶瑜荪编:《写意丰子恺》,浙江文艺出版社 1998 年 8 月版。

8. 林文宝著:《试论我国童话观念的演变——兼论丰子恺的童话》,（台北）万卷楼图书有限公司 2000 年 10 月版。

9. 丰陈宝、丰一吟编:《丰子恺漫画全集》,京华出版社 2001 年 4 月版。

10. 金铁宽、吴式颖主编:《中外教育大事年表（公元前—公元 2000 年）》,上海教育出版社 2001 年 5 月第 1 版。

11. 程杏培、陶继明编著:《红色学府——上海大学（1922—1927）》,上海大学出版社 2002 年 6 月版。

12. 张哲俊著:《吉川幸次郎研究》,中华书局 2004 年 8 月版。

13. ［日］西原大辅著,赵怡译:《谷崎润一郎与东方主义——大正日本的中国幻想》,中华书局 2005 年 8 月版。

14. 盛兴军主编:《丰子恺年谱》,青岛出版社 2005 年 9 月版。

15. 王震编著:《徐悲鸿年谱长编》,上海画报出版社 2006 年 12 月第 1 版。

16. 丰一吟著:《我的父亲丰子恺》,团结出版社 2007 年 1 月版。

17. 丰一吟著:《我和爸爸丰子恺》,百花文艺出版社 2008 年 10 月版。

18. 丰陈宝等著:《缘缘堂子女书》,大象出版社 2008 年 11 月版。

19. 丰一吟著:《天与我相当厚》,上海远东出版社 2009 年 1 月版。

20. 张振刚著:《丰子恺、章桂和"逃难"这两个汉字》,(台北)秀威资讯科技股份有限公司 2009 年 5 月版。

21. 虞云国、周育民主编:《中国文化史年表》,上海人民出版社 2009 年 7 月版。

22. 徐宪江主编:《百年中国实录(1911—2009)》,中共党史出版社 2010 年 1 月版。

23. 吴俊等主编:《中国现代文学期刊目录新编》(上、中、下),上海人民出版社 2010 年 2 月版。

24. 陈洁编:《民国戏曲史年谱》(1912—1949),文化艺术出版社 2010 年 5 月版。

25. 吴永贵著:《民国出版史》,福建人民出版社 2011 年 6 月版。

26. 来新夏、徐建华著:《中国的年谱与家谱》,中国国际广播出版社 2010 年 7 月版。

27. 毕克官、毕宛婴著:《走近丰子恺》,西泠印社出版社 2011 年 11 月版。

28. 龙红、廖科编著:《抗战时期陪都重庆书画艺术年谱》,重庆大学出版社 2011 年 11 月版。

29. 朱南田著:《红雨润心庐诗稿》,浙江古籍出版社 2012 年 3 月版。

30. 钟桂松著:《钱君匋画传》,浙江大学出版社 2012 年 4 月版。

31. 周勇、王志昆主编:《中国抗战大后方历史文献联合目录》(上、中、下),重庆出版社 2011 年 8 月版。

32. 毕克官著:《漫画的话与画》,中国文史出版社 2002 年 1 月版。

33. 卢玮銮主编:《中国近代名家书画全集·丰子恺/胜利》,(香港)翰墨轩出版有限公司,2000 年 2 月 28 日版。

34. 许礼平主编:《中国近代名家书画全集·丰子恺/人间情味》,(香港)翰墨轩出版有限公司,2008 年 11 月 9 日版。

35. 姜建、吴为公著:《朱自清年谱》,光明日报出版社,2010 年 11 月版。

36. 刘瑞宽著:《中国美术的现代化:美术期刊与美展活动的分析(1911—1937)》,生活·读书·新知三联书店 2008 年 12 月版。

37. 姜德明著:《新文学版本》,江苏古籍出版社,2002 年 12 月版。

38. 于润琦编著:《唐弢藏书》,北京出版社 2005 年 1 月版。

39. 姜德明编著:《书衣百影:中国现代书籍装帧选(1906—1949)》,生活·读书·新知三联书店 1999 年 12 月版。

40. 姚志敏等主编：《书影》（上、下），上海远东出版社 2003 年 9 月版。

41. 刘新著：《书香旧影》，湖南美术出版社 2003 年 8 月版。

42. 周春良等主编：《叶圣陶书影》，古吴轩出版社 2007 年 10 月版。

43. 香港康乐及文化事务署编：《人间情味》，2012 年 5 月版。

44. 毕克官著：《写画六十年》，人民文学出版社 2008 年 1 月版。

45. 谢其章著：《漫画漫话》，新星出版社 2006 年 12 月版。

46. 刘晨著：《立达学园史论》，团结出版社 2009 年 11 月版。

47. 南京图书馆编：《中国近现代人物像传》，上海古籍出版社 2011 年 12 月版。

48. 陈玉堂编著：《中国近现代人物名号大辞典》，浙江古籍出版社 2005 年 1 月版。

49. 徐昌酩主编：《上海美术志》，上海书画出版社 2004 年 12 月版。

50. 凌卫民、何大强主编：《匡互生与立达学园教育思想的研究与实践》，华文出版社 2010 年 10 月版。

51. ［日］森哲郎编著，于钦德、鲍文雄译：《中国抗日漫画史》，山东画报出版社 1999 年 9 月版。

52. 方汉奇著编：《中国近代报刊史》，山西教育出版社 1981 年 6 月版。

53. 鲍耀明编：《1960—1966 周作人与鲍耀明通信集》，河南大学出版社 2004 年 4 月版。

54. 唐文一、沐定胜著：《消逝的风景——新文学版本录》，山东画报出版社 2005 年 8 月版。

55. 谢其章著：《创刊号风景》，北京图书馆出版社 2003 年 6 月版。

56. 吴浩然编撰：《丰子恺装帧艺术选》，齐鲁书社 2010 年 4 月版。

57. 吴浩然编撰：《丰子恺插图艺术选》，齐鲁书社 2010 年 4 月版。

58. 陈科美主编：《上海近代教育史 1843—1949》，上海教育出版社 2003 年 12 月版。

59. 李华兴主编：《民国教育史》，上海教育出版社 1997 年 8 月版。

60. 吴浩然编撰：《丰子恺书衣掠影》，齐鲁书社 2008 年 6 月版。

61. 明川编：《缘缘堂集外遗文》，（香港）问学社 1979 年 10 月版。

62. 朱晓江著：《有情世界——丰子恺艺术思想解读》，北岳文艺出版社 2006 年 8 月版。

63. 吴浩然著：《我在缘缘堂》（初集），海豚出版社 2014 年 1 月版。

64. 孙继南编著：《中国近代音乐教育史纪年 1840—2000》，上海音乐学院出版社 2012 年 1 月版。

65. 李近朱著：《音乐书话》，上海音乐出版社 2011 年 12 月版。

66. 杨金鼎主编：《中国文化史词典》，浙江古籍出版社 1987 年 8 月版。